U0749184

求知是人类的本性。

每种技艺与研究，同样地，人的每种实践与选择，都以某种善为目的。

……但人们若将后世的附会删除，俾古初的本意得以明示于世间——他们识得了原始本体为诸神，人们当不能不惊心于此意，毋及灵感之所启发，故能成此不朽之嘉言……

——亚里士多德

20世纪亚里士多德研究文选

西学经典研究文献系列

聂敏里 选译

华东师范大学出版社

华东师范大学出版社六点分社　策划

中国人民大学科学研究基金项目支持

目　　录

Contents

纪念苗力田、唐夕华老师
两位宽厚、仁慈的长者

序

一

西学东渐已逾百年，西方哲学著作的翻译也已超过了百年。在这百多年的时间里，我们翻译了大量的西方哲学经典原著，但是，现在是向着一个更深的层面转变的时候了，这就是，由对西方哲学经典原著的翻译更多地转向对西方哲学经典研究文献的翻译。如果说对西方哲学经典原著的翻译构成了西学东渐的第一个阶段，那么，对西方哲学经典研究文献的翻译就应当被称作第二个阶段，而现在就是向着这第二个阶段转变的时候。因为，只有在对经典研究文献的研究中，我们才深切地认识到，经典原著绝不是仅仅以它的原初文本的形态孤立存在着的，相反，它存在于漫长而浩繁的研究文献之中。研究文献，尤其是经典研究文献，不仅实际地塑造着对经典原著的诠释传统，而且本身就是经典原著的活的思想的延续。由西方哲学经典原著和西方哲学经典研究文献所构成的一个在时间中延续的整体才是真正而又真实的西方哲学的学统，仅仅经典原著本身是不足以构成这个学统的。同理，仅仅对经典原著本身的译介是不足以把握这个学统的。我们要全面地、深入地把握西学，就不能只停留在对西方哲学经典原著的译介上，而必须把更大的精力投入到对汗牛充栋的西方哲学经典研究文献的译介上去。只有这样，我们才深入到了活着的西方学术传统的内部，我们对哲学经典原著的研究才不至于是低水平的重复。

但是，惯常的情形是，人们轻视研究者的著作，而更为重视原著。这看起来似乎是对的，因为仿佛有一个极其正确的理由，即哲学史上那些被公认的伟大哲学家的著作中含有更多的真理的要素，而它们的研究者似乎只是一些残渣剩屑的啜食者。但是，这一理由是根本站不住脚的。且不说那些伟大的哲学家本人必定首先是作为他人经典著作的研究者开始他们的哲学工作的；也不必说即便是那些仿佛微不足道的研究者的著作中也必定含有或多或少的真理的要素，他们也是真理的积极的探求者，并且以他们的研究本身充实着他们所研究的经典著作的真理内核；更为重要的是，对于任何一个哲学的研习者来说，若不首先从那些研究者的研究著作，尤其是那些经典的研究著作，开始他们对伟大哲学家们的著作的研习，那么，他们将不仅要重复以前所有世代的人曾经做过的工作，而且他们依据他们的几乎可以说是空白的知识对那些伟大哲学家们的研习也必将是极其苍白而贫乏的。因此，与其凭着自己那些未经训练的、东鳞西爪、自己也不明所以得到的见识贸然地去直接面对伟大哲学家们的经典原著，以为凭自己的天资和聪颖就可以得出压倒前人的洞见，不如首先细致地去研读前人的研究著作，在理清了潜移默化支配自己头脑的、种种历史上流传下来的前见的基础上，站在一个极为坚实和高起点的平台上，再去研习那些伟大哲学家们的原著，收获显然要大得多。所以，与哲学教师们经常给学生们的"首先去读原著"的教训相反，我的主张却向来是，首先去读你要读的原著的最经典、最权威的研究著作，在此之后，你会发现你对原著的见解将大为不凡，当你再去阅读原著时会有更多的更新、更深的发现，而如此一来无论是思想还是学术就都进步了。

有多少西方哲学的经典原著，就有与之相应的多得多的研究文献，它们不仅以分散的书面形式、而且还以学派的形式体现出来。实际上，学统现实地存在于学派当中。这条规律对于绝对经典的哲学原著尤其适用。例如，柏拉图的哲学不仅仅存在于他的那些现存的对话作品中，而且实际地存在于从古到今的柏拉图学派和柏拉图主义中；同样，亚里士多德的哲学也不仅仅存在于他的那些现存的手稿中，而且实际地存在于从古到今的亚里士多德学派和亚里士多德主义中。这样，研究柏拉图，研究亚里士多德，就不能以仅仅研究他们的原著文本为满足；相反，更大的、更艰巨的任务在于研究他们各自所形成的学派和主义中的浩繁的诠释文献。在这里几乎有着清楚可查的传承脉络，而后人的思想（更不消说对柏拉图和亚里士多德的认识）实际是受着这些传统潜移默化影响的。因此，理清这些传统也就是在理清我们自己的思想；而理清了我们的思想，对柏拉图和亚里士多德的理解才会更加清楚。而只有通过这样一个艰辛的上下求索的过程，我们才可能真正面对问题本身，对问题本身有真正决定性的思考。因此，决不要轻视并非是伟大的哲学家而只是学问家的那些人的研究性著作，正是这些人用他们的辛勤的劳动在帮助我们理清这些传统、直面问题本身，阅读其中的一本胜过直接阅读原著十遍甚或百遍。这是毫无疑问的。

二

而就有关亚里士多德的漫长学统而言,众所周知,从亚里士多德殁后的所谓的亚里士多德学派起,对亚里士多德著作的诠释工作就在进行,但是,在那个时候,研究者与其说是在从事对亚里士多德思想的研究和诠释工作,不如说是在继续亚里士多德的哲学和科学研究工作。因为,古代的学派与其说是一些服膺某位宗师教义的信徒和诠释者的集合,不如说是一个学术研究共同体,他们在一起共同进行彼此都感兴趣的科学研究和学术研究。而亚里士多德本人就曾经是这个共同体的一个成员。因此,严格意义上的对于亚里士多德思想的、完全按照亚里士多德自己思想的逻辑进行诠释的研究发展得要更晚一些,可以说它是同公元前 1 世纪安德罗尼柯的亚里士多德全集的编纂工作几乎同时开始的,在这里,按照亚里士多德自己的思想来诠释亚里士多德的著作的原则开始逐渐成为一个首要的原则。但是,毋庸讳言,进入公元 1 世纪以后,亚里士多德自己的学派已经不再是古代世界中主导性的学派,从而,安德罗尼柯所编辑的亚里士多德的全集也就从某种意义上为其他占据主流的学派据以阐释自己感兴趣的思想主题提供了资料。所以,明显可见的是,在这个时期,无论是斯多亚主义者、新柏拉图主义者还是基督教的哲学家们,都参与了基于亚里士多德全集的对于亚里士多德思想的诠释和研究,而他们要证明的是他们自己感兴趣的主题。例如,在菲洛庞努斯那里,我们看到的实际上是一种柏拉图主义与基督教思想相结合的对于亚里士多德思想的研究。而新柏拉图主义的一系列哲学家,例如波菲利、扬布里柯、辛普利丘等,也都多少不等地是从柏拉图哲学的角度来理解亚里士多德思想的,并且更愿意将亚里士多德哲学看成是进入更为深奥的柏拉图哲学的一个学习初阶。因此,可以说,在公元 1 世纪以后,不是亚里士多德主义的学者,而是新柏拉图主义者对亚里士多德的诠释占据了主导地位,他们留下了大量有关亚里士多德各种著作的注疏。但是,在这个总的趋势下,古代亚里士多德的最伟大的诠释者,生活在公元二三世纪的阿弗洛狄西亚的亚历山大,他在有关亚里士多德的诠释传统中的地位就凸显了出来。因为他是在亚里士多德思想内部进行诠释的。他对亚里士多德的著作进行了系统而全面的注释,并出于解决亚里士多德哲学内部存在的困难的需要,在对亚里士多德的著作进行全面理解的基础上,创造性地构造了一个内在关联的"亚里士多德的"学说体系,并据此形成了他考察一切问题的原则立场。他是真正的亚里士多德主义的研究者,他对亚里士多德著作的注释构成了古代亚里士多德研究的一个里程碑。

　　但是,存在于拉丁世界的这一亚里士多德研究的传统在西罗马帝国灭亡之后没有能够继续下去,在从公元6世纪到公元11世纪长达数百年的时间里,西欧人除了波埃修翻译并注释的亚里士多德的《范畴篇》和《解释篇》外,对于亚里士多德的其他著作一概不知,当然也就谈不上任何系统和深入的研究。但与此相对照,在拜占庭帝国、叙利亚和新兴的阿拉伯帝国,亚里士多德的著作却不仅得到了保存,而且得到了传播与研究。它先是被翻译成叙利亚文,接着又被翻译成阿拉伯文。阿拉伯的哲学家们对亚里士多德的著作进行了可以说是全面而详尽的研究,并且第一次赋予亚里士多德以超过柏拉图的哲学声誉,"哲学家"这一在阿拉伯人看来独一无二的称号唯独给了亚里士多德。这样,从公元7世纪到公元11世纪,相对于西欧世界古典文化的衰落和亚里士多德研究的消歇,在东方的阿拉伯世界却存在着一个阿拉伯的亚里士多德主义时期,它分别以巴格达和西班牙的科尔多瓦为中心,形成了所谓的东部亚里士多德主义和西部亚里士多德主义,前者的代表是著名的阿维森纳,而后者的代表则是对于整个西欧的中世纪经院哲学产生深刻影响的阿威洛伊。在很长一段时期内,阿威洛伊主义在西方也就是亚里士多德主义的代名词,经由阿威洛伊诠释的亚里士多德的思想成为经院哲学家们构筑他们的神哲学体系的重要的思想资源。

　　从12世纪上半叶开始,亚里士多德的著作重又传入西欧。首先传入的是从阿拉伯文翻译成拉丁文的亚里士多德的著作。接着,自从1204年十字军攻陷君士坦丁堡后,大批的希腊古典文献重又回到了西方,其中就有亚里士多德著作的希腊文抄本。这样,一个新的亚里士多德的研究阶段就在西欧的经院中重新得以展开,而与之相伴随的就是理性在西方的复兴。在此之前,统治经院哲学的主要是奥古斯丁的柏拉图主义,但是,随着亚里士多德著作在经院中的流传和逐渐成为正式的教授文本,亚里士多德主义便取代了柏拉图主义,成为经院哲学家们用以思考神学问题和哲学问题的主要思想工具。亚里士多德思想中所固有的逻辑性、科学性和经验性给弥漫着柏拉图主义的中世纪吹来了一缕清新的空气,科学精神开始在这个到处充满了神秘通感和精灵鬼魅的世界里逐渐苏醒。在这场思想范式的转变中,代表亚里士多德主义的便是托马斯主义和所谓的拉丁阿威洛伊主义,而代表柏拉图主义的则是以波纳文图拉主义为核心的传统的奥古斯丁思想路线。最后,随着托马斯·阿奎那在1323年被教皇约翰二十二世册封为圣徒,这场复兴的亚里士多德主义和柏拉图主义的斗争就以亚里士多德主义在西欧经院中成为正统而告终。这是亚里士多德和亚里士多德主义的一个持续的胜利。从此以后,在相当长的一段时间内,亚里士多德的哲学和科学在西欧各主要学术机构中都成为常规性的教授科目,亚里士多德关于宇宙自然的思想也成为西欧人认知世界的主要思想模式。从这个意义上说，一直持续到 17 世纪的经院哲学就是活着的亚里士多德主义，就是从各个角度在与现代思想的碰撞与激荡中不断得到诠释和发展的亚里士多德主义。

进入现代以来（我把从文艺复兴时期以来的欧洲历史理解作现代），由于实证的自然科学的兴起，亚里士多德的思想从总体上经历了一个不断贬值的过程，正像人们日益厌倦于经院哲学的繁琐而无法实证地论证一样，人们同样对亚里士多德的无论是科学的还是哲学的思考方式感到厌倦。在这里，稍稍引证文艺复兴时期的学者拉姆斯（Peter Ramus，1515—1572）回忆他的求学生涯的一段话，就可以清楚地反映时代空气的这一变化：

> 我们花了 3 年 6 个月的时间研读经院哲学。之后，根据大学规定，研读了《工具论》里的各篇论文，进行讨论，再做一番苦思冥想（在亚里士多德的所有著作中，那些论述论辩的著作在 3 年课程里，尤其要一读再读）。按部就班地做完那一切以后，我合计了一下埋头于经院学问的日子。很自然地，我开始寻找运用那些废寝忘食而习得的知识的目的。我很快就意识到，所有那些篇章既没有给我以更多的历史和古代知识，没有使我的辩才有所长进，也不能使我成为一位杰出的诗人，不能使我更机敏更圆滑一些。呵，多么地无知，多么地让人忧伤！在经历过千辛万苦之后，我却采集不到、哪怕是看一眼那些被认为在亚里士多德的论辩里能找到的异常丰富的智慧之果！我该怎样悲叹我不幸的命运、贫乏的思想！①

这就是现代兴起之际人们的时代感受，哪怕是对于以博学和智慧著称的亚里士多德！熟悉近代哲学史的人会知道，像这样针对亚里士多德的批评态度也同样见于奠定近代思想基本格局的培根和笛卡尔。于是，人们出于对经院哲学的厌倦而厌倦亚里士多德，相应地，关于亚里士多德的研究也就再次消隐下去。

但是，进入 19 世纪，情形又发生了根本的转变。随着黑格尔主义的兴起，一个思想史编纂学的运动主导了欧洲学术界，人们第一次从历史发展的角度来审视古代思想，主张采取中立、客观和历史的研究态度来对古代思想进行系统地梳理、研究和论述。这样，大批的哲学史著述开始涌现出来，与之相伴随的就是哲学史文献的收集、整理和编纂工作。这是一个一直持续到当代的学术运动，它根本改变了亚里士多德研究的既有格局。简言之，现在，人们不再是作为一个亚里

---

① 转引自杜布斯，《文艺复兴时期的人与自然》，杭州：浙江人民出版社，1988，第 5 页。

士多德主义者,基于亚里士多德的思想立场来研究和诠释亚里士多德的思想、著作;相反,人们仅仅是把亚里士多德的思想与著作作为一个严谨而客观的学术研究对象来加以细致地分析、梳理和研究。亚里士多德的思想不再被想当然地认为是一个不容置疑的真理体系,而被认为是历史上曾经存在过、并且发生过影响的一个思想体系,人们有必要对它进行客观、公正的研究和评价。在这样一个总体的时代思想氛围下,一方面,我们看到哲学史的著述每年以成百上千的规模递增,相应的就是关于亚里士多德的研究、论述的文献也在不断地累积;而另一方面,与哲学史著述相关的哲学史文献的整理、编纂工作也在不断地深入。其中,特别值得一提的就是亚里士多德全集标准本的编订。这是由柏林皇家科学院的贝克尔(Bekker)和布兰迪斯(Brandis)从 1831 年到 1870 年历时 40 年编辑完成的,总共 5 卷,其中第一、第二卷是贝克尔主编的亚里士多德著作的希腊文本,第三卷是文艺复兴时期的拉丁文译本,第四卷是布兰迪斯主编的从古代以来的重要的注释,第五卷包含两部分,一部分是洛瑟辑录的亚里士多德的著作残篇,一部分是由伯尼茨编的《亚里士多德索引》。其中由贝克尔主编的亚里士多德著作的希腊文本通称为贝克尔标准本,所有对亚里士多德原文的学术引用都是依据这个版本的页码和行号,从而大大方便了学术研究和交流。这样,可以说,进入19 世纪以来,在亚里士多德研究上的一个根本的变化就是,对亚里士多德的学术研究取代了对亚里士多德的学派研究。

正是这一研究格局的根本转变,使得从 19 世纪结束以来的亚里士多德研究呈现出一个崭新的特征。在 19 世纪结束之前,根据古代而来的学术传统,人们把亚里士多德的思想和著作作为一个整体加以研究,也就是说,没有人会采用历史的眼光,把亚里士多德的思想和著作看成一个在时间中渐次发展和形成的对象,而是认为流传到我们手上的亚里士多德的全部著作是一个完整的整体,它们即便作为一个思想整体缺乏现代思想体系所要求的那种特有的逻辑严密性,但是,毕竟构成了一个思想整体,体现了亚里士多德的一个完整的思想规划和在这一规划下所进行的一个多多少少系统而严谨的研究。我们可以看到,即便是在具有历史主义的哲学史眼光的黑格尔那里,在他的《哲学史讲演录》中,他也同样是把亚里士多德的整个哲学著述作为一个思想整体来加以论述的,他所批评的只是这个思想整体缺少像他的思想体系一样的那种严格的逻辑演绎的特征。

但是,正是因为受到 19 世纪以来兴起的历史主义思想的影响,同时,也由于亚里士多德全集标准本的编订为学者提供了一个可以客观、深入地分析和研究的文本,于是,19 世纪末到 20 世纪初的研究者在以客观、中立和历史的学术研究的眼光来重新审视亚里士多德的思想和著作时,一个突出的倾向就是,他们不再把亚里士多德的著作看成一个完整、共时、逻辑的整体，相反，从对文本进行客观、细致的学术分析和研究的角度出发，他们把亚里士多德的著作看成是历史的产物，是伴随着亚里士多德个人思想的形成和发展产生出来的，不可避免地带有个人思想形成和发展的时间痕迹。

例如，当纳托尔普对亚里士多德的《形而上学》文本进行研究时，他发现，《形而上学》第四卷和第六卷在各自对形而上学的表述上存在着一个十分明显的分歧，即，前者认为形而上学是一门关于存在本身的普遍科学，而后者则认为形而上学是一门关于一种可分离的存在的专门科学，即神学。因此，由于受到19世纪历史研究和疑古思潮影响，纳托尔普便断定，既然两种观点彼此抵牾而不可能都真，因此，第六卷便有可能不是亚里士多德的真作。我们看到，对后世希腊哲学史的编纂产生巨大影响的德国著名哲学史家策勒同样接受了纳托尔普的这个发现，不同的只是他认为这一文本上的抵牾体现了亚里士多德思想体系自身的不成熟和矛盾。显然，从这样一种观点再往前走一步，亚里士多德思想自身发展的观点就非常容易得出，而这就体现在了20世纪最伟大的德国亚里士多德研究者耶格尔的著作当中。耶格尔在其划时代的著作《亚里士多德，他的基本发展历程》(*Aristotle, Fundamentals of the History of His Development*)中，通过对亚里士多德早期著作残篇和后期成熟著作的详细分析和研究，提出了一个影响深远的观点，这就是，亚里士多德的思想经历了早期的柏拉图主义的神学研究阶段，渐次发展到晚期的真正属于他自己的经验科学的研究阶段。值得指出的是，耶格尔的这一研究在很大程度上依赖于文献编纂学家们对亚里士多德著作残篇长时期辛勤搜集和整理的工作，正是由于残篇的发现和整理，以及残篇中明显存在着的和人们所熟知的亚里士多德的成熟思想的差异，亚里士多德思想的发展才作为一个事实被发现。

耶格尔的研究开创了亚里士多德研究的发展论格局。人们尽管可以就亚里士多德的思想是如何发展的、他的各种具体著作相互之间的时间关系究竟是怎样的提出种种与耶格尔有别的看法，但是，从发展论的立场出发来对亚里士多德的思想和著作进行研究却成为20世纪以来的研究主流。我们看到，20世纪上半叶英美亚里士多德研究界的领军人物罗斯即属于这个阵营，20世纪60年代以来领导英美亚里士多德研究的欧文也属于这个阵营，即便是汉语学界熟悉的陈康先生也属于这个阵营，他出版于1976年、对西方亚里士多德研究界产生影响的著作《智慧：亚里士多德追寻的科学》(*Sophia: The Science Aritotle Sought*)就是这个方面的代表作品。发展论的研究思潮一直持续到20世纪80年代，我们看到，出版于1987年的格雷汉姆(Daniel Graham)的《亚里士多德的两个体系》(*Aristotle's Two Systems*)一书仍旧持续了这一研究方向,认为在亚里士多德的以《范畴篇》为核心的著作和以《形而上学》第七卷为核心的著作展示了两种不同的形而上学体系。

发展论作为20世纪主掌整个亚里士多德研究方向的研究方法将自古以来的整体论研究立场不断地边缘化。但是,从20世纪80年代开始,整体论的研究方法又展现出新的生机。发展论的研究方法指责整体论为了体系的缘故,在发现亚里士多德思想中明显矛盾的地方时,往往自出机杼构造一套并非亚里士多德的思想逻辑来对矛盾之处予以弥合,或者将彼此根本没有任何逻辑关联的文本放在一起以建立实际上是研究者自己假想的思想体系,甚至草率地断定矛盾文本中的一种为伪作,以保证假想的亚里士多德思想的体系性,因此,整体论在研究方法上不具备科学性;但是,新兴的整体论思想同样反过来指责发展论不科学:每当发现亚里士多德思想中看似矛盾的地方,发展论的研究并不作深入、细致的考虑,就轻率地断定其中存在一个思想发展的关系,仓促而武断地在其中建立起一个时间的顺序。80年代重新兴起的整体论的研究方法并不是对古代整体论研究方法的简单恢复。首先,它不是学派性质的;其次,它更强调对亚里士多德著作做更为深入、细致、客观、全面的研究,在发现亚里士多德著作中看起来明显矛盾的地方时,首先不要忙于像从前的整体论者那样轻易地赋予其某种基于单一体系的逻辑性,也不要像发展论者那样轻易地在其中建立某种时间顺序的关联,而是要立足于对亚里士多德思想整体的更为全面、周全和深入的考察,尽可能消除这种表面的、实际上由于不理解才产生的思想矛盾。这样,从总体上,进入80年代以来,学者们更倾向于对亚里士多德的著作做具体、细致的研究,谨慎于对亚里士多德的思想做整体、全局的判断。研究更为小心、更为周全,因而研究的结果也愈加科学和可靠。

这就是西方两千年以来围绕亚里士多德的思想和著作的诠释形成的一个明显有迹可循的学统,它构成了西方古典学研究领域中一个成熟、自足的学科,拥有自己严格的学术规范、清晰的学术传承和稳定的知识累进机制。在这个学统内部不断有新的研究成果出现,它们建立在充分继承和吸收前人研究成果的基础之上,又对具体的问题提出更为深刻、准确、全面的理解,因此也从一个特殊的立场澄清着人们在哲学这个领域关于世界和人的思考。

三

正是基于这样一种对西方亚里士多德学术研究的传统的基本认识和理解,尤其是针对于近百年来西方亚里士多德学术研究的新动向,本书将关注的目光集中在从 20 世纪初一直到目前为止以英美为主的有关亚里士多德的重要研究文献的编辑和翻译上。本选集总共收录了 22 篇现当代英美学者关于亚里士多德研究的代表性论文,它们按时间顺序排列,按此顺序读下去,读者自然不难发现近百年西方学者亚里士多德研究的清晰线索。

在这 22 篇按时间顺序排列的文章中,有心的读者会注意到,我选了罗斯的 3 篇文章、欧文的 3 篇文章和弗雷德的 3 篇文章。这不仅因为所选的文章都是亚里士多德研究中的经典论文,而且因为这三个人是 20 世纪以来英语学界亚里士多德研究前后相承的三个阶段的代表。罗斯无疑是 20 世纪初英语学界亚里士多德研究的领袖,而欧文是 20 世纪中叶英语学界亚里士多德研究的第一人,这没有疑问。至于弗雷德,视其为 20 世纪 80 年代以后英语学界亚里士多德研究的领军人物,这大概也是没有疑问的。罗斯的两大部煌煌巨著《亚里士多德的〈形而上学〉》、《亚里士多德的〈物理学〉》是 20 世纪亚里士多德研究的经典注释,迄今仍是一切研究亚里士多德这两部著作的学者必读的参考书,可谓管钥现代亚里士多德《形而上学》和《物理学》研究之枢机秘府。本选集所选的两篇文章,《〈形而上学〉的结构》和《〈物理学〉的结构》,即分别出自这两部作品的导言部分,是进入《形而上学》和《物理学》研究之堂奥的必备参考。欧文在整个亚里士多德研究领域的大名恐怕无人不晓,现在活跃于亚里士多德研究领域的许多学者都曾受教或受益于他,他也是第一届亚里士多德学会的两个发起人和召集人之一(另一个是杜林)。正是按照他的提议和计划,1957 年在牛津举办了第一届亚里士多德学会会议,它聚集了当时亚里士多德研究领域最杰出的学者,为数不超过 30 人,就一个专门论题作为期数周的研讨,而研讨的论文结集出版,以构成亚里士多德研究的阶段性成果和标志。亚里士多德学会的这种会议模式成为传统,一直被延续了下去,迄今已经举办十届,而第十届的两个召集人之一就是弗雷德(另一个是查尔斯)。弗雷德是研究晚期希腊哲学出身,但实际上,在古希腊哲学的各个研究领域,他都是一个活跃而富有创见的人物;同时,无论在哲学史研究的方法上还是哲学史研究的视野上,他都具有高屋建瓴的独到眼光。他和帕齐克两人合著的《亚里士多德,〈形而上学〉Z 卷:文本、翻译和注释》(*Aristoteles, Metaphysics Z: Text, Übersetzung und Kommentar*)是到目前为止有关亚里士多德《形而上学》Z 卷最重要的研究成果;而他本人所写的关于亚里士多德的论文,尤其是有关谓词理论的论文,尽管篇数不多,但每每能打开人们的思路,开创新的研究格局。

有心的读者还会注意到,本选集除了选取 20 世纪以来亚里士多德研究中公认具有里程碑意义的研究者的代表论文之外,还力图将论文选集的范围覆盖亚里士多德研究的各个领域,以期使读者明白,亚里士多德研究是古典学中一个成熟的学科,它具有严谨而细致的领域划分。从大的方面来说,对于亚里士多德的研究不仅包括对亚里士多德思想本身的研究,而且还包括属于校勘学的、对亚里士多德著作文本的研究,属于目录学和文献学的、对亚里士多德著作目录的研究,属于效果史、影响史研究的、对亚里士多德著作的诠释传统的研究,属于学派史研究的、对亚里士多德学派传承和发展的研究,以及属于比较学的、对亚里士多德同其他思想家之间的相互思想关系的研究。而具体到对亚里士多德思想本身研究的领域,如众所周知的,按照亚里士多德自身思想的学科划分,又可以细划为一些子领域,例如,对亚里士多德逻辑学、物理学、心理学、生物学、形而上学、伦理学、政治学和诗学、修辞学的研究,等等。所有这些领域加在一起才构成亚里士多德研究的全貌。在所有这些领域,整个20世纪都涌现出了大量具有严格的学术累进效应的代表性的作品以及基础性质的研究成果。本书便试图尽量覆盖所有这些研究领域,以期能够做到最大限度地反映西方20世纪以来亚里士多德研究的成就。

因此,读者可以看到,在亚里士多德著作目录学的研究方面,本书选取了洛德的《论亚里士多德全集的早期历史》一文,该文是近年来出现的一篇针对亚里士多德著作全集在希腊化时期的编纂情况、依据古代流传下来的三份亚里士多德著作的书目进行研究的代表性论文,为我们能够历史、客观地审视亚里士多德全集的构成情况提供了一个深入分析和颇具创见的视角,当然,其中也部分地涉及到亚里士多德学派在希腊化时期的一些情况的介绍。

而在亚里士多德的诠释传统、从而也是其效果史和影响史的研究方面,我首先选取了在这一研究领域的重要人物索拉比的长篇论文《古代注释家论亚里士多德》,这是他为他主编的《变化的亚里士多德——古代注释家和他们的影响》一书所写的长篇序言,它概括地反映了亚里士多德诠释传统研究的最新成果。此外,作为从效果史和影响史的诠释学方法出发研究亚里士多德的一个范例,我选择了朗的《菲洛庞努斯的亚里士多德:处所的广延》。这篇文章深入比对研究了菲洛庞努斯对亚里士多德《物理学》中著名的论述空间的第四卷的注释和亚里士多德本人在第四卷中具体的论证,从而向我们具体展示了在亚里士多德那里具有物理性质的空间概念如何转变成一个仅具有几何学意义的广延概念,从而为后来流行的人们关于空间的认识奠定了观念的基础。很显然,就此而言,这篇文章具有特别发人深省的特点,为我们具体地理解一个观念在其流传过程中如何通过具体的诠释而发生偏转并且产生现实的思想效应提供了帮助。

在对亚里士多德同其他思想家的思想的比较研究方面,我选取了罗森的代表性论文《实践智慧或本体论：亚里士多德和海德格尔》。众所周知，海德格尔思想同亚里士多德思想具有甚深的渊源。早在弗赖堡大学任讲师其间，海德格尔就开设了有关亚里士多德的课程。② 而到马堡大学任教授职位后，亚里士多德同样是他授课的重点，其中，在 1924/1925 学年他开设的有关柏拉图的《智者篇》的课程中，有一半篇幅是对亚里士多德的《尼各马可伦理学》，尤其是其中的第六卷的深入研究。因此，理清海德格尔思想同亚里士多德思想之间的这样一种秘密的债务关系，显然具有极其重要的理论意义。而罗森的这篇论文便是这个领域的一个重要研究成果。它不仅是对海德格尔思想本质的一个阐明，同时也是对亚里士多德的伦理学思想本质的一个阐明。在我看来，罗森应当是施特劳斯学派最重要的哲学家，他具有理论的敏感性和健全的常识感，凭借这种禀赋，当面对极其复杂、甚至看起来多少有些高深莫测的理论时，他往往能够一针见血地指出问题的实质，并且依据对实质的领会来切中肯綮地评论理论本身。在《实践智慧或本体论》这篇文章中，罗森就深入评论了海德格尔在《柏拉图的〈智者篇〉》中对亚里士多德《尼各马可伦理学》中的重要概念 *phronesis* 的诠释，既指出了这个概念在亚里士多德的伦理学体系中所应当具有的理论内涵，又指出了经过海德格尔诠释后它所具有的海德格尔自己的理论内涵，并且通过两者的深入对比，指出海德格尔在对人类生活理解上的本体论倾向，可谓切中海德格尔思想要害，同时也就向我们展示了罗森本人所倾向和同意的回到常识的观点。对此，有心的读者可以通过对该文的阅读悉心鉴查。

而进入到亚里士多德思想本身的研究领域，亚里士多德思想的发展当然是我们首先需要关注的主题，这个主题不仅关涉到我们对亚里士多德思想全局的把握，也曾经牵动过 20 世纪绝大多数学者的神经。在这个方面，代表性的作品当然就是前面提到的耶格尔的《亚里士多德，他的基本发展历程》一书，但是由于篇幅的关系，我选择了罗斯的《亚里士多德思想的发展》和欧文的《亚里士多德的柏拉图主义》、《亚里士多德一些早期著作中的逻辑学和形而上学》，以期向读者传达 20 世纪在这个主题上前后不同的两种发展论观点。罗斯的这篇文章是对 20 世纪上半叶围绕亚里士多德的思想发展这一主题所取得的主要研究成果的一个概述。罗斯本人是一个发展论者，这是毫无疑问的；同时，他在亚里士多德思想发展的基本观点上也非常接近耶格尔。所以，透过他的这篇文章，我们大体可以了解发展论初期的主流观点，即把亚里士多德的整个思想发展历程视为由忠实于柏拉图主义向着他自己的反柏拉图主义思想的演变。但正是这个对亚里

---

② 参见萨弗兰斯基，《海德格尔传》，北京：商务印书馆，1999，第 154—172 页。

士多德思想发展历程的描述在欧文的那两篇文章中受到了强烈的质疑。欧文本人当然也是一个不折不扣的发展论者。但是，他对亚里士多德的思想发展历程有一个与耶格尔派迥然不同的看法。他反对耶格尔派所提出的那样一种较为简单的亚里士多德思想发展的模式，而是认为亚里士多德的思想经历了一个由早期的反柏拉图主义向着晚期的柏拉图主义回归的过程。对比性地阅读罗斯和欧文的文章，不仅会增趣不少，也使我们一览 20 世纪鼎盛一时的发展论思潮的概貌。

但是，如前所说，自 20 世纪 80 年代以来，学者们又开始谨慎地恢复一种整体论的研究视角，一个基本的理据就是，亚里士多德的现存著作多为他的讲稿，这些讲稿反复讲授、不断修改，直至他的思想的晚年，因此，它们在整体上一定是协调的，尽管不排除其中会有一些思想发展的痕迹。为了介绍这方面的最新研究动态，本选集收入了基尔的一篇综述亚里士多德《形而上学》研究最新进展的论文——《亚里士多德〈形而上学〉再思》，其中以亚里士多德《形而上学》的研究为切入点讨论了从 80 年代开始的整体论研究方法的复兴。根本而言，当代学者在亚里士多德研究上的态度更为谨慎。绝大多数学者已经摈弃了那种宏大叙事的研究视角和方式，无论是传统的整体论的还是发展论的，而更注重对亚里士多德的每一部著作，甚至每一部著作中具体的每一卷、每一章的深入研究，谨慎地得出观点，并认为这种谨慎得出的局部真理强过主观臆造的全局真理。这个方面的典型体现就是作为第十届亚里士多德学会研究成果的专题论文集《亚里士多德〈形而上学〉Lambda 卷》（*Aristotle's Metaphysics Lambda*）。这一论文集由弗雷德、查尔斯两人主编，它集中了像阿克利、伯恩耶特、卡恩、索拉比这些知名的亚里士多德研究专家，对亚里士多德《形而上学》中著名的神学卷即第十二卷进行逐章的讨论和解释，它反映了当代亚里士多德研究中的主流倾向，即自觉地限制研究的范围，更为谨慎和具体地研究亚里士多德。我选译了该书的导论部分，目的就是想要让读者了解这一西方亚里士多德研究的新动向，同时，也为读者提供有关亚里士多德神学思想研究方面的最新进展。

而具体到亚里士多德思想的各个专门领域，首先，在逻辑学方面，本选集选取了两篇代表性的论文。欧文的《亚里士多德论本体论的陷阱》一文，从分析哲学指称理论的角度出发，细致而颇具发明性地分剖了亚里士多德围绕 to on 这个概念所做的各种语言学和逻辑学上的论述，从而厘清了亚里士多德在这个概念上的思想层次，使我们真正深入到亚里士多德存在思想的核心。而弗雷德的《亚里士多德的诸范畴》一文，不仅是他本人的一篇代表作品，充分展现了他在亚里士多德研究中的独具匠心，而且对于我们准确地把握亚里士多德范畴概念的真实内涵具有重大的理论价值。他细致地分剖了同亚里士多德的范畴划分相关的谓述（predication）、谓词（predicate）和存在（being）这几个概念，以此廓清在解读亚里士多德这方面著作时的种种疑团，为更为准确地理解亚里士多德的形而上学思想开辟了一条明晰的进路。

而在形而上学领域，首先，罗斯的《亚里士多德的〈形而上学〉》（*Aristotle's Metaphysics*）当然是一切企图研究亚里士多德的《形而上学》的人的必读书。其长达140多页的长篇导言纵论了《形而上学》一书的结构，苏格拉底、柏拉图和柏拉图主义，亚里士多德的形而上学学说，亚里士多德的神学，以及《形而上学》的文本等有关亚里士多德《形而上学》的重要主题。其过长的篇幅当然不容我们全部选入，但是，考虑到其有关《形而上学》结构的部分对《形而上学》的文本性质、各卷之间的内在联系考察得非常详尽，许多观点和结论迄今难以动摇，是一切更进一步深入研究的基础，因此，我在这里毫不犹豫地选入了这一部分内容，期望它能够为国内在亚里士多德《形而上学》方面的研究提供一个高水平的起点，使我们不至于因为缺少这方面的知识而犯低水平的错误。

深入到亚里士多德《形而上学》的内部，毫无疑问，实体问题是亚里士多德形而上学的核心。为此，我收入了弗雷德的《亚里士多德〈形而上学〉中的实体》一文，这篇文章以特别发人深省的方式阐述了亚里士多德实体概念的个体性内涵，同时也纠正了传统关于亚里士多德实体的一些错误认识，非常值得这方面的专业研究者一读。

但是，与实体问题相关，亚里士多德的偶性概念的内涵就成为我们相应需要关注和思考的内容。在这个方面，蒂尔内的《论亚里士多德"SYMBEBĒKOS"的意义》一文特别富有启发性。他细致梳理了亚里士多德逻辑学文本和形而上学文本中有关"偶性"一词的用法和论述，分清亚里士多德偶性概念的内涵层次，从而相应地为我们准确理解亚里士多德的同事物本质相关的实体概念提供了有益的启发。因此，在本选集中，我专门收入了蒂尔内的这篇文章。

《形而上学》Z卷亦即第七卷是历来亚里士多德《形而上学》研究的重心，围绕这一卷的研究文献可谓汗牛充栋，并因此而专门形成了所谓的"Zeta学"。无论是欧文还是弗雷德都有关于这一卷的专门研究，而这一卷本身也存在着种种难解的问题。其中，学者们尤其反复讨论的焦点，是Z卷本身的编辑性质以及Z卷的内在逻辑结构和问题思路。为此，我选入门恩2001年发表的长篇论文《〈形而上学〉Z.10—16和〈形而上学〉Z卷的论证结构》，它基于对亚里士多德《形而上学》研究主题的新的理解，全面分析了Z卷的论证结构和论证主题，并且对其中争议最大的第10—16章的思路提出了发人深省的看法。这是我翻译耗时最长的一篇论文，但也是深感收获颇丰的一篇论文，它对于人们贯通性地领会《形而上学》的核心卷亦即 Z、H、Θ 三卷的理路确实具有开拓视野的功效。

除此而外，在亚里士多德《形而上学》Z 卷研究方面，我还收入了旅居海外的中国学者余纪元的论文《在其自身的存在》。这是余纪元 2003 年在 Kluwer 出版的《亚里士多德〈形而上学〉中存在的结构》(*The Structure of Being in Aristotle's Metaphysics*)一书的第一章第一节，它从亚里士多德谓词理论的角度出发，富有启发地分析了亚里士多德形而上学中同实体相关的"在其自身的存在"(per se being)这个概念，有助于我们加深对亚里士多德实体理论的理解。

此外，关于亚里士多德《形而上学》Z、H、Θ 这三卷所谓的"核心卷"的研究，我收入了卢克斯的《〈形而上学〉Z、H、Θ 中的形式、种和谓述》一文。这篇文章针对亚里士多德的实体语词的歧义性立论。在其中，卢克斯指出，实体语词在亚里士多德那里既可以表示单纯的形式，也可以表示由形式和质料合成的种；由此，在由实体语词充当谓词的主谓陈述中，就可以明显地区分出两种不同类型的谓述，即从种属关系的角度对主词的陈述，以及从构成形式的角度对主词的陈述。显然，一旦以上述方式区分了亚里士多德的形而上学理论中具有重要理论论证意义的主谓陈述，许多由于不明了亚里士多德的这种区分而产生的对《形而上学》核心卷理解上的困难便迎刃而解了。例如，人们通常会认为亚里士多德《形而上学》中的形式也就是《范畴篇》中作为种属概念的第二实体，从而，人们便会轻易得出一个实际上是发展论的观点，即亚里士多德在《形而上学》中改变了他的观点，把在《范畴篇》中仅具有次要意义的第二实体变成了《形而上学》中的第一实体，而在《范畴篇》中具有首要意义的第一实体即个体事物却被放到了《形而上学》中的次要的地位。但是，如果细读卢克斯的这篇文章，那么，人们不仅会注意到亚里士多德从来没有在《范畴篇》中把第二实体称作形式，而且《形而上学》中的形式概念也绝不是《范畴篇》中作为第二实体的种属概念，相反，它指向的是事物的形式本质，这和作为事物的上级种属概念的第二实体是完全不同的。卢克斯的这篇文章从谓述关系的角度细致梳理了类似这样的问题，虽然行文多少有些艰涩，但是细读之后，良有启发。

同亚里士多德的形而上学相关的另一研究主题是亚里士多德的目的论。这是个辐射面很广的领域，既关涉到亚里士多德的自然神学，也关涉到亚里士多德的自然科学，当然也关涉到亚里士多德的形而上学。同时，这也是一个具有极强概括力的概念，因为，我们完全可以把亚里士多德的全部思想称作一个目的论的体系，而正是这个目的论的体系为我们理解他的形而上学实体理论、神学理论以及他的自然科学研究等提供了极好的视角。在这个方面，除了上面提到的弗雷德为有关《形而上学》Lambda 卷的那本研究论文集所写的长篇导言对此有所涉及外，我还专门收入了维特的论文《亚里士多德形而上学中的目的论》。这篇文章发表于 1998 年，是在这个主题上较新的一篇论文。它既总结了以往对亚里士多德目的论研究的主要学术成果，又在此基础上将亚里士多德的目的论分剖为自然目的论和形而上学目的论两个层面，从而既丰富了我们对亚里士多德自然科学研究中目的论的主要思想构架的了解，又加深了我们对其目的论的形而上学实体理论的认识。因为，按照维特的观点，亚里士多德的形而上学目的论主要是同实体问题相关的，它要解决的不是任何一个自然物的生成和发展的具体目的问题，而是任何一个实体之所以作为一个具有严格自我同一性的存在者而存在的原因问题，形而上学目的论即为此提供了一个解释。所以，维特的这篇文章又与上面所选的同亚里士多德的实体理论相关的研究论文相辅相成、彼此增益。

转到亚里士多德的物理学思想的研究方面，在这个方面，我选取了两篇文章——罗斯的《〈物理学〉的结构》和博斯托克的《〈物理学〉I 中亚里士多德论变化的本原》。罗斯的文章选自他注释亚里士多德的《物理学》的经典著作《亚里士多德的〈物理学〉》的导言部分，里面讨论了《物理学》文本的基本构成，涉及到《物理学》文本的版本流传以及它与亚里士多德其他自然哲学著作的关联，是研究亚里士多德《物理学》的基础。博斯托克的文章是对亚里士多德《物理学》第一卷的一个研究。亚里士多德在《物理学》第一卷中讨论了有关物理学作为一门科学能够成立的基本原则问题，即变化是如何可能的。由此，亚里士多德从存在论的视角出发，深入分析了变化，并批判了传统的否定变化的巴门尼德的存在理论。在此基础上，在著名的第 7 章，亚里士多德从语用学的角度尝试构造变化的一般性概念。博斯托克的这篇文章便是尝试理解亚里士多德这一理论论证。他通过对文本的细致分析正确地指出，亚里士多德不是以类似传统自然哲学的方法研究自然事物的本原，而是在研究变化和生成的一般概念结构，这一点，表明亚里士多德此处的研究具备基础理论的性质；但是，由于对一种在整个变化过程中持存的载体的特殊兴趣，博斯托克在对亚里士多德关于变化的三个本原的论证的理解上产生了一定的思维混淆，他不能够正确地理解持存的基础性的东西和作为对立物的形式与缺失是一种统一的关系。亚里士多德所要论证的不过是，变化实际上是一个事物按其自身形式的变化，而形式和缺失实际上就是变化主体自身的实现过程。这样，在对亚里士多德具体论证的分析中，他便倾向于用自己思维中的矛盾来理解亚里士多德的论述，认为亚里士多德自己陷入了思维矛盾之中。就此而言，博斯托克的这篇文章也给我们提供了一个特殊的范本，即研究者如何受到了自身认识的局限。

最后，涉及到亚里士多德的伦理学和政治学，不得不首先提起的就是 20 世纪后半期所谓新亚里士多德主义的兴起。这是一个贯通于亚里士多德的伦理学和政治学两个领域的研究思潮。和属于传统的学院的古典学对亚里士多德的伦理学与政治学的研究不同，新亚里士多德主义的学者在学术上并不中立，相反，他们明确站到了亚里士多德的德性论的伦理学和自然主义的政治学的立场上，相信亚里士多德的伦理学思想和政治学思想有助于克服近代以来启蒙主义、自由主义的兴起所带来的种种在人们的道德生活和政治生活中产生的所谓现代性问题，因此，他们在思想上明确地提出要向亚里士多德回归。新亚里士多德主义的兴起是以 1958 年安斯康发表《现代道德哲学》一文为标志的，而它内部又由于理论观点的差异分成明显不同的一些思想倾向，例如主张历史语境主义的德性论的麦金太尔，强调普遍人类境遇的德性论的努斯鲍姆，以及主张自然主义的施特劳斯学派的政治哲学。

针对以新亚里士多德主义的兴起为标志的新动向，首先，我选取了华莱士概述这一思想动向的论文《当代亚里士多德主义》，它比较详尽地介绍和评述了新亚里士多德主义中代表性的思想倾向及其代表人物的观点，并且从一种客观学术研究的立场出发，具体评论了这些思想。它的一个最大的特点就是有关新亚里士多德主义的信息含量比较大，是我们了解这方面思想动态的绝佳凭藉。

而具体到其代表性的思想倾向，除了前面提到的罗森的《实践智慧或本体论》一文同时也可以看成是对施特劳斯学派的有关亚里士多德的伦理学和政治学的主要思想观点的展示以外，我还专门收入了努斯鲍姆的一篇代表性的论文——《非相对性德性：一条亚里士多德主义的研究路径》。努斯鲍姆的这篇文章全面而深入地阐释了她的普遍人类境遇的德性论观点。她从对亚里士多德的德性论思想的基于人类自然境遇的理论特征的分析出发，建立起自己的理论框架，然后在此基础上有针对性地回应了从相对主义、福柯式的谱系学的历史主义以及马克思的革命的唯物史观的观点出发所可能提出的对于她的观点的各种挑战。就此而言，努斯鲍姆的这篇文章显然具有一种理论论战的性质，特别能够反映她的思想的鲜明倾向性。在努斯鲍姆看来，存在着种种可以普遍确定的基于人类自然本性的人类生存的具体境遇，亚里士多德的德性理论正是基于对这些具体的人类生存境遇的认知来探讨各种具体的人类德性，从而，它既具有道德理论所要求的具体性，因此优越于同样具有普遍主义特征但却缺乏理论的具体性的功利主义和康德主义的伦理学，同时它又具有道德理论所要求的普遍性，因为它关涉的是普遍的人类生存境遇。毫无疑问，对努斯鲍姆包括施特劳斯学派的思想立场的最大的挑战就是历史主义。努斯鲍姆在她的文章中认为她回应了历史主义各流派有可能针对她的亚里士多德的德性理论的种种挑战,但是,值得指出和仍旧需要深思的是,人类基本因而普遍的生存境遇真的存在吗? 人类的生活千百年来仅仅是在一种自然轮回中重复而没有任何改变甚至进步可言吗? 这种自然主义的人类观不正隐含着为某一个时期的人类历史生活图景的普遍化和永恒化做隐秘辩护的企图吗? 在进步史观由于归咎于启蒙主义的种种现代性问题而遭到质疑的今天,我们倒是真的需要认真思考进步史观基于人的历史创造的积极意义和启蒙主义相对于保守主义的历史进步性。因此,努斯鲍姆的这篇文章就给我们提供了了解当代新亚里士多德主义的反历史主义的自然目的论的思想立场的一个极好范本。

四

这本《20 世纪亚里士多德研究文选》凝结了我两年半的心血。编译这一选集的目的其实很简单,就是为国内亚里士多德的研究提供有关西方学界近一百年来的研究进展和动态,使我们的研究能够站到更高的起点上。所收入的论文都具有极高的学术研究质量,体现了西方学者学术研究的严谨性、规范性和科学性,毫无疑问,这也就为我们自己从事这一领域的研究起到了一个极好的学术示范作用。我们应当怎样研究,我们应当研究什么,我们应当采取怎样一种规范的方法和严谨、科学的态度去研究,所有这些问题,我相信,在收入的这些论文中必然能够找到解答。

不管怎样,在亚里士多德研究的领域,人们的认识越来越深入,越来越准确,越来越全面。由前人奠定的基础是牢固而坚实的,而在这个基础上持续迈开的步伐是坚定而有力的,取得的进步和成绩也是显著的。由此我们可以看到持续而稳定的学术传统在知识进步上所能起到的巨大促进作用,当然也可以看到健康而端正的学风在学术的传承和发展上所具有的重要意义。我们需要这样严谨而求真务实的学风,我们也需要这样健康而良性发展的学术传统。探寻知识真理的道路是漫长的,但这条道路代不乏人,总有更沉毅、更坚定的人在不断劳作和前行。

聂敏里

《形而上学》的结构*

罗　斯

　　《形而上学》的结构显然有着诸多的难点。仅从其表面便可见出,这不是一部单一的完成了的著作,旨在以其现在的形式被阅读。不仅 α、Δ 和 K 卷是明显插入的,甚至其他各卷也缺乏人们在一部单一的著作中所期望的那种思想连续性。假如我们进而观察其外部特征,同样的事实便以另外的方式给我们留下了深刻印象,引人注目的便是,除 H、Θ、M 和 N 卷以外,各卷都不是以一个表连接的小品词开始的——这在亚里士多德的著作中是一个罕见的现象。① 据此,学者们一直认为《形而上学》是通过将单篇论文联合在一起形成的,这些论文中有一些只包含单独的一卷,另一些包含一卷的更小的单位;而对这一问题最晚近、最透彻的研究者②则已经把每一卷(ZH 这一组除外)当成一篇独立的论文。我们将看到相信这一点在某种意义上是真的理由,但在对该意义的裁量上也必须谨慎从事。

　　在对各卷关系的考察中,我们应当依循如下两种考虑:(1)思想的联系,和(2)一卷对另一卷的明显的指涉。这些指涉绝大部分从各方面来看是真的;在许多情况下,如不同时去掉同它们在一起的许多内容,它们是难以从文本中被去掉的;而且,在大多数情况下,没有正确的理由可以表明它们是由后人插入的。它们因此一直受到学者的重视;但是对它们的恰当的形式却一直未予足够的关注。

---

* 　[译按]本文选自罗斯(David Ross),《亚里士多德的〈形而上学〉》(*Aristotle's Metaphysics*),第一卷,导论,第一节,第 xiii－xxxiii 页,Oxford University Press,1924。

① 　其他明显的例子只有《后分析篇》第二卷,《物理学》第七卷,《政治学》第三、四卷;在《物理学》第二卷、《论天》第二卷、《尼各马可伦理学》第七卷、《政治学》第二、第七卷、《修辞学》第三卷中,各稿本有差别。当然,《政治学》和《形而上学》的问题同样多。

② 　耶格尔(Werner Jaeger),《亚里士多德〈形而上学〉的发生史研究》(*Studien zur Entstehungsgeschichte der Metaphysik des Aristoteles*),Berlin,1912;《亚里士多德:他的基本发展历程》(*Aristoteles: Grundlegung einer Geschichte seiner Entwicklung*),Berlin 1923。

关于各卷的顺序可以提出两个问题,而区分这两个问题非常重要。一个问题有关各卷写作的顺序,一个问题有关各卷作为讲稿被发布的顺序。③ 第一个问题显然非常难回答。有可能最稳妥的证据会是有关语法和风格方面材料的统计学证据,而这类证据迄今很少被搜集。只有第二个问题,那些明确的指涉有助于我们对问题的解决。但是,存在这样的一个假设,即发布的顺序总体上对应于写作的顺序。这个问题的复杂性在有关《形而上学》相对于亚里士多德的其他著作的时间的证据上得到了表现。《形而上学》往前提到了《后分析篇》《物理学》《论天》《论生成和毁灭》和《伦理学》,它没有往后提到亚里士多德的任何著作。《论生成和毁灭》往前提到了 Δ 卷(336b29)。《物理学》有一处往前的指涉(191b29),这通常被认为是指向 Θ 卷,但由于 Θ 卷本身往前提到了《物理学》(1049b36),而《物理学》在 192a35 又往后提到了《形而上学》,而且很明显指向 Θ 卷所属的《形而上学》的那个部分(ZHΘ),因此,有可能 191b29 的那处指涉同《论生成和毁灭》中的一样,是指向 Δ 卷,该卷如我们将要看到的那样,有可能早于《形而上学》的其他各卷;而那处指涉可能是指向 Δ 1017b1。最后,《论动物的运动》往前提到了 Λ 卷(700b8),但这一著作是否是亚里士多德的尚有疑问。以上便是其他著作中所有指涉《形而上学》的地方,而且它们暗示,《形而上学》是亚里士多德全部著作中最晚的。在另一方面,用词方面的证据,就迄今所搜集到的而言,④不仅建立了《形而上学》和有可能是最晚著作之一的《政治学》之间的类同关系,而且也建立了《形而上学》和有可能是最早著作之一的《物理学》之间的类同关系。

一、关联的论文

有各种理由可以认定,A 卷构成了亚里士多德《形而上学》讲座课程的第一部分。以一个历史性的研究开始,这正是他的方式。A 卷不以其他任何一卷为前提;它提到的只有一卷,即 B 卷,它提到此卷(993a25)是作为即将到来的内容,

---

③ 《论题篇》184b6 表明,《论题篇》是被大声朗读的,ἀκροατής, ἀκρόασις 这些我们应该说是"学生"和"学习"的词语的使用表明,这对于亚里士多德的其他著作有可能也是正确的。《尼各马可伦理学》1004b18 ὡς καὶ πρῴην εἴπομεν([译按]"如我们前天所说"或"如我们方才所说")也许意指讲座或朗读。但 πρῴην 的意思既可以是指"前天",也可以同样容易地指"方才"。耶格尔《研究》,第 145—147 页)提供了各种理由来假定亚里士多德著作(对话作品也许除外)的发表有两种方式:(1)被大声朗读,和(2)被听众抄写。

④ 欧肯(Rudolf Eucken)做了这个工作,见《论亚里士多德的用词规律》(De Aristotelis dicendi ratione),和《论亚里士多德的语言惯用法》(Ueber den Sprachgebrauch des Aristoteles)。

同时 B 卷提到 A 卷是作为"我们的前言"（995b5）和"我们首先的讨论"（997b4）。⑤

B 卷也因其本性而先于主要的形而上学论文。它列举并辩证地讨论了十四（或十五）个问题。这些问题不被认为是这位形而上学家的一个完整的提纲，但是他必须首先讨论它们（995a25）。B 卷声称它自己紧随着 A 卷（995b5，996b8，997b4），值得注意的是，在以上段落的第二处中使用的 πάλαι［以前］一词是一个可被用于指同一著作的较先部分的词（《物理学》254a16，Z 卷 1039a19，《政治学》1262b29，1282a15）。对 A 卷和 B 卷之间密切关系的更进一步证据是 A. 983a21（参考982a4）、B. 995a24 和 996b3 中对短语 ἡ ἐπιστήμη ἡ ζητουμένη［所追寻的那门知识］的运用，和在"我们柏拉图主义者"（A. 990b9、11、16、18、23，991b7；B. 997b3，1002b14）的意义上对第一人称复数的运用。

B 卷对于《形而上学》的结构来说意义是显然的。B 卷也许是亚里士多德在以后的讲座中予以全面实施的一个计划。它也许只是一个他从未加以贯彻落实的提纲。或者，它也许居于这两端之间的某处：这也许就是，他明显按照这些问题在 B 卷中被提出的形式讨论了其中的一些问题，同时，另一些问题，他以一种新的形式并且在新的组合中加以考察，还有一些问题他搁置了，或者从未感到他自己可以解决。我们将看到，就从遗留给我们的材料所能判断的而言，实际的情况更类似于此。

头四个问题⑥与形而上学的可能性和范围有关：

（1）研究全部各种原因是一门还是多于一门科学的任务？

（2）研究实体的第一本原的科学也应当研究证明的第一本原吗？

（3）有一门研究所有实体的科学吗？

（4）研究实体的科学也研究它们的属性吗？

接下来是十一个形而上学实际上必须解决的问题：

（5）除了可感实体之外还有不可感的实体吗？如果有，它们多于一种吗？

（6）作为事物的第一本原的是种还是构成成份？

（7）最高的属还是最低的种在本性上更是本原和实体？

（8）有个体事物之外的东西吗？

---

⑤ 布拉斯（F. Blass）认为，περὶ φιλοσοφίας［《论哲学》］的一些部分内在于 ΑΛΜ 卷中，并且以风格的严谨和避免使用隔断符（hiatus）而区别于这几卷的其余部分（Rh. Mus. xxx. 485－497），他的这一理论需要对文本作过分牵强的处理而难以令人信服。但 περὶ φιλοσοφίας 的三卷分别构成了 A 卷、MN 卷和 Λ 卷的基础。它们可能的内容在耶格尔的《亚里士多德》第 125－170 页中被很好地讨论了。

⑥ 我在这里所遵循的是第 2-6 章中的讨论顺序，它相比第 1 章中的表达顺序更合逻辑一些；第 1 章把第五个问题放到了第四个问题的前面。

（9）第一本原是在数目上还是在种类上有限？

（10）可毁灭的和不可毁灭的事物的本原是一样的吗？

（11）一和存在是实体还是属性？

（12）第一本原是普遍的还是个别的？

（13）第一本原是以潜能的方式还是以现实的方式存在？

（14）数学的对象是实体吗？如果是，它们是与可感事物分离的吗？

（14ª）⑦什么是相信形式不同于可感物、不同于数学对象的根据？

Γ卷只包含一处对B卷明显的指涉，即1004a33对第四个问题的指涉，但在明显回答这个问题之外，第1、2章隐含地回答了第一、三个问题（参考1005a13对结论的总结）。同样，第3章给了第二个问题一个明显肯定的回答（1005a19－b8，尤其是b5－8的总结）。然而，由于不满足于断定形而上学应当研究证明的第一本原，亚里士多德便进而实际地讨论它们，Γ卷其余的部分就致力于此。B卷中的一个正式一些的问题成为进一步讨论的起点，这种程序我们在其他的关联中还会碰到。但不管怎样，其间，ABΓ卷的整体性得到了确证。有待考察的是，其他各卷有多少构成了这同一个整体的部分。

E卷不包含任何正式的对B卷中的问题的指涉。但是，实际上，它接受了Γ卷对第一个问题所作的回答（参考开头的话和Γ卷1003a31），并进而说明了形而上学研究作为存在的存在的本原的内涵。它是沿着两个方向来澄清这一问题的。（1）依傍形而上学研究存在之为存在的观点，它发展了一个尚未被触及的观点，即，它研究一类具体的存在——既有分离的、实体性的存在又摆脱了变化、一方面区别于数学的对象、另一方面又区别于物理学的对象的这样一种存在。这两个观点它试图加以弥合，方法就是说这种存在，假如它存在，则先于其他种类的存在，关于它的科学是首要的因而是普遍的。（2）它指出，"存在"的使用有两种意义是形而上学所不研究的：(a)偶性的存在，即，A是B仅仅就什么东西偶然于A或偶然于B而言，和(b)"作为真的存在"。前者根本不可能被研究；后者也许由逻辑学来研究。

E卷和ABΓ卷之间是否有任何实际的关联，在这一问题上的怀疑一直不时地被表现出来⑧，但这一怀疑由于K卷的第一部分是对BΓE卷中所讨论的论题

---

⑦　这个问题(1002b12-23)显然是上一个问题的一个补充；在第1章中没有任何与它相对应的。

⑧　例如，在纳托尔普(Paul Natorp)那里，见《哲学月刊》(*Philosophische Monatshefte*)，xxiv，第37－65页和第540－574页。策勒(Eduard Zeller)在《哲学史文献》(*Archiv für die Geschicht der Philosophie*)，ii，第265页以下对他作了回答。纳托尔普试图表明E卷含有一个同ΓZ卷不相容的、有关形而上学的主题的观点，因而一定是伪作，这一企图是不成功的。

的一个连续对应的研究这一事实而得到了彻底的解决,而 K 卷无疑是非常古老的,而且有可能是一个学生对亚里士多德本人一次课程的笔记。

ZHΘ 卷显然构成了一个相当连续的作品。不仅在 H 卷和 Θ 卷的开端有表连接的小品词,而且 Z 卷向下提到了 H 卷,⑨同时 H 卷开始于对 Z 卷的一个概括(1042a3—22),而 Θ 卷则用含有一种密切关联的语言向上提到 Z 卷。⑩ 诚然,H 卷和 Θ 卷中其他提到 Z 卷的地方⑪暗示一种相对的独立性,但这显然只是更大整体中的一个部分所具有的那种独立性。

此外,显而易见的是,Θ 卷提到 Z 卷是"我们最初的讨论",这意味着 ZHΘ 卷在某种意义上是一篇明显不同于 ABΓE 卷的论文。这两组论文通常被看成是在一起的,构成了《形而上学》的主干,如布兰迪斯(C. A. Brandis)和伯尼茨(Bonitz)所认为的那样;耶格尔看法的其中一个主要特点就是,他相信 ZHΘ 卷不属于这一"主干"。⑫ 他的论证必须加以评论;其论证如下:

(1) M 卷,他相信构成了主要论文的一部分,这一卷提到的对可感实体的研究不是指向 ZHΘ 卷,而是指向《物理学》,尽管 ZHΘ 卷主要是研究这一主题的(耶格尔,第 97 页)。耶格尔遵从伯尼茨把 1076a9 的 ὕστερον 解释成是指后来在《物理学》中的一项研究。但这一点由于 μέν...δέ * 而成为不可能。伯尼茨为他的极不自然的解释所提供的唯一理由是,MN 卷中缺少其他提及 ZHΘ 卷的地方。但 N 卷(1088b24)中的一段也许是指向 Θ 卷的,而 Z 和 H 卷也都提到了 MN 卷中的讨论,就像提到某个随后要来的东西一样(1037a12,1042a22)。何况,即便 1076a9 是孤立的,它也是对 ZHΘ 卷的一处明显的指涉。⑬

耶格尔认为,1086a23 同样比较清楚地表明 ZHΘ 卷不构成主要的形而上学论文的一部分。他认为这说明,ZHΘ 卷由于研究的是可感实体,因此是物理学而不是形而上学。那段话的意思是十分不同的。它说的是,那些仅仅认识可感

---

⑨ 1037a20 几乎不可能是指 Z. 12,因为它几乎紧接着下面。它一定是指 H. 6,1039a22 或许也指向它。

⑩ 1045b28 只有 εἴρηται[已经说过],1045b31 ὥσπερ εἴπομεν ἐν τοῖς πρώτοις λόγοις[正如在最初的讨论中我们说过的那样]。

⑪ 1043b16 ἐν ἄλλοις[在别的地方],1049b27 ἐν τοῖς περὶ τῆς οὐσίας λόγοις[在有关实体的论述中](参考 Z. 1037b10)。

⑫ 下述批评(直到第 xxi 页)是在耶格尔的《亚里士多德》问世之前付印的,指向的是他在《研究》中的论证。我以为我本人同意于他后来的看法,即,《形而上学》(除开 Λ 卷,它原本是一篇独立的论文)最早的部分是 A、K 的开端——1065a26、M. 1086a21——N 的结尾,BΓE 是 K 的开端——1065a26 的一个后来的稿本,M 的开端——1086a21 是 M. 1086a21——N 的结尾的一个后来的稿本。ABΓE,ZHΘ,MN,和 I,看起来在 αΔKΛ 被添加进来之前已经逐步形成为一个整体。

* [译按]希腊语表示对比性句子关联的小品词。

⑬ 耶格尔现在(《亚里士多德》,第 212 页以下)也这样认为。

实体的思想者（即，前苏格拉底哲学家们）的观点，一方面已经在《物理学》中被讨论过了，另一方面对现在的研究是不适宜的：即，他们的观点和现在的研究不相干，因为现在的研究限制在不可感实体上。在 A 卷中，在他把他的主题缩小到不可感实体之前，他实际上讨论了他们的观点。这段话的意思并不是说，对可感实体的讨论对形而上学是不合适的，而是说它对现在阶段的研究是不合适的。

（2）不仅 E. 1026a16、19、27—32，而且 Z 和 Θ 卷本身（1037a10—17，1048a25—30）都表明，形而上学仅与不可感实体有关，但与此同时，事实上，ZHΘ 卷所关注的却是可感实体（耶格尔，第 97 页）。

要对此作出回答就必须指出，E 卷本身把形而上学研究不可变的实在的观点同它研究存在之为存在的本性、即共同于所有存在的本性的观点结合在了一起。这样，当我们询问 ZHΘ 卷主要关注的是什么时，最恰当的回答也许就是 M. 1076a9 所给出的："可感存在中现实的或形式的因素。"这三卷首要研究的不是可感存在的质料，而是共同于可感和不可感存在、并因此是存在之为存在的一个本原的形式因素。而且它们研究这一点之所以首先按照它在可感实体中的情况，只是因为可感实体是 ὁμολογούμεναι［公认的］，而且构成了在其纯粹性中对其加以研究的一个预备（Z. 1037a13，1041a7；H. 1042a22—25）。在说明它们自己所关注的是可感存在时，ZH 卷承认它们本身对于形而上学的主要对象来说是预备性的，但肯定不承认它们作为形而上学论文的一部分是不合适的。而且，以同样的语气，它们往后提及了 MN 卷是同一论文的未来的一部分（ὕστερον，1037a13，1042a23）。

（3）ZHΘ 卷没有继续对 B 卷中所阐述的问题的讨论。E 卷已经指出形而上学的主题是不可感存在；在 ΓE 卷中所讨论的四个预备性的问题之后的头一个问题就是是否存在不可感实体的问题（B. 997a34）。这样，B 卷和 E 卷都使我们倾向于期望接下来的是一个对不可感实体的讨论，而不是对可感实体的。此外，ZHΘ 卷从未提到 B 卷中所提出的那些问题（耶格尔，第 101、102 页）。

必须承认，在 ZHΘ 卷中没有对 B 卷的明显提及，这几卷没有用非常多的言辞讨论 B 卷所提出的那些问题。但它们表现出了一个非常类似于 Γ. 3—9 所表现出来的现象。正像在 Γ. 3—9 中，在指出了研究公理是形而上学的工作（因而回答了他的第二个问题）之后，亚里士多德进而立刻研究了它们，同样，在 ZHΘ 卷中，在指出形而上学研究实体（因而回答了他的第三个问题）之后，他立刻讨论了实体，而推迟了对 B 卷中所提出的更进一步的讨论。一个类似的现象在 I 卷中也将看到。

即使 ZHΘ 卷没有提到 B 卷，事实依然是，（a）不仅 M 卷而且 I 卷

（1053b17）——它们二者，耶格尔正确地认为，就有那么一部主要的论文而言，都是从属于主要论文的卷——所用的语言都暗示 ZH 卷出现在前，[14]以及（b）E 卷用"以后"这个词（1027b29）向下提到了 Θ 卷，而 Z 卷和 H 卷用相同的词来指 M 卷（1037a13，1042a23）。这样，ABΓEZHΘMN 的顺序就似乎得到了确立。但 ZHΘ 卷构成了一个部分，其中 B 卷的问题某种程度上沦为了背景。

（4）Z 卷把理念论当成尚未予以驳斥的（第 14 章）。但在 A.8、9 中它已经被驳斥了（耶格尔，第 111 页）。

要对此加以回答，有两件事必须说明：

（a）MN 卷也把这一理论当成尚未驳斥的。耶格尔自己相信，当写作 MN 卷的时候，A.8、9 被从讲稿中去掉了，由 MN 卷中更为充分的讨论所取代。难道 ZHΘ 卷不可以属于这一较晚形式的讲稿吗？

（b）Z 卷中对理念的驳斥是仅仅从一个特殊的角度出发对它们的驳斥；它是第 13 章中对普遍者被认为是实体这一主张的讨论的一个附录（参考 H.1042a5）。这一主题对于亚里士多德来说是如此之重要，以致对它从不同的角度、不止一次地加以讨论，于他是自然的。

Z 卷同 E 卷的关联似乎可以通过对比 E 卷结尾的话和 Z 卷开始的话而非常容易地建立起来。但是，尽管 E 卷结尾的话除非有 Z 卷跟着否则就是无意义的，但假如它跟在后面的话，它们就产生了一个难以忍受的重复。它们显然是一处后来的添加，类似于所有抄本中出现在 α 卷结尾的话，以及出现在 Aᵇ（［译按］亚里士多德《形而上学》的一个古代抄本的编号）中 Γ、H、I 卷结尾的话。然而，ZHΘ 卷同 E 卷实质的连续性，从 ZH 卷和 Θ 卷分别讨论了 E 卷声称是形而上学主题的存在的两种意义——存在被划分为各范畴和潜能的与现实的存在——这一事实来看，是显而易见的。

耶格尔已经指出[15]，MN 卷包含对学园派理论的一个较早的讨论和一个较晚的讨论（M.1086a21—N 的结尾，M 的开始—1086a18）。较早的形式和 AB 卷有紧密的关联；耶格尔指出，在 M.1086a21—结尾中有比在 Z—Λ 各卷中更多的提及 AB 卷的地方（1086a34，b2、15）。1086b20—32 使我们想起了 B.999b27—1000a4（问题 9），1086b32—37、37—1087a4 使我们想起了 1003a13—17、7—9（问题 12）；而结论出现在 1087a7—25。但是，较晚的稿本也提到了 B 卷（1076a39，b39）。M.1—9 明显地是致力于问题 5 的解决（参考 1076a19 及 997a35）。

---

⑭　此外，N.1088b24 也许指向 Θ.1050b7 以下。

⑮　《亚里士多德》，第 186—199 页。

　　M 卷表现了一个非常奇怪的现象——在第 4、5 章中（1078b34－1079b3，1079b12－1080a8），实际上一字一句地重复了 A. 990b2－991b8 中所提出的反驳理念论的论证，在第 6－9 章中出现了对理念数的一个反驳，而完全忽略了 A. 991b9－993a10 中对它们的反驳。重复的段落出现在亚里士多德论文的两个地方，这是毫无疑问的；迄今为止，对这一双重出现的最合理的解释就是，亚里士多德在不得不又一次处理同一个主题的时候感到，他从前对此的研究充分表达了他的看法，因此就再次使用了它（参考 Δ. 2 和《物理学》ii. 3 的一致性）。某些微小的差异⑯使我们能够以某种确信给出这两个版本的相对的时间。在 A 卷，亚里士多德在"我们"明显是指"我们柏拉图主义者"的地方多次说到"我们"，意即，A 卷属于亚里士多德仍然是一位柏拉图主义者的时期，尽管是一位批判的柏拉图主义者；耶格尔揣测（《研究》，第 34 页，注释 2）这一卷也许向在阿索斯（Assos）的柏拉图小组宣读过，亚里士多德从公元前 348 到 345 年曾经生活在这些人之中，这是极有可能的。在 M 卷中他使用了第三人称的柏拉图主义者，而且至少在一个例子⑰中，批评更加尖锐了。这一卷属于他已经明确地与学园分手并卓然自立为一个导师的时期。有可能在他写完 M 卷的时候，他从他的讲稿中省去了 A. 9；否则这一重复就会是太过明显的。

　　I 卷显然是一篇或多或少自足的论文，研究了"一"和同类概念的本质。它没有被《形而上学》的其他任何一卷所指涉。但在 1053b10 上它含有一处对 B 卷的指涉，而且不止是指涉，还是对 B 卷中（1001a5－24）讨论"一"的大部分内容的一个扼要重述（1053b11－24）。在这里我们显然拥有亚里士多德对第十一个问题的正式的回答。在解决了 B 卷中就"一"所提出的问题后，他接下来便被引向对有关"一"的其他问题的讨论。然而，这一卷还以另一种方式同 B 卷关联在一起。亚里士多德在 995b20 提出过这一问题，研究同、异、相似、不相似以及相反是谁的工作，而在 Γ. 1004a17 中他回答说这是形而上学家的工作。我们看到，在 I. 4－10 中有对它们的实际的讨论。我们还知道，I 卷往前提到了 Z 卷（1053b17）。因此，显然，它属于主要的论文，尽管和其余的部分的联系多少有些

---

⑯　对此参见有关 A. 9 的注释。

⑰　参考 990b4, 1078b36。A 卷的语气也比《论题篇》和《分析篇》的语气要更缓和些；参考《后分析篇》83a32：τὰ γὰρ εἴδη χαιρέτω· τερετίσματά τε γάρ ἐστι, καὶ εἰ ἔστιν, οὐδὲν πρὸς τὸν λόγον ἐστιν.［因为理念该告别了；因为它是空洞的，而且即便有，对于论证也是无。］当然，有可能如格兰特（Grant）所建议的，在经历了一个强烈的反柏拉图主义的时期以后，亚里士多德停歇在一个较为友善的态度中；但相反的观点似乎更有可能——即，A 卷早于 M 卷、《论题篇》和《分析篇》。M 卷专注于原来的理念论远不及对柏拉图、斯彪西波和色诺克拉底的数论的专注，这一事实本身便是其晚近性的明证。

松散。另外显然的是，它在逻辑上在 MN 卷之后而不是之前。否则它便打断了
ZHΘMN 中对实体本质的讨论。⑱ M 卷开始的话相当明显地表明，亚里士多德
刚刚结束了他对可感实体的讨论。还可注意的是，在 1087b33 中没有提到 I. 1
中对"一"的更为充分的研究，这意味着 I 卷未曾先于 N 卷。

这样看来，ABΓEZHΘMNI 便构成了一部多少连续的作品。这无疑便是出
现在《匿名的美纳吉》(Anonymus Menagii) 的亚里士多德著作书目中的那部十卷
本的《形而上学》。然而，它不是一部完整的著作。如果我们问 B 卷所提出的问
题有多少在以后各卷中被研究了，那么，回答可以表述如下：

问题 1 在 Γ. 1、2 中得到了回答（尽管不是按照它被提出的准确的形式），并进一
步在 E 中得到了阐明。存在之为存在的本质因此被表明是形而上学的主题，并
被定义为排除了偶性的存在和作为真的存在，而包括"范畴意义上的存在"和"潜
能与现实意义上的存在"，它们在 ZH 卷和 Θ 卷中得到了讨论。

问题 2 在 Γ. 3. 1005a19—b8 中得到了回答，这一论题因此被宣布属于形而
上学，在 Γ 卷的其余部分得到了讨论。

问题 3 在 Γ. 1、2（尤其是 1004a2—9）和 E. 1 中得到了回答，而且实体在 ZH 中
被进一步作了讨论。

问题 4 在 Γ. 2. 1003b32—1005a18（1004a32 明确提到了这个问题）中得到了研
究。实体主要属性中的一些在 I. 4—9 中得到了进一步的考察。这样，全部有关
形而上学的可能性和范围的预备性的问题就在 Γ 卷中找到了一个答案。

问题 5 在 MN 卷中被加以研究。但是，这里的这个研究是对毕达戈拉斯学
派和柏拉图主义者的观点的一个考察，因此对于亚里士多德的观点的表述来说
只是预备性的（πρῶτον τὰ παρὰ τῶν ἄλλων λεγόμενα θεωρητέον, M. 1076a12［首
先应该考察其他人说的话］）。M. 1076b1、1077a1 明显提到了这个问题。

问题 6、7 在任何地方都没有明确的研究。但 Z. 13 偶然给出了亚里士多德
对这个两个问题的回答（问题 6 参考 Z. 10. 1035a24、30；问题 7 参考 Z. 12. 1038a19）。

问题 8 没有明确地回答，但亚里士多德对它的态度可以从 Z. 8、13、14 和
M. 10 中搜集到。

问题 9 在 M. 10 中得到了回答。

问题 10 没有明确地研究，但亚里士多德的观点可以从 Z. 7—10 中搜集到。

问题 11 在 Z. 16. 1040b16—24、I. 2 中得到了回答。I. 2. 1053b10 明确提到

---

⑱ 要记起的是，HΘMN 卷正好是在开始的句子中有一个表连接的小品词的那几卷。如果 ZHΘMN 卷构
成了连接在一起的一组讨论的话，那么，这就是我们所应当期望的。

了它。

问题 12 在 Z. 13—15、M. 10 中得到了回答。M. 10. 1086b15 明确提到了它。

问题 13 没有明确地回答,但亚里士多德的回答可以从他的现实先于潜能的理论中推出(Θ. 8)。

问题 14 在 M. 1—3、6—9 和 N. 1—3、5—6 中得到了回答,尽管没有被明确地提及。

问题 14ᵃ 在任何地方都没有明确地研究,但可参考 M. 10。

这样,在整体上,B 卷的计划得到了相当好的实施,尽管有几个问题没有按照它们最初被提出的形式来研究。这是自然的,亚里士多德思考形而上学问题的方式本应当在他研究它们的过程中加以调整。他让他的思想追随着"论证的风向";但他从来没有完全忘掉 B 卷中提出的问题,他使我们不时地想起它们。

二、外在的几卷

尚有四卷有待考察:α、Δ、Κ、Λ。其中 α 卷明显打断了 A 卷和 B 卷之间的联系。它不指涉其他任何一卷,也不被其他任何一卷所指涉。有人曾试图通过在 995a19 插入一句话来把它和 B 卷衔接起来,这句话是对出现在 B. 995b5 的一个句子的不严格的抄写,但这一企图被阿弗洛狄西亚的亚历山大(Alexander of Aphrodisias)做了最终的揭露。这一卷的标题本身就暴露出它是对《形而上学》主体的一个晚近的、有可能是最晚的增补,是在其他各卷已经被排序之后插入的。最古老的稿本之一(E)有一条注释说,绝大多数学者把这一卷归于罗得斯的帕西克勒斯(Pasicles of Rhodes),亚里士多德的一个学生,欧德谟斯(Eudemus)的外甥。⑲ 阿弗洛狄西亚的亚历山大(137.2)、阿斯克勒皮乌斯(Asclepius)(113.5)和叙利阿努斯(Syrianus)(1.7, 14.26, 37.29, 98.9)认为它是亚里士多德的作品;亚历山大对这一卷所处的恰当位置持有疑问,认为它在总体上是 θεωρητικὴ φιλοσοφία[思辨哲学]的一篇残篇性质的前言(137.3—138.9)。他们正确地认识到这一卷思想和语言都是亚里士多德的。但是,三章之间联系的缺乏有力地证实了耶格尔的观点,即,我们在这一卷中所拥有的是帕西克勒斯对亚里士多德一次讲座的某种残篇性质的笔记。结尾的几句话十分清楚地表明,该

---

⑲　阿斯克勒皮乌斯(4.20)说,一些学者认为 A 卷是由帕西克勒斯所写;这可能是由于 A 和 α 之间的一个混淆。

讲座是对一门不是关于形而上学而是关于物理学的课程的导言（参考 Al. 137.
13），以至于我们在这里所不得不面对的是那些从他们手边现成发现的此类材料
中整理出《形而上学》的人的一个判断错误（Asc. 4. 4，参考 Al. 515. 9）。

Δ 卷显然不在它现在的位置上，同样显然的是，它是亚里士多德的一篇真
作。除了在《物理学》和《论生成与毁灭》外，在 E、Z、Θ、I 卷中也都提到了它——
或者是以不明确的措辞$\dot{\epsilon}\nu$ $\ddot{\alpha}\lambda\lambda o\iota\varsigma$［在别的地方］，或者是像$\tau\dot{\alpha}$ $\pi\epsilon\rho\dot{\iota}$ $\tau o\hat{\upsilon}$ $\pi o\sigma\alpha\chi\hat{\omega}\varsigma$
［有关多种意义的部分］，或者用这一标题的某个变体；同时，在这一标题下，它出现
在狄奥根尼·拉尔修（Diogenes Laertius）的目录中，而在这份目录中，《形而上学》
本身没有出现。它是《形而上学》的一个有用的预备，但不是专门为它预备的。
其中讨论的一些概念（$\kappa o\lambda o\beta\acute{o}\nu$，$\psi\epsilon\hat{\upsilon}\delta o\varsigma$）并不适合于《形而上学》，而且它明显比
物理学著作要早，而《形而上学》的其余部分就其现在的形式而言则是较晚的。

K 卷由两个十分不同的部分构成，体现了两个明显不同的问题。1059a18—
1065a26 包含对 BΓE 三卷内容的一个缩写；1065a26—1069a14 包括对《物理学》
ii、iii、v 的一系列摘引。这两部分被巧妙地用从偶性向机遇的一个过渡联系了
起来，前者是 E. 2，3 的主题，后者是通过偶性来定义的。K 卷不被其他任何一
卷所指涉，[20]但第一部分是以 A 卷为前提的（1059a19），并含有一处对较晚的一卷
（? Λ 卷）的模糊的指涉（1064a36）。对第一部分的考察表明，它不是对 BΓE 三卷
的一个机械的、像一个学生也许会做的那样的复述，而是对相同论题的一个独立
的处理，不仅省略了很多（例如，1002b32—1003a5，1007a20—b18，1008a7—b12），重新
安排了很多，而且还插入了不少它自己的东西（例如，1059b14—21、30、38，1061a20—
b3，1065a14—21）。思想和语言都是亚里士多德的。只有一处例外，这便是在
1060a5、17、20、b3、12，1061b8，1062b33 中对复合小品词$\gamma\epsilon$ $\mu\acute{\eta}\nu$的使用。[21] 这不
证明它不是亚里士多德所写的；一位作者可以在他生命的一段时间中使用一种
措辞，而接着放弃它，而且策勒指出，$\delta\epsilon$ $\gamma\epsilon$ 显然只在《物理学》、《形而上学》和《政
治学》中使用过，而$\tau\epsilon...\tau\epsilon$几乎仅限于《政治学》和《伦理学》。但只要 K 卷的内容
被确认是亚里士多德的，那么，实际的形式是出于亚里士多德还是出于一位记录

---

[20] 在 I. 1053b10、M. 1076a39 和 b39、1086b15 各处的指涉分别指向的是 B. 1001a4—24、998a11—15 和
997b12—34、999b24—1000a4 和 1003a6—17，而不是指向 K. 1060a36—b6、1059a38—b14、1060b28—
30 和 19—23 各处不太详细的对应文字。

[21] $o\dot{\upsilon}\delta\grave{\epsilon}$ $\mu\acute{\eta}\nu$在 K 卷的这一部分中出现了两次，这除了在《物理学》vii 外，在亚里士多德的其他著作中都
没有发现过，而《物理学》vii 的真实性一直受到严肃质疑。但反对 K 卷的这个证据由于这一事实而
受到了削弱，即，$\mu\acute{\eta}\nu$在整个《形而上学》中的使用要比在亚里士多德绝大多数著作中的使用更为经
常。

亚里士多德讲课的学生便无关紧要。它的相比 BГE 卷更小的篇幅更有利于这一观点,即 K 卷反映的是一位学生的笔记——但不是我们在 BГE 卷中所拥有的同一个讲座的笔记(它相对于那个讲座是非常独立的),而是在另一个场合所讲的一次相应的课程的笔记。

我们甚至可以推测 K 卷反映的是比 BГE 卷更早的一次课程。B 卷似乎暗示理念论尚未被驳斥;[22]亦即,它属于 A.9 被去掉、理念留待在 M 卷中加以讨论的一次课程。但在另一方面,K 卷却暗示理念已经被驳斥(1059b3);亦即,它属于第 9 章依然保留在 A 卷中、未被 M 卷中它后来的形式所替换的时期。[23]

K 卷的后一部分建立在一个十分不同的基础上。它由几乎逐字逐句摘自《物理学》的选段构成;没有任何独立的研究。节选是以相当的技巧进行的,对所处理的主题作了一个相当清楚的说明。节选者对定义有特殊的爱好(参考 1065a27、30、35、b1、16、22、33、1066a35、1067b21、23、1068b20、26、27、30、31、1069a1、5)。要判断这些摘录是由亚里士多德本人参照物理学论题上的一次简明的课程做出的还是由某位学生做出的,似乎不可能。如果是后者,那么,显然,他有《物理学》的文本在面前,而不是简单地记录亚里士多德的讲座;字句上的相似甚至于小品词多到需要容许这后一种假定。K 卷的这两个部分联合为单独的一卷体现了一个奇怪的问题;一位编辑者发现了一组论文是以对偶性的讨论结束的,而另一组论文则是以对机遇的讨论开始的,那么,他应当把它们放到一起以填补相当规模的一卷这非常自然。不管怎样,我们必须将第二部分看成一个插入到《形而上学》中的部分,因为假定一个单独的讨论能够同时胜任物理学和形而上学二者,这与亚里士多德的原则完全相反。

我们最后说到 Λ 卷。Λ 卷没有提到《形而上学》的其他任何一卷。[24] 其他卷中有三段话也许提到了 Λ 卷。E.1027a19 说,是否每个东西"绝大部分"是永恒的还是有些东西是永恒的,必须以后加以讨论,而这只在 Λ.6—8 中被做过。K.1064a36 更为明确地说:"如果有这种本性——分离而且不动——的一个实体,我们将尝试证明它有。"在另一方面,Z.1037a12 中提到后面对"是否有脱离可感

---

[22]　否则的话,在 997a35 中所陈述的第五个问题就变得没有意义了。997b3,如耶格尔所指出的,是以 A.6 中对理念论的说明为前提的,而不是以 A.9 中对它的批判为前提的。

[23]　耶格尔在《亚里士多德》第 216—222 页中指出,在 K 卷的第一部分中有几处表明亚里士多德比他在 BГE 卷中要更接近柏拉图的传统。

[24]　εἴρηται δὲ πῶς[已经说过了是如何],1072a4,被伯尼茨正确地认为指涉的不是 Θ.8 而是 Λ.1071b22—26;εἴρηται 绝对地几乎不可能指随便什么,而是指同一卷书或者紧密相联的一卷书的一个先前的段落。

实体的质料的另外的实体,是否我们必须寻求一个区别于数或这一类的某个东西的实体"这个问题的讨论,这似乎更有可能指向的是 MN 卷。而且如果 MN 卷是一篇论文的批判性的预备部分(参考 M. 1076a10 中对这个问题的表述,"是否在可感实体之外有一个不变的、永恒的实体"),那么,其他两处指涉也许指的就是它的一个佚失的(或者从未写作的)肯定部分。㉕ 这样,这几处指涉对于支持 Λ 卷和《形而上学》的其余各卷之间的关联就没有太多的作用。它从各方面看都是一篇独立的作品。它在它的第一句话中便声明自己是对实体的一个讨论,而丝毫没有提到 ZH 卷已经相当全面地处理了这个主题的事实。

    它的头五章讨论可感实体的根本性质,从而涵盖了和 ZH 卷相同的领域,但是相当独立地处理这一主题,而且是以一种同《物理学》的关联较之同《形而上学》的其余各卷的关联更为紧密的方式;把可感实体分析为形式、缺失和质料(1069b32,1070b11—29,1071a8、34),可与《物理学》i. 6 对参。还应当注意的是,ZH 卷主要地致力于把可感实体逻辑地分析为形式和质料,而 Λ 卷却更为关注对可感事物的存在的一个原因性的说明,因而在很早的阶段就引入了动力因的必然性,而且还不断地予以强调(1069b36,1070a21、28,b22—35,1071a14、20—24、28、34)。这样,它就为宇宙的一个单一的动力因的必然性的证明铺平了道路。

    Λ 卷的整个第一部分是极其简洁的。它反映的与其说是一篇详尽的论文,不如说是一篇论文的笔记,这一点由以 μετὰ ταῦτα ὅτι[在此之后要记得说]开始的两句话(1069b35,1070a4)明显地指示了出来。

    Λ 卷使形而上学的存在以不可变实体和物理学对象没有共同的本原为条件(1069b1),由这一事实耶格尔推论(《研究》,第 122 页)亚里士多德本人尚未肯定有形而上学这样一个东西,Λ 卷因而一定早于 ΓΕ 卷、早于 ZHΘ 卷、早于《物理学》,因为在所有这些之中形而上学的存在都得到了清楚的肯定,从而 Λ 卷必定属于 AB 卷的时期,在这两卷中,形而上学还在被寻求,是一门 ἐπιστήμη ἐπιζητουμένη[被寻求的科学]。进而(第 123 页),他认为这一点由 Λ 卷中缺少形而上学的任何名称——无论是 θεολογική[神学]还是 πρώτη φιλοσοφία[第一哲学]——所证实。但是,第一个论点是不令人信服的;人们同样可以证明 E 卷由于条件句 εἰ δ' ἐστὶ τις οὐσία ἀκίνητος, αὕτη προτέρα, καὶ φιλοσοφία πρώτη[假如存在不动的实体,那么,这门科学就是在

㉕ Λ 卷本身不可能是 MN 卷的结论性的后续;它的两个部分之间的关联(参考 6. 1071b3 中对 1.1069a30 的指涉)不允许这一点。而且 1075a25 行以下还包含一个论辩,如果 MN 卷出现在前面的话,这个论辩就是不必要的。

先的,并且是第一哲学](1026a29)而是一篇早期作品。而且从哲学的名称没有在这几页出现这一点也不能作出任何推论;况且事实上 $\sigma o\varphi\iota\alpha$ 这一名称确实出现了(1075b20)。尽管,同《物理学》的思想方式的类似性表明了一种早期的起源,但这一点由于提到了卡利普斯(Callippus)的天文学理论而成为可疑的,后者几乎不可能被确定时期在公元前330—325年之前。㉖

尚待考虑的是克里施(Krische)和古德克梅耶(Goedeckemeyer)的观点,他们认为 Λ.1—5 是对 K.1—8 的继续,提供的是对 ZHΘ 卷的一个对应,就像 K.1—8提供的是对 BΓE 卷的一个对应一样。㉗ 但必须指出的是,在 Λ.1—5 和 ZHΘ 卷之间不存在任何程度的像在 K 卷和 BΓE 卷之间存在的那种相似性。Λ.2、3 大体上类似于 Z.7—9,但除此而外的联系点就很少了。Λ 卷也没有接受在 K.1、2 中所提出的那些问题。还应当指出的是,Λ.1—5 的相对的篇幅和 K.1—8 的是非常不同的。尽管 K.1—8 大约是 BΓE 卷的三分之一长,但 Z 卷却是 Λ.1—5 的五倍长,ZH 卷是七倍长,ZHΘ 卷是十倍长。Λ 卷必须被认为是一篇完整独立的论文,有一个主要的目的,即,确立世界的一个永恒的不动的动者的存在。

三、插入的残篇

耶格尔已经提请注意(并非总是第一次)的全集的一些特征尚有待提及。其中之一就是在各卷的结尾插入一些零散的残篇的惯常做法,因为在那里大概在纸卷的结尾还有空地留下来,或者新的篇幅可以被很容易加上去。他已经在几个例子中对这种情况的出现提供了有力的论据。

（1）他论证说(《研究》,第14—21页),A.10 是 A.7 的一个后来的不同的版

㉖ 参考海斯(Heath),《萨摩斯的阿里斯塔库斯》(Aristarchus of Samos),第197、198、212页。耶格尔在《亚里士多德》第229页以下陈述了证明 Λ 卷的时间更早的其他更为有力的论据。参考 Λ 卷开始的注释。他论证说(第366—379页),Λ.8 除1074a31—38以外都是后来增加的,当时,尤多克索斯(Eudoxus)和卡利普斯的研究已使亚里士多德相信一个比起仅仅指出第一推动者来要更为精致的天体运动的原因理论的必要性。

㉗ 克里施,《古代哲学研究》(Forschungen auf d. Gebiet der alten Philos.)i,第263页以下,古德克梅耶,《哲学史文献》xx,第521—542页;xxi,第18—29页。古德克梅耶认为以下段落是对应的:

1069a18—b2=Z.1、2。

1069b 3—34=H.1042a24—1044b20。

1069b35—1070a9=Z.1032a12—1034b7。

1070a9—13=Z.1029a2—7 或 H.1042a26—31

1070a13—30=H.1043b19—23,Z.1033b19—1034a8。

他承认 Λ.4、5 在先前各卷中没有对应。

本,原打算接在第 1—6 章中对较早观点的说明之后,和第 8、9 章中对它们的批评之前的。

(2) K.1065a26 到结尾很可能是这种情况的一个更大规模上的插入(《研究》,第 38—41 页)。

(3) Θ.10(它已经受到了克里斯特[Christ]和纳托尔普的怀疑)是一个类似的插入(同上,第 49—53 页)。"作为真的存在"在 E.4 中已经被确定地从形而上学的范围中排除了出去,就像在 E.2、3 中"偶性的存在"那样。只有范畴的存在和潜能与现实的存在应当被形而上学所讨论,因而它们在 ZH 卷中和 Θ.1—9 中被分别予以讨论。E 卷中承诺要对作为真的存在进行讨论而且认识到真理是对单纯实体的把握(区别于有关判断的真理)(1027b25—29)的那一部分,是在已经得出了《论灵魂》430a26 中的那个理论而且已经把第 10 章插入到了 Θ 卷之后所插入的一个后来的补充。(K 卷和所说的这一部分没有丝毫对应,但是该处的文本是如此之短,以至于从中不可能推论出什么来。)

(4) 耶格尔论证说(同上,第 53—62 页),同样极有可能的是,Z.12 中对定义的统一性的讨论是 H.6 中的讨论的孪生物,在这一主题已经被推迟到将来再讨论(σκεπτέον ὕστερον[应当以后讨论],Z.11.1037a20)时,它的出现非常古怪。在像 ZH 卷这样一个紧密结合的整体之中发现有两章讨论同一个主题却没有相互提及,这诚然是奇怪的。更进一步来说,Z.12 只是一个残篇,因为它没有讨论由归纳而来的定义,像亚里士多德在处理完了由分析而来的定义之后所想要做的那样(1037b27—1038b34)。既然第 11 章是以对 Z 卷到此为止的内容的一个概括结束的(1037a21—b7),而第 13 章是以对一个新的起点的宣告开始的,那么,第 1—11 章就构成了这一论证的一个确定的部分,而且耶格尔论证说,有可能第 1—11 章和第 13—17 章占据着不同的纸卷(应当被指出,Z 卷是《形而上学》中最长的一卷),而这孤立的孪生物则只是由于方便而被放在了在第一个纸卷的空页上。

这些例子没有一个本身是完全确定的,但它们累积起来的效果却应该非常有力地暗示,我们在这里所拥有的是有关《形而上学》编排中的一些特殊情况的真正原因。

α、Δ、K、Λ 卷插入到它们现在的位置上的动机也许是这样:

(1) α 卷之所以被插入到 A 卷和 B 卷之间,是因为 A 卷最后的话似乎承诺在 B 卷主要的 ἀπορίαι[难题]之前提出一些预备性的 ἀπορίαι(Al.137.5—12)。

(2) Δ 卷之所以被插入到 Γ 卷之后,是因为 Γ.1004a28 被理解为承诺要对术语意义中的各义项作一番检查(Al.344.22);或许也是因为 E.1026a34 是第一个往前的对 Δ 卷的指涉。

（3）Λ 卷之所以紧挨着 MN 卷排放，是因为同它们一样，它所关注的是永恒的、不可感的存在。

（4）K 卷之所以放在 Λ 卷之前，是因为 Λ 卷也许表面上看起来像是 ZHΘ 卷的一个对应的文本，正如 K 卷是 BΓE 卷的一个对应的文本一样（Al. 633.25）。

四、《形而上学》最早的版本

关于这些不同的论文被合到一起构成《形而上学》的时间，我们没有太多可讲的。亚历山大（515.20）指出，两个具体的段落"被亚里士多德放到一起，但被欧德谟斯分开"。阿斯克勒皮乌斯（4.9）有一个不同的故事，亚里士多德把这整部著作送给了欧德谟斯，后者认为"如此伟大的一部著作应当被出版"是不适合的；在他死后，这本书部分佚失了，后来的学者通过引用亚里士多德的其他著作来弥补空缺，并尽其所能将整本著作弥合在一起。策勒已经指出，㉘阿斯克勒皮乌斯的说法暗含着一个秘传学说的观念，这当然追溯不到欧德谟斯，而且《形而上学》事实上不是以出自亚里士多德其他著作的摘录拼凑而成的。阿斯克勒皮乌斯的权威性无论如何不能估计过高。亚历山大的看法更为可能；欧德谟斯也许对形而上学的论文就像对伦理学的论文一样做过某种编辑工作。㉙

亚里士多德著作最老的目录，狄奥根尼的那份有可能是依据赫尔米浦斯（Hermippus）（约公元前 200 年）的目录，没有包括《形而上学》，但是在 περὶ τῶν ποσαχῶς λεγομένων ἢ κατὰ πρόσθεσιν［论多种意义或依据增加］的标题下提到了 Δ 卷。《匿名的美纳吉》中的目录提供了 μεταφυσικὰ κʹ［《形而上学》二十卷本］，而在附录中又提供了 τῆς μετὰ φυσικὰ Iʹ［《形而上学》十卷本］。这两处所指很可能指向一部十卷本的《形而上学》（小横标在第一个计数中应当被排除，在第二个计数中则应当被包括）。奇努斯（Ptolemaeus Chennus）（约公元 100 年）的目录包括十三卷本的《形而上学》（即不包括 α 卷，或者把它算作 A 卷的一个附录）。《形而上学》的名称在奥古斯都时期首次见于大马士革的尼克劳斯（Nicolaus of Damascus），它一直被公认是由安德罗尼柯（Andronicus，约公元前 60 年）在出版他的伟大的亚里士多

㉘ 《皇家科学院论文集》（*Abh. d. Königl. Akad. d. Wissensch.*），Berlin，1887 年，第 156 页。

㉙ 像亚历山大那样的一次不经意的提及要比像阿斯克勒皮乌斯所讲述的那样的一个精心编纂的故事更具价值。将 A 卷或 α 卷同欧德谟斯的侄儿联系在一起的说法（Asc. 4.21 和 *Schlo.* 589a41，布兰迪斯）同认为欧德谟斯对《形而上学》做了某种编辑工作的观点相一致。

德著作的编订版时加上去的;㉚但是耶格尔(《研究》,第 180 页)指出,对经典作家的正本的补充似乎不是在这个时期之后才进行的。如果这样,那么,安德罗尼柯的《形而上学》一定已经包含了十四(或十三)卷,而十卷本的《形而上学》,当然因此还有《形而上学》的名称,则一定早于安德罗尼柯,尽管也许晚于赫尔米浦斯。但是,由于我们对一个早于安德罗尼柯的版本没有任何其他的线索,因此,这个论断就必然始终是非常可疑的;亚里士多德同样有可能是经典作家的正本被修订不迟于帝国时期的开始这一规则的一个例外。

耶格尔在《形而上学》的外部历史中已经察觉到了一个古怪之处。它的每一卷都有一定程度的独立性,似乎有可能每一卷最初都是在一个独立的纸卷中写就的(在其他情形中连结性的小品词的普遍缺乏表明了这一点)。这些纸卷必定原本具有非常不等的篇幅。由于在 α、Γ、Ε、Η 和 Ι 各卷的结尾(而且仅仅在这几卷的结尾)都出现了一个或全部明显是要指出下一卷开始的稿本文字,就像在旧的印刷书籍中每一页的头一个字是作为前一页末尾的一个提示词印刷的那样,因此,耶格尔论证(《研究》,第 181 页)说,出于商业的目的,《形而上学》有可能分布在七个纸卷中,每一个纸卷包含两卷;就像单独一卷是不等的一样,两卷一组的篇幅也是不相同的。这样

Aα = 贝克尔页码的 $14\frac{1}{2}$

BΓ = 贝克尔页码的 $17\frac{1}{2}$

ΔΕ = 贝克尔页码的 15^1

ZH = 贝克尔页码的 $17\frac{3}{4}$

ΘΙ = 贝克尔页码的 $13\frac{1}{2}$

KΛ = 贝克尔页码的 $16\frac{3}{4}$

MN = 贝克尔页码的 $17\frac{3}{4}$

Λ 卷结尾的提示词可以被假定已经丢掉了。

㉚ 最早的标题是 $\tau\grave{\alpha}\ \pi\epsilon\rho\grave{\iota}\ \tau\tilde{\eta}\varsigma\ \pi\rho\acute{\omega}\tau\eta\varsigma\ \phi\iota\lambda\omicron\sigma\omicron\phi\acute{\iota}\alpha\varsigma$[有关第一哲学诸篇](M. A. 700b9)。$\tau\grave{\alpha}\ \mu\epsilon\tau\grave{\alpha}\ \tau\grave{\alpha}\ \phi\upsilon\sigma\iota\kappa\acute{\alpha}$["形而上学"或"物理学之后诸篇"]的标题则是由于这部著作在亚里士多德著作全集版中的位置(Asc. 1. 19),全集版的顺序有可能是按这样的观点来安排的,即从 $\tau\grave{\alpha}\ \gamma\nu\acute{\omega}\rho\iota\mu\alpha\ \dot{\eta}\mu\tilde{\iota}\nu$[对我们可知的](质料事物,在物理学著作中被研究)到 $\tau\grave{\alpha}\ \gamma\nu\acute{\omega}\rho\iota\mu\alpha\ \dot{\alpha}\pi\lambda\tilde{\omega}\varsigma$[绝对可知的](Al. 171. 6, Asc. 1. 7)。

《物理学》的结构 *

罗 斯

在探寻《物理学》的结构之初,我们可从辛普利丘(Simplicius)①的陈述开始,即"亚里士多德和他的同事"把头五卷描述为构成了 $\tau \grave{\alpha}\ \pi \epsilon \rho \grave{\iota}\ \mathring{\alpha} \rho \chi \hat{\omega} \nu$［论本原］,$\varphi \nu \sigma \iota \kappa \grave{\alpha}\ \lambda \epsilon \gamma \acute{o} \mu \epsilon \nu \alpha$［所谓"物理学"］,后三卷描述为构成了 $\tau \grave{\alpha}\ \pi \epsilon \rho \grave{\iota}\ \kappa \iota \nu \acute{\eta} \sigma \epsilon \omega \varsigma$［论运动］。辛普利丘在不止一段话中力主对这一著作的这种划分。他说这已经为阿德拉斯图斯(Adrastus)②(公元 2 世纪的一个漫步学者)和波菲利(Porphry)③(公元 3 世纪)所知,而且已经为安德罗尼柯所采用。④ 他还引用塞奥弗拉斯特(Theophrastus)⑤为这一划分作证;但是他从塞奥弗拉斯特引用的话没有证明他的观点。它仅仅只是表明塞奥弗拉斯特认为卷 v 是《物理学》的一部分,但是由于这无论如何在某种意义上都是真的,因此它没有证明辛普利丘的观点,即塞奥弗拉斯特认为卷 v 在 $\varphi \nu \sigma \iota \kappa \grave{\alpha}$ 这部作品之区别于 $\pi \epsilon \rho \grave{\iota}\ \kappa \iota \nu \acute{\eta} \sigma \epsilon \omega \varsigma$ 的意义上属于 $\varphi \nu \sigma \iota \kappa \grave{\alpha}$。而且辛普利丘依据亚里士多德自己提到《物理学》各卷的方式所做的论证⑥也不是结论性的。他所引用的那些指涉仅仅表明,在《物理学》viii(251a9,253b8,267b21)中亚里士多德暗示,卷 ii 和卷 iii 属于 $\varphi \nu \sigma \iota \kappa \grave{\alpha}$,卷 viii 本身并不属于,《论天》提到卷 vi 和卷 viii 属于 $\pi \epsilon \rho \grave{\iota}\ \kappa \iota \nu \acute{\eta} \sigma \epsilon \omega \varsigma$。它们对卷 v 被亚里士多德认为究竟是属于这部论著还是那部论著这个问题没有丝毫的启发。

---

* ［译按］本文选自罗斯,《亚里士多德的〈物理学〉:修订文本,附导论和注释》(*Aristotle's Physics: A Revised Text with Introduction and Commentary*)导论第一节,第 1—19 页,Oxford University Press, 1936。

① 801.13—16

② 4.14

③ 802.9

④ 923.9

⑤ 923.10

⑥ 923.16

辛普利丘进而引用达玛斯(Damas)——欧德谟斯的传记作者,也许还是他的学生,说他提到了τὰ περὶ κινήσεως τρία[论运动三卷]。

另外一个辛普利丘用来证明他划分为论自然五卷、论运动三卷的正确性的证明也显然是不正确的。当亚里士多德在《物理学》viii. 257a34 中往回提到τὰ καθόλου τὰ περὶ φύσεως[自然概论]时,辛普利丘说这处指涉是指卷 v,第尔斯(Hermann Diels)并且给出 228a20 作为所指的这段话。但卷 v 中无论哪一处都不是要证明的那一点;那处指涉是指卷 vi. 4。

辛普利丘承认对物理学的另一种划分是由波菲利所采用的,即,将卷 v-viii 算作构成了περὶ κινήσεως。⑦ 这一划分被菲洛庞努斯(John Philoponus)所采用。⑧

在这里最好是清点一下可以从亚里士多德自己的指涉中获得的有关这一主题的所有证据。他使用τὰ φυσικά、τὰ περὶ φύσεως这些短语往回指向

　　《物理学》i(《形而上学》986b30,1062b31,1076a9,1086a23),
　　《物理学》ii(《物理学》253b8,《形而上学》983a33,985a12,988a22,993a11,
　　1059a34),
　　《物理学》iii(《物理学》251a8,267b21),
　　《物理学》v(《形而上学》1042b8),

但是也用来指向《物理学》vi(《物理学》257a34)和《物理学》viii(《形而上学》1073a32)。他使用τὰ περὶ κινήσεως来向下指向《物理学》vi(《后分析篇》95b11),并往回指向

　　《物理学》vi(《物理学》263a11,《论天》272a30,299a10,《论感觉》445b19,《形
　　而上学》1049b36),和《物理学》viii(《论天》275b22,《论生成和毁灭》318a3)。

他也使用τὰ περὶ χρόνου καὶ κινήσεως[论时间和运动]来往回指向《物理学》vi(《论天》303a23)。进而,他使用了短语τὰ περὶ τὰς ἀρχάς[《论本原》]往回指向《物理学》iii(《论天》274a21)。他还使用了τὰ περὶ φύσεως的词语往回指向《论天》(《形而上学》989a24)。伯尼茨引用《形而上学》1073a32 和《形而上学》1042b8、1062b31、1086a23(有所犹豫地),认为也以τὰ φυσικά或τὰ περὶ φύσεως的题目指

---

⑦　802.7—13
⑧　菲洛庞努斯,2.16

向《论天》和《论生成与毁灭》；但在所有这些地方都有《物理学》本身之中的段落可以被指向。

这些段落表明，$τὰ$ $περὶ$ $φύσεως$、$τὰ$ $φυσικά$ 对于亚里士多德并没有一个固定的意思。事实上，它们有三种意思，一个是较狭窄的，一个是居中的，一个是较宽泛的。(1)在《物理学》viii 中的三处对 $τὰ$ $φυσικά$ 的指涉⑨表明，亚里士多德有时候用这个短语来指一个包括《物理学》ii、iii 但不包括《物理学》viii 本身的讲座课程。卷 vi 和卷 viii 区别于这一课程被叫做 $τὰ$ $περὶ$ $κινήσεως$。(2)卷 vi 和卷 viii 在一个意义上被提到，认为属于 $τὰ$ $περὶ$ $φύσεως$（《物理学》257a34）或 $τὰ$ $φυσικά$（《形而上学》1073a32）。在这一意义上，有可能整个《物理学》或者卷 vii 以外的整个这部作品被认为属于 $τὰ$ $περὶ$ $φύσεως$。一个更进一步证明亚里士多德认为整个《物理学》构成了一个整体——尽管是在一个更大的整体的内部——的证据是由《气象学》的开始部分所提供的，这个部分概述了《物理学》、《论天》和《论生成与毁灭》，但是将《物理学》同其他两部作品分开：——

$περὶ$ $μὲν$ $οὖν$ $τῶν$ $πρώτων$ $αἰτίων$ $τῆς$ $φύσεως$ $καὶ$ $περὶ$ $πάσης$ $κινήσεως$ $φυσικῆς$, $ἔτι$ $δὲ$ $περὶ$ $τῶν$ $κατὰ$ $τὴν$ $ἄνω$ $φορὰν$ $διακεκοσμημένων$ $ἄστρων$ $καὶ$ $περὶ$ $τῶν$ $στοιχείων$ $τῶνσωματικῶν$, $πόσα$ $τε$ $καὶ$ $ποῖα$, $καὶ$ $τῆς$ $εἰς$ $ἄλληλα$ $μεταβολῆς$, $καὶ$ $περὶ$ $γενέσεως$ $καὶ$ $φθορᾶς$ $τῆς$ $κοινῆς$ $εἴρηται$ $πρότερον$. [因此，关于自然的首要原因而且关于全部自然的运动，再者关于按向上运动排列的星辰和关于物体性的诸元素，有多少和怎么样，以及相互的变化，并且关于一般的生成和毁灭，我们在前面已经讲过了。](3)$τὰ$ $φυσικά$ 至少有一次被用于指一个包括了《论天》、也许还有《论生成与毁灭》以及《气象学》、当然还有《物理学》的组合。

亚里士多德的指涉没有显示他是否认为卷 i、iv、v、vii 属于 $περὶ$ $φύσεως$ 这一组合，还是属于 $περὶ$ $κινήσεως$ 这一组合。但是卷 i 非常明显地将自身归入了前一种组合。卷 iv 显然是接着卷 iii 的，因为在 iii.200b12—25 中所列的提纲是在合在一起的两卷中被加以贯彻的。但在另一方面，卷 v 却以将变化分析为它的种类而开始了一个新的起点，显然属于和卷 vi 相同的研究路线；因为卷 vi 是以持续性、偶然性和演替性这几个概念开始的，它们在 v.3 中已经被做了界定。只需看一眼卷 v 的内容，它整个是被运动的问题所占据的，就表明辛普利丘坚持将它从卷 vi-viii 中分出、把它添加到卷 i-iv 的做法是多么固执了。

然而辛普利丘不是唯一一个犯他这种错误的人。在我们最重要的抄本(E)中附在卷 vi-viii 之前的标题把它们描写为 $περὶ$ $τῆς$ $κινήσεως$ $τῶν$ $εἰς$ $γ'$ $τὸ$ $β'$,

---

⑨　251a9、253b8、267b21

το α΄, το γ〔论运动,分为3卷,第2卷、第1卷、第3卷〕。这一奇怪的编号方式有可能依据的是一个比这一抄本更古老的传统。什么是这一传统的起源呢? 可能的答案不久就会出现。

卷 vii 需要并将受到特别的考察。在这里,我将就目前为止所预期的说,它打破了卷 v、vi、viii 的连续性,否则的话它们将是一篇连续的有关运动的论文。我们知道,欧德谟斯认识到了这一点,在他的《物理学》中忽略了卷 vii,否则它也会处于和亚里士多德的著作相同的位置。然而辛普利丘引用欧德谟斯的传记作者达玛斯作为他的权威依据之一,以支持把《物理学》分成论自然五卷、论运动三卷的做法。作为 τρία περὶ κινήσεως〔论运动三卷〕的是卷 v、vi、viii。但无论达玛斯、辛普利丘还是处在这一将他们联系在一起的传统链条中的某个人,由于摆在他面前的是八卷本的《物理学》,便犯了一个自然的错误,认为最后三卷是 τρία περὶ κινήσεως,接着面对明显的事实,进而把头五卷作为 τὰ περὶ φύσεως 区分了出来。而波菲利的常识使他避免了犯这种错误。

这样,我们就发现了《物理学》的两个主要的部分,(1)卷 i-iv,作为 τὰ φυσικά 或 τὰ περὶ φύσεως 被指涉;(2)卷 v、vi、viii,作为 τὰ περὶ κινήσεως 被指涉,但也在 τὰ φυσικά 一词的更为宽泛的意义上被包括在 τὰ φυσικά 中;(3)还有相对孤立的一卷,卷 vii。

自然应当询问,是否从古代传下来的亚里士多德的著作的目录对《物理学》的原始结构有什么启发。相关的证据如下:

狄奥根尼·拉尔修的目录,
　　　编号41 περὶ ἀρχῆς α΄〔论本原一卷〕
　　　　　45 περὶ κινήσεως α΄〔论运动一卷〕
　　　　　90 περὶ φύσεως α΄β΄γ΄〔论自然一、二、三卷〕
　　　　　91 φυσικὸν α΄〔论自然物一卷〕
　　　　　115 περὶ κινήσεως α΄〔论运动一卷〕

赫西丘斯(Hesychius)的目录,
　　　编号21 περὶ ἀρχῶν ἢ φύσεως α΄〔论诸本原或自然一卷〕
　　　　　40 περὶ κινήσεως α΄〔论运动一卷〕
　　　　　81 περὶ φύσεως α΄〔论自然一卷〕
　　　　　82 περὶ φυσικῶν α΄〔论自然事物一卷〕
　　　　　102 περὶ κινήσεως α΄〔论运动一卷〕
　　　　　148 φυσικῆς ἀκροάσεως ι΄η΄〔物理学讲座十八卷〕

170 *περὶ χρόνου*［论时间］

奇努斯的目录，

　　编号17 *περὶ κινήσεων η´*［论运动八卷］

　　34 *περὶ ἀκροάσεως φυσικῆς η´*［物理学讲座八卷］

　　57 *θέσεις φυσικαὶ α´*［自然的状态一卷］

　　85 *περὶ χρόνου α´*［论时间一卷］

在对这几份目录、特别是狄奥根尼和赫西丘斯的那两份目录的解释中，几乎每一件事都是高度猜测性质的；默瑙克斯（Paul Moraux）⑩已经提出了一个有力的证据来假定头两份目录依赖于漫步学派的领袖阿里斯通（Ariston，盛年约为公元前 225—190 年）的权威，第三份目录依赖于约公元前 85 年的罗德斯的安德罗尼柯的权威。可以合理地认定狄奥根尼 41 和赫西丘斯 21 指的是《物理学》卷 i，它公开表明 *τὰ περὶ τὰς ἀρχάς*［论本原］是它的主题（184a15），并在最后（192b2）说它自己已经确立了 *ὅτι εἰσὶν ἀρχαί, καί τινες, καὶ πόσαι τὸν ἀριθμόν*［存在着本原，它们是什么，在数目上有多少］。看起来也有可能的是，狄奥根尼 90 指的是卷 ii—iv。卷 ii 的开始像是一部独立著作的开始。它丝毫没有提及卷 i 的各种结论，而是径直从对 *φύσις* 概念的一个分析开始。在绝大多数抄本中，而且在菲洛庞努斯和辛普利丘的词条中，它并不是以一个连接性的小品词开始的，这在亚里士多德的著作中是一个不同寻常的特征，而且是一个指示着相对的独立性的特征。然而我们已经看到《形而上学》几次提到卷 i 是 *τὰ φυσικα* 的一部分，而且尽管它似乎一直原本是一篇独立的 *περὶ ἀρχῶν* 的论文，但是后来却被尝试（很有可能是被亚里士多德本人）同后三卷联系在一起。这一拼凑的证据在最好的抄本 E 中可以看到，在那里，在卷 i 的结尾 *ὅτι μὲν οὖν...λέγωμεν* 这几个字之后，我们有 *τῶν γὰρ ὄντων τὰ μέν ἐστιν φύσει τὰ δὲ δι' ἄλλας αἰτίας*［存在者中有些是自然的，有些由于其他原因］，而接着在卷 ii 的开始（就像在其他抄本中一样）是 *τῶν ὄντων τὰ μέν ἐστιν φύσει τὰ δὲ δι' ἄλλας αἰτίας*。我猜测，在这里，卷 ii 突然的没有小品词的开始是它原本的开始，而 *ὅτι μὲν οὖν...λέγωμεν* 和抄本 E 在 *τῶν γὰρ ὄντων* 中的 *γὰρ*，反映了后来不管怎样想要在这两卷之间造成一个外在的关联（因为不存在任何有机的关联）的尝试。

　　如果我们把卷 i 看成 *par excellence*［绝对的］*περὶ ἀρχῶν* 的论文，那么，我们就必须同时认识到，这个词有一个较为宽泛的用法；因为，在亚里士多德那里唯

---

⑩　《亚里士多德著作的古代目录》（*Les Lists Anciennes de Ouvrages d' Aristote*）

一现实的在这个题目下的指涉（见《论天》274a21）是指《物理学》iii。我们必须假定，这部通过结合一卷 $\pi\varepsilon\rho\grave{\iota}\ \dot{\alpha}\rho\chi\hat{\omega}\nu$ 和三卷 $\pi\varepsilon\rho\grave{\iota}\ \phi\acute{\upsilon}\sigma\varepsilon\omega\varsigma$ 所构成的论著可以被这两个题目中的任何一个所指涉，尽管后一种极具优势；辛普利丘⑪为这双重名称提供了证据。

再者，尽管卷 ii—iv 在一个真正的意义上是连续的，但只有卷 ii 才专门研究自然这个概念，看来有可能赫西丘斯 81 所提到的是指向它。有可能狄奥根尼 91、甚而赫西丘斯 82 也指它，但这些题目的所指是极有疑问的。

赫西丘斯 170 和奇努斯 85 有可能指的是《物理学》iv. 10—14 中论时间的那篇论文，它完全有可能原本是一篇独立的论文。狄奥根尼 45、115，赫西丘斯 40、102 可能指的是卷 vii 的两个抄本，它构成了一篇相当独立的论运动的论文；但有可能在每一份目录中的这两处指涉的其中之一指的是 iii. 1—3 中论运动的那篇论文，它现在是和 iv. 10—14 中论时间的那篇论文置于同一序列。

奇努斯 34 显然指的是现存的《物理学》，而且有可能他的 17 也许也指的是它；$\pi\varepsilon\rho\grave{\iota}\ \kappa\iota\nu\acute{\eta}\sigma\varepsilon\omega\varsigma$ 或 $\kappa\iota\nu\acute{\eta}\sigma\varepsilon\omega\nu$ 的题目有时候也可以扩展到涵盖整部著作，就像 $\tau\grave{\alpha}\ \phi\upsilon\sigma\iota\kappa\acute{\alpha}$ 曾经被扩展到涵盖在较为狭窄的意义上不是 $\phi\upsilon\sigma\iota\kappa\acute{\alpha}$ 而是 $\pi\varepsilon\rho\grave{\iota}\ \kappa\iota\nu\acute{\eta}\sigma\varepsilon\omega\varsigma$ 的部分一样。

赫西丘斯对一部 18 卷的 $\phi\upsilon\sigma\iota\kappa\grave{\eta}\ \dot{\alpha}\kappa\rho\acute{o}\alpha\sigma\iota\varsigma$ 的指涉（148）是令人困惑的，策勒和第尔斯猜测应该理解为 η' [指数字 8]。但是，我们已经看到，甚至《论天》和《论生成与毁灭》在 $\tau\grave{\alpha}\ \phi\upsilon\sigma\iota\kappa\acute{\alpha}$ 的最广泛的意义上也包括在这一名目下，而且看起来有可能的是，这处指涉是指《物理学》（八卷）＋《论天》（四卷）＋《论生成与毁灭》（两卷）＋《气象学》（四卷）；因为《气象学》在它开篇的话中把这四部著作当成构成了一个单一的 $\mu\acute{\varepsilon}\theta o\delta o\varsigma$ [研究]。

因此，我们的《物理学》的构造过程也许本来采取的是如下的形式：

$\pi\varepsilon\rho\grave{\iota}\ \dot{\alpha}\rho\chi\hat{\omega}\nu\ \alpha'$ (D.41, H.21) = 卷 i

$\pi\varepsilon\rho\grave{\iota}\ \phi\acute{\upsilon}\sigma\varepsilon\omega\varsigma\ \alpha'$ (H.81) = 卷 ii

$\pi\varepsilon\rho\grave{\iota}\ \kappa\iota\nu\acute{\eta}\sigma\varepsilon\omega\varsigma\ \alpha'$ (?D.45, H.40) = 卷 iii.1-3

$\pi\varepsilon\rho\grave{\iota}\ \dot{\alpha}\pi\varepsilon\acute{\iota}\rho o\upsilon\ \kappa\alpha\grave{\iota}\ \tau\acute{o}\pi o\upsilon\ \kappa\alpha\grave{\iota}\ \kappa\varepsilon\nu o\hat{\upsilon}$ = 卷 iii.4-iv.9
[译按]论无限、处所和虚空

$\pi\varepsilon\rho\grave{\iota}\ \chi\rho\acute{o}\nu o\upsilon\ \alpha'$ (H.170, P.85) = 卷 iv.10-14

$\pi\varepsilon\rho\grave{\iota}\ \kappa\iota\nu\acute{\eta}\sigma\varepsilon\omega\varsigma\ \alpha'\beta'\gamma'$ (不见于各书目，但为传统所知) = 卷 v, vi, viii

$\pi\varepsilon\rho\grave{\iota}\ \kappa\iota\nu\acute{\eta}\sigma\varepsilon\omega\varsigma\ \alpha'$ (?D.115, H.102) = 卷 vii

$\pi\varepsilon\rho\grave{\iota}\ \phi\acute{\upsilon}\sigma\varepsilon\omega\varsigma\ \alpha'\beta'\gamma'$ (D.90)

$\phi\upsilon\sigma\iota\kappa\grave{\eta}\ \dot{\alpha}\kappa\rho\acute{o}\alpha\sigma\iota\varsigma\ \eta'$ (P.34)? = $\pi\varepsilon\rho\grave{\iota}\ \kappa\iota\nu\acute{\eta}\sigma\varepsilon\omega\nu\ \eta'$
[译按]《论各种运动》，8 卷 (P.17)

---

⑪ 801.13

当我们转到《物理学》这几个不同部分的相对时期这个问题上时,我们可以从卷 i 和卷 ii 被《形而上学》最早的部分设为前提这一事实开始,耶格尔的研究使我们可以把《形而上学》的这些部分以某种可能性归于亚里士多德在柏拉图死后离开雅典随即待在阿索斯的时期(约公元前 347—344 年)。不仅《形而上学》卷 A 含有对《物理学》卷 i、ii 的明确的指涉(这可以是后来添加的),而且明显的是,《形而上学》卷 A 中对早期哲学家们的整个研究是基于《物理学》卷 i 中所建立的质料和形式的区分、以及《物理学》卷 ii 中所建立的四因说之上的。我们因此可以以某种确信说,这两卷是在亚里士多德仍然是学园的一个成员的时候写成的,尽管无疑很快便感到了他和他的老师的观点的分歧。

卷 iii—iv 和卷 v—vi 的相对的时期一直是坦勒瑞(Tannery)和罗蒂尔(Rodier)争论的主题。⑫ 坦勒瑞指出,在 v. 1—2 中 μεταβολή[变化]被分成 γένεσις[生成]、φθορά[消灭]和 κίνησις[运动],后者又被分成 ἀλλοίωσις[质变]、αὔξησις[增加]和 φθίσις[减少]、φορά[位移];然而,在 iii. 1 中,κίνησις 被用作一个属概念(以 μεταβολή 作为同义词),并且被分成 γένεσις 和 φθορά、ἀλλοίωσις、αὔξησις 和 φθίσις、φορά。这样,问题就是,是否亚里士多德首先在一个宽泛的意义上使用 κίνησις(=μεταβολή),把生成和消灭包括为它的种类之一,而后来在此基础上通过在排除了生成和消灭的意义上使用它来予以加工提纯,还是他把它的用法从后一种意义拓宽为前一种意义。从表面来看,头一种假设更有可能,因为亚里士多德的风格就是,以一种逐渐逼近的方法进行,由此,最初没有被区别的概念在后面被彼此区分开来。而且,如罗蒂尔指出的,在 iv. 218b19 的话中有这一方法的明显的线索,μηδὲν δὲ διαφερέτω λέγειν ἡμῖν ἐν τῷ παρόντι κίνησιν ἢ μεταβολήν[我们在目前无须对运动或变化区分来讲]。在另一方面,坦勒瑞认为,把生成和消灭作为不是 κίνησις 而与 μεταβολή 的其他种类鲜明地区分开来,这是柏拉图派对超验形式的信念的一个遗迹,而把生成和毁灭确认为只是 κίνησις 的一种,则标志着对一种更为科学的观点的逼近。他对一种真正科学的观点的看法明显就是,根据这个观点,生成和毁灭可以被还原为性质的变化,而依据 19 世纪的科学,这又被还原为位置的变化。但是,亚里士多德从来不采取任何这样的等同。甚至当他论证说生成和消灭包括性质的变化(《形而上学》1042b3),而性质的变化包括位置的变化(《物理学》viii. 260b4)时,他也从来没有把 γένεσις-φθορά 和 ἀλλοίωσις 相等同,或者把 ἀλλοίωσις 同 φορά 相等同,而总是把它们区分开来。

---

⑫　坦勒瑞见 *A. G. P.*, vii. 第 224—229 页,ix. 第 115—118 页;罗蒂尔同上,viii. 第 445—460 页,ix. 第 185—189 页。

假如他从 $\kappa\acute{\iota}\nu\eta\sigma\iota\varsigma$ 的一个较狭窄的用法过渡到了一个更宽泛的用法上，而且假如这具有坦勒瑞所赋予它的形而上学的意义，那么，我们应当期望发现这一更宽泛的用法在较晚的著作中被仔细地采用。事实上，在有可能晚于《物理学》中间各卷的著作中，这一用法不是恒常的，而是 $\kappa\acute{\iota}\nu\eta\sigma\iota\varsigma$ 的那一较狭窄的用法占上风。我们在《物理学》viii. 261a4、264a29 以及《论生成与毁灭》315a28 中发现了更宽泛的用法。我们在《物理学》260a27、《论天》310a23、《论灵魂》406a12 中发现较狭窄的用法；而且在《物理学》viii. 265a11，《论生成与毁灭》319b31、336a19，《形而上学》H. 1042b4、Λ. 1069b9 中，$\mu\epsilon\tau\alpha\beta o\lambda\acute{\eta}$ 而非 $\kappa\acute{\iota}\nu\eta\sigma\iota\varsigma$ 是一般用语，生成被置于其下。这种变化伴随有一种向更为严格的用法的倾斜，正是我们应当期望发现的，如果术语的这种变化是一种不具有太大的形而上学意义的变化，而只是受到希望有一个更为精确的术语的激励的话。

坦勒瑞认为卷 v-vi 是一部较早的著作，就是那部 $\pi\epsilon\rho\acute{\iota}\ \kappa\iota\nu\acute{\eta}\sigma\epsilon\omega\varsigma$，而卷 i-iv、卷 viii 就是名副其实的那部 $\varphi\upsilon\sigma\iota\kappa\acute{\alpha}$，他的这个观点有一个附带的麻烦就是，他不得不竭力表明卷 iv 的结尾在主题上同卷 viii 的开头是连续的，并且还必须忽略在卷 vi 和卷 viii 之间许许多多令人吃惊的连续性。我还可以补充一点，卷 v 含有对卷 iii(224b11)的一处明确的回指。

我的结论是，卷 iii-iv 早于卷 v-vi。

在我转而讨论卷 vii 的问题时，我将为它是一部早期的作品、写于亚里士多德同柏拉图派理念数的信念已经决裂之前的观点给出理由。但是这一卷的两种版本，每一种都含有对《物理学》更早各卷的指涉：α 242b41(＝ β 242b7)、247b13 往回指涉卷 v；β 242a6 往回指涉卷 vi，这些指涉中的最后一个太过随便了，因此不可能是后来插入的。这样，这就表明了卷 i—vi 的早期性质，而不仅仅是卷 vii 本身。在这几卷中也没有任何内容意味着同柏拉图派的思考方式的太多的分离。但与此同时，在卷 iii-vi 中的讨论，尽管绝不是反柏拉图的，但却攻击了一系列的问题，在柏拉图的教导中多少有一点是为这些问题预备了道路的；而且在不同的地方，就像在对时间的讨论中一样，柏拉图的观点受到了批评。对于这条新的思路的探索，必须给出一定的时间。

《物理学》的古代题目，$\varphi\upsilon\sigma\iota\kappa\acute{\eta}\ \acute{\alpha}\kappa\rho\acute{o}\alpha\sigma\iota\varsigma$，意味着它最初是一门课的讲稿；而且这必定要么本来是在雅典在亚里士多德作为学园的成员时期或作为吕克昂的领袖时期讲授的，要么另外是在阿索斯。我们千万不要把太多的东西挤到阿索斯那段短暂的驻留时期；而且耶格尔已经给出了相当令人信服的理由确定《形而上学》的早期各卷的时间是在那段驻留时期；这就没有给那段时期任何其他东西的撰著留下太多的时间。《物理学》所包含的很少几处对地点的指涉——提到从忒拜到雅典（iii. 202b13），吕克昂（iv. 219b21），雅典（v. 224b21），以及步行到忒拜（vi. 231b30）——表明是在雅典撰著的；而对吕克昂的指涉不一定属于亚里士多德的 *Meisterjahre*［大师］时期；因为吕克昂曾经是苏格拉底爱去的地方之一，在柏拉图那里提到它是很频繁的。在另一方面，提到克里斯克斯（Coriscus）的几处（iv. 219b21, v. 227b32）也不必使我们把它们出现于其中的几卷的时间确定在亚里士多德同克里斯克斯交往的时期，即要么是在学园时期，要么是在阿索斯时期；因为克里斯克斯不仅在《论题篇》中——这部作品是早期的——和《前分析篇》中——这部作品也许是早期的——被提及，而且也在不能被确定为早期的作品——《自然短论集》、《论动物的部分》、《论动物的生成》和《形而上学》E 卷、Z 卷——中被提及。克里斯克斯由于曾经被用作"人"的一个常规例子，从而似乎一直按照那一方式得到保留。

卷 vii 的早期特征以及它预设了卷 v-vi——它们又晚于卷 iii-iv——的事实，连同《形而上学》的早期部分预设了《物理学》卷 i-ii 的事实，似乎表明《物理学》的绝大部分的写作正是在亚里士多德早年待在雅典的时期。这没有丝毫需要使我们深感惊讶的；因为到那段驻留时期结束时，亚里士多德已是一个 37 岁的人了。

学园的老一辈的成员并不是柏拉图的学生，而毋宁说是同仁，他们在属于学园研究的总体计划的主题上进行独立的工作，并且有可能自行开设讲座。较老的看法把亚里士多德的所有现存著作归于他作为吕克昂领袖的时期，这把太多的讲座和著述超出了本身可能地挤到了十二年的时期中，而又使他的生命的其余时间极不自然地缺少这类活动。耶格尔已经开始关注的生物学著作和庞大的历史与政制的研究计划，连同具有晚期特征的哲学著作（诸如《形而上学》核心卷），足以按尽可能合理分派的方式把大量的文字工作加给这位 *Meisterjahre* 了。

但在另一方面，《物理学》卷 i-vii 也不可能被定得太早。相较于只具有很少的原创思想而主要是柏拉图主义的说明和运用的对话作品，《物理学》是就柏拉图只做过很少引导的主题的一次连续而详尽的运思；而且我认为，它只能被归于亚里士多德学园时期的末尾，此时他已经获得了心灵的独立和对他的哲学才能的充分的运用。

卷 viii 现在的形式无疑是较晚的。在第 6 章中有三段话[13]区别于宇宙的首要的推动者而提到了行星天球的推动者；而且亚里士多德的注意力有可能是被

---

[13]　258b11, 259a6−13, b28−31；参考下文第 101−102 页（［译按］指《亚里士多德的〈物理学〉》一书的页码）。

卡利普斯吸引到这个问题上的,⑭时间大约是在公元前 330 年。耶格尔论证说,⑮所有这些段落都是后加的,这使我们可以把这一卷的最初形式的时间定得更早一些。但是,看起来更有可能的是,天球推动者仅仅作为可能性而被提及的头两段话属于这一卷的最初的形式,只有它们的存在被视为理所当然的最后一段话是后来的添加。如果是这样的话,那么,甚至这一卷的更早的形式的时间也不能被确定得早于亚里士多德最后驻留雅典的时期,即从公元前 334 年到 323 年。

如果有人认为我太轻易地把在亚里士多德著作中的交互指涉接受为相对时间的证据,那么,我会强调说,只有交互指涉才使得侦查甚至没有这些指涉的存在也是相当确定的次序变得更为容易。往回的指涉提到当前论证所需要的前提,并且它们被宣布早已得到了证明;如果它们尚未在前面被证明,那么,我们就应当不得不假定亚里士多德是以一种错乱的方式进行的,设定了他事实上尚未证明而在后面的著作中即将去证明的观点。他也许偶尔才这样做,但我们不能假定他这样做却唯独使我们没有理由认为这些交互指涉是他展开他的各种证明的顺序的主要的真实证据。

然而,在《论天》中有三处对《物理学》卷 viii 的指涉,鉴于《论天》这部作品明显的早期的特征,这就使得《物理学》卷 viii 也许本身是早期的观点有可能是真的:在 273a17、275b21、311a11 上的这三处指涉分别指向《物理学》viii. 8、viii. 10 和 viii. 4。

关于卷 vii 有两个主要的问题。一个问题有关它同《物理学》整体的关系,一个问题是由头三章的两个版本的存在所提起的。这两个问题不能完全分开;而看来明智的是让我们首先着手第二个问题。

辛普利丘告诉我们(1036.4),在他的时代就存在着这一卷的两个版本,包含着同样的问题和论证,并且按照相同的次序,但是在措辞方式上有细微的区别。他暗示说,这两个版本存在于这一卷的始终,他并且在四处地方明确地提到了 ἕτερον ἑβδομον βίβλιον[不同的第七卷]:

(1) 1051.5,在那里,所引的话被发现是在我(遵循普朗透[Parntl]以及部分遵循贝克尔[Bekker])已经作为第二种(而且将称作 β)而印刷的版本中,在 243b27—29。

(2) 1054.31,在那里的话被发现在 β 243b23—24。

⑭ 参考《形而上学》Λ. 1073b32—38,和耶格尔,《亚里士多德》,第 366—368 页。
⑮ 同上,第 383—390 页。

（3）1086.23（在248b6）。在这里，他说，第一种版本的一些稿本已经采用了第二种版本的句子，*ἀλλ' ἆρά γε ὅσα μὴ ὁμώνυμα, ἅπαντα συμβλητά*［但因此凡不是同名异义的，全都是相容的］。这个句子没有出现在我们的任何一个稿本中，但似乎有可能的是，α最初的句子曾经是*ἀλλ' ὅσα μὴ συνώνυμα, πάντ' ἀσυμβλητά*（ΗΣ）［但凡不是同名同义的，全都是不相容的］，而*ἀλλ' ὅσα μὴ ὁμώνυμα, πάντα συμβλητά*［但凡不是同名异义的，全都是相容的］的句子（FJK）是由于α受到了β的影响。

（4）1093.10（在249a15）。在这里，他引用了这一句子*ὁ μὲν γὰρ χρόνος ὁ αὐτὸς ἀεὶ ἄτομος τῷ εἴδει ἢ ἅμα κἀκεῖνα εἴδει διαφέρει*［因为同一个时间在形式上总是不可分的。或者与此同时它们在种上是有区别的］（F，除开微小的差异还有JΣ）当作从β引入的。他本人所依循的这一句子不见于我们的任何一个稿本。

对于头三章来说，两个明显不同的版本在两组稿本中被发现，尽管一些稿本提供了对这两个版本的一个结合。α见于贝克尔的b和c，见于普朗透的2033，还见于Bodl. Misc. 238。从H的244b5*b*到第3章的结尾（Vat. 1027），以及从I的245b9到第3章的结尾（Vat. 241），都有版本α。EFJK和其他九个稿本头三章始终经贝克尔研究都有β，而H直到244b20以及I直到245b24，也都有β。八种小的稿本经贝克尔研究，从244b5到第3章的结尾具有一个混合的文本。

艾尔迪安（Aldine）版本从头到尾都是β。巴塞尔（Basel）各版（1531，1538，1550）是按α来印行243a11—247a19和247b7—248a9的，而把β的相应的部分转为一个附录；但从247b1到247b7它们都遵循β。通过对辛普利丘在1036.15—17中的话的一个错误的解释，这些版本的编辑者埃拉斯谟（Erasmus）认为β是塞米斯修斯对α的转述；但塞米斯修斯的转述事实上同α具有比同β更近的关系。埃拉斯谟没有说他在哪里发现α的文本的，但是他逐字逐句地遵循印行在1526年的艾尔迪安—辛普利丘版本中的文本，并且恰恰是在与这个文本同样的地方放弃了α。

α的开始241b34—243a40是由莫瑞尔（Morel）首先印行的，放在他编辑的版本（Paris，1561年）的一个附录中。莫瑞尔说他是在一份稿本中发现它的，但没有说是哪一本；然而显然，它就是普朗透的1859(b)。

最后，α的247b1—7是由斯宾格尔（Spengel）在1841年首先印行的。

贝克尔的大四开本在这本书的开端印行的是β的241b24—243a11。对于头三章的其余部分他是把α作为他的主要文本来印行的，而下面是β。普朗透在这几章始终把α作为主要文本来印行，下面是β，在本书中我遵循他；但是，和他不同,我遵循的是贝克尔的行数,并按这种方式给 α 开端的几行(它们不见于贝克尔)标了数码,以避免在 α 和 β 之间的混淆。

撇开那些在别的地方存在于辛普利丘的句子和我们的各种稿本的那些句子之间的微小的差异不论,辛普利丘在第 1 到 3 章的始终都和 bcjy 相一致(亦即,他遵循 α);而且,如我们所看到的,他明确地称 EFHIJK 的那些句子是"不同的第七卷"。至于塞米斯修斯,在一个地方(204.16—205.2;参考 β244a28—b18)他的语言是接近于 β 而不是 α,但是在总体上,它更接近于 α。菲洛庞努斯的残篇偶尔指涉我们在 β 中发现的那些句子(874.5,参考 241b26;874.14,参考 242b4;875.25,参考 244a23;876.3,参考 244b17),但是绝大部分遵循的是 α。

沙特(Shute)主张,在第 4 章和第 5 章,只有 bcjy 以相对的纯净性保持了 α 的文本,而 EFHIK 则含有 α 和 β 的一个混合。不可否认的是,在一些地方,辛普利丘的句子以及因此他所遵循的主要的抄本,被 bcjy 一组的整个或绝大部分,相比于 EFHIK 一组的整个或绝大部分,做了更好的保存;这可以从对 248a22、248b1、5、9、249b1、22、250a5、6、250b2 的索引中看出。但是同样真实的是,在 248a15、248b7、249a17、20、249b2、9、18、250a10、12(*bis*)、250b1 中,却是相反的情况。进而,在前者段落的两处——在那里第一组稿本(bcjy)有更完整的句子,辛普利丘也许不是在准确地引用亚里士多德,而是在进行阐述,而 bcjy 也许从他那里采用了这些扩展的文字(见 250a5、6)。我们也已经看到,在这几章的这些段落之一,在他就他所指的"另外的第七卷"(248b6)的注释中,我们的稿本中没有一个有他所归于 β 的句子,而且在另一处(249a5)他归于 β 的句子除了在 FJ 中可以找到外也可以在 bcjy 中被找到(除了微小的差异)。从中产生的一般的结论由霍夫曼正确地得出,对于第 4 章和第 5 章,我们只具有 α。对于这几章,在 EFJK 和 bcjy 之间没有如此宽广的版本差异,像是头三章所有的那样,而只是在不同的抄手从一个单一的原本抄写时产生的这样一些微小的差异。在 248b6—7 和 249a15 上,也许还有别处,在一些稿本中一直有来自于 β 的影响,但是在主体上就这几章而言 β 佚失了。

显然,古代注释家全都认为 α 是两种版本中更为真实的;毫无疑问,他们这样认为是正确的。以下几种考虑展示了 α 的优越性。

(1)在 243a17,α 按照 έλξις[拉动]、ὦσις[推动]、ὄχησις(带动)、δίνησις[转动]给出了 φορά 的主要形式。之后,在 a18—b16 它提到了 έλξις 和 ὦσις 的子类,最后,它在 b16—244a4 指出,ὄχησις 和 δίνησις 可以还原为 έλξις 和 ὦσις。β 在 243a24 首先给出了 φορά 的种,顺序是 ὦσις、έλξις、ὄχησις、δίνησις,但是解释它们却是按照 ὦσις(a26—8)、ὄχησις(a28—b23)、έλξις(b23—9)、δίνησις (b29—244a17)的顺序,这显然混淆了在 α 中被表明的这一观点,即,$ἕλξις$ 和 $ὦσις$ 在逻辑上先于 $ὄχησις$ 和 $δίνησις$。

(2) 在 α243b12—15 中,$ἐκπνοή$[呼气]、$πτύσις$[吐]和 $ἐκκριτικαὶ\ κινήσεις$ [排出运动]被正确地描述成 $ὦσις$ 的各种形式。在 β 243b25—27 中,它们被荒唐地描述为 $ἕλξεις$。(但是这或许应当通过删掉 $ἕλξεις$ 和把 $κινήσεις$ 同 $αἱ\ λοιπαί$ 连在一起来理解来加以订正。)

(3) β245b26—27 把在 α245b9—11 中得到较好表述的内容表达得不够准确。

(4) β246a22—b21 毋宁说是对在 α245a1—b4 中被更为充分地、按照一种一贯的亚里士多德的方式加以表达的内容的一个贫乏的复述。

(5) β247a28—b21 同样与 α247b1—7 相关联。

(6) β 有数个非亚里士多德式的短语:

242b4 的 $ἐν\ τῇ\ αὐτῇ\ κατηγορίᾳ\ τῆς\ οὐσίας\ ἢ\ τοῦ\ γένους$[在实体或这个属的同一个范畴中]。

243a10 中 $ὑπὲρ\ τῆς\ φορᾶς$[关于位移]代替 $περὶ\ τῆς\ φορᾶς$[关于位移],这造成了某种怀疑。$ὑπέρ$ 的这一用法在《范畴篇》中发现三次,在《论题篇》中五次,在《尼各马可伦理学》中五次,而在亚里士多德真作的别的任何地方都没有发现。但是他在《大伦理学》和《亚历山大修辞学》中却是普通的。这是一种多少有些晚近的用法,一直被认为是在对这一版本的亚里士多德的作者身份提出否证。但是卢茨(L. Lutz)(《阿提卡演说家中的介词》[*Die Präpositionen bei den attischen Rednern*],第 93—96 页)已经指出这个用法在这些演说家中并不罕见。

245a20,246a29、b26,248b27 的 $τὸ\ τῆς\ ἀλλοιώσεως$[那属于变化的],247a25、27 的 $τὸ\ τῆς\ ἡδονῆς$[那属于快乐的],同上 30 的 $τὸ\ τῆς\ ἐπιστήμης$[那属于知识的]。在亚里士多德的真作中,这似乎仅见于《论呼吸》472b9 和《政治学》1272b8 中,而且它是一个晚近而乏力的惯用语。

247b29 的 $ἐν\ τῇ\ τῆς\ ἐπιστήμης\ ὑπαρχῇ$[在知识的开端中]和 248b26 的 $γένηται\ νήφων\ πρὸς\ τὴν\ ἐνέργειαν$[清醒者生成为现实性]确定是非亚里士多德的。

我们现在可以进而考察卷 vii 及其两种版本的来源。有多种迹象表明这一卷不是《物理学》的一个必要的部分,而是主干计划上的一个赘疣,就像 αΔΚΛ 在《形而上学》中那样,即便它是亚里士多德写的。

(1) 辛普利丘引用欧德谟斯的传记作者而且也许是其学生达玛斯,认为他提到 $τὰ\ περὶ\ κινήσεως\ τρία$[论运动三卷](924.14)。辛普利丘本人把这解释为是卷 vi、vii、viii(801.14—16)。但是卷 v 明显同卷 vi 不可分,而且对于认为所指的是卷 v、vi、viii 这一点也不能有任何真正的怀疑。(抄本 E 把卷 vi、vii、viii 分别编号为 περὶ τῆς κινήσεως τῶν εἰς γ΄ τὸ β΄, το α΄, τὸ γ΄ 是一个并不成功的试图把辛普利丘所认定是 τὰ περὶ κινήσεως τρία 的三卷做成一个秩序井然的整体的尝试;卷 v 不能够恰如其分地被从这个题目中排除出去,卷 vii 却必须被从中排除出去。)

(2) 由狄奥根尼所保存的亚里士多德著作的目录有两次提到 περὶ κινήσεως α΄(见洛瑟编号 45、115),它们作为编号 40 和 102 再次出现在赫西丘斯的目录中。最有可能的解释是它们所指的是卷 vii 的两个版本。它们构成了该卷的相对的独立性的证据,但不是与卷 v、vi、viii 之于卷 i—iv 的独立性相比更大的独立性的证据。

(3) 欧德谟斯在他的《物理学》——该书在其他方面严格遵循亚里士多德的《物理学》——中漏掉了卷 vii(辛普利丘,1036.13)。

(4) 塞米斯修斯花了 231 页来论述《物理学》剩余的 74 页,只花了 5 页来论述这一卷的 9 页。他对第一节 241b34—243a31 什么也没有说;但不可能由此推论说他面前没有这一部分。他省略它是因为它的主题在卷 viii.4—5 中得到了更充分的处理,就像他省略卷 vi.7 是因为它的主题在卷 viii.10 中得到了更充分的处理一样。

(5) 就主题而言,卷 vii 的开头并不适合于卷 vi 的结尾,它的结尾也不适合于卷 viii 的开始;但卷 viii 的结尾却确实适合于卷 vi 的结尾。

(6) 这一卷的开始没有一个连接性的小品词。这在亚里士多德那里是不寻常的。仅有的其他明显的例子是《后分析篇》卷 ii、《形而上学》αΒΓΕΖΙΚΛ、《政治学》卷 iii、iv。(在《物理学》卷 ii、viii,《论天》卷 ii,《形而上学》ΔΜ,《尼各马可伦理学》卷 vii,《政治学》卷 ii、vii,《修辞学》卷 iii 上,稿本彼此不同。)这始终至少是对前面部分的相对的独立性的证据。

(7) 这一卷在亚里士多德的其他任何一部著作中都没有被明显地提及。(霍夫曼争辩说,[16]viii256a13—29 往回提到了 vii.1,这并不令人信服。其推理同 vii.1 中的推理是非常一致的,但没有对后者的任何暗示。)但是一个如此不动声色的证明便不是非常富有决定性的。反乎它,可以提出这样一个事实,即,卷 vii 本身确实两次提到了卷 v(242b42 ἐν τοῖς πρότερον,参考 v.4;247b13 πρότερον,参考 v.225b15),以致于它表明既是由亚里士多德所做,又是(至少在广义上)和卷 v 相同的一部著作的一部分。版本 β 似乎在 242a6 的 ἦν 这个词上指向 vi.240b8—241a26,在 242b8 的

---

⑯　《论亚里士多德〈物理学〉第七卷的形式》(*De Arist. Phys. Libri septimi forma*),第 25 页。

ἐν τοῖς πρότερον 上指向了 v. 4。

　(8)至于这一卷的特点,亚历山大描述它的证明是 λογικώτεραι(更为字面上的),辛普利丘描述它们是 μαλθακώτεραι[较弱的](辛普利丘,1036.12)。辛普利丘进一步评论说,在这一卷中讨论的问题中较为重要的和那些同《物理学》的主题最相关的,在卷 viii(同上 8)中再次被发现;但这是夸张,因为应当在卷 viii 中被发现的只是第 1 章的证明。最后,辛普利丘表达了这样的观点,即,这一卷同《物理学》既不适合,对亚里士多德也没有价值;并且补充说,它可能是亚里士多德写的,接着被卷 viii 所取代,但是被他的继任者中的某位作为适合于总的研究的而插入到《物理学》中。他本人是按照他通常的细心来注释整个这一卷的。

　有关这一卷的次要性质的这些评论通常已经为现代学者们接受。霍夫曼仔细地研究了这一卷,认为它毋宁是基础性质的,适合于初学者,并进而认为它不像《物理学》的其他部分,而是仅仅相关于物理学而非自然哲学。我完全不能同意这一看法。它的证明在特征上似乎并非显著不同于出现在《物理学》其他部分中的许多证明。确实,卷 vii 始终保持在质料的范围内,而没有显露一个以一种非物理的方式进行推动的不动的动者的概念。但是对除卷 viii 以外的《物理学》其他各卷来说,这是同样真实的。它的证明似乎也不是特别基础性质的,或者说按照一种仅适合于初学者教育的单调的完满性来加以表达。它的表达的相对的完满性被霍夫曼正确地用来反对卷 vii 包含的是亚里士多德为讲课准备的笔记的观点。这样一种理论,在运用于例如《论灵魂》卷 iii 或者《形而上学》Λ 卷时也许是有可能的,而完全不适合于卷 vii。但是我看不到任何理由而同意霍夫曼说,版本 α(而不只是版本 β)是一个听众对亚里士多德的笔记,而不是亚里士多德本人所写的。版本 α 在我看来没有一个地方表露了一种非亚里士多德的思想倾向或者一个非亚里士多德的习惯用法。如果它是从一位听众的笔记传到我们手中的,那么,他的笔记如此之准确,因此他实际上保留了主要的亚里士多德的 ipsissima verba[原话]。明显的是,三位古希腊注释家都认为他们面前所有的是亚里士多德的话,而看起来不可能他们全都弄错了。

　在另一方面,卷 vii 确实位于《物理学》的主要结构之外。卷 v、vi、viii 构成了它所打断的一个整体。而且它有两个段落已经被耶格尔正确地标明是早期的标志:(1)246b4—8 提到 ἀρεταὶ τοῦ σώματος — ὑγίεια, κάλλος, ἰσχύς[肉体的德性——健康、美丽、强壮]。我们在柏拉图的《国家篇》591b、《菲利布篇》25e 以下(尤其是 26b)、《法律篇》631c 中可以发现这些内容。我们在亚里士多德的对话作品《欧德谟斯篇》(残篇 45,p. 50.13—23 洛瑟)中也可以发现它们。亚里士多德的著作中唯一别的我们可以在其中找到它们的著作是《论题篇》，而我们知道它是早期的（116b18，139b21，145b8）。（2）在 249b23 中的句子 *καὶ εἰ ἔστιν ἀριθμὸς ἡ οὐσία，πλείων καὶ ἐλάττων ἀριθμὸς ὁμοειδής* ［如果实体是数，那么更多和更少就是同一个属的数］。在这里，无论柏拉图将本质还原到数是否正确，亚里士多德仍旧将它当成一个开放的问题。

由霍夫曼所引的第三个早期的证据（即，暗中把词源学作为意义的一个引导来依靠，见 247b10）在我看来是没有说服力的。然而，考虑到由耶格尔所引的那两个段落，卡尔特隆（Carteron）认为卷 vii 之所以写在卷 viii 之后，是为了较卷 v — vi 所做的更为充分地为它做准备，他的观点在我看来较辛普利丘认为卷 vii 早于卷 viii、并被卷 viii 所取代的观点更少可取。在另一方面，241b39－42 上对一个自我推动者的概念的刻薄的评论表明，至少在一个观点上，亚里士多德已经与柏拉图的教导有分歧。这一卷也许属于阿索斯时期，耶格尔已经带领我们认识到该时期是亚里士多德的一些著作产生的时间。

如果我们问我们自己，卷 vii 是什么时候被纳入《物理学》中的，那么应当被注意的第一点就是，欧德谟斯显然不曾认为它是《物理学》的一部分。在另一方面，阿弗洛狄西亚的亚历山大（盛年约公元 200 年）却认为它是；因为如果阿弗洛狄西亚的亚历山大未把卷 vii 包括进他对《物理学》的注释之中的话，辛普利丘就肯定会把他同欧德谟斯和塞米斯修斯一起来引用；而且实际上辛普利丘很少在这一卷的过程中引用阿弗洛狄西亚的亚历山大的解释。

但是我们有可能把这一主题推进得更远一些。在由赫西丘斯保存的亚里士多德著作的目录中，提到过（编号 148，洛瑟）*φυσικῆς ἀκροάσεως ι´η´*。*ι´η´* 意味着 18，这一指涉有可能是指《物理学》i — viii ＋《论天》i — iv ＋《论生成与毁灭》i — ii ＋《气象学》i — iv。默瑞克斯已经非常有力地论证说，赫西丘斯的目录依据阿里斯通（Ariston，约公元前 225－190 年）的良好的权威性。这样，卷 vii 就是在这一时间之前被纳入《物理学》的。如果我们采纳第尔斯的修订 *φυσικῆς ἀκροάσεως η´*，我们可以达到同样的结论。这样，卷 vii 就是在公元前 3 世纪的某个时间被包括进《物理学》中的。

尽管我看不到任何理由来支持霍夫曼认为两个版本都来自于学生们所作笔记的看法，但是，假定版本 β 是这样来的却有很多可说的。如我们已经看到的，它的语言在某些方面是非亚里士多德的。进而，与 α 不同的地方在整体上不像一个人有 α 在他面前所会做的那样。他们看起来更像是一个听众对这一课程的省略的和在一些方面混乱的笔记，而 α 是亚里士多德自己对这一课程的笔记。⑰

---

⑰ 有可能他的笔记是在讲课之后做的，为的是出版。

或者也许是，它们是对一次比 α 中所讲的更早或更晚的课程的笔记，在其中亚里士多德用了一个不同的次序和表达方式。

霍夫曼认为 β 受到了来自于 α 的影响。他的图式是：

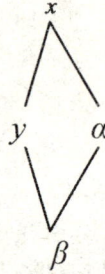

$$x$$

$$y \qquad \alpha$$

$$\beta$$

而辛普利斤在两处地方（1086，23，1093，10）说 α 受到了来自于 β 的影响。这当然本来是可以发生在别的地方的（参考 244a10 $\tau o\hat{v}$ $\check{\epsilon}\lambda\kappa o\nu\tau o\varsigma$，可能引自于 β 243b24）。而且相反的情况本来是完全可以发生的。例如，参见 245b17—18（参考 a16—b2）、21（参考 b6）、23（参考 b8）。但是要判断任何一个过程发生的程度却是不可能的。版本 β 为亚历山大所知（辛普利丘 1051.5）。而且有可能它已经为阿里斯通所知，因为两次出现在狄奥根尼的目录中以及两次出现在赫西丘斯的目录中的 $\pi\epsilon\rho\grave{\iota}$ $\kappa\iota\nu\acute{\eta}\sigma\epsilon\omega\varsigma$ α'，也许最有可能被同卷 vii 的两个版本相等同。

这样，我相信 α 是亚里士多德所写的一部早期作品。托尔斯特里克（Torstrik）[18]认为它应当是《物理学》的原始版本所剩余的全部，甚至可能是正确的。β 几乎无疑存在于至少公元前 3 世纪早期，而且也许极有可能是一个学生对亚里士多德自己的笔记构成版本 α 的那堂课程的一个笔记，或者是对亚里士多德略微与此不同的一次讲座课程的笔记。因为 β 除了辛普利丘两处简单的暗示外，佚失了第 4、5 章。α 不属于由卷 v、vi、viii 构成的主要结构，但在公元前 3 世纪被学生中的热心人插入到了《物理学》中，因为他们不愿意牺牲亚里士多德已经写的任何东西——非常像 $\alpha\Delta K\Lambda$ 被插入到《形而上学》中那样。

---

[18] 《论灵魂》"前言"，第 xxvii 页。

亚里士多德思想的发展[*][①]

罗　斯

　　只是在过去的大约 40 年间，人们才决定性地致力于发现亚里士多德思想发展的线索；而直到 40 年前，学者们的倾向还一直是，把署有他的名字的绝大多数著作看作构成了一个单一的学说整体，按照他本人的对哲学和科学的不同分支作为独立研究的认识，分成部分来论述，而本身当中很少带有发展的痕迹。包含在传统全集中的著作，凡是在学说上确实显著地不同于一般总体的地方，人们便会倾向于认为这说明了它们绝非这位大师的真作。所以，例如，洛瑟（Valentinus Rose），我们对亚里士多德残篇的绝大部分知识受惠于他的著作，他由于深感对话作品和现存著作之间学说的差异，便认为对话作品是伪作；而研究《欧德谟斯伦理学》的学者们，注意到这本著作和《尼各马可伦理学》之间学说的差异，受其引导，便认为《欧德谟斯伦理学》不是亚里士多德的著作，而是欧德谟斯的。类似的是《解释篇》，其中的判断理论和构成《分析篇》基础的不尽相同，因此便当作不是亚里士多德所作而被否定。

　　在我国，我们可以感到一些骄傲的便是，就像坎贝尔（Lewis Campbell）在指明一种真正的柏拉图对话年代学的研究方法上一直是先驱一样，一位英国学者，不仅在指明亚里士多德著作年代学的研究方法上，而且在指明其中学说的发展轨迹的研究方法上，也曾经是先驱。这位学者就是凯斯（Thomas Case），1894 年至 1904 年牛津道德和政治哲学的教授，1904 年至 1924 年全集的主编。作为一位形而上学家，凯斯远离那一年代初期盛行于牛津的康德和黑格

---

[*]　［译按］本文选自《公元前 4 世纪中期的亚里士多德和柏拉图》（*Aristotle And Plato In The Mid-Fourth Century*），杜林（I. Düring）和欧文（G. E. L. Owen）编辑，Göteborg 1960。该书是 1957 年 8 月在牛津举办的第一届亚里士多德学会的论文集（Göteborg：Elanders Boktryckeri Aktiebolag，1960）。

[①]　1957 年 2 月 6 日作为英国学院道斯·希克斯哲学讲座发表。

尔的思潮。在其他事务上,他的一般态度在《简明国家传记辞典》(*Concise Dictionary of National Biography*)中有简洁的概括,说他"反对教会、国家和大学中的变革"。在亚里士多德研究上,他站在牛津学术研究的一般潮流之外;他不是聚会于拜沃特(Bywater)家中研究大师著作的忠诚的团体中的一员。他走自己的路,在1910年,他为《大不列颠百科全书》撰写了亚里士多德的词条。部分是由于该词条埋藏于这种典雅的晦暗之中,部分是由于他只有不多的几个学生,他对亚里士多德的论述很少为人所知。但是,他在其中在三个方面发现了一条现在已经被相当普遍地接受了的发展线索。(1)他确证了对话作品的真实性,并且表明它们,作为一位逐渐由柏拉图主义——这是亚里士多德所必须被认定是如此的——进入他自己的一个体系的人的作品,无论是在形式上还是在学说上都是自然的。(2)他表明,《解释篇》表达了一种接近于柏拉图《智者篇》中所表达的判断理论,因而对于一位由弟子而渐趋独立的人来说是同样自然的。(3)他表明,《欧德谟斯伦理学》要比《尼各马可伦理学》更接近于柏拉图的伦理学。这样,他不仅确证了对话作品、《解释篇》和《欧德谟斯伦理学》的真实性,而且把它们置于了亚里士多德学说发展的正确位置上。

　　在同一年,1910年,有关亚里士多德著作年代学讨论的又一重要的新篇章由汤普森(D'Arcy Thompson)在他的《动物志》(*Historia Animalium*)译著的前言中被翻开了。在那里,他请人们注意在那一著作以及亚里士多德的其他生物学著作中频繁提到列斯堡(Lesbos)及其周围附近的地方。提到了阿尔基努萨(Argin-ussa)、莱科图姆(Lectum)、米提勒奈(Mitylne)、波尔多赛勒奈(Pordoselene)、皮尔纳(Pyrrha)和皮尔瑞亚的欧利普斯(Pyrrhaean Euripus),或许还提到了列斯堡岛的东南部海岬马利亚(Malia)。另外还提到了马其顿(Macedonia)和小亚细亚沿岸从博斯普鲁斯(Bosporus)到卡里亚海岸(Carian Coast)各处的许多地方。根本没有提到雅典或它附近的地方。

　　这和亚里士多德的生平阶段如何协调呢?他的一生分为四个大致相等的时期。首先是他从公元前384年到367年在哈尔昔底克(Chalcidice)和马其顿的童年时期。其次是他从公元前367年到柏拉图死之年348或347年作为柏拉图学园的成员的时期。第三是他从公元前348或347年到335或334年在特罗阿德(Troad)的阿索斯(Assos)、在列斯堡岛、在马其顿的派拉(Pella)的生活时期。最后是他从公元前335或334年到他死之年322年作为吕克昂的领袖的时期。如果就我们现在的目的忽略掉他的童年时期,那么,我们可以说到他的早期、他的中期和他的晚期。

　　汤普森说:"我认为这可以表明,亚里士多德的自然史研究进行于或者主要进行于中年,在他两次驻留雅典的时期之间:皮尔纳宁静而陆地环绕的泻湖是他的游猎地之一。"他又补充说,"亚里士多德在自然史方面的著作先于他的更为严格的哲学著作,而这就意味着,我们可以依据前者进而确定地揭示后者"。这最后一点也许说得太过了;但汤普森的主旨的正确性是难以质疑的,即,无论如何亚里士多德的生物学著作是在他的中年时期写就的,有可能一部分是在阿索斯,一部分是在派拉,但主要是在列斯堡。可以补充的是,这些著作——《动物志》的真作部分,《论动物的部分》(*De Partibus Animalium*)、《论动物的运动》(*De Motu Animalium*)、《论动物的行进》(*De Incessu Animalium*)、《论动物的生成》(*De Generatione Animalium*)——占了亚里士多德全集真作的五分之一强——足足一卷的作品就已经填满了 13 年的至少一半。

　　这一思路被学者纳因斯(François Nuyens)一直加以贯彻,他在 1939 年出版了他的论述有关亚里士多德心理学演变的著作。他把亚里士多德对灵魂和肉体之间关系的观点当作他的核心主题。他指出,在对话作品中(它们无疑是早期著作),亚里士多德把灵魂说成肉体的囚徒,把死亡说成一件值得庆幸的事情,摆脱了这种囚禁,使灵魂自由地去过它自己的生活。他指出,通过生物学著作(《论动物的生成》是个例外,它有可能是其中最晚的),另一个观点被发现了:灵魂不再是肉体的囚徒,但它依然是一个居住在肉体中的单独的实体,而且在一个特定的器官(心脏)中有它的所在;灵魂和肉体被说成彼此作用。纳因斯用大量的引文来支持这一说法,它们充分地证明了他的观点。因而,这些著作便属于稍晚于对话作品的一个时期。但它们不是亚里士多德有关灵魂和肉体思想的最后阶段;因为在《论灵魂》的第二卷,灵魂不再是一个分离的实体。它已经成为了肉体的形式或第一隐得来希(即第一现实),或者如我们所说的,肉体的组织原则。肉体获得灵魂的官能是它的发展的第一个阶段,第二个阶段或第二隐得来希是各种官能的运用——营养的、感觉的、嗜欲的、主动的、理智的,它们一同构成了灵魂。这一最后命名的理论,由于距离早期的、表达在对话作品中的柏拉图主义的观点最远,因此(纳因斯认为)一定是最晚的。他指出,中期观点不仅是生物学著作的特征,而且也是构成《自然短论集》(*Parva Naturalia*)的心理学论著中绝大多数论著的特征;但他把其中的两篇,《论感觉》(*De Sensu*)和《论记忆》(*De Memoria*),归于第三个时期。

　　在我看来,关于他的主要论点的正确性,即生物学著作(《论动物的生成》除外)和心理学著作中的一部分属于中期,问题不大。但是我认为,在把《论灵魂》作为一个整体同论感觉、论记忆的论著归于第三个时期上,他讲得就过于宽泛了。因为对灵魂的隐得来希式的看法仅见于《论灵魂》的部分篇章——在第二卷和第三卷前八章中。它不仅不见于第一卷②（这一点意思不大，因为亚里士多德在那里对他自己的观点讲得很少），也不见于第三卷的后面部分。此外，在对《论感觉》和《论记忆》作了相当仔细的研究后，我也在其中找不到丝毫隐得来希观点的痕迹，以及有关两个实体观点的重要证据。③　因此，看起来，除了《论灵魂》的核心部分以外，心理学著作的整体都属于生物学时期，这对那些我们已经猜测性地归于亚里士多德作为一个著作者的活动之中期的作品来说，又增添了更大的篇幅。

这似乎就将《论灵魂》的核心部分和《论动物的生成》推入了最后时期，或者至少推向中期的末尾。这样问题就是，有多少亚里士多德的著作必须和这些著作一齐向前推。我们并不期望在《形而上学》中发现多少处理灵魂和肉体关系的内容；因为那不是他在那里的主题。但是，让我们看看我们在《形而上学》中所能找到的这类证据。在 M. 1077a32—34 中，灵魂是活着的肉体的形式的观点——我们可简称为质形统一论（hylemorphic）观点——被尝试地提了出来："直线怎么可能是实体？它既不是作为一个形式或样式，像灵魂所也许是的那样，也不是作为质料，像肉体所是的那样。"试把这一句同《论灵魂》2.412a19—21 的话作比较，"因此，灵魂一定是一个实体，也就是说，一个在其内部潜在地具有生命的自然肉体的形式"。同样的观点在《形而上学》Z. 1035b14—16 中被十分清楚地表达了出来，"既然动物的灵魂（因为这就是一个生命存在的实体）按照定义，即某一种肉体的形式和本质，是它们的实体"，又如 Z. 1037a5—7，"同样清楚的是，灵魂是第一实体，肉体是质料，人或动物是公认的二者的复合物"，这更加明显地又出现在 H. 1043a29—36，并再次出现在 Λ1075b34—36。这样看来，《形而上学》主体部分中的四卷——Z、H、Λ、M——在它们现在的形式上至少是晚于生物学和心理学著作的整个系列的，只除了《论动物的生成》和《论灵魂》的核心部分，同时，它们的时期最早不会早于亚里士多德返回雅典担任吕克昂的领袖之前不久，而更可能属于吕克昂时期本身。

现在我就要说到我们时代最杰出的亚里士多德学者。1912 年，耶格尔教授出版了对《形而上学》的一个重要的研究，在其中他指出了这部著作不同部分之间学说的差异，并且把它们看成亚里士多德观点发展的例证。他指出这一事实，即，在第一卷中，亚里士多德使用了第一人称复数"我们柏拉图主义者们"，而在 M 卷涉及到相同领域的一个部分，当说到柏拉图主义者时，他使用了第三人称。

---

②　408a26 一段除外。

③　ἐντελέχεια 一词不见于《自然短论集》中任何一处。

他指出,因此第一卷属于亚里士多德仍然是柏拉图学派的一个成员——尽管是一个批判的成员——的时期,而 M 卷属于他已经不再是这个学派的一个成员的时期。他指出亚里士多德在第一卷中使用克里斯克斯这个名字,就像是我们使用约翰·史密斯这个名字一样,而这提醒我们意识到,克里斯克斯是柏拉图学派的一个成员,亚里士多德可能在公元前 347 年到 344 年这几年中,在阿索斯赫米亚斯(Hermeias)的宫廷时期,同他有交往;他因此推定第一卷的时间较早。这一结论几乎无疑是正确的,但是为了避免有人会忍不住去做耶格尔所没有做的事情,即把凡是克里斯克斯出现于其中的每一本著作都归于这一时期,我可以指出,作为亚里士多德的约翰·史密斯,他出现在《前分析篇》中,《辩谬篇》中,《论动物的部分》、《论动物的生成》、《论记忆》、《论梦》(De Insomniis)、《形而上学》ΔEZ 卷和《欧德谟斯伦理学》中。把所有这些著作都塞进这三年里是不可能的。亚里士多德同克里斯克斯的交往也不限于阿索斯;因为,在《物理学》219b21 中,我们发现"克里斯克斯在吕克昂"这一短语,即在亚里士多德自己在雅典的学派中。因此,我认为,提到克里斯克斯对于确定亚里士多德著作的时期这一目的来说是没有用处的。

在上述同一本书中,耶格尔对《形而上学》的内容作了一个详尽而卓越的分析,把它们归于亚里士多德生平的不同时期;在后面我会谈到有关这一主题的一些事情。

耶格尔在他出版于 1923 年通论亚里士多德的著作中将他的研究做了更大的推进,在其中他阐明了有关这位大师观点发展的整套理论。在这一著作中,他给我们提供了对对话作品中那些较重要的残篇——他有效地确证了它们的真实性——的一个惊人的研究。他指出,在《欧德谟斯篇》(Eudemus)中亚里士多德表达了一种纯粹柏拉图式的灵魂理论,即,灵魂是一个独立于肉体的实体,并且在某种程度上与之相敌对。而就《劝勉篇》(Protrepticus),他提供了一个卓越的阐述,表明它在特征上也统统是柏拉图式的。他指出,在《论哲学》(De Philosophia)中亚里士多德在许多方面已经开始批判柏拉图主义了。泛言之,他对这些早期著作提供了一个有价值的论述;它始终是我们这个时代所拥有的关于亚里士多德思想的最好论述。别的唯一他所详细研究的亚里士多德著作全集的部分是《形而上学》、伦理学方面的两种著作和《政治学》。我从他对伦理学著作的研究开始。他确证了传统把《欧德谟斯伦理学》包括在亚里士多德著作中的观点,反对认为它是欧德谟斯的著作,同时,和凯斯一样,他把《欧德谟斯伦理学》看成早于更为知名的《尼各马可伦理学》。进而,他把在观点上是纯粹柏拉图式的《劝勉篇》,更少柏拉图特征、更少神学特征的《欧德谟斯伦理学》以及同样更少柏拉图特征的《尼各马可伦理学》看成是亚里士多德伦理学观点的一个连续的发展。他通过对这三本著作中的段落的详细讨论来证明这一总的观点,我以为这是令人信服的。

在讨论耶格尔对《政治学》的看法前,我要处理一个已经被大量讨论过而我相信可以给出一个确定答案的问题,这就是《政治学》各卷的恰当顺序的问题。

《政治学》八卷的内容,如果按照它们在各种稿本中出现的顺序来考虑的话,可以简明地概述如下。第一卷描述了城邦是共同体的最高形式,是由村社的联合形成的,而村社又是由家庭的联合形成的;同时,它进而讨论了两个主题——奴隶制(这是希腊家庭中的一个元素)和财产(奴隶是其中的一部分)。第二卷讨论了柏拉图、法利亚斯(Phaleas)和希波达摩斯(Hippodamus)所描述的理想的公共财产,以及存在于为亚里士多德时代的希腊人所知的世界上最好的城邦。第三卷研究了公民权的定义,政治制度的分类,和其中之一的变体——君主制。第四卷讨论了亚里士多德所知的政治制度的其他五种类型的变体,以及他认为对一个城邦来说是根本的三种机构——议事会、行政和法庭。第五卷讨论了革命及其成因,以及防止它们的手段。第六卷讨论了城邦的两种较差的形式的构成——民主制和寡头制。第七和第八卷构成了对理想城邦的一个连续的但尚未完成的讨论。

这是一个非常古怪而明显别扭的政治哲学中的研究,尽管总是给人以深刻的印象。它在任何一个专注的读者心中都唤起了这样一个已经被大量讨论过的问题——是否我们所接受的各卷的这一顺序是亚里士多德本来的意图?

已经有两种顺序上的调整被提了出来。一种是将第六卷放到第五卷之前。但少有学者采取了这一调整,同时,它被第六卷中四处对第五卷的清楚的提及(1316b34—36,1317a37—38,1319b4—6,37—38)所否定。另一种调整——业已为许多学者所采用的一种——在于将最后两卷放到第三卷之后。支持它的某种证据在于这一事实,即,在第三卷的结束,所有稿本都有一个句子(在一些稿本中还接着另一句话的一个片断)似乎在预告随后对理想城邦的一个讨论,这个讨论我们只是在最后两卷才实际看到。人们坚持认为,通过这一调整,我们就获得了带有理想性质的五卷,后面跟着带有现实性质的三卷。但和这样的调整相比,我们所拥有的事实是,所有稿本都将第4—6卷放在第7、8卷之前。

我相信这个问题可以通过考察《尼各马可伦理学》最后的话得到解决,它是这样说的:"我们的先辈将立法的主题未经考察地留给了我们;因此,也许最好我们应当自己来研究它,同时一般地研究政治制度的问题,以期尽我们最大的能力完成我们的有关人类本性的哲学。这样,首先,假如有什么东西已经被早先的思

想者们说得很详细了,那么就让我们尝试来回顾它"——这恰好是亚里士多德在
《政治学》第 2 卷第 1—8 章中所作的——"接着根据我们已经汇集的这些政治制
度,让我们研究何种影响保持和破坏了城邦,何种影响保持或破坏了具体种类的
政治制度,以及由于什么原因一些城邦治理得很好,而一些城邦治理得很
差"——这恰好是亚里士多德在第五和第六卷中所做的。"当这些问题已经得到
了研究,我们将也许更有可能以一种全面的观点来看何种政治制度是最好的,每
一种政治制度必须怎样被安排,以及它必须运用哪些法律和习俗,如果它应该是
在其最好的状态上的话"——这恰好就是亚里士多德在 7、8 两卷开始要做但没
有做完的。这样,在他写作《伦理学》的时候,他对一种《政治学》作了思考,而卷
2(1—8 章)、卷 5—6、卷 7—8,按此顺序,恰好与之相对应。在实施他的计划时,
他添加了预备性的一卷——卷 1——主要处理家庭,即城邦由以从中产生的基
本单位。而作为论述柏拉图和其他人的理想城邦的一个自然而然的附录,他又
添加了一个对他认为是现存的最好的政治制度的论述(卷 2,9—12 章)。同时,尤
为重要的是,他补充了他对政治制度的分类和描述(卷 3 和卷 4)。这样,他就实施
了他在《伦理学》中所制定的计划,顺序也是《伦理学》中所制定的,但是有所补
充——卷 1、卷 2 的 9—12 章、卷 3、卷 4——其必要性是他在实施他的计划的过
程中发现的。④　任何一个研究《伦理学》中这段话的人必定会说,假如传统顺序
的《政治学》不是如苏塞米尔(Susemihl)教授对一种《政治学》所想的那样,那么,
它至少是亚里士多德的所想。

　　《政治学》各卷的恰当顺序的问题一直被一些卷是现实性的、另一些卷是理
想性的这样的标签困扰,同时也被亚里士多德从一个理想性的时期过渡到一个
现实性的时期这样的假设困扰。但在对写作计划的那一预告中,在对它的执行
中,以及在对它所作的补充中,理想主义和现实主义两者事实上是一同得到表现
的。亚里士多德知道,对一个理想城邦的任何一种勾勒,假如不是建立在有关人
类本性和有关不同类型的政治制度实际运行方式的知识的基础之上,将没有任
何价值。

　　在各卷恰当顺序的问题上,我高兴地注意到,耶格尔没有采用以往所建议的
那一顺序调整。

　　在研究《政治学》中我们所面对的第二个一般性的问题是,著作的各部分写
作于何时。耶格尔认为,曾经有过《政治学》的一个较早的形式,它具有更多柏拉

---

④　有可能这些添加部分中最重要的——卷 3 和卷 4——本来是一个独立的较大的讲稿,即托勒密
　　(Ptolemy)的亚里士多德著作中的 *Πολιτεία*[《政制篇》]*β*(两卷本)。

图主义和理想主义的特征,并且所依据的是《欧德谟斯伦理学》,就像它的现在形式的著作所依据的是《尼各马可伦理学》一样。时间不允许我详细地讨论这一观点;我只能满足于指出那些在我看来与之相反的事实。首先,须要注意的是,在我已经引过的《尼各马可伦理学》的那段话里,亚里士多德是把《政治学》作为一部尚不存在的著作来说的:在那里没有丝毫迹象表明他已经写了一本这一主题上的书。其次,我们注意到,在同一段话中,他提到"已经汇集的这些政治制度"(《尼各马可伦理学》1181b17)。我同意耶格尔,认为这是在指那个著名的对 158 个希腊城邦的政治制度的汇集,《雅典政制》(Athenaion Politeia)是其中唯一保存下来的。这个汇集只有在亚里士多德有了一个追随者的学派,从公元前 335—334 年至他 322 年死时担任吕克昂的领袖期间,才可能实现;实际上,如果要为从事这一汇集留出时间的话,那么我们就必须把《伦理学》中的那个计划的制定及其在《政治学》中的实施的时间定在这一时期的后半段。

《政治学》的主体计划——《伦理学》中所勾勒的那个计划——是在亚里士多德担任吕克昂的领袖期间被实施的这个结论,稍许得到了一两个细节的证实。第 5 卷 1311b1—3 提到发生在公元前 336 年的马其顿腓力(Philip of Macedon)的死。而《政治学》知识渊博的编辑者纽曼(Newman)则指出第 5 卷 1312b6—7 也许时间应当被定在大约公元前 330 年。如巴克爵士(Ernest Barker)所指出的,第 7 卷 1330b32—1331a18 提到被用于抵御最新攻城机器的防御工事,很可能是指公元前 338 年到 326 年之间由吕克古斯(Lycurgus)所完成的雅典的城墙。第 7 卷 1331b16 提到乡间的卫所很可能是指在亚里士多德生命的最后时期所建成的吕克古斯的军事训练系统。我们不能够如此肯定的是《政治学》中那些不在《伦理学》中所讲提纲范围内的部分的最晚时间,但是有迹象表明其中一些至少写作于这一最晚时期。纽曼认为,第 2 卷 1270b11—13 中被提到的在安德罗斯(Andros)的事件发生于公元前 333 年,而第 4 卷 1299a14—19 所提到的则有可能写于公元前 329 年以后。这样,证据就不仅表明,在《伦理学》中所预告的那一计划,按照在那里所采用的顺序,是在亚里士多德担任吕克昂的领袖期间,亦即在他生命的最后 13 年的期间实施的,而且也表明,对这一计划的增补也是在那个时期写的。假如是这样的话,那么,我觉得要接受耶格尔所认为的《政治学》的各部分是在一个较早的时期、在亚里士多德生平的更柏拉图主义的时期写就的,就是很困难的。耶格尔假定,那些同其前或前后的文段相比更为雄辩的段落写作得要更早一些,与之相反,我倾向于认为,亚里士多德的文风是随着他达到他的主题的一个不同的部分——在其中雄辩更为合适的一个部分——而改变的。

现在我就转过来说说耶格尔对《形而上学》的讨论。即便是最粗略的审查也已经知道而且确为明显的是,《形而上学》就它现在的样子来看并不是一个连贯的整体。在大体上,耶格尔遵循的是很久以前伯尼茨给出的一个令人赞赏的指引,即,把 ABΓ、E 卷的一部分、ZHΘ、I、MN 看成一个虽然计划好了但却从未被完成过的整体的主要板块,而把 α、Δ、K 和 Λ 看成是亚里士多德的真作,但不是那个整体的部分。耶格尔的主要革新在于他对各卷时间的确定。早先,人们一直是倾向于把《形而上学》的整体像绝大多数其他主要著作那样,定在亚里士多德生命的最晚时期,他担任吕克昂的领袖时。耶格尔确定 A、B 和 N 的时间是在阿索斯时期,剩余的《形而上学》的各部分是在此后当亚里士多德在马其顿的十年间。就 A、B 和 N 而言,他完全可能是对的。在 A 和 B 中,亚里士多德依然在"我们柏拉图主义者"的意义上说"我们";但是他开始成为一个极具批判性的柏拉图主义者,特别是成为柏拉图超越理念的一个批评者。就其余的各卷而言,耶格尔的说服力就不强了。他的观点是,亚里士多德的心思稳步地从对哲学的兴趣离开转向对自然科学的兴趣以及对组织研究活动的兴趣,例如对 158 个希腊城邦的政治制度的记录,奥林匹克运动会中胜利者的名单,以及诸如此类的事情。在此基础上,耶格尔便只给最后时期或吕克昂时期留下了几乎很少的亚里士多德现存的著作。我们可以问,那如此清晰地展现在《形而上学》各卷中的形而上学的兴趣是否真地有可能曾经消褪至无,或者消褪为像编辑运动会上胜利者名单这样的文物研究的爱好。如果我们研究的是一个普通人,我们也许可以假定对形而上学的兴趣不能同对科学、政治学和文物学研究的兴趣共存;但我们正在研究的并不是一个普通人。看起来倒是,在亚里士多德身上有两条线索共存于他的整个一生。他生为一个阿斯克勒庇亚德(Asclepiad),也就是说,一个医生家庭,同时他生为伊奥尼亚族,他继承了伊奥尼亚式的自然兴趣和阿斯克勒庇亚德式的医学兴趣,因而是生物学的兴趣;在《自然短论集》的第一章以及最后一章,他指出对自然的研究给医学实践提供了第一原理。但是他有 19 个年头都是柏拉图学校的一个成员,最初是一个热情的成员,如《欧德谟斯篇》和《劝勉篇》所显示的,后来是一个批判的成员,如《论哲学》和《形而上学》的最早部分所显示的;但是,在成为柏拉图的一个批评者的过程中,他绝对没有变成一个由哲学逃到科学或者逃到文物研究中去的背叛者。更有可能的是,当他是吕克昂的领袖时,他将绝大多数具体的研究委托给了学生,而自己继续做哲学主题的讲座,而且尤为可能的是,《形而上学》的写作一直持续到了那一时期。

这可以通过考察 Λ 卷的第 8 章看到。亚里士多德在那里提到了卡利普斯的天文学理论;而卡利普斯生活于约公元前 370 年到约公元前 300 年,他的理论据信是在大约公元前 330—325 年期间提出来的;而亚里士多德是以过去进行时态提到这一理论的——"卡利普斯常常认为",这样,我们必须假定亚里士多德写作最早也不能早过公元前330年,时值他是吕克昂的领袖,在他死前的八年期间。耶格尔把这一章和Λ卷的其他各章截然地对立起来。他强调其风格的宏富和其他各章的简约。他认为,在第8章中所提出来的学说,即推动着各层天球的分离的"理智"的学说,同第7章、第9章所提出来的第一推动者的学说是不连贯的。第8章很可能晚于Λ卷的其余部分;至少我们知道,它是非常晚的,而我们无法指出这一卷的其余部分也是这样。但是第8章本身表明,它是亚里士多德想要放到这个位置上来的;因为它开始的那句话,"我们一定不要忽视这个问题,即我们是否必须设定一个这样的实体或者多于一个,如果是后者,是多少",明显地回指着前一章的一句话,"那么,从已经说过的显然可见,有一个永恒的、不动的、同可感事物相分离的实体",而且,离开了这句话它是无法理解的,同时,第8章本身重复了第一推动者的学说;亚里士多德说,"第一本原或首要存在无论就其自身还是就偶性而言都是不动的,但却产生最初的、永恒的、单一的运动"(1073a23—25);在数行之后(1073a28—34),这个观点又一次得到了十分清楚的表达,"既然我们看到,在我们认为是由第一的、不动的实体所发动的宇宙的简单运动之外还存在着其他的永恒运动,即,行星的运动,那么,这些运动的每一个也必须是由一个既不运动它自身又是永恒的实体所发动"。

这样,如下观点便是显然的。在属于亚里士多德生命的最后岁月的这一章中,他保持了第一推动者的学说。但是,尤多克索斯(Eudoxus)和卡利普斯的研究已经表明太阳、月亮和行星的运动不是像其他星体看起来的那样的简单的圆周运动,而是极其复杂的,包含着不止一种圆周运动。亚里士多德接受了这些发现,但是保留他对推动非行星的星体,并给太阳、月亮和行星以其每日的运动的第一推动者的信念。这样,第8章就不像耶格尔似乎以为的那样是由亚里士多德的编辑者们发现的一个残篇,并由他们插入了Λ卷中,而是由亚里士多德本人根据尤多克索斯和卡利普斯的理论所作的补充——一个他认为绝不会同他始终持有的观点相矛盾的补充,这个观点认为,天体每日的运动,对太阳、月亮、行星以及其他星体来说是共同的运动,都需要一个单一的、永恒的、不动的动者。造成这一运动的行动者显然处于比分配给太阳、月亮和每一个行星的那个局部的推动者更高的一个平面上;这样,亚里士多德有可能保留他这一卷的成功的结论:"太多的规则是不好的;就让一个统治者存在吧。"

天体运动原因这个问题是一个从中似乎有可能相当准确地探查亚里士多德思想发展的问题。以下我将在大体上遵循由格思里(W K C Guthrie)教授在他所编辑的《论天》(De Caelo)(第29—31页)中提出来的论证。我们从《法律篇》得知,柏拉图相信自我运动的可能性，并且把它赋予星体，他认为它们是活的存在物。按照西塞罗《论神性》（*De Natura Deorum*）中对《论哲学》的记载，在《论哲学》中，亚里士多德说，有三种运动的原因——自然、力和自由意志。星体的运动不可能是自然的，因为自然运动不是圆周运动，而或者是向上的，或者是向下的；它也不可能由力所强迫，因为不可能有任何比星体的力更大的力，能够反乎它们的自然而运动它们。因此，它一定是自愿的。把自愿运动归于星体，同把感知觉、理智和神性归于它们是完全一致的，后一点，正像把自愿运动归于它们这点一样，我们是从《论神性》中得知的。这是亚里士多德在这一主题上思想的第一阶段。

在《论天》——它本身可能是一篇相当早的著作——中，还有一个不同的说法。在其中，星体的出于自愿的自我运动和四元素的自然运动之间的对比消失了。对以太——天体的实体——而言的圆周运动，就像对土而言的向下运动和对火而言的向上运动一样自然。在《论天》中很少提到诸星体的一个超越的不动的动者，而且即便提到也是和论证的主旨不相一致的；它们可能最好被认为是后来当亚里士多德已经改变了他的观点时所作的添加。在另一个方面，如格思里教授已经指出的，有几个段落明确地排除了任何超越星体的运动根源；例如，279a30—b3，在那里，天体系统本身被描述为最高的神，而且还补充说，没有任何更有力量的、能够推动它的东西。

第三个阶段出现在《物理学》第 7、8 卷中，在那里，天体的运动通过引入一个不动的动者而得到说明，这个不动的动者之造成运动不是作为一个物体通过传递它自己的运动给另一个东西而推动这个东西，而是"作为一个欲望的对象"，通过激起尽可能地摹仿它的永恒生活的欲望来造成运动——但丁的"l'amor che muove il sole e l'altre stelle"［推动太阳和其他星辰的爱］。

最后阶段出现在《形而上学》Λ 卷中，在那里，上述解释被保留，但是由于尤多克索斯和卡利普斯最近的发现，传递运动给天体的机制已经变得非常复杂了。这样，一个不动的第一推动者的信念不是一个早期的信念，而是亚里士多德在这一主题上的最后的观点；《论哲学》、《论天》、《物理学》和《形而上学》揭示了亚里士多德思想发展的前后相续的阶段。

如果说在一些问题上我一直对耶格尔的一些观点是相当批评的，那么，我不应当不对他的著作的创造性和他在亚里士多德著作中许多晦暗不明的地方所投射的光芒表示我高度的敬意。我所倾向采取的有关他对亚里士多德的论述的总的态度是，尽管我承认他的信念，即，亚里士多德从一种柏拉图式的、彼岸世界的观点——物理世界是毫无价值的，超感觉的实在才是最重要的——转到一种认为物理世界的问题相当重要的观点，但是他的思想的这一变化，进展得既不像耶

格尔所描述的那样远、也不是那么快。对此最明显的证据便是亚里士多德在他
生命的最后的岁月保留了最初的不动的动者作为他的体系的主要构件。而且，
我们也看到，尽管亚里士多德的灵魂概念经过了三个不同的阶段，在最后的阶段
它对他来说不再是一个独立于肉体的实存，然而生命物的肉体活动对他来说始
终有着极大的意义。在伦理学中我们看到了同样的情形。《尼各马可伦理学》尽
管普遍同意是一部晚期著作，但是像他的任何一本著作一样散发着高度的理想
主义的气息。这同样适合于《政治学》；它的所谓的理想主义的部分，按照它们现
在的形式，至少和其他部分一样应当完全可能定在接近他生命的末期。

据此，对耶格尔予以高度重视的一段话的意义加以审视就是重要的——这
就是《论动物的部分》第一卷第 5 章。我将引用他所引用的这段话（I,644b22—
645a36）：

> 在自然形成的事物中，一些是没有生成、不可毁灭和永恒的，而另一些
> 则遭受生成和毁灭。前者是无可比拟的优秀和神圣的，但却难以认识。可
> 以阐明它们和就它们而言我们所渴望解决的那些问题的证据，很少是由感
> 觉提供的；然而就可毁灭的植物和动物而言，我们却有丰富的知识，因为我
> 们生活在它们之中，而且有关它们全部各个种类的丰富的材料可以被加以
> 收集，只要我们愿意付出艰辛。但不管怎样，两个部分都有它们特殊的魅
> 力。我们关于天体事物所能达到的微少的认识，由于它们的优秀，给予我们
> 比有关我们生活于其中的世界的全部知识更多的快乐；恰如对我们所爱的
> 人的匆匆一瞥要比对其他东西的从容观看更为愉快，无论那些东西的数量
> 和规模有多大。但在另一方面，在确实性和完整性上，我们对地上事物的知
> 识具有优势。此外，它们同我们的更大的切近性和相关性，在某种程度上抵
> 消了对天体事物的更为崇高的兴趣，后者乃是更高哲学的对象。在已经尽
> 我们的猜想所能达到地研究了天体世界之后，我们进而研究动物，而尽我们
> 的可能不遗漏这个领域的任何成员，无论其多么低微。因为，即便其中一些
> 没有任何优雅之处以陶醉感官，但甚至这些东西，通过向理智知觉显露设计
> 它们的巧妙的精神，也给所有能够探查原因联系、有志于哲学的人提供了巨
> 大的快乐。确实，如果说对它们的摹仿性表现是引人入胜的，那会是很奇怪
> 的，因为它们显露的是画家或雕塑家的摹仿技艺，而原来的现实本身，不管
> 怎样，对于所有有眼睛来探查那些决定它们的形式的原因的人来说，都不是
> 较为有趣的。因此我们必须不因孩子气的厌恶而从对这些卑微的动物的研
> 究中抽身而去。自然的每一个领域都是绝妙的……我们应当勇于研究每一

种动物而不厌恶;因为它们个个都将向我们揭示某种自然的东西、某种美丽的东西。没有偶然而且每个东西都对一个目的有益,这应当在自然的作品中最大程度地被发现,而且自然的生成物和复合物的最终目的便是一种形式的美丽。如果有人认为对动物领域的其余部分的研究是一件不值得的工作,那么,他一定同样轻视对人的研究。因为,没有一个人能够看到人体的组织——血、肉、骨、筋等等——而不厌恶之至。此外,当任何一个部分或结构——不管是什么——被讨论时,一定不要认为是它的质料性的构成被予以关注或是讨论的对象,而是每个部分同整体形式的关系。类似地,建筑学的真正对象不是砖石、灰泥或木料,而是房子;同样,自然哲学的主要对象不是质料性的对象,而是它们的构成和形式的总体性,没有这个它们也就不存在。

这是一个优美的段落,在亚里士多德著作的全部段落中,它也许是他最清楚地叩动一个人的心弦的一段话,而一般说来,他是严格客观的。耶格尔教授把这段话看成是在暗示,他几乎完全放弃了对形而上学的兴趣,用他的话来说,"把形而上学完全置于背景之中",同时,"读来像是漫步学派的一个研究和教学计划"。但是我认为,任何不带偏见来考察这段话的人,都不会这样来理解它。它是对生物学研究的一个高贵的辩解,但是,它长篇大论地确认这样一点,即两个部分——对永恒事物的研究和对活的、可毁灭的有机物的研究二者,有它们各自的魅力和吸引力。亚里士多德不是在生物学和哲学之间进行对比,而是在生物学和天文学之间,他在这里把天文学叫做对天上事物的研究;同时它不是呼吁放弃天文学的,而是呼吁也要研究生物学。

对亚里士多德哲学发展的研究在很大程度上必须依赖于对他的各种作品的相对时期所采取的看法;同时,存在着研究这个问题的一种从未被严格执行过的方法。这就是研究在一本著作中对另一部著作的指涉。这将是一项长期的任务,因为这类指涉是非常多的,而且它可能是一项枯燥的工作;但它肯定会是值得一搏的,假如我足够长寿,我非常想试一试:很可能各种著作的一个清晰的顺序、因而是其中所表达的观点的顺序,都会呈现出来。

在伯林先生(Mr. Berlin)⑤最近的著作《刺猬和狐狸》(The Hedgehog and Fox)中,他把亚里士多德和柏拉图相对比,描述为一只狐狸。刺猬是一种只有一种防御方式的动物,而狐狸却有多种,伯林先生把它们用来与这样两类思想者相对

---

⑤　现在是伯林爵士(Sir Isaiah Berlin)。

应，一类对一种单一的无所不包的世界观感兴趣，而另一类的兴趣在于摆在他们面前的经验事实的多样性和变化性。他的主题是托尔斯泰，他对托尔斯泰的解释是，他是一只企图成为一只刺猬但却没有多少成功的天生的狐狸，一个对人类生活的具体内容抱有强烈的兴趣、但却不成功地瞄着一种哲学的人；没有一个被《战争与和平》这部小说吸引而对其中的哲学感到厌烦透顶的人，会不同意伯林先生的判断。但当我们面对柏拉图和亚里士多德时，我对他的意见的真理性没有这样的确信。我同意柏拉图身上少有狐狸的特点；他总是致力于普遍化，他对例如亚里士多德的生物学著作提供了大量证据的具体事实内容表现出很少的兴趣。但是，我认为亚里士多德身上却有大量刺猬的特征，而不只是狐狸的特征。他始终致力于普遍化，而且肯定不无成功之处；如果有什么不同的话，他是太过于热衷了以至于不能把他的伟大的普遍观念，例如质料和形式、潜能和现实，运用到具体问题的解决上去。但是，他确实建立了一个普遍的体系，这一体系许多个世纪都控制着这一领域，并且依然要求着最为切近的研究。我同样不能同意耶格尔的观点，即，在他的生命的大部分时间当中力图成为一只刺猬之后，亚里士多德最终认识到他只是一个狐狸，而且为了硬事实的表格归类，诸如希腊城邦政制的记述和奥林匹克优胜者名单的记录这类事情，而放弃了对普遍观念的追求。

亚里士多德一些早期著作中的逻辑学和形而上学*

欧　文

　　亚里士多德早期逻辑学著作中有许多是产生于柏拉图在世时学园的实践和讨论。这是一个常识,但我试图在这里通过具体的例证来对亚里士多德最具特色的一个理论的发展做一不同寻常的阐释,以对这一常识加以说明。这一常识本身不应当混同为一个有关三段论起源的更为狭窄的论题:对那个陈旧的主题我在此处没有什么可说的。我把我自己限定在亚里士多德逻辑学研究的另一个部分,即形成了他关于任何一种有关 τò ὄν ἧ ὄν[作为存在的存在]的普遍科学、任何一种有关存在物的普遍本性的研究,它们的本性和可能性的观点的那个部分。他在这方面的主要议题便是歧义性问题(problems of ambiguity),尤其是他宣称在"存在"或 τò ὄν 中所发现的歧义性,即,这个术语在多种范畴中被使用。他的问题也为他在学园中的同代人所分享。通过反对和建议,这些问题曾经促进了构成第一哲学之基础的逻辑学的形成。

　　有这样一种十分著名的关于亚里士多德发展的描述,是我所必须努力把我

*　[译按]本文选自《公元前 4 世纪中期的亚里士多德和柏拉图》,第 169—193 页。该文曾以德文发表在哈格尔(F. P. Hager)主编的《亚里士多德的形而上学和神学》(*Metaphysik und Theologie*)(Darmstadt:Wissenschaftliche Buchgesellschaft, 1969),第 399—435 页。该文也曾重印于巴恩斯(J. Barnes)、肖费尔德(M·Schofield)和索拉比(R. Sorabji)主编的《亚里士多德研究论文》(*Articles on Arisotle*)第三卷(London:Duckworth, 1979),第 13—32 页。这篇文章也被收入努斯鲍姆(Martha Nussbaum)所主编的欧文本人一生所有重要论文的合集《逻辑、科学和辩证法:古希腊哲学论文精选》(*Logic, Science and Dialectic: Collected papers in Greek philosophy*)(Gerald Duckworth &. Co. Ltd., 1986),第 180—199 页。译文以 1957 年的版本为底本,同时参考了 1986 年的版本中的一些修订。1986 年版本的修订是欧文本人同意的,主要在两个方面,一是将 1957 年版本中出现的所有希腊原文引文,除了较长的引用外,均换成拉丁化的写法,以便于不懂希腊语的读者接受;二是规范了脚注形式(例如 1957 年版本中是每一页重新标号,1986 年版本中则改为连续标号),增加了一些引文的出处或出版信息,有时因此增加了脚注的数目。本译文没有采取第一个方面的修订,而是保留了希腊原文引文,但是采纳了第二个方面的一些修订。

的论证同它联系在一起的。依据这一描述,亚里士多德在柏拉图死后许多年始终执著于构造一个"柏拉图式的"形而上学的主导科学的计划。只是在以后,随着这所谓的柏拉图时期被远远地抛在身后,他才转而把他的注意力集中于各分支科学。当他写作《形而上学》第四卷时,和他写作《劝勉篇》与《欧德谟斯伦理学》时相比没有丝毫减弱,他可能仍旧把自己看作"Erneuerer der übersinnlichen Philosophie Platons"[柏拉图超感哲学的振兴者](尽管此时他已经对他所继承的思想财富作了改造,抛弃了超验的理念[Forms],并且因此只把神保留作研究的对象)。但是——根据这同一描述——在《形而上学》第四卷中,一种新的兴趣悄悄潜入了旧的兴趣的背后,因为现在,亚里士多德试图为另一个非常不同的研究在"第一哲学"的旧标签下寻找空间,这一研究不是"柏拉图式的",而是在本质上是亚里士多德式的:对存在,τοῦ ὄντος ᾗ ὄν的普遍研究。①

　　我所要讨论的证据并不与这一描述完全一致。它似乎表明,当亚里士多德写作《形而上学》第四卷时,他已经返回或者说全新地达到对一门普遍的形而上学的信仰,这是在他以逻辑上站不住脚为理由已经否定了任何这样的计划、并且对柏拉图和学园对它的寻求加以批评的时期之后。正是在那个时期,出于逻辑的理由,他把他的兴趣限制在了专门科学(神学是其中之一)上。也正是在那个时期,他 inter alia[特别]写作了《工具论》的全部或绝大部分、《欧德谟斯伦理学》和对学园的反驳;在那个时期他对柏拉图式的主导科学的态度一定至少来自于这一反驳,就像来自于他对神学专门科学的持续的兴趣一样。以此视角来考察,那么,在《形而上学》第四卷中所引入的这种研究看起来就更像是对柏拉图的目的(或者亚里士多德所以为是那些目的的东西)的同情的恢复,而不像是对它们的一次新的背叛。

一、歧义性和对形而上学的攻击

　　"一般而言",亚里士多德在《形而上学》第一卷第九章中说,"寻找所有存在物的元素而不区分事物被说成是存在的不同意义,是不会有结果的"(992b18—24)。这一对歧义性的兴趣也为学园的其他人所共有。斯彪西波(Speusippus)像亚里士多德一样也为同名同义(synonymy)和同名异义(homonymy)

---

① 耶格尔,《亚里士多德》²,罗宾逊(R. Robinson)译(Oxford 1948;德文第一版,Berlin 1923),第 viii 章和第 xiii 章:"柏拉图超感哲学的振兴者"(reviver of Plato's supersensible philosophy),第 339 页。

确立了标准。② 而在《辩谬篇》的一段评论的背后我们可以感受到一种普遍争论的存在,这段评论说,尽管同名异义的某些实例骗不了任何一个人,但是有一些却似乎连专家都骗了,既然他们常常就"一"和"存在"这样的词争吵不休:一些人认为这两个词在所有的运用中都只有一个单一的意义,而另一些人则通过对此的否认而反驳埃利亚学派(182b13—27)。亚里士多德是否认有单一意义的人中的一位。在他看来,是总应当是这个或那个:对一个门槛,他说,"是"意味着"具有如此如此的一个位置",对冰来说则意味着"以如此如此的方式凝固"。③ 而且,在最大的一般性的层面上,"是"要么是某种实体,要么是某种关系,要么是某种性质,要么是某个其他范畴中的一员。没有任何普遍的意义说有什么东西超出这些具体的意义中的任何一个之上而存在。

　　对"存在"和"一"的歧义性的这一争论受到过来自《巴门尼德篇》和《智者篇》的某些促动,这一点是无可怀疑的。它远非一种词典编纂学上的转向,这一点也被亚里士多德的许多主要论证所证明,尤其是那些针对柏拉图主义者的论证,诸如已经引用过的那个反驳。这些论证中最值得注意的一个构成了《欧德谟斯伦理学》第一卷中对学园反驳的一部分。④ 在那里,亚里士多德论证说,既然"存在"和"善"在不同的范畴中具有不同的意义,那么就不可能存在任何一门或者关

---

② 波埃修(Boethus)到辛普利丘,《范畴篇》38.19—39.9,36.28—31(参考哈姆布鲁克[E. Hambruch],《柏拉图学园的逻辑规则》[Logische Regeln der plat. Schule],Berlin 1904,repr. N. Y. 1976,第27—29 页)。

③ 《形而上学》1042b25—28,参考《论灵魂》415b12—15。这并不是要否定在 $\varepsilon\hat{\imath}\nu\alpha\acute{\imath}\ \tau\iota$["某个存在",即指具体的存在]和 $\varepsilon\hat{\imath}\nu\alpha\iota\ \acute{\alpha}\pi\lambda\hat{\omega}\varsigma$["单纯的存在",即指存在本身]之间的区别。有关这一本质的联系参考例如《形而上学》1028a29—31,《后分析篇》73b5—8 和注释 16。$\acute{\alpha}\pi\lambda\hat{\omega}\varsigma$ 存在[单纯地存在]就是作为一个实体存在,因为实体是一个东西 $\kappa\alpha\theta'\ \alpha\acute{\upsilon}\tau\acute{o}$[就其自身]之所是。

④ 我认为,我本人并未被那些用来反对《欧德谟斯伦理学》实际的真实性的论证所说服(例如最近由谢克尔[Schaecher]所著的《亚里士多德全集中伦理学著作研究》[Studien zu den Ethiken des Corpus Aristltelicum]II,Paderborn 1940)。《欧德谟斯伦理学》中的那几段老一辈的批评家们从中发现了一位编辑者整理和增补的痕迹的话讲的是另一回事。那位需要有一只仙鹤的喉咙的人在《欧德谟斯伦理学》(1231a17)中被给出了他的姓名,但在《尼各马可伦理学》(1118a32)中却没有:没有一位编辑者搜索得出这条新闻——它早在这两本著作之间就被遗失了。类似的,尽管不很明显,是对赫拉克利特的引用(《欧德谟斯伦理学》1223b22—24,《尼各马可伦理学》1105a7—8)。《欧德谟斯伦理学》(1223a26—27,1225b22—24)中对 $\pi\rho o\alpha\acute{\imath}\rho\varepsilon\sigma\iota\varsigma$[选择]和 $\acute{o}\rho\varepsilon\xi\iota\varsigma$[欲望]的更为系统的论述并非一位编辑者对《尼各马可伦理学》(1111b10—12)中那段比较松散的论述的改进,而是作为这段论述前提的纲领。如下面将要表明的,我从《欧德谟斯伦理学》中的那段论辩中摘引出来的推论同样可以从全集中那些其真实性毋庸置疑的文本中引出。但是这也证实了《欧德谟斯伦理学》的真实性。

于存在或者关于善的统一的科学；⑤他随后补充说，一门科学只能研究某种
ἴδιον ἀγαθόν［特殊的善］(1218a34－36)——或者，暗含地，某种ἴδιον ὄν［特殊的存
在］。这是一个使《形而上学》或者《尼各马可伦理学》的任何一位读者豁然开朗
的结论。确实，《欧德谟斯伦理学》并不否认在不同类型的善之间或者研究它们
的各门科学之间的所有关联：像《尼各马可伦理学》一样，它在一个手段和目的的
等级秩序中对人类可以达到的善作了安排(1218b10－25)。而同样真实的是，《尼
各马可伦理学》仍旧保持了反对任何有关善的普遍科学的旧的论证。⑥ 但是《尼
各马可伦理学》补充了一个弥补性的反省，即，"善"的全部用法，或者通过联系于
某个核心用法，或者通过类比⑦，都可以被联系起来，这在《欧德谟斯伦理学》中
没有任何迹象。所以在这部较早的著作中，当亚里士多德论证每一个事物都寻
求它自己的分离的善时，他引证了寻求视力的眼睛和寻求健康的身体(1218a33－
36)，但是在《尼各马可伦理学》中他却以此例子来指出"善"的不同用法之间的相
似性(1096b28－9)。而且还有另一个相关的差异，它的重要性随后将变得更为清
楚。《欧德谟斯伦理学》把这样一个警告放在它的反驳的前面：下面要讨论的主

---

⑤　1217b25－35。亚里士多德在这里没有使用"同名异义"一词，而他在上引的《论题篇》的段落中针对
　　"存在"和"一"却使用了，当他在《尼各马可伦理学》和《形而上学》(见以下)中再次考虑这一论证时也
　　使用了。他说ὄν和ἀγαθόν是πολλαχῶς λεγόμενα［以多种方式被说］，这个短语在《论题篇》的段落中
　　也被用到，在早期的逻辑学中这是一回事。如果一个词是πολλαχῶς λεγόμενον，那么它就是一个同名
　　异义词，在不同的运用中就需要不同的定义(《论题篇》106a1—8)：唯一不属同名异义之列的
　　πολλαχῶς λεγόμενα不是些词，而是些多义的短语(110b16—11a7)。逐渐地，亚里士多德探索到一种
　　方式，以此方式一个词可以是πολλαχῶς λεγόμενον，但却避免了是同名异义。但我们将看到，在目前
　　的例子中他并没有考虑这种可能性。Ὁμωνυμία，我照惯例并且为了简洁的缘故一直翻译成"歧义性"
　　(ambiguity)：在其他场合会表明为什么它不比"多义性"(plarality of meanings)这一词组更贴切，以
　　及这一分别如何澄清了亚里士多德的形而上学，而这一点在这里是不相干的。
⑥　《尼各马可伦理学》1096a23－9＝《欧德谟斯伦理学》1217b25－35，《尼各马可伦理学》1096a29－34＝
　　《欧德谟斯伦理学》1217b35－1218a1。
⑦　1096b26－29。πρὸς ἕν［趋向于一］和ἀφ' ἑνός［出自于一］一般是不作区分的(参考《论生成和毁灭》
　　322b31—32，《欧德谟斯伦理学》1236b20—21 & 25—26)；它们一定不要和《形而上学》1030a27—b4
　　中的προστιθέναι καὶ ἀφαιρεῖν［增加和减少］混淆在一起。也一定不要把它们和亚里士多德用来同它
　　们作对比的"通过类比"混淆在一起，尽管亚里士多德的注释者们不这样做：参考下面第192—193页
　　(［译按］此处页码为1986年版本的页码，1957年版本的页码为第179—181页)。可以注意到，《尼各
　　马可伦理学》中这一新的让步，事实上并不影响亚里士多德伦理学的形式。他用了一个额外的段落
　　来重新考虑存在一种善的"普遍"意义或者一种χωριστὸν αὐτὸ καθ' αὑτό［就其自身而言自身可以分
　　离］的善的可能性，但却得出结论说，这同他的目的是不相干的，既然他所考虑的是人所能达到的。
　　在《欧德谟斯伦理学》和《尼各马可伦理学》中，人所能达到的各种善被排列在一种以εὐδαιμονία［至
　　福］为终点的等级制中，而且这受到了和一种不可 prakton［实践］的善亦即神的关系的制约，在《欧德
　　谟斯伦理学》中这一制约是严格的，而在《尼各马可伦理学》中则有所限制。

题 必 然 属 于 另 一 种 研 究 , 一 种 一 般 来 讲 更 为 辩 证 的 研 究 (ἑτέρας τε διατριβῆς καὶ τὰ πολλὰ λογικωτέρας) , 因 为 正 是 它 (即 , 辩 证 法 或 " 逻 辑 学 ") 而 不 是 其 他 任 何 一 门 科 学 , 研 究 那 些 既 具 普 遍 性 又 带 破 坏 性 的 论 证 。⑧ 但 是《尼各马可伦理学》用自己的有关"善"的意义的建设性的建议缓和了那些既具普遍性又带破坏性的论证,并且接着评论说,在这一问题上的抉择须留给另一门哲学(1096b30—31)。评论者们已经正确地把这另一门哲学和《形而上学》Γ卷中所引入的那一类型的研究相等同,这是一门普遍的形而上学,它的首要的目的是通过表明所有意义都有一个核心,一个共同的要素,来调和那些在不同的范畴中有着不同的用法的词的歧义性。⑨ 所以我们可以尝试性地说:在较早的伦理学中,像"善"这样一个被在不同的范畴中使用的词是歧义的,对这些歧义的分析属于辩证法。而在较晚的伦理学中,歧义性是被规避的,而且这种规避是形而上学的工作。

与《欧德谟斯伦理学》在"善"方面的固执己见相比更令人惊奇的是这一推论,即,只可能有关于存在的分支科学。这直接和《形而上学》ΓΕΚ卷⑩中的论证相矛盾,在这几卷中,亚里士多德争辩说,"存在"不是同名异义地而是在某种程度上甚至是同名同义地(τρόπον τινὰ καθ᾽ ἕν)被运用,既然它的所有意义都可以根据实体、根据适合于实体的"存在"的意义而得到解释。要解释什么是性质或关系的存在,一个人必须说明什么是具有性质和关系的实体(在优先的意义上)的存在。由此,亚里士多德断言,存在着一门单一的、关于作为存在的存在的

---

⑧　1217b16—19。有关λογικόν和διαλεκτικόν的相同参见魏茨(T. Waitz),《亚里士多德的工具论》(Aristotelis Organon)卷2(Leipzig 1846),第353—355页。《论题篇》105b30—31假如具有这样的意思(但也许它没有这样的意思),即,"逻辑的"问题,就像"物理的"和"伦理的"问题一样,要么可以辩证地、πρὸς δόξαν[按照意见]来处理,要么可以科学地、κατ᾽ ἀλήθειαν[按照真理]来处理,那么,便似乎对它们作了区分。在这里,(a)亚里士多德的意思也许是,仅就共同的原则(这些原则按其普遍性就是"逻辑前提")在这门或那门科学中被运用,并且从科学之中获得它们的用法(《后分析篇》76a37—40)而言,它们的功能仅仅被具体的科学家κατ᾽ ἀλήθειαν理解。或者(b)我们可以对比《论题篇》162b31—33,其中说在那里所给出的对 petitio principii [假定前提]的叙述仅仅是κατὰ δόξαν,而κατ᾽ ἀλήθειαν的叙述则可以在《分析篇》——即《前分析篇》B 16中找到,在那里的处理和《论题篇》中的处理的区别仅仅在于运用了三段论的规范理论。这样看来,这一区分对应于《后分析篇》84a7—9,b1—2中在λογικῶς[逻辑地]和ἀναλυτικῶς[分析地]之间的区分。根据上述任何一种解释,"逻辑的"问题和"逻辑的"技术都在整体上是一般的。"逻辑的"问题可以被但无需被以"逻辑的"技术来处理。而且"逻辑的"技术是辩证法。

⑨　因此,亚历山大在他对《形而上学》Γ卷的注释(242.5—6)中是在πρὸς ἕν λεγόμενα[核心意义]之中不仅提到ὄν而且提到ἀγαθόν的。

⑩　在我的论证中不要求《形而上学》第十一卷的真实性。目前可参考 A·曼申(A. Mansion),《卢汶哲学评论》(Rev. Phil. de Louvain)56(1958),特别是第209页以下。

科学,它在范围上是普遍的,而不是又一门分支学问。⑪ 说亚里士多德曾经有一个时期把第一哲学限定在实在的一个单独的部分上,这并没有什么新意;但是这种说法会很难找到比《欧德谟斯伦理学》中的那一论辩更好的证据来支持它,那一论辩不仅表明这一限制是审慎的,而且表明它为什么是这样。⑫ 确实,如果这是唯一的证据,那么它是可疑的。它的孤立性会强化在本章其他地方被提到的对《欧德谟斯伦理学》的真实性的那些怀疑。⑬ 但是,它并不是单独的,我们只需要循此线索来寻找其他的证据,它们本身就会必然得出相同的结论。

总之,《形而上学》ΓΕ 卷的论证似乎表明了一次新的决裂。它宣布,"存在"从来就不应当和单纯的歧义性的例子相等同,接着又说,过去对任何一门有关存在的普遍的形而上学的反驳是错误的。新的处理方式把 τὸ ὄν 和其他同源的短语当作 πρὸς ἓν καὶ μίαν τινὰ φύσιν λεγόμενα [相对于一个东西和一种单一的本性而言的]——或者,如我今后所说的,当作具有核心意义(focal meaning)——已经使亚里士多德可以把一门有关实体的专门科学转变为有关存在的普遍科学,"普遍是就它是首要的而言的"。⑭

现在我们可以稍做一些润色了。我不是说,当亚里士多德写作《欧德谟斯伦理学》时,他还没有认识到核心意义的概念。他认识到了,而且他对那一概念的运用使阿尼姆(von Arnim)相信他一定早已形成了《形而上学》Γ 卷的整个论证。⑮ 但这是一个错误。阿尼姆忽视了我们考察过的那一段落。亚里士多德在《欧德

---

⑪　1003a21—b19,1026a29—32,参考 1028a34—36,1045b29—31,1060b31—1061a10,1061b11—12。

⑫　耶格尔为这一意见提供了辩护,但是却忽视了《欧德谟斯伦理学》中的这一节,这一节是和他对这一著作中的 Phronesis [实践智慧]的叙述相矛盾的:在他看来(《亚里士多德》,第 239 页),其中,Phronesis 仍旧是以柏拉图式的方式被认为是"统治着所有科学(κυρία πασῶν ἐπιστημῶν,《欧德谟斯伦理学》1246b9),而且被认为是最有价值的知识(τιμιωτάτη ἐπιστήμη [没有出处])",而且"这显然是和《尼各马可伦理学》相反对的"。但是 Phronesis 是 κυρία πασῶν [一切中首要的]的意思是在《欧德谟斯伦理学》1218b10—25(尤其是 12—13)中被给出的,对此可参考《尼各马可伦理学》1094a26—27;Phronesis 是 τιμιώτατον [最有价值的]的意思是在 1216b20—25 中被给出的,参考《尼各马可伦理学》1103b26—29。玛格丽特(Margueritte)和列昂纳德(Léonard)已经指出,φρόνησις 在《欧德谟斯伦理学》中是在"亚里士多德的"意义上被运用的,而不只是在一种"柏拉图的"意义上,在后一种意义上一般是用于指其他人的观点:值得注意的是,前一种意义似乎是首先出现在反驳中(1218b13—14,其中带有加括号的 πολιτική [政治学]和 οἰκονομική [家政学]),随后才占据主导的。

⑬　注释 4 和 17。

⑭　1003a23—24,1026a30—31,参考 1064b13—14。显然,我在这里只关心亚里士多德用以把一门有关实体的科学转化为一门有关 τὸ ὄν ᾗ ὄν 的科学的机制,而不关心他为什么选取神学作为有关实体的优先科学的各种完全不同的理由。

⑮　《〈欧德谟斯伦理学〉和〈形而上学〉》(Eudemische Ethik und Metaphysik),维也纳科学院(Akad. der Wiss. in Wien)(1928),第 55—57 页。

谟斯伦理学》中确实运用了核心意义的概念：他把它用于他最经常的例子"医术的"，之后又详细地用在"友谊"上（1236a7－33）。但是他尚未见到它在诸如"存在"或"善"这样一些完全普遍的词语上的运用。当他运用它的时候，他费力地说明它，而这是他的早期著作———一个热衷于体系性论证的年轻人的著作———的鲜明特征，即，他在《欧德谟斯伦理学》中所给出的说明远没有《尼各马可伦理学》和《形而上学》中依赖于这同一概念的那些论证更为直截了当（《尼各马可伦理学》1156b19－21,35－1157a3）。他说，一个词，例如"医术的"并不是一义的——它有着和它的各种意义相对应的各种定义，但是其中一个意义是首要的，也就是说，它的定义作为一个要素反复出现在其他的每一个定义之中。如果是一个有医术的人就等于是 XY，那么，是一把医术的刀就是一种被一个是 XY 的人所使用的东西（1236a15－22）。正是这种还原转化的模式被亚里士多德后来用于"存在"⑯和其他那些概念上，例如"一"、"同一"和"对立"，这些词语在所有范畴中都有一种用法，但是首先有一个首要的用法（《形而上学》1004a23－31,参考 1018a31－38）。但是在早期的著作中，这一更具雄心的运用仍旧处于摸索之中。另外，在对友谊的分析中，我们被告诫不要假定如果这个词的一种意义是首要的，它因此也就是普遍的（《欧德谟斯伦理学》1236a22－29）；这是《形而上学》ΓΕ 卷中的亚里士多德，由于急于缩小同名同义和核心意义之间的对立，将需要撤销或重新表述的另一个告诫。

二、逻辑的优先性，自然的优先性

在我们能够进展到其他证据之前，还有另一个反驳需要面对。迄今为止，我已经表明，在对学园的批判中，《欧德谟斯伦理学》丝毫没有提到对"存在"的逻辑分析，也没有提到随之而来的一门单一的普遍的存在科学的可能性，这是在《形而上学》的部分中提到的。但是在同一个语境中，《欧德谟斯伦理学》就像《尼各马可伦理学》一样，不仅认识到了"善"的意义正像它在不同的范畴中的运用一样是各不相同的，而且也认识到了在不同类型的善之间的一种普遍的优先性顺序

---

⑯ 见《形而上学》Γ. 2，但是这一叙述引起了一个小小的疑惑。在那里，原本期望他说 ὄν 的所有从属意义必须根据这个概念的首要意义来被界定，但他说的却是，ὄν 的所有意义必须根据 οὐσία 来被界定，正如"健康的"所有意义必须根据"健康"一样：这是一个未给 ὄν 的一个意义的优先性留有余地的说法。但是他接下来的所讲仿佛他已经提供了这一优先性；要说明这个是容易的———ὄν 在其首要意义上就是 οὐσία（参考 1028a29－31。ZHΘ 卷中的这种说法更为清楚；有关 Z. 1，参考 Θ. 1,1045b27－32）。

《欧德谟斯伦理学》1218a1—15,《尼各马可伦理学》1096a17—23)。这样,很自然地,我们便可以假定这些善的类型对应于"善"的各种意义,因此,所谓的优先性正是这种属于首要范畴的优先性。而且,假如这个假定成立,那么,无疑,《欧德谟斯伦理学》必然是以《形而上学》ΓΕ卷中的论证为前提的,该论证承诺要表明,其他范畴是如何逻辑地从属于首要范畴的?一旦承认这一点,就会有一个进退两难的困境。因为,要么我所着力强调的在这两部著作之间的不一致是一种假象,要么《欧德谟斯伦理学》的写作是在对《形而上学》中所提出的分析充分认识的前提下进行的,但是却与那部著作中所得出的推论相矛盾,即可以有一门单一的存在科学。就这后一种可能性而言,《欧德谟斯伦理学》必然是一部较后的作品,而且很可能完全不是亚里士多德的作品。⑰

我们可以对这一反驳的第一步提出质疑。因为,无论是在《欧德谟斯伦理学》中还是在《尼各马可伦理学》中,从优先性而来的论证都是与那种断言了一种歧义性且运用了范畴理论的论证是不同的。究竟这种从优先性而来的论证是否包含了各范畴这看起来是可疑的;在《欧德谟斯伦理学》的学说中,各范畴没有被提到(1218a1—15),而在《尼各马可伦理学》中,虽然提到了它们,但是随即被老学园对 καθ' αὐτό[就本身而言]和 πρός τι[相对于某物而言]的二分所取代了,而就这种二分法而言,各范畴是它的一个远为精致的竞争者。⑱ 但是让我们仍旧假定这里的优先性就是首要范畴的优先性。这丝毫不表示亚里士多德已经达到了他对实体的逻辑的优先性的分析,这一分析是在《形而上学》第四卷中提出来的并直接依赖于对"存在"的核心意义的认识。因为逻辑的优先性——在 λόγος 或者定义上的优先性——是亚里士多德所最终达到的针对实体而宣称的唯一一种优先性(《形而上学》1028a32—b2)。另一种优先性是"自然的"优先性,这是一种更为原始的观念,亚里士多德显然认为它是两种优先性观念中较老的一种,因为他认为它出自柏拉图,并说在某种意义上其他类型的优先性是由它而得名的(《形而上学》1019a1—4)。A 自然地先于 B(πρότερον κατὰ φύσιν, κατ' οὐσίαν),仅当 A 没有 B 能够存在,而不是相反;而且显而易见的是,就像简单的优先性不包含

---

⑰ 也许,这后一种可能性是强势的。人们已经表明,对任何普遍科学的反对是亚里士多德之后的第一代漫步学派的鲜明特征,因为塞奥弗拉斯特在他的有关形而上学的残篇中指出,"存在"有不止一种意义,我们有关存在的知识必然相应地是分支性的(8b10—20,9a10—11,23—b1)。塞奥弗拉斯特说,一般而言(σχεδόν),全部知识都是 ἴδια[独特的](8b20—24)。但是在这里与《欧德谟斯伦理学》的类比是错误的。塞奥弗拉斯特仔细地纠正了他对知识的学科分化的强调(8b24—27):指向普遍性也是科学的任务,这也许会产生一个研究课题,它不是种类上的同一,而只是通过类比的同一。

⑱ 1096a17—23;辛普利丘,《范畴篇》63.21—4。

更为复杂的优先性一样,对第一种优先性的认识在一种既定的情形中也不需要认识第二种优先性。这样,自然的优先性的一个常用的例子就是点、线、面、体的顺序;然而学园似乎已经认为这种关系或者容许用在前的词来定义在后的词,或者相反,或者都不是。⑲

　　现在,在《欧德谟斯伦理学》我们的那段话中被明显采用的那唯一的一种优先性类型是自然的优先性(1218a4—5)。在那一论辩的一开始,善的理念被说成在这一意义上先于其他善的事物,即,它的毁灭将导致其余一切的毁灭而不是相反。⑳ 诚然,善的理念也被说成其他东西相关于它才被称做善的(1217b12—13,参考《形而上学》987b7—9);但是令人吃惊的事实是,无论是在这里还是在他对理念的其他批评中,亚里士多德都没有认为这个说法意味着,"善"或其他任何一个谓词的定义在这个词是指这个理念时和在它是指分有者时是有区别的。㉑ 这也就是说,在这一阶段,或者在这一语境中,他完全没有考虑核心意义的思想或者相关的逻辑优先性的概念;并且正是这些思想而不是任何更早、更含混的对实体的首要性的说明,以后才使他能够避免他自己的批驳、规避"存在"的歧义性。

　　如此,这一反驳便落空了,我们可以继续前行。

三、歧义性和《工具论》中的形而上学

　　与对同名异义的单纯考察相对照,在其他地方,我们能够看到对核心意义的寻求正在对亚里士多德产生兴趣和重要性。当他通过表明某个关键词的一些意义是对一个首要意义的各种具体开展来对这个词进行阐明时,他的方法标志着在苏格拉底式的定义寻求上的进步。他偶尔在物理学著作㉒和辞典卷,即《形而上学》Δ卷中用到这种方法,有时候带着一种反省的语气。㉓ 它逐渐以一种特殊

---

⑲　在后的由在前的来定义,《后分析篇》73a34—37,《形而上学》1077a36—b2;在前的由在后的来定义,《论题篇》141b19—22(柏拉图的? 参考《形而上学》992a21—22;但也是亚里士多德的,《论题篇》158a31—b4,163b20—21);都不是,《形而上学》992a10—18(斯彪西波的? 参考在 $\pi\rho\grave{o}\varsigma\ \check{\varepsilon}\nu$ [相关于一个东西]和 $\grave{\varepsilon}\varphi\varepsilon\xi\tilde{\eta}\varsigma$ [连续的]之间的对比,《形而上学》1005a10—11)。在《形而上学》1077a36—b11 亚里士多德坚持认为逻辑的优先性不包含自然的优先性(参考1018b34—37)。

⑳　1217b10—16,对自然优先性原则的一个标准的解释;参考斯特莱克(de Strycker)的论文,见《公元前4世纪中的亚里士多德和柏拉图》,第89页。

㉑　《欧德谟斯伦理学》1218a10—15,《尼各马可伦理学》1096a35—b5,《形而上学》1040b32—34,1079b3—11;参考本文的最后一节。

㉒　《物理学》222a20—21,有意义的是,它不是在260b15以下;《论生成和毁灭》322b29—32。

㉓　1016b6—9,1018a31—38,1019b35—1020a6,1020a14—32(参考《范畴篇》5a38—b10),1022a1—3,1024b17—1025a13。但是,有关后来的形而上学的一个明显的回应,参考1017a13—22。

的形式支配了心理学。亚里士多德在《论题篇》中论证说,既然"生命"对于植物和动物是在不同的意义上被使用的,那么试图寻求对这个词的一个普遍的定义就是错误的:我们所需要的是每一种生命形式的一个不同的定义(148a23—36)。在这个时候,亚里士多德便已经超越了苏格拉底方法中的缺陷。但是,他在《论灵魂》中说,尽管我们不能满意对灵魂的一种普遍的说明,但我们也不能停留在给各种类型的灵魂以不同的定义上。我们的说明必须表明这些类型是如何排列的,在后的潜在地包含在先的(414b25—415a1)。在这个时候,他就超越了《论题篇》。这里似乎存在着同《形而上学》中的语言非常有意识的对应:对于灵魂就像对于存在一样,正是这个词的首要意义表明对于所有意义共同的东西是什么(415a23—5),而且只有这个词在其首要意义上所表示的东西才能够有"分离的"存在(413a31—b10)。但是,与此同时,在核心意义的这两种用法之中有着巨大的差异,而且我们在这里也不关注心理学。上述例子提出了一些问题挡在我们的路上。《论题篇》是一部备忘录,它的编辑和随后的扩充也许已经持续了相当长的时期。那么,如我在这一例子中已经说过的那样,说在亚里士多德后来对核心意义的关注中他"超越了《论题篇》",这是合理的吗? 或者,如我将要论证的那样,说他超越了整个《工具论》,这是合理的吗?

　　首先请考虑在这些著作中有什么标志表明对核心意义的一般兴趣,而不管在《形而上学》Γ卷中亚里士多德对这个概念所发现的特殊的用法。在《论题篇》中,他引用了后来将用作 $\pi\rho\grave{o}\varsigma\ \grave{\epsilon}\nu\ \lambda\epsilon\gamma\acute{o}\mu\epsilon\nu\alpha$[趋向于一种意义]的各种例子。㉔ 但是,在这里,它们似乎被仅仅作为"歧义性"的例子来处理(例如,"善"后面加括号的 $o\xi\acute{\upsilon}$[尖],它在鼻子、刀子和角的不同意义上使用)。 罗宾把这一处理作为"une expression insuffisante et peu exacte de la doctrine d' Aristotle"[亚里士多德学说的一个不充分也不准确的表达]而予以忽略:㉕也许他认为它不恰当是因为,它是《论题篇》的否定性目的的一个标志。但是,辩证法的毁灭性的这一面一直非常被强调,而且至少有可能的是,亚里士多德尚未发展出罗宾所正在寻求的一般"理论"。不管怎样,无论他是否已经触及了核心意义的想法(一个我们后面将要面对的问题),无论这一想法是否暗含在或预示在《论题篇》的其他一些

㉔ $\acute{\upsilon}\gamma\iota\epsilon\iota\nu\acute{o}\nu$[健康],106b33—7,$\grave{\alpha}\gamma\alpha\theta\acute{o}\nu$,107a5—12(参考阿尼姆,《〈欧德谟斯伦理学〉和〈形而上学〉》,第55—56页),不同范畴中的 $\epsilon\acute{\iota}\nu\alpha\iota$,103b20—39。有意思的是,$\iota\alpha\tau\rho\iota\kappa\acute{o}\nu$[医术的]没有出现,他曾在《欧德谟斯伦理学》中给亚里士多德提供了他对核心意义的第一次展示。

㉕ 罗宾(L. Robin),《柏拉图有关理念和数的理论》(*La Théorie platonicienne des idées et des nombres*)(Paris 1908),第153页,注释171;参考亚历山大,《形而上学》241.21—24。

段落中，㉖这部著作没有任何迹象表明他赋予了这个想法以任何重要性。在他认识到在单纯的同名同义和同名异义之外的第三种可能性的时候，这种可能性是"隐喻"（以及作为第四种情形"比隐喻还糟"的某种东西），而且没有任何用核心意义来解释隐喻的企图。㉗ 还有一些启发性的段落，例如在第五卷中对一个问题的讨论。这个问题取决于将一个谓词既派给一个首要的主词也派给其他依照那个主词而"得名"的东西的可能性（134a18—25），而且它可以通过引入核心意义来解决——也就是说，容许这个谓词有在它的不同的用法中的不同但相关的定义。但是，尽管亚里士多德似乎在一个点上接近了这一解决（134a32—b1，参考145a28—30），但他却把这个谓词自始至终看成是一个单一的统一体，并且只是要求发言者说这个词是否适用于它首要的主词（134b10—13）。这种简单的处理在他对理念的攻击中具有一种特殊的意义，因为他认识到，柏拉图主义者对前缀αὐτό［自身］或ὁ ἔστιν［真正存在的］的运用正是这样一种打算把理念确立为一个谓词的首要主体的企图；然而在这里他也没有假定，这样一种前缀意味着在对这个谓词的λόγος、即定义中有任何变化（参考上面注释21）。对他来说理念是πρώτη τῶν συνωνύμων［首要的同名同义者］，自然地而不是逻辑地先于它的分有者。㉘

　　在《范畴篇》中所引入、《论题篇》中被确认的同源派生词类中，核心意义也没有获得任何形式上的认可，因为对同源派生词的定义仅仅是语法上的。它表明的不是一个词的次要意义如何可以被逻辑地附属于一个首要的意义，而是形容词如何能够通过变化词尾从抽象名词中产生出来。㉙ 显然，《范畴篇》没有、也不可能运用这一想法来解释次要的范畴如何依赖于首要的范畴。它也没有为那一目的而运用核心意义（2b4—6）。如果核心意义在《范畴篇》中可以被看到，那么

㉖　这方面的材料似乎是现成的但未被使用，见106a4—8，106b33—37，114a29—31，117b10—12，124a31—34，134a32—36，145a28—30。

㉗　139b32—140a17。（我看不到任何一位支持《劝勉篇》的业已被广泛接受的重构的人已经讨论过这段话，因为这段话将任何把法律描绘为μέτρον ἢ εἰκὼν τῶν φύσει δικαίων［本性公正的事物的尺度或象征］的企图都斥为"比隐喻还糟"。）

㉘　《论不可分割的线》968a9—10，它是亚里士多德式的，尽管不是亚里士多德写的。

㉙　参考欧文斯（J. Owens），《亚里士多德形而上学中的存在学说》（*The Doctrine of Being in Aristotle's Metaphysics*²）（Toronto 1963），第51页和第330页，注释19—21。但是这一想法得到了明显的拓展，《物理学》207b8—10（并请参考同παρά τι λέγεσθαι［从什么而来的称呼］的关联，罗斯，《亚里士多德的〈形而上学〉》［*Aristotle's Metaphysics*］，Oxford 1924，卷1，第161页）。在《范畴篇》中它的作用只是提供形容词和抽象名词间的一种简单的联系（分别对应于"谓述"一个既定主词者和"在"一个既定的主体之中者），以使二者可以在同一个范畴中被处理。

它是在对某个范畴的分析中——足够清楚地是在对性质的界定中（5a38—b10），在对"实体"的两种用法的说明中（2b29—37，3b18—21）则疑问多多——而不是在对不同范畴以及"存在"的不同意义的逻辑排序中，后者是《形而上学》第四卷的根基。

　　这一点可以被加强并普遍化，而这样一来它就是根本性的。不管亚里士多德在写作《论题篇》（以及《范畴篇》，如果他写过那一作品的话）的时期是否曾经认为核心意义对哲学家们具有某种价值，但无论是在那里还是在《工具论》的其余部分都没有这一想法在《形而上学》第四卷中被赋予的那种用法的任何迹象。在思想上没有任何空间留给一门普遍的"作为存在的存在"的科学。撇开修辞学，在这些著作中亚里士多德确认唯一在研究共同于所有科学和所有论说领域的材料的学科乃是辩证法；[30]而辩证法并不要求第一哲学的头衔。在它与诸科学的关系中，它是一种预备性的技术，用以澄清和明晰那些正在使用的、诸科学可以接受并用于更为精确的工作的概念。[31]它所研究的各种共同原理在不同的科学中和不同的范畴中有一种不同的运用（《后分析篇》76a37—40，88a36—b3）——这里可以同《欧德谟斯伦理学》中对"存在"和"善"的研究相比较——而且这样一个原理的种种运用只是以"类比"的方式关联在一起（76a38—39）。诚然，这种类比的关联本身是一种承认，即，为所有论说领域所共有的词和术语由于那一原因不是简单的同名异义的；但是它没有说明为什么是这样，而且我们后面将看到，它距离表示各种意义的那种系统性的关联是多么遥远，而《形而上学》Γ卷正是由此才消除了相同的歧义性。它丝毫没有表明一门普遍的有关"存在和存在的各种必然特性"的科学的可能性，这门科学之所以把诸科学的各种共同原理当成是它的主题的一部分，只是因为那些原理属于 τὸ ὄν ᾗ ὄν。一旦亚里士多德认为他已经建立了这一可能性，他便可以通过把辩证技术融入在这门新科学中而为它们争取到一种新

30　《论题篇》101a36—b4，参考《修辞学》1358a2—32；以及在下一段被讨论的文本。由于在《工具论》中为一门普遍的形而上学找不到任何别的空间，波斯特（E. Poste）（《亚里士多德论谬误；或，辩谬篇》[*Aristotle on Fallacies*；*or, The Sophistici Elenchi*]，London 1866，第212页）提出将它看作"多多少少完全等同于"辩证法。他的问题是正确的：没有任何地方留给一门普遍的形而上学。

31　例如，就像在《物理学》的许多地方那样。"他优先考虑物理学而非辩证法"（Physicam dialecticae suae mancipavit）（培根）。

的意义。㉜ 但是在《工具论》中看不到任何这样的科学。

　　然而渴求亚里士多德思想统一性的研究者们一直设法在逻辑学文本中看到后来的形而上学。他们已经在《辩谬篇》中发现了它，当亚里士多德解释说，辩证论证不限于确定的一类对象，这不证明任何东西，而且——关键的短语——不是 οἷος ὁ καθόλου[像那样的普遍推理](172a11—13)。除了在《形而上学》Γ 卷中所宣布的那门存在的普遍科学以外，什么是这种普遍的推理呢？（这询问着从伪亚历山大到崔科特[Jean Tricot]的解释者们。）但是就在下面几行，亚里士多德直截了当地否认所有事物都可以被置于这些相同的原则之下，不久他又以同样的语气说，辩证法所处理的共同的概念不构成一个肯定性的主题：它们更像是否定性的概念（ἀποφάσεις[否定]，它们作为一个共同的类的资格，亚里士多德从《论理念》以来就在否定)。㉝ 魏茨看到，在这一语境中和辩证法形成对照的"普遍的"方法只能是《后分析篇》中被说明的那种方法，即，各专门科学的方法，其主题为"不是同名异义的普遍概念"所限定。㉞ 或者，如果我们应当在这一短语中看到对普遍的形而上学的所指，那么，它也必须由《后分析篇》中的那段话来作注解，在这段话中，亚里士多德把专门科学不仅同辩证法相区别，而且也区别于"任何一门可以尝试为共同的公理，例如排中律，提供普遍的证明的科学"(77a26—31)。在这里，从菲洛庞努斯以来的注释者也已嗅到了《形而上学》Γ 卷的气息。然而亚里士多德始终认为，共同公理是 ἄμεσα[直接的]，不能够被证明；充其量，就像在《形而上学》第四卷中那样，它们能够被辩证方法所推荐（《形而上学》1006a11—18)。所以，亚里士多德在这里所考虑的那门科学不可能是他自己所制作的一门科学。相反，如罗斯所看到的，它是他所批判的："一种形而上学的尝试，依柏拉图的辩证法的方式来设想（亦即，如同它在《国家篇》的核心卷中所表现的那样)，企图把各种假设从一个非假

㉜ 就像在 Γ. 4 对矛盾律的辩护中那样。参考 Z. 4，在那里，辩证法（τὸ λογικῶς ζητεῖν)是附属于哲学论证的，前者表明πῶς δεῖ λέγειν[应当怎样说话]，后者表明πῶς ἔχει[事情怎样](1030a27—28)；但是"一个人以哪一种方式来表达是没有关系的"(1030b3—4)，即，εἶναι因而 ti esti[它是什么?]的问题在实体范畴中有其首要的运用这一原则，可以或者通过辩证法（προστιθέντες[增加]和ἀφαιροῦντες[减少]，1030a21—27，指出在从属的范畴中εἶναι 的省略的用法)或者通过对 τὸ ὄν 作为一个πρὸς ἓν λεγόμενον(1030a34—b3)的哲学分析来予以表明。（我不能理解为什么彻尔尼斯[Cherniss]认为 1030a25 上的λογικῶς[只是一种措辞]，参见其《〈蒂迈欧篇〉同柏拉图的晚期对话作品的关联》[The Relation of the *Timaeus* to Plato's Later Dialogues]，*JHS* 77[1957]，第 21 页)；如果没有别的，1029b13 已经表明这个词描述了在这一章中亚里士多德自己的方法。）

㉝ 172a36—38，参考亚历山大，《形而上学》80. 15—81. 10；《论题篇》128b8—9，《形而上学》1022b32—1023a7。

㉞ 魏茨，《工具论》ii，第 551—552 页，《后分析篇》73b26—28；参考 85b15—22 论科学的普遍性中对同名同义的需要。

设的第一原理中推演出来。"⑤因此同样,当亚里士多德在《后分析篇》中稍早一些的地方说,一门科学不可能证明另一门科学的定理,又(以几乎相同的语气)说几何学不能证明有关对立的知识是一门单一的知识这一普遍的原理时(75b12—15):如果(像解释者们毫无根据地假定的那样)他在这里正在考虑有另外某种科学声称要证明这类普遍的原理,那么,他的范型就是《国家篇》而不是《形而上学》给予他的。而且这是一种他以为完全不可思议而予以拒绝的哲学范型。

正如在他否认共同的公理可以被证明时他所想到的是一种柏拉图式的形而上学一样,也是怀着这一想法,他否认有对任何一门既定科学的专门前提进行推演的可能性(76a16—25)。他说,这样一种证明应当交给一门主导科学,κυρία πάντων。我们无需详述扎巴雷拉(Zabarella)和另一些人之间的争论,这些人把这解释成是在指亚里士多德自己的普遍的形而上学,然后又不得不为在这之前的文本中对任何这类思路的明显的批判有所交代。在《形而上学》Γ卷中所描述的研究在《工具论》中没有被提及;亚里士多德对它也不是胸有成竹的。如果它本身已经得到建立,那么,在我们已经考察过的那样一些语境中,它必定已经被提到了,但没有任何这方面的迹象。

上述文本的特征使这一论证由无声而变为宏大,但是它可以通过将我们刚才所考察的那些段落与后来对它们的论证的一个回应相比较而得到确证。因为,《分析篇》的结论以完全另一番样子在《形而上学》中再次出现:它们已经成了必须被解决的问题,如果任何一门有关τò ὄν的普遍科学应该是可能的话。《分析篇》已经驳斥了任何企图证明所有科学的共同的公理的打算,也依据相关的理由驳斥了任何企图证明一门既定的科学的专门的原理的打算。这两个论证都再次出现在《形而上学》B卷中,但是两个都被归为这一主题的初步的ἀπορίαι[难题](997a2—11,15—25)——就像在《欧德谟斯伦理学》中为否认一门单一的存在科学而提供的理由在《形而上学》中只是作为另一个需要规避的疑难被再次提出那样(1003a33,1060b31—35)。这一结论似乎难以避免。这些在《形而上学》中被集结在一起并在一定程度上被解决掉的反对任何一门普遍科学的论证,它们——至少在一些重要的例子中——第一次得到表述是在亚里士多德认为它们是确定的时候,亦即,是在对学园的反驳处于顶峰、亚里士多德所想到的普遍形而上学的唯一的范型是柏拉图的辩证法的某种形式或版本的时候。他那时相信,任何这类想当然的普遍科学必定会犯下两个逻辑上的罪行。它必定旨在为属于具体科学的材料提供完全普遍的证明,它必定忽略了"存在"以及所有那些

⑤　罗斯,《亚里士多德的〈形而上学〉》。

普遍存在的词的歧义性,而它企图针对它们来规定它自己的主题。但后来,当他引入了他自己的有关一门普遍的形而上学的计划时,他以不同的方式处理了这两个反驳。头一个,他预备调整。新的计划不是以一个演绎的体系的形式来设计,它并不规定专门科学的前提。取代普遍的证明,它承担的是对那些同样普遍的词和说法的使用进行分析;但是在这里,它与第二个反驳背道而驰。赋予这一新的起点以其动力和特征的恰恰就是,亚里士多德现在已经在核心意义的概念中看到了一种战胜那一反驳的方法。㊱

四、类比和核心意义

我希望这番描述展现亚里士多德思想中一个相当清晰的阶段。在他的逻辑学中,他在这一时期曾经倾向于按照对同名同义和同名异义的简单二分来进行研究;显然,他在 *tertium quid*［中间物］中没有看到多少——如果毕竟有的话——价值,而他即将渐渐发现有关它的那些重要的用法。在形而上学中,这一简单的架构使他能够作为他对柏拉图和学园批评的一部分否定任何一门有关 *τὸ ὄν* 的普遍科学的可能性。这一否定的构造没有为他自己在《形而上学》ΓΕΖ 卷中即将提出的体系提供任何余地。诚然,他已经提出了一种其中优先性被赋予实体的范畴理论,但是,这种优先性还具有老式的学园派的特色,它不包含核心意义。所以,它丝毫没有缓和亚里士多德在 *τὸ ὄν* 中所声称发现的那种歧义性。

对一门普遍科学的相同的反驳也显著地出现在《形而上学》A. 9 中。在这里,一个重要的武器也是声称柏拉图主义者们忽视了歧义性的问题,同时,在这里,亚里士多德似乎也无视核心意义。因而,他坚持认为,如果柏拉图主义者们已经认识到了 *τὰ ὄντα*［*τὸ ὄν* 的复数形式］这个词的歧义性,那么,他们本应当看到寻求所有存在物的元素是徒劳的,因为只有实体的元素可以被发现(992b18—24)。这在形式上不与第四卷中的论证相抵牾,但是它和一种对 *στοιχεῖα τῶν ὄντων*［存在者的元

㊱　这一点由在 Γ 卷中论证一开始所赋予它的地位所证明(并且参考 Ζ. 4,在那里,正是对 *τὸ ὄν* 的核心意义分析把对这一问题的哲学的研究同辩证法的研究区别了开来:注释 32)。正是这一方式使亚里士多德可以给一门科学研究一种对象这一旧的原则做出最后的、最重要的规定(亚历山大,《形而上学》79.5—6),而对这一原则的最初的规定是苏格拉底的同一门科学研究对立面的主张(《会饮篇》223d,《国家篇》333e-4a);继而扩展到所有相反者,扩展到手段和目的,最终扩展到所有 *σύστοιχα*［同列者］(《论题篇》109b17—29,106a1—8,110b16—25,164a1—2,参考《物理学》194a27—28)。但是先前的这些扩展没有一个违反亚里士多德的命题,即一门科学的对象归入一个 *γένος*［属］(《后分析篇》87a38—b4)。

素]的普遍的研究是合法的、那些早已从事于这样一种研究的人是在正确的路上的主张(1003a28—32)并不相合。它也和《形而上学》Λ卷中一切都可以被说成"按类比"具有相同的元素的论证(Λ. 4,特别是1070b10—21)相对立。但是,现在,到了继续早先的许诺、表明这两个分别出现在Γ卷和Λ卷中的声明绝不是相等同的时候了,尽管注释者们长久以来一直倾向于把Γ卷中的理论描述为"存在的类比"。㊲

　　Γ卷主张"存在"是一个具有核心意义的词,这也就是说,有关非实体的陈述可以被还原为——转化为——有关实体的陈述;而且这似乎是这样一种理论的必然结论,即,非实体不可能具有它自己的质料或形式,既然它们只不过是实体的逻辑上的伴随物而已(1044b8—11)。但依据"类比"的描述则不包含丝毫这样的还原,因而也就容许暗示形式、缺失和质料的分别不限于首要的范畴上(1070b10—31)。确立一个核心意义的例子就是要表明一个名义词的各种定义之间的一种具体的关联。而发现一个类比,无论是在这样一个词的各种用法之间还是在别的什么之间,却不是要从事于任何一种这类的意义分析:它仅仅是要在一个(假定的)自明的比例结构(scheme of proportion)中来安排某些词。㊳ 因此,当亚里士多德在Λ卷中说,所有事物的元素按照类比是相同的时候,他赋予实体的优先性仅仅是自然的优先性(1071a33—35),同时,他认识不到任何一门普遍的 τὸ ὄν ᾗ ὄν 的科学。㊴ 在Λ卷中丝毫没有提及 πρὸς ἕν λεγόμενα,而在Γ卷中丝毫没有提及类比。而且,当他在《分析篇》中说,有多少关于 ὄντα 的科学和种类,各公理就有多少用途时,他承认这些用法是按照类比关联在一起的,这丝毫不是后来认为公理属于 τὸ ὄν ᾗ ὄν,因而由Γ卷中所描述的那门单一的科学加以研究的主张的一个替代品。正是Γ卷而非Λ卷决定性地逾越了旧的争论,对任何一门普遍研究"事物的元素"的科学的谴责,这种谴责即使在《形而上学》A

㊲ 罗蒂尔(Rodier)《亚里士多德:论灵魂》[Aristotle: Traité de l'âme],Paris 1900,卷2,第218页)出色地做了这一分别,但是误以为亚里士多德对灵魂的定义依赖于类比而非核心意义。

㊳ 例见《形而上学》1093b18—21,《尼各马可伦理学》1096b28—29。比例的概念对类比来说是核心的(《形而上学》1016b34—35),甚至在这些词没有被充分地表达的时候,因为它们是明显的(按照类比 ὄντα 是相同的,因为就像 ὄν 的一种用法是针对实体,同样,另一种用法是针对性质,等等)。

㊴ 1069a36—b2,参考耶格尔,《亚里士多德》第220—221页。我所关注的只是这样一些情况,在其中亚里士多德逐渐认为核心意义相比于类比是对某种"系统的歧义性"的一个更好的解释。我既不是指(a)他假定核心意义可以解释各种情况的类比,也不是指(b)在他接受一个核心意义分析的地方,他由此便把依据类比的较弱的描述作为错误的或不恰当的而予以否弃。"类比"依然会是对一个其多种意义彼此相关但不限于一个属类的词的逻辑进行特征刻画的最安全的普遍方式,例如在《形而上学》1016b31—1017a3,Δ卷的一章,这一章也运用核心意义来分析 τὸ ἕν [一](1016b—9)。

卷中也仍然可以听得到。

旧的争论显露出在亚里士多德后来重视其用法的地方对核心意义的概念的忽视或压制。忽视或压制：但是哪一种呢？我们在这里不能想当然地假设亚里士多德的公正；但我们对此的考虑将依赖于我们对这个概念在学园中的一些较早的线索能够得出些什么。

五、学园论核心意义

人们抱怨当亚里士多德攻击学园时，他无视核心意义，但这并无新意。对这一忽视的一个熟悉的例子就是他在《形而上学》A卷中所强加于他的对手的一个困境：要么把同一个词用于理念和它的分有者只是一个歧义，要么它们必定同名同义地具有它们的共同的名称，并因此是明确相同的（991a2—8 ＝ 1079a33—b3）。众所周知，假如采取了第二个选项，那么，所要付出的代价就是倒退回学园所谓的"第三人"：理念"人"和具体的人现在可以被看成一个单一的类，其存在暗含着一个更进一步的理念"人"的存在，如此 *ad infinitum*［以至无穷］。对于这一困境，亚里士多德的批评者们会答复说，只要他容许柏拉图主义者享有他自己的 *tertium quid*［中间物］、核心意义的好处，那么，这一反驳就会瓦解。因为，假定苏格拉底被称作"人"是在和该理念被如此称呼的意义既非相同也非单纯不同、而是由那一意义派生出来的意义上：那么，这一倒退便不可能开始。如果一类依赖于 X 的事物的存在暗含着一个 X 东西的存在，这绝不表明依赖于 X 的事物和一个 X 东西的一类存在暗含着另一个是 X 的东西的存在。

对核心意义的这种无视由一个论证而得到加强，这个论证仅见于被保存在《形而上学》M 卷中的那个有关这一争论的文本中。在那里，而不是在任何别的地方，亚里士多德暗示，柏拉图主义者们也许希望改变谓词的定义，好把当它命名理念的用法同它在其他语境中的用法区别开来（1079b3—11）。但是他所说的这种改变仅仅是在谓词被用于理念上时对 δ ἔστι［真正的存在］的采用；[40]而这并未触及核心意义。它不过是《论题篇》在这类例子中曾经推荐过的提示记号而已（134b10—13）。亚里士多德在这里从中所逼取出来的种种荒谬，从他被指责正在压制的那一分析中本来是不可能榨取出来的。

但是，现在，我们也许有辩护的材料。我们可以论证说，亚里士多德没有在压制那一分析：他对学园的种种批评只是在那个较早的时期构成的罢了，在

---

[40]　我同意肖里（Shorey），在 1079b6 上读作 δ ἔστι，以代替抄本中的 οὐ ἔστι（罗斯、耶格尔亦是如此）。

那个时期,他习惯于按照同名同义和同名异义的简单二分来进行研究。只是到了后来,当这一论证的高潮已经过去,他才渐渐认识到第三种可能性,并按他自己的解释来研究它。而且在那里或许这种辩护是可以站得住脚的——只要没有证据表明学园已经熟知核心意义,而且亚里士多德一定已经知道它。

我们无需转向《莱西斯篇》以寻求这一相反的证据。自格罗特(Grote)有关这篇对话的篇章以来,学者们已经将它对πρῶτον φίλον[首要的可爱的东西]的论证奉为亚里士多德在《欧德谟斯伦理学》和《尼各马可伦理学》中对友谊的分析的来源;[41]而且欧德谟斯的文本很可能是全集中对核心意义的最初的和最清晰的阐述。无疑,亚里士多德写作它是有《莱西斯篇》在心中的;但是构成欧德谟斯论证的命脉的逻辑方法在柏拉图的对话中却找不到。柏拉图说的是,由于别的什么而是可爱的东西只是被叫做可爱的,只有由于它的缘故它们才是可爱的那个东西才是真正可爱的(220a6—b3)。但是在φίλα[φίλον 的复数形式]——柏拉图通过说前者是φίλα ἕνεκα φίλου[由于某个可爱的东西而是可爱的东西]来表达它——的这些次序之间的关系不是逻辑上的,而是心理上的;他所关注的不是意义的顺序关联,而是手段之于目的的价值。[42] 对亚里士多德有更大危害的初看起来是另外两个文本。头一个似乎表明他本人已经利用了核心意义来发展一个实质上是柏拉图式的理论;第二个则暗示,把这一概念用于阐述理念论在学园中是普通的学说。这是一条使他在其他地方对这个概念的忽视显得像是一种好辩,并使我所描述的那个逻辑纯净主义(logical puritanism)的阶段看上去不像是出于无辜而是出于恶意的证据。

头一条证据出现在耶格尔对《劝勉篇》的重构上。[43] 不仅由扬布里柯(Iamblichus)

㊶　《莱西斯篇》218d—220b。格罗特,《柏拉图》³(*Plato*³)(London 1888),卷 1,第 525 页注释 *a*,为约阿希姆(Joachim)、耶格尔等人所依循。

㊷　特别是 218d—219b。关键词ἕνεκα在 220e4 所具有的另一种意义依然距离核心意义的概念很远。

㊸　并不一定非要在耶格尔从扬布里柯那里收回来的这些文字中找到柏拉图的理念(例如,我就不能),以表明公元前 4 世纪中期是《劝勉篇》的合理的时间。接受者的身份以及同《安提多西斯篇》(*Antidosis*)的明显的关联表明,这部作品是一本设计来侵入伊索克拉底(Isocrates)在塞浦路斯的领地的小册子,而且它的一个极为可能的时间是在伊索克拉底被伊瓦格里德人(Evagorids)的背叛所困窘的时候,这发生在这个岛上反波斯人的起义之前不久或者公元前 4 世纪中期(之后,普尼塔格拉斯[Pnytagoras],一位比伊瓦格拉斯二世[Evagoras II]有着更好记载的伊瓦格里德人,似乎已经掌控了萨拉米斯的王权)。假如塞米松(Themison)代表的是亲马其顿的运动,那么,这就解释了后来的塞浦路斯人塞米松(Cypriot Themison)所声称的和安提奥库斯二世(Antiochus II)的友谊,以及"马其顿人"这一头衔(Athen. VII 35)。当然,它也说明了亚里士多德同他的关系。

而来的那些熟悉的引文运用了通行于学园中的旧的自然优先性的观念；㊹而且它们同样对这一见解了如指掌，即，一个词可以具有两个意义（διττῶς λεγόμενον），其中一个是首要的（κυρίως，ἀληθῶς，πρότερον），另一个根据第一个被界定。㊺而且，作者把一个主要的论证建立在这后一种优先性的基础上。他争辩说，即使一个词在其首要的意义上被用于A，在其派生的意义上被用于B，在A与B之间也依然可以恰恰就这个歧义的词所标识的方面做一比较。因为，μᾶλλον不仅可以表示"在一个更大的程度上"，而且可以表示"在一个更为严格的意义上"；而且这样的话，绝对意义上好的东西就可以被称作比相对意义上好的东西更好，现实有生命的（这是这个词的首要的意义）就比潜在有生命的更有生命（57，6—23）。这一论断同亚里士多德其他像是早期作品中的更为严格的学说是矛盾的。他不止一次坚持说，如果一个东西可以被称作比另一个东西更X，那么，这一谓词一定是以完全相同的意义运用于它们。㊻相对于此，《劝勉篇》看来就显明了它的背景，因为真正的X也就是最高的X的成见是典型柏拉图的。㊼柏拉图忽略了或者说利用了μᾶλλον的歧义性，而当《劝勉篇》的这位作者阐述一种柏拉图式的 *argumentum ex gradibus*〔依据等级的论证〕时，他相应地企图通过确认这种歧义性但把它处理为无害的来为他的论证提供保障。只是通过将它最小化，他才能够继续论证说，最有生命的人知道最确切、最可知的东西；因为第一个"最"和第二个"最"对应的是μάλιστα的不同的意义。众所周知，这是亚里士多德本人在《论题篇》中的一些重要的段落中毫不费力就予以澄清的一种歧义性，㊽而在《范畴篇》中的一处他则似乎费力地与之相周旋（3b33—4a9）。但是，后来，在那一著作中，以及其他我刚才引用过的文本中，他似乎看到了它的危险，并因此似乎达到了他自己的逻辑严格性的标准；相反，在扬布里柯所保存的论证中，亚里士多德——假如他就是它的作者的话——依然正在致力于为他

㊹　扬布里柯，《劝勉篇》38.10—14 皮斯特里(Pistelli)(＝亚里士多德，残篇 5 W&R)。

㊺　同上，56.15—57.6(＝亚里士多德，残篇 14 W&R)。

㊻　《物理学》249a3—8(较早的第七卷)，《范畴篇》11a12—13，参考《政治学》1259b36—38。

㊼　参考《论题篇》162a26—32。熟悉的例子是δντως δντα〔真正的存在〕和μᾶλλον或μάλιστα δντα(〔译按〕更高的或最高的存在)的等价，这类论证例如《国家篇》IX，它证明哲学上正义的人所过的生活不仅比不正义的人所过的生活快乐 729 倍，而且包含着唯一真实或最真实的快乐(587d12—e4)。

㊽　尤其是 B. 10、E. 8 中对τόποι τοῦ μᾶλλον καὶ ἧτον〔多与少的论题〕的研究，以及 B. 1 中对善的比较的研究。

所继承的理论的一部分构造一个逻辑。㊾

因此，无需质疑耶格尔对这一文本的重构，我们就可以宣称，它对亚里士多德的信誉毫发无损。如果这就是一切，那么，他随后对核心意义的沉默就可以得到宽宥：它对于他的意义由于重新考虑了他利用它所构造的那个论证而被取消。如果一个词有一个首要的和一个派生的用法，那么，它就是歧义的，而《劝勉篇》却试图无视这一明显的事实。而且在后来，假如他对这类词的意义的分析曾经对一种旧的理论的逻辑是一种原创的贡献的话，那么，他当然也有权用其他的更有希望但没有实行的概念来消除它，并且在他和柏拉图主义者的争论中忽略它。

但是，这一辩护为另一个证据所损坏。这个想法不是他的而可以消除。它在对理念论的辩护中已经被引入，而且他的对手对它的运用已经由亚里士多德本人做了记录。因为，我认为，在阿弗洛狄西亚的亚历山大从亚里士多德佚失的有关理念论的论文中保存下来的那些对理念的最复杂、最重要的论证中，可以发现它已经有了完善的形式。㊿ 根据阿弗洛狄西亚的亚历山大，这个论证是那些亚里士多德在《形而上学》中将其描绘成产生了 $\tau\grave{\alpha}$ $\pi\rho\acute{o}\varsigma$ $\tau\iota$[关系]理念的论证的一个样本（《形而上学》990b16 ＝ 1079a12）。它首先区分诸如"人"这样的一个谓词的不同用法。当我们指着一个有血有肉的生物的时候，我们可以说"那是一个人"，或者，当我们指着一个人的一幅画时，我们也可以说"那是一个人"。两种用法是不同的，但是这种不同不等于同名异义：因为在两种情况中，我们都指的是同样的 $\varphi\acute{v}\sigma\iota\varsigma$[本性]——只是在第二种情况中，所指是间接的，我们现在用"一个人"所指的是"一个人的肖像"（在这里，第一个意义上的"人"在涵义中作为一个要素再次出现）。接着而来的论证便是，无论什么时候我们把物理世界中的东西称作"相等"，我们对"相等"的用法都具有同这个词的首要的用法之间相同于"人"的

───────────────

㊾ 但是，有一个困难需要注意。有人也许会表明（尽管据我所知从来没有人做过），斯图亚特（Steward）想要从《尼各马可伦理学》Θ. 2 中删除的那个令人困惑的指涉（$\delta\acute{\epsilon}\chi\epsilon\tau\alpha\iota$ $\gamma\grave{\alpha}\rho$ $\tau\grave{o}$ $\mu\hat{\alpha}\lambda\lambda o\nu$ $\kappa\alpha\grave{\iota}$ $\tau\grave{o}$ $\hat{\eta}\tau o\nu$ $\kappa\alpha\grave{\iota}$ $\tau\grave{\alpha}$ $\acute{\epsilon}\tau\epsilon\rho\alpha$ $\tau\hat{\omega}$ $\epsilon\acute{\iota}\delta\epsilon\iota$. $\epsilon\acute{\iota}\rho\eta\tau\alpha\iota$ δ' $\acute{v}\pi$ $\acute{\epsilon}\rho$ $\alpha\acute{v}\tau\hat{\omega}\nu$ $\acute{\epsilon}\mu\pi\rho o\sigma\theta\epsilon\nu$[因为它（即，指友谊）可以更多、可以更少，也可以在种上不同。对此我们已经在前面说过]，1155b14—16）关联并且一致于《劝勉篇》中的那个论证。但是亚里士多德的 $\acute{\epsilon}\mu\pi\rho o\sigma\theta\epsilon\nu$[在前面]似乎总是指的同一著作的一个较前的文段（参考伯尼茨，《索引》244a5—8）。尽管看起来要在《尼各马可伦理学》中找到一个完全合适的文段似乎不大可能，但是对于把恶与善总的看成按照某种感觉或行为的程度构成的观点，亚里士多德也可以只是心中有数。

㊿ 亚历山大，《形而上学》82.11—83.17。对这一论证的一个更为充分的讨论，我必须提到《〈论理念〉中的一个证据》（A Proof in the $\Pi\epsilon\rho\iota$ $I\delta\epsilon\hat{\omega}\nu$），《希腊研究月刊》（*Journal of Hellenic Studies*）lxxvii（1957），第 103—111 页。

第二种用法同第一种用法之间所具有的关系。首要意义上的"相等"($ἴσον\ αὑτὸ$[相等本身]，$ἴσον\ κυρίως$[首要的相等]）的定义并不$ἀκριβῶς$[严格地]、不加限定地适合相等的任何尘世的例子：就像在肖像例子中的"人"的定义，它必须在这类次级的用法中被补充。（这一论证似乎表明，对于"相等"，所要求的补充是某种限定，据此或相对于此具体的、尘世的相等才成立——这是一种随情形而变化的补充，一种在这个词的首要的用法中、当它按照这个论证的结论代表的是一个理念时所不需要的补充。）在上述所有中，都有着同亚里士多德自己的核心意义的论述，尤其是同《欧德谟斯伦理学》中所给的论述在思想上和语言上的惊人的类似。[51] 而且，如果是这样的话，它似乎就是反对他的毁灭性的证据。因为据此，他所坚持的理念及其分有者要么是一个同名异义词的成员、要么是一个无限后退的开端的观点，都必定依赖于对他的对手所提出的第三种可能性的不容分辩的压制。

　　但是，我认为，这一看法还是错了。

　　首先，我们根本没有任何证据能够表明核心意义曾经在任何一个阶段被启用过以作为对"第三人"的一个一般性的回答。学园的那个我们在其中发现核心意义的证明并不适用于全部类型的学园曾经就其建立起理念的谓词。它既没有说过也没有暗示过当随便什么谓词被用于这个世界中的事物时，它的用法必须像那个证明分析"相等"的用法一样被分析；相反，它说的是，"人"不仅在其次要的意义上而且在其首要的意义上被用于物理事物，而它否定"相等"的这种情况的理由恰恰在于"相等"不同于"人"的那一点，即它的相对性：在这些词的日常用法中，根本没有什么东西可以像苏格拉底绝对是一个人一样是绝对相等的。这就是为什么在《形而上学》中亚里士多德把产生$τὰ\ πρός\ τι$理念的那种证明同涉及"第三人"的那些证明区分开来的原因（990b15—17 ＝ 1079a11—13）。如果像"人"这类的谓词应当有理念，那么，它们至少不能避免一个于这个谓词的各种尘世用法中找到核心意义的证明之后的倒退，它们依然不能避免那种倒退：因为，没有任何一个这样的证明被给出过。因此，核心意义在阿弗洛狄西亚的亚历山大所转述的其他有关理念的更为一般的论证中就没有任何作用。例如，亚里士多德可以把"来自诸科学的证明"当成是在证明尽管不像它们的作者所希望的、但至少是在他的意义上的普遍物（$κοινά$）的存在（亚历山大，《形而上学》79.15—19）；而且他当然不相信"人"在被用于苏格拉底时和在命名普遍物、亦即种时应当有不同的定义（《范畴篇》2a19—27,3a33—b9,《论题篇》122b7—11,154a15—20）。同样的考虑也解释了为什么在启用他的同名同义或者同名异义的简单二分以反驳理

---

[51]　参考《〈论理念〉中的一个证据》,《希腊研究月刊》lxxvii,第 109 页,注释 38。

念之前,亚里士多德所关心的是用一个独立的(但令人恼火的是很含混的)论证来排除所有的理念而不只是那些对应于实体—词语例如"人"的理念(990b22—991a8)。如果核心意义原本不是、也不可能被前后一致地用作一个避免倒退的避难所,那么,亚里士多德没有使它承担那一角色也就可以得到谅解了。

对他的沉默的这番解释有一些用处,但还不够。因为,事实依然是,学园证明的那位作者通过分析一个既适用于一件原物又适用于一副肖像的描述,已经阐明了核心意义;而且原物和肖像之间的关系(或者一种上述关系仅是其中的一个种的更为一般的关系)已经十分普遍地被柏拉图用来说明任何理念和它的分有物之间的关系。所以,将这种核心意义分析扩展至所有谓词和全部理念的可能性一定已经明确地呈现在学园的面前,从而应当已经体现在亚里士多德的争辩之中。此外,如果说他在那一语境中的沉默可以得到解释,那么,他在这一时期明显没有看到这一方法中对他自己的工作的任何价值,这又如何解释呢? 有一个理由看起来很清楚可以解释他为什么拒绝容许柏拉图主义者们有这个一般的避难所。他不认为对于这个世界的事物只是彼处的、超验的实在的肖像或摹本之命题,有任何普适的一般论证(任何论证,亦即,包括所有谓词而不仅仅是 $τά$ $πρός$ $τι$)已经被给出。在他看来,按照这种不严格的形式来考虑的范本和摹本的理论依赖于这样的假设,即,某个东西在创造这个世界的过程中是作为一个摹仿者而工作的;而这不是证明,仅仅是比喻(991a20—23)。

但是,似乎还有另一个理由来说明为什么亚里士多德的争辩没有更多地注意于他的对手的证明所依赖的那个方法;而且更为重要的是,这也是一个说明为什么他尚未发现它对于他自己的工作的价值的理由。这就是,显而易见的,他认为学园的那位作者用来引入和展示核心意义的分析是完全错误的。这样一个例子预先占据了他:他一再地在他的著作中引用既适用于一个原物又适用于一幅画或一座雕像的谓词的例子;但是他引用它总是——甚至在那些别的地方充分运用了核心意义的著作中——仅仅为了展示同名异义。[52] 他这样做的理由是清楚而不变的。一只眼睛或者一个医生,一只手或者一管长笛,是按照它的功能被定义的;但是一幅画中的一只眼睛或者一个医生却不能看或不能治疗,一只石头的手或长笛不能抓或者演奏。因此,当它们以后一种方式被使用,"眼睛"和别的名词就一定是同名异义地被使用的。而且亚里士多德尽管容许歧义有程度上的

---

[52] 《论动物的部分》640b29—641a6,《论灵魂》412b20—22,《气象学》390a10—13,《论动物的生成》726b22—24,《政治学》1253a20—25,以及根据通常的解释《范畴篇》1a1—6(但是有关 $ζῷον$ $γεγραμμένον$[绘画的动物]参考《论记忆》450b21&32,《政治学》1284b9。

差异(《物理学》249a23—5,《尼各马可伦理学》1129a26—31),却从来没有建议这种同名异义被感觉上的相似——这在他看来构成了画中的眼睛或医生同其鲜活的副本之间唯一的联系——所弥补并使之更接近于同名同义。要注意的是,那种相似不仅是有意识模仿的结果,而且被特意用来定义受考察的谓词的一个意义:但亚里士多德想要拒斥学园的这个核心意义的例子,却似乎被他自己的例子所证实。在引用"健康"和"医术"之后,他只是补充说,其他类似的词可以被找到(《形而上学》1003a33—b5);但是如果他曾经承认过他的对手的论断,那么他本来是可以提到无穷多的谓词的——意即,所有那些可以既适用于画中的事物又适用于画外的事物的谓词。⑤③

　　这样,在所讨论的一般观点上,亚里士多德看来是正确的。如果核心意义应当算作对同名同义的一次富有说服力的扩展——如果从他后来的观点来看,它应当具有他所赋予它的论证的那一份量——那么,说一个谓词的各个承载者应当展示某种形体上的相似性,这种相似性应当被用来界定谓词的一个意义,就不是核心意义的一个足够有力的前提。(请考虑"collar"一词["衣领"、"项圈"等等,一个英文多义词],根据《袖珍牛津词典》,"机器上的环形配件"是它的其中一个意思。但是在这个意思和它的更为熟悉的意思之间没有任何实质性的关联。宣称不懂这个词的更为熟悉的意思就不能理解这个词的机械用法是荒唐的;但这恰恰是亚里士多德在《形而上学》Γ卷中就"存在"、"一"以及其他πρὸς ἕν λεγόμενα[趋向一的词]所要做的一个类似于此的论断。⑤④不是这样的话,核心意义的概念对他的用处就很小了。)但是,如果这种类似性不是一个足够有力的前提,那么,什么才是呢?当亚里士多德自己来说明核心意义的准则的时候,他立刻变得特别严格地学术性、特别包容。他要求展示一种具体的规范关联的精确定义——λόγοι ἐκ τῶν λόγων,⑤⑤一个包含在其他定义中的定义;但是他的准则可以包容那个他在其他地方似乎会拒绝的学园的例子。但是,我确

---

⑤③　《论生成与毁灭》322b29—32 没有暗含任何这样的主张,即使它被解释为(例如像欧文斯所做的那样)说的是,任何一个词都有多种意义,并且要么同名异义地、要么核心意义地被使用;但是约阿希姆的解释无疑是正确的(《亚里士多德论生成和消灭》[Aristotle on Coming-to-be and Passing Away](Oxford 1922),第 141 页)。

⑤④　这样说不是要把τῷ λόγῳ[定义上的]优先性和τῇ γνώσει[认识上的]优先性混为一谈。诚如罗斯所说(《亚里士多德的〈形而上学〉》ii,第 161 页),前者在《形而上学》1018b30—32 中是后者的一种形式,而在 1049b16—17 中又暗含着它。在《形而上学》Γ卷中,亚里士多德显然假定他对τὸ ὄν的核心意义分析表明理解这个词的首要的意义对于理解其他的意义是绝对必要的。当在 Z. 1 他区别两种优先性时,他并没有与此相抵触,而是在提出完全不同的另一个观点(1028a31—b2):实体被说成"知识上优先"是在这一意义上,即,τί ἐστι[是什么]的问题在任一范畴中都是最可知的;当他想要表明这个问题在第一范畴中有其首要的用法时,他便再次求助于对τὸ ὄν的核心意义分析(1030a34—b7)。

⑤⑤　《形而上学》1077b3—4:有关这一不好懂的文字,参见罗斯的注释。

信,这不是一个好辩者的前后不一致。亚里士多德尚未解决充分地、确切地界定核心意义的问题,好给这个概念提供他后来逐渐对它所宣称的全部哲学的力量:他所提供的只是它的用法的必要的、但不是充分的条件。但是,没有任何理由认为,这个问题能够有一个普遍的答案。亚里士多德对它的回避也许来自于这一信念,即,任何答案都会是人为的,设定了对他的正在变换的目的来说必然是无穷无尽地要么太宽、要么太窄的界限。一个词的多种意义以多种方式指向一个核心意义这个概念是一个重要的哲学成就;但是,它的范围和力量应当通过使用而不是通过定义来被理解。

　　总结起来,很明显,看起来亚里士多德在他早期同核心意义的种种接触中一直是不走运的。如果那些我们刚才已经从中发现了它的具体文本应当被归于他在学园的岁月,那么,他却认为它是一个界定不清的方法,由于它虚假的论断才在一些他自己的和其他人的学园式的证明中被产生出来,而依据其他的理由他已经逐渐地否定了这些论断。在他对柏拉图主义者的批评中对它的一般的否弃不是辩论的诡计,而在他自己的一些早期的哲学思考中对它的忽视也不是诡计的代价。也许,对理念和任何有关 *tò ὄν* 的一般形而上学的攻击促使他把歧义性看成黑白分明的事情。但是,看起来,也正是这同一个争论给他提供了分析的方法,最终使他从他自己的种种反驳中解放出来。从而,不只是通过对立,而且也是通过启发,学园帮助形成了那些在不同的时期带有第一哲学的头衔的不同的研究的逻辑。

亚里士多德论本体论的陷阱*

欧　文

亚里士多德对其他哲学家最一般的抱怨就是,他们过于简单化了。他特别关注的一个过于简单化的例子就是,他们没有看到同一个表达可以有多个不同的意思。在这类语词之中有一个主要的欺骗他常常对之发出警告:动词"存在"(to be),"einai"。我将要讨论他揭穿这一欺骗的一部分尝试,意即他对这个动词在通常而且过于笼统地被称为其"表实在的"(existential)*用法上的论述。

一

亚里士多德常常讲到,动词"存在"有多种用法,*pollachôs legetai to einai*。

---

* ［译按]本文选自欧文,《逻辑、科学和辩证法:古希腊哲学论文精选》(*Logic, Science and Dialectic: Collected papers in Greek philosophy*),Gerald Duckworth & Co. Ltd., 1986 年,第 259—278 页。本文最初发表于巴姆布罗夫(R. Bambrough)主编的《柏拉图和亚里士多德研究新论文》(*New Essays on Plato and Aristotle*),London: Routledge and Kegan Paul, 1965 年,第 69—95 页。

* ［译按]读者从这里和下面均可见到要恰如其分地用汉语来对译无论是希腊语还是英语中那个兼表"存在"和"是"的系动词的各种语法形式的困难。考虑到 to be 或 being 在存在论(亦即这里所译为的本体论)上的地位,我主要地采用"存在"及相关的汉语词来翻译它们和文中从它们而来的术语。但是在作者为了突出它们的存在论的内涵而特别使用 exist、existence 之类的词的地方,为了以示区别,我采用了"实在"及相关的汉语词来翻译。所以,读者在读到"存在"的地方,要知道这是系动词 to be 系列的词,而在读到"实在"的地方,要知道这是动词 exist 系列的词。但是,这是不得已而为之,因为,假如读者通观全文的话就会看到,对于本文作者来说,exist 系列的词和 to be 系列的词,就其存在论的内涵来说是没有差别的,因此,他在很多地方是交替使用这两个词的,我在翻译中将它们以"存在"或"实在"刻意地分开,多少有些胶柱鼓瑟之嫌,但这是没有办法的事情。此外,在必须用到"是"的地方,我也会毫不犹豫地采用,读者只要知道无论是"存在"还是"是"对于希腊语都是同一个词、具有各种不同的词形变化就可以了。而我在凡是关键而特别需要加以理解的地方也不嫌麻烦地加上括号,在里面标注上相应的原文。

有时候，代替在这个表达式中的不定式"einai"，他写成分词性的名词"to on"，牛津翻译家们习惯上译作"存在"（being）；有时候复数形式的这同一个词，翻译家们撇开了它的单数对应物，而把它变成"存在物"（things that are），或者更明白一些，"实在物"（existing things）。我们不得不走到这些模糊的翻译的背后，而显然第一步就是要搜集一些亚里士多德从这个动词的公认的用法的多义性中得出结论的文本。

　　在《形而上学》卷一（992b18—24）中他说，由于在"onta"的用法上的这一差异性，从事于对 stoicheia tôn ontôn［实在物的元素（牛津的翻译）］的一个一般性的寻求是一个错误。在《形而上学》卷十四（1088b35—1089b33）中他长篇地论证了这一命题（针对"实在物"或"存在物"，牛津的翻译）。在《欧德谟斯伦理学》卷一（1217b25—35）中，他依然主张，同样的多义性表明不可能有一门关于 to on［存在，牛津的译文］的单一的总体的科学。在《形而上学》卷四（1003a21—b16）中，继续这同一个主题，他修改了他的主张：尽管用法的这一多样性，却能够有一门有关 to on 和 ta onta 的单一的总体的科学，而那些寻求 ta onta 的元素的人们很有可能是在这门科学的道路上。在这些主张之间存在着一个矛盾，但这不是我们直接的工作，尽管它对亚里士多德的哲学发展来说是核心的，并且反映在其他许多文本中：我已经在别处讨论过它了，①后面它会得到一个简要的展现。我们现在对这些文本的兴趣是，它们研究了同一个论题，而且对于这个论题的主旨存在着广泛的、合理的一致意见。在这些语境中，"存在"或"to on"意指"存在的东西"（what there is）或"实在的东西"（what exists）。在罗斯的版本中，《形而上学》卷四是以这样的话开始的："有一门科学研究存在和就其自身的本性属于它的各种属性。它不同于任何一门所谓的专门科学；因为其他这些科学没有一门普遍地研究作为存在的存在。它们截取存在的一部分、研究这一部分的各种属性：这就是例如数学科学所做的。"罗斯对这段话的注释体现了我要由以出发的熟知的解释。具体科学仅仅研究"存在"的某个部分，因为它们研究存在的东西的部分。数是存在的东西的部分，而且数学研究它们；颜色是另一个部分，而且数学不研究它们。同样的说明解释了亚里士多德之愿意将"to on"变成复数和谈到对那些存在的东西（1003b15—16）、"实在物"的元素（1003a28—30）的一个普遍的研究。本体论是——难道不是吗？——一个公认的哲学领域，而亚里士多德在这些语境中就"存在"所必然讲到的东西就属于本体论。如果它是如此简单的话。

　　然而，这却是在正确方向上的最初的、不谨慎的一步。它引领我们越过了对

① 《亚里士多德一些早期著作中的逻辑学和形而上学》。

亚里士多德的话的一种解释，这种解释在他讨论动词"存在"的复杂功能的其他语境中是适合的。存在着一种明显的意义，在这种意义上那个动词无论是在希腊语中还是在英语中都具有多种用法，但我们的文本并不针对这种意义。即是说，在一些语境中，这个动词用于联结主词和谓词，就像在"阿罗比是懒惰的"中那样；在另一些语境中它用作一个同一性的标志，就像在"阿罗比是马尔盖特的市长"中那样；而在另一些语境中，它具有（尽管临时地说）"实在"（exist）的意义，就像在"阿罗比不再存在了（is no more）"中那样。在《智者篇》中柏拉图已经着手理清了其中的头两种用法。我自己不认为他在第三种用法上是同样成功的；他在最后似乎满足于将它归并于（或者抛弃它以有利于）其他两种。也就是说，他把"存在"和"不存在"都当成不完整的或者省略的表达，它们总是要求某种补足：存在（to be）就是是这个或那个（to be something or other）。② 如果是这样，那么，他的分析就成为了亚里士多德分析的源头。

但不管怎样，无论柏拉图在这一探索中有多大的成功，亚里士多德在诸如《形而上学》卷五第七章之类的段落中所正在划定的显然正是在这个动词的那些用法上的同样范围的区分，在那里，他将 to kath' hauto on［那就其本身的存在］同在其他事物之中的 to kata sumbebêkos on［那偶性的存在］区别了开来。但是，同一章却表明在我们由以出发的那些文本之中他所留意的并不是这些宽泛的区分。因为他提出只考虑这个动词的一种如此普遍的功能，并且表明它拥有某种用法的多样性；他确认这种多样性说，"存在"在不同的范畴中有不同的用法（1017a22—30）。这就是他在我们的文本中所说的。例如，在《欧德谟斯伦理学》中，他证明不可能有一门有关无论"存在"或"善"的单一的全面的科学，因为这些词时而表示实体，时而表示性质，时而表示数量，等等（1217b25—35）。所以，在我们的文本中的证明被限于这个动词的一种普遍的功能；而这与它关注于实在（existence）的问题是相一致的。如果《欧德谟斯伦理学》是要追问对在"存在的东西"或"实在的东西"意义上的 to on 的任何一种普遍的研究的可能性的话，那么，就正是在这一意义上动词"存在"必须被表明具有不是一种而是多种用法。

---

② 在这里，这是无可争辩的，但要点在于：(a)要么是"存在"要么是"不存在"被认为是只按照其对方被说明的程度来被澄清的（《智者篇》250e—251a），而且之后"不存在"被发现总是需要某种补足（258d—e）；(b)"分有存在"这个惯用语几乎不可能被认为标志着这个动词不需要任何补足的一个用法：参见 256e 和《巴门尼德篇》(162a—b)；(c)在 255c 中，在 kath' hauta 和 pros heteron［相关于别的某个东西］onta 之间的对比有可能不是在这个动词的完整的用法和不完整的用法之间的对比，而是在两个不完整的用法间的对比，即，在同一性的陈述和谓述的陈述上：这解释了 heteron（同一性不传达一种不同于主词的补足，而谓述却传达）；它说明了为什么同样的对比稍早以前并没有被用来表明在同一性和存在之间的区别；它也说明了某些亚里士多德的术语（例如《后分析篇》I. 73b5—10）。

（让我们只是注意亚里士多德在《形而上学》V. 7 中用来标识这个动词的这一相关意义的"*kath' hauto on*"这个短语，并且把它放到以后来评论。在这里它听起来有点奇特，但结果是同样的。）

二

现在回到亚里士多德用来提出他的观点的 *pollachôs legetai to on* 这个表达式上。对"*to on*"我们将尝试写作"实在"，或者将努力标明"*on*"作为一个语法谓词、表示"实在的"（existent）的功能。由此，亚里士多德正在说的就是，"实在的"有多种用法。而在《论题篇》中他表明，说一个词（相对于一个复杂的短语或句子）具有多种用法就是说它被同名异义地使用。③ 相应地，在《辩谬篇》中（182b13—27）他可以说，有一些同名异义的例子甚至逃过了老练的眼光，并通过关于"存在"和"一"是否具有多种用法（*homônumian … pollachôs legesthai*）的争论来说明这一点。"一"是一个他常常把它的功能和"实在的"的功能作比较的词：二者都是一词多义的谓词，惯于从任何一个范畴出发来同主词结合；"一"在《物理学》VII（248b19—21）中作为同名异义的一个例子再次出现。④ "善"是这个不稳固的家族的另一个成员，而且在《论题篇》I 中（107a4—17），"善"是同名异义的一个首要的例子。无疑，这些都是早期的著作；后来，最显著的是在《形而上学》的部分以及《尼各马可伦理学》中，他试图改进他早期的论述。但是这一改进结果表明是对同名异义的观念的一个巧妙的变化，⑤而且，如果我们不遵循这些旧的

---

③   在《论题篇》I. 15 中，一个动词的多种用法就是同名异义（106a21—22，106b3—4，106b8，107a5，107a11，107b7，在那里，*en logois*［在句子中］保留下来的同名异义依然是一个单词 *summetrôs*［适度地］同名异义，107b25，107b31）：一个短语或句子（"整个 *logos*"，129b31—32，130a9）的多种用法被同110b16—111a7 中的同名异义区别开来，并且在 166a6—14 中在"模棱两可"（amphiboly）的名义下得到说明。（但是有关"模棱两可"的一种偏离的用法，参考《修辞学》1407a32、1407a37、1435a33、1461a26。）

④   在 248b19"ei etuchen"，＝"*isôs*"（魏茨，《亚里士多德的工具论》［*Aristotelis Organon*］，卷 1［Leipzig 1844］，第 302 页；有关这类的惯用语，同上，第 401 页，并请参考亚里士多德的解释，《论题篇》156b23—25）。

⑤   出于策略上的原因，他在《形而上学》IV. 1003a34 中说它不是同名异义（参考 VII. 1030a34.《论生成与毁灭》I. 322b31），但在别的地方却说它不是碰巧的同名异义（《尼各马可伦理学》I. 1096b26—27），或者不是完全的同名异义（《欧德谟斯伦理学》VII. 1236a17）；参见后面第 9 节，详见《亚里士多德一些早期著作中的逻辑学和形而上学》）。他常常不顾及对同名异义的这一修正，把同名异义看成是对同名同义的唯一的补充，在后者那里涉及到的是单词（伯尼茨，《亚里士多德索引》［*Index Aristoteli-cus*］514a31—40）。

线索,这就是不明智的。我们必须从考察为什么亚里士多德倾向于将"实在的"归为同名异义的一个例子开始。

他用"同名异义"指什么并没有太大的疑问。一般而言,尽管并非总是,他用"同名异义的"和"同名同义的"来描述的不是词而是一个词所适用的事物。这样,在《范畴篇》(1a1—11)中他解释说,两个事物(或两种事物)被叫做同名同义的,如果它们既对应着某个诸如"动物"这样的名称,并且如果同名称相对应的 log-os,亦即相应的定义或解释,在每一种情况下都是相同的。它们被叫做同名异义的,如果两个都对应着这个名称,但相应的 logos 在两种情况下有区别。在这些语境中他用 logos 显然是指一个定义或解释:这由他的逻辑学中的许多例子所表明。logos 对应于名称(kata to onoma)是什么意思,这在《范畴篇》中没有被解释,但是在别的地方他同意说 logos 能够代替名称,同意说它们具有相同的作用,甚至同意说一个人说哪一个都是没有差别的;⑥并且他还更为谨慎地同意说,它们应当意思相同这一点是对应性的一个必要的尽管不是充分的条件。⑦(他没有讲意思的同一性的这些条件。)在《论题篇》的第六卷,他试图更为严格地界定这一关联。在他最晚的著作中他仍旧在努力尝试。

无论他对他的讲法的形式上的成就有什么不满——而且毕竟,这是一个在当前对同名异义的讨论中仍旧没有得到平息的不满——但什么应当算作同名异义的一个例子看起来却是足够清楚的。"cape"在英语中是被同名异义地使用的,因为,如果我说我正在穿着的是一件斗篷,和我正在环航的是一个海岬,那么,我可以用"无袖外衣"来代替第一次出现的"cape",用"突入海中的陆地的尖端"来代替第二次出现的"cape",而且这些代替不是可以相互交换的。依据《范畴篇》的规定,亚里士多德会说我称作"cape"的两个事物是同名异义的;在别的地方,通过一个自然的转换,他会说"cape"这个词本身是同名异义的。⑧ 我们将看到这第二个惯用法要更为方便些。这更接近于英语的用法,而且它避免了这样的困难,即,从另一方面说,这同一些东西针对于同一个词既可以是同名同义的又可以是同名异义的。海洋故事在一种意义上是一个乏味的东西(bore),而

---

⑥ 代替,21a29,49b5,101b39—102a1,130a39,142b3,147b14,149a1—2;同样的作用,49b3—5;没有差别,147b13—15(参考142b2—6);所有这些都出自逻辑学著作。

⑦ 92b26—34 和 93b35(参考《形而上学》VII. 1030a7—9 和 1030b7—12)。

⑧ 对于这个分别他并不是像这里所表明的那样清楚;但是在《论题篇》I. 15 中词显然是同名异义的表达手段(哈姆布鲁赫[E. Hambruch],《柏拉图学派的逻辑学研究》[Logische Regeln der platonischen Schule],Berlin 1904,重印于 N. Y. 1976,第 28 页;朗[P. Lang],《论斯彪西波的学园著作》[De Speusippi academici scriptis],Bonn 1911,重印于 Hildesheim 1965,第 25 页),正像在《后分析篇》II. 99a7 和 12 中那样,而且也像看起来对斯彪西波所是的那样。

浪潮在更多的意义上是一个巨浪（bore）。

（无疑，语法学家会说，在这个例子中，"bore"不是一个词而是两个词。但这一分别并不曾对亚里士多德出现，而且它有它自己潜在的困难：参见蒯因［W. V. O. Quine］，《语词和对象》［*Word and Object*］，第 129 页。）

这样，"cape"就是同名异义的，是一个有不止一种意义的词。无可否认，亚里士多德的说明似乎太过限制而不能容纳所有我们应当算作具有不止一种意义的词，因为我们很少准备通过发现一个解释来确认一个词的每一种意义。在一些语境中，"时间"可以被"关押期限"所代替，但它在其他语境中显然是难以说明的。然而，仿佛是为了应付这一反驳，亚里士多德告诉我们要坚持寻求 *logos*（《论题篇》I. 106a1—8）：对于像"一"和"存在"这类的词，这是一个艰巨的工作（169a22—25），但我们将看到他从事于此。

在这里有一个关键点。亚里士多德对同名异义的说明常常被作为对歧义性（ambiguity）的一个说明来翻译和讨论。但是在这个词最一般的用法中，"歧义性"表示非常不同于同名异义的东西，我们将需要把它们分开。如果我们在这一过程中不得不使当前用法的边界更分明一点，这对于它也没有任何妨害。

我们可以采纳斯特劳森（P. F. Strawson）的一个对比，说歧义性在真实和夸大方面享有同名异义所不享有的一个特征：它不是表达的一个功能，而是具体讲法——表达的可推测的用法——的一个功能。如果任何一个表达有不止一个意思，那么在我使用它时在我的话中无需有任何歧义性。"bore"在英语中是同名异义的，但是，如果我对你讲"你是英国最乏味的人"，那么，你在我讲的话中将看不到丝毫歧义性。但在另一方面，假定你称得重量为二十斯通（stone,），而我对你说"你两倍于你的父亲"；那么，我说的是有歧义的，但它的歧义性不来自于我所讲的任何一个表达有像"bore"所有的那样的多种意义这一事实。当然，你可以指责我用我的话意指不止一个东西，或者你可以问，是否我是指你两倍于你父亲所完成的或者两倍重或者别的什么。但是，"两倍"可以以这些不同的方式加以补充以表明我的意思，这一事实并不意味着"两倍"是一个具有不同意思的词。因此，一个同名异义的表达的出现既非歧义性的一个充分条件也非它的一个必要条件。

这一对比值得占用远比我们现在的目的所允许的更多的篇幅，但我们可以使之更进一步。要指出一个表达有不止一种意义，我们必须说它在一种语言中表示什么意思；要表明一个讲法是歧义的，我们必须说一个讲话者用它来表示什么意思或者原本可以用它来表示什么意思。而且，我用我的话表示什么意思这个问题是以对在这种语言中这些话表示什么意思这个问题的一个回答为前提的。一般来说，我所表示的意思是我想要一个有文化的听话者从我的讲法中得出的一套推论；但是你可以误会了我的意思，而不需要表现出对这种语言的无知或者对通过它的同名异义词汇所表达的各种不同意义的无知。

（语法学家们又会有他们自己对这一对比的不同运用；参见欣提卡[J. Hintikka]，《研究》[*Inquiry*]2[1959]，第 137 页。）

亚里士多德没有任何一个词来精确地对应于"歧义性"。最接近的就是"模棱两可"，它代表一整个短语或句子的特点，就像"同名异义"代表一个具体的词的特点一样。⑨ 他没有在它们之间得出像在语词和讲法之间的对比那样的对比，然而他对模棱两可的一些例子却似乎澄清了歧义性的情况：证据就是《辩谬篇》166a6—7，在那里，他利用了体面的歧义性的丰富矿藏，希腊神谕。但是他没有运用模棱两可这个概念来说明动词"存在"的表实在的功能或诸功能。他把"许多事物的知识"这个陈述看成实际上是一个模棱两可的例子（《论题篇》110b16—28），但是他没有用它来针对"实在物的知识"。他一贯把动词"存在"的奇特性看成是一个词在它的语境中的奇特性。

三

在不同的地方，亚里士多德都谈到了表明动词"存在"在其表实在的功能或诸功能上如何能够有多种意义的事物。他在《论灵魂》II 中（415b13，参考《论生成和毁灭》318b25，《尼各马可伦理学》1166a4—5）说，"对于有生物来说，存在就是有生命"。当他说一个事物的"存在"（它的"*ousia*"或"*einai*"）就是由它的定义——亦即由对它所是的那类事物的一个描述——所说明的东西时（伯尼茨，《亚里士多德索引》221a41—61），他就把这个观点普遍化了。并且他在许多地方都为此提供了证明，著名的是在《形而上学》VIII（1042b15—1043a7）困难的第二章中。暂时撤开一个解释的问题，我们能够将这个证明做如下的解读：一些事物是按照它们的材料被结合在一起的方式来彼此区分的，例如，按照混合或者捆绑或者粘合或者固定；一些是按照它们的位置，例如一个门槛和一个门楣；一些是按照它们的时间，诸如晚餐和早餐；一些是按照这类标志的一个结合。"因此，显然，'存在'（is）这个词是以相应的一系列方式被使用的。一个门槛存在，在于它被如此这般地放置：'存在'意味着它的被如此放置。而冰存在的意思是，它以如此如此的方式被

---

⑨　参见上面注释3。

凝固。⑩ 对一些事物其存在将被所有这些标志所界定……例如手或脚……而对另一些事物,存在就是被混合,而不存在就是相反……。"

因此,存在就总要是这个或那个:这是从柏拉图所喜爱的那个希腊习语中自然得出的,它将"A 实在"表示为"A 是某物"。(它亦不与亚里士多德在其他语境中在"作为某物存在"和"单纯的存在"之间的区别相抵牾:参见《亚里士多德一些早期著作中的逻辑学和形而上学》,第 68 页,注释 3)。我们猜测,这是柏拉图在《智者篇》中的结论。但是亚里士多德在这个问题上较柏拉图要精确得多。

一个原因是,尽管他总是愿意将"A 是"(意即,A[实在])针对"P"的某个值扩展为"A 是 P",但他却正确地拒绝相反的推论。从"A 是 P"这个形式的每一个命题得不出来"A 是"(《解释篇》21a24—28),否则我们就应当必须仅仅依据非存在(non-existent)之被思想来推论其存在(existence)(《论题篇》167a1,180a32—33)。另一个原因是,他试图应对如下的反驳,即依据对"实在"(existence)的这样一个分析,同名异义的概念就会变得泛滥而无法运用。似乎是,针对我们要谈论的每一种事物都必须要招来这个词的一个新的意义;但是,指出一个词所具有的不仅仅是多于一种的意义而是没有限制的数目的意义,这是荒唐的(《形而上学》IV.1006a34—b11)。亚里士多德的回应就是范畴理论。在根本上,他认为,存在总要或者是某一种实体,或者是某一种性质,或者是某一种数量——这个表众所周知是在变动的,但是核心却保持稳定,而数量也保持很少(《后分析篇》83b13—17)。因为这些范畴是其他类别被归类于其下的最普遍的名目。而且对于这些普遍的名目,亚里士多德准备证明两件事情。首先,没有一个范畴是任何其他范畴的一个种:实体不是性质的一个种,性质也不是实体的一个种(例如《形而上学》1024b15,1070b3—4)。其次,没有一个范畴是存在或存在的东西的一个种,因为没有像存在这样的属(例如 998b22—27)。所以,看起来动词"存在"在其表实在的功能上具有一些不可归约的不同的意义。实际上,甚至在一个范畴之中,这个动词的意义都会从一种主词变换到另一种主词,正如亚里士多德的例子所表明的;但是在这个范畴内部,各种意义将具有一个完满的解释可以表明的某个共同的东西。对

---

⑩ 罗斯在他的版本(《形而上学》ii,第 228 页)中对这段话的说明要比他的翻译更为正确和前后一致。在 1042b27—28 中并不需要伯尼茨的 *to krustallôi einai*[那是冰之所是,what it is to be ice],一个被耶格尔在 1042b27 上的插入做了更大发挥的修订;这一专业短语是基于这个动词在谓述中的用法(对比 1042b36 上的非专业的与格,它同 1042b28 上的那个属格相应,并引入了这个动词一个表实在的用法)。*to krustallon einai*[是冰]应当被按照表实在的方式来理解,就像在 1043a2—4 中的那些可以比较的短语一样;冰存在,意思是说,它是固态的(仿照在前一行中的 auto 补上 auton[它])。

于一条鲨鱼来说,存在就是是某种实体;对于三叶草依然。⑪ 亚里士多德想要清除的是这样一个神话,即,对于鲨鱼和羞涩来说平等地存在着一个共同的东西,理由就是它们每一个都是一个存在或者实在或者某一种事物。根本没有像存在这样的属(而且"事物",正如贝克莱在他的笔记中所表明的,是"一个同名异义词")。

　　讲实在(existence)不是一个谓词的哲学家们有时候会在亚里士多德的存在(being)不是一个属的证明中找到支持。但是亚里士多德说的是,"存在"意味着"是如此这般","如此这般"的值随我们派给这个动词的主词的种类而变化。所以,看起来,如果亚里士多德没有把实在当成一个谓词,这仅仅是因为他把它看成一组析取性的谓词。当他在《形而上学》中(1003b27—30,1054a16—18)证明"实在的人"意思不外乎是"人"时,他也没有预见到康德的那个著名的证明。说蒯因是一个人并且实在,也许不外乎是说蒯因是一个人;但使亚里士多德确信于此的不是什么"实在的"根本不是一个谓词的信念,而是一个在这一语境中它是一个多余的谓词(*epanadiploumenon*)的信念。"死人"严格说来是一个矛盾(《解释篇》21a21—23),说蒯因不只是一个人而且实在着,就是说他是一个人而且在过一个人的生活。

　　对这样一种分析应当说什么呢?它确实看起来阐明了动词"存在"的一个一般的功能,这可以被共同地标明为"表实在的"。因为,当我们在列出讣告时说,阿罗比不再存在了(或者说他不再实在着了,或者,像华兹华斯的露西那样,已经停止存在了),难道我们不是指他不再活着了吗? 相反,当我们询问是否不准在大厅吸烟的规定仍然存在(exists),难道我们不是想要问,是否它仍旧被认可或执行? 英语有一个惯用法有助于将这类表实在的表达同后面将接受我们审查的其他表达区分开来:它让我们用谓词"实在着"(in existence)来改写它们。在任何一种语言中它们都有其他标志;谓词可以被一些时间副词所修饰——"依然"、"总是"、"不再"——尽管如我们将看到的被其他东西所修饰不是必须的;而且在不同的语境中,我们都要求不同的谓词来抵消它——"消灭了"、"死了"、"散架了"、"报废了",等等。根据《论题篇》中的一条规则(106a12—22),单凭最后这一点就足以证明原本那个谓词的同名异义。

　　所以,亚里士多德的分析便有要求被倾听的权利(正是这个分析,我以为,吉奇

---

⑪　我所写的最初的例子是粉笔和干酪,但是按照亚里士多德的标准,这些并不是严格意义上的实体。如亚里士多德所说(1043a4—5),引自《形而上学》VIII.2 的那些例子事实上也不是;但是他补充说,这个证明可以被合适地移到实体上。所以,我将相当随意地在"冰"和"人"这些例子间移动。

将它引入进来解释阿奎那的"esse"的用法；⑫而且他看起来对此感到满意）。"阿罗比不再存在了"（Arrowby is no more）是一个采取主谓形式的命题。对这个分析首先有一个熟悉的反驳：反驳就是，阿罗比不可能是一个告诉我们并没有阿罗比这么一个人来供我们指称的命题的逻辑主词。而并不更少熟悉的回答就是，这个反驳将名称的指称和名称的承担者混淆在了一起。"当 N·N 先生死了时，我们说这个名称的承担者死了，而不是其指称死了。并且这样说是毫无意义的；因为如果这个名称不再有其指称，那么，这就会使说'N·N 先生死了'变得毫无意义"（维特根斯坦[Ludwig Wittgenstein]，《哲学研究》I，§ 40）。这个回答已经被吉奇先生讨论了不止一次，而且没有必要来扩展它；但是它尚存有疑虑。我们可以就此来问，什么是一个"谓词"可以继续或停止对 N·N 先生为真但却明显不能够对他本人为真的凭据呢？就某个具体的 A 说 A 依然或不再是实在着的，这是有意义的；但是从同一类中引入另一个时间副词说 A 尚未存在，这有什么意义呢？确实，这是要假定并以同样的语气否定名称"A"业已被给予了一个指称。难道哲学家们还没有经常充分地表达他们在一种类似的情况——对一个事件从未来到出现或者从可能性到事实的过程的断言——下对这个谓词的怀疑吗？但是经过讨论我在这一难题中看不到太多的力量。因为，看上去只是在我能够说知道某个具体事物（比如说一个小孩）将要存在的情况下，我才能够说现在在指称那个具体事物。当然，总有可能的是，我的有希望的指称将被事件过程所毁掉：这个小孩也许没有出生。但这样一来我就不能够说是知道会有这样一个具体事物。而且假定的对现在或过去的具体事物的所指也同样能够被不完善的知识所毁掉。所以，亚里士多德对这一反驳的忽视看起来既不是反对他的理论的一个标志，也不是——这正是我现在所关注的——对它的这个解释的一个困难。但是我们目前有其他的解释上的麻烦。

　　其中一个麻烦是我们在讨论《形而上学》VIII. 2 的论证时所搁置的一个问题。依据对这段文本的自然的和通常的解读，我们曾经认为它是在处理具有"如此这般地实在"（上面注释 10）这一形式的陈述。说一块冰它仍旧实在就是说它正保持它的固态，说它不再实在就是说它已经失去了这一固态，意即融化了。固态这个概念在这里引入进来是要给出"实在"的相关的意义（1042b27—28）。但是在同一章稍后（1043a7—12），亚里士多德使用这同一种固态来给出"冰"的意义。他的观点现在看起来是，X 不再具有这样的固态这个陈述，不是对"X 不再实在"

---

⑫　吉奇（Geach），《形式和存在》（Form and Existence），*PAS* 55（1954—5），第 263—264 页，第 266—268 页；《三位哲学家》（*Three Philosophers*）（Oxford 1961），第 90—92 页。

（其中 X 就是我们的那块冰）这个陈述的一个解释或部分解释，而是对"X 不再是冰"（其中 X 也许是这个池塘中的水）的一个解释。在总体上，对界定类词汇例如"冰"的兴趣更符合这一章的目的；但是它同在前几行中提出并被不断重复的那一论断——即"是"这个词以不同的意义被使用——有什么关系呢？假定"冰"具有不同于"木头"的定义，这如何能够哪怕具有最微少的倾向来表明，当"实在"同这些词相联结时它也要求一个不同的解释？

（在这里当前争论的回响再次奏起。⑬ 争论必须等待：在目前我们的目标是要理解。）

让我们把这个问题称作超负荷的解释（the overworked paraphrase）的问题。它同其他固有的难题具有种种关联，例如"ousia"和"einai"这些词的同名异义的功能，它们对亚里士多德既用作表示"存在"的一般表达，又用作表示由某个类别标签所指示并在其定义中被提出的一个东西的"本性"的专门术语。我们将首先尝试对这类难题的一个总的解决办法，接着尝试另一个，而首先提出另一个问题来会是一件划算的事（而不仅仅是一个保持悬而不决的方式）。

这个进一步的问题就是，我们已经就亚里士多德展示了这样一种对于表实在的陈述的分析，它似乎在根本上仅适用于有关那些在时间中具有开端和结束或者至少具有历程的具体事物的陈述。因为，假定我们要以一般词汇来否认冰实在：那么，依据这样一种分析，我们的否定就不再是经验上错误的而是变成自相矛盾的。它转化成"冰不是固态的"（或者其他什么被认为是冰的一个规定性特征的东西；如果有不止一个，那么它就是否认冰具有至少这些特征中的一个）。对我们的那块具体的、短暂的冰来说，这种困难不会出现。说在这个池塘上的冰不再是固态的，它已经融化了，同我们说阿罗比的死相比，不会冒听来像是一个矛盾的更大的风险；就目前的目的而言，二者可以被认为具有同样的逻辑形式。"在这个池塘上的冰"指示一个对象，这个对象已经融化了；但认为其指称随着这个对象也融化了却是荒唐的。但是对于"冰不是固态的"这个一般命题来说，其逻辑形式似乎不是"S 不是 P"，而是"凡是 P（或者 P 并且 Q 并且 R）的东西都不是 P"；这明显是矛盾。

我们可以不考虑对这个困难的一种解决途径。它也许可以说："冰是固态的或毋宁说凝固的水。这样，确实，亚里士多德对'冰不实在'的分析就将是'水不是（或没有任何水是）凝固的'，而这没有任何矛盾：它仅仅碰巧是错误的。"但是这不可能是亚里士多德的观点，因为这个分析丝毫没有表明他所明白断言的是，对

---

⑬　怀特（M. White），《朝向哲学的和解》（*Towards Reunion in Philosophy*）（Oxford 1956），第 4 章；蒯因，《语词和对象》（*Word and Object*）（Cambridge, Ma. 1960），第 131 页。

一个具体的主词,"是"或"实在"要求一个具体的解释。这个分析引入了另一个主词——但亚里士多德不会将水同由它而来的冰相混淆,就像他不会把种子同变成实在的具体的树相混淆一样。所以,在这一分析中没有什么可算作所需要的解释,"是"的同名异义依然没有得到证明。事实上,这种分析会是对模棱两可这个概念的一个运用,而完全不是对同名异义。我们必须尝试解决我们的难题的其他途径。

四

首先一个最明显的途径就是做一个不得已的迁就。让我们承认亚里士多德的分析的范围最好是被限制在关于具体事物的陈述上,然后看如何。不久我们将发现,这条途径并不会帮我们解决问题,但是它将帮助我们前进很大一步。

一个原因是,它看来说明了超负荷的解释。因为,假定我们着手分析在这个池塘上的冰不再存在这个陈述:那么,依据亚里士多德的指导,我们将物色对"存在"(is)这个动词的恰当的解释。而为了要发现这个解释,我们必须提出如下这个一般性的问题,什么是"是冰"? 因此,要理解在我们有关这块具体的冰块的陈述中"存在"(is)或"实在"(exist)是什么意思,就是要理解"冰"一般的意思是什么。这一平常的关联似乎足以说明亚里士多德很容易地从运用一定形式的词来界定一个像"冰"这样的普通名词转移到运用同样形式的词来解释"存在"的恰当的意义上。如果冰是凝固的水,那么,说任何一块具体的冰已经停止实在,就是说它已经停止是凝固的水。

由此发出的些许微光就会反射到其他问题上。一个问题就是已经提到的诸如"ousia"和"einai"这类表达的不确定的功能。当亚里士多德在一个事物的本质或者规定性本性的意义上引入"ousia",并接着说 ousia 是——用牛津译文的话来说——"每一个事物的存在的原因"(aitia tou einai hekaston,《形而上学》VIII. 1043a2—3;参考《论灵魂》II. 415b12—13)时,他并不是正在为这个本体论证明预制草稿。他的意思只是,"冰"的定义是要去解释我们那块具体的冰块是实在的是指什么。(去解释[explain],而非去造成[cause]:难道抱怨"原因"[cause]作为 aitia 的翻译太晚了吗?)

再有,请回想亚里士多德在《形而上学》V 7 中用来确定动词"存在"(to be)的那个在不同的范畴中具有不同的意义的一般功能的表达。我们认为这个功能就是这个动词的那个(或一个)表实在的用法。亚里士多德把它叫做 to kath' hauto on[就本身而言的存在](1017a7—8,22—23),一个可以被确定地运用于表实在的陈述上的短语（例如，在《解释篇》21a28），但是他常常在别处运用它来标识动词"存在"的另一个功能，亦即它的在定义中或者在直接从定义派生而来的陈述中的用法。但是，也许我们不需要对亚里士多德在这一章里究竟是指这个短语的哪一种运用感到困惑。对他来说，确立"冰"和"木头"的不同定义，和确立"实在"的两种不同的意义是同一回事情。⑭

从我们的限制产生出各种好处。让我们来热心为此做辩护。亚里士多德会认为他的分析受到了这样一个事实的极大地动摇吗，即，当它被限制在具有时间历程的具体事物的实在上时它才更有意义？姑且承认，说这一限制澄清了这一分析是一回事，而说亚里士多德看到了这一区分的重要性又是另一回事。但是，难道他没有看到这一点吗？他常常说或暗示，具体事物较普遍事物更有权利被算作 onta：在《形而上学》XII. 1071a21—22 中，他坦率地说，普遍的人并不实在——具体的人有具体的父亲。而且当他说到具体事物（kath' hekasta，atoma）时，我们一定不要认为——除非上下文保证——他只想到具体的实体。正如他对"实在"的分析被说成适合于所有范畴，同样，具体和普遍之间的那条界线也显然能够在全部范畴之中被划出。⑮ 在一个人和他所在其下的那个种之间的分别，在另一个范畴中具有类似的分别，即在一个人的脸上的那一具体的、暂时的白色和它所在其下的那一普遍类型的无色之间的分别。在任何这样的对子中，正是头一个成员的实在似乎才是被亚里士多德的分析所解释的，正如正是头一个成员其被称作"实在的"的权利，才是亚里士多德针对柏拉图对第二个成员的偏爱所加以辩护的。所以，在《形而上学》XII. 1070a22—24 中他说："健康只是当这个人是健康的时候才实在。铜环的形状恰恰和这个铜环同时才实在。是否其中有什么东西以后保存下来是另一个问题"；而且在这里他用"健康"似乎正是指这个具体的东西的具体的健康状态。⑯ 这样一种健康它实在就是它具有一种暂时的、可与在我的池塘上的那块冰相比较的历程。它是身体成分的一种组合，而且

---

⑭ 有这样一些段落，在其中亚里士多德确实似乎派给了系词"是"以不同的范畴中不同的意义：诸如《前分析篇》I. 48b2—9（参考 49a6—9）的一段文本就表明了这一解释。"A 是 B"可以被转化为"B 属于 A"，而"属于"在不同的范畴中具有不同的意义：为什么？ 因为对于红色来说实在（exist）就是对它来说是一种性质，所以对于红色来说属于 A 就是对于它来说是 A 的一种性质；而分析会随着实体或者数量等谓词的不同而不同。这有可能就解释了《形而上学》V 7 中 1017a27—30 那奇怪的几行。

⑮ 《范畴篇》1a23—1b9，《论题篇》I. 103b27—39。我看不到有任何理由来假定在头一段话中一个具体的颜色或者知识是一种仅在一个具体的事物中才出现的东西。参见《内在性》(Inherence) 一文（[译按]指欧文发表在 Phronesis 10 [1965] 第 97—105 页上的一篇文章）。

⑯ 埃尔布里顿 (Rogers Albritton)，《在亚里士多德的形而上学中的具体实体的形式》(Forms of Particular Substances in Aristotle's Metaphysics)，《哲学月刊》(Journal of Philosophy) 54 (1957)，第 700 页。

这种组合可以归于毁坏。

但是这一辩护最好还是冷静下来。看起来它已经隐含了一种错误。

五

假如它被认为在暗示说，亚里士多德想要将表实在的陈述限制在有关具体的人、冰块和健康状态的陈述上，那么，它便已经隐含了一种错误。因为，毫无疑问，亚里士多德经常提出和讨论在其他层面上的表实在的陈述、即仅仅涉及类或普遍事物的陈述。在《后分析篇》中，例如，在 I. 76a31—36 以及卷 II 的开头几章，他讨论了在任何一种体系性的科学中的这类陈述的功能。但是他的讨论很奇怪是不确定的和混乱的，对这一混乱做一番具体的诊断似乎是有必要的。

《后分析篇》知道存在不是一个属（92b14），以及"实在物"被划分为诸范畴（88b1—3）。依据不同于《欧德谟斯伦理学》的理由，它像那本著作一样对一门普遍的有关 onta 的科学抱有敌意。⑰ 它主张一个可以在许多研究领域中被运用的逻辑表达式具有一系列仅仅通过类比才被联系在一起的用法（76a37—40）；这也许被认为在暗示，"实在"具有类似的一系列用法，既然它可以在这类表达式中出现。但是《后分析篇》没有说"实在"对于不同种类的主词具有不同的意义。相反，它在是否 A 实在的问题和 A 是什么的问题之间做了一个形式上的区分，而且甚至在一个复杂的证明的开始认为第二个问题是在第一个问题已经被解决之后才产生的（89b34—90a1）。诚然，它在后面修订了这一点：它主张说，我们只在知道了是 A（to be A）是指什么时才能够说知道了 A 的实在（93a21—33）。尽管如此，它仍旧没有提出相对"A"的不同的值来对"实在"做不同的解释。

在此，对我们的限制辩护的人会跳入这样一个解释。他会说，亚里士多德在这里之所以对这个问题的解决是不确定的是因为，亚里士多德看到或者似乎看到，如果他对"实在"的分析被运用于这样一类像他在《后分析篇》中所关注的一般性的表实在的陈述上时，就会产生各种悖论。但这根本算不上是一种解释。

请考虑亚里士多德在这一著作中所提供的有关表实在的陈述的各种例子。它们是对诸如 *ei estin ê mê esti kentauros ê theos*（89b32）这类的问题的回答，即：有马人吗？有神吗？或者，结果也一样，究竟有没有马人或者神？在别的地方在类似的例子中他使用了"直线"、"三角形"、"数目单位"（76a34—35）。所以，他是在提到一些概念，并且问是否有什么东西对应于它们，或者是在罗列一些描述，

---

⑰　参见《亚里士多德一些早期著作中的逻辑学和形而上学》。

并且问是否有什么东西对应于它们。

这类例子无疑展示了动词"存在"(to be)的一般被称作表实在的一种用法：事实上，它就是目前最一般被称呼的那种用法。同样明显的是，它不是我们迄今一直在由以考察它的那种功能。它是被翻译为"il y a"([译按]法语"有……"，相当于英文的 there is。)或者"es gibt"([译按]德语"有……"，相当于英文的 there is。)的那种用法，在谓词逻辑中由表达式"(∃x)Fx"来反映。而且如这一表达式设计来表明的，它在任何意义上都不是这个动词的一种谓述性的用法，而是一种寄生在各种谓词之上的用法。让我们用两个星号来区别它，而我们一直在讨论的那种用法则用一个星号：这样，我们可以说，当阿罗比是实在着的时，至少有**(there is)([译按]就像在前面，在欧文所谓的动词"存在"的第一种用法上，欧文是将"is"、"to be"、"being"和"exist"、"existent"、"existence"、"existential"不加区别地混用一样，在下面，在欧文这里所谓的动词"存在"的第二种用法上，欧文同样是将"is"、"to be"、"being"和"exist"、"existent"、"existence"、"existential"不加区别地混用的，因此，和处理前面的情况的方法一样，在这里，对于"to be"系列的词我均采用"存在"及相关的词来对译之，而对于"exist"系列的词我均采用"实在"及相关的词来对译之；需要特别加以理解之处我同样在括号中加注原文。)一个人依然实在着；但是如果阿罗比死了，那么就有**一个人他不再存在*(is* no more)。对于动词"to be"(或者任何其他动词)在其中扮演一个谓词角色的任何一种形式的陈述，我们都能构造动词"to be"在其中承担的是它的非谓词性的功能的另一个陈述。所以，反过来将它再解释为谓词性的陈述就会令我们陷于徒劳的倒退。

亚里士多德在任何地方都没有区别这个动词的这两种用法。所以，他就不能说他对"实在"(exist)的不同的谓词性意义的分析适用于存在*(being*)，而不适用于他现在所关注的存在**(being**)。那么，这解释了他在《后分析篇》中对表实在的陈述的那些犹豫不决吗？

这是一个解释的开端，仅此而已。之所以仅此而已，是因为我们一直通过一个粗略的过度简化使我们的区分显而易见(而亚里士多德却多少像是一个愚人忽略了它)。我们的讨论仿佛存在*只在有关诸如那个短暂的人或冰块的个体事物的陈述中才有其地位，而存在**则只在有关普遍事物或类的陈述中才有其地位；但是在这些命题中，第二个是有可能错的(这一点现在先不要去惊动)，而第一个则肯定是错误的。此外，亚里士多德认识到了它的错误。让我们来澄清这一点。

显然，可以有一些有关存在*的一般性的陈述。如果一个人能够死并且停止存在，那么一个族群就能够消灭；如果一个猴子的样本能够继续实在着，那么，不管怎样，这个物种就能够继续实在着。(当然，亚里士多德不相信物种的产生或毁灭；但是他认为，把一个物种同它的成员区别开来的是，它有一个时间中持续的历程，参见《论动物的生成》Ⅱ. 731b31—35）。此外，如果实在*是一个谓词（或者一组谓词），那么我们就可以期望亚里士多德对有关实在*的单称陈述和全称陈述之间的联系做一个非常精确的考察。在他的逻辑学中，如涅尔夫人（Mrs. Kneale）讲到的（《逻辑学的发展》[The Development of Logic]，Oxford 1962，第 63 页），亚里士多德认为"单称和全称陈述是一个属下并列的种。系词和谓词在二者中应当有同样的功能。"这样，"冰（仍然或不再）实在"这个陈述就同我们对在我们的池塘中的那块冰的（继续或不再继续）实在的报告相关联，正如"人是肉食类的"这个陈述同我们对这个或那个人的食物的报告相关联一样。人是一种肉食性动物，正像柏拉图是那样一样，就是人是一种吃肉的东西；冰是实在着的，正像我们的那块冰是那样一样，就是它是凝固着的。

亚里士多德在《解释篇》中十分清楚地认识到了这一对应。他不仅在并无妨害的谓词性句子"人是公正的"前面通过写上量词"每一个"和"并非每一个"来标记它，而且也在表实在的句子"人存在"（Man is）前面（19b15—35）。注释家们绝大部分以难堪的沉默绕开这一事实，而且如果动词"存在"（is）在这里必须被理解成"存在**"（is**），而不是谓词性的"存在*"（is*），那么，他们的不安就会被证明是合理的。因为在有**人这个陈述前面写上这类量词是荒唐的。这些量词本身必须被按照存在**来分析：说每一个人是公正的，就是说没有**人关于他们这些人是公正的是不真实的，但是说没有**人关于他们有**那些人是不真实的，这却是空洞的，否定它也是无意义的。但是当这个动词被理解为一个可与谓词"是公正的"相比较的谓词时，荒谬性这个怪物就被平息了。

（摩尔曾经论证说，尽管"所有驯服的老虎都咆哮"和"绝大多数驯服的老虎都咆哮"有一个明白的意思，但是，"所有驯服的老虎都实在"和"绝大多数驯服的老虎都实在"却不然。他正在讨论的就是存在**。当他逐渐考虑赋予这个动词一种谓词性意义的可能性时——例如，当"不实在"被认为意指"虚构的"时候——他就证明了他的命题是可行的。）

我们可以更进一步地来考虑这一点。亚里士多德通常而且自然地是以"人实在"这一形式来写一般性的实在陈述，而不提供任何诸如"每一个"或"并非每一个"这类的前缀。而且如果"实在"应当被以迄今为止所区分的两种方式的第二种来理解（在出自《后分析篇》的那些例子中，它确实要求是这样），那么如我们刚才所看到的，这一忽略是正确的和恰当的。但是，假定它表示存在*；那么，在"人实在"和"人是公正的"之间的相似就提供了一个不同的含义。因为，当"人是公正的"没有任何诸如"每一个"这类的前缀而被使用时，亚里士多德是预备提供一个前缀的：他认为这个句子是指"某个（亦即至少一个）人是公正的"（《论题篇》Ⅲ. 120a6—20，《前分析篇》Ⅰ. 29a27—29）。而且这么说就是说某个具有"苏格拉底是公正的"这一形式的陈述是真的:"某个人……"预示了"某个人,即苏格拉底……"这一补充。按照亚里士多德的标准,谓词"(是)公正的"在这些不同的陈述中将具有完全相同的意思和功能,甚至对于以一个专名或者别的某个对一个具体事物的指称开始的陈述。

我们可以期望亚里士多德把这一结论运用到在其谓词性功能的"实在"上;而且我认为,当他说"健康只是当这个人是健康的时候才实在"(《形而上学》XII. 1070a22)时,他正在这样做。像我们前面所想的那样认为他在这里用"健康"只是指这个个体的具体的、短暂的健康是不够的。他正在指一个更大的意思。他在这段话中公开的目标是柏拉图,而且他正在说,健康它实在并不是有一个非物质的、永恒的健康的范型,而只是某个(至少一个)个体的健康是实在着的。而且这样一种健康的状态它是实在着的就是如我们稍早前所说的,它具有一个服从于亚里士多德对存在*的分析的时间上的历程:健康的状态有其自身的消灭方式。

所以,如果亚里士多德能够在我们有关具体个例的报告之中区分出实在的各种意义,那么,他也就能够公平地期望在基于它们之上的有关实在的一般性命题中对这个动词用法的同样的区分会保存下来。从一个层面的普遍性向另一个层面的普遍性的迁移将不会促使他把存在*同存在**区分开来,而是无论如何会有助于模糊这一区别。而且这样一来,他对《后分析篇》中诸如"三角形实在"这类陈述的功能的有充分根据的犹豫不决就无需被澄清。

我们无需说他所忽略的这一区分是一个主要的区分。用存在*(在这个词的恰当的意义上)来谓述人或冰山,就是在暗中设定有**人和冰山为这一谓词所适用。亚里士多德没有标出这一区别是他下面这个更为著名的缺陷的一个(而且也许是主要的)因素,这就是,亚里士多德对于他的逻辑体系所适用的所有那些形式的陈述在实在上的预设没有加以分析。但是,在我们勘察一个先驱者的贡献的时候,对"缺陷"的这类谈论没有太多的意义。

六

我们对亚里士多德分析的范围的富有希望的限制结果就是如此。它还有什么保留下来吗?就迄今为止的这个证明而言,依然正确的是,他在对"实在"的不同意义进行归类时所首要关注的有关实在的例子都是些具体的例子,以单称命题来表达:因为我们已经看到这些单称命题如何背负着那些全称命题。(有关这一点更进一步的内容参见《逻辑学的发展》,第13页。)但是在证明了亚里士多德对具体事物的关注之后,我们必须承认,全称命题要求同样的分析模式。所以,看起来超负荷解释的问题又回来了。如果冰是（尤其是）固态的，"固态的"将承担双重的职责。它将不仅在界定"冰"上负有责任，而且在解释动词"存在"上，当它出现在关于冰的表实在的陈述中时。而且由此而来的无论什么麻烦都不会由于我们在关于冰的一般陈述和提及这个池塘上的冰的单称实在报告之间的拙劣的区分而减轻。还有关于实在的一般性的陈述，而且在这些陈述中这个动词将要求同样的解释。

但是，到目前为止，这就是那个阴魂不散的难题。我们在冰实在这个一般陈述上的麻烦曾经就是，通过对这个解释的双重运用，这个陈述成为一个同义反复，而它的否定则成为一个矛盾。我们在这个池塘上的冰依然或不再是实在着的（亦即，依然是固态的或现在融化了）这个陈述上没有任何这类的困难。一个免职的市长不是一个市长，但这并不证明说马尔盖特的市长已经被免职了就是一个矛盾。而且现在我们已经知道亚里士多德如何能够把有关实在的一般陈述化为具体的。"冰实在"可以被解释为"某个冰依然是固态的，等等"；而且这不再是一个同义反复，而是有关一个具体的冰块的陈述，在亚里士多德看来，这个陈述赋予了那个一般的指称以具体的内容。事实上，我们关于一般性的观念曾经是双倍的天真。要发现在这些句子中"实在"的相关的意义，实际上就是去发现"冰"一般意指什么；但是这个发现在其最简单的形式上却在于，不是诉诸一个有关这个世界上的冰的一般陈述，而是诉诸一个定义，它既不是具体的也不是一般的有关物质的冰的陈述，而是关于另一个东西：它不带任何量词，而且它不要求被证实，而是要求被理解（《后分析篇》I. 76b35—77a4）。

现在请注意为平息这个幽灵所付出的代价。我们将不得不把任何有关实在的断言——单称的或全称的——解释为表示这个主词是依然实在着的；并且我们将不得不把对实在的否定解释为意指这个主词是不再（或者也许是尚未）实在着的。这符合亚里士多德对健康和铜球的形状的实在的考察，也符合他对这类事物是否比可毁灭的个体事物存在更久的追询（《形而上学》XII. 1070a22—24）。它在有关现存的自然种类和性质的陈述上工作良好，诸如人或健康或冰，在那里，存在**的陈述可以没有丝毫不妥地被存在*的陈述所代替，或者说可以被误认为是存在*的陈述，加上量词来完善。但是，当我们转到对存在**的另一些断言上，将"不"改写为"不再"或"尚未"就会变得荒谬起来。将"马人不实在"解释成是指某个部族的死者或者未出生的成员，这是荒谬的。（而出于同样语境的另一个例子会以此来反驳任何一个人到沮丧的程度，以致于他转向在第 3 节的末尾所嘲讽的一个解释。难道我们会说"马人不实在"是一个有关这个世界上的某物亦即某种"物质"的陈述吗？它说的是这个物质没有一个马人的特征，即肉体不是马身人首的吗？亚里士多德以与提到马人的相同的语气提到了众神,而众神根本没有任何物质。)

在《后分析篇》中,亚里士多德避免将他对存在*的分析运用到这类存在**的陈述上,但是他的回避从来没有以对这两者的鲜明的区分来澄清自身。我们曾经提供过对这种不清晰的解释,认为对存在**的一些一般性的陈述可以容易地同对存在*的陈述混同在一起。确实,这一观点仅适用于那些有所偏向的例子的范围——现存的品种,以及具有成员的种类;但是在形式逻辑、哲学和科学中,正是这些例子占据了亚里士多德的注意,以致于他不再致力于解决有关马人或薮羚(tragelaph)非实在的那些旧的不确定性。

简言之,当亚里士多德分析实在的陈述时,他一般来说关注的是存在*的例子。但是在讲了这一点后,我们必须用一个最后的、巨大的限制来降低这一主张的力度。仍然存在着第三种通常会被授予"表实在"的称号的陈述,它在亚里士多德的证明中扮演重要的角色。他似乎很愿意对这些新例子中的"实在"提供一个解释,就像在他处理人和里程碑的时候那样;然而,在先前定下的路线上、像解释存在*的例子那样来解释它们会是荒谬的。所以,我们需要划出动词"存在"的第三种表实在的用法。

七

亚里士多德有时候肯定或否定事物的实在,当(a)这一否定不能被合理地认为表示事物是不再实在着的,和(b)这一肯定不能被合理地认为表示至少一个样本是依然实在着的。这类事物是时间、地点、虚空、数学对象。"至少一个时间亦即现在还是存在的(present)。"然而当他讨论数学对象的实在时,他着手详细地说明它们可以被说成实在的意义(《形而上学》XIII. 1077b12—1078a31)。当他在《物理学》中分析地点的概念时,他依照《后分析篇》的建议,从区分地点是否实在的问题和地点是什么的问题开始,并且首先处理前一个问题(208a28—29);但是他提出的问题结果却使这两个问题重合在一起(209a29—30),而这些问题相应地也就被混在一起作为关于地点的"存在"或 ousia 的难题(210a12—13)。他指出在什么意义上虚空的实在不能被容许(如果它等同于空的空间),但也指出在什么意义上它是可能的(作为运动的必要条件,217b27—28)。这类表实在的论断应当如何来理解?

假定我问"有没有像中矿(centramine)这样的一个东西"或者"马人这样的一个东西"或者"自我欺骗这样的一个东西"? 那么,我可以是因为语言学上的无知而在问在语言中是否有这样的一个词(比如说"中矿")。我也可以是由于对某个经验事实无知但却知道这一表达的用法而在问在世界上是否有什么东西对应于这一称呼(诸如"马人")。或者第三,我可以是在指出哲学上的难题:我可以将这个表达的普通用法视为当然,并进而假定它的使用者们一般会承认有某物对应于它,但却在问是否这个表达的公认的用法(比如说"自我欺骗")在逻辑上是前后一致的。我正在问,是否它提供了一个可以被运用而不会产生概念上的各种难题的描述,这些难题会证明对它的反驳或者极端的修订是合理的。

对于上述的头一个问题亚里士多德毫不关心(请对比柏拉图,他确保他的对话者至少可以说希腊语:《查米德斯篇》159a,《曼诺篇》82b,《阿尔西比亚德篇》I 111b-c)。对于第二个问题他确实表现了关心:这是一个关于存在**的问题,而且"马人"就是亚里士多德的例子。但是第三个问题却体现在他对时间、地点或数学对象的实在的不确定上。这些不确定在难题、aporiai 之中得到展现,这些难题似乎是通过普通信念(或者其他哲学家们的观点)、尤其是通过所质疑的表达及其他相关表达的公认的用法而被强加给我们的。⑱ 它们最终被一个清晰的、不矛盾的有关时间是什么或数学对象是什么的陈述所解决。"时间实在吗?"这个哲学上的质询被通过说"时间是如此这般的"以及指出没有逻辑悖谬的回答而得到回答。而这样一来,对亚里士多德来说谈到已经指出了主词实在或不实在的意义就再次变得自然起来(《形而上学》1077b15—17,1078b7—8,《物理学》217b27—28)。

这个说明需要得到澄清,如果它应当从威胁它的两个主要的困难中被拯救出来的话。首先,它暗示,给出 A 的定义就等价于断定 A 实在:然而亚里士多德自己在别的地方(《后分析篇》II. 92b19—25)坚持主张说,没有任何定义可以意味着它所定义的东西的实在。其次,它暗示,否定对时间的一个具体的定义就等价于否认时间的实在;但对辩证法的整理者亚里士多德这样想或者产生这种想法无疑是荒谬的。

不难看到,在这些语境中,而且正是在这些语境中,两种困难如何失去了它们的威胁。第一个是不相干的,因为亚里士多德假定他正在分析当前用法上的一个概念:如果时间的观念可以被指出是前后一致的,那么,没有一个人(或者只有那些缺乏概念思维训练的人)会拒绝运用它——例如否认今天中午是不同于昨天中午的一个时间。第二个也在相同的考虑之下。亚里士多德尽力指出,他的分析不是对一个词的一个任意的重新定义。"一个人无需在每一件事情上和大多

---

⑱　参见《拯救现象》(*Tithenai ta phainomena*)([译按]这是欧文 1961 年发表于由 S·曼申[S. Mansion]
　　主编的《亚里士多德论方法问题》[*Aristote et les problèmes de méthode*]第 83—103 页上的一篇文章,
　　该书是第二届亚里士多德学会的论文集,Publications Universitaires de Louvain,1961)。

数人意见一致,但一个人一定不要放弃或者推翻语词的一般的和公认的用法"
(《论题篇》VI. 148b20—22)。他的分析被设计来保存在这一主题上的共同信念和
用法的所有或者最重要的部分:这解释了作为任何这类分析的前导的他对
phainomena［现象］和 *legomena*［观点］的全面(且据认为是穷尽)的回顾。[19] 所以,
亚里士多德可以满怀确信地假定,否定他的分析实际上就是放弃这一论题(实际
上就是从语言中排除这一论题),而这也就是使反对者没有任何方法同意亚里士多
德关于有这样一种东西存在的结论。

一些人可以发现,以"如此这般是真实的(real)吗?"来翻译亚里士多德在这
些语境中的问题是自然的。确实,动词"存在"在亚里士多德那里有时候确实要
求以这一难以捉摸的形容词来被翻译。像在《辩谬篇》(170b8—11)中所做出的在
"那存在的 X"和"那看上去的 X"之间的一个对比,甚至可以表明,当亚里士多德
将谓词"实在着的人"当成一个冗词的时候(参见以上第3节),他正在考虑的就是,
什么是一个真实的人的存在,以同某个赝品、半成品或者代用品相对照。不真实
性(unreality)这个概念在我们在这篇论文中所一直试图融会贯通的绝大多数文
本中没有任何地位。如果它随同这第三种表实在的陈述出现,那么,它仅仅是使
在这种表实在的陈述和其他两种之间的区分更加鲜明。

八

再没有任何余地来推进这一解释了,也没有更多的东西来对这一解释所揭
示的理论加以说明。但是,如果我们已经正确地把握了它的一般线索,那么,以
下的评论似乎就是必要的。

首先,在亚里士多德的著作中确实有动词"存在"的不同的表实在的用法可
以被发现:我们已经厘清了其中的三种,而无疑还有其他的用法。但是,亚里士
多德由于仅仅装备了他的用于解释谓词的工具(而忽略了在他的武库中的更合用、更
强大的武器,例如模棱两可),对于这些区分便没有给出任何明确的认识。有时候,
他的不确定暴露出了在地基中的缺陷。但是他自己对这个论题的贡献主要在于
他的解释技艺使他能够做出的那些区分。

因此,其次,在这一技艺最胜任的地方,亦即在对所假定的谓词存在*的各
种意义进行分析时,这个谓词的种种信用就是可疑的。怀疑的一个可能的来源
就是当谓词对于主词尚未是真的时候这个主词的暧昧的地位;但是也许在第3

---

[19]　参见《拯救现象》。

节中这个怀疑被完全消除了。它看起来根源于对我们的有关将来实在的知识的一个一般性的怀疑。另一个麻烦是一个似乎衍生于这个谓词的任何否定中的畸变:但是这立刻能够得到解决。反驳是这样的:依照亚里士多德,让人被界定为一个两足行走的动物。你询问我的人"星期五",我告诉你他不再存在了。那么,根据亚里士多德的分析,我告诉你的是,"星期五"这个人不再是一个两足行走的动物;但是只有他已经接受过对那些部分的一个切除手术,我告诉你的才会是这个意思。另外,如果按照定义冰是固态的,那么,尽管如此却还可能有被压碎的冰。这就是一个难题,但不是关于所提议的对"存在"或"实在"的分析,而是关于运用一些像"人"或"冰"这样的类词汇所适用的充分且必要的条件。被压碎的冰和无腿的人的实在所表明的是,尽管两足或者固态可以是人或者冰的一个标志或特征,但是,它们并不是运用相关的类词汇的必要条件——不是必要条件,也就是说,如果这意味着"被压碎的冰"是像"方的圆"一样的一个矛盾。如果这类例子切中要害,那么,它们就表明,亚里士多德对某个类词汇和它的 *logos* 之间的关系的看法当时太简单了,至少如果那个 *logos* 被认为是要指出这个词得以正确运用的前提条件的话。它们没有表明的是,在这类语境中在"实在"和它的解释之间有一个较之相关的类词汇和它的解释之间的关系更为松散的关系。如果后者是一个其意义可以以一定形式的语词被给出的谓词,那么,对于这个反驳所表明的全部而言,"实在"也是这样。

　　另一些批评更为深刻。假定一个人他实在和一只凉鞋它实在是不同的东西;为什么这就应该意味着"实在"有不同的意义,而"工作"却不应当被认为具有不同意义——因为一个银行职员做他的工作是一回事,而一个绞刑吏做他的工作是另一回事?绝大多数语词(这将得到证明)对它们的具体用意来说以这种或那种方式尤其依赖于语境:代词和指示词;潜在的关系词像"大"和"重"(甚而认识论的那些词汇,颜色形容词——例如蓝波斯人和红卷心菜);用于工作的许多词及相应的用于休闲的词;许多实质匮乏的(substantive-hungry)词,用奥斯汀(John L Austin)的标签来说,例如"相同"、"真实的"、"一"、"善"。这不是说,亚里士多德忽略了这些词:而是说他像在《论题篇》I. 15中那样倾向于以同样的方式把它们当成更少语境依赖的词,诸如"*philein*"——它在许多句子中可以要么指"爱",要么指"亲吻"(106b1—4),或者"*onos*"——它可以要么指"驴子",要么指"辘轳"(107a19—21)。正是因为最后的这些表达是相对脱离语境的(尽管如此,请注意这种脱离像别的一样总是相对的),它们才易于在使用中产生歧义;这就是为什么预先通过解释固定它们的意义的方法是恰当的和有价值的,以及为什么我们不能容许它们有一个不确定的意义范围。但是,我们应当对这一论断表示怀疑,即,"善"

或"相同"或"一"在同样的方式上具有许多必须或能够被罗列、教授或限定的意义。词典编纂者努力抵制这一建议。而且，如亚里士多德常常坚持主张的那样，"实在"（existing）和"一"、"相同"、"善"一样属于同一个序列。

这曾经是一个被提出而现在不被追赶的猎物。对于亚里士多德的分析的最后一个可疑的推论——一个他非常重视的推论，情况也是一样。这就是，既然"实在"有许多意义，那么，就不存在任何将包含人、英里和谦逊的实在物的类。从他的数像"实在"一样也有不同范畴中的不同用法的命题也可以得出同样的结论（对此的最完整的证明见《形而上学》X. 1053b25—1054a19）；因为这意味着，一个实体加一个性质加一个数量根本得不出任何三来。他将他对任何有关实在的东西（what exists）的普遍研究的拒斥正是建立在这个论点上；而且当他进入《形而上学》卷 IV 以建立他自己的有关存在的一般科学时，相应地也正是这个命题是他所不得不予以缓和的，尽管不是放弃。

但亚里士多德不得不使用他的理论所不允许的连词。在《物理学》（185a27—28）中他不留神地这样开始，"既然有实体加性质加数量"；而在《后分析篇》（83b13—17）中他毫不怀疑地谈论范畴的有限的数目。事实上他的论证也没有表明这类连词是不合法的，因为在这里被肯定的实在的种类是存在＊＊，他解释谓词的方法与此无关。但是这一区分，如我们一直在说的那样，是亚里士多德没有表现出自己意识到的区分之一。

九

最后一点，出于非常的小心谨慎。也许仍然可以反驳说，亚里士多德把"实在的"说成是一个同名异义的谓词，这并不代表他在这一主题上的最有影响或最具特色的观点。因为，当他着手建立他自己的有关"存在"的普遍形而上学时，他将它建立在这一论断之上，即，"实在"在不同范畴中的不同意义是系统相关的；而且这导致他否定"实在"是真的同名异义的（《形而上学》IV. 1003a33—b19）。在他的成熟的伦理学中，当他承认"善"毕竟不是碰巧的同名异义的一个例子时，也有一个类似的再思考（《尼各马可伦理学》I. 1096b26—27）。

这些发展是另一篇文章（参见《亚里士多德一些早期著作中的逻辑学和形而上学》）。本文的目的——只是非常概略地达到的——是要厘定亚里士多德对实在的分析的基本模式。为此目的指出他后来的理论丝毫不含有对这些模式的放弃便足够了。他在《形而上学》卷 IV 中的放弃是策略性的：他正在宣告他自己的"有关作为存在的存在的普遍科学"，而过去正是基于"存在"的同名异义，他在早期建立了他对任何这类研究事业的反对。但是,当他现在宣布要探查在"实在"的各种意义之间的一个系统的关联时,他并不是在否认而是在以对那个动词当它和不同的主词相连时进行不同的解释的可能性为前提。毫无疑问,在宣称这些意义具有某种共同的东西——即这些解释有一个重要的交集——时,他已经超越了单纯的或"碰巧的"或(如《欧德谟斯伦理学》在另一种联系下对它表述的那样)"完全的"同名异义。但是,远比这些标签更为重要的是这一事实,即,他自己的理论的得出,整个是在我们这里所一直加以评论的那一分析所依赖的那些技艺的框架之内进行的。

亚里士多德的柏拉图主义[①]

欧 文

八年前,在一次为这个学院做的纪念希克斯(Dawes Hicks)的讲座上,[②]罗斯爵士曾经讲过亚里士多德作为一位哲学家的发展。他挑选出有关那一发展的一个理论,认为在它出现以来的五十年中它已经确立了自身。在英国它的先驱者是凯斯,在德国它的具有伟大影响的先驱者是耶格尔。用戴维爵士的话来说,它把亚里士多德描述为"从柏拉图主义中逐渐地展现出他自己的一个体系"。亚里士多德的哲学历程的开始用了二十年时间,他把这些时间花在学习和实践他在柏拉图学园的课业上,而它的结束是在担任他自己学校领袖的任上。因此,富有诱惑的就是将他首先描写成虔诚的门徒,继而描写成对他摆脱弟子身份的道路做论证。

"柏拉图主义"已经成为指称这一理论的一个熟悉的关键词。凯斯和耶格尔都使用过它,而我在我的题目中也还保留它。可能我的论证将被报告成是在主张我们一直在一些错误的方向上寻找亚里士多德的柏拉图主义,并且提出另一些可以遵循的方向。但是首先有一个警告要提出来。"柏拉图主义"这个关键词在本论证中将不具有任何独立的份量。它太过经常地被信任,而且布满了太多的歧义,以致于不能被相信。为避免这在你们看来要么耸人听闻要么稀松平常,

① 本文选自欧文,《逻辑、科学和辩证法:古希腊哲学论文精选》(*Logic, Science and Dialectic: Collected papers in Greek philosophy*),Gerald Duckworth & Co. Ltd.,1986,第200—220页。本文最初发表于《英国学院学报》(*Proceedings of the British Academy*)51(1966),第125—150页。重印于斯特劳森主编的《思想和行动哲学研究》(*Studies in the Philosophy of Thought and Actions*),Oxford University Press,1968,第147—174页;并收入《亚里士多德研究论文》(*Articles on Aristotle*),卷1,巴恩斯等主编(London 1975),第14—34页。

② 罗斯,《亚里士多德思想的发展》,《英国学院学报》43(1957),第63—78页。重印于《公元前4世纪中期的亚里士多德和柏拉图》,杜林和欧文主编(Göteborg 1960);并收入《亚里士多德研究论文》,卷1,(1975)。

请让我指出它对目前问题的重要性。

在你们和我加入对亚里士多德中的柏拉图主义的一个系统地搜寻之前——而这是一个远远超出一次讲座范围的计划——如果我们知道我们的任务,那么我们应当试图达到对柏拉图自己的哲学进步和成就的某种理解,而不只是达到理解亚里士多德认为那些成就是什么。这样,我们应当不得不确定、至少 *ambu-lando*[达成]对柏拉图的何种同意或同情曾经是相关的——是否我们正在寻找的是大的框架上的相似而不只是特殊问题上的相似,例如,在论证和方法上,而不只是在结论上。凯斯和耶格尔两个人都曾致力于说明他们所理解的"柏拉图主义"是什么意思。但奇怪的是,人们却似乎很少注意他们对我刚才所概括的那些问题的回答。耶格尔用"柏拉图主义"所指的在重要的几点上区别于凯斯所指的,而这一事实一直没有被那些欢呼他们是一种理论的共同创建者的人们所表明。而且耶格尔用那个词所指的使他给出了对我们的问题的一个非常古怪的回答:它基于有关亚里士多德的发展过程的一个理论,而这个理论既对解释他来说是极端的,而且我认为,也是错误的。清除这个错误将是朝向一些肯定的结论的首要的步骤。它迄今激起的评论甚少,这似乎在很大程度上是由于"柏拉图主义"这个泛称的障壁作用。

一、亚里士多德的债务

亚里士多德作为柏拉图学园的一个成员几近二十年。他作为一名学生加入它是在他大约十七岁生日时来到雅典的时候,而在柏拉图于公元前 347 年春去世时他离开了这个城邦。之后,据耶格尔所说,他放弃了他的著作出版活动,他在这个活动中只是作为柏拉图的一个哲学信徒而写作。那二十年应当是他在雅典度过的最长的时间,毫无疑问,它们无论对于亚里士多德还是对于柏拉图本人都具有重要意义。对于柏拉图来说,它们似乎一直是一段广泛活动的时间,在其中政治上的失望被哲学上的成就远远超过。他写作了,*inter alia*[特别是],《泰阿泰德篇》和《巴门尼德篇》,《智者篇》、《政治家篇》和《菲利布篇》,在这些对话作品中他表现出了对哲学方法以及他的继任者们归为逻辑问题的那些东西的新的兴趣。这是逻辑学在学园中诞生的岁月;这些对话必定曾经部分地促进了、部分地反映了朝向那一主题的冲动,正是这个冲动紧紧抓住斯彪西波、亚里士多德和其他同代人,并促使他们去寻求同名同义和同名异义的原则、确定定义和划分的规则。所以,耶格尔在他对这一主题的研究的开始便正确地说,如果我们应当理解亚里士多德同柏拉图的关系,那么,正是学园及其奠立者生涯的这个时期是我们必须关注的。

但是正是关于那些晚期的对话,关于亚里士多德在他的《论题篇》中所记录的学园中逻辑讨论的整个语境,耶格尔令人失望地很少讲到。他坚持认为,在那些岁月中,亚里士多德是柏拉图理论的一位忠实的发言人。这一证据应当主要地在这位学生的、时间可确定在柏拉图死前的最后五到六年的那些著作的残篇中被发现。但耶格尔在这些残篇的其中一些的背后所探查到的柏拉图却是《斐多篇》、《会饮篇》和《国家篇》中的柏拉图,这些对话作品,依据耶格尔自己的看法,在亚里士多德到达雅典时已经是经典,并且在所说的那些残篇写作之前很久就已经处于学园的攻击之下了。这一攻击中的一些来自于柏拉图本人,见《巴门尼德篇》、《智者篇》和《菲利布篇》;它的一些内容可以在亚里士多德有关学园争论的手册《论题篇》和《辩谬篇》中被看到。然而在亚里士多德为纪念一位死于公元前 345 年的朋友而写的《欧德谟斯篇》中,耶格尔发现的却是在《斐多篇》中早已经得到阐述的形式理论和个人不朽的观点;他自己并且认为,这些观点在柏拉图的晚期作品中没有一个是没有经过任何变化或质疑而得到保存的。

更为糟糕的是,亚里士多德曾经写过一篇对话《智者篇》,耶格尔把它的时间确定在亚里士多德依附于柏拉图的时期,并且(缺乏任何直接的证据)认为正像《欧德谟斯篇》忠诚于《斐多篇》一样,它忠诚地遵循柏拉图的同名对话。然而柏拉图的《智者篇》含有对《斐多篇》的形而上学的一个有力的攻击。

因此,耶格尔在亚里士多德的佚失著作中所发现的"柏拉图主义"的这个特征无疑需要评论,亦即需要对他的形而上学债务友好而无偏见的认识。这个问题不需要引起那些假定柏拉图从来没有改变过他的想法或者屈服于一种反驳的整体论者(unitarian)的忧虑。就柏拉图已经出版的著作而言,凯斯也许一直是其中的一位,尽管他认为在亚里士多德作为学园成员期间柏拉图转向了其他在对话作品中没有得到反映的理论。但是耶格尔,像绝大多数后来的学者一样,不是整体论者。他将他对亚里士多德发展的叙述表述为一种迟到的尝试,即为柏拉图的学生做那些已经被成功地为柏拉图做过的事情。因此所假定的这种亡羊补牢就要求某种解释。

耶格尔所确立的解释是令人吃惊的。他把亚里士多德的哲学理论同他的逻辑学和哲学方法的研究区分开来,声称在学园中后者完全独立于前者在进展。他诉诸《欧德谟斯篇》以表明亚里士多德得出了他的逻辑学的许多理论,尤其是他的对实体和诸范畴的论述,却没有让他自己认识到这暗含着对柏拉图的早就在例如《斐多篇》中得到展开的形而上学的重要部分的反驳。后来,在柏拉图死后,他才在每一次转变上强调这一内涵。但是只要他处于柏拉图的魅力的影响之下,他便满足于从他的老师的著作中获取他的结论,而将他自己的逻辑学仅仅用来为这些结论提供新的和更为犀利的论证。

所以,对我们就"柏拉图主义"所提出的那些问题的这一回答就是清楚而令人吃惊的。"柏拉图主义"变成了与论证无关而仅关于公式,与哲学方法无关而仅关于学说信念。亚里士多德"在他在形而上学上仍旧完全依赖于柏拉图的时候在方法和逻辑技艺的领域已经是一位大师了";耶格尔并且得出结论说,"这个依赖显然根源于亚里士多德深深的非理性的宗教的和个人的感情"。

如果这是真的,那么,它所解释的就远不止是所假定的亚里士多德在那个时候愿意汲取来自于柏拉图著作的任何部分的学说。它肯定可以解释这个;因为"非理性的宗教的和个人的感情"可以适应诸多的不相一致,只要它们同"方法和逻辑技艺"不能取得对应。但是它也可以解释在耶格尔的给人深刻印象的对亚里士多德的哲学进步的概述中他的逻辑学的相对的疏失。凯斯可以诉诸柏拉图在《智者篇》中对真陈述和假陈述的分析以说明亚里士多德在逻辑学上的一些早期冲动的"柏拉图主义"。但是在这里,他和耶格尔的区别是根本的。对于耶格尔,柏拉图主义不应当在逻辑学中寻求。

与此同时,耶格尔的解释对某一种解释方法更为重视,而这种方法当耶格尔转到亚里士多德的现存著作上时他自己却很少付诸运用。如果教义应该被从作为它们的根源的论证中移开,当成独立的成分,那么,它们就需要其他的确认方式。把它们在其他哲学语境中挑选出来的最容易的方法是通过特殊习语的出现以及与它们的在原始、规范的语境中的出现相伴随的措辞。这一通行的方法被亚里士多德自己的著作所推翻。有一整套习语他习惯于用来描述柏拉图的理论,而且当他这样做的时候他倾向于批评这些习语是空洞的或误导性质的。它们包括"理念"、"范式"、"分有"、"多上之一"这些表达。但是在他的著作的别的地方,它们却是干干净净地出现并准备好使用的,在那里的语境表明它们没有任何对所反驳的那些理论的指涉。③

这一导言可以用来表明,"柏拉图主义"这个词不应当被毫无审查地当作解释者的万能钥匙。但是它却引出了一个更为实质性的观点。耶格尔认为的他在亚里士多德的早期著作中在逻辑学和形而上学这对伴侣之间所造就的分离,其实是一个虚构。没有任何好的证据来支持它,却有强烈的证据来反驳它。而且

---

③ "理念",伯尼茨,《亚里士多德索引》(*Index Arist.*)338b34—48;"范式",《物理学》194b26,《形而上学》1013a27,《论题篇》151b20—21;"分有",伯尼茨,同上,462b36—43;"多上之一",《后分析篇》100a6—9,亚历山大,《形而上学注释》(*In Meta.*)79.16—17。

反驳它的证据是对我后面将要概括的另一种不同的研究方式的肯定的支持。让我们首先从这一论证的否定的一端开始。

二、《欧德谟斯篇》中的范畴和形式

亚里士多德佚失的对话作品《欧德谟斯篇》的主题是灵魂的不朽。这篇对话不属于亚里士多德据说把他自己作为一个对话者引入其中的那些对话作品之一，所以一些学者一直强调，我们不能确定从这部作品引出的一个既定的观点是否为它的作者所赞同。但是，我们所关注的论证却不需要这一怀疑。它能够被完全地归于亚里士多德，这不是因为它加强了柏拉图《斐多篇》中的一个证明，而是因为在他后来的著作《论灵魂》中，亚里士多德依然在攻击我们的论证所针对的那同一个理论。

处于攻击之下的那个理论是，灵魂、生命的本原，无非是一种"和谐"，也就是说肉体中的各种要素的一个恰当的协调。当这种协调消隐了，灵魂因此也就终结了。在《欧德谟斯篇》中，亚里士多德据说反驳这个说："和谐有一个对立面、不和谐。但是灵魂却没有任何对立面。所以，灵魂不是和谐"（残篇 7，罗斯；菲洛庞努斯，《论灵魂注释》144.22—25）。另一个权威来源补充了这些论证："灵魂没有任何对立面，因为它是一个实体"（残篇 7，罗斯；奥林匹俄多鲁斯［Olympiodorus］，《斐多篇注释》173.20—23）。这一扩展是耶格尔的解释赖以运转的枢轴之一。他认识到这几乎可以肯定是注释者奥林匹俄多鲁斯的一个馈赠，奥林匹俄多鲁斯把类似的内容塞进亚里士多德和柏拉图在同一语境下的其他论证中。但是即便如此，耶格尔认为这一扩展只是阐明了尽管是潜在于原文中的内涵。因为，如果亚里士多德说灵魂没有任何对立面，那么，他一定想到的是出现在《范畴篇》中的那个命题，即，实体没有任何对立面。白色有一个对立面、黑色；在亚里士多德对诸范畴的论述中，这足以证明白色和黑色不是实体。它们是性质或性质的种。人是实体的一个种，不存在人的任何一个逻辑的对立面。所以，如果亚里士多德在《欧德谟斯篇》中的论证预设了灵魂是一个实体，那么，它也就预设了对相对于其他范畴的实体的分析，这属于亚里士多德的逻辑学。

但是，现在转向耶格尔解释的另一面。在《斐多篇》中，同时也在《国家篇》的第五卷中，柏拉图提出了他自己的针对实体或 *ousia* 的候选项，即形式。在《斐多篇》中，他给出了相等、美、善、正义、大、小作为这类形式的例子。所有这些都有对立面，而且在《国家篇》中他明确地依据形式有其对立面来证明一个形式的统一性，并且似乎说同样的证明对全部形式都有效（《斐多篇》75c；《国家篇》475e—476a）。因此，这些形式不能满足亚里士多德对实体的定义。亚里士多德也不认为柏拉图只是在一个与他自己不同的意义上来运用"实体"一词：他始终一贯地批评柏拉图提出的实体这一级的候选项不能够满足这个层面的基本要求。因此，看到耶格尔在论证——作为他对《欧德谟斯篇》的论述的另一面——说，在那篇对话中亚里士多德把形式理论就像它在《斐多篇》中所表述的那样来接受，就是令人不安的。正是通过将这两个论题结合在一起，他才能够得出结论说，在这个时候，亚里士多德在他的形而上学上整个依赖于柏拉图，但在他的逻辑学上，亦即他的范畴理论上，却完全独立于柏拉图。他并不寻求减轻、甚至没有明确地认识到这一悖论，即，在亚里士多德看来这会促使他接受一类明显被他所运用的逻辑学所排除的实体。就我而言，我发现哲学上的 *akrasia*［混合］到这一程度是难以置信的。

　　幸运的是，我们不需要相信它。耶格尔的解释没有哪个方面是牢固的。《范畴篇》的学说在亚里士多德在学园的岁月中已经被得出，这在我看来是肯定的，而且我将努力指出它是如何产生的。但是按照那一学说，从灵魂没有任何对立面的陈述绝对推不出灵魂是亚里士多德意义上的一个实体这一前提预设。因为，《范畴篇》所规定的是，对立面的缺乏不仅是实体的特征，而且也是其他各范畴成员的特征：全部数量，一些性质，一些关系。这样那个证明便无需任何改动：它只是简单地诉诸在当前用法上的一个区分，而这完全适合于亚里士多德正在写的对话的形式：它有可能是一篇安慰性的文学作品，而肯定不是一篇系统性的论文。

　　依然存在的问题是，是否以及如果是这样在什么意义上灵魂在《欧德谟斯篇》中被证明是实体。显然，亚里士多德写作这部作品是有《斐多篇》在心中的：这个对话的一部分涉及到灵魂在它禁闭于肉体之前和之后存在的可能性，一种他的成熟的心理学没有为其留有任何余地的可能性。但在另一方面，对话的一部分据辛普利丘所说已经将灵魂描写为一个"形式"（*eidos ti*），这是这个词的一个在他成熟的心理学中足够熟悉但在柏拉图的形式理论内部却没有多大意义的用法。④ 简言之，这个证据过于模棱两可而不能将灵魂是一个暂时而且痛苦地寓居于肉体之中的分离的实体的理论强加于那个时期的亚里士多德本人身上；而且即便这个证据不是模棱两可的，它也不会像耶格尔在他的解释的第二个方面所断言的那样使他为了所要沉思的脱离肉体的灵魂而假定柏拉图的超验的形

④　　残篇8，罗斯；辛普利丘，《论灵魂注释》221.28—30；参考《形而上学》1077a32—33 及彻尔尼斯（H. Cherniss），《亚里士多德对柏拉图和学园的批评》（*Aristotle's Criticism of Plato and The Academy*）（Baltimore 1944），第 506—512 页。

式为前提。耶格尔自己承认佚失的对话作品《论哲学》似乎同情地听取了头一种理论但却拒绝了第二种，而且对于亚里士多德来说将它们分开是自然的：灵魂的不朽是一个传统问题，形式理论则是一个哲学家的发明。当亚里士多德讨论"多数人和智慧的人"的观点时，正是第二个方面受到了冷遇。

那么有什么证据表明《斐多篇》中的形式依然出没于《欧德谟斯篇》中呢？有一处对灵魂脱离冥府的道路的神话描述，在其中灵魂被说成遗忘了"彼岸的景象"，⑤但是出自同一资料来源的其他文本的对照却表明，这些"景象"有可能不是所渴望的形式，而只是冥河、忘川及地府的常规布置。这个、那个神话在这篇对话中所起的作用我们不能判断，但显然它们不应当被混同于形而上学的论证。再者亚里士多德的信仰也不能从阿拉伯哲学家阿尔—金迪（al-Kindi）那里所发现的一个记载中推出，这个记载大意是，亚里士多德谈论过一则轶事，一位希腊国王的灵魂脱壳去沉思"灵魂、形式和天使"。⑥ 柏拉图的《斐德若篇》必定构成这件轶事的背景，但亚里士多德对这个神话的用途却没有记载。

我不会追踪柏拉图的形式一直到亚里士多德《劝勉篇》的残篇之中，在其中耶格尔曾以为发现了它们。这些残篇近些年已经得到极好的搜索，猎物并不在那里。那么，还剩下什么证据呢？亚里士多德在学园中着手教授修辞学以对抗伊索克拉底（Isocrates）。糟糕的是，他似乎企图夺取伊索克拉底在塞浦路斯的一些政治保护的领地。由此他便成为伊索克拉底学派的一个明显的目标。公元4世纪的一位历史学家记载说，伊索克拉底的一位学生曾经撰文反对亚里士多德，他还惊奇地讲道，亚里士多德被攻击是柏拉图最知名理论的代表，尤其是形式理论。但是我们对古代修辞学的传统了解得越多，这一证据的份量看起来就越轻。它和另一位同时代人欧布利德斯（Euboulides）的攻击恰相对应，在那里，亚里士多德被指责毁坏了他老师的著作，在他老师去世时没有在场；⑦这些指控很像最初原本针对柏拉图，继而仪式性地转嫁到了他的学生身上，就像是在喜剧中和公开的、法庭上的演说中父母亲或者保护人的不良行为被落在受庇护者的身上一样。⑧ 这种攻击甚至不表明攻击者不曾知道亚里士多德自己的观点，尽管就其本身而言这却是极有可能的。

---

⑤　残篇 5，罗斯；普罗克鲁斯（Produs），《国家篇注释》ii，349.13—26；残篇 4 上下文，普罗克鲁斯，《蒂迈欧篇注释》323.16—44。
⑥　残篇 11，罗斯；参考《残篇》（Select Fragments），罗斯译，第 23 页。
⑦　参见杜林，《古代传记传统中的亚里士多德》（Aristotle in the Ancient Biographical Tradition），Göteborg 1957，第 374 页。
⑧　参见苏斯（W. Süss），《习俗》（Ethos）（1910），第 247—254 页。

　　尽管如此,也许可以认为,哲学上的忠诚应当是柏拉图的学生们和同事们的自然态度,至少在这位伟人在世的时候。但我们知道并非如此;其他人中最优秀的欧多克索斯(Eudoxus)和斯彪西波就曾质疑并试图革新理念论。就连单纯的默许也不被那些晚期对话作品所支持,在这些对话作品中柏拉图让他自己的早期的形而上学接受一个不动感情的评判。在亚里士多德的《论题篇》中所勾勒的那些争论便足以证明,他对柏拉图的批判并不会令他同那个好辩学派的其他人相疏离。更具实证性的是可以表明,亚里士多德对实体和范畴的论述远非耶格尔所要求的那样自行生长出来,而是在学园的这些争论中诞生并被哺育的。它远不是看起来仿佛同形式理论协调一致,而是以对那一理论的一个著名的批判为前提并从中发展而来的。

　　在转向这一点之前,有必要提出两个否定性的声明。首先,在亚里士多德的早期著作、包括他的佚失著作的残篇中,诚然有许多柏拉图之影响的证据可以找到,但不是那些我已经质疑过的公认的证据。其中一些证据我已经在别处提起注意;另一些,著名的是亚里士多德的宇宙论中的证据,则常常被讨论。⑨ 我的论证丝毫不反对在解释亚里士多德的过程中侦查和探索这些线索的重要性。我所关心的只是对亚里士多德的“柏拉图主义”的一种最为著名和最富影响的说法,关心于那个说法所展现的一个奇怪的论题。我一直在对此提出质疑,不是由于好辩,而是因为如我将试图表明的,它阻碍了对亚里士多德哲学发展的真正线索的运用。

　　其次,在讲到亚里士多德的逻辑学受到了学园内部讨论的哺育时,我的意思不是说它是得自他的同事们的一个馈赠。通常存在着这样一个神话,它是由伯奈特(Burnet)和泰勒(Taylor)所力主的,它说范畴理论是学园的一个常识,由散见于柏拉图著作中的各种暗示引出。这个神话之被揭露,不仅是由于在假定的那些暗示中体系性的明显缺乏,而且是由于这一事实,即,据我们所知,其他学园成员中没有一个赞同这一理论,而且色诺克拉底(Xenocrates),自封的柏拉图诠释者,公开指责它是一个毫无意义的成果,并返回到由柏拉图的对话而来的一个更为简单的区分上去。此外我的意思也不是说,亚里士多德的逻辑学在柏拉图去世前已经变得十分成熟。诸范畴的划分以及有可能三段论的一般理论到那时为止已经完成;但亚里士多德在他后来的著作中继续评论并发展这些学说。这对

---

⑨　最近的讨论来自索姆森(F. Solmsen),《亚里士多德的物理世界体系》(*Aristotle's System of Physical World*)(Ithaca 1960);杜林,《亚里士多德和柏拉图的遗产》('Aristotle and the heritage from Plato'),*Eranos* 62(1964)。

他的定义理论以及更为一般的他的意义理论来说是同样正确的。无可置疑的是,这些理论是在实践中发展的,而不是作为一个单独的活动。定义理论被加以修正以跟得上他作为一位生物学家工作的步伐,他一度认为一个定义可以被归于一个单一的种差,之后在他着手去界定任何一个自然物种时却发现他自己面对的是一套彼此竞争的准则。意义理论,亦即同名同义和同名异义的理论,被扩大来给予在早期曾经被斥为是在利用歧义性的那些哲学研究以价值。在每一个阶段亚里士多德的逻辑学都在哲学论证和科学研究中有其根源:不这样想便会是一个时代错误。所以,在他早期对实体和范畴的论述底下藏有什么样的论证呢?

三、实体和对形式的批判

亚里士多德引入了大量不同的论证来反驳形式理论,它们的不同反映的不只是亚里士多德对那一理论的变化的兴趣,而且是那个理论的方方面面。但是他最经常诉诸的反驳便是那个学园授予"第三人"称号的论证。它含混地出现在柏拉图的《巴门尼德篇》中,它在亚里士多德的早期论文《论理念》(*On Ideas*)中得到纲领性的表达。⑩ 它是亚里士多德经常重复的抱怨背后的论证,他抱怨说,当柏拉图发明他的形式的时候,他犯了一个有关谓词的错误:他认为任何谓词表达代表的是某个个体事物而不是事物的某个种(例如,《辩谬篇》178b36—179a10;《物理学》1038b34—1039a3)。由此,亚里士多德认为他犯了两个错误:他没有说明我们如何运用谓词来给现实的个体事物归类并描述它们,他用其他实际上是虚构的个体事物搅乱了图景。

这里重要的是弄清楚亚里士多德的"谓词"(predicate)和"谓述"(predication)的用法。如果我说"苏格拉底是老的"或"苏格拉底是一个人",我用来谓述苏格拉底的不是老年或者人性而仅仅是老的或人——或者用英语说,一个人。它的语言上的表达必须是对"苏格拉底是……(或者是一个……或是一种……)"的恰当的填充。希腊语缺少一个英语所享有的不定冠词;希腊哲学家们尚未看到引号或者用来表示这种符号的更为笨拙的办法的重要性。但是尽管这有时候模糊了对亚里士多德关于谓词所说的话的解释,却并没有削弱他反驳柏拉图的观点。

---

⑩ 《巴门尼德篇》131e—2b(后来的著作家将它与之合并在一起的132c—133a中的那个论证是一个不同的反驳);《论理念》残篇4,罗斯;亚历山大,《形而上学注释》84.21—85.12。

　　他的观点是这样的。柏拉图被指责通过提出两个不相容的针对"苏格拉底是一个人"这类陈述的假设从而曲解了这类陈述的逻辑。他认为(a)，被用来谓述的——在这个例子中就是人(不是这个词，而是这个词所代表的东西)——总是某个不同于它所谓述的主词的东西；因为如果它等同于它的主词，那么这样一些东西就会变成彼此等同的。柏拉图是一个人，苏格拉底是一个人；如果这两个陈述具有"$a=c, b=c$"的形式，那么 a 将是 b，柏拉图将是苏格拉底。但是柏拉图还认为(b)，被用来谓述的本身是那同一个谓词的主词；因为即便不值一提但看起来不容否认的是，人是人，或者一个人是一个人。我们可以借用不定冠词并重述这一点。柏拉图说："当我称 A 是一个人、B 是一个人时，'一个人'这个共同的标签代表着什么？它不代表我将它运用于其上的那个具体主词，否则的话它就会无差别地代表任何一个这类的主词；但是 A 和 B 不可能都是那个我们在寻求的单独共同的东西。所以，'一个人'代表某个第三者。"但这样一来，依据假定，它被反对说，这个第三者就是一个人。这样，在我们起初有两个人的地方我们就有了三个人，而以类似的方式我们便可以产生第四个人、第五个人，等等。

　　由亚里士多德所提出的(a)和(b)这两个前提最近重新被发现，并被称作非等同假设(Non-identity Assumption)和自我谓述假设(Self-predication Assumption)。我所关心的不是亚里士多德基于它们之上的那个反驳的清楚明白，而仅仅是他由以构建一种可以避免那一悖论的谓述理论的种种动机。有一个熟悉的、多少有些过时的对第三人无限后退的诊断，大意是，它指出了将每一个谓词性陈述解释为关系的错误——将"苏格拉底是一个人"分析为提到两个对象并且报告它们之间的某种关系。柏拉图说："有苏格拉底，也有人，我们必须决定它们之间的关系：分有，相似，或者无论什么。"无疑，当亚里士多德指责柏拉图认为谓词表达表示"这一个"而非"这类"、一个个体而非一个种或类时，他已经看到了这方面的一些东西。但是由于两个原因他不能提出这个作为一个最后的诊断。一个原因是，他在关系的性质上不比柏拉图清楚多少。他没有任何语词来表示现代意义上的"关系"，他对这个概念的最接近的研究事实上是对像父亲、奴隶、大这类不完整的或者相对的谓词的一个研究(如在《范畴篇》7;《形而上学》V 15)。第二个且更重要的原因是，他逐渐认为，他的第一个简短的回答——被用来谓述一个个体事物的不是另一个个体事物——同它打算反驳的理论同样过于简单。他自己对这个问题的肯定的论述、以及随之而来的他朝向一种新的谓述理论和范畴理论的最初的冲动，是在他考虑无限后退的这两个前提中哪一个必须被放弃，而且鲜明地拒绝给出一个普遍的回答时产生的。因为那个问题假定一种说法将适用于所有谓词,而亚里士多德力图指出这是错误的。

他通过在两类谓词之间做出一个鲜明的对比来反对这一点。一类谓词是由"人"来代表的,另一类谓词则由"白色"来代表:它们始终是他最喜爱的例子。他指出,"人",无论我们用它来描述苏格拉底还是陈述苏格拉底所归属于其下的类或种,都在同一个意义上被使用。因为,假定我们问人是什么:对这个一般问题的回答(比如说,"无羽两足动物")将同等地适用于具体的人苏格拉底。但是"白色"则不同。说苏格拉底是白色的就是说他是某种颜色的;但是如果我们继续问白色是什么,我们将不可以说白色是某种颜色的,而只能说白色是某种颜色。在《范畴篇》中亚里士多德将这一对比说成,当我们用"白色"来描述某人或某物时,我们不能用白色的定义来谓述我们的主词;我们只能用"白色"这个词来谓述。但是,当我们把某人叫做"一个人"时,我们可以继续用人的定义来谓述我们的主词(2a19—34)。在别的地方,他把它说成,一个人不能是白色之所是(例如,《后分析篇》83a28—30;《形而上学》1007a32—33)。

联系到第三人,其中的意旨就是明显的。有一类谓述似乎不含有自我谓述假设:白色不是在苏格拉底是白色的意义上的白色。但有另一类谓述,由人的谓述所代表,出于方便我将称之为"强谓述";这类谓述似乎含有这一假设。

如果是这样,我们就能期望亚里士多德在第一种情况下容忍非等同假设,而碍于一种无限后退,在第二种情况下又摒弃它。他这样做了:但诚然不是在早期的《范畴篇》中,因为《范畴篇》诉诸了一种较陈旧的取消强谓述的方式,而是在基于《范畴篇》的其他著作中。他说,第一类谓述是一种在其中主词是某种不同于归属于它的属性的东西的谓述("一个东西陈述另一个东西","它是某种不同于[白色]之是白色的东西",等等)。但第二类却是一种在其中没有任何这种不同的谓述:人就是苏格拉底之所是。"人"和"白色"始终是他的常用例子(《后分析篇》83a24—32;《形而上学》1030a3—5,11)。

《范畴篇》处于一个就第三人所做的那些沉思的较早的、令人感兴趣的阶段。它已经抓住了两类谓词之间的差异,但是尚未消化全部的内涵。它依然处于运用"人"不代表任何一个个体事物的借口来取消强谓述的阶段。所以它依然能够把这类谓词—表达说成代表着不同于它的主词的某种东西(3b10—19,1b10)。由此,它避开了后来亚里士多德当他决定在这类谓述中直截了当地否定非等同假设时所注定要进入的那些麻烦。《形而上学》卷 VII 中的一些难解之处就根源于这一否定:因为它引导他论证,如果我们考虑陈述的任一第一主词,并且说它是什么时,我们一定正在提出一个同一性的陈述,一种定义这个主词的等同。这反过来有助于使他相信陈述的第一主词不能是像苏格拉底那样的个体事物,因为他不可能被定义,而只能是像人那样的种。⑪ 但在另一方面,在《范畴篇》中,第一主词依然是个体的马、人或树。亚里士多德在这早期阶段似乎比他后来所变的更为敌视柏拉图把种当成陈述的一个基本的、独立的主词的做法。因此,现在变得富有诱惑的就是,把《形而上学》卷Ⅶ中的这个因素认为是一种向着柏拉图的回归,或者一种复活的同情。或许它是如此,但它是竭力推行对柏拉图的理论的一个强有力的反驳的产物。它是一个得之不易并且(如亚里士多德所强调的)备受困扰的哲学观点。如果这就是柏拉图主义,那么其中并没有丝毫弟子的虔诚。

　　现在回到我们对谓词的划分。我们已经有足够的证据来证明,亚里士多德对柏拉图的批判把他引向在他对谓述的论述中做出一些区分。但是这还不足以证明那个批判构成了他的谓述理论和范畴理论的基础。假如亚里士多德在这里离开了他的对比,那么,这一点就会始终是有局限的和令人困惑的。但这一点的重要性来自于他把它用到了做出一些更为激进的区别上。这就是说,它使他能够将谓述任何个体的全部谓词划分为两组:那些对它们的主词本质上或 *per se*[本身]成立的谓词,例如人之于苏格拉底;以及那些仅仅碰巧对它们的主词为真的谓词,例如白色之于苏格拉底。苏格拉底碰巧所是的东西是他不必停止存在而也能够不再是的东西:在这类对主词的描述后面加上"但只是有时候"是有意义的,即便它是错误的(《论题篇》102b4—26;参考《后分析篇》I. 22,《形而上学》V. 30 和 Ⅵ. 2)。但是说苏格拉底只是碰巧是一个人却会是荒唐的。如果苏格拉底仍然存在,那么,存在的就会是同一个人,不管他的颜色或形状碰巧如何。所以人是那种指出这个个体是什么的谓词,相反把苏格拉底称作"白色"却是(如亚里士多德在反思了第三人后最终对它所能说的那样)要引入某种不同于那个主词的东西,一种碰巧属于苏格拉底或者在苏格拉底身上碰巧被发现的颜色(例如,在对偶性谓词常用的描述中,"一个东西陈述另一个东西","它是某种不同于[F]之是 F 的东西"等等)。

　　现在,请注意按此方式所做的对比的一个结果。我们已经赋予了名词"白色"对于其形容词的优越地位,而名词的这种首要性是通过强调"白色是什么"这个问题产生的。当名词和形容词在词根上不同时,会有相同的结论:依据亚里士多德的《范畴篇》(1a11—15),"勇敢的"(brave)通过词形变化由"勇敢"(bravery)而来,而不是相反,因为说"X 是勇敢的"就要招致"勇敢是什么"的问题;而这样一来这一情况又逐渐被描述成勇敢在 X 中的存在。但是对于"人",亚里士多德

---

⑪　这是一个亚里士多德在《形而上学》卷Ⅶ中严肃考虑的论题,这一点无需证明:当 1030a6—14 同 Ⅶ. 6 一起解读时,这已经在实行了。这个论证中有多少还保存在以后的章节中,这是另一个问题。

说，这是不同的。然而在这里为什么不也实行这种还原呢？如亚里士多德所指出的，理所当然，我们不能说"有人（或一个人）在苏格拉底中"，像我们能够说"有勇敢在苏格拉底中"那样。但是——撇开其他的对这一古怪的身份测试的反驳——为什么不创造一个更为抽象的名词，比如说"人性"（humanness）（既然"humanity"和"manhood"* 已经被其他的任务所占用了），并让它取代第一个句子中的"人"呢？为什么不是"有人性在苏格拉底中"呢？而且那样一来，对所有这个标准所表明的东西而言，是一个人就像是勇敢的或白色的那样同样是某种仅仅碰巧对苏格拉底是真的东西。一切都将同样是存在于苏格拉底中的属性，而苏格拉底依据假设将不同于它们全部。

要搜集亚里士多德的答案是不困难的。毫不偶然的是，存在着像人这样的谓词，它们在当前用法中不构成任何抽象名词。不是所有的谓词—表达都能够被分析为引入的是仅仅存在于某个个体事物中的属性；因为必定有一个可确认的个体事物拥有或含有这些属性，亦即一个在不同情况下都可被确认是同一个如此这般的主体，例如苏格拉底可被确认是同一个人。在亚里士多德看来，直截了当地说某物是"同一个"就是说某物要么没有任何确定的意义，要么针对不同种类的主体要求不同的解释。所以，在作为强谓述的个体事物之所是和其他可以作为一个属性出现在这个个体事物之中的东西间的这一区分就是牢固成立的。

现在，众所周知，亚里士多德用作一般理论的基础的这一区分是在他的《范畴篇》中提出来的。对第三人的思考已经展示了两层内涵。一个是，说"苏格拉底是一个人"就是提到一个个体事物而不是两个。但是这依然很模糊，直到对个体事物这个概念有更多的阐明。因此，亚里士多德问道：把一个具体的 X 同一般而言的 X 区分开来是什么意思？可以认为对此的一个回答包含 X 所有的值，具体的德性、时间或地点而不只是具体的人吗？在《范畴篇》中，他通过运用由第三人而来的第二层内涵来解决这些问题，即我们刚才已经得出的、在能够作为强谓述对个体事物进行陈述的东西和那些可以出现在这个个体事物之中的属性之间的区分。

通过操作这一区分的第一个方面，亚里士多德设法把个体事物同它们所归于其下的种和属区分开来；在强谓述中，谓词—表达从来没有引入一个个体事

---

* ［译按］这两个词假如也要翻译的话，只能翻译为"人性"，但因此就和前一个词没有区别了。在英语中它们意思相同但词形不同，因为使用了不同的名词构词方式，汉语没有与之相应的词，所以，这里保持不译。

物,而总是一个种或属。之后,通过运用第二个方面,他能够错开这些部分以将实体同非实体分开。一个实体永远不会作为一个属性出现在其他某个主体之中,例如一种颜色或一种德性那样。对第三人的沉思已经结出了果实。整个理论的这种反柏拉图的起源通过亚里士多德就"最严格、首要的意义"上的实体所给出的例子得到更进一步的证明:可变的事物诸如一个人或一匹马,可以在不同的时间容纳相反的属性,但从来不等同于它们所容纳的相反的属性。实体本身——可变的人、马或树——没有任何对立面。当耶格尔从《范畴篇》的这个学说中借用这一命题时,他正在利用一个在亚里士多德已经否定了经典的形式理论之前根本不可能构造成的逻辑体系。⑫

这足以颠覆我们对由耶格尔所假定的"柏拉图主义"的信任。但是在使我们出离一条错误的路径的同时它也将我们置于了一条正确的道路上。亚里士多德同柏拉图的哲学上的关联最好不要通过把他的对逻辑学和方法的研究与他的哲学和科学的思考割裂开来的方式来设想,而是通过观察这二者在学园中的相互作用的方式。所以,让我们把亚里士多德再次带回到他的十七岁生日,并且问:哪些哲学上的兴趣和哪些相关的方法是一个新生所能够期望在学园找到的,如果他加入它是在公元前367年的话? 对此,柏拉图中期的对话,连同亚里士多德和他的学生的证据,给出了一个足够清晰的回答。

四、学园:诸科学的自治

简单来说,这位学生可以期望发现两个主要的和彼此冲突的兴趣点在起作用。柏拉图已经表示要调和它们,而亚里士多德早期著作的核心就是他对这一冲突的揭露。

首先,学园容纳了大量精确科学方面的研究活动,这在例如伊索克拉底的那个相对抗的学派中是没有任何地位的。古希腊的数学自它在公元前6世纪开始以来已经取得了巨大的进步。算术学为笨拙的计数方法所阻碍,并为无理数的发现所困扰,处于停滞状态;但是几何学却很繁盛。在学园成立之前的四分之三个世纪中,许多的定理已经(至少在名义上)被证明,以致如何将它们在一个体系中联结在一起成为一个问题——也就是说,如何通过分离出这些定理及更进一

---

⑫　耶格尔本人主张,《范畴篇》在其现在的形式上不是亚里士多德的一部早期作品,但是他认为它的学说既是早期的又是亚里士多德的。他怀疑这部作品(或者至少它的前九章)的真实性和早期性的理由是乏力的(《亚里士多德》,第46页,注释3)。

步的发现可以从中有效地得出的最少的独立的假设来使这门科学公理化。这一目标吸引了柏拉图和学园的注意，造就了不止一本数学"要素"的手册。两代人之后，欧几里德（Euclid）据说在柏拉图团体所做工作的基础上已经构成了他自己的规范的要素体系。在这里，亚里士多德可以碰到当时主要的数学家，他们或者就驻留在那里或者正在访问那里；而且还有常常被引用的某个微弱的证据表明，他们之中最优秀者欧多克索斯在亚里士多德到达之时正在作柏拉图的代理。

所以，当在《后分析篇》的第一卷中亚里士多德提出他认为是一门科学的普遍的逻辑构造的东西的时候，他到数学尤其是几何学那里来寻找他的范型就是自然而然的。他的一个系统科学的构想很可能属于他的学园岁月或者之后不久，其对于数学的债务是一个常识；但是这个债务是一般而不是具体的。正是在设想和调整具体内容时他表明了他的立场。

这样，正是数学提供给他科学应当被由以构成的说明的（或者他常常称为的"证明的"）形式。在古希腊数学的几乎所有现存的作品中，加工的痕迹已经被系统地清除了；找到的是各定理的证明，而这些定理无疑首先是通过其他路径被达到的。数学还向他显示了这类科学的解剖图：知识是可证明的，除非它是所有证明所假定的，证明要求一个公理系统，在其中定理通过有效的证明形式从这门科学的基本原理中得出。也许正是数学提供给了他将这些原理划分为假设、定义和一般推理规则。但是当他超出了他的数学纲要，让自己去分析证明的逻辑形式和它们的最终前提的性质及来历时，他的论述的哲学的兴趣开始了。三段论证明的理论是他自己的，他在将一个数学的证明纳入这一形式中有明显的困难（《前分析篇》48a29—39）。他在《后分析篇》第二卷中对定义的冗长的讨论部分是要用来表明这种数学的模型如何应当适应于自然科学的程序和解释（参考例如《后分析篇》94b8—95a9，及《形而上学》996a21—b1）。

实际上，如果一个人考虑数学模型对他的其他著作的影响，那么正是这一各种成分的重构似乎是重要的，而远远不是一门科学的一般规划。这种规划在他的科学研究和哲学研究中作用不大，恰恰是因为它根本不是一个适合于研究的模式，而只适合于随后的对研究结果的说明。虽然如此，仍然在这一点上这门受重视的科学对亚里士多德的哲学思考的影响是极其重要的。

将数学及其各分支公理化的这一冲动，有一个亚里士多德相比他的同时代人似乎更为强调的意义：这就是一种对自治的趋向。一个知识领域的内部管理应该通过确定它的边界来安排。这门科学的各种前提应当规定什么问题属于数学家的能力范围之内，以及丝毫不弱的，什么问题不属于。这样，《后分析篇》I的关键一节就被致力于什么问题可以被恰当地付诸如此这般的一门科学的实践者。这部著作的其他部分,根据一门科学研究一类对象这一规则,抨击了那些非法越出它们自己的领域的证明——即那些例如试图从算术学的前提中引出几何学的结论的证明。即使一条公理既用于算术学又用于几何学,其规则在每一门科学中也有不同的用法:它们之间的类似是可以被确认的,但是对于亚里士多德来说,"类似"同这条规则不保持甚至最一般的意义的相同是相容的。他承认一门科学有时可以接受和运用另一门科学的证明;但这些是例外。贯穿《后分析篇》第一卷始终的是朝向建立他后来所谓"精确和自足的科学"(《尼各马可伦理学》1112a34—b1)的强烈冲动。

正是这同样的冲动引导他将知识的领域划为它的分支及子分支。⑬ 这种划分工作不是他在学园中的特权;在其他人之中柏拉图就曾经着手于它,作为在种类划分上的一个训练。但是对于亚里士多德来说,这一基本原理是通过得来不易的公理系统的独立性提供的;而且这与柏拉图的兴趣完全相反,并且显然相反于他的那些同时代人,包括斯彪西波(参考狄奥根尼4.2,但它的意义始终是不确定的)。当亚里士多德在《后分析篇》中迫切要求一门科学的各命题中的"普遍性"时,他的意思只是在既定的科学内各前提应当有一个既定的形式:主词应当是类而不是个别事物,谓词应当对这个主词类的所有成员而且仅仅这些成员必然为真(73b25—74a3)。柏拉图一直试图让他的同事们从事于一种非常特殊的对普遍性的寻求。我们在亚里士多德早期的哲学思考中必须追寻的第二条线索就是他对这一尝试的拒斥。

五、学园:辩证法

在柏拉图的统领下,数学不可能是学园唯一的甚或首要的关注点。《国家篇》已经论证了精确科学作为哲学研究的一个有价值的预备学科在其中的基础作用,说它有价值是因为,哲学主要研究一个形式世界,它不是物理世界,而数学所研究的数、精确的形状和角度本身显然不是物理对象,而是哲学家们所探讨的非物理世界的一部分内容。但是,尽管具有价值,数学科学在柏拉图看来却不是最高形式的研究;他降低它们的主要的原因就是给亚里士多德非常深刻印象的对独立性的追求。柏拉图抱怨说,数学家们依据他们不能退后解释或证明合理

---

⑬ 甚至在众所周知的《劝勉篇》残篇 5a 中,或者毋宁说在这条残篇的斯特赖克(E. de Strycker)证明包含着原始证明的版本中(见《公元前4世纪中期的亚里士多德和柏拉图》,第76—104页),值得注意的与其说是亚里士多德在伦理学的证明和物理学的证明之间所建立起来的类似关系,不如说是他将这两种证明区分开来并将它们归于不同的科学的那种小心细致。

的假设来进行证明。但是,他进而说,却有一种研究专门来考察人们的假设,无论是在数学中的还是在道德中的还是在其他任何地方中的:这种研究或者研究家族柏拉图称为"辩证法"。唯有它才有资格掌管所有分支科学,并且相较于它们指向对实在的一个概略的描述。更早的,在《尤息德谟篇》中,柏拉图已经断定,在他的意义上的任何一个数学家都要交出他的发现来供辩证法家运用;后来,在《菲利布篇》中,"辩证法"依然是一门在"真理和精确性"上较数学研究具有优先性的主导科学的名称。一个像亚里士多德一样受到数学家们趋向自治的追求的感染的研究者在这些问题上不得不采取一个立场。他很难被《国家篇》中的郑重建议所劝阻,即,三十岁以下的年轻人不应当被教授辩证法。不管学园是否在这个主题上给他提供过任何训练,有足够现成的证据表明柏拉图用辩证法指什么,也有足够的书面证据据以评价他的主张。所以,依据证据,这些主张结果是什么呢?

辩证法在其最简单的形式上就是苏格拉底和其他对话者在柏拉图的早期对话作品中最经常做的。一个人问:"什么是勇敢?"或者"我们能够被教育成善良的吗?"各种答案被尝试,要么被苏格拉底的论证所挫败,要么通过假定它们能够依据研究得到辩护而被至少暂时作为真的予以接受。在这种论证中所处理的命题是哲学讨论的常备题材,例如,普通信念或用法的一般性主题,有时是知识分子的居于少数的观点。亚里士多德在他自己对辩证法的论述中称它们是"为所有人或大多数人或智慧的人所接受的东西"。

与时推移,随着柏拉图对他的方法更具自我意识,由对话者所支配的方法就变得更为精致。反驳更少依赖于诱使一个对手陷入自相矛盾的境地,而更多依赖于在《巴门尼德篇》、《泰阿泰德篇》和《智者篇》中得到发展的那种严肃的悖论。对于过于简单化的危险有了一个新的看法。旧的苏格拉底对某个一般概念的统一定义的寻求让位于通过运用种属划分而得到强化的这样一种尝试,即尝试指出这种概念包含具体不同、有时相反的一个观念的家族。在《泰阿泰德篇》中,苏格拉底依然像他在《曼诺篇》中做过的那样坚持主张在一个单一的定义中把握某个高级的一般概念,诸如知识或德性,而忽视知识或德性所可能具有的各种形式。后来,在《菲利布篇》中,他警告他的对话者在他已经小心翼翼地罗列并比较了快乐或智慧这两者的不同种类之前不要将它们不负责任地普遍化。要考察与一个主题有关的所有可能性,这同一个主张在《巴门尼德篇》中产生了这样的建议,即,要得出否定一个假设而不只是肯定一个假设的各种含义,要就其他东西而不只是这个假设的规范的主题得出它们来。意味深长的是,巴门尼德向年轻的苏格拉底提出他的建议,后者一直冒失地闯入定义善、美和正义的事业之中而没有对这一工作的任何恰当的训练。柏拉图现在予以防范的过于简单化的错误就是早期对话中苏格拉底的错误。正是苏格拉底或者说苏格拉底式的柏拉图，依据很少的有利的例子仓促地做了普遍化，正是苏格拉底，他对明显的相反的例子的信任导致了他相信看上去明显的例子。现在，柏拉图正在进行防范。

这些防范中的很多都被引入了在亚里士多德在学园的岁月期间出现的对话作品中。它们全都再次出现于他自己的辩证法练习中。在它们背后的冲动在他自己的思考中是关键性的：他对其他哲学家最一般的抱怨就是他们过于简单化了。同柏拉图一样，他们依据一种谓述模式来解释极其不同类型的谓词。或者，他们没有认识到同一个事态常常可以以许多不同的方式（亚里士多德将它们简化为四个）被解释。或者他们像柏拉图的苏格拉底一样试图针对一个可被表明具有许多意义的表达来构造一个单一的定义：我们马上就会面对这方面的一个重要的例子。因此，富有诱惑的就是提出，至少在这里，并且在一种和耶格尔不同的意义上，亚里士多德表明他自己是一个柏拉图主义者。大量出现于柏拉图晚期对话中的这些方法就是亚里士多德的方法。但是在这些情况下我们没有资格作此论断。可以是亚里士多德的柏拉图主义的部分的也同等程度地可以是柏拉图的亚里士多德主义的部分。

不管怎样，亚里士多德在这些条件下接受了辩证法，并且在《论题篇》中将它的程序予以规范化，不是仅仅作为理智训练或者偶然争辩的工具，而是作为在建构诸科学中的根本配备。然而，如他所坚持的，辩证法的材料始终是普通的信念和普通的用法，而不是他对数学的崇敬说服他相信是科学的典型特征的自明的真理。辩证法的方法也不局限于系统的演绎。所以，柏拉图怎么能够对这类讨论较之对几何学要求更多的确定性、更多的精确性呢？在大体上回答曾经似乎是清楚的，尽管在细节上随时间而变化。辩证法曾经从它同形式的独有的关联中获得它的权威性。它的成功之所以曾经既不是独断的也不是限于可以纠正的私人的同意，是因为它是唯一胜任确定并且划分那些柏拉图在他的中期对话作品中已经证明物理世界仅具有对它们的欺骗性的映像的牢固的实在的方法。

所以，当亚里士多德来到学园之时，在柏拉图对辩证法的大的论断中看来就会有两个主要的倾向。一个是这一论题，即，在争取自治的各专门科学之上矗立着一个十分一般的对存在者的研究，它是一门主导科学，没有它的授权，其他的工作就是临时的和不牢固的。另一个是形式理论或者形式的诸理论。亚里士多德逐渐认为辩证法本身有能力颠覆这两个论断。最近的有关他在他的早期是否是一个"柏拉图主义者"这个问题的争论一直关注的是他对第二个论断的处理。我们对此已经说得足够多了。如果我们考察他对第一个论断的否定，那么，他在学园中的原创性地位就会更为清楚。

六、回归还是进步？

这是一个讲过两遍的故事，⑭我不需要在讨论它对于我们的研究的意义之前详述它。亚里士多德在他的早期著作中用两个主要的论证来反对柏拉图的主导科学。一个来自于他自己的科学模式。他强调说，一门主导科学必须从事于证明其他科学的前提，也就是说，要通过从它自己的十分一般的公理出发的演绎来确立分支科学奠基于其上的所要求的特殊真理。但是没有任何这样的证明能够被提供。也不能就这些科学中所运用的推理规则，诸如排中律，提供任何一般的证明。如果柏拉图注意到了那些他对其独立性予以批评的学科的实际的程序，那么，他本来是可以避免这种逻辑上的 *naïveté*［天真的］。

另一个证明更是对过分简单化的一个指责。不可能有一门有关所有实在物（existing things）的单一的概括的科学，因为没有任何像实在物的属这样的属；对此的一个原因——尽管不是唯一的原因——是，动词"实在"（to exist，严格地讲，在其表实在功能上的动词"存在"［to be］）是一个有多种意义的词。一只猫它实在就是它是活的，而且在较一个植物更多的意义上是活的。一块冰它实在就是它 *inter alia*［尤其］是硬的和冷的；当它不再是这些东西时，它就融化了、不再实在了。在最一般的层面上，一个实体它实在是一回事，一个性质它实在是另一回事，而对于一个数量，则又是另一回事。柏拉图在他致力于搜寻所有实在物的共同元素或本原（*stoicheia tôn ontôn*）时还没有做出这些区分。他是一个多义词的受骗者。

当我们面对《形而上学》卷 IV 和卷 VI 时，一切都改变了。不管怎样都存在着一门单一的和普遍的有关实在物的科学。如果那些寻求所有实在物的元素的人们就走在这门科学的道路上，那么，他们的事业就是值得尊敬的。在《形而上学》的前一卷中，亚里士多德对任何这样一门一般科学提出了大量第一种的反驳；现在，那一反驳被完全放弃了。新的科学不是一个公理系统；而且为了避免它看起来非常奇怪像是那些亚里士多德先前授予"辩证的"或"逻辑的"头衔并冠以非科学的标签的非分支性的研究，辩证法被完全贬黜到了它的旧的领域的一个部分，以为那个新的巨人腾出地盘（参考 1004b17—26，及《辩谬篇》169b25 等等）。对这一计划的第二个反驳被胜利地缴了械。"实在"这个动词不应当被贬斥为只

---

⑭　以下内容的证据在《亚里士多德一些早期著作中的逻辑学和形而上学》和《亚里士多德论本体论的陷阱》中讨论过。

是一个双关语的来源,"同义或多义、同名同义或同名异义"的简单二分并不精致得足以把握住这样一个词。当然,它是一个意义范围广泛的词,但是这些意义是系统地相关的。它们可以被分为首要的一种和以各种方式从第一种中派生而来的其他各种。首要的意义就是实体——各种表述中所指的终极主词——实在这一意义;而且这一意义将作为一个共同的元素再次出现于我们对诸如颜色、时间或大小这些非实体的实在的分析中。它们的实在必须被解释成某个实体具有它们作为属性的存在。按照对这种还原的一个理解,一种对实体的研究将是一种对所有实在的研究。

因此,对"实在物的元素"的寻求就得到了恢复,同时富有诱惑的就是讲,在其形而上学中亚里士多德返回到了柏拉图主义而不是远离了它。但是问题依旧是,什么意义上的"柏拉图主义"? 旧的问题必须被强调。诚然,亚里士多德似乎准备将他的广阔的计划表述为是在柏拉图的形而上学的传统中来设想的,而且诚然,他由以开始得出这一计划的方法也是从柏拉图的辩证法来的,而个是从他已经用作诸分支科学中的一个模式的公理体系而来的。这就是为什么他可以通过对逻辑公理的辩证地论证来开始这一计划,而逻辑公理,如他总是强调的,假如不视为当然便不可能被合乎公理地证明。但是处于新的计划、包括对公理的讨论的核心却是亚里士多德对实体的分析。而且这一分析除非作为他对柏拉图批评的产物便是不可理解的。

在另一方面,可以证明的是,他由以将对实体的研究转变成对所有实在物的考察的方式是有意识地借自于柏拉图或者柏拉图的形而上学的信徒。因为,一个表达具有核心意义,意即它具有它的其他意义通过指示它才能得到解释的首要意义,这个思想似乎是在对柏拉图的形式的一个论证中首先被清楚地提出来和加以探索的。这个论证由亚里士多德在他的《论理念》的论文中做了转述(《论理念》残篇 3,罗斯译;亚历山大,《形而上学注释》82. 11—83. 17),那篇论文早于我们的《形而上学》的文本中对柏拉图的最早的批判。但是接下来变得困惑的就是,为什么亚里士多德花了那么长的时间才领会到这一方法的价值。确实,在原初的那个论证中对这一方法的例示是一个他显然认为不可接受的例示。他不得不构造他自己的例子,并且他选中"医术的"和"健康的"作为所喜爱的例示。正是医疗技术才被在首要的意义上称作"医术的";一把医疗用刀是一种为实施那一技术所需要的工具,等等。但是对原初的那个例示的不满,如上述的那个例子所表明是事实的,仅仅解释了亚里士多德在一个时期满足于得出"同义或多义"的简单二分,以及很少看到 *tertium quid*[中间物]中的任何价值。这样接下来似乎有可能的就是指出,由于他重新恢复了对柏拉图的形而上学计划的同情,因此他逐渐在为支持那一计划而早已被发展的一种技术中看到了新的价值。

这一解释将不奏效。亚里士多德对核心意义的领会在他的著作中似乎一直在稳步地增长,这可以从对他的哲学辞典《形而上学》卷 V 中的断层的一个分析中看到。而且就此而言一种不同的解释便显露了自身。在他的哲学中有两个非常不同的倾向,它们没有自然地协调在一起。在运用核心意义中,他以日益增长的信心发现他自己能够协调它们。

其中之一我们已经看到。他职业地敏感于具有不止一种意义的表达。在学园中,他和斯彪西波得出了表明一个单词所具有的各种不同的意义的方法,即最终归结为发现这个词对应于不同功能的一个不同解释的方法。对亚里士多德来说,这远不止是对他和奥斯汀所共有的那个信念的一个表达,即,"过分简单化是哲学家的一种职业病——如果诚然这不是他们的职业的话"。

但是,当他转向解释他自己的关键术语之一这一积极的工作时,一个不同的方法进入了视野。既然他倾向于从某种特殊的、有选择的用法的情况开始。那么鉴于这一起点,就可能应该有不符合这些有选择的前提的表达的各种用法,而且他以不同的方式来处理这些用法。有时候他忽视它们;有时候他延伸并弱化他对基本情况的描述来涵盖它们;最后,他看到了更好的方式来调和这些偏离的形式。

所有这些处置可以很容易地得到说明。首先一种来自他对芝诺的飞矢悖论的回答,是众所周知的。[15] 他欣然同意芝诺之无物可以被认为在一个瞬间在运动的论断,只是强调也不能够被认为是静止的。他全神贯注于任何运动都必须花费一定的时间占据一定的距离(以及,作为一个推论,任何静止都必须花费一定的时间而不占据任何距离)这一要求,于是他便不考虑对在一个瞬间的运动、从而是速度的任何讨论。他忽视了这一事实,即,在古希腊语中,正如在英语中一样,人们可以问当一个人撞线时、亦即在一个瞬间,他跑得有多快。然而他本来是可以通过诉诸核心意义来调和运动和速度上的种种表达的这一可敬的引申的用法的,而他没有这样做损害了他对芝诺的回答,破坏了这一动态的过程。

第二种处置可以在他在《物理学》第一卷对变化的分析中看到。在这一卷的第四章和第五章,他论证说,任何变化都意味着在相反的属性间的转换——或者是从这个到那个,或者是位于两者间范围的某处。在第六章和第七章,他论证说,一定存在某个进行这种转换的东西,亦即某个变化但持存于变化的东西。他

---

[15] 《物理学》239a23—b9,30—33;参考欧文,《芝诺和数学家们》(Zeno and the Mathematicians),《亚里士多德学会学报》(*Proceedings of the Aristotelian Society*)58(1957—1958 年),第 199—222 页。

首先的例子表明了他据以论证的典型的情况：一个东西膨胀或收缩，或者一个东西亮的变成暗的。但是他延伸了他对这一情况的分析来涵盖一个不和谐音，一座房子从一堆砖石中造成，一个雕像从没有形状的青铜中塑成；在这里，相反和主体这两个基本的概念也都不可避免地被扩展了。相反的属性现在成了一种没有名称的状态，仅仅通过它对本来能够——在亚里士多德打算说明的"能够"的某种意义上——呈现的那些肯定性特征的缺乏来被确认。他用作例子的是青铜的未被塑造，和有可能是一座房子的砖石的没有次序。主体的概念被同样做了扩大，以考虑根本不是相反的状态在某个分离的可确认的主体中彼此相继的那些情况。在这些情况中他提到了一株植物或者一个动物的生成。主体"质料"不再被要求通过满足某个范畴的描述、对应于某个像"一个人"或"一棵树"这样的归类以确保它的特性；因为人和树是这样一些过程的产物，而不是驻留的主体。所以，随着步步远离原初的情况，一些东西似乎就被丢掉了或者弱化了：即有关相关的那些表达的核心的或典型的用法的一些前提。

我不是说，这是一个糟糕的过程：它是一个熟悉的和有价值的过程。没有它的话我们便不可能像我们谈论其他种类的动物而非人的感情和思想那样来谈论。我引用它以具体说明亚里士多德在解释一些重要的表达时倾向于从有选择的情况开始，继而向外移动。⑯ 但是存在着偶然。在《物理学》第二卷，亚里士多德论证说，自然过程像任何艺匠的产品一样有同样的权利被按照目的和用途来解释。当他指出我们说蜘蛛织网或者燕子筑巢"为了一个用途"时，读者会默认，但是当亚里士多德继续说"随着一个人以此方式逐步前进，一个人可以看到，对于植物，很多东西都是为了某个目的而发生的——叶子生长以荫蔽果实，根茎伸向下面以获取水分"时，这位读者便开始不安了。随着他一步步地前进，亚里士多德使我们对目的性行为的谈论从有技艺或能够考虑达到一个目的的步骤中逐步脱离了出来，而且不清楚的是，这一过程应当停止在哪里。现在，我们切盼着亚里士多德的其他方法，更易于探察和限定一个多义表达的不同的意义。当他将这第二种方法结合到他的从某种核心的、典范的用法情况出发的兴趣上时，这是一种解脱和一项成就。它们在核心意义的概念中结合，而且我们无需谈到柏拉图主义以解释亚里士多德稳步增长地对这一多产方法的领会。

---

⑯ 有着大量其他的例子。最著名的一个是他对三段论中的术语的描述。在所有三段论式中，他把结论的谓词称作大项，结论的主词称作小项；但这些描述和他对它们的解释（《前分析篇》26a21—23）仅适合于第一式。他对中项的描述和解释也一样（25b35—36）。参见《逻辑学的发展》（Oxford 1962），第68—71页；帕齐克（G. Patzig），《亚里士多德的三段论理论》（*Aristotle's Theory of the Syllogism*）（德文第一版1959；巴恩斯英译本，Dordrecht 1969），第3章。

　　"柏拉图主义"无疑是一个难以捉摸的术语。但我们本来可以在别的许多方向上来寻找柏拉图对亚里士多德的影响的标志，而且只要足够小心，是可以虏获战利品的。我们之所以采取这一方向是因为，其他东西，例如在物理学和心理学中，已经并将继续得到充分的研究，相反，在逻辑学和形而上学中，这种搜寻却似乎偏到了一个错误的开端。只要逻辑学和形而上学的线索在亚里士多德的思考中被认为一开始就是分离的，他在这两个方面的进步就是不可理解的。

　　现在，看来有可能的便是去追寻那个从尖锐的、相当系统的对柏拉图的批评到一个承认对柏拉图的一般的形而上学计划的同情的进程。但是同情是一回事，对亚里士多德的目标予以充实的具体的问题和步骤又是一回事。它们是他自己的，是在他自己的对科学和辩证法的思考的过程中得出来的。看来没有证据表明思考中有这样一个阶段，即，在这个阶段上他把尊敬同默认混在一起。

《形而上学》Z、H、Θ 中的形式、种和谓述*

卢克斯

本文的目的是要表明，Z—Θ 卷中两类实体—谓述（我称作形式—谓述和种—谓述）间的区分如何给我们提供了办法来解决围绕着《形而上学》核心卷的一些难题。我打算从 Z—Θ 卷的一个相关的学说开始，亦即从实体—语词是歧义的或同名异义的这一观点开始。在第 1 节，我试图表明，在对非限定性的（unqualified）生成的描述上的一些问题如何为这一学说提供了一个语境；接着，在第 2 节，我把实体—语词同名异义的学说同形式—谓述和种—谓述间的区分联系在一起。最后，在剩下的三节中，我试图表明，实体—语词同名异义的学说，按它在这两种形式的谓述的对比中所表达的那样，如何使我们能够澄清 Z—Θ 卷的一些核心论题。

一

在《形而上学》Z.7 中，亚里士多德说：

> 每一个生成物都是（1）被什么生成，（2）从什么生成，和生成（3）什么。（1032a 13—14）①

他接着把这一条目中的第二项确定为质料；而尽管他从未明确地表明第一项和第三项，但他看起来是想把动力和形式纳入到生成中。这表明，形式就是一个对

---

* ［译按］本文选自 *Mind*, New Series, Vol. 88, No. 349 (Jan.. 1979), 1—23。
① 这段话的翻译是我自己的。凡是需要逐字逐句翻译的地方，我就提供这一翻译；而凡是对一段话的精准性没有要求的地方，我就使用罗斯的《形而上学》的标准译文。在我自己翻译的地方，我会标明。

象通过变化所生成者。这一解释得到了 Z.8 头几行的进一步加强,在那里,在重述了事物之生成"(1)被什么、(2)从什么和生成(3)什么"(1033a24—27;我自己的翻译)的主张后,亚里士多德接着讨论的就是形式。除非想到上列的第三项,否则要理解他随后的论述是困难的。但是,假如 Z.7 和 Z.8 留有怀疑亚里士多德形式概念的余地的话,Λ.3 却是明确的。亚里士多德说:

> 每一个变化物都是(1)什么,(2)被什么变化,和(3)成为什么。变化之
> 被什么是直接推动者,被变化之什么是质料,变化之成为什么是形式
> (1069a36—1070a2;我自己的翻译)。②

在这里,他使用的是 $\mu\epsilon\tau\alpha\beta\acute{\alpha}\lambda\lambda\epsilon\iota\nu$[变化]加介词 $\epsilon\iota\varsigma$* 而不是 $\gamma\acute{\iota}\gamma\nu\epsilon\sigma\theta\alpha\iota$[生成],但是他的描述同 Z.7 和 Z.8 中对所列条目第三项的描述是一贯的,他显然在告诉我们,我们这里所获得的是对形式的一种概括。

这样,形式就是某物所变成者,或某物通过变化所生成者。但这似乎就暗示着,用以确定形式的规范的方式就是在

$$x \text{ 生成(一个)} \underline{\qquad\qquad}$$

中可以填充其中空白的词语。这样,形式—语词似乎就是具体的,与抽象词语相对。就形容词性范畴而言,它们就是像"勇敢的"、"球形的"这样的词语,而不是像"勇敢"、"球形"这样的词语;而就实体范畴而言,就是像"人"和"狗"这样的词语,而不是"人性"和"狗性"。③ 亚里士多德自己有关形式—语词的例子证实了这一点。在《物理学》I.7 中,重点是要强调出自形容词性范畴的形式,在那里,亚里士多德常用的例子是"文雅的";而在《形而上学》Z.7 中,他所关注的是实体—形式,在那里,亚里士多德告诉我们,那个"什么(亦即一个事物所生成者)是一个人或一个植物或诸如此类的东西"(1032a18—19;我自己的翻译)。这里,形式—

---

② 1069a36—1070a2(我自己的翻译)。在此,人们也许会反驳说,引用 Λ 卷的文本来支持对 Z—Θ 卷的解释是不恰当的。我的回答是,Λ 卷的前五章是对形式和质料的一个阐述,这和 Z—Θ 卷中的论述在本质上是连贯的;但是,无论如何,我在这里以及别处诉诸 Λ 卷,都不过是要对仅仅诉诸 Z—Θ 卷就可以得到辩护的解释加以确证而已。

* [译按]相当于英文的 into。

③ 这里,我和查尔顿(W. Charlton)意见一致,他在《亚里士多德的〈物理学〉I 和 II》(*Aristotle's Physics I and II*,Oxford 1970)中论证了一个有关形式的类似的观点。尤其参见第 70—86 页。

语词的其中一个例子是类词语"植物";但 Z. 13—14 的结论是,没有什么生成的只是一个植物;一个东西生成的是一株郁金香或一棵蜘蛛抱蛋(aspidistra)。④但这样一来,尽管我们可以从类上来确认实体—形式,可是表达一个对象生成为的那个东西的更确切的标签却是像"天竺葵"或"梓树"这样的词语。

但是,这里有一个隐藏的困难。像"人"、"蜘蛛抱蛋"这样的语词表达的是实体—种;而尽管最近的许多研究者倾向于把实体—形式和实体—种相等同,⑤但显而易见,亚里士多德早已否定了这样的等同。例如,在 Z. 8 中,他告诉我们,人,就它结合了质料和形式这二者而言,它像铜环一样(1033b25—26)。这一主题在 Z. 10 中被加以重述,在那里,亚里士多德断定,像人和马这样的实体—种是质料和"被普遍地理解"的形式的合成物(1035b27—30)。在 Z. 11 中,这一观点获得了一个更加生动的表达。我们被告知,(可能)柏拉图主义者"把所有事物还原为形式并取消质料"是"徒劳的"。他再一次强调说,人,只能参照恰当的质料来定义(1036b22—28)。这些论述促使我们得出的结论就是,出自实体范畴的种—词语表达质料和形式二者,这样,将"人"和"蜘蛛抱蛋"这样的词语看成是形式—语词就仿佛是亚里士多德的一个错误;而我把形式—语词概括为在

$$x \text{ 生成(一个)} \underline{\qquad}$$

中可以填充其中空白的词语,就似乎只是在把亚里士多德的错误转换为一个公式。

这个困难也启发了对《物理学》I. 7 的另一种看法;因为,尽管该章要早于我们所关注的那些文字,但是,它却包含一些有趣的有关变化的语言的论述。就我们的目的来说特别有意思的是,亚里士多德声称我们可以运用他所谓的单纯词或复合词(ἢ τὰ ἁπλᾶ λέγοντες ἢ τὰ συγκείμενα)来确认生成的产物(189b32—190a5)。例如,我们可以就苏格拉底说,他成为文雅的,或他成为一个文雅的人。这两种描述变化的产物的方式区别在于,后者而非前者兼有对生成的主体或质料的指称——那个是苏格拉底的人。我将把像"文雅的人"这类词语称作复合的产物指称,它们实现对生成的产物的确认只是通过对生成的质料或主体的指称;

---

④ 参见例如 1038b30—31 和 1039b15—16。

⑤ 也许,最明确地把这些概念视为相同的是在伍兹(M. J. Woods)的《〈形而上学〉Z 卷第 13 章中的问题》(Problems in Metaphysics Z, Chapter 13)中,见《亚里士多德》(Aristotle),莫拉夫齐克(J. M. E. Moravcsik)主编(New York: Doubleday, 1967),第 215—238 页。

相反，像"文雅的"这类词语，我将称为单纯的产物指称。这一区分是重要的，因为在《物理学》Ⅰ.7 中，亚里士多德想要强调的是，只有单纯的产物词语才用作形式—语词。

这表明，我最初的概括提供了某物是一个形式—语词的一个必要但不充分的前提条件。不是所有在

$$x \text{ 生成（一个）} \underline{\hspace{4cm}}$$

中可以填充其中空白的词语都是形式—语词，而只有那些是我所谓的单纯产物指称的词才是。但尽管这一在单纯和复合指称之间的区分使我们可以确认来自形容词性范畴的形式—语词，但自始就不清楚的是，它如何解决我们有关实体—语词的问题。也许，我们应当在实体范畴中寻求同"文雅的"与"文雅的人"之间的区分相对应的一种区分。然而，困难的是，对实体—语词的考察表明没有任何对应的区分。我们唯一地确认非限定性生成之产物的模式就是像"人"和"蜘蛛抱蛋"这样的词语；而尽管它们表面的语法显示它们是单纯的，但是亚里士多德对它们的处理却表明它们是复合的产物指称。

但是，在 Z.10 中我们找到了一条论述，指出了解决这个问题的办法。在指称雕塑家从青铜中塑造出的具体对象为一座雕像后，亚里士多德谈到"这座雕像当它就形式的意义而言时"（ὡς εἴδους λεγομένου ἀνδριάντος）(1035a6—9)。这表明，"雕像"这个词是歧义的，它既有一个复合产物的意思，以此它表示作为这位雕塑家创造性活动的结果的这个具体的对象，又有一个单纯产物的意思，以此它仅仅表示这位雕塑家加在质料上的形式。相同的观点也表现在 Z 卷的其他地方⑥；但在 H 卷中它呈现为一个清晰而完善的理论。例如，在 H.3 中，亚里士多德说：

> 我们一定不要忽略，有时候一个名称究竟是指复合实体还是现实性或形式，这是不清楚的，例如，到底"房子"是这个合成物——一个由如此这般摆放的砖石构成的遮蔽物——的一个符号，还是这个现实性或形式——一个遮蔽物——的一个符号，到底直线是长度中的二维还是二维，以及到底动物是肉体中的灵魂还是灵魂；因为灵魂是某一肉体的实体或现实性。（1043a29—36）

---

⑥　参见例如 Z.9(1034a23—24)，在那里，亚里士多德表明"房子"可以指形式，以及 H.2(1043a14—21)。

亚里士多德这段话中的论述和种—语词没有直接关系。这些例子包括一个人工制品—词语,一个几何学术语,一个来自实体范畴的类词语。虽然如此,亚里士多德针对它们所表明的观点如何适用于来自实体范畴的种—词语的例子,这却应该是清楚的。像"人"和"蜘蛛抱蛋"这样的词语适用于形式和具体对象二者,但它们是同名异义地在这两种情形中被使用的。这样,像"人"和"蜘蛛抱蛋"这样的实体—词语便可以用作单纯的产物指称,对应于《物理学》I.7的"文雅的";但是,它们也可以用作复合的产物指称,对应于"文雅的人"。按后一种方式使用,它们就是种—语词,如我们所见,表达质料和形式二者。然而,按单纯的产物指称使用,它们就是形式—语词。

　　这样,在限定性的生成和非限定性的生成之间的不相应就只是表面现象。不相应的现象来自于这一事实,即,一个单独的语词行使单纯的产物指称和复合的产物指称的双重职责。像"人"这样的一个词语,按两种方式中的任何一种使用,都可以用作"x生成了什么"这个问题的一个回答,但只有在其单纯产物的意义上,它才使我们可以唯一地根据它的形式来确认一种非限定性生成的产物。

二

　　不管怎样,这表明,实体—语词的同名异义的学说正是保持两种类型的生成之间的类比关系的一种特殊方式。事实上,这一学说在 Z—Θ 中有更具意义的运用。为了表明这一点,我想要把一些似乎无关的段落放到一起。我想考察的头一段话来自 Z.10。我已经暗中提及过它,但具有充分启发性的是完整地引用:

> 　　人、马以及像它们一样普遍地陈述个体事物的东西,不是实体,而被普遍认为是这个定义和这个质料的合成物。(1035b27—30;我自己的翻译)

这里,既然所指的是形式和质料二者,我们便可以断定,亚里士多德正在"人"和"马"的复合产物的意义上使用它们。这样,相关的就是实体所属的种。亚里士多德想要否认它们"实体"的称号。这在后面将证明是关键性的;但此刻,我想要关注的是亚里士多德的这一论断,实体—种陈述或谓述个体事物。这一语境使我们确信,亚里士多德在这里所想到的个体事物是归于这些种之下的个别实体。

以规范的样式,我们可以阐明亚里士多德的观点,即,在其复合产物的意义上,"人"和"马"恰好分别谓述个体的人和个体的马。

这段话和 H.2 中的一段话形成了鲜明的对比,在那里,亚里士多德说:

> ……就实体而言,陈述质料的东西是现实性本身。(1043a5—6;我自己的翻译)

联系亚里士多德形式是现实性的一再重复的主张,这段话言下之意是,实体—形式陈述它们的质料;但是在这里我们无须依赖于推论;因为在 Θ.7 中,亚里士多德告诉我们:

> 当……形式和"这一个"谓述时,终极的(主词)是质料和质料性的实体。(1049a34—36;我自己的翻译)

这样,实体—形式陈述它的质料;但和实体—形式相应的词语就是相应的实体—语词的单纯产物的意义,这样,在其单纯产物的意义上,实体—语词恰好陈述的不是个体实体,而是别的某种东西——构成那些个体事物的质料。

这样,亚里士多德想要否定的就是,实体—语词的两种意义之间的对比只是在我们想要确认一种非限定性生成的产物的地方才同我们相遇。实体—语词能够在其单纯的和复合的两种意义上以谓述的方式运用。但是,尽管在前一种情形下,存在一个单一的语境(即,"x 生成一个＿＿＿＿"的语境),其中,一个实体—语词可以同时在它的两种意义上被正确地运用,但是实体—词语的谓述在其单纯和复合的意义上却存在各不相同的语境。在其复合产物的意义上,一个实体语词可以在单称的主—谓命题中出现,例如:

杰拉德·福特是一个人。

当它在这样一个命题中运用,实体—语词表示实体一种;用这个词语陈述的效果就是用一个实体—种陈述它的一个成员。然而,当作为一个单纯产物词语来运用,一个实体—语词,只有在主词指某种不是一个个体实体的东西——一团组成或构成某个个体实体的质料——的单称命题中,才能够正确地陈述。这样,也许,我们用一个实体—语词在其单纯产物的意义上陈述的就是像构成杰拉德·福特的那团血肉之躯,或者构成在我后院中那棵橡树的那块木头,或者构成一株天竺葵的那束材料的东西。⑦ 在这些例子中,谓词表示形式,而用它进行陈述的要点就是用形式陈述其质料。

现在,内含在一个实体—语词在其复合产物意义上的陈述之中的东西便相当清楚了。我们挑出一个具体的实体,把它置于其最低级的种之下。我们所进行的语言活动是一种归类的活动;通过将一个个体放置在一个分类的体系中,我们确定它是何种实体。然而,尚不清楚的是,通过用一个实体—语词在其单纯产物的意义上进行陈述,我们所进行是怎样的一种语言活动。也许,下面就是亚里士多德在 H.2 和 Θ.7 中所考虑的这种谓述的例子:

　　(1) 那团血肉是一个人;
　　(2) 那块木头是一棵橡树。

现在,无论(1)和(2)中包含的是何种语言活动,应该清楚的是,它不是包含在

杰拉德·福特是一个人

之中的那种分类。当我们说一团血肉是一个人,我们不是在说所说的这团质料是什么;因为,显然,它所是的正是一团血肉。同样,在例(2)中,用"橡树"进行陈述的效果不是要确定所说的这块木头是什么。这样一种确定在作为例(2)的主词而起作用的语词中已经被给出了。用那个语词,我们按照其所是——一块木头——指出了那块质料;这样,运用谓词"橡树",我们是在继续说有关它的别的什么东西。但什么是我们正在说的别的什么东西呢?我想要指出的是,包含在例(2)用"橡树"进行的谓述之中的语言活动是一种确定那块质料、那块木头构成了什么的活动。同样,在例(1)中,我们指出了一个质料体,而且通过用"人"来陈述它,我们所确认的不是这一质料本身是什么,而是可独立确定的那团质料构成

---

⑦ 这里有一个可能的隐藏的混淆。亚里士多德有时候用"质料"指一个东西由以从中生成的那个先在的实体;但是,在其他语境中,一个东西的质料是指它由以被做成的那块材料。这样,如果火将变成气,那么,气的质料(在第一种意义上)就会是火;但质料(在第二种意义上)则是"原始"质料。当我说形式谓述质料时,我当然是在第二种意义上来指质料。对亚里士多德这里的观点,参见 1044a22—24。有关第一种意义上的质料的讨论,参见琼斯(Barrington Jones)的《亚里士多德对质料的引入》(Aristotle's Introduction of Matter),《哲学评论》(Philosophical Review),1974 年,第 474—500 页。琼斯论证说,在亚里士多德在《物理学》I 中的分析中,只有第一种的质料在起作用,但他肯定不会否认第二种意义上的质料在《形而上学》核心卷中是关键的。

了什么；我们说它构成了一个人。⑧

　　这样，当我们运用一个实体—语词的复合产物的意义来进行一个种谓述，我们就将一个个体实体通过把它归于其最低级的种对它进行了分类；相反，用一个实体—语词的单纯产物的意义来进行一个形式谓述的用法，其效果就是确认一个可独立确定的质料体组成或构成了什么。现在，应当清楚的是，在两种情形下，实体—语词的谓述所提供的只是一个偶然真的命题，如果它们确实是真的话。具体的实体可以停止存在，它们所由以构成的质料体可以被毁灭。但是，尽管从进行实体—语词陈述而来的单称命题都是偶然的，在种—谓述和形式—谓述之间却有着一个重要的区别。前者确实表达了一种非偶然的主词和谓词之间的关系，而后者则不然。这样，尽管命题

杰拉德·福特是一个人

是一个偶然真理，但是，由这个命题所表达的杰拉德·福特和种概念人之间那一关系却不是仅仅偶然的。福特不能够存在而不是一个人。同样，当我把我后院中的这棵树归类为一棵橡树时，我所断定的这个命题只是偶然真的；但通过运用那个偶然的命题，我设法指出一种非偶然的关系；因为，尽管确实，我所谈论的那棵橡树可以不再存在，但是，它却不可能存在并属于其他某个种。从而，只要种—谓述是真的，那么，在主词和谓词之间的关系就不是偶然的；但是，当我们运用一个实体—语词的单纯产物的意义来提供对某个质料体所构成的东西的一个正确的确认，在主词和谓词之间的关系却不是以同样的方式非偶然的。构成杰拉德·福特的血肉之躯不需要构成一个人；相反，它可以构成一具尸体。同样，构成我后院中的这棵橡树的那块木头这样子也只是偶然的；它可以"是"别的什么东西———一张书桌，一张餐桌，或者一个壁炉台。⑨

　　诚然，亚里士多德并没有明确地说到主—谓词关系是必然的或本质的。然而，他确实在一个对象展示了一种普遍的καθ' αὐτό［就自身而言］的情形和它展示了一种仅仅普遍的κατὰ συμβεβηκός［就偶性而言］的情形之间作了区分，而且有充分的理由认为他会同意上一段落的主旨，将含有一个实体语词的复合产物意

---

⑧　质料和形式之间的这一关系乃是质料和构成物之间的关系的观点在查尔顿的《亚里士多德的〈物理学〉I 和 II》中被提出来。参见第 71 页。然而，查尔顿认为这应当是一个对所有形式——无论是"形容词性的"还是实体性的——都成立的普遍观点；但是，我认为形式是质料所构成者的观点只是对实体—形式的一个正确的描述。我认为至少说，主张苏格拉底构成了某个文雅的东西，这是别扭的。

⑨　当然，在一个质料体可以"是"什么上是有限制的。参见例如 H. 4(1044a27—29)。

义的真谓述归为 $\kappa\alpha\theta'\ \alpha\dot{v}\tau\dot{o}$ 一类,而将含有其单纯产物意义的真谓述归为 $\kappa\alpha\tau\dot{\alpha}\ \sigma\upsilon\mu\beta\epsilon\beta\eta\kappa\dot{o}\varsigma$ 一类。富有特色的是,在 $\kappa\alpha\theta'\ \alpha\dot{v}\tau\dot{o}$ 和 $\kappa\alpha\tau\dot{\alpha}\ \sigma\upsilon\mu\beta\epsilon\beta\eta\kappa\dot{o}\varsigma$ 之间的这一区分是被运用在一个普遍者陈述另一个普遍者的情形上;但是,在 Δ.18 中,亚里士多德表明了一种想要以这样一种方式推广这一区分的意愿,即,在一个单称偶然命题中的谓述者可被认为 $\kappa\alpha\theta'\ \alpha\dot{v}\tau\dot{o}$ 属于它的主词。这样,在 1022a26—29,我们被告知,一些对卡利亚斯为真的谓词表达的是卡利亚斯 $\kappa\alpha\theta'\ \alpha\dot{v}\tau\dot{o}$ 所展示的普遍者;而在 1022a34—35,我们被明确地告知,"人"这个词 $\kappa\alpha\theta'\ \alpha\dot{v}\tau\dot{o}$ 谓述这一个或那一个人。在另一方面,在《形而上学》Z.3 中,亚里士多德说:

> 我用质料指那本身既不是一个具体事物、也不具有某种性质、也不属于存在由之被确定的诸范畴中的其他任何一个的东西。因为有一个东西,上述这些中的每一个陈述它,它的存在不同于这些谓词中每一个的存在(因为实体以外的其他谓词陈述实体,而实体陈述质料)。因此,终极的基质就自身而言 ($\kappa\alpha\theta'\ \alpha\dot{v}\tau\dot{o}$)既不是一个具体事物、也不具有一种具体性质、也不以其他方式被肯定地描述;它也不是这些东西的否定,因为否定也将只是偶然地($\kappa\alpha\tau\dot{\alpha}\ \sigma\upsilon\mu\beta\epsilon\beta\eta\kappa\dot{o}\varsigma$)属于它。(1029a20—26)

这段话是不无困难的。当亚里士多德告诉我们,形式(他后面把它等同于实体)确当地谓述质料,他的说法也许似乎是在暗示,全部实体—形式都可谓述一个单一的质料,而这一质料不是任何一种熟悉的质料,而是一种"既不是一个具体的东西、也不具有一种具体性质、也不以其他方式被肯定地描述"的质料。事实上,这样一种说法同 Z、H 和 Θ 卷中的其他地方上亚里士多德所明确表达的观点直接相反对,这个观点说,一种实体—形式总是谓述一个"最近的质料"。⑩ 这样,"人"在其单纯产物的意义上所恰当谓述的只是一团血肉;而我们用"橡树"在其单纯产物的意义上所恰当谓述的则是一块茎干。如果我们可以信任《论生成和毁灭》II.1 中的一些说法,那么我们可以断定,亚里士多德认为一些基本的实体—形式(即,火、土、气、水)以某种"既不是一个具体的东西、也不具有一种具体性质、也不以其他方式被肯定地描述"的东西作为它们的最近的质料。⑪ 可能在

---

⑩　例见 H.4(1044a17—18)和 Θ.7 全部。

⑪　我在这里正在思考这一主张,四种元素彼此相互转换。参见 329a36—329b2。有关一种表面对立的观点,参见 Θ.7(1049a24—47)。

引自 Z.3 的那段话中，他心中所想的就是这些形式。他所告诉我们的是，它们只是 $\kappa\alpha\tau\grave{\alpha}\ \sigma\upsilon\mu\beta\epsilon\beta\eta\kappa\acute{o}\varsigma$ 陈述所说的那种质料；但按照上述的那些考虑，那么，唯一有可能的就是认为他想要普遍化这一观点。正像这些基本形式只是 $\kappa\alpha\tau\grave{\alpha}\ \sigma\upsilon\mu\beta\epsilon\beta\eta\kappa\acute{o}\varsigma$ 谓述它们的质料一样，更高级别的实体—形式的谓述决不会表示一种是 $\kappa\alpha\theta'\ \alpha\dot{\upsilon}\tau\acute{o}$ 的关系。⑫

但是，即使亚里士多德拒绝了按我这里所建议的方式运用在 $\kappa\alpha\theta'\ \alpha\dot{\upsilon}\tau\acute{o}$ 和 $\kappa\alpha\tau\grave{\alpha}\ \sigma\upsilon\mu\beta\epsilon\beta\eta\kappa\acute{o}\varsigma$ 之间的区别，应该清楚的是，他的实体—语词同名异义的学说不只是一种维持限定性的和非限定性的生成之间的类比关系的方式。这一学说的关键是要把握实体—语词能够在单称主—谓词命题中出现的两种方式之间的一个对比。事实是，同一个实体语词既可以用作将一个个体实体按照其种加以划分的方式，又可以用作确定一个质料体组成或构成什么的方式。正是为了说明这一事实，亚里士多德在实体—语词的复合意义和单纯意义之间作了区分。⑬

三

现在，我想要论证的是，在这两种类型的谓述之间的这一对比构成了 Z—Θ 卷的许多核心论题的基础。首先，我想要审察 Z.8 的主张，形式是一个这样（$\tau o\iota\acute{o}\nu\delta\epsilon$）(1033b10—24)。如另一些人已经指出的，Z 卷中 $\tau o\iota\acute{o}\nu\delta\epsilon$ 的使用对应于《范畴篇》第 5 章中 $\pi o\iota\acute{o}\nu$［即"如何"，指性质］的使用，在那里，亚里士多德告诉我们，第二实体的语词表示的不是个体事物，而是"性质"。⑭ 在那里这个说法的关键是要否定第二实体的语词是对象的名称，并要表明它们在语句中的首要的作用是谓述性的。亚里士多德在 Z.8 中正在表达一个类似的观点。他正在断言，形式进入语句不是作为一个逻辑主词，而是作为谓述其他事物的某个东西。这一章中形式的这样性（suchness）和质料的这个性（thisness）之间的对比表明，亚里士多德的说法是参考形式—谓述的结构做出的，在那里，我们指出一个质料体，并且用一个形式来谓述它。在这种谓述的语境中，质料是这个，逻辑主词；形式

---

⑫　作为一个真形式—谓述中的主词所指的一个质料体，当然可以是一个真的 $\kappa\alpha\theta'\ \alpha\dot{\upsilon}\tau\acute{o}$ 谓述的主词。我们可以用血肉来陈述苏格拉底的血肉，这一谓述就是 $\kappa\alpha\theta'\ \alpha\dot{\upsilon}\tau\acute{o}$ 的；但是我们不再拥有一个形式—谓述。当我们说苏格拉底的血肉它是血肉的时候，我们正在用一个种来谓述一个个体事物。

⑬　实际上，亚里士多德正在论证，当我们在(1)"苏格拉底是一个人"中以及(2)"那团血肉是一个人"中都在以"人"进行谓述时，那么，"人"在(1)和(2)中一定是同名异义的。然而，人们可以争辩说，在(1)和(2)中同名异义的是"是"。在(1)中，"是"是谓述的"是"；在(2)中，"是"是一个不同的"是"，也许是"构成"的"是"，它可以被改写成"组成"或"构成"。

⑭　3b15—23。参见，例如伍兹的《〈形而上学〉Z 卷第 13 章中的问题》，第 227 页。

是它的这样。

　　然而,在其他地方,亚里士多德要么否认质料是一个这个,要么告诉我们,它只是"表面上的这个"。⑮ 乍一看,这些说法似乎和 Z.8 中的学说相矛盾;但我倾向于认为,亚里士多德在这些语境中所想到的是更熟悉的实体—种的谓述。尽管一个质料体可以是一个逻辑主词,并因此是一个这个,同一个在其单纯产物意义上的实体—语词相关,但是,正是它所构成的那个个体事物才用作了在其复合产物意义上的那一词语之谓述的主词。相应于这种谓述,一个具体的实体是一个这个,而它所属于的种是一个这样。

　　但是,如果形式—谓述和种—谓述之间的对立使我们可以协调"这个"的这些不同的用法,那么,我们仍然必须面对这样一个令人不安的事实,即,贯穿 Z—Θ 卷始终,亚里士多德把形式本身描述为一个这个。富有诱惑的是试图借助在被普遍理解的形式和被解释为个体的形式之间的区别来解释这一事实。这样,当亚里士多德告诉我们形式是一个这样时,他正在谈论被普遍理解的形式;而当他把形式描述为一个这个时,他所想到的是个体形式。而这样一种区分在 Z—Θ 卷的多处地方得到体现。⑯ 有时候,亚里士多德甚至似乎在把玩这样的想法,即,来自实体范畴的专名就像通名那样是同名异义的。⑰ 这一想法暗示了又一种实体—谓述,在其中,我们给出一个个体形式,并用它所具体例示的普遍形式来谓述它。展示这一类型谓述的句子会是非常熟悉的;但是它们不会是按照它们熟悉的意思来展示它。这样,

杰拉德·福特是一个人

就会是对所说的这类谓述的一个传达,但仅当"杰拉德·福特"被认为在指福特的灵魂,而"人"具有的是其单纯的而非复合产物的意义之时。这类谓述可以提供在其中形式谓述是范畴分类性质的语境,而且它们可以指向主词和谓词之间是一种 $καθ'\ αὐτό$ 的关系。它们的结构肯定可以证明如下主张的合理性,即,按个体理解的形式是一个这个或终极逻辑主词。

　　然而,困难的是,亚里士多德实际上从来没有亲自承认过这种谓述的合法性。事实上,如埃尔布里顿(Rogers Albritton)所已经论证的,在 Z—Θ 卷中甚至不

---

⑮　参见 Z.3(1039a27—30),《论灵魂》II.1(412a7);也请参见有可能讹误的《形而上学》Λ.3(1070a10)。

⑯　参见,例如 Z.10(1035b30),Z.11(1037a5—9),和 Z.8(1033b24)。

⑰　Z.11(1037a5—7)。

清楚亚里士多德愿意把普遍和个别之间的这种区分扩展到所有的实体—形式上去。⑱ 只是在生物的例子中他明确地讲到个体形式；但形式是一个这个的学说是非常普遍的；它是打算运用到所有的实体—形式上去。不管怎样，假如亚里士多德想要保留"这个"的称号给被个别理解的形式，那么我们应当期望看到他只是在他关注于个体形式的地方运用这个称号。但是，事实是，这个称号正是在讨论被普遍理解的形式的地方被频繁地运用。⑲

但是，如果正是被普遍理解的形式被描述为一个这个，那么，这一描述就极不可能用的是我们一直在处理的"这个"的那种意义。《论灵魂》II. 2表明了另一种意义的"这个"。在那一语境中，亚里士多德告诉我们，形式是那某物据以而是一个这个者（412a9）。这一章稍早，他否认质料是一个这个（412a8）。这样，也许，他正在认为具体的个体是一个这个；而且他正在表明，正是依据它的形式，一个具体的对象才是一个实体—种的成员并因此对于那个种来说是一个这个、一个逻辑主词。《论灵魂》的这一说法表明，当亚里士多德称形式是一个这个时，他正在运用的是"这个"的一个派生意义，按照这种意义，某物能够被称作一个这个，仅当它是别的某物据以而是一个在基础或首要的意义上的这个者。但是，形式究竟如何才是某物据以而是一个这个者呢？显然，并非孤立的形式构成作为某个实体—种的一个成员的对象；只能是在同质料的结合中它才具有这种效果。但这样，形式的这个性的学说（the doctrine of the thisness of form）就最好被理解为对形式—谓述的一个省略的说法。这个学说等于是在主张，以一个形式去谓述相应的质料体实际上就是要表明，那个质料体正在组成或构成一个可以成为相应的实体—种的逻辑主词的对象。⑳

类似地，亚里士多德的形式是现实性的主张（在Z—Θ卷中反复提及）最好被理解为对形式—谓述的一个伪装的说法。㉑ 起初，富有诱惑的是把这一学说解释

---

⑱　《亚里士多德〈形而上学〉中的实体和形式》（Substance and Form in Aristotle's *Metaphysics*），《哲学月刊》（*Journal of Philosophy*），1957，第699—708页。

⑲　例见 Θ. 7（1049a35），在那里，陈述质料的形式被说成一个这个。所指的只能是被普遍理解的形式。

⑳　此外，也许，正是这些谓述是我们必须考察的，如果我们想要理解质料个体化的观点的话。亚里士多德显然主张这一观点。参见 Z. 10（1035b31—32）和 Z. 8（1034a5—7）。这个观点也许只是在说，对于一个实体—种之下的每一个个体事物都有一个不同的形式—谓述。形式—谓述的主词将是构成所指的那个个体事物的那个独一无二的质料体。无论如何，我对形式的这个性的论述是同拉塞（A. R. Lacey）在《亚里士多德的ούσία和形式》（'ούσία and Form in Aristotle'）中的论述是相似的，*Phronesis*，1965，第54—69页。我们两个人的论述类似于罗斯的论述。参见《亚里士多德的〈形而上学〉》（*Aristotle's Metaphysics*）（Oxford，1924），卷一，第310页。

㉑　例见 H. 2（1042b11 和 1043a6—7，12）；H. 3（1043a130，32，36）；H. 6（1045a24—25）；和 Θ. 8（1050a17）。

成具有这样的意思，即，我们能够用"是现实的"来谓述每一个实体—形式本身。然而，在《形而上学》Λ.5 中，亚里士多德似乎正在告诉我们，一个形式是在现实性中的，仅当它分离存在（1071a8—9）；而且，如果 Z—Θ 卷中的亚里士多德真地愿意把分离的存在赋予任何实体—形式，那么，它们显然是例外。无论如何，形式和现实性的联系在 Θ.6—8 中是以一种相当不同的方式出现的。㉒ 在那里，我们被告知，先于生成，质料仅仅潜在地是某物，而在这个生成之后，它实际上就是它已经成为的东西。这表明，亚里士多德把形式看成是现实性不是在它本身是现实的意思上说的，而是在这样一种意思上说的，即，以一个形式谓述其质料实际上就是在确认质料现实地组成的东西、它现实地构成的东西。

Z—Θ 卷的另一个重要的主题就是形式是实体的 $\tau\acute{\iota}$ $\mathring{\eta}\nu$ $\varepsilon\mathring{\iota}\nu\alpha\iota$（what-it-was-to-be）* 的观点。㉓ 这一论断初看起来似乎同亚里士多德的如下观点不相一致，即，我们只有通过提及其质料和形式才能定义可感实体；但是，事实上，这里的对立只是字面上的。如他一般在 Z—Θ 卷中对定义问题的研究，亚里士多德所关注的是质料已经被确定、问题只是确认完成定义所需的要素的情况。㉔ 形式当然就是这里所需要的，并因此通过一种借代，它就逐渐被称为 $\tau\acute{\iota}$ $\mathring{\eta}\nu$ $\varepsilon\mathring{\iota}\nu\alpha\iota$。

对我们的目的来说，关于形式是实体的 $\tau\acute{\iota}$ $\mathring{\eta}\nu$ $\varepsilon\mathring{\iota}\nu\alpha\iota$ 这一学说，有意思的是在种的定义和相应的形式—谓述之间所取得的那一联系。形式—谓述当然不是定义；但是，在 Z—Θ 卷的许多地方，亚里士多德暗示一个形式—谓述有些像是相关种的定义的一个实例。㉕ 这就是说，在体现形式谓述的一般模式的命题中，我们给出在定义中被规定的这样一种质料体，并且我们以定义会使我们与之相联系的那个实体—形式来谓述这个质料体。但是，这样一来，通过运用形式—谓述的机制，我们就成功地把个体实体展现为遵循它们所属的种的定义的对象；我们按照它在它的其中一个成员中所展现出来的样子来指出种的 $\tau\acute{\iota}$ $\mathring{\eta}\nu$ $\varepsilon\mathring{\iota}\nu\alpha\iota$。这样，形式使我们能够完成一个定义；但在其一般的谓述用法中，它也使我们能够完成这样一些表明形式所进入其中的定义是如何在具体的例子中得以体现出来的命题。也许，正是由于看到了形式在这两种语境中的作用，亚里士多德才把形

㉒　尤其参见 1050a3—23。

*　［译按］"what-it-was-to-be"是绝大多数英语研究者所采取的对亚里士多德的那个重要概念 $\tau\grave{o}$ $\tau\acute{\iota}$ $\mathring{\eta}\nu$ $\varepsilon\mathring{\iota}\nu\alpha\iota$ 的直译，即，"存在是什么者"，中译文一般采用苗力田先生的译法，即"是其所是"。

㉓　例见 Z.7(1032b1，14)；Z.9(1034a31)；Z.11(1035a29)；H.3(1043b4)。

㉔　例见 Z.12，在那里，在(1)告诉我们定义包含属和种差两者，(2)把属/种差等同于质料/形式之后，亚里士多德把最后的种差说成是定义；也请参见 Z.17 和 H.2，我在第四节讨论它们。

㉕　例见 Z.8(1033b24—26)，在那里，亚里士多德说，"并且这个整体，卡利亚斯和苏格拉底，类似于这个铜环，但人和动物类似于一般的铜环"。也请参见 Z.11(1037a5—9)。

式称为实体的 *τί ἦν εἶναι*。

四

现在，如果我们仔细地考察这些主张，那么，我们会发现一个有趣的主题贯穿于所有这些主张之中；因为，如我已经对这些主张解释过的，形式是一个这个的主张，形式是现实性的主张，以及形式是 *τί ἦν εἶναι* 的主张，它们全都包含这样一个思想，即，形式—谓述比种—谓述更基本或更基础。这样，形式是一个这个的主张就是在主张，一个个体实体之所以是其种的逻辑主词，只是因为同那个种相关联的实体—形式确实陈述构成它的那个质料体。同样，当亚里士多德告诉我们形式是现实性时，他正在主张一个质料体现实地构成归属于一个实体—种的某物，仅当相关联的形式能够确实陈述它；最后，形式是实体的 *τί ἦν εἶναι* 的主张包含这样的想法，即，对每一个种—谓述都有一个证实它或奠立它的形式—谓述。对各级实体—谓述的这一总的看法在形式是具体对象的实体这个观点中获得了一个甚至更为明确和令人吃惊的表达。

在《形而上学》核心卷中没有什么学说更为突出的了。它首先出现在 Z.3 中，在 Z.7 和 Z.9 中被加以重复，在 Z.17 和 H.2 中得到了详尽的处理，而在 Z—Θ卷的其他地方又被暗中提及。㉖ 这个观点本身运用了 Δ.8 中所规定的"实体"的一种意义。在像《范畴篇》中那样概括了实体（那个"不陈述一个主词而是其他一切陈述它者"）之后，亚里士多德告诉我们，我们也可以把"实体"这个术语用于"那个内在于不陈述一个主词的东西中、是它们存在的原因者"（1017b14—16）。

在这一意义上的形式是一个具体事物的实体的主张常常同形式是 *τί ἦν εἶναι* 的主张相联系。在一些语境中（例如 Z.7 和 Z.9），亚里士多德给人的印象似乎是，他认为这两种观点是一回事。㉗ 把它们解释为相同的可以帮助我们说明为什么在《后分析篇》II.10 中亚里士多德断言，由一个"真实的"而非仅仅是"名词上"的定义所表示的东西是一个事物存在的原因（93b38—39）。但是，即便这两个观点不是严格等同的，它们在一个关键的方面也是相同的。正像把形式和一个事物的 *τί ἦν εἶναι* 相等同并不是要否认质料在可感实体的定义中的作用，同样，亚里士多德的形式是实体的主张也不应当被理解为是在主张，质料在对具体实体的存在的说明中没有任何原因的作用。实际上，亚里士多德反复告

㉖　参见 1029a23，1032b1，1034a30，1041b26—17，和 1042b11。
㉗　参见 1032b1，1034a30，和 1042a18。

诉我们,质料是实体。㉘ 质料的原因作用,如他所主张的,是"普遍公认的"和无需更进一步的说明的;㉙但是由于亚里士多德认为,有一种自然的倾向认为质料本身就足以说明实体的存在,因此我们才看到他将他的有关形式的原因作用的主张浓缩在形式是实体的口号中。

但是,什么是对实体的存在(being)提供一种说明呢? 在 Z. 17 中,在他为形式的实体性提出了第一次扩展论证的地方,亚里士多德明确地否定这里所包含的只是对一个事物的存有(existence)的解释(1041a15—16)。相反,在寻求一个事物的实体的过程中,"我们正在寻求为什么某物谓述"那个东西(1041a20—25)。尽管 Z. 17 的文本关于亚里士多德这里所说的谓词有一点含混,但是,在1041b6—7 我们被告知,实体的问题本身体现在像"为什么那个个体是一个人?"的问题形式之中。这表明,确认一个具体对象的实体就是要确定那个对象的构成,它使我们可以说明为什么一个对象是它所是的那种实体,或者为什么它属于它所属的那个实体—种。

Z. 17 的论点是,我们不可能仅仅通过列举进入一个事物的构成之中的种种质料就提供相关的说明。对那些质料的罗列永远不会表明,那个个体是相关实体—类的一个事物。还需要有别的什么;而我们被告知,这额外的"什么"必须是一个 *ἀρχη*[本原],而不是另一个 *στοιχείον*[元素]。亚里士多德在这里没有对 *ἀρχη* 的作用加以阐述;但是也许要点是,形式——那额外的"什么"——不会作为一个可命名的成分进入到一个具体对象的"配方"之中,而毋宁是作为规定一个事物中的各种元素或可命名的成分应当如何组织在一起的一套指令。但是,如果 Z. 17 的目的,如我所已经论证的,就是要为奠立种—谓述提供一个框架,那么,亚里士多德这里所说的就是,一个对象能够属于一个实体—种,仅当构成它的质料按照与那个种相关的形式被组织或安排到一起。

从这一论断到如下论断只是很小的一步,这就是,一个具体的种—谓述是真实的,仅当相应的形式—谓述是真实的;而且,一当我们指出 Z. 17 中质料作为 *στοιχείον* 和形式作为 *ἀρχη* 之间的对比如何对应于 Z. 8 中质料作为一个这个和形式作为一个这样之间的对比,那么,富有诱惑的就是断定,亚里士多德在 Z. 17 中至少是在暗中正在采取这一步骤。但是,当我们转到 H. 2,在亚里士多德阐述 Z. 17 的论证的地方,对这一点上的解释和推论的依赖就变得不必要了;因为在那里,亚里士多德对形式的实体性相关于两种实体—谓述的内涵是表述明确的。

㉘　例见 Z. 10(1035a1)和 H. 1(1042a27)。

㉙　例见 H. 2(1042b9—10)。

在那一章中，他对 $\varepsilon\hat{\iota}\nu\alpha\iota$[是]的同名异义的学说做了该学说在 Z—Θ 卷中所获得的最极端的表达，并告诉我们，这个词就不同的实体—种是同名异义的。这样，当我们说某物是一个人时，我们对"是"这个词使用的意思就不同于当我们说某物是一只狗时所用到的意思。但是什么决定着对应于每一个实体—种的"是"的意思呢？在这里，亚里士多德明确地用到了形式—谓述的概念。一个对象是某个确定的种的一个事物，仅当相关的形式能够真实地谓述构成那个对象的质料体。㉚

现在，应当明显的是，形式的实体性的学说代表了由体现在《范畴篇》第 5 章中的对实体的论述而来的一个巨大的转折。在那里，最基本或最基础的谓述形式是一些我们由以把一个具体的对象（一个"第一"实体）归于它的最低级的种之下的谓述。但是，在 Z—Θ 卷中，亚里士多德想要对实体—谓述做出这样一种描述，据此《范畴篇》的种—谓述被看成是建立在一个甚至更为基本的谓述类型的基础之上，这就是我们所说的形式—谓述。我们会期望看到这一转折被写入亚里士多德对实体—语词的同名异义的论述之中。这事实上就是我们所做的。在 H. 3 中，亚里士多德指出，实体—语词的同名异义不只是偶然的。他告诉我们：

> "动物"可以甚至被用于这二者（即形式和具体对象），不是作为由一种描述所定义的东西，而是相关于一个单一的东西（$\pi\rho\grave{o}\varsigma\ \varepsilon\nu$）（1043a36—37）。

由此推论，实体—语词的同名异义是欧文所谓的核心意义㉛的一个特例；这表明，实体—语词的两种意义的其中一个是首要的，剩下的那个意义以某种方式建立在它之上。但亚里士多德认为哪种意义是基本的呢？还好，在 Z. 8 他告诉我们，具体的对象从形式获得它的名称；㉜而这似乎意思是说，实体—语词在其纯粹产物的意义上的用法是首要的。

当然，作为有关一种自然语言中实体—词汇的实际发展的一个论断，Z. 8 中的说法无疑是错误的；因为一个实体—语词的复合产物意义（它在此意义上谓述

㉚ 参见 1042b25—28，在那里亚里士多德说："那么，显然，'是'这个词有如许多的意义；一个东西是一个门槛因为它摆放在如此如此的一个位置上，它的所是意味着它摆放在那个位置上，而是冰则意味着已经以如此如此的一种方式被凝固。"也请看看 1043a5—12。

㉛ 参见《亚里士多德一些早期著作中的逻辑学和形而上学》，见《公元前 4 世纪中期的亚里士多德和柏拉图》，第 163—190 页。

㉜ 1033b17—18，在那里，亚里士多德说："那么，对已经说过的显然的是，那作为形式或实体而被谈及的不被生成，但从它获得其名称的具体事物被生成⋯⋯。"

"中等尺度、中等距离的对象")③③肯定在起源上先于它的纯粹意义。然而,亚里士多德要有别的想法是极不可能的。对 Z.8 中的说法的一个更为可靠的解释就是,不把它解释成对我们关于实体的言谈的实际发展的一个经验的观察,而是解释成对这位形而上学家重构这种言谈的结果的一种概括。从《形而上学》Z—Θ 卷的这一视角出发,一个实体之属于一个种不是一个生硬的事实。它是需要解释的某种东西,而且这种解释是通过指出相关的实体—形式真实地在谓述构成那个实体的质料体这一事实而被提供的。当亚里士多德告诉我们一个具体的对象从形式获得其名称时,他只是在依据实体—语词的同名异义来表达这一观点。他正在告诉我们,从 Z—Θ 卷中所列的那一学说的视角出发,一个实体—语词的复合产物的意义可运用于具体对象,是基于该语词的纯粹产物的意义可运用于组成或构成那些对象的质料体。③④

五

到现在为止,我已经运用形式—谓述和种—谓述之间的对比澄清了 Z—Θ卷中的若干主题。我想以指出这一对比如何指示了对 Z.13 的一个前后一致的解释来作为结束,在那里,亚里士多德似乎正在否认普遍者可以是实体(1038b8—9)。初看起来,似乎我的论述不能和这一章中所表达的观点相调和;因为,通过说形式是谓述各种质料体的东西,我已经使我自己承认了这样的主张,即,实体—形式是普遍者。我也已经论证了这些形式是相关种的具体个体实物的实体。但大概这两个主张结合在一起就同亚里士多德在 Z.13 中的论证相矛盾;而且这种前后不一致影响的也不仅仅是我的解释。除非捍卫形式既是普遍者又是实体的观点,否则要理解《形而上学》核心卷就是困难的。但这样一来,Z.13 就似乎指出了在亚里士多德的实体理论本身之中的一个内在的前后不一致。

为了解释《形而上学》核心卷中的这种不一致,一些人论证说,在亚里士多德告诉我们形式是实体的时候,和在亚里士多德否认任何普遍者是实体的时候,他

---

③③ 蒯因,《语词和对象》(*Word and Object*)(Cambridge:MIT Press,1960),第 4—5 页。

③④ 有待更进一步研究的一个有趣的论题是这一学说同斯特劳森在《个体》(*Individuals*)(London:Methuen,1959)章 Ⅵ 中对确定特征的共相(feature-placing universals)的论述之间的关系。在这两种情形中,我们都被告知可以"从下获得"一个分类共相(sortal universal)的概念。差别似乎是,在亚里士多德那里,范畴分类命题的概念基础在本性上是主—谓词;然而,在斯特劳森那里,却不是。

对"实体"这个术语的用法是同名异义的。㉟ 这个提议的困难是,无论是在亚里士多德论证形式的实体性的 Z. 17 和 H. 2 中,还是在他似乎正在否认普遍者的实体性的 Z. 13 中,"实体"这个词都是作为一个抽象名词来使用的;而在这两处地方,它都出现在"……的实体"的语境中,因而似乎表达了在 Δ. 8 中所概括的"实体"的第二种意义。这样,主张在这里我们所有的是一个同名异义词就不能同亚里士多德实际的用法相匹配。

另一些人则试图通过再次引入在个体形式和被普遍理解的形式之间的区分来解决这一表面的不一致。㊱ 在这里的主张是,亚里士多德想确认为一个事物的实体的只是个体形式。但是,如我已经指出的,在 Z—Θ 卷中亚里士多德想把普遍和个别的区分扩展到所有的实体—形式上这一点是不清楚的;而且即使他是这样,他在其中告诉我们形式是实体的大多数上下文都相当明显地关注的是被普遍理解的形式的情形。㊲

对亚里士多德实体学说中的这种不一致的一个相当不同的解释方法是由伍兹所提出的,他否认在 Z. 13 中亚里士多德正在断言没有任何普遍者是实体。㊳ 伍兹理解他正在做的是一个较弱的论断,即,没有任何普遍谓述的东西是实体。伍兹没有认识到实体—语词的同名异义,因而把实体—形式等同于相关的实体—种。这样,他认为亚里士多德正在主张实体所归于其下的种是它们的实体。尽管伍兹承认这些种应当被解释为普遍者,但是他论证说,《形而上学》Z 卷中的亚里士多德否认它们恰好谓述归于它们之下的事物。这样,尽管种是普遍者,但它们不普遍地谓述,因此,同 Z. 13 完全一致,它们可以被称作具体个体事物的实体。

现在,伍兹的解释迫使我们假定,在《形而上学》核心卷中亚里士多德已经逐渐抛弃了《范畴篇》的种恰好谓述个体事物的学说。但是,在 Z. 10 中,亚里士多德似乎正在否认在这方面有过任何学说上的改变;因为,如我们已经看到的,他在那里告诉我们,实体—种人和马是"谓述个体事物"的东西。我当然不想否认在 Z—Θ 卷中的实体学说反映了同我们在《范畴篇》中所看到的学说的一个基本

㉟ 对 Z. 13 的各种可能的解释,一个不错的说明参见利舍尔(James Lesher)的《亚里士多德论形式、实体和普遍者:一个难题》(*Aristotle on Form, Substance, and Universals: A Dilemma*),*Phronesis*,1971,第 169—178 页。利舍尔论证说,人们在这里不可能解决这种不一致;希克斯(R. D. Sykes)在《亚里士多德的形式:普遍还是个别?》(Form in Aristotle: Universal or Particular?)中也是这样认为的,见《哲学》(*Philosophy*),1975,第 311—331 页。

㊱ 对这种解释的一个长篇的论述,请再次参看利舍尔的论文。

㊲ 例见 Z. 3(1029a23),在那里亚里士多德说实体谓述质料。

㊳ 参见伍兹前面引用过的《〈形而上学〉Z 卷第 13 章中的问题》。

的分离。我已经证明这确是如此。在早期著作中,种—谓述例如:

克里斯科是一个人

是基本的或基础的;但是在 Z—Θ 卷中,这类谓述变成是建立在相应的形式—谓述的基础上的。有趣的是,在 Z.10 中,亚里士多德实际上指出了学说上的这一转变。尽管他坚持认为种例如人和马恰好谓述个体事物,但是,他收回了主导《范畴篇》第 5 章的一个论题;因为他否认这些种配得上"实体"这个头衔。但是,学说上的这一转变很难满足伍兹的目的。相反,这样一个转变的出现表明伍兹把形式和种相等同是错误的:形式是一个事物的实体;它的种不是。

但是,即使我们接受了伍兹论述中的形式和种的合并,他的解释也没有消除 Z 卷的学说中的这一明显的不一致。实体形式普遍地谓述;它们每一个谓述它所赋形的质料体。从而,甚至根据伍兹对 Z.13 的解释,也没有任何实体—形式能够构成任何东西的实体。

还有另一种使亚里士多德从这种不一致中脱身的方法,它是由 Z.13 的开头几行(1038b1—8)所暗示的,在那里,亚里士多德罗列了若干个"实体"头衔的候选项。当然,普遍者是他所指出的其中一项。这样,这段话便与 Z.3 开始的说法(1028b33—35)相呼应,在那里,亚里士多德把普遍者看成是实体身份的四个候选项之一。在那段话中,"普遍者"这个术语是相对于"属"这个术语被使用的,而且必须被理解成指的是"种"。这两段话之间的这一类比暗示了对 Z.13 中的"普遍者"的一个类似的狭义的理解;但是,既然在 Z.13 中没有在种和属之间作任何区分,因此可以有理由认为在这一语境中的"普遍者"含有"实体—类"(即,"实体—种或实体—属")这一稍微宽泛一些的内涵。但是,当 Z.13 的核心主题据此来加以理解,那么,在主张没有任何普遍者是实体和主张形式既是实体又是普遍者中就没有任何不一致;因为"普遍者"在这两种情形中变成是被同名异义地使用着的。在前一个论断中,"普遍者"指的只是"实体—种或实体—属";相反,在后一个论断中,它具有《解释篇》第 7 章(17a38)中所概括的那一广义的内涵,在那里,亚里士多德告诉我们,普遍者是"具有谓述许多主体这样一种本性者"。

对 Z.13 的这一解决方法有它的好处。最富意义的是,它说明了为什么在 Z.13 中亚里士多德的例子全都同实体—种和实体—属有关。但是有一个困难;因为我认为是 Z.13 的核心论证的部分(首先体现在 1038b9—14,在 1038b19—23 又再次被用到)具有迫使我们超出实体—类的情形的一般性。如果属实,那么,那一论证所确立的就不只是没有任何实体—类是实体的论断;它所支持的是更为普遍的论断，即，没有什么谓述许多事物的东西可以是它所真实地谓述的任何事物的实体。

这意味着，我们不得不把"普遍者"这个术语理解为是按照《解释篇》第 7 章所概括的那一广义的内涵在 Z.13 中运用的；尽管这也许似乎表明我们又一次要面对那同一个旧的不一致，但是，我认为我们对 Z.13 的讨论已经揭示了一个洞见，它表明这种不一致只是表面的。我已经说过，Z.13 的核心论证支持没有什么谓述许多事物的东西可以是它所真实地谓述的任何事物的实体这一普遍论断。我要表明，这个普遍论断反映了亚里士多德在 Z.13 中所正在论证的主题，以及这个论断同亚里士多德关于形式的各种论断是一致的。

我要主张的是，尽管伍兹对 Z.13 的说明是不令人满意的，但他认为在 1038b8—9 上所做的论断较通常所主张的要弱，这却是正确的。在那里，亚里士多德不是在断言没有任何一个普遍者是实体；但是他也不是像伍兹所以为的那样在断言没有任何普遍谓述的东西是实体。亚里士多德在 Z.13 中的论点是这样一个同样较弱的论断，即，没有任何普遍谓述的东西是它所真实地谓述的那个东西的实体。

这样解释的话，亚里士多德在 Z.13 中的论证就不仅仅有关于属，例如动物和植物，而且反乎伍兹，也有关于从属于它们的种。然而，这个论证不是要表明实体—形式不是归于那些种之下的具体对象的实体；因为尽管形式既是一个普遍者又是一个普遍谓述的东西，但是它并不普遍地谓述亚里士多德想要说它是其实体的个体事物。谓述那些个体事物的是种。形式，如我们已经看到的，所恰当谓述的只是构成那些个体事物的各种质料体。这意味着，没有任何形式能够是它所赋形的种种质料体的实体；但这样的话，亚里士多德没有一处地方暗示过这一点。㉟

───────────────

㉟　这绝不是想要表明我对 Z.13 中亚里士多德的全部说法有一个清楚的理解。我充其量只是在为理解这一章的一个方面提出一个框架。对这一章的一个全面的研究至少需要有和本文同样长的一篇论文；而我倾向于认为这样一个研究所要做的远不只是把 Z.13 同 Z.17—H.2 中提出的观点联系在一起；因为如我所认识到的，Z.13 必须首先而且主要地被看成由 Z.12—Z.16 所构成的一个更大的整体的一部分，亚里士多德在那里首要关心的是定义的整体性问题。按此章节顺序他的目的是要表明，他自己对定义的说明是如何不同于柏拉图而与我们的定义是"对某一个东西的描述"(1037b27)的直觉相适应的。如果我是正确的，那么，所要求的那一研究就会迫使我们必须面对和我在这里所提出的那些主题完全不同的主题。

亚里士多德的诸范畴[*]

弗雷德

　　有一个理论叫做范畴理论，它以或多或少发展的形式，伴随或小或大的修改，首先出现在亚里士多德的大多数著作中，继而由于这些著作的影响而逐渐成为传统逻辑的一个常规部分，它以或多或少的成功保持这一地位到本世纪的早期，直到它遇到了和传统逻辑的其他一些部分相同的命运。

　　有许多问题人们可以对这一理论提出。以下这个问题也许不是最有趣的一个问题，但一定是一个只要人们对这个理论发生兴趣就一定想要对之有一个答案的问题，这就是：什么是诸范畴？ 显然，这是一个相当巨大而困难的问题。因此，我想要限制在这样一个更狭窄、更谦逊的问题上，什么是亚里士多德的诸范畴？ 同时期望对这一问题的一个阐明最终将有助于澄清那些更为一般的问题。但是，甚至这个更狭窄的问题结果证明也是如此复杂而富争议，因此，如果我能对如下的简单问题有所阐明，那么我也将感到满足，即："范畴"这个词在亚里士多德那里是什么意思？ 当亚里士多德谈到"诸范畴"他所想到的是什么？

　　大致说来，人们一般同意，亚里士多德的范畴学说包含这样一个假设，即，存在着某种分类体系，以致所有存在、所有实在能够被划分为数目有限的几个最终的类。但对这一分类的基础和性质却没有任何一致的意见，对诸范畴本身如何与那些实在类相关也没有一个一致的意见。注释家中的一个普遍的谈论倾向就是仿佛诸范畴就是这些类，但也有这样的观点认为，尽管对于每一个范畴都有一个相对应的最终的实在的类，但诸范畴本身并不等同于这些类。从各方面来看可能正确的是，诸范畴仅仅对应于而不是等同于实在的这些类。例如，也许，诸

---

[*]　[译按]本文选自弗雷德(Michael Frede)，《古代哲学论文集》(*Essays in Ancient Philosophy*)，第29—48页，Clarendon Press, Oxford，1987。本文最初发表在奥梅拉(Dominic J. O'Meara)主编的《亚里士多德研究》(*Studies in Aristotle*)(哲学和哲学史研究，第9卷，1981)。

范畴不是实在的类,而毋宁说是某种表达(expression)的类,我们——遵循传统——可以称作"谓词性的"(categorematic)表达。依据这一解释,这些谓词性的表达表示着我们在"实体"、"性质"或"数量"这些名目下所归类的各种实在。这样,我们就必须问,是否诸实在是按照它们所由以被表示的谓词性的表达的一个分类而被归类的,还是反过来,诸表达按照它们所表示的诸实在的分类而被归类。或者,也许是,诸范畴仅仅是一些谓词性的表达的类,亦即那些能够作为谓词—表达(predicate-expression)出现的表达的类。或者,也许是,诸范畴本身根本就不是类,无论是实在的类还是表达的类,而毋宁说是种种名目、标签或谓词,集合或者运用于种种实在或者表达,意即,范畴本身,严格地说是像"实体"或"实体词"一样的词项。或者,也许是,范畴既不是类也不是词项而是概念。所有这些观点一直都有着它们的热情的支持者。

面对就我们的问题的种种回答的这一相当令人困惑的选择,格外富有诱惑的就是到亚里士多德的一部明显非常早的著作中去寻求启发,这部著作正是以其标题"范畴篇"似乎向我们预示了对我们的问题的一个回答。事实上,这就是这部论著在传统上向来被理解的方式,传统的关于亚里士多德诸范畴的观点在相当大程度上就建基于以这一方式来理解这一论著。此外,有关诸范畴的这些观点在相当大程度上建基于对这部论著在所谓的《工具论》——亚里士多德的逻辑著作集——中的位置的一种看法上。逻辑著作集的顺序显然暗示了这样一个看法,即,在逻辑学上,我们首先研究词项,继而研究命题,最后研究证明,这是一个在现代依然盛行的看法。而且这样各篇论著在这个集子中的这种安排就表明,头一篇论著,《范畴篇》,在提供给我们一个范畴学说的同时提供给了我们一个词项理论。因此,一个传统的倾向是把诸范畴看成词项或表达的类,而不是实在的类。

但是,由于以下的原因,在我看来,我们的问题的不幸的状态很大程度上是由于这一事实,即,学者们一直是到《范畴篇》这篇论著中去寻求一个答案。我将撇开这一事实,即,《工具论》的这些著作的现行顺序是在公元 2 世纪才确立的,没有任何充分的理由认为亚里士多德本人原来就想要这些著作按照这一顺序来阅读,而亚里士多德本人是否原来就将《范畴篇》作为一篇逻辑学论著来分类,这也是更加不清楚的,因此,这篇论著在《工具论》中的位置以及与之相应的逻辑学的观点本来就不应当在我们认为亚里士多德的诸范畴是什么上有任何影响。此外,在我看来,更为重要的是,《范畴篇》这篇论著是否在整体甚或部分上打算是一篇有关诸范畴的论著,这也远不是清楚的。对此我们不能依赖于《范畴篇》之题目。因为这仅仅是这部作品在古代所具有的许多题目之一,而且有可能甚至不是最普通的一个。没有任何充分的理由认为这个题目是亚里士多德自己的。至于内容,也许向来似乎显然的是,这篇论著是一篇有关范畴的论著。但如果它确曾似乎是显然的,那么,这——撇开题目不论——是由于这篇论著的第二部分——所谓的 *Post praedicamenta*[后谓词]* ——不曾被严肃地对待这一事实。因此,如果一个人做出这一额外的假定,即,在第一部分中被区别的实在的属类就是诸范畴,或诸范畴实际上就是依据在这篇论著的第一部分所给出的对实在的分类的一个对表达的分类,那么,他所关注的就是第一部分,而这个部分当然似乎构成的是一篇有关范畴的论著。富有启发的是,《范畴篇》这一题目的古代支持者们声称,*Post praedicamenta* 是异于这部论著的目的的材料,是由一个想要将这篇论著变成《论题篇》的一个导论并给了它一个相应的题目——即《〈论题篇〉导论》——的人所添加的,它因此就成为这篇论著的这另一个题目通行于古代的原因,①也是在逻辑学集子中各篇论著的另一种安排的原因。

但是我们不能想当然地以为,诸范畴就是在这篇论著的第一部分中得到区分的存在者的类,或者相应的表达的类。我们也没有权利无视 *Post praedicamenta*。因为反对它们的证据从未被成功地取得过,有强烈的文献学和语言学的理由支持它们。*Post praedicamenta* 的存在,以及在文本中在这一论著的第一部分和 *Post praedicamenta* 之间有一道清晰的裂痕——这道裂痕也许是相当宽阔的——这进一步的事实,确实使带有任何确信地说这篇论著原本是想要针对什么,几乎成为不可能。我们当然不能说这本书作为一个整体打算是一篇关于诸范畴的论著。但是也没有任何理由认为,我们现有的这一文本,甚或至少它的一个部分,即第一部分,打算研究诸范畴。我们现有的这篇论著丝毫没有说到它将要研究诸范畴。事实上,除了在靠近第一部分结尾的两行(10b19;10b21)中以外它甚至没有使用"范畴"这个词。而且在这里,这个词是以这样一种相当偶然的方式使用的,以致得不出任何有意义的东西。这篇论著也没有使用任何其他的词来指代"范畴"。它两次以一种相关的方式用到了"属"这个术语,但是其中之一出现在一个显然伪造的段落(11b15)中,而另一个出现在这一文本的最后一段(11a38)中,无论依据语言学的理由还是学说的理由我认为它都是可疑的。但是,即使这两段是真的,它们对我们的目的也毫无用处。因为"属"在这几段中被用于指实在的类,这一点是一个人不管怎样根据诸范畴是什么所不得不设定的。因此,设定属所指的就是诸范畴不过是把要研究的问题当成前提。由于这样一

---

*　[译按]指《范畴篇》第 9—14 章,这几章通常被认为是后人所增加。

①　参考阿蒙(Ammon),见《范畴篇》14.18 以下:辛普利丘,见《范畴篇》379.8 以下。

些原因,在我看来,没有任何不把要研究的问题当成前提的方式,我们可以藉此希望《范畴篇》这篇论著提供给我们对我们的问题的一个回答。

由于大量的理由,要面对的文本看起来毋宁是亚里士多德的《论题篇》。在时间上、语言上和学说上,《论题篇》看起来都是非常接近《范畴篇》的。特别是,这两篇是全集中唯一提供给我们完整的传统上有关实在的十个类别的列表的论著。《论题篇》以一种丝毫不偶然的方式明确地谈到诸范畴,它们给了我们有关"范畴"这个词的专业意义以及它如何逐渐这样来被运用的一条理解线索,而且它们还提供给我们关于诸范畴的区别被引入进来是为了什么的至少一些暗示。通过《论题篇》而不是通过被称作《范畴篇》的那篇论著来研究范畴学说的想法绝不是新的。例如,在 1920 年,这个想法就被卡普(Kapp)采取了。但是,在我看来,这个想法尚未被充分地发掘过。

对我们来说《论题篇》中的关键文本是第一卷的第 9 章。但是,在我们转到这一章之前,对它的前一章要交代几句。在这一章,亚里士多德区分了后来逐渐被称作谓项(the predicables)的东西:属、定义、特征和偶性。对于我们的目的来说,重要的是要注意到,这几类谓词(predicate)是依据它们相对于一个给定的主词所处的谓述关系来区分的。因为,一个东西要成为一个东西的属,那么,这个属词项(genus-term)必须按照某种方式对于那个东西是真的。为了描述这几种谓述关系(precicative relationship),亚里士多德使用了希腊语的动词"katēgorein"和它的一个复合词。在普通希腊语中,这个动词的意思是"指控",但是显然,亚里士多德在这里是在"谓述"(predicate)这一没有先例的意义上,或者,一个人应当说,是在"真实地谓述"的意义上来使用它的。因为显然,使一个东西成为一个东西的属的原因不是一个人碰巧用一个属词项来谓述那个东西,而是这个词在这一恰当的方式上对于那个东西是真的。

记住这一点后,就让我们转向第 9 章的第一句话。很不幸,在这一句话的翻译上,没有任何两个翻译者似乎是一致的,而且,就我所能看到的而言,没有一个翻译是令人满意的。因此,让我们非常小心地前行。假如保持那个关键的词语不翻译,那么,这个句子可以有如下述:"接下来我们必须决定 katēgoriai 的属类,在其中人们将发现上述的四个。"人们立即要问"上述的四个什么?"从这个希腊语句子的语法来看,显然,应当再次被理解为"katēgoriai"。这样,这个完整的句子有如下述:"接下来我们必须决定 katēgoriai 的属类,在其中人们将发现上述的四个 katēgoriai。"接下来的问题显然就是,我们应当如何翻译"katēgoria"。从有关前一章所说的来看明显的是,作为一个翻译,我们需要一个名词来对应动词"谓述"。鉴于"katēgoria"的词形构成及其在"指控"这一意义上的日常语用,我们会希望这个名词是"谓述"（predication）。但是，翻译者们和解释者们则常常选择"谓词"（predicate）作为一个翻译。此外，我们必须考虑到，抽象名词例如 *katēgoria* 可以要么在"一个个别的 *katēgoria*"的意义上要么在"一类 *katēgoria*"的意义上被使用。例如，当欧里罗库斯（Eurylochus）告诉他的同伴们，所有的死都是可怕的，但没有一种像饿死一样可怕，显然，他用"死"指的是"诸种死"（《奥德赛》12.341）。最后，应当注意的是，每一个人都同意，"*katēgoriai* 的属类"这整个短语指向在我们试图确定的那一专业意义上的亚里士多德的诸范畴。因为下一句话就告诉我们，有十个这样的属类，并接着罗列了它们；我们在这里所得到的显然就是亚里士多德的范畴表。

　　记住这一点后，让我们首先尝试来处理"上述的四个 *katēgoriai*"这一短语。假如它的意思是"上述的四个谓词"，那么，它就必须指属、定义、特征和偶性这几个谓词。但是，不管一个人对亚里士多德的诸范畴有什么样的看法，看来非常清楚的是，这几个谓词不在诸范畴的任何一个之中。但在另一方面，"谓词的种类"＊也许看来是适合的。因为，按照对亚里士多德的诸范畴的常规看法，无论在哪种意义上都将正确的是，在第8章中被区分的四个种类的谓词将在这个或那个范畴之中。在另一方面，"谓述"这一翻译就将不起作用。因为前一章不曾提到四个谓述。但是，尽管如此，它确曾区分的是四类谓述，亦即，一个谓词对于一个主词来说可以是真的四种方式，由此，依据这个谓词对于其主词是真的这种方式，我们便有了这类或那类谓词。事实上，对一个东西是真的四种方式的这种区分是前一章的主要的区分，因此"上述的四个 *katēgoriai*"这个短语最自然地理解就是指这个区分。这样一来，便有这个短语的两种翻译需要进一步考虑：(1)"上述的四类谓词"和(2)"上述的四类谓述"。

　　至于 *katēgoria* 这个表达在"*katēgoriai* 的属类"这个短语中一开始的出现，看来相当清楚的是，它应当要么被翻译为"谓词"，要么被翻译为"谓述"。因为"*katēgoriai* 的属类"这整个短语似乎要么是指谓词的种类，要么是指谓述的种类。因此，我们对这个句子作为一个整体的翻译的问题似乎就归结为这一问题，我们究竟是把"*katēgoria*"的意思理解为"谓词"因而也理解为"谓词的种类"，还是理解为"谓述"因而也理解为"谓述的种类"。

＊　［译按］原文为"kinds of predication"，因此，如果照原文翻译应为"谓述的种类"。但是，细读上下文，按文意和逻辑推敲，无论如何都不应当是"kinds of predication"，而应当是"kinds of predicate"，否则，下面的"'谓述'这一翻译就将不起作用"一句就无法解释（这是最显著的一处证据）。因此，这里，在没有更好的版本进行校勘的前提下，斗胆认为这里是一处印刷错误，即把 predicate 错印为 predication，因而相应地作了订正，译为"谓词的种类"。诚盼有识之士指正。

我倾向于认为,"谓词"这一翻译,至少在亚里士多德的"谓词"的意义上,从来没有被表明是可能的,假如说并不需要它来使文本适合于一些有关亚里士多德的范畴是什么的成见的话。不管怎样,以下内容在我看来似乎有力地支持"谓述"这一翻译。"katēgoria"这个术语在我们这一章之外的《论题篇》中至少被用过六次(107a3,109b5,141a4,152a38,178a5,181b27)。在每一处情况下,它都能被认为是指"谓述",也就是说,没有一处我们必须按照"谓词"的意思来理解它,但至少在三处,它确定地必须按照"谓述"的意思来理解(109b5,141a4,181b27)。让我们考虑剩下的三段中最成问题的两处。在头一处,107a3 以下,亚里士多德考察了一个证明的有效性的情况,它表明了这一问题,即,谓词"善"在整个证明中是否是被同名同义地运用的,例如,在"这个事物是善的"和"这个人是善的"前提中。为了查明这个,我们被告知,我们应当看"katēgoriai 的属类"是否是相同的。在我们的例子中,"善"的使用没有通过这个测试。因为,根据亚里士多德,说事物是善的就是说事物它做了什么;它产生快乐、健康或无论什么。但说一个人或一个灵魂它们是善的就是说它们是如何:它们是勇敢的、智慧的、虔敬的,等等。这段话最自然不过地支持了这一解释,即,它表明了这一点:说一个东西它是如何是在进行一种谓述,而说一个东西它做了什么是在进行另一种谓述。事实上,要表明在上述两个前提中谓词的属是不同的几乎是不可能的。因为亚里士多德接着告诉我们,另一个对同名同义的测试就是看是否属是相同的(107a18)。因此"katēgoria"在这里几乎不能是指"谓词"。因为否则的话第一个测试无法同第二个测试相区别。

这个术语另一个成问题的情况出现在 152a38 以下。我们被告知,两个事物不是相同的,如果它们不在 katēgoria 的同一个种类之中(en heni genei katēgorias),而是一个表示一个性质,另一个表示一个数量或一个关系。看起来再一次非常困难的是假定"katēgoria"在这里也许指"谓词"。因为在这一例子中一个人应当如何翻译"genos katēgorias"呢? 而且从下面来看再一次清楚的是,这个短语不能是指"谓词的属"。因为,在这个例子中亚里士多德也告诉我们,我们还应当检查是否属是相同的。

这段话的意义在于一种古怪的值得密切注意的谈论方式。它说到可以用来谓述的词项,亦即像公正或两尺长这样的词项,说它们在谓述的一个属类之中。我们原本应该以为谓述的属或种集合了谓述的各种情形。这里的语言暗示,还有另外的意思,按这种意思各种类的谓述集合了各种类的谓词。但这绝非奇怪的。假定说某物它是如何是一种谓述,说某物它是多少是另一种谓述。这样,看起来性质正是如果一个人说某物它是如何他所指的那些词项,而数量正是如果一个人说某物它是多少他所引入的那些东西。

鉴于此,亚里士多德这里的说法意思就完整了。请考虑这个问题,理性(rationality)和合理性(reasonability)是否相同。根据这一测试,而且鉴于亚里士多德的观点,它们显然是不同的。因为说某物它是理性的是说它本质上是什么,而说它是合理性的是说它是如何。

这样,"katēgoria"这个词的构成和普通用法,以及这个术语在《论题篇》我们的章节以外的用法就全都有力地表明,"katēgoria"应当被译为"谓述"。因此,我们应当把 A. 9 的第一句话翻译如下:"接下来我们必须决定谓述的属或种,在其中人们将发现上述的四种谓述。"如果这是对第一句话的正确的翻译,那么这章便允许我们得出有关亚里士多德在《论题篇》中对"katēgoria"这个词的用法的以下结论:

(1) 亚里士多德是在"谓述"的意义上使用这个词的;

(2) 亚里士多德是在"谓述的种类"的意义上使用这个词的;

(3) 在这一章中的几行后,在 103b25,亚里士多德取代"谓述的这些属"这一短语,用"这些 katēgoriai"这一简洁的短语来指谓述的这些相同的属或种,亦即指专业意义上的诸范畴。因此,在这一章中有"katēgoria"这个术语的第三种意义,即,"范畴"的我们正试图确定的专业用法。就迄今说过的而言,对这个用法的解释是相当简单的。"katēgoria"在其专业意义上字面的意思就是"谓述的种类",但是在其专业的运用中,它被限制在谓述种类的多种区分之一,即,限制于在我们的章节的头一句话中被提及而在第二句话中被罗列的那一种类的区分上。

(4) 不幸的是,在我们的章节中还有"katēgoria"这个术语的另一种用法,即我们在 103b29 中发现的一种用法。要理解这一用法,我们必须记住,谓述的种类定义谓词的类别或种类,亦即,出现在一个给定种类的谓述的陈述之中的那些谓词的类别。例如,性质的范畴界定被称作性质的谓词类别,数量的范畴界定数量的类别。亚里士多德在这里通过扩展似乎也用"katēgoria"来指这样界定的谓词的种类。也许可以以为,正是这个术语的这第四种用法是我们正在寻求的那个专业用法。但事情并非如此,这一点将在下面变得清楚起来。尽管如此,在这里可以指出,假如我们把性质或数量等同于是如此这般被限定的种种属性和如此这般被定量的属性,例如,如果我们把性质健康等同于"是健康的"这一属性,那么,"katēgoria"的这第四种用法就会同上述的专业用法相融合。因为,"是健康的"对于亚里士多德来说大概就是一种谓述;某个东西之是健康的无疑就是。

如果我们接受有关"*katēgoria*"这个术语的用法的这些结论的话,我们就将有必要至少区分三类事情:(1)在这个词的专业意义上的诸范畴;(2)由上述的谓述的种类所界定的谓词的类别;(3)存在者的最终的属类,如它们例如在《范畴篇》中被区分的那样。因为,存在者的最终的属类显然不是谓述的种类。它们也不能被等同于谓词的类别。这并不是说,这两种区分被分开是因为一者是非语言项的种类的区分,而谓词的区分是表达的区分。因为,亚里士多德常常认为谓词是由谓词—表达所引入的非语言项。毋宁说,这两类看上去被分开,是因为谓词的第一等级,亦即由首要的范畴所界定的谓词的类,和实在的第一等级,亦即实体类,并不契合。它们至少在以下两个方面有区别:(1)谓词的第一等级不仅包含实体—谓词,也包含性质、数量和所有其他实在种类,亦即一个人在对某物本质上是什么这个问题的回答中所提到的所有实在,而不管某物是实体、性质或数量。(2)谓词的第一等级将仅仅包含谓词而不包含个体,相反,实体类无论如何将包含个体实体。

这些区别中的第一个在几个方面是关键性的。要表明有这一区别就是要特别表明《论题篇》的诸范畴不能被等同于存在者的最终的属类。还要表明的是,诸范畴不应当被等同于由谓述的这些种类所界定的谓词的诸类别。最后要表明的是,在某种意义上在《论题篇》中根本不存在实体范畴。因为假如有一个实体范畴,那么它就会不得不是首要的范畴,亦即"是什么"这一范畴。但如果我们设定被这一范畴所集合的这一类谓词不只包括实体,也包括所有其他种类的实在,那么,它就尤其不是一个实体范畴。

因此,我将马上考虑谓词的各类和最终的实在的各类之间的这一关键的区别。我们就此采取何种立场基本上取决于我们如何解释在这一章的第二句话的范畴表中的"是什么"这个短语。因而,现在就转到这第二句话也许是合适的。它有如下述:"它们(即谓述的种类)在数目上是十个:是什么、数量、性质、关系、何处、何时、姿态、具有、主动、被动。

一般假定,在这个范畴表中的"是什么"这个短语一定就是"实体"这个术语的另一种说法。人们认定,存在着"是什么"这个短语的一种将它限制在实体上的特殊的、专业的用法。很容易便可以看到为什么要这样假定。人们想当然地以为存在着一个实体范畴,而在我们的范畴表中能够发现对它的一个指称的唯一的方式就是假定这里的"是什么"这个短语具有这一特殊的内涵。但如果一个人并不就按第一范畴必须是实体范畴这一假定思考,那么他就会很自然地把这个短语理解为并不受实体的方式的限制。就上下文而言,我要论证的就是,理解这一范畴表的唯一自然的方式是这第二种方式。这将迫使我们在谓词的第一等级中不只包括实体,而且也包括性质、数量和所有其他种类的实在。为什么我认为"是什么"这个短语并不限于实体的理由是这样的:(1)例如,如我们从柏拉图的对话中所知,在哲学的或辩证法的讨论——亦即我们在《论题篇》中正在处理的各种讨论——的语境中的这个短语的通常意思并非是这样的,以致这个短语被限制在实体上。(2)这个短语在我们的仅有 22 行的章节中出现了八次,第一次出现在范畴表中,接着在对这个范畴表的一个重复中,接下来是另外六次。但是其他六次它显然是在它的通常意思上被使用的,不是被限制在实体上而是相对于各种终极实在类的区分保持中立。这有力地表明,这个短语终这一章首尾都是以这一方式被运用的。(3)终这一章首尾按这一方式来理解它对文本会有极好的理解。(4)这个短语已经在《论题篇》中在前面几章中被使用,并将终这一论著的首尾被使用。但是自始至终它似乎都是在一个中立于各实在类的区分的意义上被使用的。(5)这个短语甚至在亚里士多德显然想要运用他的各范畴区分的地方被中立地使用(参考 144a17—18)。因此,我的结论是,没有一个在读《论题篇》的人能够假定"是什么"这个短语在这里在范畴表中被限制在它的实体的用法上。

因此,如果传统的观点应当得到辩护,那么看起来辩护就不得不采取如下的形式:它将不得不假定(1)"是什么"这个短语在我们的章节中以两种不同的方式被使用,一种方式是在范畴表中,另一种方式是在这一章的余下的部分始终;(2)亚里士多德预先设定读者了解一些情况或一条亚里士多德的学说,这使他们能够无需提醒就知道这个短语是被同名异义地使用。

事实上,看起来读者们在这一点上通常确实依据他们认为他们从亚里士多德的其他著作中所知的东西,例如,《范畴篇》,也就是说,第一范畴就是实体范畴这一假定的事实。尽管如此,要正好假定这就是我们所知道的和能够依据的,就是在把要研究的问题设为前提。我们所需要的是一个证明,以表明亚里士多德非常一般地认为第一范畴就是实体范畴。但我已经表明为什么这个论证不能依据《范畴篇》这一论著,我也看不出来这样一个证明如何能够依据《论题篇》。在多大程度上它可以依据于亚里士多德的后来的著作,尚待观察。

至少,从阿弗洛狄西亚的亚历山大(见《形而上学》473.3 以下)以来,注释家们就一直依据为数不多的一点儿真正的亚里士多德的学说,这个学说看起来是以一种相当精巧的方式来处理这个问题的。亚历山大指出,亚里士多德本人在《形而上学》(Z. 4, 1030a17 以下)中告诉我们,"是什么"这个短语有不同的用法,在其首要的用法上,这个短语仅适用于实体。但不幸的是,这也很难提供什么帮助。因为,在亚里士多德写作《论题篇》的时候,他似乎还没有发展出这样一种将允许他在《形而上学》中来区分"是什么"的多种用法的学说。因此,当写作《论题篇》时,他几乎不可能期望读者把他自己还没有得出的这个观点放在心中。此外,假如说亚里士多德在我们的章节中,除了范畴表这一假定的例外,碰巧对"是什么"这个短语的使用就好像它确实具有一种横跨这一类实在的统一的用法的话,那么,反过来却必须依据亚里士多德的一部其主要的主张是"是什么"这个短语没有一种横跨不同种类的实在的统一的用法的文本,看起来就是相当别扭的。

有时候,注释家们为"是什么"这个短语的这种假定的歧义性提供了一种较弱的解释。他们认为,亚里士多德假定我们懂得,范畴表不是一个有关我们能够就无论任何东西所讲到的各类事物的表,而是有关我们能够就一个给定的对象或实体所讲到的各类事物的表。如果这是真的,那么,当然,谓词的第一等级仅仅集合的是实体一谓词这一点就会是事实。现在,也许真实的是,亚里士多德应当认为,而且有时候他确实认为,在他这里所区分的一个人能够就事物所讲到的各类事物中,无论如何只有第一类仅仅适用于实体。这里能够假定的是,一个人用来谓述非实体性词项的唯一的东西,按照亚里士多德的有关谓述的观点,就是它们是什么。这样,如果亚里士多德区分了一个人能够就某物讲到的十类事物,那么,这个解释就会继续说,他大概所要区分的是一个人能够就实体讲到的不同种类的事物。幸运的是,我们不需要讨论这一解释的成就。它明显是不成功的,因为从《论题篇》后面的几段显然可见,亚里士多德在《论题篇》中认为,不同的范畴不只是适用于实体。例如,在144a17—18中,是什么这个范畴和性质范畴就都适用于德性。这样,既然(a)《论题篇》的文本本身不能为传统的对"是什么"这个短语的解释提供辩护,(b)似乎也没有一条合适的学说,读者可以希望从外部引入以获得传统的解释,那么,我们就没有任何选择只能认为这个短语涉及全部各类实在,而不只是实体。

但是,如果我们按这一普遍的方式来理解"是什么"这个短语,那么,不仅清楚的是,《论题篇》的第一范畴不是实体范畴;清楚的还是,诸范畴及它们所界定的谓词的各类不能被等同于最终的存在者的属类。此外,清楚的是,在103b29中的"诸范畴"这个术语的用法就不是这个术语的这种专业用法。因为,现在清楚的是,当亚里士多德在103b27以下说一个在谓述是什么的人在谓述的要么是实体、要么是性质、要么是数量、要么是其他的一个范畴时,他所正在谈论的就是在是什么这一个范畴之中的各种谓述;亦即,在范畴表的意义上,在这第二句话中,只有一个范畴被涉及到,不管一个人在说某物是什么时表示的是实体还是性质还是数量。因此,在后一句话中"范畴"的用法就一定是不同的一个。最后,如果我们按上述的方式来解释"是什么"这个短语,那么,我们也就必须以不同于通常的方式来解读整个范畴表。因为，如果是什么这个范畴集合的不仅仅是实体—谓词，还有性质和数量，那么，由这个表所提供的各范畴的分别就不再能够是一种截然分明的对像性质和数量这样的实在的种类的分别。现在，保持分类的这种彼此的截然分明性的唯一的办法就是要假定，诸范畴是依据一个谓词究竟是陈述一个东西它是什么还是它是什么数量还是它是什么性质等而被区分开来的。这当然十分符合长期观察到的事实，即，五个或六个范畴名称是疑问代词。它符合这一事实，即，在我们的章节的后面，这些范畴名称作为间接疑问代词被反复使用。最后，它似乎被诸范畴在《论题篇》中后面的用法所证实。

如果是这样，那么，在我看来，对于我们对《论题篇》A.9的解释的主要的威胁就是：所有人都认定，有大量的证据表明，对于亚里士多德来说，在他的以后的著作中存在着一个实体范畴，它是第一范畴。因此，就存在着一个难以克服的倾向，要把这一较后的学说解读进《论题篇》中，即使《论题篇》本身并没有自然地按这一方式来理解，即使按这一方式来理解它们就是把要研究的问题设为前提。

这一倾向，由于在《论题篇》A.9中有一个句子似乎支持它，因而将是更加难以克服的。因此，我将首先考察这个句子，接着证明这个针对实体范畴的证据要比通常所假定的更弱，最后证明如果在以后的著作中有一个实体范畴，这是由于理论的变化或发展。

在所说的这个句子103b27—29中，亚里士多德说，一个表示某物是什么的人或者表示实体或者表示性质或者表示数量或者表示别的某个范畴。按照传统的观点，在这里要看不到对实体范畴的一个公开的和明显的指涉是非常困难的。但是我已经证明，在这个句子中的"范畴"并不是在所说的"范畴"的专业意义上使用的。因此从这个句子不能得出存在着在所要求的意义上的一个实体范畴。但是从这个句子甚至也不能得出存在着在"范畴"的任一意义上的一个实体范畴。例如，假定我们有对象或实体和各种特性，亦即性质、数量和别的无论什么。再假定我们拥有的所有名称要么是对象的名称要么是各种特性的名称。这样的话，说"一个名称命名一个对象或性质或数量或另一种特性"就是真实的。现在，没有一个人会认为这个句子是说对象是在我们在这个世界中所发现的各种特性之列。每一个人都会懂得，在"另一种特性"中的"另一种"在范围上是被限制于迄今在这个句子中所提到的各种特性上的。类似地，在《论题篇》中的这个句子只有在我们假定有一个实体范畴的时候才能够被解释为在指一个实体范畴。但这个例子却表明，它无需这样来被解释，而且为什么它不应当这样来被解释我已经给出了独立的理由。

亚里士多德接受一个实体范畴的证据是间接的。因为，就我所能看到的而言,亚里士多德只有一次明显地谈及"实体范畴",亦即在《物理学》242b5 中。而且在这个表达实际被用到的这一处地方,它的意思并不是"实体范畴"。鉴于实体范畴被假定在亚里士多德那里所具有的巨大的意义,那么应当至少令人稍感踟躇的就是亚里士多德本人似乎从来没有用这些词语谈到它。虽然如此,对亚里士多德接受实体范畴却有一个间接的证据。这个证据部分地是这样的。请考虑《形而上学》Θ 卷的头几行:

> 那是首要意义上的存在和存在的所有其他范畴所必须指向的东西,亦即实体,已经被研究过了。因为其他所有东西(亦即性质、数量等等)都就……被叫做"存在"。

在这里,短语"所有其他范畴"要有意义或者因此看起来有意义,只有我们假定其他范畴同一个和实体有关的范畴相对立。因此,看起来明显的就是,亚里士多德在这里正在指一个实体范畴。

尽管如此,稍作考虑便可表明,这并不是显然的。因为,亚里士多德在这里所使用的短语不是"其他范畴"而是"存在的其他范畴",因此,从这段话最多得出的只是,亚里士多德接受一个同实体有关的存在的范畴。而且只有我们假定存在的诸范畴应当被等同于我们所感兴趣的意义上的诸范畴,才可由此得出亚里士多德接受一个实体范畴。这当然是一个通常被采取的假定。② 但由于以下理由,如果它不是错的,至少也是成问题的。亚里士多德对"范畴"这个词的用法看来是这样的,以致于如果他谈到"诸范畴",他就非常一般地是在谈到谓词的谓述。在另一方面,如果他把"范畴"同一个不独立的属格联用,那么,他所经常——如果不是总是的话——谈到的就不是一般的谓述而是限定在这个属格形式的表达上的谓词或词项的谓述。这样,当他谈到"*kategoria tou ontos*","存在的范畴"时,他就可以被认为——而且也许必须被认为——是在谈论"存在"这个词的谓述,或者"存在"这个词所被付诸的(一个)用法。

如果一个人对此存有疑问,他应当想象在《形而上学》Γ 卷中"范畴"这个词的以下用法。在这一卷的第 2 章中,亚里士多德指出,"一"这个词有多种用法,在像这样的一个情况中,例如,在诸如"同"、"异"或"相反"这些词的情况下,一个人必须努力解释一个词的这些不同的用法是如何同这个词的首要的用法相关联的。他接着在 1004a28 中继续说道:"这样区分了每一个词按多少种用法被使用

---

② 伯尼茨的《索引》(*Index*)s. v. ousia 544b15—17。

后,相应地,我们就必须说明一个词在每一个范畴中是如何相关于它的首要的用法被使用的。"现在,"范畴"在这里明显地不是以所说的"范畴"的专业意义被使用的。相反,看起来,亚里士多德在这里所正在谈到的诸范畴是一、同、异等的诸范畴,亦即,我们使用谓词"一"、谓词"异"或谓词"同"的各种情况。他正在说,对这些谓词中的每一个,我们应当寻求这个谓词的一个首要的用法,我们可以接着据此解释这个谓词的其他用法。记住这一点,那么,看来相当清楚的就是,亚里士多德在《形而上学》Θ卷开头的话中只是把这一一般的学说运用到谓词"存在"的具体情况上。请让我再次引用《形而上学》Θ卷的有关句子:

> 那是首要意义上的存在和存在的所有其他范畴所必须指向的东西,亦即实体,已经被研究过了。因为其他所有东西(亦即性质、数量等等)都就……被叫做"存在"。

如果运用《形而上学》Γ卷的一般观点,那么,亚里士多德在这里似乎就是在说,事物而非实体被说成存在或是存在者的"存在"的各种用法必须依据实体被说成是存在者的"存在"的那一首要用法来被解释。因此,看起来,当亚里士多德这里正在谈到存在的其他范畴时,他并不是在谈诸范畴,而是在谈"存在"这个具体谓词的各种用法。因此,从这段话可以得出有一个同实体有关的存在的范畴,但得不出来——至少立刻得不出来——有一个实体范畴。因为,同通常所假定的相反,存在的诸范畴不能被等同于诸范畴本身。

那么,要论证的就是,为什么有一个与实体相对应的存在的范畴的理由就是,有一个实体范畴作为存在的这个范畴的基础。例如,一个人会指出,存在的诸范畴依据上述的解释就是"是"或"存在"的各种用法,关于它们亚里士多德在多处地方说,有多少范畴它们就有多少。而他在这里用"诸范畴"所指的正是所说的专业意义上的诸范畴。因此,看起来就是,有一个同实体有关的存在的范畴这一事实依赖于有一个实体范畴这一事实。

然而,无论这有多么可能,这个推论也没有被证明是合理的。因为,一个人无须假定一个实体范畴就可以达成这个论断,即,有多少范畴就有"是"的多少种用法,包括实体被说成存在的一个具体的用法。要达到这个论断只需要假定如我们所已经解释的《论题篇》的诸范畴。因此,甚至从有多少范畴就有"是"的多少种用法——包括实体的一个用法——这个论断也得不出有一个实体范畴。

那么,如何能够从《论题篇》的诸范畴——按我们对它们的解释,亦即,无需假定一个实体范畴——得出"是"的不同用法呢?对于有多少范畴就有"……是"

的多少种用法这一论断来说,一个经典的出处就是《形而上学》Δ. 7,一个最晦涩不清的段落。在这里,亚里士多德区分了作为本身的存在(per se being)和作为偶性的存在(being per accidens)。我认为,作为本身的存在是作为本身的存在者的存在,偶性的存在就是偶性的存在者的存在;一个偶性的存在似乎是如一个红色的东西、一个公正的东西或一个健康的人,同红色、公正、健康或一个人相对立,所有这些都是作为本身的存在者。使它们成为作为本身的存在者的就是,它们是它们之所是亦即红色、公正、健康、一个人,不是通过实际上是别的某个碰巧是那种颜色或公正或无论什么但也可以是别的某个东西的东西。但在另一方面,红的东西是一个偶性的存在,因为它是它之所是亦即红的,是通过实际上是别的某个碰巧是红的但也可以不是红的东西。按照这一区别,亚里士多德的论断就是,有多少范畴,就有作为本身的存在者可以被说成存在或者是存在者或实在的"……是"的多少种用法。亚里士多德心中所想的似乎就是:没有像单纯的存在这样的东西,以致有一个所有存在的东西都分有并且当我们说它们存在时我们将其归属于它的东西;相反,实际情况是,说一个实体它存在是一回事,说一个性质它存在是另一回事,而说一个数量它存在又是另一回事。根据主词的最终的属,"……是"的用法是不同的。说一个实体它存在就是说它是某一种类的实体,或者它属于某一种类的实体;说一个性质它存在就是说它是某一种类的性质。但为什么这应当是这样? 为什么"存在"的用法应当根据所说的存在的最终的类相区别?

一个人也许会忍不住假定亚里士多德依赖于这一命题,即,非常一般地,一个谓词的一种具体的用法绝不超出实在的一个最终的类,因为谓词的各种用法必须参照一类可能的主词来被界定,而可以获得的主词的最高的类就是实在的最终的类。也许存在足够的证据表明,这就是亚里士多德经常的想法。但它看上去不像是一个非常强有力的命题,因而,如果一个人不必为了所说的那个论断而依赖于它的话,那就会更为可取。

如果我们审视例如《形而上学》Z 卷开头的几行,那么,看上去,亚里士多德在他谈到"……是"的不同的作为本身的用法时,所想到的是以下种类的陈述:

(1) 苏格拉底是(亦即,一个实体);

(2) 公正是(亦即,某物的一个性质);

(3) 两尺长是(亦即,某物的一个数量);

这些陈述本身没有反映出范畴上的差异,假如按照我们有关诸范畴是什么的论述来看的话。不管怎样,在这些陈述每一个之中的谓词都在是什么这个范畴中。因此,仅仅考虑这些陈述将很难帮助我们弄明白,为什么有多少范畴,在这里就有"……是"的多少种用法。但是,这些陈述中的绝大多数都确实具有反映范畴上的各种差异的对应物。因为,它们的范畴确实根据第一种陈述的主词的实在的类别而变化。这在非实体性词项的情况下最容易看到。公正要是,亦即,公正要是某物的性质,就要有某个东西被公正在性质上限定,亦即,公正要是或者要存在,以下这个陈述就必须是真的:(2A)某物被公正在性质上限定。类似地,两尺长要存在,以下这个陈述就必须是真的:(3A)某物被两尺长在数量上限定。(2A)的谓词便在性质这个范畴中,正像它的对应物(2)的主词在性质这个属中一样。同样的结论,*mutatis mutandis*[经过稍微的改动],对(3A)和(3)也成立,对于包含其他种类的实在的相应的各对陈述也成立。所以,对于非实体性词项,很容易便可看出,我们如何总是在相应的范畴中得到一个相应的陈述。同样明显的是,在有关实体的陈述的情况中不可能有这样的一目了然的对应性。这恰好反映了实体不像性质或数量是某物的性质或数量那样是某物的实体。而这反过来又恰好反映了这一事实,即,实体有一个特殊的地位,在某种意义上它们作为自身而存在。

　　但是所有这一切如何被认为有助于我们去理解有多少范畴就有多少"……是"的作为本身的用法呢? 也许,一个人可以证明,对于亚里士多德来说,在一个范畴中,将一物归于另一物就是将某种存在归于它。也许真实的还是——尽管这在我们听来很奇怪,这一事实被认为反映在系词"是"的用法上。大概我们还可以说,对于亚里士多德来说,有不同形式或种类的存在,它们反映在"是"的不同用法上。在本质上是某物是一种存在,在偶性上是某物是另一种存在,它以第一种存在为前提。此外,还有在偶性上是某物的不同的方式;因为按照某种方式在性质上被限制是一回事,在数量上被限制是另一回事,而同某物具有某一种关系又是另一回事。但是,如果这就是我们为亚里士多德所能够假定的,那么看起来,一个人所归于某物的存在的种类就随陈述的范畴而变化。同时,由于"是"的用法被认为反映了一个人在这样一个陈述中所归于某物的存在的种类,因此,这就似乎为有多少范畴就有多少"是"的用法的论断提供了某种证实。但是,它依然没有说明为什么有多少范畴就有多少"是"的作为本身的用法,而且,尤其是,它也没有说明为什么应该有一种"是"被限制于实体上的作为本身的用法。因为具有各种范畴而非第一范畴的谓词的那些陈述包含了"是"的各种偶性的用法而非作为本身的用法,而且尽管在第一范畴中的陈述包含"是"的作为本身的用法,但这个用法并不限于实体,因为这个范畴并不限于实体。正是在这一点上,我们对包含各种非实体性实在的成对的陈述的考察就变得相关起来。我们曾经看到,当我们说公正是或者公正存在时我们所归属于公正的作为本身的存在不是别的什么,而就是当我们说某物是公正的时候我们所归属于某物的那个偶性的存在。同一个存在可以以两种方式被观看:当被归属于对象时,它是偶性的存在,当被归属于这个性质时,它是作为本身的存在。但是,如果是这样的话,那么,至少有多少非实体性的范畴就有多少种作为本身的存在。此外,还有一种作为本身的存在它不能被这样等同于某种偶性的存在。因为实体的作为本身的存在不能被等同于偶性的存在或者任何其他东西的任何一种存在。这样,我们便获得了同诸范畴一样多的作为本身的存在的种类,包括一种是实体的作为本身的存在的种类。因而,有多少范畴,我们就有多少"是"的作为本身的用法,包括关于实体的一种用法,尽管我们不曾从一个实体范畴开始。相反,实际的情形是,通过运用我们对诸范畴的区分到"是"的用法上,我们必然要引入一个实体的观念。

无论这一说明会有什么样的困难,它却可以解释有关亚里士多德在《形而上学》Δ. 7 对作为本身的存在的讨论的一个事实,它一直严重地困扰着注释家们。这就是,亚里士多德在他对作为本身的存在的讨论中作为例子考虑的不仅仅有包含着"是"的一种作为本身的用法的陈述,而且有包含着"是"的一种明显偶性的用法的陈述。这强烈地表明,亚里士多德为了有多少范畴就有"是"的多少作为本身的用法这一论断正在考察我们一直在考察的这类的两套陈述:它表明,为了支持他的关于"是"在一套陈述中的用法的论断,他求助于包含"是"的偶性用法的另一套陈述,这套陈述在范畴上在我们所解释的诸范畴是什么的意义上相互区别。这样,看起来,不仅按照所表明的一个范畴的观念我们能够对亚里士多德的论断做出解释,而且我们甚至能够解释亚里士多德论证的细节,它们不按照这种方式是得不到解释的。这样,事情看起来就不是,我们必须假定一个实体范畴来解释亚里士多德的有多少范畴就有"是"的多少用法的论断。

到目前为止,我已经证明了,有一个实体范畴的证据是间接的,这个证据的绝大部分是不确定的。我现在要证明,亚里士多德在他后期的著作中确实将第一范畴限制在实体上,但这是由于在他的理论内部的一个发展或变化,而这并不影响范畴观念本身。

亚里士多德在某一时刻逐渐接受了一个实体范畴,这从如下的一个段落(《形而上学》1068a8 以下;《物理学》225b5 以下)是相当清楚可见的:

> 既然诸范畴被实体、性质、处所等等所相互穷尽,那么,必然有三种运动,亦即相对于性质、数量和处所的运动。

因此,这里我们就有了一个实体范畴,在这一文本中随后的话表明,亚里士多德在这里用"实体"不像他经常做的那样指"本质",而是苏格拉底是一个实体意义上的实体。因此,我们便有了一个被限制在标准意义的实体上的范畴。

在我看来,对实体范畴的这一接受是由于理论的一个发展,它反映在对"是什么"这个短语在这一语境下的用法的一个严格的限制上。例如,请考虑《后分析篇》83a21—23。在这里,亚里士多德说,如果一物 A 谓述一物 B,那么,A 要么是 B 的是什么(的部分),要么表示 B 具有某种性质或某种数量等。由这一语境来看没有任何理由假定在这里是什么被限制在实体上;事实上,这一语境有力地表明没有(参考 84a14;85b20)。这样,我们在这里看起来便具有按《论题篇》对其一般解释的是什么这个范畴。这附带地表明了这里所示的例子不是唯一地依赖于《论题篇》,而《论题篇》就第一范畴所提供的解释并不与亚里士多德所有其他有关这一主题的作品相抵触。事实上,"是什么"这个短语的限制的用法远比伯尼茨的索引所令我们相信的要稀少得多,而且绝大部分——尽管不是全部——限于《形而上学》。现在,同《后分析篇》中的那个段落相对照,请考虑《形而上学》Z.1028a10 以下开头的几行:

> "存在"以多种方式被使用,……因为一种情况下它表示是什么和这一个,在另一种情况下它表示性质或数量或这样谓述的其他某一个东西。……显然,其中正是是什么表示实体,它是首要意义上的存在。

在这段话中,是什么显然被限制在实体上,并且尽管这段文本并没有明显地在这一名称下提到诸范畴,但像 1026a36 以下相应的段落——在那里他确实明显地论及诸范畴——却足够清楚地表明,亚里士多德在《形而上学》Z 卷的开始的这里正在将是什么这个范畴限制在实体上。在《形而上学》Z.4 的 1037a17 以下,亚里士多德对这一限制是十分明确的:

> 因为"是什么"这个词在一种方式上表示实体和这一个,在另一种方式上则表示谓词的每一种,数量、性质和这一类的别的什么。……"是什么"绝对地运用于实体,而只是相对地被运用于其他各种东西。

那么,为什么是什么现在被认为严格地讲仅仅包含实体呢?首先,我们必须想到,对亚里士多德来说,像"白是如此这般的一种颜色"这一形式的陈述可以按两种方式来理解。它可以被认为是在告诉我们"白"这个词表示或意指什么

（*ti sēmainei*）。但是它也可以被认为是在告诉我们白是什么（*ti esti*）。如果按这一方式来理解，那么它就被认为是在将是或存在归属于白这种颜色，是在规定被归属于白这种颜色的存在的种类，亦即，如此这般的一种颜色的存在。其次，某物的是什么是或部分是那个东西的本质，或者用亚里士多德的话来讲，是那个东西的是其所是。因此，说某物是什么不只是要把某种存在归属于它；它是要规定对它是本质性的那种存在。第三，按照亚里士多德发展了的有关各种实在的是其所是的观点，结果表明非实体性的词项不是绝对地具有它们自己的任何本质性的、由说它们是什么来被规定的存在。因为，如我们曾经看到的，如此这般的一种颜色的存在只是当我们说某物是这样的颜色时我们所归属于某物的偶性的存在。在这里，非实体性的词项区别于实体，后者绝对地具有它们自己的一个本质存在；它们的本质性存在不是别的某个东西的偶性的存在。因此，只是在一个派生的和相对的意义上我们才能够就非实体性的词项说到是什么。

但是，为什么这就应该令我们将是什么这个范畴限制在实体上呢？毕竟始终存在一个扩展的意义，在这一意义上是什么覆盖所有种类的实在、实体和非实体之类。现在看起来，有关非实体性词项的陈述的真实性完全依赖于有关实体的陈述的真实性。具体来说，有关非实体性词项的存在和是什么的陈述的真实性看起来依赖于有关在是什么这一范畴中的实体的陈述的真实性，依赖于在所说的非实体性词项这一范畴中有关实体的陈述。例如，有白色存在或白色是如此这般的一种颜色的真实性，看起来依赖于一些实体是如此这般的一种东西以致这类的事物具有这种或那种颜色的真实性，也依赖于关于这类的某个实体具有如此这般的一种颜色的真实性。这样，关于非实体性词项的是什么的陈述就和关于实体的是什么的陈述不同等。旧的是什么这个范畴集合了完全不可比拟的各项，就有关非实体性词项的是什么的陈述是以有关实体的是什么的陈述为前提的而言，而且更为糟糕的是，它们是以在其他范畴中有关实体的陈述为前提的。要说明这些陈述的次要的、在某种方式上寄生的本性，我们就把是什么这个范畴限制在实体上。这无论如何就是亚里士多德所做的。

这样，我们便可以得出结论说，亚里士多德逐渐接受了一个实体范畴的事实对我们对《论题篇》的解释没有任何威胁。因为，我们能够把亚里士多德学说的这个发展理解为是由于这一事实，即，亚里士多德逐渐认为"白是如此这般的一种颜色"这一形式的陈述具有一个比它初看上去更为复杂的结构，认为它相对于关于实体的陈述在一种相当极端的方式上是次要的。

但是没有任何力量会迫使我们假定，亚里士多德在这个发展的过程中改变了他的范畴的观念，除非一个人要说，把诸范畴的区分限制在有关实体的陈述上就等于是在范畴观念本身上的一个变化。但是一个人在这一关联中应当牢记的是，诸范畴的区分从来没有被打算适用于任何陈述。它肯定没有被打算包含诸如以下的陈述："人是一个种"，"所有种由属加种差构成"，"有多少范畴就有'存在'这个词的多少用法"。相反，看起来，它们是被打算运用于第一序列的陈述上，在这些陈述中，如亚里士多德所见，在本体论上的一个词项谓述在本体论上的一个词项。这样，如果亚里士多德不再认为像"白是一种颜色"这样的一个陈述属于这单纯的一类，而且因此不再认为诸范畴的区分适用于它，那么，这就绝不表示在范畴观念本身上的一个变化。

在这样明确了亚里士多德的范畴观念之后，作为结论，让我们回到《论题篇》中我们的文本上，去寻求至少对这个观念的某种澄清。在 A. 9 的第一句话中我们被告知，在区分了这些谓项之后，我们接下来必须区分诸范畴。显然，假如我们对亚里士多德为什么认为我们必须做此区分、他认为应当如何来做此区分有一个更好的理解，那么，我们对诸范畴被假定是什么的理解就会得到巨大的增长。但不幸的是，亚里士多德在《论题篇》中并没有进入对这两个问题其中任何一个的讨论中去。这也许表明，亚里士多德依赖于他已经在别的地方解决了这些问题的事实。但我并不认为必须这样来理解这一点。事情完全可以是，亚里士多德认为，从作为《论题篇》的主题的那种辨证讨论的实践来看足够明显的是，我们必须对谓述进行那种区分。例如，对于一个一直遵循柏拉图式的讨论的人来说看上去明显的是，我们必须在说一个东西它本质上是什么和关于这个东西说到别的一个东西之间进行仔细地区分。而且从实践来看明显的是，一个人必须在两类谓词之间进行区分，一类谓词，它参照别的东西而对一个东西是真实的，例如"……是向左的"或"……是一位父亲"，另一类谓词，则不需要这类的补充。在《论题篇》中由诸范畴构成的实际的运用大量表明，这些关键的区分是被逐一收集的，正是对证明的长期经验以及对各种错误的分析才会令一个人不得不去制作这类区分的一个表，通过对一个人能够就某物说到哪些种类的事物的一个全盘的考虑来填充和完成，以达到有关一个人能够就某物说到的不同种类的事物的一个完整的表。因为看起来没有任何一个问题的解决要求完整的范畴表，也没有任何一个例如按照一套形式特征对诸范畴的系统推演的标志。因为，如果亚里士多德在《论题篇》中知道这样一种推演，我们就能够依靠他对它的系统运用，根据一个陈述中所包含的范畴的这些形式特征提出证明或反驳一个陈述的各种策略。但是为什么他实际上在《论题篇》中令人如此吃惊地很少用到诸范畴的原因看起来正是这个，即，他对可以用于按系统的方式来将诸范畴彼此区分开来的各种逻辑性质没有一个清晰的看法。

也看不出来,像最近由本威尼斯特(Benveniste)所再次提出的那样亚里士多德是通过语法上的考察来获得他的范畴表的。确实,亚里士多德认为一定的语法形式常常伴随一定的范畴;例如动词的主动形式自然伴随主动的范畴,被动的形式则伴随被动的范畴。但他也意识到语法形式在这方面可以是完全误导性质的情况,而且他认为大量的错误是由于这一点。

当然,有人会建议,亚里士多德既不是通过逻辑的考察也不是通过语法的考察来获得他的范畴表的,而是通过一个本体论的研究。人们将建议,亚里士多德通过对存在者的一个本体论的研究首先建立了一个有关存在者的最终的类别的表,然后才设定了相应的诸范畴。按照这个看法,亚里士多德首先确定例如有一个由各种性质构成的实在的最终的类,接着才引入一个性质的范畴,而这个范畴是由谓述的词项属于那个先行确定的性质的类的事实所规定的。现在,尽管这个问题要求一些详细的证据,但在我看来,事情恰恰相反。当亚里士多德在《范畴篇》这篇论著中试图对性质给出一个一般性的描述时,他依赖于我们已经知道说某物它是如何的是什么意思这一事实。性质就是在我们说某物它是如何时我们所归属于它的那些词项;数量则是如果我们说某物它是多少时我们所提到的那些词项,等等。

在另一方面,事情大概是,对于亚里士多德像性质和数量之类的不同种类的实在彼此区分是由于,按一定的方式被在数量上加以限制是一类事情,而按一定的方式被在性质上加以限制则是完全不同的一件事。而且,如果我们记住,亚里士多德用“谓述”在这里是指“真实的谓述”,那么,显然,诸范畴的区分就等于对存在的各种方式和相对应的各类实在的区分。而且因此,本体论上的考察完全可以对一个人所制订的范畴表产生影响。

但是,即使看不出来亚里士多德不是通过这样的本体论的考察来唯一地获得他的范畴表的,也可以看出,假如诸范畴是简单地通过对实在的各种最终的类的某种本体论上的区分获得的,那么,范畴的观念便会失去它的绝大部分价值。因为亚里士多德范畴观念的真实的价值似乎在于这一事实,即我们被认为有一组或者也许是两三组紧密相关的概念,它们确实需要在逻辑上、语法上和形而上学上起作用的概念。对亚里士多德诸范畴的一系列研究将不得不沿此方向前行。但是这样一种研究不会顺利运行,除非一些相当简单的事实已经得到澄清。而且我希望前面的论述将对这一初步的工作有所助益。③

---

③　我要对丹西(R. Dancy)、科德(A. Code)和菲尔德(J. Field)表示感谢,他们对这篇论文的初稿写了有益的评论。

《物理学》I 中亚里士多德论变化的本原 *

博斯托克

　　亚里士多德在《物理学》I 的一开始便说，对自然的研究（*peri phuseōs*）像其他研究一样应当从对相关本原（*archai*）的论述开始。他没有告诉我们他用"自然"指什么——对此我们必须等到卷 II——他也没有告诉我们在这一语境中他用"本原"指什么，但是当我们继续读下去，我们便会认为这一省略是不重要的。因为在第 2 章的一开始他仿佛将他自己置于了一系列论自然（*peri phuseōs*）的著作家的传统之中，这些人有关"本原"（*archai*）的观点是众所周知的。这样，泰勒斯主张有一个"本原"，即水，而阿那克西美尼选择了气，赫拉克利特选择了火；恩培多克勒却又主张有四个本原（土、水、气、火）。阿那克萨戈拉主张有无限多个本原，留基波和德谟克利特主张只有原子和虚空，等等。因此，对于他的前辈们已经提出了这些答案的那个问题，亚里士多德看起来就好像正在准备向我们提供他的回答：他正准备列出世界的最终的构成要素，并且对世界如何由那些要素构成做出论述。也许对老一辈的自然哲学家们所从事的事情的这番描述过于简单了，但是我认为现在是不值得详述他们的问题的。因为不久表明，亚里士多德的问题在根本上是完全不同的一个问题。本文的主要论旨便是要提请注意这一差别，要询问亚里士多德自己意识到这一点到什么程度，并且要追寻他缺少这一意识的一些后果。

　　我们可以在一开始便注意到，随着亚里士多德讨论的继续，不久变得清楚的是，他所感兴趣的本原与其说是自然对象（*ta phusei onta*）的本原，毋宁说是自然过程或变化的本原，而且尤其是生成的本原。这一主题在第 4 章的开始便出现了，在那里，老一辈的自然哲学家们被说成通过运用对立物或者通过从单一的物

* 　［译按］本文选自《语言和逻各斯》（*Language and Logos*），肖费尔德（Malcolm Schofield）和努斯鲍姆（Martha Craven Nussbaum）编，Cambridge University Press，1982，第 179—196 页。

体中分离出对立物的方式从他们的单一物体中生成各种事物（*gennōsi*, 187a15）；而且这一点在第 5 章中被牢固地确立起来，在那里，专门用来指出老一辈的自然哲学家们依据对立物的做法是正确的那一段（188a30—b26），正好是一个有关一般事物从它们的对立物生成并且消灭为它们的论证，因此，这个观点就将具体针对按自然生成的事物（*ta phusei gignomena*, b25）成立。而正是对变化和生成的种种要求再一次在第 6 章中引入了有关某个第三位的“基础”的本原也许也被需要的想法（189a22—26）。最后，当亚里士多德在第 7 章中着手详述他自己在这个主题上的看法时，他向我们许诺的就是对变化或生成（*genesis*）的一个一般的论述（189b30—31）。

　　当然，说亚里士多德应当把自然（*phusis*）的概念同变化的概念紧密联系在一起，这是难以令人感到惊奇的，因为常常已经指出，老一辈自然哲学家们把自然理解为变化的本源（source），而不是静止的存在的一个本原（principle），[1]而且我们从卷 II 第 1 章毕竟知道，亚里士多德本人就以这样的方式来理解自然：对于他，自然明确地是变化的一个本原（*archē kinēseōs*）。此外，他并没有完全忽视自然对象的构成要素这一最初的问题。如我们后面将要更为充分地看到的，他对变化的“本原”的论述同时就是想要揭示经历变化的事物的“本原”，这在很大意义上是指它们所由以构成的要素。但是重要的是要注意到，当在第 7 章亚里士多德提出他自己对变化的正面的论述时，他绝对没有把自己限制在自然变化或生成上。他向我们所许诺的是对生成的一个十分一般的论述，而且事实上他的大量例子都取自于非自然的变化——例如一个人变成“文雅的”（或者更好是：有教养的），一座房子或一座雕像的生成，等等。结论显然是要运用到自然变化上，但他自己在第 7 章的研究实际上具有一个非常宽广的范围。对自然的研究曾经许诺是对由泰勒斯及其后继者们所开始的在基础物理学上的沉思的一个继续，但现在却在某种程度上已经偏离到某种完全更为一般的东西上去了。

　　正是从一开始就已经有某种迹象表明，老一辈自然哲学家们的那些问题与其说是被解决了，不如说是被绕了过去，因为亚里士多德讨论的一个古怪的特征就是，他常常似乎更感兴趣于有多少本原的问题，而不是它们是什么的问题。对本原的数目的强调在第 2 章他一开始对这一问题的阐述中就是显然的（184b15—25），而且它可以被看成正在指示接下来的论证的策略。因为唯一受到详尽批判的思想家们就是仅仅采用一个本原的埃利亚学派（第 2、3 章），和采用无限多个本原的阿那克萨戈拉（第 4 章）。其他思想家们没有被批判。相反，亚里士多德企

---

① 　参见例如 A·曼申，《亚里士多德〈物理学〉导论》（第二版；Louvain 1945），第 56—65 页。

图提取他们所有人共同的东西,而到他告别他的前辈的时候(第5章),这整个讨论保存下来的唯一的一点就是,他们全都运用了对立物(enantia)。这些对立物具有非常不同的种类,而且有时候一个自然哲学家所处理的只是一对对立物,而有时候则会用到几对,因此,看起来肯定就会有问题产生:在我们对物理世界的解释中哪一对或者哪几对对立物真地应当作为基本的被采用? 我们应当采用热和冷、浓厚和稀疏、上和下、友爱和仇恨、奇和偶、盈余和欠缺还是别的什么? 确实,这个问题一旦联系到亚里士多德明显主张将只需要一对对立物这一事实便似乎以更大的力量产生出来。

在第6章的一开始(189a11—20),他称赞恩培多克勒以有限的数目就达到了阿那克萨戈拉只有靠运用无限多的对立物才能够达到的结果,而且他进一步提到,甜和苦、白和黑是派生的对立物,这使我们想到由德谟克利特和柏拉图的《蒂迈欧篇》所做的对这些对立物的原子论式的归约。在同一段中,他提到了一个证明,它在这一章的结尾被更加充分地做了论证(189a13—14,189b22—27),它独断地确认只需要一对对立物。在后面我将对这一证明加以评论(第194页),*但显然,这一讨论的进行非常有力地表明,亚里士多德正希望说,在物理研究中,我们只需要采用一对对立作为基本的。这一论断,在我们想起在他自己对物理世界的解释中他使用了两对对立物来概括月下世界的元素,即,热和冷、湿和干,②并且在他考虑诸天时使用了一种不同的(三元)对立,即向心运动、离心运动和圆周运动时,③就更加令人惊奇了。即便我们假定(这是完全有可能的④)亚里士多德在他写作《物理学》I时还没有形成这些理论,他在任何经验的研究之前便断言只需要一对对立物,这仍然显得是不同寻常的。自然而然地,我们会问,亚里士多德在这里所推荐的是哪一对对立物,而从表面来看他对回答这个问题没有表示出任何兴趣,这也一定看起来是非常奇怪的。

但这一定是误解了他的意图。他不可能原本打算提出只需要一对对立物这一强烈的主张,而之后却对它们是什么完全不说什么。因此,我认为我们必须认识到,他心中所考虑的具体的那对对立物就是作为他在第7章中的讨论的结论而出现的那对对立物,即"形式和缺失"(eidos kai steresis)。⑤ 但这对被断言的对

---

* 　[译按]指原文出处的页码,下同。

②　见《论生成与毁灭》II. 1—5。在330a25—29中,这两对对立物明确被说成是不可归约的。

③　见《论天》全部,但尤其见268b12—27。

④　有关《物理学》I的早期性,参见罗斯的注释,第7页。

⑤　注意《形而上学》X. 4整个儿是专门要表明所有对立物都归约为 ἕξις (或 ἕξις τοῦ εἴδους) καὶ στέρησις [具有(或形式地具有)和缺失]。特别参见1055a33以下。

立物在任何意义上都不是老一辈的那些自然哲学家们所用到的各对对立物的对等物，而且矛盾的是要指出，这是应当作为物理研究中基本的而被接受的那一对立。仿佛一个人应当说，物理研究中基本的对立就是"一个事物和它的对立物"之间的那种对立，因为"形式和缺失"这对对立物的意思不外乎此——而且事实上比这还要少些，如我后面（第189—190页）将要指出的那样。所以，亚里士多德根本不亲自进行物理研究，像这一卷的一开始他原本仿佛打算要做的那样，而是试图提前奠定任何物理研究所必须有的一般形式。尽管有种种表面现象，但他没有——或者应当没有——卷入同老一辈自然哲学家们关于多少对立物需要作为物理学中基本的被采用的争论，而是毋宁正在说，无论自然哲学家们需要运用多少本原，它们当中的一些必须被概括为"形式"，而另一些则是对应的"缺失"（还有另一些是"基础性的事物"）。概言之，被引入进来仿佛它是自然哲学家们对自然的研究的一个延续的东西，相反却变成了对任何一种有关变化的论述所必须采取的一般形式的一个元研究（meta-investigation），无论这是关于自然变化的一种论述还是不是。注释者们已经论及这一主题的变化，⑥但我认为他们总是注意不到它对于第5、6章中的讨论具有一些不幸的后果。但是在我来到这一点之前，谈谈第7章中亚里士多德的最后的学说会是有益的。

如我们已经看到的，这个学说就是，在任何变化中都将有三个"本原"被涉及到，即形式、缺失和一个基础性的东西（*eidos*, *strēsis*, *hupokeimenon*）。这个学说，如果理解得不错的话，具有一个人可以期望从一个纯粹概念的研究中获得的那种普遍性，并且这丝毫没有否认第7章中的绝大多数讨论似乎都是在一个概念性的层面上进行的，实际上是一个更关注于语言用法的微妙性的讨论。这样，我们便是从对当一个人变成文雅时所出现的那种变化的一个详细的论述开始的（189b32—190a31），它完全不想去讨论相关的机制和学习过程，而是整个致力于我们用以从整体上描述变化的语言。这样，我们谈到一个人变成文雅的，一个不文雅的东西变成文雅的，一个不文雅的人变成文雅的人，等等。再次，我们谈到一个人从是不文雅的变成文雅的，但不是从是一个人变成文雅的。另一方面，我们确实谈到一个雕像从青铜生成，尽管事实上在这个例子中青铜在变化中始终都

---

⑥ 例如维兰德（W. Wieland），《亚里士多德的物理学和对本原研究的问题》（Aristotle's Physics & the Problem of Inquiry into Principles），译文见《亚里士多德研究论文》（*Articles on Aristotle*）卷 I（London 1975），巴恩斯、肖费尔德和索拉比主编。

保持着,就像人那样。而与此相反,我们(亚里士多德说⑦)不说青铜变成一座雕像。贯穿于这些段落始终十分清楚的是,亚里士多德只想评论我们讲话的方式,指出它遵循这一普遍的模式:

> 当这些区别被做出时,一个人从全部生成的情形中就可以得出这一点,如果一个人以我所提议的方式考虑它们的话:即,必须总是有某个基础性的和在生成的东西,这个东西尽管在数量上是单一的但在形式上却是不同的(我所说的"在形式上"是指"在定义上":是一个人不同于是文雅的)。前者保持着,而后者却不然;那不是一个对立物的保持着,因为人保持着,但那是非文雅的(或不文雅的)则不保持着。(190a13—21)

这里的术语公认是奇怪的,但其主旨看起来非常清楚。在变化之前我们有一个对象,它可以被说成一个人(一个基础性的东西)或一个是个文雅的东西(具有一种缺失的东西);用这两种方式所描述的是同一种东西。作为基础性的东西,它在整个变化过程中持存,意即我们在结尾拥有和在开端的同一个人,但它现在只能被描述为一个文雅的东西(意即,具有某种形式)。

因此,迄今为止的讨论就具有一种概念的或者语言学的性质,而且旨在指出我们使用三个概念——形式、缺失和基础性的东西——来描述这种变化。但是,与此同时,我们应当注意,在上引的那段话中,亚里士多德断言同样的这三个概念将适用于全部情形,而这是一个在一种纯粹概念性的分析的基础上并不能够被坚持的断言,如我们考察 *ex nihilo*[从虚无中]生成所可以看到的那样。人们会说,变化的最普遍的形式仅仅是这个:"在一个时间上没有事情 *p*,而在后一个时间有了事情 *p*"(并且为了保证生成的形式,在我们对这个词的理解的意义上,人们把"*p*"看成是一个存在命题)。现在,如果这就是变化之所是,那么,在这个概念中就绝不会排除掉 *ex nihilo* 生成,但显然的是,亚里士多德确实排除了它。为什么?他当然会受到这一事实的影响,即,没有一个自然哲学家曾经认真地接受过这一可能

---

⑦   190a25—26。这是一种令人吃惊的讲法,我怀疑是亚里士多德的一个笔误。文本要求我们在"青铜变成一座雕像"的意义上来理解希腊语"ὁ χαλκὸς ἀνδριὰς ἐγένετο",但是我怀疑亚里士多德已经偏离到了它的另一种读法上,"青铜雕像生成",并且正在反驳这个,理由就是,名词形式的"青铜"用作一个形容词是不恰当的,应该被改成"青铜的"(参考例如《物理学》245b9—246a4;《形而上学》1033a5—23;《形而上学》1049a18—b3)。在琼斯的《亚里士多德对质料的引入》(Aristotle's Introduction of Matter)中有对这句话的一个长篇的、我以为是过于独创的讨论(《哲学评论》[*Philosophical Review*],83[1974],第 474—500 页)。也请参见科德的回应(《哲学研究》[*Philosophical Studies*],30[1976],第 357—367 页)。

性,而且因为巴门尼德已经非常明确地否定了它(例如,187a26—31,191b13—14),但是,我并不以为亚里士多德希望让他的问题依赖于对权威的诉诸。相反,他对这一点给出了他自己的证明,而这个证明在我看来似乎扎实地依据于经验的研究。

这个关键的段落是 190a31—b10,特别是 b1—10,具体如下。

190a31　　　生成以多种方式被陈述。一些东西不能说生成——而是说某个东西生成它们 ⑧——但是实体而且唯有实体可以说它们没有任何限制地生成。

　　a33　　　而在另一些情况下,明显的是,一定有某个基础性的东西就是那生成者。实际上,仅当有某物作为基础,某种性质上、数量上、关系上、时间上[?]或地点上的生成才是可能的;因为只有实体才不陈述另外的东西,而是每一个别的东西都陈述实体。

　　b1　　　但是如果一个人考察的话,那么变得清楚的就是,实体和所有其他⑨没有任何限制的东西也从某个基础性的东西生成。总是有某个作为基础的东西,从中才有生成者出现,就像例如植物和动物来自于种子。

　　b5　　　没有任何限制地生成的东西要么通过形状的改变生成,例如一座雕像;要么通过增加,例如生长的那些东西;要么通过减少,例如赫尔墨斯出自石块;要么通过组合,例如一座房子;要么通过改变,例如在质料上变化的东西。但是显然,任何以这些方式其中之一生成的东西都从某个基础性的东西中生成。

在这段话中,亚里士多德正在论证的是,任何生成都是从某物的生成,这样,总是有一个东西构成了变化的起点。在上引的第三、四两段话中所进行的那个论证无疑像是一个经验的论证。这一点也许在开始的那个句子中就得到了体现,"如果一个人考察的话",但是在最后一段话的列举中,它得到了更为有力地显示,因为,这段话确实不是对一个概念的 *a priori*[验前的]划分,而是对各种情况的一

---

⑧　"καὶ τῶν μὲν οὐ γίγνεσθαι ἀλλὰ τόδε τι γίγνεσθαι"。为了保证我的翻译,我把"τι"理解为"γίγνεσθαι"的主语,"τόδε"作为补语([译按]"τόδε"代表例如"白的")。这层意思似乎是接下来的两句所需要的,尽管这也许不是解释这句希腊语的最自然的方式。

⑨　考虑到上引的第一句话([译按]而且唯有实体),注释家们一般使用"其他",这样,前面的"和"可以理解为"亦即"。

个经验的概括。当然,这个论证依赖于如下观点,即,对各种情况的这个概括是穷尽性的,而且要发现一个人能够引入什么 *a priori* 基础来支持它也是非常困难的。

　　因此,把握这段话的最好方式似乎就是当作一个经验的论断,断言所有实际发生的变化或生成都属于一类:它们,正像我们会说的那样,都是生成,而且生成一般区别于变化在于,生成既需要一个生成者,又需要一个它所生成者。这样,生成就包括变成(turning into)、长成(growing into)、做成(being made into),等等,但不包括 *ex nihilo* 生成,因为如果有这种情况,就会没有任何基础性的东西用作变化的起点。但是,尽管所有实际的变化都是生成是一个经验性的论断,但紧随其后的,我认为,最好被看作一段概念性的分析。因为如果现在仅仅考虑生成的概念,我们可以论证说,如果一个东西正确地被说成生成了另一个东西,那么,显然,一定有一个不持存于整个变化过程始终的东西,因为,否则的话,就不会有变化;但是同样,一定有一个确实持存于整个变化过程始终的东西,因为,否则的话,变化就会只在于:一个东西在另一个东西停止存在的地方才生成,而且就没有任何理由说一个东西生成另一个东西。这个论证仿佛具有一种 *a priori* 确定性,所以,在所有生成的情况下我们都必须能够指明某个确实持存的东西,而不仅仅是某个不持存的东西。

　　我假定我应当承认对第7章中两个不同层面的论证——一个经验性的,一个概念性的——的说法是相当理想化的。一个原因是,亚里士多德似乎经常不考虑经验性的研究和概念性的研究之间的这种区分,⑩而且无疑,他在这段话中也没有试图进行我所建议的那种区分。另一个原因是,他事实上从来没有讲过我上面提供给他的那种 *a priori* 论证。但是,我认为,认识到这种论证是他心中实际所想是有帮助的,因为只有这样我们才能够解释为什么他对他的结论如此确信,即,在生成的任何一种情况下,都将有一个持存的东西和它所获得或失去的某种形式。因为肯定的是,他并没有向我们表明这个学说如何在具体的事例中运用,它的运用也并非是完全一目了然的。相反,他一直详尽讨论的只是一种类型的生成,即一个人变成文雅的那一被类型化的生成,尽管他完全清楚还有另一种重要的类型,即,当一个实体生成之时,例如,当一个东西变成一棵树或者一座雕像或者醋时。而且,当实体被生成时,要看出在变化之中始终保持同一的是什么,也并不总是轻而易举的。但是,在这一点上,我也许应该暂停一下,来为我

---

⑩　这以很多方式表现出来。就一个方面而言,参见欧文论他对"τιθέναι τὰ φαινόμενα"这一短语的使用的那篇论文,见《亚里士多德》(*Arisototle*),莫拉伏契克(Moravcsik)主编(Garden City 1967)。

对文本的这种解释辩护,因为查尔顿⑪已经断言,在一个实体被生成时总是有一个持存于生成过程始终的东西,这不是亚里士多德的观点。

我必须首先承认,在我对第 7 章的看法中,在短语"那作为基础的东西"(to hupokeimenon)上存在着一个严重的歧义,而查尔顿的解释则会避免这一歧义。因为只有到这一卷的最后一章——人们完全可以因为这个原因怀疑它是后来的一个添加——我们才发现亚里士多德将他的专业术语"质料"(hulē)明确地作为一个表示那无论什么持存着的东西的专业术语来使用,而在这之前,这个词似乎只具有它通常的材料(staff)或物质(material)的意思。⑫ 在我看来,亚里士多德在这里确实用来表示那持存着的东西的那个词是"那作为基础的东西"。但是,当然,这个词也是他用来表示一个谓述的主词的通常的词,而查尔顿的意见就是要把这个词始终一贯地按后一种意思来理解。这样一来,那作为基础的东西就仅仅是被陈述为变成如此这般的那个主词,而且尽管这个主词常常会持存于整个变化过程始终(例如当一个人被陈述为变成文雅的时候),但却没有任何理由假定它永远如此。这样,也许亚里士多德只是想要在一个变成如此这般的主词的意义上论证每一个变化都有一个基础性的东西,并不想要断言有一个持存于变化过程始终的东西。

一个人当然可以对亚里士多德自己的论证并没有证明一个比这更有力的结论的看法表示同情。一个人也可以对查尔顿的这样一个论断(第 133—135 页)表示同情,即,在别处、特别是《论生成与毁灭》的第一卷中有几段话,它们是(如他所说)"不利于"将亚里士多德解释成在那里正在断言,在(比如说)气变成水或水变成土时有某个持存的东西。但是,这里的问题却是,是否亚里士多德在《物理

⑪　查尔顿,《物理学》I—II 翻译和注释,见 Clarendon Aristotle series 第 77 页,查尔顿的观点被罗宾逊(H. M. Robinson)所驳斥,《亚里士多德中的原始质料》(Prime Matter in Aristotle),*Phronesis*,第 19 期(1974),第 168—188 页。

⑫　这个词出现在 187a18—19、190b9、190b25 和(按照所有的抄本)191a10。头一个出现在一个打断了思路的括号句中(从 a16 $\kappa\alpha\theta\delta\lambda ov$ 到 a20 $\varepsilon\ddot{\iota}\delta\eta$),而且有可能的是,"$\ddot{\nu}\lambda\eta$"在那里是有专业所指的,但是我看不出有什么需要按照那一方式来理解它。在 190b9 上,"$\ddot{\nu}\lambda\eta$"不能被作为那持存者来理解,因为 $\tau\grave{\alpha}\ \tau\rho\varepsilon\pi\delta\mu\varepsilon\nu\alpha\ \kappa\alpha\tau\grave{\alpha}\ \tau\grave{\eta}\nu\ \ddot{\nu}\lambda\eta\nu$ 显然是指在它们所由以构成的质料上变化的东西,而不是指——无论意味着什么——"相对于那持存者"变化的东西。这里的要点就是,它们的 $\ddot{\nu}\lambda\eta$ 亦即质料不持存。在 190b25 上,短语"$\acute{o}\ \chi\rho\nu\sigma\grave{o}\varsigma\ \kappa\alpha\grave{\iota}\ \ddot{o}\lambda\omega\varsigma\ \acute{\eta}\ \ddot{\nu}\lambda\eta$"最自然地理解是说"黄金和其他任何这样的质料",而且相同的解释适合于 191a10。注释家们在后一段话中删除这个词的原因是,他们认为类似的用法是打算说明"$\ddot{\nu}\lambda\eta$"这个词应当按其专业意思来理解(因为那样一来,在这些解释中不作为专业来使用这同一个词就是不幸的)。但是,亚里士多德企图说明的是"$\acute{\eta}\ \acute{\nu}\pi o\kappa\varepsilon\iota\mu\acute{\varepsilon}\nu\eta\ \phi\acute{\nu}\sigma\iota\varsigma$"(亦即 $\tau\grave{o}\ \acute{\nu}\pi o\kappa\varepsilon\acute{\iota}\mu\varepsilon\nu o\nu$)这一短语,他尚未开始把"$\ddot{\nu}\lambda\eta$"用作它的一个同义词。

学》I 中⑬断定总是有某个持存于任何变化过程始终的东西,而且在我看来在这一点上文本是完全没有歧义的。我已经引用过 190a13—21(上面第 184 页)的话,它毫不含混地说,在全部生成的情况下,那不是一个对立物的东西(例如人)都保持着。也许可以建议亚里士多德在这里的写法是随便的;也许他想要从文雅的人的例子出发仅仅普遍化到其他一些获得或失去的是一个性质、数量、关系等等的情况,而将一个新的实体的生成的情况留到后面来处理。毕竟他还没有提到实体的生成。但是,考虑到后面的 190b9—14 那段话,那么,甚至这个辩护也是不成功的。这段话紧随在亚里士多德所一直在明确地讨论的实体的生成之后,而且罗列了它们出现的各种方式(上引第 185 页)。他得出他的结论——"显然,任何以这些方式其中之一生成的东西都从一个基础性的东西中生成"——而且立刻接着说:

> 所以,从我们已经说过的来看明显的是,每一个生成的东西总是合成的。有一个生成的东西,和另一个生成它的东西,后者有两种方式——要么是那作为基础的东西,要么是那对立的东西。对立我指的是不文雅的东西,而那作为基础的东西我指的是人。一般而言,无形状、无形式和无秩序的东西是对立物;青铜、石头和黄金构成基础。(190b10—14)

亚里士多德说任何生成的东西都是合成的(*sunthetos*)所可能有的唯一的理由是,我们可以把它区分为两种"要素",一个是持存着的要素(那作为基础的东西),另一个是被获得的要素(形式)。如果被说成是作为基础的要素在最后的产物中不曾持存,那么就不会有任何理由说最后的产物是合成的,而且亚里士多德明确地断言,所有生成的产物都是合成的。他在这里提出这一论断是紧随着罗列实体生成的不同方式的一段话之后,而紧跟着一段解释这一论断如何适用于实体(即,那作为基础和持存于其中的东西,雕像就是它的青铜)的话。所以,相反于查尔顿的观点,他必然主张,任何生成的实体都既包含一个持存的要素也包含一个形式。而且因此,如我所说,"那作为基础的东西"这个词就被赋予了双重的职责,既用作变化的起点(即被陈述为变成如此这般的主词),也用作那持存于整个变化过程始终的东西。

这样,用来辩护我对第 7 章的学说的理解的就是这么多。这个学说引起了

---

⑬　由于前面提到的那个原因(正文和注释 12),我将放弃《物理学》I. 9(192a28—34)的证据。但是,显然,在那段话中,分析地说,ὕλη就是那在变化始终持存的东西。

许多重要的问题,其中最重要的似乎是这样的:我提供来支持亚里士多德的学说的那个关于生成的 *a prior* 论证是正确的吗? 在任何生成的情况下都必定有一个持存的东西而不仅仅是一个不持存的东西,这在事实上是真的吗? 一个人完全可以希望提出的另一个问题——在现在是一个有关亚里士多德的注释的问题——是,亚里士多德本人是否一贯地赞成这一原则,或者说,他是否作为在试图将它运用到所生成的是一个实体的情况上时所产生的各种困难的一个后果而放弃了它。但是这里我并不想要探寻这些问题的任何一个。相反,我将回到亚里士多德没有将他自己的研究同早期自然哲学家们的研究分开这一点上,因为这造成了第 5、6 章中的一些困难。

亚里士多德的结论是,任何生成都可以被看成是一个同一的东西始终持存着但却正在获得或失去一定的"形式"(*eidos*)的情况;变化总是从形式到缺失或者相反。这不是要说所有变化都是——在传统的意义上——在对立物之间的。同样,老一辈的自然哲学家们也不需要被强加上所有变化是在对立物之间的观点,因为他们的实践毋宁是在支持这一概括,即,在描述自然的基本过程时我们将总是不得不诉诸对立物。当然,对立物可以在自然科学中是基础性的,而这无需意味着它们也被需要来描述非自然的变化,诸如一座房子或者一座雕像的生成。一对真正的传统的对立物的特征是,它们是一个系统、一个秩序、一个等级的对立的两端——例如,相对于温度、密度,等等——并且一者并不是对另一者的单纯的否定。(所以,你也许能够把传统的观点多少有点时代错误地说成是在主张,在基础物理学中定量的概念将是基础性的。)然而,形式和缺失实际上是彼此否定的,因为任何一个按正确的类别应当具有某种形式但却不具有它的东西,就被说成具有相应的缺失,反之亦然。这样,形式和缺失就是比对立物的概念更为一般的概念,但亚里士多德看起来并没有注意到这一点。我这样说是因为,在第 5 章中,他自己提供论证变化总是在对立物之间的命题(188a31 以下),尽管这并不是第 7 章的学说。而且第 5 章的这个论证诚然是错误的。

亚里士多德首先给出的是一个出人意料的观点,如果一个东西变成白的,那么它是从非白的变成白的(188a37),但他接着继续说:"这里不是每一个非白的情况都是适合的,而仅仅是黑的或一个居间者的情况。"一个人必须承认,希腊人曾经普遍认为所有颜色都是白色和黑色(更准确地说,苍白的和深黑的)的混合,但是显然,一个东西也能够从无色的变成白的,而且这既不是同白的相对立,也不是处于白的和它的对立物之间。再者,如果一个人不再是"文雅的",因为,例如,他遭受了严重的脑伤,永远失去了全部思维能力,那么,这可以正确地说他已经变成"不文雅的"或者说它已经处于某种居于二者之间的状态吗？但是，这一错误在几行之后更为明显，当亚里士多德考察一座房子或者一座雕像的生成的时候。因为怀着这些例子的想法，他说（188b12—15），每一个有组织的东西（*hērmosmenon*）都必然通过蜕变为无组织的东西（*eis anarmostian*）而被毁灭，而且实际上毁灭为对立的无组织状态。但是，没有任何砖石的组织状态是对立于它们被组织成一座房子的，而且没有任何青铜的形状是对立于一座雕像的形状的，因为没有任何组织和形状的线性秩序将一座房子或者一座雕像的组织或形状置于一端，而所有其他的作为更接近于此或更远离于此而被适当地放置。实际上，如果亚里士多德已经考虑清楚的话，那么，他一定已经看到，有关对立物的这个学说是错误的，因为他实际上和他自己在第7章中的说法是不相容的。

在第7章，形式的概念显然必须被理解为涵盖了一个东西所可以获得或失去的任一性质，而只有一个限制条件，即这种获得或失去是一种被看成这个东西变成那个东西的情况。可以认为，这个限制条件排除了时间范畴里的种种性质，因为如果一个东西出现于某一时间或者整整一个时期，我们几乎不可能把这描述为事物的一个变化，或者用生成的概念来描述它。⑭ 但是，其他各种性质将被看成是形式，而且特别是实体范畴中的性质，只要它们是有可能获得或失去（例如，当生成一棵树、一座房子、一座雕像或醋的时候），就被看成是形式。所有这些必须被看成是形式（或者缺失），而且实体没有对立物当然是标准的亚里士多德的学说（例如《范畴篇》3b24—32）

一方面是形式和缺失，另一方面是传统的成对的对立物，在这二者之间的同样的混淆也影响了第6章的论证。在这一章中，亚里士多德一开始便论证说，我们必须承认在我们的对立物之外的"第三个本原"，同时他还怀着对传统的成对的对立物的那些想法在写作。因此，他的第一个论证就是，一个对立物（例如浓厚）不能作用于它的对立物（稀疏），或者从它的对立物产生事物，而是毋宁必须作用于由那个对立物所描述的某个别的东西，从这个东西中产生事物（189a22—26）。这个观点在这里是用仅适用于传统对立物的概念的语言来表达的，因为要设想一个单纯否定性的缺失作用于任何东西确实是困难的，而且看来正是这条思路在后面得到了米利都学派及其追随者们的思考的展示（189b2—8）。尽管如此，在这里，说这个论证经受了向形式和缺失的更为一般

---

⑭ 由于这个原因，注释家们常常删掉190a35的"或时间上"（上引第185页）。但是，这个笔误极有可能是亚里士多德的。

的概念的变化也似乎是合理的,因为,正如亚里士多德(错误地?)认为传统的对立物是谓词一样,形式和缺失也是谓词,而且因此适合于描述其他(基础性的)事物,而不是相互描述。事实上,根据《范畴篇》2a34—b6 的论证,每一个谓词最终必须谓述一个首要的实体,所以,假如有关这个世界的构成要素的清单仅仅提到性质的话,那么,它就绝不能够是完善的。到这里还没有由此自动得出,我们的谓词的主词必须列为我们所正在寻找的"本原"之一,但这正是下一个论证看来想要确立的观点。

下一个论证(189a27—32)的核心主旨便是这一论断,即,一个谓述的主词总是先于其谓词,由此我们被要求推论它必须被看成是一个本原。有关这一论证的一个令人吃惊的东西是,如亚里士多德所说的,它断定没有任何谓述一个主词的东西可以是一个本原,因为主词才是它的谓词的本原,而且不可能有一个本原的本原。如果我们刚才说亚里士多德的形式和缺失在性质上都是谓词性的是正确的,那么,因此从这一论证就得出,它们完全不是本原。这样的话,不强使这个论证达成这一极其不一致的结论,而是满足于断定一个谓述的主词在它的谓词是本原的情况下也必须是一个本原(然而,没有任何非常有力的理由同意这一论断),看起来就更好一些。这个论证的第二个令人吃惊的特征是,它是由对立物不是任何存在的事物的实体的观点所引入的,这大概必须被认为是在说,它们不是亚里士多德归为一个实体的任何东西的实体,亦即,没有任何对立物提供任一实体的本质特征(*ti estin*)。无疑,这就传统的对立物而言是可以被接受的,但是,我们已经看到它不适用于形式和缺失,因为"形式"在这里必须被认为包括任何能被生成的实体的本质特征(*ti estin*)。事实上,这个观点似乎是和上述的第二个论证完全无关的,但它对于第三个论证却是关键性的。

第三个论证(189a32—34)一开始便重提没有一个实体是和其他任何一个实体相对立的,接着便继续说道,"那么,实体怎么能够由不是实体的东西所构成,不是实体的东西怎么能够先于实体呢?"这个推理是有所省略的,但是,我认为,它第一点是说,既然没有一个实体是一个对立物,那么,假如我们只承认对立物是本原,我们就不会有任何实体作本原。如果是这样的话,那么,我们能够解释实体(的生成?)的最好就是说,它们在一定意义上是由不是实体的对立物所构成的。但亚里士多德接着就补充说,这是不可能的,因为实体所由以构成的东西必须"先于"它们所构成的实体,但没有别的什么能够"先于"实体。这个论证以一种难以证明是正确的方式再次利用了优先性的概念,但是,显然,从中可以得到的唯一的结论就是,我们的本原必须以某种方式包括(一个)实体,而如果它们只是由对立物所组成,它们就不会包括实体:所需要的"第三个本原"显然必须是(一个)实体。但是,不是非常清楚的是,当我们将一对对立物的概念普遍化到形式及其缺失的概念上时,这个论证会怎样。也许,如果形式本身可以包括(第二)实体,那么,这就会满足本原必须包括至少一个实体的要求?

　　由此产生的问题就是:亚里士多德最终希望认可第 6 章的论证是说缺少的"第三个本原"就是实体吗? 初看起来,不清楚的是我们能够赋予现在的段落以多大的份量。一方面,亚里士多德在这里并没有谈及这几个论证的说服力。他说,它们为存在一个第三者(*echein tina logon*,189a21—22,b17—18)的结论"提供了某种支持",但却补充说,这个问题依然充满了困难(*aporian echei pollēn*,b28—29)。在另一方面,在第 7 章的结尾,当他进行总结的时候,他以一种明显表明他接受它们的方式回溯了这几个论证:

> 首先,我们说(即第 5 章)只有对立物才是本原,但接着(即第 6 章)又说一定还有别的某个作为基础的东西,而本原因此就是三个。从我们现在(即第 7 章)已经说的来看,它们是何种对立物、⑮这些本原如何相互关联,以及基础性的东西是什么,就是清楚的。(191a15—19)

这段话自然的内涵是,正如第 5 章确立了本原至少包括对立物,但却没有告诉我们是哪些,同样,第 6 章确立了它们包括第三个基础性的东西,但却不曾告诉我们它是什么。这条解释路线的困难当然便是,第 6 章中的这几个论证的整个主旨似乎是说迄今为止一个重要的东西被漏掉了,即实体。

　　另一个相关的考虑是,第 6 章以两个旨在表明只需要有一对对立物的证明结束,而且亚里士多德显然接受这个结论。因此,你当然会期望他认可他为此所给出的这两个证明,而且这两个证明都假定确实有"第三个本原",而其中的第二个更进一步假定"第三个本原"是实体。这两个证明中第一个(189b18—22)对我来说是晦涩的,因此我在这里略过它,但第二个证明(189b18—22)似乎还算清楚。它声称实体本身是一个属,而且在每一个属中只有一个首要的对立。显然,这个观点,除非假定"第三者"——我们的对立物须要描述它——是实体,否则,便会

---

⑮ *τίς ἡ διαφορὰ τῶν ἐναντίων*,我认为它的意思是:什么是将我们的对立物同其他东西区分开来的差别(查尔顿也是这样理解的,上引书第 47 页)。这指的是这一事实,即,亚里士多德所声称的那对对立物是"形式和缺失"这一(具有欺骗性质的)对立,而不是例如"热和冷"。

是不相干的。⑯ 当我们把这个观点补充到先前的证明上,亚里士多德对他认为 189a20—b2 的证明是试探性的坦承便似乎不是非常令人信服的。

我们可以把这一论证线索展开得更有力一些。明显的是,在第 5、6 章中亚里士多德把自己表现为正在发展他的前辈的思想,而在第 7 章中又把自己表现为正在进行一个新的开始,提供给我们他自己的观点。这就会使我们以为在第 5、6 章中他正在提供给我们类似于一个对各种问题(aproriai)的预先展开的东西,展示的仅仅是他本人并不赞同的看似合理的论证。但是,我认为这个想法实在没有太大的说服力。几乎不可能怀疑的是,在第 5 章中他是真诚地在以他自己的身份来论证这一(错误的)看法,即,所有变化都是在对立物之间的或者是一个中间物。因此他才认为第 5 章已经确定,我们所关注的本原必须至少包括一对对立物,然后,剩下的问题便是:有多少对,它们是哪些? 他希望给这些问题提供的答案是,本原只包括一对对立物——亦即“形式和缺失”这(具有欺骗性质的)一对——而且似乎明显的是,到第 6 章的结尾,他认为他自己已经确立了只需要一对对立物。所以,第 5 章不完全是问题性的,第 6 章也不是,因为,每一章断定说,现在已经确立了某个东西——即,本原必须包括对立物,而且它们只包括一对对立物——同时,亚里士多德根本不想返回到这些论断上。

第 6 章中关于“第三个本原”的论证,由于亚里士多德是试探性地表达它们、并且在这一章的结尾说这个问题仍然充满着困难,因此,也许可以被看成是问题性的。但是,这个困难或许就是在第 7 章 190b23—191a5 中被解决的那个困难,而那段话无疑没有显露出第 6 章中那些证明的任何缺陷。此外,他在那一章中接着为他的另一个结论——即,只需要一对对立物——所提供的论证,似乎是以先前那些“试探性”的论证——即,有第三个本原,亦即实体——的正确性为前提的。人们还可以注意到,这个结论是同第 7 章的讨论完全一致的,在那里,第三个本原现在是作为在整个变化中持存的东西出现的,而且所提供给我们的所有例子都是实体。就此而言,读者完全可以想起《范畴篇》的学说(4a10—21),即,对于实体特殊的是,实体而且只有实体才能够在整个变化中持存,而且这个读者无疑将感到确信的是,在亚里士多德自己看来,相关的三本原是“实体、形式和缺失”。我已经为这一解释详述了这一情形,因为,当然,我们的文本实际上是否定它的。就在第 7 章的结尾,令我们惊讶的是,我们读到,“尚不清楚的是,是否形

---

⑯ 这个“证明”无疑是非常脆弱的。在其他几处地方,亚里士多德说,所有的对立物以某种方式都归于一个基本的对立(例如,《形而上学》1004a1—2;《形而上学》1055a33 以下),但这个观点不是非常可信的。实体是一个属的观点在《形而上学》1053b21—24 中被否定,这或许是作为《形而上学》VII—VIII 所揭示的实体的诸多方面的一个结论。

式或基础性的东西是实体"(191a19—20)。但无疑,这句话是十分清楚的。亚里士多德事实上如何能够避免他在这里所明确予以否认的这一结论呢?

　　事实上,我认为有两种可能的方式避免这一结论而仍旧保全亚里士多德主要的生成学说。一种可能在于放弃《范畴篇》有关谓述的学说,而承认有不是实体的(偶性)谓述的主词;具体来说,形式可以谓述质料,而质料不是实体。显然,《形而上学》Ⅶ.3可以被引用来支持这个观点。但是,一个更吸引人的可能在于保持形式总是谓述实体的观点,而否认它使实体变成第三个本原。因为按照第7章中的理论的最为可能的说法,第三个本原不是在作为谓词的主词(即被陈述为变成如此这般的那个东西)的意义上的作为基础的东西,而毋宁是在持存于整个变化过程中的那个东西的意义上的作为基础的东西。而这无需是一个实体(但例如,可以是时空连续性,或者团块[mass])。所以,在这里,我们审慎地分开"作为基础的东西"的两种意义,而且我们放弃了《范畴篇》一个完全不同的学说,即,只有实体持存于变化过程始终。而且我们也许可以通过引用亚里士多德的相当富有争议的有关"原始质料"的观点来为这另一种方式的亚里士多德的解释选取证据支持。实际上,有可能公正的是承认,亚里士多德至少不时地摆弄着这两条思想路线。当然,他也摆弄着第6章是完全正确的想法。⑰

---

⑰　我愉快地承认我受惠于欧文,他的教导第一次把我引向了对古希腊哲学的热情,从此以后,他一直以
　　多种方式激励着我在这一主题上的思考。

论亚里士多德全集的早期历史 *

洛 德

　　现存的亚里士多德著作集的原始构成方式始终是一个很大的谜。那个古怪而在很多方面难以置信的有关塞奥弗拉斯特的藏书失而复得的传说,是这个谜团中最为人所知的元素。而有关亚里士多德全集早期情况的最为详尽的证据,是由归于亚里士多德名下著作的三份目录提供的,它们一直被保存在他的古代传记之中。亚里士多德死后那段时期亚里士多德著作的情况,和公元前 1 世纪在罗得斯的安德罗尼柯对亚里士多德著作的编辑中,它们所似乎经历的种种变化,举凡同这两方面有关的外部证据主要是由这几份目录提供的。鉴于这几份目录问题重重的特征,它们的证据常常被忽视或拒绝,或者只是以有选择的、零散的方式被运用。

　　近年来,默瑙克斯和杜林对这几份目录所做的广泛研究,已经在一定程度上纠正了这一局面,并且已经就它们的权威性和重要性达成了普遍的一致意见。① 然而,与此同时,这几份目录的问题,以及亚里士多德全集作为一个整体的早期历史的问题,则很难说是已经被令人满意地解决了。在确定这几份最早的目录的原始出处和安德罗尼柯编辑活动的环境与准确性质这样的问题上,不一致的意见始终存在。此外,甚至在自由地诉诸原文的校订时,有关这

---

* ［译按］本文选自《美国语文学刊》(*The American Journal of Philology*),第 107 卷第 2 期(1986 年夏季),第 137—161 页。

① 默瑙克斯,《亚里士多德著作的古代目录》(*Les listes anciennes des ouvrages d'Aristote*)(Louvain, 1951);杜林,《古代传记传统中的亚里士多德》(*Aristotle in the Ancient Biographical Tradition*)(Göteborg, 1957);杜林,《亚里士多德》(*Aristoteles*), *RE* Suppl. XI(1968), cols. 第 184—190 页。我对彻尔尼斯、克莱(Diskin Clay)和沃尔德特(Paul Vander Waerdt)就这篇论文的初稿所做的评论表示感谢。

三份目录彼此之间的准确关系，它们和安德罗尼柯编辑的版本之间的准确关系，以及它们和现在所构成的全集之间的准确关系，也没有足够可信的论述被提供出来。② 就我们知识的状况而言，还有很多不确定性必定保留着，它们涉及到诸如书名的情况、较大论著中各卷编号的涵义这类的问题。虽然如此，还是要承认，这几份目录中的大量信息似乎是以极大的忠实性被传递的，而在这样的情况下，想知道是否不存在关于这几份目录的尚待探究的其他假设，也似乎是合法的。

在下面，我将尝试建立这样一种假设的可能性，并且试着针对亚里士多德著作的构成和早期历史来检查它的一些运用。

一

在亚里士多德著作现存的目录中，由狄奥根尼(Diogenes Laertius)和经由赫西丘斯(Hesychius)而来的《美纳吉亚那传》(Vita Menagiana)的匿名作者两个人所保存的那两份目录，其权威依据是不清楚的，然而仅存于中世纪阿拉伯抄本中、并被归于一个不为人知的托勒密(Ptolemy the Unknown)的第三份目录，虽不肯定但有可能是公元4世纪一位新柏拉图主义者的著作。③ 托勒密的目录(P)显然是以安德罗尼柯的版本为前提的，尽管它再现安德罗尼柯有多么准确还有待猜详。狄奥根尼的目录(D)和匿名者的目录(A)，虽然远非一致，却是相近的，它们现在一般相信依据的是一份最初在公元前3世纪最后25年中编辑而成的目录。默瑙克斯已经证明它的作者是阿里斯通，当时亚里士多德漫步学派的领袖；但这一点始终是有争议的，一些学者继续赞同传统将之归于亚历山大里亚的图书馆馆

---

② 请考虑斯塔克(R. Stark)就默瑙克斯的工作发表的否定意见，《亚里士多德研究》(Aristotelesstudi-en)，Munich 1972，第160—164页。

③ 目录的文本可以在洛瑟(Valentin Rose)编辑的亚里士多德残篇集——《亚里士多德被引用的著作残篇》(Aristotelis qui ferebantur librorum fragmenta)，Leipzig 1886，第1—22页——中找到，也见于杜林，《古代传记传统中的亚里士多德》(上面注释1)，第41—50页；第83—89页；第221—231页。有关这位托勒密的身份和他的传记的文本，参见默瑙克斯(上面注释1)，第289—294页；杜林，《古代传记传统中的亚里士多德》(上面注释1)，第208—210页；《托勒密的〈亚里士多德传〉再发现》(Ptolemy's Vita Aristotelis Rediscovered)，帕尔默(R. B. Palmer)和汉默顿—凯利(R. Hamerton-Kelly)编辑，《求知》(Philomathes)，The Hague 1971，第264—269页；普莱齐亚(M. Plezia)，《论作为世界地图编纂者的托勒密》(De Ptolemaeo Pinacographo)，Eos 63(1975)，第37—42页。

长赫尔米浦斯。④

　　匿名者的目录在如下事实上极其明显地区别于狄奥根尼的目录,即,它包含着显然出自不同资料来源的两段。匿名者目录的第一或主要部分(A1)在很大程度上是对狄奥根尼目录的再现,尽管它包括意义重大的几处主要变化或补充,以及许多微小的变化。第二部分(A2)像是具有附录的性质,包括许多没有出现在第一个部分或 D 中的亚里士多德的主要著作,但是它也列入了许多在别处无从证实或者具有非常可疑的出处的标题。这个附录默瑙克斯认为是一份非常晚近的文件,由几个在起源上独立的部分构成,表现出想要根据安德罗尼柯的版本修订这一目录尚不完整的第一部分的企图。然而,默瑙克斯不得不假定这个包含着全集的主要著作的附录的关键部分受到过广泛的损坏,他对 A2 作为一个整体的头绪繁多的论述已经被怀疑地予以接受。⑤

　　A1 和 D 最令人吃惊的特点是它们遗漏了现在所构成的全集中的许多主要的著作——即便有人假定(如通常所做的那样)这些著作也许是以分散的形式列入的。这对于 D 来说尤其正确。生物学的著作(即,各种动物学的论文,还有《论灵魂》和《自然短论集》)在这两份目录中记录得就非常不充分;同样也没有《物理学》(一些短篇的物理学著作列入了),以及其他物理学论文的踪迹;没有任何形而上学著作出现在 D 中,仅有一部五卷本的单独的伦理学著作。

　　对这一状况的绝大多数解释,在某种程度上一直依赖于假定的在塞奥弗拉斯特死后漫步学派在雅典和其他地方的衰落。⑥ 人们认为,主流的漫步学派学者对某些主题缺少兴趣可以解释为什么在其他地方可以找到的著作在这几份目录中却没有,但这一点极其不可信。对这一理论尤其不利的事实是,塞奥弗拉斯特的直接继承人兰姆普萨库斯的斯特拉通(Straton of Lampsacus)对物理学似乎一直有着相当的兴趣;同时,我们还有有利的证据表明,亚里士多德的《物理学》在公元前 3 世纪在漫步学派的内部和外部都可以找到。实际上,人们已经不再怀疑,至少全集中一些主要的论著当时在漫步学派外部是可以找到的——特别是

---

④　默瑙克斯(上面注释 1),第 211—247 页;但是参见杜林,《阿里斯通还是赫尔米浦斯?》(Ariston or Hermippus?),C&M 17(1956),第 11—21 页;杜林,《古代传记传统中的亚里士多德》(上面注释 1),第 67—69 页;第 90—92 页。在这一讨论上的其他观点由默瑙克斯作了清点,《希腊的亚里士多德学派》(Der Aristotelismus bei den Griechen) I(Berlin 1973),第 4 页,注释 2;尤其参见 J.J·肯尼(J. J. Keaney),《关于亚里士多德著作传统的两条注释》(Two Notes on the Tradition of Aristotle's Writtings),AJP 84(1963),第 58—63 页。

⑤　默瑙克斯(上面注释 1),第 249—288 页。参见例如杜林,《古代传记传统中的亚里士多德》(上面注释 1),第 91—92 页(但是,在那里,他也假定 A2 是后安德罗尼柯的)。

⑥　参见,例如,默瑙克斯(上面注释 1),第 320 页。

生物学的论著,还有各种物理学和逻辑学的著作。⑦ 因此,编辑于公元前 3 世纪末漫步学派学术的两个主要世纪之一的亚里士多德著作的目录或清单,却能够依然呈现出这样十足的缺陷,这究竟是怎么回事呢?

假如有人试图论证,重要的亚里士多德的著作在公元前 3 世纪是找不到的,那么,他就不得不重新求助于那个著名的亚里士多德的著作失而复得的故事。情形似乎是,在亚里士多德死后,他的著作的手稿原本作为塞奥弗拉斯特——他的学派领袖的继任者——的财产保存在吕克昂。塞奥弗拉斯特的藏书接着按遗嘱给予了一个叫做奈留斯(Neleus)的人,他将它由雅典搬到了特洛伊(Troad)的斯凯普西斯(Scepsis)。在那里,它被奈留斯的继承人保藏在一个地窖里。由于不重视,但实际上是忘记了,直到公元前 1 世纪开始,它才由一位富有的图书收藏家阿柏利康(Apellicon)发现并购买,他将它带回了雅典。这一收藏随后由苏拉(Sulla)在公元前 86 年攻陷雅典时获得,并被带到了罗马,在那里,它受到文法学家图兰尼翁(Tyrannion)的重视,并通过他得到安德罗尼柯的重视,后者承担了在这一材料的基础上编辑亚里士多德和塞奥弗拉斯特著作的定本的工作。

尽管鲜有学者现在愿意毫无批判地接受这个由斯特拉波(Strabo)和普鲁塔克(Plutarch)所讲述的插曲的内容,但是要完全否定它又似乎缺少证据。⑧ 当然,全部亚里士多德的学院著作在希腊化时期不为人知这一观点不再能够成立,但

---

⑦ 根据狄奥根尼(5.58),斯特拉通以“物理学家”而著称。辛普利丘(见《物理学》第 923 页第 7 行以下,第尔斯=欧德谟斯,残篇 6 韦尔利[F·Wehrli])讲过这样一件事,欧德谟斯就亚里士多德《物理学》中的段落文本曾经致信塞奥弗拉斯特。伊壁鸠鲁(Epicurus)接触过《物理学》和逻辑学著作这一点得到费罗德姆斯(Philodemus)的证实,见《反智者》(*Adv. Soph.*)(Pap. Herc. 1005),残篇 1²,7—14 斯波尔东(Sbordone)＝伊壁鸠鲁,残篇 118 阿里盖提(Arrighetti);同时还可以确定,他也至少知道《论天》、《论动物的运动》和《尼各马可伦理学》。一般参见阿里盖提,《伊壁鸠鲁著作集》(*Epicuro Opere*)(Turin 1960),第 549—556 页;弗利(D. J. Furley),《对古希腊原子论者的两个研究》(*Two Studies in the Greek Atomists*)(Princeton 1967);默瑞克斯,《希腊的亚里士多德学派》(上面注释 4),第 10—12 页;第 16—17 页;索姆森,《伊壁鸠鲁论虚空、物质和生成》(Epicurus on Void, Matter and Genesis),*Phronesis* 22 (1977),第 263—281 页。有关斯多亚学派对亚里士多德物理学论著的掌握情况,参见塔兰(L. Tarán),*Gnomon* 53 (1981),第 723—725 页。对塞奥弗拉斯特以后时期漫步学派活动的概述由韦尔利提供,《回顾:前基督教时期的漫步学派》(Rückblick: Der Peripatos in vorchristlicher Zeit),《亚里士多德学派》(*Die Schule des Aristoteles*)10 (Basel 1959),第 95—128 页。

⑧ 斯特拉波,13.1.54;普鲁塔克,《苏拉传》26(*Sulla*)。特别参见默瑞克斯资料详尽的叙述,《希腊的亚里士多德学派》(上面注释 4),第 3—58 页,和塔兰的评论,*Gnomon* 53 (1981),第 724—731 页;也请参见克鲁斯特(A.-H. Chroust),《〈亚里士多德全集〉神秘的失而复得》(The Miraculous Disappearance and Recovery of the *Corpus Aristotelicum*),*C & M* 23 (1962),第 51—67 页;杜林,《亚里士多德》[上面注释 1],cols. 第 190—200 页;戈查尔克(H. B. Gottschalk),《漫步学派领袖遗嘱注释》(Notes on the Wills of the Peripatetic Scholarchs),《赫尔墨斯》(*Hermes*)100(1972),第 314—342 页。戈查尔克在怀疑有任何亚里士多德的著作被从斯凯普西斯找到这一点上,尽管没有举出 (转下页)

是,假如考虑到亚里士多德在这一时期在他的活动的一些主要领域中所产生的影响简直微不足道,那么这些著作中的一些确实曾经完全不为人所知这一点也似乎是极有可能的。《政治学》和《诗学》尤其可以被提出来作为这一类著作的例证。⑨

如何使斯凯普西斯的故事同这两份目录的证据相协调,这在任何假设上都远不是清楚的。D 和 A1 毫无疑问是古老的,这诱使人假定,它们也许可以将大量藏书被搬到斯凯普西斯的时间提前。另一方面,它们的欠缺暗示,一部分藏书一定已经被从这些清单所代表的藏书中分离了出去。但是缺失的部分似乎不可能就是运到斯凯普西斯的部分,因为这些著作中的绝大部分在希腊化时期看起来一直要比我们目录中的那些部分更为知名。那么,会不会有可能 D 和 A1 实际上代表被运到斯凯普西斯的亚里士多德著作的一份清单呢——一份由于抽去了全集中的许多主要著作而已经被缩小了的清单?

要对亚里士多德全集在塞奥弗拉斯特死后时期的种种变迁进行尝试探寻,重要的是牢记当时在雅典和整个希腊世界的动荡的政治形势。⑩ 考虑到漫步学派和马其顿统治者之间的传统联系,学园在雅典的地位一直是极其不稳定的。对卡桑德尔(Cassander)在公元前 317 年所强加于雅典的漫步学派成员法莱隆的德米特里(Demetrius of Phaleron)的统治的记忆,依然是鲜活的。雅典曾经在公元前 294 年,在经过了一段漫长而痛苦的围城之后,被波里奥瑟底(Demetrius Poliorcetes)所攻陷。在公元前 288/7 年,当波里奥瑟底在当地陷入困境时,雅典人曾经起来反对他。当塞奥弗拉斯特在他的遗嘱中留出钱以修理学园的图书馆和毗邻区域时,就很值得假定,他所暗指的破坏是由这些情况之一所招致的——可能是雅典人自己干的。认为这一历史是塞奥弗拉斯特决定把他的整个藏书遗赠给奈留斯——和奈留斯决定将它从雅典搬走——中的一个重要因素,无疑是一个

(上接注⑧)额外的证据,但却比绝大多数学者走得更远(第 342 页)。塔兰(第 727—729 页)提出一个重要的观点,即,反漫步学派的意图一直是要贬损这一故事,但对近来的批评者来说这仅止于斯特拉波的文本,而普鲁塔克的资料来源可能一直是独立于此的。

⑨ 看起来并没有足够有力的理由要假定,狄蒂姆斯(Areius Didymus)的《政治学》论证摘要是以某一种希腊化时期的摘要为基础的,毋宁说,它是按照《政治学》的文本在安德罗尼柯版本中的样子来表现它的;确实看得出来,狄蒂姆斯在这里遵循亚里士多德的文本要比他对伦理学著作的摘要中更为严格(参见默瑙克斯的论述,《希腊的亚里士多德学派》[上面注释 4],第 259—276 页;第 418—434 页)。有关《诗学》在当时找不到的论述参见埃尔斯(G. F. Else),《亚里士多德的〈诗学〉:证明》(*Aristotle's Poetics: Argument*),Cambridge, MA 1963,第 337 页,注释 125。

⑩ 影响吕克昂在公元前 3 世纪活动的政治形势由林奇(J. P. Linch)作了很好的讨论,见《亚里士多德的学园》(*Aristotle's School*),Berkeley 1972,第 103—105 页;第 152—154 页。

极有可能的假设。⑪

　　如果雅典不再能够可靠地成为漫步学派学术的中心，那么，一个显而易见的方案就自动呈现了出来。当法莱隆的德米特里在雅典失势，他便托庇于托勒密·索特（Ptolemy Soter），并协助他在亚历山大里亚建立图书馆。⑫ 塞奥弗拉斯特本人则似乎已经受到托勒密的邀请在亚历山大里亚重新安置。⑬ 在塞奥弗拉斯特公元前286年死的时候，埃及可能是马其顿继任国中最强大的，除友好的环境外还提供了一个相对的保障。这些事实都赋予了阿森纳留斯（Athenaeus）记载奈留斯将亚里士多德和塞奥弗拉斯特的著作卖给了托勒密·索特的儿子兼继承人托勒密·费拉德尔弗斯（Ptolemy Philadelphus）以一定的可信性。⑭ 此外，如果奈留斯确实对漫步学派学术的命运感到关切，那么，将他的继承物托付于亚历山大里亚就比托付于偏僻的斯凯普西斯不定的命运要合理得多。

　　阿森纳留斯声称，奈留斯将亚里士多德和塞奥弗拉斯特的"所有书籍"卖给了托勒密，他还补充说，托勒密随后获得了这两位作者在雅典和罗得斯的其他著作。这是一个模棱两可的说法，就阿森纳留斯的说法所已经取得的信任程度而言，人们一直假定，奈留斯卖给托勒密的一定是除亚里士多德和塞奥弗拉斯特之外的其他作者的著作，或者也许是他们的一些未刊手稿，或他们的著作的抄本。从字面上考虑，阿森纳留斯的证言直接和更知名的斯凯普西斯的故事相抵触，而且没有明显的调和二者的方式。⑮ 虽然如此，它却不能被轻易忽视，也许含有历史真相的一个重要因素。

　　狄奥根尼·拉尔修的塞奥弗拉斯特的传记包括归于他名下著作的一份长篇

---

⑪　有关塞奥弗拉斯特的遗嘱，参见狄奥根尼5.51—52。由于吕克昂正好位于雅典城墙以外，是很容易受到围城部队破坏的，而且在随后的两次行动中它似乎已经受到过严重的破坏（参见林奇［上面注释10］，第16—31页）；但是，雅典暴民的行动看起来至少是同样有可能的。戈查尔克认为（上面注释8，第336页）塞奥弗拉斯特的遗嘱透露出了对漫步学派在雅典的乐观展望，这没有考虑雅典人对学园及其奠基者的敌意（参考杜林，《古代传记传统中的亚里士多德》［上面注释1］，第373—395页）。这不是要否认有其他因素会在塞奥弗拉斯特的决定中起作用，诸如需要一位"图书方面的遗嘱执行人"来整理一大堆巨大但无疑没有完善组织的著作（戈查尔克就是这样认为的［上面注释8，第336—337页］）。

⑫　西库鲁斯（Diodorus Siculus）20.45.2—5，狄奥根尼·拉尔修5.78—29，斯特拉波9.1.20。有关该图书馆的起源，参见例如菲弗尔（R. Pfeiffer），《古典学术史》（History of Classical Scholarship），Oxford 1968，第87—104页。

⑬　狄奥根尼·拉尔修5.37；参考斯特拉波13.1.54。

⑭　阿森纳留斯1.4(3a—b)。兰姆普萨库斯的斯特拉通据说曾经教过年轻的托勒密（狄奥根尼·拉尔修5.58）。参见默瑙克斯，《希腊的亚里士多德学派》（上面注释4），第12—15页。

⑮　默瑙克斯设想奈留斯所卖的主要是非亚里士多德的著作——由亚里士多德和塞奥弗拉斯特收集的著作。"这些著作中是否也有亚里士多德及塞奥弗拉斯特著作的抄本、甚或是原本，我们并不知道。我们只知道，奈留斯自己保留的那一部分文稿中的确有亚里士多德的著作。因此，可以推　　（转下页）

的目录。部分因为这份目录的绝大部分内容采用了字母排序,人们一直普遍认为这份目录是亚历山大里亚图书馆的作品。⑯ 尽管确凿的是,塞奥弗拉斯特的目录(T)含有塞奥弗拉斯特之外其他漫步学派作者的著作(尤其是罗得斯的欧德谟斯),但学者们普遍是按照它表面的情况来接受它的,即,它是一份亚历山大里亚图书馆以为是塞奥弗拉斯特所写著作的目录。但这份目录不适当的长度,它的合成的性质,明显相仿的著作的存在,以及在一些情形下塞奥弗拉斯特作者身份的可疑,都在暗示它所代表的远不是一份塞奥弗拉斯特著作经过合理编排的目录。相反,它看起来像是一份漫步学派著作许多独立选集的清单。是否有可能这份目录合并了一份由托勒密从奈留斯那里获得的亚里士多德和塞奥弗拉斯特的著作的清单呢?

就此而言,阿森纳留斯说托勒密获得了在雅典和罗得斯的其他漫步学派手稿的说法便是富有启发的,因为它有助于解释 T 的复合性质和罗得斯的欧德谟斯的著作在其中的存在。不管怎样,考虑到在公元前 3 世纪及以后在亚里士多德和塞奥弗拉斯特之间作者身份相当广泛的混淆不清,亚里士多德的著作可以在塞奥弗拉斯特的著作集中找到它们的位置,这就是内在可能的——正像有可能亚里士多德的目录包含一些实际由塞奥弗拉斯特所写的著作一样。⑰

这条论证思路暗含着如下一种假设。亚里士多德主要论著的绝大部分,连

(上接注⑮)测,奈留斯把亚里士多德的有价值的原始手稿从亚历山大里亚买主的收藏中抽取了出来"(默瑞克斯,《希腊的亚里士多德学派》[上面注释 4],第 13 页)。戈查尔克(上面注释 8,第 339—340 页)不相信托勒密的经手人会满意于只有整个藏书的一少部分;也请参考塔兰(上面注释 8),第 727 页。

⑯ 这份目录由尤瑟讷尔(H. Usener)做了长篇的讨论,《塞奥弗拉斯特选集》(Analecta Theophrastea)(Bonn 1858),第 1—24 页;豪沃尔德(E. Howald),《亚里士多德和塞奥弗拉斯特文献目录》(Die Schriftenverzeichnisse des Aristoteles und des Theophrast,《赫尔墨斯》55(1920),第 204—221 页;雷根勃艮(O. Regenbogen),《塞奥弗拉斯特》(Theophrastos),RE Suppl. VII(1940)cols. 第 1363—1370 页;参考默瑞克斯(上面注释 1),第 246—247 页。J. J. 肯尼(上面注释 4)第 298 页注释 4 认为,这份目录整体上先于赫尔米浦斯。

⑰ 有关欧德谟斯的著作有可能在这份目录的后面部分存在,参见雷根勃艮(上面注释 16)cols. 第 1365 页,1540 页;韦尔利,《罗得斯的欧德谟斯,亚里士多德的学生》(Eudemos von Rhodos, Die Schule des Aristoteles)8(Basel 1955),第 113—121 页。现存的亚里士多德名下的经济学论文,它在 D(23)和 A(17)中似乎是作为一个单行本被引用的,但却被费罗德姆斯作为塞奥弗拉斯特的一本著作提及,而这有可能是正确的(参考雷根勃艮,col. 1521);现存的塞奥弗拉斯特《形而上学》的残篇有可能是和亚里士多德的著作一起流传的(参考雷根勃艮,cols. 1389—1390;伯尼科尔[W. Burnikel],《塞奥弗拉斯特九部小型著作的文本史研究》[Textgeschichtliche Untersuchungen zu neun Opuscula Theophrasts],Stuttgart 1974,第 124—127 页)。

同塞奥弗拉斯特的许多著作一起，被费拉德尔弗斯从奈留斯那里获得并被带到亚历山大里亚的图书馆，在那里，它们构成了编目在塞奥弗拉斯特名下的更大规模的漫步学派资料集的一部分。构成塞奥弗拉斯特藏书一部分的亚里士多德的其他著作则被奈留斯送到了斯凯普西斯。⑱ 这后一种集合被奈留斯或某一位同事做了编目（可能是应学园的请求或为了学园的目的），并反映在现存的目录 D 和 A1 中，而主要的论著在到达亚历山大里亚后在一开始是被看成塞奥弗拉斯特的著作，并在他的名下编目为 T。后来，这些著作被认出是亚里士多德的真作，并以亚里士多德的名字流传。一段时间后，奈留斯的书目被用作那些要么已知尚在要么在当时可以找到的亚里士多德著作的总目的基础。

　　A 作为一个整体同时代表着一份概念上（A1）和现实中（A2）的亚里士多德著作的清单，这一假设有助于说明这份目录的一些奇怪的特征，并且可以解释它的作者身份的谜团。我们有明显的证据表明，接近公元前 3 世纪末期有一份亚里士多德著作的目录是由亚历山大里亚的首席图书馆馆长赫尔米浦斯拟定的。在确认赫尔米浦斯是 A 的作者上的主要困难在于，在那份目录中缺少一个字母的排序。然而，假如可以假定赫尔米浦斯只是把一份先前存在的 A1 和一份在亚历山大里亚的亚里士多德藏品的清单结合在一起，那么，这便为 A 的混合、重复的特征提供了一种解释。⑲

　　至于 D 和 A1 之间的关系，最简单的解释似乎可以是，D 代表了奈留斯的斯凯普西斯集合的原始清单，而 A1 代表了一个晚近的版本，这个版本已经作了调整以照顾目录中那些依然（或后来又）可以找到的著作的情况。⑳ 这便使我们有理由假定，A1 代表着一份真实的目录而不是一份清单——一份不仅包括实际

---

⑱　亚里士多德的主要论著没有送到斯凯普西斯这层意思，或许被认为要求完全推翻斯特拉波—普鲁塔克的故事，因为这些论著在晚期漫步学派那里找不到是这一故事的主要论点，至少在斯特拉波的文本中是这样。然而，在这里所假定的只是，(1)这些论著中的一些（例如，《政治学》和《诗学》）确实送到了斯凯普西斯；(2)送到亚历山大里亚的论著中有一些也许是唯一的母本（尽管一些论著的副本可能仍旧保存在雅典和其他地方）；(3)亚里士多德材料的主体确实送到了斯凯普西斯。此外还应当考虑到这一可能，即，亚里士多德的著作和塞奥弗拉斯特的著作是被区别对待的——意即，送到托勒密的著作的主体是塞奥弗拉斯特的，而斯凯普西斯材料的主体则是亚里士多德的。

⑲　杜林《阿里斯通还是赫尔米浦斯？》[上面注释 4]，第 21 页)事实上接近于承认这一假设："某一种清单一定已经由图书馆管理层的一个成员做好了，时间至少早在塞奥弗拉斯特死后的十年间。对摆在我们面前的这个问题的最简单的解决办法就是假定赫尔米浦斯偶然得到了这样一份古老的清单并且把它合并到了他的亚里士多德传中，而没有根本改变它的性质。"

⑳　在对这两份目录关系的长篇讨论中，默瑞克斯(上面注释 1，第 195—209 页)试图主要根据这两份文本流传过程中的偶然因素来解释它们的不同。显然，在这里所暗示的假设不是要排除明显的文字错误的可能性；问题毋宁是，是否这些不同不是比默瑞克斯所愿意承认的更多地来自于一个样本。

所有的著作,而且包括那些已知尚在但不能找到的亚里士多德著作的目录。同时它也使我们有理由假定,这份目录是由漫步学派的领袖阿里斯通在公元前3世纪的最后二十五年的某个时候在雅典编辑的。

　　在对刚才勾勒的这一假设的具体内容做进一步讨论之前,最好是从这几份目录本身和其他地方提出最清楚地支持这一假设的证据来。

二

　　我们可以从无疑是这几份目录以及一般来说全集早期历史中最成问题、最困难的地方开始,这就是物理学和形而上学的著作。长期以来人们已经注意到,这几份早期目录在任何形式的物理学和形而上学著作方面是出奇地贫乏的;同时,列入目录的这类著作和全集通行的体例也并不符合一致。在 D 中根本没有任何条目有关一本论述形而上学的一般性著作,只有少数几个条目或许隐含着这一主题上的单篇论文。A2 列入了一部十卷本的 μεταφυσικά (154)。虽然这一条目同现在有关《形而上学》构成的观点肯定是协调的,但是,它却严重地妨碍了 A2 或它的相关部分是后安德罗尼柯的观点,而因此默瑞克斯便修订它以产生十三卷(现行的论著,没有 α)。[21] 至于 A1,它包含 μεταφυσικά κ̄[《形而上学》二十卷本]这一难以捉摸的条目(A 111)。这一般被认为是列在 A2 中的十卷本的《形而上学》的一个副本,而 κ̄ 则被解释成代表的不是数字二十,而是指这一论著的最后一卷或卷十。然而,事实上,这一解释整个儿是武断的,单单根据这几份目录没有任何理由相信它所指的不是一部 20 卷的著作。[22]

　　物理学著作的情况并不令人更少迷惑。没有任何物理学方面的一般性著作在这几份早期目录中可以找到,只除了 A2 中 18 卷的 φυσικὴ ἀκρόασις[物理学讲稿]这一条目。在 D 和 A1 中出现的许多短篇论文可以被认作提供了一些——尽管不是全部——我们现行《物理学》的构成章节。那篇一卷本的、有着 περὶ ἀρχῆς[论本原](D41)和 περὶ ἀρχῶν ἢ φύσεως[论本原或自然](A21)这些不同题名的论文,通常被认为是《物理学》第 1 卷的一个可能的候选者,因为这一卷看上去像是一部原本独立的著作;三卷本的 περὶ φύσεως[论自然](D90;参考 A81)可

㉑　默瑞克斯(上面注释 1),第 278—279 页。

㉒　默瑞克斯(上面注释 1),第 196—197 页;参考杜林,《古代传记传统中的亚里士多德》(上面注释 1),第 90 页。

能代表《物理学》第 2—4 卷;一卷本的 $\pi\epsilon\rho\grave{\iota}$ $\kappa\iota\nu\acute{\eta}\sigma\epsilon\omega\varsigma$[论运动]的两个条目(D45,115 = A40,102)可能代表着相对独立的《物理学》第 7 卷(该卷以两种不同的版本存在)。然而,没有任何有关一本论述运动的三卷本的著作的条目,它可以解释《物理学》第 5—6 卷和第 8 卷。㉓ 其他同《物理学》有着密切关系的主要著作的情况同样是令人沮丧的:《论天》、《论生成和毁灭》、《气象学》,即使是以一种最依稀可辨的形式,在 D 和 A1 中也是整个缺乏的。㉔ 然而,后两本著作确实出现在了 A2 中,附有它们各卷的恰当的补充。

　　当我们转而面对塞奥弗拉斯特的目录,人们首先感到吃惊的是这一事实,形而上学著作在这里就像在亚里士多德的目录中一样证据是很少的,尽管众所周知,塞奥弗拉斯特写有这一主题的著作——实际上,一份内容充实的有关他的一部论形而上学的导论性的讲稿的残篇被保存了下来。与此同时,还有大量明显致力于物理学主题的著作。下面的这些标题是最直接相关的: $\pi\epsilon\rho\grave{\iota}$ $\varphi\upsilon\sigma\iota\kappa\hat{\omega}\nu$[论自然物],18 卷(46); $\pi\epsilon\rho\grave{\iota}$ $\varphi\upsilon\sigma\iota\kappa\hat{\omega}\nu$ $\epsilon\pi\iota\tau o\mu\acute{\eta}$[论自然物摘要],2 卷(46); $\varphi\upsilon\sigma\iota\kappa\alpha\grave{\iota}$ $\delta\acute{o}\xi\alpha\iota$[自然学说], 16 卷(48); $\varphi\upsilon\sigma\iota\kappa\acute{\alpha}$[自然物], 8 卷(46); $\pi\epsilon\rho\grave{\iota}$ $\varphi\acute{\upsilon}\sigma\epsilon\omega\varsigma$[论自然],3 卷(46); $\pi\epsilon\rho\grave{\iota}$ $\varphi\acute{\upsilon}\sigma\epsilon\omega\varsigma$[论自然],没有说明篇幅(50); $\pi\epsilon\rho\grave{\iota}$ $\kappa\iota\nu\acute{\eta}\sigma\epsilon\omega\varsigma$[论运动],3 卷(44); $\pi\epsilon\rho\grave{\iota}$ $\kappa\iota\nu\acute{\eta}\sigma\epsilon\omega\varsigma$[论运动],2 卷(49)。很明确,塞奥弗拉斯特写有一部 5 卷或更多卷的物理学的论著,把它同有关一部 8 卷本的《物理学》的条目相等同似乎是合理的。㉕ 对塞奥弗拉斯特来说同样得到很好证实的是那部 16 卷的学案性质(doxographical)的论著。但其余的条目尚未被说明。令人最感兴趣的是那部大部头的 18 卷的物理学论著。尽管它常常被认为是那部学案性质著作的一个副本,㉖但是关于这一点没有任何证据。赋予这部著作的卷数和赋予列在 A2 中的那部"物理学讲稿"的卷数相同,这难道仅仅是巧合吗?

　　我想表明,这两部著作实际上是同一部著作,而它们的相同为追寻亚里士多德物理学著作整体的历史提供了一条具有根本重要意义的线索。我相信,在 T 和 A2 的这部 18 卷的"物理学"中我们所拥有的是全套论文,它们构成了亚里士

㉓　参见罗斯,《亚里士多德的〈物理学〉》(*Aristotle's Physics*),Oxford 1936,第 1—6 页。

㉔　参考默瑙克斯(上面注释 1),第 104—105 页。

㉕　这部论著似乎原本包括一卷 $\pi\epsilon\rho\grave{\iota}$ $o\grave{\upsilon}\rho\alpha\nu o\hat{\upsilon}$[论天]和至少两卷的 $\pi\epsilon\rho\grave{\iota}$ $\psi\upsilon\chi\hat{\eta}\varsigma$[论灵魂](雷根勃良[上面注释 16] cols. 第 1396—1397 页),这是一个重要的事实,它为后面所做的对这部大部头的物理学和形而上学著作的分析提供了佐证。

㉖　雷根勃良(上面注释 16)cols. 第 1395—1396 页,第 1535—1536 页。每部论著后紧随着一篇长度不等的摘要这一事实,看上去实际上是会不利于这一认定的。

多德吕克昂学园中的物理学方面的讲稿——而且包括了所有相关的亚里士多德的在其他早期目录中没有发现的论文。

我们有必要对现存的物理学论著的关联和排序证据的重要性加以强调。这从《气象学》的前言来看尤为明显,《物理学》、《论天》、《论生成和毁灭》和《气象学》构成了对自然现象的一个范围广阔的连续的研究。没有任何证据表明,将这几篇物理学论文联系在一起的那个内在的说明不是亚里士多德本人而是任何其他人做出的,同时《气象学》的这篇前言现在看来也普遍被承认是真作。[27] 凑巧的是,这四部论著在它们现在的形式上加起来的总数是 18 卷。这似乎便为将它们和那些长篇论著之一相等同提供了铁证,而和 A2 中的那一条目的等同事实上也是题中应有之义。[28]

然而,还需要考虑其他几个问题。首先,有许多证据表明,《物理学》的第 7 卷不是那一著作的一个有机的部分。由罗得斯的欧德谟斯在公元前 3 世纪早期所作的对《物理学》的详尽的注释遗漏了第 7 卷这一事实,充分地证明了它是在后来一个时期被加上的——几乎可以肯定是安德罗尼柯干的。[29] 其次,极有可能《气象学》在一段时间内以三卷本的样式存在。我们所拥有的《气象学》的第 4 卷同这一著作的其他各卷的联系非常脆弱,而且有某种证据表明它也许结合了塞奥弗拉斯特的材料,尽管这一卷在整体上被充分证明是亚里士多德的。[30] 此外,第 3 卷的结尾看上去像是要过渡到对金属和矿物的讨论上去。最后,存在着《形而上学》的内容。而恰恰是"形而上学"这个词证实了在漫步学派历史中在这一学科和物理学之间的某种外部的联系;而且同样明显的是,"物理学"本身在那

---

[27] 根本重要的讨论见卡佩勒(E. Cappelle),《〈气象学〉的前言》(Das Proömium der Meteorologie),《赫尔墨斯》47(1912),第 514—535 页。参考杜林,《亚里士多德:他的思想的描述和解释》(*Aristoteles: Dastellung und Interpretation seines Denkens*),Heidelberg 1966,第 348—349 页。

[28] 罗斯(上面注释 23),第 6 页。

[29] 欧德谟斯,残篇 31—123 韦尔利;罗斯(上面注释 23),第 15—18 页。如我们即将简短论证的,没有必要像罗斯那样(第 18 页)假定,一部 8 卷本的《物理学》在公元前 3 世纪已经存在了。

[30] 这一卷代表着塞奥弗拉斯特或他的一个学生对亚里士多德一篇论文的修订,这已经由戈查尔克作了论证,《〈气象学〉卷四的作者》(The Authorship of *Meteorologica*, Book IV),*CQ* N. S. 11(1961),第 67—79 页;但请参考杜林(上面注释 27),第 349—350 页,和弗利,《〈气象学〉卷四的结构:生物学的一个序论》(The Mechanics of *Meteorologica* IV: A Prolegomenon to Biology),见《亚里士多德全集中的疑点》(*Zweifelhaftes im Corpus Aristotelicum*),默瑙克斯和魏斯讷尔(J. Wiesner)编辑,第九届亚里士多德学会(Berlin 1983),第 73—93 页。

个时候还绝非一个得到充分界定的研究领域。③

　　对各种可能的解决方案做一充分讨论会使我们偏离主题。我以为,最坚牢的一个方案是这样一个版本,它被限制在这样一些物理学论著上,包括《物理学》的 7 卷(第 1—6 卷和第 8 卷),《论天》的 4 卷,《论生成和毁灭》的 2 卷,《气象学》的 3 卷(第 1—3 卷),以及一部两卷本的论论金属和矿物的论著。

　　至于后者,《气象学》第 3 卷的结尾似乎清楚地预告了一个由亚里士多德本人所做的对矿物($τὰ$ $ὀρυκτά$)和金属($τὰ$ $μεταλλευτά$)的具体讨论。把这一段同塞奥弗拉斯特现存的$περὶ$ $λίθων$[论矿石]相比较表明,在这一领域在亚里士多德的研究方法和塞奥弗拉斯特的研究方法之间也许原本存在着实质的差异,塞奥弗拉斯特也许本来是为了回应亚里士多德的这样一种著作或者作为对它的一种修订,才撰写了他自己的论著$περὶ$ $μετάλλων$[论矿物]。尽管没有任何这类内容的著作在那几份目录中得到具体的证实,但是,一部$περὶ$ $μετάλλων$却被许多早期作者引用,不只是以塞奥弗拉斯特的名义,也以亚里士多德的名义。同塞奥弗拉斯特相类著作的持续的混淆,以及在这些目录中缺少这样一个独立的单元,可以有助于说明这部论著的随后的失传。②

　　那么,《形而上学》的情况如何呢? 让我们来考察目录 A 里"形而上学"名称下的各条目——首先便是 A1 中一部二十卷本的《形而上学》的明显的目录。修订或解释掉这一古怪称呼的诱惑是强烈的,但它必须被予以抵制。这一目录能够清楚地表现出"形而上学"这个词在现存文献中的最早出现,而我们不应当假定它具有为我们所熟知的涵义。此外,一部二十卷本的《形而上学》的存在可以解释 A2 中与之相应的那个条目$τῆς$ $μεταφυσικὰ$ $ῑ$[《形而上学》之十卷本]的古怪的形式。除非这一条目是单纯损坏了的(如默瑞克斯所假定的),否则,它应当是指"形而上学[讲稿或文集]之十卷本",意思是说所提到的只是一个更大的整体的一部分。③ 如果这个解释是正确的,那么情形便似乎是,一部十卷本的《形而上学》在某种意义上是从一个大得多的素材群中形成或摘引而出的。

───────────

③　罗斯(上面注释 23,第 2—3 页)区分了亚里士多德本人所使用的"物理学"这个术语的三层意思,其中一层意思较为宽泛,涵盖了《论天》,并有可能包括其他一些论自然的论文。《形而上学》在很多地方都往回指涉到这些物理学论文。尽管通常始终假定,这一著作的得名是由于在安德罗尼柯的版本中它紧随物理学论著之后的位置,但上述内在的证据却表明,这种联系要更古老一些,更有机一些。参见下面注释 35。

②　参见雷根勃艮的论述(上面注释 16),cols. 1416—1418。

③　参考默瑞克斯(上面注释 1),第 253、279 页。上述见解我得益于彻尔尼斯。

　　这个素材群具体原来会由什么构成,这很难确信地说,尽管可以假定,这样一个集合会缺少引申的物理学论著的那种内在的联系和逻辑。尽管考虑到对"形而上学"这个词起源的解释,同《物理学》的一个联合初看起来也许是富有吸引力的,但是经过反思,它却似乎由于这同样的因素而被排除掉。但在另一方面,恰恰有可能的是,其余的十卷包含着论述自然现象的引伸的论著中跟在"物理学之后"的那三篇论著的部分或抄本。不管怎样,《论生成和毁灭》与一部四卷本的《气象学》被单独列在 A2 中这一事实暗示着这样一种可能性,即,我们在这份目录的这一部分中所正在涉及到的是物理学和形而上学著作的两个明显不同的版本——T 中的那部十八卷的论著,和 A1 中的二十卷的"《形而上学》"的一个分解开来的版本。另一种极有可能的方案是,一部二十卷的"《形而上学》"也许本来包括《论灵魂》和短篇生物学/心理学著作,这首要地由《气象学》第 4 卷结尾的那段过渡到生物学著作的明显的预告所暗示。人们还应当考虑这样一种可能,即,它包括亚里士多德之外的其他漫步学派成员的形而上学著作——尤其是塞奥弗拉斯特的"形而上学残篇",它的早期历史除此而外是无法被说明的——以及从属于定本《形而上学》的外围各卷的部分或全体。㉞

　　除 A2 的证据以外的内部证据表明,我们的《形而上学》的原始核心由 ΑΒΓΕΖΗΘΜΝΙ 十卷按此顺序所构成。尽管这一核心中的个别的卷或章节同亚里士多德的绝大多数其他论著中的情形相比显然独立性更强一些,但是,难以排除的可能却是,各卷所确实拥有的那样一种统一性(特别是考虑到交互指引)是亚里士多德而非一个后来的编辑者做的。尽管依然存在值得考虑的如下观点的可能,即,一部十卷本的《形而上学》是在亚里士多德殁后和安德罗尼柯编辑之间的某个时候从多少有关联的亚里士多德的素材中构成的。而且,事实上,我们有明显的证言证明,编辑工作由罗得斯的欧德谟斯依据《形而上学》的文本被做过。欧德谟斯是塞奥弗拉斯特之后亚里士多德的学生中最杰出和最受青睐的,可以很容易地被假定在塞奥弗拉斯特死后进入过塞奥弗拉斯特的藏书室。实际上,

---

㉞ φυσικὴ ἀκρόασις ιη[《物理学讲稿》十八卷本]这一条目被默瑙克斯(上面注释 1,第 252 页)修订为η,以给出我们的八卷本的《物理学》。接下来两个条目似乎代表我们的《论生成和毁灭》和《气象学》,看起来为这一观点提供了支持(《论天》的缺少被默瑙克斯不无道理地做了解释,途径便是暗示这一著作也许隐含在紧跟着的περὶ πλούτου α[《论财富》一卷本]条目中)。但是,除此而外,对物理学论著的那个条目的修订始终完全是武断的。此外,如已经指出的那样,假定《气象学》的两个明显不同的版本(一个有第 4 卷,另一个没有)有着充分的理由。有关塞奥弗拉斯特形而上学残篇的流传,参见上面注释 17。

根据一则传说,亚里士多德曾送给欧德谟斯《形而上学》的手稿。㉟ 如果这条被公认有问题的材料有任何真实性的话,那么,它所能向我们暗示的就不仅仅是欧德谟斯整理了他自己的《形而上学》版本,而且是他在《形而上学》的传播中起到了中介作用。尽管很难相信欧德谟斯从雅典得到了或者被赠予了我们的大部分或者全部《形而上学》的唯一的抄本,但这并非可以被排除的一种可能,而且它还从那些能够被合理地解释为暗含了《形而上学》核心各卷的条目在最早的目录中的缺失中获得证据支持。

如果欧德谟斯确实是一部核心的十卷本的《形而上学》的原始编辑者,那么,就有各种理由假定 A1 的二十卷的"《形而上学》"也反映了他的工作,并且"形而上学"这个术语是由他最初运用于这一更大的集合上的。看起来有理由认为,欧德谟斯也对一部四卷本的《气象学》的版本负有责任。㊱

㉟ 根据伪亚历山大(见《形而上学》515.9—11 海达克[Hayduck]=欧德谟斯,残篇 124 韦尔利),有两段话"被亚里士多德放到了一起,但被欧德谟斯分开了"。阿斯克勒皮乌斯(见《形而上学》4.9 海达克=欧德谟斯,残篇 3 韦尔利)声称,亚里士多德把整本著作送给了欧德谟斯,后者认为"如此伟大的一部著作应当被出版"的想法是不妥当的——这显然影射一种隐秘的学说的观念。还应当注意到的是,我们的《形而上学》的 α 卷在一条注释中被归于罗得斯的帕西克勒斯,亚里士多德的一个学生,欧德谟斯的外甥。罗斯《亚里士多德的形而上学》I[Oxford 1928],第 xxxi—xxxii 页)主观上愿意接受一部十卷本的《形而上学》的版本在公元前 3 世纪的存在,但是似乎没有把有关欧德谟斯的那些评论看作是对此的证据。欧德谟斯的作用被莱讷(H. Reiner)加以强调,《形而上学》名称的产生和最初的涵义》(Die Entstehung und ursprüngliche Bedeutung des Namens Metaphysik),ZPhF 8 (1954),第 210—237 页(参考默瑙克斯[上面注释 1],第 315 页);也请参看克鲁斯特,《"形而上学"的起源》(The Origin of "Metaphysics"),RMeta 14 (1961),第 601—616 页。

㊱ 上述的这样一种有关一部二十卷本的"《形而上学》"的假设得到了 A1(39)中的一个条目 ηθικῶν κ [《伦理学》之二十卷]的强化。尽管一般假定这指的是十卷本的《尼各马可伦理学》(NE),但是,把 K 解释为数字 20 这一点可以很容易地被辩解为是亚里士多德三部伦理学论著各卷的总数。D(38)中相应的条目登记了一部五卷本的"《伦理学》";这似乎代表《欧德谟斯伦理学》(EE),而不包含它和《尼各马可伦理学》所共有的三卷。A2(174)中那条奇怪的条目 περὶ ἠθικῶν Νικομαχείων 被安东尼·肯尼(Anthony Kenny)《亚里士多德的伦理学》[The Aristotelian Ethics],Oxford 1978,第 43—46 页)解释为有关 NE 真实性的一个学术讨论;但看起来更为可能的是,περί 只是一个搞错了的修正(如默瑙克斯[上面注释 1]第 258 页所假定的那样),而且这个条目代表着 NE 本身。现在全集中的伦理学论著在最早的几份目录(除 D 外还有 T)中明显缺失,这暗示有关它们的编辑工作在亚里士多德死后仍在继续。特别是,它使我们有理由假定,欧德谟斯对于把 D 中的五卷本的"《伦理学》"同共有的几卷重新合在一起负有责任,也对把这部著作同他的名字联系在一起负有责任。博德乌斯(R. Bodéüs)的说法(《亚里士多德伦理著作的历史的研究:证言》[Contribution à l'histoire des oeuvres morales d' Aristote: les Testimonia],RPhL 71[1973],第 451—467 页),似乎给安德罗尼柯在 EE 和一般伦理学著作的构成上的编辑作用赋予了过多的份量。

三

我们最后转到生物学著作上来。亚里士多德全集这一被忽视了的部分的历史产生了许多的谜团,这在很大程度上是由于希腊化时期的著作家们对这些著作的经常引用与这几份目录或现存的论著并不总是符合一致。然而,经过恰当理解,我相信,它们为这里所详述的假设提供了重要的证明。

D 和 A1 都记录了下列生物学论著: $\pi\epsilon\rho\grave{\iota}\ \zeta\acute{\omega}\omega\nu$ [论动物],9 卷; $\pi\epsilon\rho\grave{\iota}\ \mathring{\alpha}\nu\alpha\tau o\mu\mathring{\omega}\nu$ [论解剖], 7 卷; $\mathring{\epsilon}\kappa\lambda o\gamma\mathring{\eta}\ \mathring{\alpha}\nu\alpha\tau o\mu\mathring{\omega}\nu$ [解剖精选], 1 卷; $\mathring{\upsilon}\pi\grave{\epsilon}\rho\ \tauo\mathring{\upsilon}\ \mu\mathring{\eta}\ \gamma\epsilon\nu\nu\mathring{\alpha}\nu$ [论不育],1 卷; $\mathring{\upsilon}\pi\grave{\epsilon}\rho\ \tau\mathring{\omega}\nu\ \sigma\upsilon\nu\theta\acute{\epsilon}\tau\omega\nu\ \zeta\acute{\omega}\omega\nu$ [论合成的动物],1 卷; $\mathring{\upsilon}\pi\grave{\epsilon}\rho\ \tau\mathring{\omega}\nu\ \mu\upsilon\theta o\lambda o\gamma o\upsilon\mu\acute{\epsilon}\nu\omega\nu\ \zeta\acute{\omega}\omega\nu$ [论神话传说的动物],1 卷(D 102—107 = A 90—95)。第一条已经被普遍假定代表全集中的《动物志》(HA),而构成该书现在第 10 卷的那篇论不育的论文则通常被与 $\mathring{\upsilon}\pi\grave{\epsilon}\rho\ \tauo\mathring{\upsilon}\ \mu\mathring{\eta}\ \gamma\epsilon\nu\nu\mathring{\alpha}\nu$ 这一条相等同并被认为是安德罗尼柯所添加的。$\pi\epsilon\rho\grave{\iota}\ \mathring{\alpha}\nu\alpha\tau o\mu\mathring{\omega}\nu$ 一般被认为代表了亚里士多德的一部主要或仅仅包含解剖学图表的真作,它显然曾经包括在安德罗尼柯的版本中(参考第 41 页);其他两篇短篇论文没有任何线索保留下来。[37] 其他生物学著作这样在 D 和 A1 中就得不到说明。那么,塞奥弗拉斯特的书目怎样呢?T 记录了以下生物学著作: $\pi\epsilon\rho\grave{\iota}\ \zeta\acute{\omega}\omega\nu$,7 卷(44); $\mathring{\epsilon}\pi\iota\tauo\mu\alpha\grave{\iota}\ \mathring{A}\rho\iota\sigma\tauo\tau\acute{\epsilon}\lambda o\upsilon\varsigma\ \pi\epsilon\rho\grave{\iota}\ \zeta\acute{\omega}\omega\nu$ [亚里士多德《论动物》摘要],6 卷(49); $\pi\epsilon\rho\grave{\iota}\ \zeta\acute{\omega}\omega\nu$,未注明篇幅(50); $\pi\epsilon\rho\grave{\iota}\ \tau\mathring{\omega}\nu\ \alpha\mathring{\upsilon}\tauo\mu\acute{\alpha}\tau\omega\nu\ \zeta\acute{\omega}\omega\nu$ [论自发产生的动物],1 卷(46); $\pi\epsilon\rho\grave{\iota}\ \zeta\acute{\omega}\omega\nu\ \phi\rho o\nu\acute{\eta}\sigma\epsilon\omega\varsigma\ \kappa\alpha\grave{\iota}\ \mathring{\eta}\theta o\upsilon\varsigma$ [论动物的理智和习性],1 卷(49);以及 7 篇各一卷的论著分论不同的动物学主题,连续列出(43—44)。除开这些短篇论文中的一些残篇之外,这些作品中没有一部保存下来,至少不是在塞奥弗拉斯特的名下。看来极有可能的是, $\pi\epsilon\rho\grave{\iota}\ \zeta\acute{\omega}\omega\nu\ \phi\rho o\nu\acute{\eta}\sigma\epsilon\omega\varsigma\ \kappa\alpha\grave{\iota}\ \mathring{\eta}\theta o\upsilon\varsigma$ 这篇论文是按照目前所构成的那样被编入了亚里士多德的《动物志》中。[38]

概言之,从古代对漫步学派生物学著作的相对丰富的指涉来看,在这些著作实际的作者身份上存在着巨大的混淆是明显可证的。特别是在希腊化时期,这

---

[37] 默瑙克斯(以上注释 1),第 253 页。

[38] 阿森纳留斯引了《动物志》IX 中的一段话,并把它归于亚里士多德的一篇 $\pi\epsilon\rho\grave{\iota}\ \zeta\acute{\omega}\omega\nu\ \mathring{\eta}\theta\omega\nu\ \kappa\alpha\grave{\iota}\ \beta\acute{\iota}\omega\nu$ [论动物的习性和生活]的论文。$\pi\epsilon\rho\grave{\iota}\ \zeta\acute{\omega}\omega\nu\ \phi\rho o\nu\acute{\eta}\sigma\epsilon\omega\varsigma\ \kappa\alpha\grave{\iota}\ \mathring{\eta}\theta o\upsilon\varsigma$ 除此之外证实不了是塞奥弗拉斯特的;但是《动物志》IX 的一些特征暗示了塞奥弗拉斯特的作者身份。参见雷根勃艮(以上注释 16)cols. 1426—1427,1432—1434。

些生物学作品似乎全都被（一份总计达 70 卷的统计）归于了亚里士多德本人的名下。[39] 考虑到这一点，以及其他证实塞奥弗拉斯特作者身份的证据的相对缺乏，人们有权怀疑，至少两部长篇论著代表了亚里士多德的作品。

在转到 A2 之前，让我们简明地考察一下来自于其他资料的证据，该证据涉及到在公元前 3 世纪中的生物学著作的状况。学说编纂者阿波罗尼乌斯（Apollonius）讲，亚里士多德"有两部论动物的论著，《论动物》（On Animals）和《论属于动物的东西》（On Things Pertaining to Animals）（δύο γὰρ εἰσιν αὐτῷ πραγματεῖαι, ἡ μὲν περὶ ζῴων, ἡ δὲ περὶ τῶν ζῳικῶν）。[40] περὶ ζῳικῶν 或 ζῳικά 这一论著常常被公元前 3 世纪及之后的著作家们所引用或提及（它似乎在公元前 200 年左右已经由拜占庭的阿里斯托芬[Aristophanes of Byzantium]作了摘要），而且显然不同于现存的任何一部论著。从对阿森纳留斯那里对亚里士多德的动物学引用的一个研究来看显而易见的是，[41]在安德罗尼柯之前有过一个《动物志》前 6 卷的版本，其曾经的题目是 περὶ ζῴων μορίων[论动物的部分]。尽管阿森纳留斯提供的证据由于他或者他的来源之一也显示了对安德罗尼柯版本的了解的事实而变得复杂，但是，它却一般地证实了阿波罗尼乌斯有关这两部动物学论著的证言，并且看起来表明 περὶ ζῳικῶν 是一部不为我们所知的有关动物学描述的作品，περὶ ζῴων 是我们的《动物志》的前 6 卷。[42]

A2 的证言就其自身来看（照它一般的情况）似乎相对不成问题。A2 记录了一部十卷本的 περὶ ζῴων ἱστορίας[动物志]，一部 περὶ ζῴων κινήσεως[论动物的运动]，一部 περὶ ζῴων μορίων，和一部 περὶ ζῴων γενέσεως[论动物的生成]，每一部都是 3 卷，以及（经过一个轻松的文本修订）一部三卷本的 περὶ ψυχῆς[论灵魂]。第一条普遍被等同于我们的《动物志》，接下来的三部被等同于现存的同名论著——《论动物的运动》（MA）、《论动物的部分》（PA）和《论动物的生成》（GA）——除了卷数全都有误这一点。但这不是唯一的困难。如果十卷本的"《动物志》"是后安德罗尼柯的，那么，难以理解的是，它怎么能够紧挨着一部前安德罗尼柯的十卷本的"《形而上学》"出现。不管怎样，如果 A2 是早的，那么，

---

[39] 卡利斯图斯的安提格努斯（Antigonus of Carystus），*Mir.* 60。普林尼（Pliny）《自然史》8.44）提到 50 卷。特别有意思的事是，赫尔米浦斯和卡利马库斯（Callimachus）把出现在塞奥弗拉斯特书目中的生物学著作都当成亚里士多德的。一般参见雷根勃艮（上面注释16），cols. 1370—1374，1432—1434。

[40] 阿波罗尼乌斯，*Mir.* 27。阿波罗尼乌斯的盛年虽不确定，但可能应当处于公元前 3 世纪末左右。

[41] 杜林，《对亚里士多德著作的传播史的注释》（Notes on the History of the Transmission of Aristotle's Writtings），《哥德堡大学年鉴》（*Göteborgs Högskolas Årsskrift*）56（1950 年），第 37—70 页；J. J·肯尼（上面注释 4），第 52—58 页。

[42] 参见杜林（上面注释 41），第 41—48 页。

要说明在它所包含的生物学著作和同时及以后的著作家们在亚里士多德的名下所引用的著作之间的严重的分歧，就会不太容易。具体来说，为什么同时代的著作家们提到一部在任何一份书目中都似乎没有被提到的περι ζωικων，而从来没有提到现存的那两部主要的论著——《论动物的生成》和《论动物的部分》——中的任何一部？几部较小的生物学著作（《论动物的行进》和《自然短论集》）根本没有出现，这也是一个困难。

那么，有别的说明方式吗？也许可以表明，解决问题的第一步在于将记录在 T 中的六卷本的《亚里士多德〈论动物〉摘要》（否则无从得知）同阿森纳留斯作为 περι ζωων μοριων 而提及的六卷版的《动物志》相等同。不难看出《动物志》的前 6 卷（它显然构成了一个组成单元）如何有可能原来是作为《论动物的部分》和《论动物的生成》的一个摘要而被列入目录的，因为它们在题材上和这两本书相契合。与此同时，相比于 A2 中两部三卷本的有关"动物的部分"和"动物的生成"的记录原文有误的说法，这一假定看起来了提供了一个更好的解释（尽管必须承认，由于划分出现在现在的《动物志》的卷 IV 之后，卷数在两种情况下都有困难）。第二步在于将 A2 的十卷本的"《动物志》"同除此之外无法得到说明的 περι ζωικων 相等同，阿波罗尼乌斯的证言表明它原来一定是一部主要著作。

如同在物理学和形而上学著作的情况中那样，有必要考虑现存的这些论著的顺序和关联。内部的指涉表明生物学著作曾经构成了一个更大的结构的一部分，顺序是：《论动物的部分》、《论动物的行进》、《论灵魂》、《论感觉》、《论记忆》、《论睡眠》、《论梦》、《论睡眠中的预兆》、《论动物的运动》和《论动物的生成》。㊸富有诱惑的是假定，这些论著之间的绝大多数过渡是由安德罗尼柯添加的，目的是为了加强全集的顺序。但是事实依然是，上述各著作之间的关联绝非总是显然的，尤其关于心理学著作的位置，并且难以理解的是，为什么安德罗尼柯编造了这些指涉而没有别的。既然没有任何证据表明亚里士多德的继任者可以对上述的结构负责，因此，推论一定就是，这一结构要追溯到亚里士多德本人。与此同时，重要的是要注意到有一条和这一次序直接冲突的单独的指涉存在：这条位于《论动物的部分》的一些抄本的结尾处（697b29—30）的指涉表明，这一著作曾经紧跟着的是《论动物的生成》。

假如有人把《自然短论集》这一篇幅短小的文集算成 2 卷（就像它们在 P 中出现的那样），那么，这一外围的生物学论著中的卷数就等于 16 卷。而 περι ζωων 的

㊸　《论动物的行进》714b20—23；《论感觉》436a1—8,449b1—4；《论睡眠》453b11—24；《论动物的运动》704b1—3；并请考虑《论动物的部分》639a1—641b10。

9 卷被记录在 D 和 A1 中，同一题目的 7 卷被记录在 T 中。如果有人考虑《论动物的部分》和《论动物的生成》之间的古怪的关联，那么，富有意义的就是指出，记录在 D 和 A1 中的那部 9 卷的作品代表的是我们的《论动物的部分》（4 卷）和我们的《论动物的生成》（5 卷）的一个联合，《论动物的部分》结尾的过渡性的短语是在后来作为这两部著作联合的结果加上去的。《论动物的部分》和《论动物的生成》位于奈留斯保存在斯凯普西斯的著作之列，这也解释了在希腊化时期完全见不到对这两部论著中的任何一本的指涉（阿波罗尼乌斯的证言所表明的远非偶然）。同样可以理解的是，由于《动物志》核心文本的存在表面上覆盖着相同的领域，它们一直被认为是不重要的。

　　如果这一等同是正确的，那么就有可能列在 T 中的七卷本的 περί ζώων 也许代表了外围的生物学系列中剩下的那几部论著——《论动物的行进》（1 卷）、《论灵魂》（3 卷）、《自然短论集》（2 卷）和《论动物的运动》（1 卷）。但是，必须要承认的是，这一条目紧挨着 7 篇各一卷的、连续记录在 T（43—44）中的动物学作品这一点似乎会排除这种等同。[44] 但不管怎样，可以得到的一个极好的例证就是，和记录在 T 中的 6 卷本的"摘要"一样，这一合集在 A2 中是以分开的形式出现的。在 περὶ ψυχῆς γ [《论灵魂》3 卷] 这一条之外，A2 记录了一部 περὶ ζῴων κινήσεως γ [《论动物的运动》3 卷]（156）。《论动物的行进》多次被亚里士多德在一个近似的题目下提及，而且可能原本处于整个这一组论著的开头。有可能，富有诱惑的是假定，περὶ ῥητορικῆς [修辞学]这一不完整而且位置不当的条目暗含的是一卷本的《论动物的行进》的条目，而 περὶ ζῴων κινήσεως 则除《论动物的运动》之外还包括了《自然短论集》。[45] 这也就加强了把这些生物学和心理学著作同 A2 的《形而上学》条目联系在一起、因而同 A1 的二十卷本"形而上学"联系在一起的事实。

　　接下来要对 περὶ ζῳικῶν（按照我的论证，即 A2 的 περὶ ζῴων ἱστορίας）和它在早期书目中的位置做一些额外的说明。尽管也许有可能把这一著作同散见于 T 中的论著相等同，但现存的对 περὶ ζῳικῶν 的引用强烈地指向的是非

---

[44]　在另一方面，这也许是 T 中这样一种重复的唯一的实例。参见雷根勃艮（上面注释 16），cols. 1363—1370，和 J. J·肯尼，《赛奥弗拉斯特的〈植物志〉的早期传统》（The Early Tradition of Theophrastus' Historia Plantarum），《赫尔墨斯》96（1968），第 293—298 页。

[45]　对这一作品的确凿无疑的提及是在 περὶ πορείας καὶ κινήσεως τῶν ζῴων [论动物的行进和运动]（《论动物的部分》696a11）和 περὶ τὰς τῶν ζῴων κινήσεις [论动物的运动]（《论天》284b13）这两个题目下出现的。特别是由于稿本实际上是 περὶ ριτορικῆς（[译按] ριτορικῆς 为 ῥητορικῆς 之误），这一讹误应当不会是古文字方面的疑难：ΠΕΡΙΠΟΡΕΙΑΣ→ΠΕΡΙ[ΡΙ]ΤΟΡΙΚΗΣ。

亚里士多德的作者身份这一事实却表明,必须要考虑另外的可能性——即,这一著作事实上等同于拜占庭的阿里斯托芬的《摘要》。阿里斯托芬对他的作品的目的的说明是富有启发性的:"我从事于此为的是亚里士多德对动物的研究[τὴν ὑπὸ Ἀριστοτέλους περὶ ζῴων πραγματείαν]不应当被分散在若干著作中,同时在聚集在一块后,你将拥有对各种动物的论述[τὴν ἐφ᾽ ἑνὶ ἑκάστῳ ζῴῳ ἱστορίαν]。"在从事这一工作的过程中,阿里斯托芬似乎利用了一些漫步学派作家的生物学著作,而且可以设想的是,他纳入了大量单篇的亚里士多德或塞奥弗拉斯特的论著(这可以解释后来的作者引用这部著作的混乱的状态)。⑥ 阿里斯托芬在他的《摘要》的开头对ἱστορία这个词的运用不管怎样都对把它和 A2 的 περὶ ζῴων ἱστορίας 等同在一起提供了支持。⑦

<h2 style="text-align:center">四</h2>

我们现在所知道的亚里士多德全集是在亚里士多德死后通过本来分散的著作组合成一个更大的集合而出现的,而在这一过程中安德罗尼柯扮演了关键的角色,与此相联系的就是由他在公元前 1 世纪所编辑的那个亚里士多德著作的版本。这种看法自耶格尔以来就已经成为正统。但在这里所概述的论证却表明,尽管不是全错,这种看法至少需要广泛的限制。首先,看来必须认识到的是,我们的证据指出了全集不同部分在构成方式上和传播方式上的非常实质的差别。在《形而上学》方面,事实上似乎肯定的是,有一个累加的过程。在生物学著作方面,情形似乎恰好相反:有关生物学主题的著作在亚里士多德在世时尚是一部单一的论著或论著系列,在塞奥弗拉斯特担任吕克昂的领袖期间逐渐被以某种方式拆散了。在物理学著作方面,两种过程似乎都有过作用:如果我们的解释是正确的,那么,独立的论著(《物理学》、《气象学》)被扩大了,但是明显承继自亚里士多德的单一系列的物理学著作却被打散了。在伦理学和政治学著作方面,尽管可以做出的一个很好的例证是,《尼各马可伦理学》直到亚里士多德死后都不曾达到它的最终形式,但是,却很少有实在的证据表明,《政治学》代表的不是一

---

⑥ 拉姆布罗斯(S. Labmbros),《亚里士多德全集增补》I(*Supplementum Aristotelicum* I)(柏林 1885)B. 1。

⑦ 参见雷根勃艮的讨论(上面注释 16),cols. 1429—1432。必须要强调是在那个时期固定书名的缺乏,以及与之相应的开头词汇与短语在提供对主题的方便说明上的重要性。

部出自亚里士多德本人之手的单一、统一的论著。㊽

至于安德罗尼柯的编辑活动,直接知道的很少。最重要的证言是,波菲利记载他"把亚里士多德和塞奥弗拉斯特的著作分成'论文'($\pi\rho\alpha\gamma\mu\alpha\tau\varepsilon\tilde{\iota}\alpha\iota$),把相关的讨论放在一个单独的标题下"。㊾尽管这一说法确实暗示了对全集的一个广泛的重构,但是,波菲利对安德罗尼柯自己对全集的状况的描述的熟悉程度却是相当不确定的。人们经常假定,将不同的论著或论著的不同的部分连接起来的那些内部的指涉大部分根源自安德罗尼柯,但是,这一观点包含许多困难。例如,如果有人让安德罗尼柯为构成生物学论著系列的那些指涉负责,那么,他就必须要解释,这同一位安德罗尼柯怎么可能构成一部《形而上学》的,在其中,有几卷不仅明显位置不当,而且甚至同其他各卷没有交互指涉相关联。我们知道,安德罗尼柯所关切的是真伪问题,说他可能摹仿亚里士多德的语言和风格来编造一个精致的交互指涉的系统,这至少说来不是一目了然的。如果说确曾有剧烈的改动施加于全集或全集的要素上,这更有可能是亚里士多德直接的继任者干的,因为,可以认为他们更少不愿意把导师的著作看成一个共同的、仍旧在进行的事业的一部分。安德罗尼柯的角色可能是更受局限的一种,即,把分散的短篇论文——尤其是那些在斯凯普西斯新近发掘出来的——附加到已经确立的亚里士多德全集的现存篇幅较长的论著上去。至于波菲利的证言,似乎可以在一个相对有限的意义上接受。实际上,富有诱惑力的是认为,波菲利实际上使用$\pi\rho\alpha\gamma\mu\alpha\tau\varepsilon\tilde{\iota}\alpha$一词是指安德罗尼柯把全集组织为论著组,而不是主要指对独立的论著本身的任何编辑工作。㊿

上述一切对理解亚里士多德的著作和吕克昂的教学科研活动的意义,毋需多言,是极其深广的。这里只提一点,如果我所提供的对物理学和生物学著作的原始组合和关联的解释是正确的,那么,这就表明,同一般所假定的相比,亚里士多德本人更感兴趣于把吕克昂的工作的成果予以体系化的组织和表达。物理学和生物学论著的系列看起来显然反映了亚里士多德在这些领域所提供的课程的基础。应当想起的是,在各种稿本中所赋予我们的《物理学》的题目——

㊽ 令人吃惊的是,在全集的主要著作中,只有《政治学》在所有古代书目中是以正确的完整的各卷被记录的。我已经试图表明(《亚里士多德的政治学》[*The Politics of Aristotle*],Chicago 1984,第8—17页),耶格尔试图在这部著作的较早部分和较晚部分间作区分是错误的。

㊾ 波菲利,《普罗提诺传》(*Life of Plotinus*)24。一般参见默瑙克斯(上面注释1),第58页以下。

㊿ 这是由杜林所表明的(《传记传统》[上面注释1],第415页);也请参见胡比(P. M. Huby),《亚里士多德著作的传播和他的著作副本曾经存在的地方》(The Transmission of Aristotle's Writings and the Places Where Copies of his works Existed),*C & M* 30(1969),第242页。

$\varphi v\sigma\iota\kappa\grave{\eta}$ $\grave{\alpha}\kappa\rho\acute{o}\alpha\sigma\iota\varsigma$——和记录在 A2 中的 18 卷的物理学论著的条目是相同的，而且极有可能是出自对这一更大的作品的特征的那一描述。这种系列的"讲座课程"在全集的其他领域可以在多大程度上得到追寻，这是一个非常值得研究的问题。例如，有一些证据表明，伦理学和政治学著作也许一度形成了一个整体；而且我们的《政治学》是唯一一部在较老的目录（D 和 A1）中作为一个 $\grave{\alpha}\kappa\rho\acute{o}\alpha\sigma\iota\varsigma$ ［讲稿］而被引用的主要著作。[51]

在这里，用于讲座的著作（$\tau\grave{\alpha}$ $\grave{\alpha}v\varepsilon\gamma v\omega\sigma\mu\acute{\varepsilon}v\alpha$）和未发表的著作（$\tau\grave{\alpha}$ $\grave{\alpha}v\acute{\varepsilon}\kappa\delta o\tau\alpha$）之间的区别应当被提及。这一区别只在公元前 3 世纪末在学院领袖吕孔（Lycon）的遗嘱中被明确地做出，然而极有可能的是假定，它曾在漫步学派的著作集在亚里士多德生时和死后时期的组织和传播中起过作用。[52] 事实上，这一区别可以帮助说明由奈留斯所造成的对亚里士多德和塞奥弗拉斯特著作的划分。似乎，在亚历山大里亚被发现的主要是编辑过的或者"发表过的"亚里士多德和塞奥弗拉斯特的著作——亦即，在吕克昂的教学或科研计划中一直被积极使用的著作。[53]

有许多未被回答的问题是有关亚里士多德的著作在他死后被同事和学生所使用或滥用。这对于形而上学著作尤其如此，这些论著中的许多所暴露出的明显的插补和其他构成上的异常，也许可以被追溯到活跃于公元前 3 世纪初期的人那里。我们仅需指出这一点就够了，即，同耶格尔以来的惯常的做法相比，似乎有必要对亚里士多德死后漫步学派的历史予以更多的关注。这不是要否定依据亚里士多德思想的发展来解释这些异常的重要性。毋宁说它是要表明，作者

---

[51] 《尼各马可伦理学》的结尾（1181b12—24）似乎预期《政治学》作为"有关人类事物的哲学"的研究的完成，尽管这段话的真实性有时候受到质疑。亚里士多德认为伦理学是一个更为全面的"政治学"科学的构成成分的观点出现于《尼各马可伦理学》1094a26—b11，《大伦理学》1181a23—b28，《修辞学》1356a25—28；特别参见博德乌斯，《哲学家与城邦》（Le philosophe et la cité）（Paris 1982）。我的意思不是说，$\grave{\alpha}\kappa\rho\acute{o}\alpha\sigma\iota\varsigma$ 这个词一定是指一个扩大的讲座系列：它有可能是指在单独一次听讲中所能听到的（参考《诗学》1459b21—22）。

[52] 狄奥根尼 5.73。这一区分的确切内涵是不清楚的。人们一直认为，$\tau\grave{\alpha}$ $\grave{\alpha}v\varepsilon\gamma v\omega\sigma\mu\acute{\varepsilon}v\alpha$ ［被宣读的著作］是早期作者作品的私人的、注释性的副本，但是似乎更有可能的是，它们是为讲座预备和使用的著作，可以在学院中参考（尽管除此而外不一定"发表过"）；参见默瑙克斯，《希腊的亚里士多德学派》（上面注释4），第 16—17 页。在由狄奥根尼所引的一封信中（5.37），塞奥弗拉斯特似乎表明，这些著作被不断地加以修订，以使讲稿是新的，或者可以应对批评。

[53] 为什么《政治学》、《论动物的部分》和《论动物的生成》没有被包括在卖给托勒密的著作中？后两部著作也许原本篇幅太长，并有专门用途，而《动物志》则可以用作表面上的替代品。至于《政治学》，变化中的政治环境可以容易地说明它的废弃不用。有趣的是，D 把这部著作（75）引用成"像塞奥弗拉斯特那样的政治学课程讲稿"。这似乎暗示，《政治学》对于编目人来说是不熟悉的，而且为了学院的目的它已经被塞奥弗拉斯特的相近的论著取代。

身份的问题以及编辑插入的问题应当具有优先性。特别是，应当努力恢复已经被耶格尔的研究方法所渐趋抹去的那一区别——即，有可能直接来自亚里士多德之手的著作和并非如此的著作之间的区别，或者，可以被有把握地追溯到亚里士多德的明显的插补和不能如此的插补之间的区别。耶格尔的研究方法一直倾向于假定，亚里士多德的发展是关键性的因素，文本的外部环境对于追溯那一发展帮助不大。然而，如此一来，它一般便假定了某种本质上不可能的事情——即，直接来自亚里士多德之手的文本会暴露出明显的、产生于它的各部分之间的年代差异的实际的内在不一致之处。似乎更有意义的是假定，定期被亚里士多德用于教学目的的著作，即便经过了一段时期的组合，也显示了一种广泛的一致性，而明显内在不一致之处的存在因此便为不真实性提供了一个显然的例证。

这绝不是要证明，当前有关我们所拥有的亚里士多德全集的真实性的看法需要被彻底修正。认为我们全集的主体实际上是塞奥弗拉斯特的作品，或者，说现存的论著一般说来是早期漫步学派著作的合并，这种想法不可能站得住脚。(54) 尽管漫步学派在某种意义上确实曾是一个共同的事业，但是，甚至而且恰恰是最早的书目显示了区分个人作者身份的努力；而且业已流传到我们手上那些论著总体上是非常类似的。不管怎样，在这里所表明的这种研究途径，如果明智地加以探究，似乎会提供一个有别于耶格尔的研究途径的富有成果的、必然的选择。

(54) 第一种想法是居尔舍(Joseph Zürcher)的论题，《亚里士多德的著作和思想》(*Aristoteles' Werk und Geist*)(Paderborn 1952)；后一种看法参见克鲁斯特，《亚里士多德》I(*Aristotle I*)，London 1973，第xi—xv页，以及格雷耶夫(F. Grayeff)，《亚里士多德和他的学派》(*Aristotle and his School*)，New York 1974，第77—85页。

亚里士多德《形而上学》中的实体[*]

弗雷德

亚里士多德的本体论非常广泛。[①] 它包含了像树木和狮子这样的对象物（objects）。但是，它也包含性质，例如颜色；包含数量，例如体积，以及所有这类亚里士多德按照他所谓的范畴区分的项目。但是，自然，亚里士多德没有假定，对象物、性质、数量及其余彼此分离地并列存在。他认为性质和数量仅仅作为对象物的性质和数量存在，存在性质和数量，这是仅就存在被如此这般性质规定或数量限制的对象物而言的。

在采取这一观点中，亚里士多德正在做出一些相当重要的假定。他假定，特性[②]的存在并不就等于具有这些特性的对象物的存在，而是毋宁说，具有特性的对象物的存在预设了对象物和特性的存在。此外，亚里士多德在对象物和特性之间做出了一个清楚的区分，他认为这一区分是基本的，即，他认为对象物和各种特性是世界的基本成分，不可彼此化约。他的前辈们有过一种混淆这一区分的倾向，例如，把性质看成一定程度实体性的，由此构成对象物，或者，把对象物看成非实体性的，是由性质以这种或那种方式构成的。进而，亚里士多德假定，尽管对象物和特性都是基本的，不可彼此化约，然而在它们之间有一种本体论上

---

* [译按]本文选自弗雷德，《古代哲学论文集》，第 72—80 页，Clarendon Press，1987。本文最初发表于戈特赫尔弗（Allan Gotthelf）主编的《亚里士多德论自然和生命物》（*Aristotle on Nature and Living Things*），Mathesis Publications，Pittsburgh PA，1985。

① 这是 1972 年所作的一篇论文的修订稿，我试图在这篇论文中发展由阿尔伯里通（R. Albritton）在《哲学期刊》（*Journal of Philosophy*）1957 年第 699—708 页中所提出的一个观点，实体形式是个别的；同时，其他人，例如西纳曼（Robert Heinaman）和维特（Charlotte Witt），还有最近劳埃德（A. C. Lloyd）在他的专论《亚里士多德的形式和普遍者》（*Form and Universal in Aristotle*）中，都采取了同样的立场，尽管是从一个不同的角度。

② 以下，当我指性质（qualities）、数量和亚里士多德所假定的其他非实体性的实在种类时，我将说成特性（properties）。

的依存关系,即,特性的存在必须根据对象物的存在来理解,而不是相反。所有
这些假定都需要大量的讨论。具体来说,很重要的就是要讨论这一问题,是否亚
里士多德不是第一个非常郑重地采取了对象物这个概念的人,和由此能够在对
象物和特性间做出这一清楚的区分的人。这一问题如今在我们看来是如此微不
足道,以致我们很难理解,一些前苏格拉底哲学家、一些希波克拉底学派的医生、
甚至更晚的许多希腊化时期的哲学家和医学家,怎么就可以试图根据像例如热
和冷、干和湿这样的特性来重构世界。下面的讨论将要涉及的尽管不是这些假
设,但却是亚里士多德试图在他的理论中得出它们的方式。具体来说,我试图表
明,当亚里士多德在《形而上学》中试图更加澄清特性在本体论上依赖于对象物
的方式时,他的实体概念是如何经历了一个巨大变化的。

亚里士多德第一次研究这一问题,至少在现存的全集中,是在《范畴篇》中。
在那里,亚里士多德在对象物和特性之间做了区分,并且说明了特性的存在如何
依赖于个别对象物作为它们的终极主体。他称对象物为"ousiai"(即后面 ousia 的
复数形式),亦即,用的是柏拉图曾经用来指形式的那个术语,因为唯有它们真实
地存在,或者说,因为它们作为自身而存在,而存在着的其他所有东西的存在都
依赖于它们。在称对象物为"ousiai"中,亚里士多德为对象物取得了柏拉图曾经
为形式所要求的本体论中的核心地位。此外,他之所以可以这样来指它们,是因
为他认为对象物在其自身而存在,而所有其他东西,亦即特性,它们的存在依赖
于这些对象物。传统上,"ousia"一直被译作"substance"[实体]。其理由是,根
据亚里士多德在《范畴篇》中所提出的观点,特性的存在依赖于对象物,因为对象
物是它们的终极主体,后者是最终构成其他所有东西的基础的东西。实际上,在
《范畴篇》中对象物正是根据这一事实被规定的,即,它们是构成所有东西基础的
终极主体,而没有任何东西作为它们的主体构成它们的基础。正是由于这一规
定,译作"substance"是恰当的。

《范畴篇》也非常详细地说明了实体是基础性主体(hypokeimenon)的内涵。
根据《范畴篇》,某物以某物为其主体,当某物陈述某物。某物能够把某物作为它
的主体来予以陈述有两种方式:如果某物在某物中或内在于某物中,把某物作为
它的主体,或者,如果某物在"陈述"的一种狭窄的专业术语的意义上,把某物作
为它的主体来予以陈述。这两种方式大致对应于本质的和偶性的陈述。这样,
某物以某物为其基础性的主体,当某物真地陈述某物。因此,《范畴篇》的证明就
是,对于我们的本体论中的任何一项,我们可以问它的主体是什么。假如它不是
在上述两种方式的任一种上具有一个主体,那么,它本身就是一个个别对象物。
如果它确实具有一个主体,那么,要么这个主体是一个个别对象物,要么不是。

假如不是,我们就可以反过来追问那一主体它的主体是什么;或者这进一步的主体是一个个别对象物,或者它不是。如此等等,直到最终我们到达一个主体,它反过来没有任何更进一步的主体,并因此是一个个别对象物。这样就证明了,任何系列的主体,我们从本体论中的任一项开始,都以一个个别对象物结束。正是在这一意义上,个别对象物在《范畴篇》中是终极的基础性主体。

个别对象物不变地是终极主体这一事实,似乎按照以下方式给它们赋予了它们作为 ousiai 的地位。它们必须被设定在其自身而存在,但其他每一个之所以存在,要么是因为它涉及某一关于一个个别对象物的真理,要么是因为它涉及某一关于某个东西的真理,而这个东西又涉及某一关于一个个别对象物的真理,等等。正是以此方式,特性的存在依赖于对象。

当在《形而上学》中亚里士多德试图更清楚地说明实体的概念时,他通过首先考察他在《范畴篇》中所遵循的意见来开始他的详细讨论,即,实体是构成其他每一个的基础的终极主体。但是,尽管在《范畴篇》中他已经设定具体的个别对象物扮演了终极主体因而是实体的角色,但是亚里士多德现在清楚地认为,实体是终极主体的假定还没有解决什么应当算成实体的问题。因为他现在把质料、形式及二者的复合物列为可以扮演终极主体角色的实体身份(substancehood)的选项(Z.3,1029a2 以下)。

亚里士多德在《形而上学》Z.3 中正在考察他在《范畴篇》中所遵循的意见,即实体是终极主体,这个事实在一定程度上因为《形而上学》的翻译通常把"hypokeimenon"译作"substrate"[即载体]而非"subject"[主体]这一事实而变得模糊不清。但是根据 1028b36 以下对 hypokeimenon 的界定,应该清楚的是,亚里士多德在这里正在谈论陈述的主体,而根据 1029a8 以下应当清楚的是,亚里士多德正在考察《范畴篇》的实体作为陈述的终极主体这个思想。

如果是这样,我们就不得不询问,亚里士多德为什么现在认为质料、形式和二者的复合物是陈述的可能的终极主体?因为,这些东西没有一个等同于《范畴篇》中的个别对象物。这对于质料和形式是不言而喻的。但是这对于质料和形式的复合物看来也是对的。确实,在传统上,复合物一直被等同于具体的个别对象物。但是,具体的个别对象物,如我们对它所熟知的,实际上不是一个质料和形式的复合物,而是一大堆偶性的复合物;它是一个具有一定的体积、重量、颜色等等的对象物,亦即一个许多实在的混合体。因此,一个人不应当没有进一步的证明就假定,质料和形式的这种复合物应当不作任何限制就被等同于具体的个别物。

亚里士多德为什么现在认为质料、形式和复合物而非具体的个别对象物是陈述的可能的终极主体,其理由似乎是这样的。亚里士多德在《范畴篇》中已经假定、在《形而上学》中仍然假定,一个陈述,例如"苏格拉底是健康的",引入了两个实在:苏格拉底和健康。但他现在提出他在《范畴篇》中未曾面对过的问题:什么是健康的主体,假如健康是一个区别于它的主体的实在? 在构成苏格拉底的成堆成串的实在中,什么是同特性例如健康相对的事物本身,它构成了健康的基础? 这就是亚里士多德心中所想,这一点被他在 1029a10 以下论证质料是终极主体这一头衔的最直接的选项的方式所证明。因为他论证说,如果我们剥掉一个个别对象物的全部特性,除质料外没有什么将被剩下来。所以,显然,他正在寻求在一个具体的个别对象物之中构成了它的特性的基础的那个要素,而不是在寻求具体的个别对象物本身。

如果是这样,我们就很容易明白,为什么质料和形式的复合物会是所有非实体性的实在的终极主体这一头衔的一个理想选项。在成堆的实在中正是这一部分是一个具体的对象物,同这个对象物的非实体性的特性相对立,同时既然所有非实体性的实在都是在陈述对象物(或者由对对象物的陈述所引入),复合物在本体论中就是其他每一个东西的终极主体。

多少有些困难的是要弄懂质料如何可能是终极主体。1029a20—23 表明,所有谓词可以被解释为都直接是某一质料的谓词。但我们必须牢记于心的是,第一主体或终极主体的概念(1029a1 以下)并没有这样的意思,即终极主体本身直接是别的每一个东西的主体。而且,事实上,1029a23—24 表明,质料由于是正在讨论的实体的主体才是终极主体,而反过来那个实体才是非实体性的实在的主体。所有这些都提出了重要的问题,但我将不予讨论,既然亚里士多德本人在这里没有进一步追究这一问题,因为他认为质料出于别的某些理由无论如何都不是实体身份的一个好的选项。

但不管怎样,最令人困惑不解的是他认为,在一种方式上,实体性的形式可以被解释为终极主体,因此是与事物的单纯特性相对的真实事物。伯尼茨认为,这一想法只是亚里士多德的一个小小的失误,但是,由 H 卷的导论性的一章(H. 1042a28 以下)清楚可见,这是亚里士多德深思熟虑的观点,即,在某种方式上,形式是终极主体,因而是实体。这一观点在各个方面都是令人困惑不解的。一开始,亚里士多德并没有告诉我们,各种陈述应当如何被解释,以致最终证明是终极主体的正是形式。

也许他认为,有关对象物的陈述,要么就它们是些在首要的意义上是关于形式而仅仅在次要的、派生的意义上才毕竟是关于对象物的陈述而言,要么就它们是些关于体现在质料之中的形式的陈述而言,可以被认为是有关形式的陈述。

这样,"苏格拉底是一个动物"这一真理就会是一个直接关于这个形式的真理,而"苏格拉底是健康的"这一真理则会是一个在这个形式构成了一个是健康的复合物的意义上关于这个形式的真理。

但是,这样一种解释似乎过于牵强了,因而,我们就要么必须假定,亚里士多德之所以达成这一观点是因为他有别的理由认为形式是实体,但是又要求保持《范畴篇》实体是终极主体的观点,要么必须假定,有一个看待这个问题的方式,使得直觉上可以认为形式是终极主体。在我看来,下面就是看待事物的这样一种方式。

ZHΘ三卷的典型特征是,亚里士多德常常或者实际上确实把实体限制在自然对象物上(Z. 7, 1032a19; Z. 8, 1034a4; Z. 17, 1041b28—30; H. 3, 1043b21—22)。这是否意味着把实体限制在有生命的事物上,不是完全清楚的,但是,这些事物无疑是自然对象物的范例。因此让我们首先考虑它们。对这些事物而言,形式是灵魂。让我们把这个灵魂看成是一个对象物的组织,或者该种对象物的进行或过它的那种有特点的生活的配置。对象物的组织是这样的,以致它有好的机会在环境的变化中生存;或者是这样的,以致这个对象物有好的机会保持机能运行一段时间,从而保持存在。这将包括这个事物的变化,例如,它摄取食物或逃避敌害的位置,或它在发炎时的温度。它也包括如此安排下的物质的交换。

这样,只要一个个别的有生命的对象物存在就必定保持同一的那个东西,就是以该种事物的一种有特点的方式行为的那种组织或配置。此外,还必须总是要有某种被如此组织的质料,但它不一定是同一个质料。同样,必须总是要有各种特性,一定的温度、重量、体积、形状。事实上,这些特性一般来说将出现在相当狭窄的范围内。因为,如果我们加热一个有生命的事物,就会有一个它不再能够适应这一变化、有特点的配置将被摧毁的点。但是,尽管这个对象物必须总是有一定的重量、体积、温度,同时,尽管它必定在某一狭窄的范围内具有这些,但是却不存在它在整个时间必定具有的重量、体积和温度。从而,假如我们把一个普通的物理对象物分析成质料、形式和特性,那么据此,就有生命的事物而言,只要我们讲到这同一个事物就必须保持同一的唯一一项就是这个形式。而这就会使我们有某种理由假定,当我们在不同的时间讲到一个对象的不同的事情时,实际上正是形式是我们所正在讲到的那个事物。

作为人工制品的一个例子,让我们来考察忒修斯(Theseus)的船——让我们称之为忒修斯号(Theoris)——它被反复修理,直到所有原来的船板都被新的船板替换。但是,一个工匠一直保持着旧的船板。他现在把它们按照老的图纸组装在一起,这样,我们便有了按照和另一条船相同的规范建造的第二条船。很清楚,拥有新船板的船是旧船,即,忒修斯I号,而拥有旧船板的船是新船,即,忒修斯II号,尽管它的船板和它的图纸同老船的船板和图纸是一样的,而另一条船却有新的船板。

我们的理论将尝试以如下方式来解释它:忒修斯I号,拥有新船板的船,之所以等同于老船是因为,存在着一种配置,它首先是旧船板的配置,接着是一套有一点不同的船板的配置,最后,依据一个可以一步步回溯的历史,是一套新的船板的配置。但在另一方面,忒修斯II号的配置,尽管它是原来那套船板的配置,同时,尽管这条船是照同样的规范建造的,但却不具有那一历史,因而不是原来那条船的配置。

人们会反驳说,如果这两条船真是按照同样的规范建造的,那么它们就具有同样的配置。在一定的时期将存在着具有那一配置的某个东西,即忒修斯I号,而在一个重叠的时期将存在着具有正好相同的配置的另一个东西,即忒修斯II号。但是按照我们的理论,尽管确实只要每一条船存在就总是有某种如此配置的东西,即质料,但是,那被如此配置的东西在这条船存在的整个时间都是同一的,这却是不必要的。因此,被如此配置的东西的同一性不是这条船的同一性的充分条件;同时,它也不是必要条件,如我们从拥有新船板的旧船的例子所看到的。而且,既然我们要把这条船分析为一种配置和被如此配置的东西,同时,既然这两个因素中的一个应当解释这条船的同一性,那么,能够做到这一点的就只有配置。因而我们就必须区分两条船的配置,尽管它们的规范可以是完全一样的。

如果我们以此方式来看待对象物,那么自然就要把形式看成是构成具体对象物的那成堆的实在中的核心构件。而这样一来,认为有关一个对象物的全部真理最终是有关它的形式的真理,这就不再是违反直觉的了。它们在某种意义上正是揭示了一个形式实现的特殊方式。

但是,形式是终极主体的主张在另一方面仍令人困惑不解。传统上,人们一直认定,形式是普遍的。但是终极主体的本质恰恰是,它们不可能被加以陈述,因而不可能是普遍的。因此,假如实体性的形式是终极主体,它们就必须是个别的。然而,稍一反思就表明,这是一个亚里士多德无论如何都提到过的观点。因为,在Z.13中他详细地论证了,没有一个普遍者可以是一个实体。但是既然他也要求形式是实体,他便不得不否认形式是普遍的。而事实上,我们确实发现他在主张,一个个别对象物的形式是专属于那个对象物的,正像它的质料一样;苏格拉底的形式,亦即,他的灵魂,不同于柏拉图的形式,亦即,柏拉图的灵魂(《形而上学》Δ.1,1071a24—29)。我们甚至发现亚里士多德在主张,形式是一个个别的

"这个"（一个 *tode ti*；8，1017b25；H. 1，1042a29；Δ. 7，1049a28—29；《论生成与毁灭》318b32）。而且，如果他要求形式是实体的话，那么，当然，他必须主张一个形式是一个个别的"这个"，既然他认定一个实体必须是一个个别的"这个"。正是由于这一原因，亚里士多德反对质料是实体的主张；质料只是潜能上一个个别的"这个"。

但是，尽管亚里士多德明显提到形式是个别的观点，而且同样明显地在实际上赞成它们是个别的观点，但我们还必须问，他如何能够认定它们是个别的。因为，通常看来所有同种的事物具有相同的形式或者在形式上是相同的。但是，对此的回答是，同种的事物具有相同的形式仅就对于同种的事物来说它们形式的规范是完全相同的而言（1071a29）。有关世界的一个并非微不足道的基本事实就是，事物具有十分相像的形式，同时不是正好相似到足以把它们归为一类。类的现实性不过是说：具体对象物的形式的规范最终表明对于一系列对象物来说是完全相同的。但是要这个成为真的，并不需要一个普遍的形式或者一个普遍的类，无论是一个属还是一个种。而且，事实上，Z. 13 的主旨看起来在于，在《形而上学》的本体论中不存在任何实体性的种或者属。作为普遍者，它们不可能是实体，同时，由于它们也不归属于任何别的范畴，因此，它们在本体论中没有任何地位。有时想来仿佛实体性的种和属可以被认为是性质。但这不可能是亚里士多德的观点。因为，在亚里士多德看来，性质是那些当我们说某物像什么时我们所指的东西。而即便是在《形而上学》中亚里士多德也认为，在指某物的属或种时，我们说的是它是什么，而不是它像什么。

这样，实体性的形式作为终极主体并且作为实体就是个别的。但是我们依然会问，它们怎么做到是个别的，假如它们的规范，直到最小的细节，对于所有同类的事物来说都是完全相同的话。为了回答这个问题，我们仍须更清楚地了解所问的究竟是什么。假如问题是我们如何做到同时区别个别的形式，答案就是简单的：它们通过实现于不同的质料（参考 1034a6—8；1016a33）和是不同特性的终极主体而彼此区别。假如问题是我们如何在一个稍后的时间点上再次确认一个个别的形式，答案就是：它可以通过它时而在这种质料中、时而在那种质料中实现，以及时而是这些特性的主体、时而是那些特性的主体的连续的历史而在时间过程中被确认。但是，假如应当要求有某种有关形式在其自身、就其自身而言的东西把它和同类的其他形式区别开来的话，那么，答案就是，不存在任何这样的区别标志，也不需要一个这样的标志。个体依据某种内在的、本质的区别标志而是它们所是的个体，这恰恰不是事实。

这样，最终表明，在对构成对象物的非实体性的特性之基础的东西是什么的追寻中,亚里士多德认为一个对象物的形式是值得考虑的候选者。

但是,这似乎也是他实际上最终确定的候选者。如此一来,我们就必须搞清楚为什么他使形式优先于其他两个候选者,质料和复合物。如我们已经看到的,亚里士多德认为,质料没有满足实体所必须满足的其他条件;例如,它不是现实地而仅仅潜在地是一个个别事物,从而仅仅潜在地是一个实体。在另一个方面,复合物不能依据同样的理由被排除掉。而且,事实上,亚里士多德承认它有资格是实体,但强调它只是在派生的意义上是实体,形式是第一实体(1032b1 以下;参考 1037a5;1037a28;1037b1)。

很容易明白亚里士多德为什么认为形式先于复合物(1029a5 以下;1037b3):它们是复合物的前提。但这本身还不足以认为它们作为实体是在先的。个中的原因似乎是,亚里士多德认为实体并不是这样复合的。存在着是纯形式的实体,例如不动的动者。从 Z. 3,1029b3 以下和 Z. 11,1037a10 以下(也参考 Z. 17,1041a7 以下)显而易见的是,亚里士多德认为,Z 卷、H 卷中对复合实体的讨论只是对分离实体讨论的预备。我们之所以从考察复合实体开始是因为,它们对我们是较易知的。我们熟悉于它们,同时它们被公认是实体。但按照自然较易知的却是纯形式。亚里士多德的论述表明,仅当我们理解了纯形式如何是实体,我们才会对实体是什么有一个完满的理解。这反过来表明,他认为存在着"实体"的一种首要的用法,"实体"按此适用于形式。在"实体"一词的这第一用法中实体的特别明显的例子就是纯形式或分离实体。正是由于这一原因,复合实体只是次一级的实体。

这样看来,有两个主要的理由说明为什么《范畴篇》的具体的、个别的实体在《形而上学》中被作为首要实体的实体性形式所取代:(i)亚里士多德现在所关注的是这一问题,即,什么是相对于它的特性的自身真实的主体;(ii)亚里士多德现在不仅已经发展了他自己的形式理论,而且逐渐地设定了分离的实体性形式,在他看来,这是实体的范例,但不是和复合物或者具体的个别对象物存在方式相同的实体。

实体性形式在《形而上学》中占据着在《范畴篇》中由个别对象物所占据的首要实体的地位这一点,被一条人们可以在例如罗斯(《亚里士多德》,第 166 页,第 172 页)和 S·曼申(Melanges Merlan,第 76 页)那里找到的解释路线弄得模糊不清。根据这一解释路线,什么应当算作实体的问题在《形而上学》Z 卷的开端已经被解决;根据这一解释,亚里士多德在 Z. 3 以下所关注的毋宁是这一更进一步的问题,"什么是实体的本质或实体?",同时,"实体性的形式"被认为是对这进一步的问题的回答。但这种观察亚里士多德在《形而上学》中所说的方式不可能是正确的。因为在 Z.3 中，看起来亚里士多德所着手回答的正是在 Z.1 中所提出的问题，"什么是实体？"没有任何迹象表明，这个问题已经以有利于个别对象物的方式被回答了，以及我们现在正在考察进一步的问题，"什么是个别实体的实体？"相反，看起来亚里士多德贯穿 Z 卷始终所考虑的只是同一个问题，"我们用'实体'到底指什么，当我们把实体同其他范畴中的各项区别开来的时候？"同时，他似乎正在考察这个头衔的各个候选项。这样，假如亚里士多德在 Z 卷的最后一章（1041b30）——在那里他重新开始回答这个问题——再次表明，正是一个事物的本质或形式是我们正在寻求的实体，那么，我们便必须认定，这被认为是他对 Z.1 的问题"什么是实体？"的回答。当他在 H.1 中又一次梳理这个问题时，他清楚地以这样一种方式道出了问题，物理对象物和对象物的本质，普遍者和终极主体，是实体这个头衔的并列的候选项（1042a3—15）。因此，亚里士多德现在确实想要说的是，实体性的形式而非个别对象物是首要意义上的实体，这一点应当是清楚的。

因此，根据《形而上学》的理论，实体性的形式而非具体的对象物是基本的实在。其他一切存在者的存在以及说明都依赖于这些实体性的形式。因此，实体性的形式，由于在这一意义上是基本的，相比于任何别的东西就更有资格被称为"ousiai"或"实体"。其中一些是这样的，即，它们和特性一起在对象物中被实现。但这并不同样适用于实体性形式。因为存在着无质料的形式。另一方面，特性不可能离开构成一个对象物的形式而存在。此外，尽管某些种类的形式其实现确实需要特性，但它们确实不需要它们所有的那个具体的特性。一个人的形式需要一个具有一定限度的重量的身体，但它并不需要那个具体的重量。没有任何形式需要那个具体的重量以被实现。但是这个具体的重量其存在却依赖于某一形式作为它的主体。事实上，亚里士多德在《形而上学》中看来似乎认为，对象物的特性或偶性形式其存在所依赖的正是它们是其偶性形式的那个对象物，就像苏格拉底的颜色其存在依赖于苏格拉底一样。总之，不管怎样，根据新的理论，正是形式在其自身存在，相反，特性仅仅构成了一定种类的形式在某一时间点上在特性的存在中被实现的方式。

这样，对对象物构成特性之基础——特性的存在依赖于它们——的方式的一个更为切近的考察，便在《形而上学》中把亚里士多德引向了对他的实体理论的一个修正。

古代注释家论亚里士多德[*]

索拉比

一、两种倾向：安德罗尼柯和波菲利

西塞罗在写于公元前 44 年的《论题篇》中记述说（*Topics*，第 3 章），亚里士多德几乎被所有的哲学家们所忽视，而且确实他自己对亚里士多德的知识没有超出早期的对话作品太多。然而甚至在他进行著述的时代之前，如戈查尔克在下面第 3 章中所论述的，新一轮的对亚里士多德的兴趣正行其时，它即将占据这一世纪的剩余时间。无论是在罗马还是更有可能在雅典，罗得斯的安德罗尼柯已经开始了对亚里士多德的经典版本的编辑工作，这构成了今天各种版本的基础，并且他对其中一些论著附加了注释。迄至那一世纪末，有关亚里士多德的《范畴篇》总共有五种不同的注释被产生出来，同时还有一个多利亚语的《范畴篇》版本，声称是老毕达戈拉斯派阿库塔斯（Archytas）的作品，以及两部亚里士多德哲学的概要。那些注释已经佚失了，只除了那些著名残篇保存在辛普利丘对《范畴篇》的注释中，而接下来对亚里士多德研究的同等推进直到公元 3 世纪的波菲利那里才到来。但是注释亚里士多德的传统早已开始了。

保存下来的最早注释出自公元 2 世纪的亚里士多德主义者之手，在亚里士多德主义传统内部对亚里士多德思想的注释达到顶峰的是那一世纪末和下一世纪初最伟大的注释者和阐述者阿弗洛狄西亚的亚历山大（他在公元 198 年到 209 年之间被委任以亚里士多德的教席）。

---

* ［译按］本文选自索拉比（Richard Sorabji）主编，《变化的亚里士多德——古代注释家和他们的影响》（*Aristotle Transformed，the ancient commentators and their influence*），第 1 章，第 1—30 页，Gerald Duckworth & Co. Ltd.，1990 年第一版。

在亚里士多德学派的外部,在公元后的头两个世纪中主要的兴趣仍旧集中在亚里士多德的《范畴篇》上。这部作品似乎一直起到一种催化剂的作用,吸引着来自于斯多亚、柏拉图主义者和亚里士多德主义者这三个学派的注释。戈查尔克在下面指出,正是亚里士多德主义者们首先把斯多亚的体系描述为有关"诸范畴"的一个体系,但是这一对比又反过来迫使他们为他们自己的范畴体系建立一个正确的秩序,既然秩序在亚里士多德从未予以重视的意义上对于斯多亚的体系来说是重要的。

对亚里士多德的范畴体系既有热烈支持的论证,也有强烈反对的论证,而反对的论证大概取得了胜利。因为,在罗马,我们即将考察的普罗提诺(约公元205—260年),遵循着一个现代的分类,作为新柏拉图主义的奠基者,在《九章集》6.1—3中支持反对的论证。但是,在这个问题上,他的学生、传记作者和编辑者波菲利(公元232—309年)反对他(P·哈多特[P. Hadot],下面第6章)。[①] 柏拉图主义者们不应当像普罗提诺那样抱怨亚里士多德的范畴没有考虑柏拉图的理念,因为《范畴篇》并不是关于事物的,而仅仅关于语词——就其表示事物而言,[②]而且语词被首要地运用于可感世界中的事物上,而不是可知领域中的理念上。[③]波菲利的学生扬布里柯(约公元240—约公元325年)进而同意他的"理智理论"(noera theôria)。他试图表明这些范畴经过恰当地理解之后,如何首先和主要地适用于可知领域。例如,位置范畴,当被理解为把某物包含和拥有在一起的界限时,在那一领域就是最完满适用的。[④] 扬布里柯的学生德克西普斯(Dexippus)也许是因为借鉴了波菲利,补充说《范畴篇》不直接关于事物的原因是,它是针对初学者的。[⑤] 而且他还表明亚里士多德对实体的论述除可感实体外也可以以一种类似的方式适用于理智实体。[⑥]

波菲利的介入是决定性的。他享有声誉的是一部七卷本的题名为《论作为一个学派的柏拉图学派和亚里士多德学派》(*On the School of Plato and Aristotle*

---

① 也请参见劳埃德(A. C. Lloyd),《新柏拉图主义的逻辑学和亚里士多德主义的逻辑学》(Neoplatonic logic and Aristotelian logic),*Phronesis* 1,1955—6,第58—79页,第146—160页。

② 波菲利,见《范畴篇》57.7—8;58.5—7;91.19;辛普利丘附录,见《范畴篇》10.22—3。

③ 波菲利,见《范畴篇》91.19—27。

④ 扬布里柯,辛普利丘附录,见《范畴篇》363.29—364.6;总纲见2.13。

⑤ 德克西普斯,见《范畴篇》40.19—25。

⑥ 德克西普斯,见《范畴篇》41.18—42.3,由哈多特在第6章做了讨论。然而,如果德克西普斯(见《范畴篇》44)反对扬布里柯的观点(辛普利丘附录,见《范畴篇》116.25),即,理智实体也满足容许对立面的标准,那么,这就为斯特恩·埃布森在第20章中的观点提供了证据,即,我们能够看到(在17.1)德克西普斯针对扬布里柯的某种不满。

Being One）的作品，以及一部题名为《论柏拉图和亚里士多德的差别》（*On the Difference between Plato and Aristotle*）的作品。部分内容在阿尔—哈米里（al-'Almirī）⑦的一篇阿拉伯语的论文中得以保存。自此以后，对亚里士多德的研究就是确定的。因为，柏拉图主义和亚里士多德主义的统一意味着亚里士多德的逻辑学和他的其他文本的一个范围广阔的精选，成为新柏拉图主义各学派中柏拉图研究的一个标准的预备，而且新柏拉图主义现在是主流哲学。波菲利本人写了《范畴篇》的一个导论，被称作 *Isagoge*［导论］或者 *Quinque Voces*［五词项］，两种《范畴篇》的注释，其中一种尚存，而另一种仅有残篇，以及半打多的其他对亚里士多德的注释，其中一些存有残篇。⑧

二、柏拉图、亚里士多德和其他希腊哲学家的协调一致

　　柏拉图和亚里士多德的协调一致得到了新柏拉图主义传统中的所有注释家程度不同地接受，而且大多数古代注释家，包括基督徒，都是在那一传统之中的。在波菲利之后的主要的注释家中，只有两个例外。所以，布鲁门泰尔（Blumenthal）在第 5 章论证说，塞米斯修斯（Themistius）始终更多地是一个亚里士多德主义者，而不是一个柏拉图主义者。⑨ 而且在 12 世纪在科姆尼娜（Anna Comnena）的团体中注释著作的复兴时期，当欧斯特拉修斯（Eustratius）考察传统的"协

---

⑦　*As-Saādah Wa'l-Isād*（《论幸福的寻求和产生》［*On Seeking and Causing Happiness*］），米努维（M. Mīnuvī）（编），Wiesbaden 1957。

⑧　参见罗马诺（Francesco Romano），《波菲利和亚里士多德的〈物理学〉》（*Porfirio e la fisica aristotelica*），Catania 1985 年，这是一部意大利文翻译的《物理学》残篇集。佚失的《范畴篇》注释的著名的残篇由斯密斯（Andrew Smith）搜集和编辑。十篇注释及相关作品的暂定目录见罗马诺，第 33 页，它由埃布森对一篇有关《辩谬篇》的注释的观点所扩充，见下面第 7 章。

⑨　这章包括对马霍内（E. P. Mahoney），《在维特波的詹姆士及其他 13 世纪哲学家（圣托马斯·阿奎那、布拉班特的西格尔和亨利·贝特）中的塞米斯修斯和主动理智》（Themistius and the agent intellect in James of Viterbo and other thirteenth-century philosophers［Saint Thomas Aquinas, Siger of Brabant and Henry Bate］）的反对观点的一个回应（*Augustiniana* 23, 1973，第 422—467 页，具体在第 428—431 页）；《新柏拉图主义，希腊注释家和文艺复兴时期的亚里士多德主义》（Neoplationism, the Greek commentators and Renaissance Aristotelianism），见奥梅拉（D. J, O'Meara）（主编），《新柏拉图主义和基督教思想》（*Neoplationism and Christian Thought*），Albany 1982，第 169—177 页，和第 264—282 页，特别是注释 1，第 264—266 页。一些柏拉图主义的影响也在托德（Robert Todd）对《论灵魂》3，4—8 中的塞米斯修斯的译文的介绍中被引用，见施罗德（Frederick Schroeder）和托德，《两位亚里士多德注释家论主动理智》（*Two Greek Aristotelian Commentators on the Active Intellect*），Toronto，即出。

调一致"时,⑩以弗所的米歇尔(Michael of Ephesus)又回到了由阿弗洛狄西亚的亚历山大所代表的亚里士多德主义的传统上。

关于柏拉图和亚里士多德的协调一致,叙利亚学派的扬布里柯被指责走得太远,他不承认亚里士多德对柏拉图理念论的反驳。⑪ 在 5 世纪的亚历山大里亚,希洛克勒斯(Hierocles)也主张一种彻底的协调一致观,并使柏拉图和亚里士多德关于创造的主体取得一致意见。⑫ 他将协调一致的一般论点归于他的老师雅典的普鲁塔克(死于公元 432 年),以及他的亚历山大里亚的先辈萨卡斯(Ammonius Saccas),此人在公元 3 世纪曾经教过普罗提诺。一个更为细致的观点在雅典由普鲁塔克的另一个学生叙利阿努斯(Syrianus)(死于公元 437 年)及他们两个共同的学生普罗克鲁斯(Proclus)(约公元 411—485 年)所提出。他们承认在许多领域的协调一致,⑬但能够看出在理念论上存在着不一致(萨福利[H. D. Saffrey,第 8 章],也包括在是否神是物理世界存在的原因的论题上,这是亚里士多德所否定的。但是,回到亚历山大里亚,普罗克鲁斯的学生阿摩尼乌斯(公元 434/45—517/26 年)却将宣称甚至在这些论题上的协调一致,而且,尽管争论并不是清楚明白的,⑭他的主张却即将成为主流。他坚持认为,亚里士多德至少以神圣理智中的原则(logoi)的形式接受了柏拉图的理念,⑮而且这些原则反过来又成为物理世界没有开端的存在的原因。阿摩尼乌斯写了一整本书来表明亚里士多德的神因此是世界存在的一个动力因。这本书虽然佚失了,但是它的一些主要论证却被辛普利丘保存了下来。⑯ 阿摩尼乌斯把亚里士多德的神解释成世界的维持者,

---

⑩ 劳埃德,《尼卡埃的欧斯特拉修斯的亚里士多德主义》(The Aristotelianism of Eustratios of Nicaea),见魏斯讷尔(Jürgen Wiesner)(主编),《亚里士多德的著作和影响》(Aristoteles Werk und Wirkung),柏林 1987,第 341—351 页。

⑪ 伊利亚斯(Elias),《范畴篇注》123. 1—3。

⑫ 弗修斯(Photius),《书目》(Bibliotheca)(贝克尔)171b33 一下。

⑬ 叙利阿努斯,《形而上学注》80. 4—7;普罗克鲁斯,《蒂迈欧注》1. 6. 21—7. 16。

⑭ 阿斯克勒皮乌斯有时候接受叙利阿努斯的解释(《形而上学注》433. 9—436. 6),但这一解释无论如何都是有限制的,因为叙利阿努斯认为亚里士多德不管愿意与否实际上都承认了柏拉图的许多观点(《形而上学注》117. 25—118. 11;阿斯克勒皮乌斯附录,《形而上学注》433. 16;450. 22)。菲洛庞努斯对他早期主张柏拉图不是亚里士多德攻击的目标而感到后悔,承认柏拉图由于将理念当成神圣理智之外的独立的实存物而受到攻击是正确的(《论灵魂注》37. 18—31;《物理学注》225. 4—226. 11;《反普罗克鲁斯》(contra Procl.)26. 24—32. 13;《后分析篇注》242. 14—243. 25)。伊利亚斯也认为(《范畴篇注》123. 1—3)在理念论上有某种不一致。

⑮ 阿斯克勒皮乌斯根据阿摩尼乌斯的观点(亦即,根据他的讲稿),《形而上学注》69. 17—21;71. 28;参考扎查利亚斯(Zacharias),Ammonius PG 第 85 卷,col. 952(Colonna)。

⑯ 辛普利丘,《物理学注》1361. 11—1363. 12,索拉比翻译,《物质、空间和运动》(Matter, Space and Motion),London and Ithaca NY 1988,第 15 章。

这通过法拉比（Farabi）的《柏拉图和亚里士多德的协调一致》（*Harmony of Plato and Aristotle*）传了下来，而且最终影响了 13 世纪的基督教著作家，包括托马斯·阿奎那。他们所继承的正是亚历山大里亚的注释家（及一些伪作）的亚里士多德。因此，通过一种反讽，在阿摩尼乌斯那里所开始的对协调亚里士多德和柏拉图的渴望，在 13 世纪便以有助于使亚里士多德变得对基督教安全而结束（索拉比，第 9 章）。辛普利丘（写作于公元 532 年以后）是所有人中走得最远的，在他那里，展示柏拉图和亚里士多德"在绝大多数事情上"的协调一致是这位注释家正式表明的职责。[17] 菲洛庞努斯（约公元 490—570 年）以其独立不阿的心灵更好地审查了他早年对协调一致的信仰，但他因为忽略了这一职责而受到辛普利丘的严厉的批评（维瑞肯[Koenraad Verrycken]，第 11 章）。[18]

协调一致的观点还越过了柏拉图和亚里士多德扩展到包括前苏格拉底哲学家。柏拉图的学生斯彪西波和色诺克拉底就将柏拉图看成处在毕达戈拉斯学派的传统之中。[19] 而且这一观点还从公元前 3 到 1 世纪的伪毕达戈拉学派的伪作中获得了证据支持，这些作品吸收了柏拉图和亚里士多德的观点，但却将它们埋藏在声称来自于一个较早的时期、由毕达戈拉斯及其学生所写的作品之中。[20] 这些作品尽管骗不了所有人，[21] 却被新柏拉图主义者们当成是真的。普罗提诺将前苏格拉底哲学家们看成他自己的各种观点的先驱者，[22]但是扬布里柯却比他走得更远，写了十卷论毕达戈拉斯学派的哲学，并最大限度地利用了伪毕达戈拉斯学派的著作。[23] 此后，普罗克鲁斯企图通过将整个希腊哲学描述为对神圣启示的一个连续的澄清来对它加以统一，[24]辛普利丘则主张同样普遍的统一性

---

[17]　辛普利丘，《范畴篇注》7.23—32。

[18]　辛普利丘，《论天注》84.11—14；159.2—9。

[19]　例见伯克特（Walter Burkert），《箴言和科学》（*Weisheit und Wissenschaft*），Nürnberg 1962，译为《古代毕达戈拉主义中的箴言和科学》（*Lore and Science in Ancient Pythagoreanism*），Cambridge Mass. 1972，第 83—96 页。

[20]　参见赛斯里夫（Holger Thesleff），《希腊化时期毕达戈拉学派著作介绍》（*An Introduction to the Pythagorean Writings of the Hellenistic Period*），Abo 1961；斯莱查克（Thomas Alexander Szlezàk），《伪阿库塔斯论范畴》（*Pseudo-Archytas über die Kategorien*），Peripatoi 第 4 卷，Berlin and New York 1972。

[21]　塞米斯修斯认识到伪阿库塔斯的《范畴篇》的版本是伪造的（波埃修，《范畴篇注》PL 64，162A）

[22]　普罗提诺，例如，4.8.1；5.1.8（10—27）；5.1.9。

[23]　参见奥梅拉，《复活的毕达戈拉斯：古代晚期的数学和哲学》（*Pythagoras Revived: mathematics and philosophy in late antiquity*），即出。

[24]　参见圭拉德（Christian Guérard），《新柏拉图主义者们的埃利亚的巴门尼德》（*Parménide d' Eléé selon les Néoplatoniciens*），即出。

以反驳基督教对异教哲学中的各种矛盾的攻击,㉕这些攻击特别是由波菲利先前对基督教中的矛盾的指责所引起的。㉖ 在哲学史上这不是唯一的一次(在 1277 年对 219 个命题的谴责提供了另一个例子),一种完全疯狂的观点(协调一致)证明在哲学上是富有成果的。为了建立柏拉图和亚里士多德的协调一致,哲学家们必须发明新的观点,而结果就是不同于这两种源初哲学的一种混合物。

三、新柏拉图主义学派的实践活动

新柏拉图主义的各种注释开始越来越多地思考一个教学的课程。在扬布里柯手下,柏拉图的十二篇对话按照一个固定的顺序被精选来学习,顶点是两篇"神学"对话,《蒂迈欧篇》和《巴门尼德篇》。㉗ 叙利阿努斯让普罗克鲁斯把亚里士多德作为有助于导向柏拉图的"更大的神秘"(Greater Mysteries)的"较小的神秘"(Lesser Mysteries)来研究。作为一个极其敏捷的研究者,他花了两年的时间在亚里士多德身上。㉘ 普罗克鲁斯的学生阿摩尼乌斯及随后的注释家们在他们对《范畴篇》注释的导言中清楚地表明,着手对亚里士多德的一个研究的最终的目的是要被提升到至高的新柏拉图主义的神、太一。㉙ 这种向着神的上升也许只有在柏拉图《蒂迈欧篇》和《巴门尼德篇》中的更大的神秘被揭示的时候才会被达到。

自阿摩尼乌斯开始,对亚里士多德哲学的十点导言(ten-point introductions)都被放在《范畴篇》注释之前,在这十点导言中有许多相关的信息可以被找到,它们在下面被普瑞施特(Praechter)在第 2 章、韦斯特林克在第 14 章中做了描述。普罗克鲁斯在他的 *Sunanagnôsis*[在导师指导下阅读文本]中告诉我们,十点是早已定下的。㉚ 标准的十点之一是学习亚里士多德的目的,向着神上升,一个在欧斯特拉修斯对《尼各马可伦理学》的 12 世纪的注释中依然可以发现的观点(默尔肯 [Mercken],第 18 章),其他两个是达到目的的途径——它规定了要被学习的典

㉕ 辛普利丘,《物理学注》28.32—29.5;640.12—18。然而,诸如伊壁鸠鲁和怀疑论者之类的思想家却不承认协调一致。

㉖ 可能是在他佚失的著作《反基督徒》(*Agains the Christians*)中。

㉗ 《匿名的柏拉图哲学绪论》(*Anonymous Prolegomena to Platonic Philosophy*),韦斯特林克(L. G. Westerink)(编译),Amsterdam 1962,第 26 章(新修订版被翻译成法文,布德文丛[Collection Budé],即出)。

㉘ 玛尼努斯(Marinus),《普罗克鲁斯传》(*Life of Proclus*),第 13 章。

㉙ 阿摩尼乌斯,《范畴篇注》6.9—16。

㉚ 伊利亚斯,《范畴篇注》107.24—26。

籍，以及这一典籍的哪个部分应当被首先取得。学生应该从亚里士多德的逻辑学著作开始，接着通过伦理学、物理学、数学和神学继续前进。逻辑学作为起点是重要的，但不再具有它在最早注释时期所享有的那种垄断地位。

十点之一关注于一个注释家所应具有的素质。正是在这里，对亚里士多德的完整的知识被要求具备，辛普利丘要求注释家追索柏拉图和亚里士多德在绝大多数事情上的协调一致，而伊利亚斯却指责扬布里柯采取协调一致的观点过远了。在另一方面，当亚历山大否认对亚里士多德来说人的理性灵魂是不朽的时，伊利亚斯却不把它视作对柏拉图和亚里士多德之间的不协调一致的一个合法断言，而是视作相反于他自己的学派。[31]

另一点导言的题目涉及亚里士多德风格晦涩的原因，阿摩尼乌斯解释说，这样设计是为了"好人由于那一原因可以更多地拓展他们的心灵，而由于粗心而迷失的空虚心灵则会在它们碰到这样的句子时被晦涩所赶跑"。

第十点导言的题目针对后面紧跟着的那篇具体的论著《范畴篇》分成六点或更多几点。阿摩尼乌斯说，亚里士多德的所有各篇论著都应当由这样一套六点内容所引导，[32]但是菲洛庞努斯主张这几点应当只是在需要的地方才提出。[33]六点之一涉及到随后产生的论著的真实性，这是一个安德罗尼柯在构造亚里士多德著作集的第一个版本时曾经不得不提出的问题。[34]

甚至在有关亚里士多德哲学的十点之前，阿摩尼乌斯和他的继任者就提供了对波菲利的 *Isagoge*[《范畴篇》导论]的一个注释，并反过来用对哲学的一个一般说明为它做了前言。把哲学定义为对死亡的沉思为一篇有关自杀的专题论文提供了机会。布朗（Peter Brown）在谈话中已经注意到希腊人一直对安布罗色（Ambrose）和奥古斯丁（Augustine）的拉丁语圈子感到吃惊，这个圈子掌握希腊语的哲学文献是在它们译成拉丁语的时候，并且按照任何顺序来阅读它们。这同普罗克鲁斯的"在导师的指导下阅读文本"直接相反对。然而，六点导言这一常

㉛　伊利亚斯，《范畴篇注》123.1—7。亚历山大也被雅典的普鲁塔克指责将他自己的理论引入了他对亚里士多德的注释中，菲洛庞努斯附录，《论灵魂注》21.20—23。在伊利亚斯和奥林匹俄多鲁斯（Olympiodorus）那里对注释家和听众的素质的讨论的另一个方面涉及到这条格言，苏格拉底或柏拉图可爱，但真理更可爱。有关这个请参看塔兰（L. Tarán），《柏拉图是朋友，但真理是更大的朋友》（Amicus Plato, sed magis amica veritas），《古代和西方》（*Antike und Abendland*）30，1984 年，第 93—124 页。

㉜　阿摩尼乌斯，《范畴篇注》7.7—14。

㉝　菲洛庞努斯，《范畴篇注》8.7—8。

㉞　对有关亚里士多德著作真实性的研究的历史，参见克雷耶（Jill Kraye），《伪亚里士多德研究》（*Pseudo-Aristotelian Studies*），London，即出。

规的方案(连带来自于十点的一些材料和对哲学的一个定义)最终在公元 6 世纪由波埃修(Boethius)在他对亚里士多德逻辑著作的注释中传到了拉丁世界(希尔[Shiel],第 15 章)。而且,波埃修的导论对 12 世纪拉丁文本的影响在修辞学、语法、文学、医学、法律和神学这些相距甚远的领域中已经被发现。㉟ 讽刺的是,当柏拉图错误地认为你不可能向一个文本提问因而偏向于口头语言时,新柏拉图主义者们却浪费了大量的注意力在书面文献上。

同普瑞施特所表示的那些怀疑相反,I·哈多特已经证明,一套规范化的六点最远可以被追溯到公元 3 世纪的基督教神学家奥里金他对《雅歌》(Song of Songs)的注释中。㊱ 这几点同亚历山大里亚新柏拉图主义的十点和六点方案中的不同的项目相对应。事实上,这几点中的许多在最早的《范畴篇》的注释中被讨论,它们也是有关诸范畴的顺序问题,以及诸范畴是否运用于理念的可知世界的问题(戈查尔克,第 3 章)。比那个还早,我们在柏拉图主义者安提俄库斯(Antiochus)(死于约公元前 67 年)的著作中发现了协调不同的学派的倾向。但是,正如萨福利在第 8 章中指出的,在安提俄库斯之前协调是更容易坚持的,因为当时亚里士多德主要是通过他的早期对话作品为人所知,这些作品写作于他还是柏拉图的学园的一个成员的时期。

学派的实践活动不仅在对注释的导言中得到显示,而且也在"依据所讲"这一表达的使用上得到显示。几乎所有的阿摩尼乌斯的注释在各种稿本中都被描述为"依据阿摩尼乌斯所讲"或者"依据阿摩尼乌斯的课"。换一句话说,它们是阿摩尼乌斯的讲稿,由他的学生们誊写作为注释。㊲ 有时候提供了学生的名字,如阿斯克勒皮乌斯或菲洛庞努斯,而且在菲洛庞努斯被提到的四个例子,其中三个我们被提醒说,菲洛庞努斯已经增加了"他自己的一些思考",㊳这样要判断哪

㉟ 米尼斯(A. J. Minnis),《中世纪的作者身份理论》(*Medieval Theories of Authorship*),London 1984,引用了亨特(R. W. Hunt),《12 世纪中的各门技艺介绍》(Introduction to the *Artes* in the twelfth century),《中世纪研究》(*Studia Mediaevalia*),马丁(R. J. Martin)纪念文集,Bruges 1948,第 85—112 页;夸因(E. A. Quain),《中世纪对作者的研究》(The medieval accessus ad auctores),《传统》(*Traditio*)3,1945 年,第 243—256 页。普瑞施特(第 2 章)发现波埃修的影响最晚至 16 世纪。

㊱ I·哈多特(I. Hadot),《对新柏拉图主义作家和基督教作家的诠释性注释的介绍》(Les introductions aux commentaries exégétiques chez les auteurs néoplatoniciens et les auteurs chrétiens),见塔迪欧(M. Tardieu)(编),《解释的原理》(*Les régles de l'interprétation*),Paris 1987。

㊲ 关于这一点的经典论文是理查德(M. Richard),《依据所讲》(*Apo Phônês* [译按]古希腊语"依据所讲"的拉丁化拼写),*Byzantion* 20,1950 年,第 191—222 页(卡斯通[Victor Caston]英译,未出),尽管普瑞施特在第 2 章中已经做了这种说明。

㊳ 四个注释分别是《前分析篇注》、《后分析篇注》、《论灵魂注》、《论生成和消灭注》。后三个有对菲洛庞努斯补充的提醒。

个属于阿摩尼乌斯就变得非常困难。鼓励学生们抄写自己的讲稿和注释的传统早在雅典的普鲁塔克和叙利阿努斯那里就可以发现。普鲁塔克和普罗克鲁斯一起阅读《斐多篇》，鼓励他做笔记，这样也许最终就有了普罗克鲁斯对《斐多篇》的注释，而普罗克鲁斯的《蒂迈欧篇》注释反映的是他对叙利阿努斯教导的记录，杂有他自己的批评。㉟

　　老师和学生之间的关系在其他方式上也是密切的。在雅典和亚历山大里亚的哲学教席后来都被从老师传给了学生。雅典的普鲁塔克教了叙利阿努斯（他的继任者）和普罗克鲁斯。叙利阿努斯教了他自己的继任者普罗克鲁斯和赫尔米亚斯（Hermeias），后者接受了亚历山大里亚的教席。普罗克鲁斯教了赫尔米亚斯的继任者阿摩尼乌斯，而阿摩尼乌斯则教了后来接掌雅典教席的达玛修斯（Damascius），以及奥林匹俄多鲁斯，他自己的一个间接的继任者，以及两个没有教席接受的学生，菲洛庞努斯和辛普利丘。这些联系在一些情况下是由家庭联系来加固的。赫尔米亚斯娶了叙利阿努斯的一个亲戚，原本是许配给普罗克鲁斯的，而阿摩尼乌斯是赫尔米亚斯的儿子。

　　菲洛庞努斯的《物理学》注释没有被说成是"依据阿摩尼乌斯的课"，但是据维瑞肯在第 11 章的说法，它结合了一个受到阿摩尼乌斯严重影响的早期的修订本。埃弗拉德（É. Évrard）已经指出，它已经为后来在奥林匹俄多鲁斯、伊利亚斯、戴维（David）和斯提凡努斯（Stephanus）那里被系统化的双重讨论的成规提供了例证，而这同样可以就菲洛庞努斯的《论灵魂》的注释而言，这部注释被说成依据阿摩尼乌斯的课，补充有菲洛庞努斯个人的思考。㊵ 在这里，实际上，我们甚至有双重讨论中的第一种的一个专业名称：*protheôria*——对学说的一个预备性的一般讨论（424.4 和 13）。一般性的讨论这一规制给善于创造的菲洛庞努斯提供了一个大好的机会来引入他自己的观点。在一般性讨论之后紧接着的是对亚里士多德同一部分的一个文本讨论（被后来的注释家称作 *exêgêsis tês lexeôs*）。不同于中世纪拉丁的问题注释和文字注释，㊶在希腊传统中的这两种讨论都是针

㉟　玛尼努斯，《普罗克鲁斯传》，第 12、13 章。

㊵　例如，菲洛庞努斯对触觉的一般性的讨论从《论灵魂注》中的 407.18 一直到 422.1（尽管编辑者海达克（Hayduck）在这里没有做恰当的间隔），而对文本的注释从 422.11 到 436.33. 有关《物理学》的注释，参见埃弗拉德，《奥林匹俄多鲁斯的学派和菲洛庞努斯的〈物理学〉注释的撰写》(*L'école d'Olympiodore et la composition du 'commentaire à la physique' de Jean Philopon*)，Diss.，Liège 1957。

㊶　对此参见安东尼·肯尼和平伯格（Jan Pinborg），《中世纪哲学文献》(Medieval philosophical literature)，见克瑞茨曼（Norman Kretzmann）、安东尼·肯尼、平伯格（编）《剑桥晚期中世纪哲学史》(*The Cambridge History of Later Medieval Philosophy*)，Cambridge 1982，11—42。

对相同听众的。两种讨论中一般性的那种以亚里士多德的一个单独的观点或引文开始,而文本讨论则可以有几个观点,它们有时候在 CAG 版([译按]指 1882—1909 出版的 *Commentaria in Aristotelem Graeca*[Berlin:Reimer]系列丛书)中被错误地印刷,仿佛它们是这一讨论的一部分。这些注释的读者应当注意两种讨论都要考察,以便发现菲洛庞努斯的完整观点,而不是只把这些主要的游离性质的讨论作为打断了《物理学》注释的有关场所(place)和空间(vacuum)的推论来参考。

埃弗拉德发现,注释本身被分成了若干部分,每一部分的讲述都需要大约一个小时,而完全不考虑它们究竟是分割了还是合并了亚里士多德所正在讨论的主题。这些一小时长的部分一定对应于单独的一讲或者一课(后来被称作一次 *praxis*[活动])。如果普瑞施特(在第 2 章)在后来的一些作者的注释中没有发现多少有关一小时长的部分的证据,那也许是,它们已经按照把讲稿装扮成更为完整的表达的方式做了誊写。如普瑞施特在别的地方指出的,[42]辛普利丘的注释没有表现出讲课的结构,这一点,连同他对读者们而非听众的提及,已经表明他是在教室之外的环境中写作的。

对一个学校的剖面结构的观念可以从简(Jean)和巴尔提(Janine Balty)在阿帕美亚(Apamea)的考古发掘中获得,文献证据倾向于认为阿帕美亚是扬布里柯和他的学生之一德克西普斯执教的城市。[43] 巴尔提工作组已经指出,精美的苏格拉底的马赛克装饰标志着学校的遗址,是由朱利安皇帝在扬布里柯死后 35 年以

---

⑫ 普瑞施特,《辛普利丘》(*Simplikios*),*RE* 3A,1(2nd series)1927,cols 204—213。

⑬ 例见狄龙(John Dillon),《哈尔西斯的扬布里柯(约公元 240 — 325 年)》(Iamblichus of Chalcis [c. 240 — 325 A. D.]),哈塞(Wolfgang Haase)(主编)《罗马世界的兴起和没落》(*Aufstieg und Niedergang der römanischen Welt*),II 36.2,Berlin 1987,第 862—909 页,详见第 869—870 页。

及他的最好的同事被分散之后所安置的。㊹ 如果这是正确的,那么,我认为,紧邻着它㊺被发现的马赛克代表的是修辞学课程,而非哲学课程(参见插图)。它展示了说服女神(Peithô)和判断女神(Krisis)正在给卡西俄皮亚(Cassiopeia)颁选美比赛的奖,后者正脱下衣服展示美妙的身躯,而这并不直接暗示扬布里柯的精神哲学。在传说中,卡西俄皮亚是没有地位的,而修辞学学生的标准训练的一个部分就是从神话中被给出一个主题,并被告知要论证结论应当有另一种方式。马赛克的整个区域对于单单一个哲学学校的需要来说似乎是过于宽阔了,而且修辞学课程完全可以同哲学课程并进。儒歇(Charlotte Roueché)已经让我注意公元5世纪亚历山大里亚的一个较晚的类似情况。在那里我们了解到,尽管教师们经常在星期五在他们的家中讲授,但一堂哲学课也可以在中央学校在一堂语言学课的课堂上进行。㊻ 在亚历山大里亚,像菲洛庞努斯这样的人很可能既教哲学又教语言学,尽管持有的只是后者的教席。类似地,在阿帕美亚,扬布里柯和他的同事完全可以一直从事于修辞学教学。对于一般的学生,修辞学从来都是更为职业化和大众化的课程,但它也被认为是哲学学习的一个必要的补充,因为即使是在那些日子中,哲学家们的表达能力也是有提高余地的。㊼

　　如果同修辞学的联系得到确认,那么这就将关系到学校在阿帕美亚的生存。一个大规模的、包括的不只是哲学而且是修辞学的机构更有可能在基督教皇帝君士坦丁治下对异教哲学家们的迫害中幸存。那些呆下去的教师们,甚至修辞学家们,其中的一些有可能本来一直是教授哲学的。因此,在朱利安的宽仁时期,哲学课程或者一直在延续,或者至少说是复活了。而且朱利安将有很多的动机去安置这一马赛克,如果他不只是为了纪念他最喜爱的哲学家,异教徒扬布里柯,而且是为了试图在一所现行的学校中恢复它从前在哲学上的声誉,作为他恢复异教哲学的短命的奋斗的一部分。

㊹ 巴尔提,《朱利安和阿帕美亚,有关希腊化的恢复和皇帝的反基督教的政策的诸方面》(Julian et Apameé, aspects de la restauration de l'Hellénisme et de la politique antichrétienne de l'empéreur),《古代史对话》(Dialogues d'histoire ancienne),1974 年,第 267—304 页;简及巴尔提,《阿帕美亚教堂中的哲学课程;朱利安皇帝时期的整个新柏拉图主义学派》(Un programme philosophique sous la cathédral d'Apameé; l'ensemble néoplatonicien de l'empéreur Julien),见《文本和图像,尚提里国际会议论文集(1982 年 10 月 13—15 日)》(Texte et Image, Actes du colloque international de Chantilly [13—15 Octobre 1982]),Paris, 167—176。我深深得益于巴尔提工作组在遗址上的热情好客。
㊺ 在阿帕美亚的博物馆中,这些马赛克还被连续地加以展览。
㊻ 扎查利亚斯,《塞弗卢斯传》(Life of Severus),第 23 页。
㊼ 参见 I·哈多特,第 12 章,第 300—301 页,在那里还有更进一步的参考书目。扬布里柯的修辞学著作在叙利阿努斯的《赫尔谟根尼》(Hermogenem)I. 9. 10 以下被记载。

我不认为我们必须假定在阿帕美亚教授的哲学甚至被打断了,尽管一般的观点是,埃德修斯(Aedesius)在基督教皇帝君士坦丁及其继任者们治下镇压的时期将扬布里柯的学校迁至了珀尔干(Pergamum)。⑱ 事实上,尤那皮乌斯(Eunapius)说的比这要少。他提到众所周知对异教神庙的镇压和对哲学家们的仪式的谴责,⑲而且他还说,扬布里柯从前的学生们被分散到了帝国各地。⑳ 但他并没有说,分散是由于镇压,而且他还可以认为这毋宁是学校影响的一个标志。至于埃德修斯,他说他继承了扬布里柯的学校,并说出于信念他转而过一个牧羊人或放牛人的更为圣洁的生活,显然是在卡帕多西亚(Cappadocia),还说他被劝说又回到了哲学上,之后他在珀尔干设置了一个教席。㉑ 这不是要说他把扬布里柯的学校搬到了那里。在他过一个牧人的生活时,他可以让它继续发挥作用。

四、注释家们和基督教

然而,扬布里柯学校的经历作为新柏拉图主义的注释家们和基督教之间相互影响的漫长历史的一个片段是令人感兴趣的。看到太阳在阿帕美亚的柱廊背后升起,就是要令人想起扬布里柯坚持进行传统的动物献祭。尤那皮乌斯描写了他在拂晓时分在他乡间别墅的其中一处由他的同事陪伴进行献祭,这些同事一直恳求他允许他们参加他的私人仪式。㉒ 在进行献祭动物时,他不仅同基督教会相冲突,因为后者在公元 325 年——可能是他逝世的那一年——的尼西亚会议(the Counsil of Nicaea)上重申了它对动物献祭的反对,而且也同他自己的异教老师波菲利相冲突。因为波菲利已经写了整整一本书来反对动物献祭和荤食。㉓ 但在另一方面,波菲利对动物献祭的攻击,尽管这一直是同奥古斯丁相投

---

⑱　例如狄龙,同上,第 871 页。

⑲　尤那皮乌斯,《智者传》(*Lives of the Sophists*),461;471;472(赖特[Wright]的洛布本译文被和波利斯特拉图斯[Polystratus]联系在一起)。

⑳　尤那皮乌斯 461;462。

㉑　尤那皮乌斯 461;464—5;469。

㉒　尤那皮乌斯 458—9。

㉓　波菲利,《论戒除动物食物》(*On Abstinence from Animal Food*)(泰勒[Thomas Taylor]英译)。在另一方面,扬布里柯却声称毕达戈拉斯支持如下观点,即人类灵魂并不投胎转世在献祭的动物身上,因此它们可以被宰杀和食用(扬布里柯,《毕达戈拉斯传》[*Life of Pythagoras*],第 18 章、第 85 章)。实际上,他完全否认人类灵魂胎转世于任何动物身上(加萨的埃奈阿斯[Aeneas of Gaza],《塞奥弗拉斯特》[*Theophrastus*],PG 85,893A—B;尼米修斯[Nemesius]《论人的本质》(*Nat. Hom.*)51,第 117 页,Matthaei)。但这是否也和波菲利相抵触,取决于一个人对波菲利的解释(见丢赛　(转下页)

合的,[54]但并不表明他就是基督徒们的朋友。相反,他在《反基督徒》(*Against the Christians*)、尤为甚者在《出自神谕的哲学》(*Philosophy from Oracles*)中对他们的进攻被认为是在整个古代来自异教希腊思想的最难以应付的攻击。他的书不仅被基督教而且在一百年后也被西奥多修斯(Theodosius)焚毁,同时,多位主要的基督教神学家都对他做了回应,包括奥古斯丁。奥古斯丁对基督教的皈依曾经同等程度地是对新柏拉图主义的皈依。他在《忏悔录》VII. 9中描写了由一些他从拉丁译文中得到的"新柏拉图主义者们的书籍"所提供的启示,而且很长一段时间他看不出在新柏拉图主义和基督教之间明显的分别。但是在《上帝之城》——这开始出现于公元413年——中,他意识到在波菲利那里有很多他必定不同意的东西,即使在别的观点上他同波菲利一致,这显然包括对待献祭的正确态度。

在这一世纪的晚期,新柏拉图主义注释家普罗克鲁斯不得不离开雅典一年,以避免因为不虔敬而在基督徒的手中遭受迫害。[55] 他追随扬布里柯[56]把法术实践看成通往同诸神神秘结合的路径。他不能预见到在他死后的25年中,伪狄奥尼修斯(pseudo-Dionysius)会盗用他的观点给基督教,而且甚至把他的"法术"一词运用到基督教的圣礼上。[57] 普罗克鲁斯的著作仿佛没有包括多少对基督徒的评论,但是卡梅隆(Alan Cameron)已经让人们注意到在晚期新柏拉图主义者中对基

(上接注53)[W. Deuse],《中期柏拉图主义和新柏拉图主义的灵魂学说研究》[*Untersuchungen zur mittelplatonischen und neoplatonischen Seelenlehre*],Mainz, Wiesbaden 1983,第129—167页,和史密斯[Andrew Smith],《1913年以来的波菲利研究》[*Porphyrian Studies since 1913*]中的更为简洁的评述,《兴起和没落》[*Aufstieg und Niedergang*],如上,II, 36.2,第717—773页,详见第725—727页,在那里还有更进一步的文献被引用)。

[54] 波菲利对一种精神性献祭的喜爱(《论戒除动物食物》2.61)完全契合于奥古斯丁从普萨尔姆斯(Psalms)51.18的引文(《上帝之城》10.4—6)。然而关于素食主义(《上帝之城》1.20),奥古斯丁似乎反思了波菲利归于他的对手们的那些论证,尽管有关他对波菲利的这篇具体论文的知识一直存有疑问(参见库尔塞勒[P. Courcelle],《晚期拉丁著作家及其希腊资料来源》[Late Latin Writers and their Greek Sources],Cambridge Mass. 1969,第188页,注释177,译自《西方世界的希腊语文献》[*Les letters grecques en Occident*],Paris 1948)

[55] 马林努斯(Marinus),《普罗克鲁斯传》(*Life of Proclus*),15。

[56] 例如扬布里柯,《论秘仪》(*de Mysteriis*)2.11。

[57] 伪狄奥尼修斯,《书信》(*Letter*)9.1,PG 3,1108A。这里以及其他许多对基督教法术的提及为萨福利所引用,《在伪狄奥尼修斯和普罗克鲁斯之间的新的客观联系》(New objective links between the pseudo-Dionysius and Proclus),见奥梅拉(主编),《新柏拉图主义和基督教思想》,Albany NY 1982,第64—74页和第246—248页,详见第71—72页。

督教的统治的一些固定化的指称的用法，⑱而且在对这些指称的研究中，萨福利已经扩充了在普罗克鲁斯那里对基督徒的讽刺的指称的数量。⑲ 有一种指称模式，"主流的形势"（the prevailing circumstances）将在下面碰到。

固定化的指称随后被雅典的新柏拉图主义学校的最后一任领袖达玛修斯使用。他自豪地讲述了普罗克鲁斯的同时代人亚历山大里亚的希洛克勒斯（Hierocles of Alexandria）的故事，此人和君士坦丁堡"当权的那些人"发生了冲突，把自己的鲜血喷洒在殴打他并称他为塞克洛普斯（Cyclops）*的（基督徒的）执政官身上。⑳ 达玛修斯进而苦涩地抱怨说，亚历山大里亚的新柏拉图主义的教授阿摩尼乌斯由于财政上的原因可耻地赞同了在公元 490 年时掌管"主流的观点"的主教。㉑ 要发现所做的让步是什么，已经被证明是困难的。韦斯特林克（在第 14章）反对认为是阿摩尼乌斯同意停止教授柏拉图，而他自己的观点是，阿摩尼乌斯同意在对世界的永恒性和神性的异教信仰上保持沉默，但他的这个观点被维瑞肯所摒弃（见第 10 章）。但是我认为没有任何必要认定让步涉及到阿摩尼乌斯的教学。它也许只是同意不展示对异教众神的崇拜，以及阿摩尼乌斯的老师普罗克鲁斯在雅典、扬布里柯在叙利亚所进行的那种法术的信仰和实践，甚或仅仅是不给基督徒找麻烦，如果他想要资金的话。

在一篇研讨会的论文中，普瑞施特论证说，亚历山大里亚的学校向基督教的一神论做了让步，放弃了新柏拉图主义在一个至上的神太一和一个第二位的神理智之间的区分。㉒ 他进一步论证说，这一让步在公元 5 世纪的上半期就已经由较早的亚历山大里亚学者希洛克勒斯做出了，而且被辛普利丘延续，他认为后者对爱比克泰德（Epictetus）的注释是在阿摩尼乌斯的指导下写成于亚历山大里亚的。这一有关辛普利丘和希洛克勒斯的论点已经被 I·哈多特推翻，㉓但是把

---

⑱　卡梅隆，《学园在雅典的最后岁月》（The last days of the Academy at Athens），《剑桥哲学学会学报》（*Proceedings of the Cambridge Philological Society*），第 15 期，1969，第 7—29 页。然而，维瑞肯在第 11 章指出，同样的短语有时候也被基督徒所使用。

⑲　萨福利，《在柏拉图学派的传承者普罗克鲁斯作品中的反基督教的暗示》（Allusions antichrétiennes chez Proclus le diadoque Platonicien），《哲学和神学学科的回顾》（*Revue des sciences philosophiques et théologiques*）59，1975 年，第 553—563 页。

*　[译按]希腊神话中的独眼巨人，基督徒以此来辱骂非基督徒是野蛮人。

⑳　达玛修斯，《伊西多尔传》（*Life of Isidore*）83，第 5—11 页（Zintzen）。

㉑　达玛修斯，《伊西多尔传》250.2；251.12—14。

㉒　普瑞施特，《新柏拉图主义中的流派和学校》（Richtungen und Schulen im Neuplatonismus），《卡尔·罗伯特纪念文集》（*Genethliakon für Carl Robert*），Berlin 1910。

㉓　I·哈多特，《亚历山大里亚的新柏拉图主义的问题：希洛克勒斯和辛普利丘》（*Le problème du néoplatonisme Alexandrin: Hiéroclès et Simplicius*），Paris 1978。

它用在阿摩尼乌斯身上现在却受到了维瑞肯的质疑(见第10章)。阿摩尼乌斯坦率地承认异教徒在太一和理智之间的区分。他甚至将这一区分归于亚里士多德,尽管两个神,如维瑞肯建议的,可以被包含在亚里士多德的不动的动者的概念内部。

阿摩尼乌斯的学生菲洛庞努斯是一个基督徒,他认为物理世界,包括原始质料本身,有一个开端,这是一个鲜明的基督教的观点。居住在亚历山大里亚的时候,他最终得出了对亚里士多德物理学的另一种全面的看法,一个经过剪裁以契合他的基督教信仰的科学的世界观。(64) 然而维瑞肯在第11章中所论证的却是,这些思想就菲洛庞努斯来说包含着一个完全的转折。尽管他自始就是一个基督徒,但他在最初是愿意在他的注释中重复阿摩尼乌斯观点的。我们可以看到,他在世界的永恒性、在亚里士多德有关需要一个无限的力量的论证、在对处所的定义、在真空的不可能性、在必需有一个第五元素来构成旋转的诸天以及在柏拉图和亚里士多德的协调一致上,都在改变他的想法。维瑞肯进一步推测这些变化出现在菲洛庞努斯一生中相当晚的时期,是以公元529年中《反普罗克鲁斯论世界的永恒性》(*Against Proclus on the Eternity of the World*)这篇论文开始的。此后,有关《后分析篇》、《物理学》以及有可能《气象学》的注释被作了修正。不管怎样,它们全都包含较晚看法的表达,但是至少在头两个例子中,它们被发现伴随有未经修正的更早观点的表达。

维瑞肯针对转折以及至少两种注释的修正的论据得到了印象深刻的证明。我相信《论灵魂》的注释也可以证明含有较晚的层次,如果说在330.24中有对基督教的造物主的提及、在339.35中有对有关《气象学》的较早讲稿的提及以及在391.32中有对《范畴篇》的注释的提及的话。(65) 无论这一变化是否开始于公元529年,那一年无疑是重要的一年。不仅菲洛庞努斯发表了他对雅典最伟大的新柏拉图主义者普罗克鲁斯的攻击,以捍卫普罗克鲁斯所攻击的基督教的观点,即,物理宇宙有一个开端,而且529年也是基督教皇帝查士丁尼最终关闭在雅典的异教的新柏拉图主义的学校的一年。学校领袖达玛修斯,连同辛普利丘、普利斯安(Priscian)和其他四人,随后不久便离开前往在科特西丰(Ctesiphon)的霍斯罗

---

(64) 索拉比,《菲洛庞努斯》(John Philoponus),索拉比(主编)《菲洛庞努斯和对亚里士多德科学的反驳》(*Philoponus and the Rejection of Aristotelian Science*),London and Ithaca NY 1987。

(65) 然而布鲁门泰尔在《辛普利丘和其他人论亚里士多德对原因的讨论》(Simplicius and others on Aristotle's discussion of reason)中依照维瑞肯的看法,认为它整个都是早期的,见《多产者,新柏拉图主义研究,献给韦斯特林克75岁寿辰,阿雷苏萨》(*Gonimos, Neoplatonic Studies Presented to Lendeert G. Westerink at 75, Arethusa*),Buffalo NY 1988,第103—119页。

斯(Khosroes)的宫廷，它在今天的伊拉克，而且已经有考古学上的证据——诚然是猜测性质的——提供出来表明他们没有回去。不管怎样，如果在雅典被挖掘出来的那所房子确实是雅典的普鲁塔克传给他的新柏拉图主义的继任者的，那么，那些被小心地放到一口井里的雕像就从来未曾被他们恢复过。⑥⑥

辛普利丘是这七位哲学家之一，他在他对菲洛庞努斯的攻击中使用了恶毒的咒骂，这是毋须惊奇的。⑥⑦ 他把基督教及其代表菲洛庞努斯看成毫不虔敬的。它们否认诸天的神性，以保存殉教者的遗迹这一令人反感的习惯将肉体的东西置于心灵的东西之上来光荣它们。他自己的注释在虔诚的祈祷中结束，同基督徒菲洛庞努斯的清醒而富论证的风格形成了鲜明的对比。

在亚历山大里亚，不同于雅典，新柏拉图主义的教学很少被干扰地持续到了公元 6 世纪的下半期。韦斯特林克在第 14 章中描述了异教教授奥林匹俄多鲁斯在他的课堂上向基督徒学生致辞的坦率方式。当他讲到守护精灵或者神祇时，他们应当想到天使，或者想到良心。他使用了一个固定化的词把这描述为是适应于"主流的形势"的一种解释。奥林匹俄多鲁斯是亚历山大里亚的最后一位异教注释家。接下来的注释家伊利亚斯、戴维、伪伊利亚斯和斯提凡努斯都是基督徒。但是，如韦斯特林克指出的，尽管使用了传统的形式和套话，他们并没有像奥林匹俄多鲁斯那样明确地专注于异教和基督教信仰之间的关系。⑥⑧

保存下来的同基督教相互影响的最重要的例子涉及到基督徒波埃修，他在公元 6 世纪初用拉丁语写作，并且将这一注释传统传递给了拉丁语世界。像以前的奥古斯丁那样，他仿佛在基督教和新柏拉图主义之间没有任何区别那样写作。他的一些论著是基督教神学的作品，而他对亚里士多德逻辑学的注释是新柏拉图主义的作品。在他的《哲学的安慰》(Consolation of Philosophy)中，异教主义和基督教被结合在一起。《哲学的安慰》实际上一直被看成一部异教作品，因为它让世界是永恒的。但是完全撇开一些基督徒接受这种观点不论，我认为波

---

⑥⑥　弗朗茨(Alison Frantz)，《在基督教雅典的异教哲学家们》(Pagan philosophers in Christian Athens)，《美国哲学学会学报》(Proceedings of the American Philosophical Society)，第 119 期，1975，第 29—38 页。然而这一认定是猜测性质的，而且人们已经怀疑，破坏地板表层的那些刮痕代表的是基督教的占领者所加上去的十字架。

⑥⑦　霍夫曼(Philippe Hoffmann)，《辛普利丘的论辩术》(Simplicius' polemics)，见索拉比(主编)《菲洛庞努斯和对亚里士多德科学的反驳》，London and Ithaca NY 1987 年，第 57—83 页。

⑥⑧　我不信服由哈奇阿杜里安(Haig Khatchadourian)和桑简(A. K. Sanjian)所提供的在戴维那里的"基督教化"的例子，它们属于伦理学，在《绪论》(Prolegomena)115.12—13(参考 129.8—10)上属于人的创造。参见桑简(主编)的《安哈特，"不可战胜的"哲学家》(David Anhaght, the 'Invincible' Philosopher)中的有趣的讨论(Atlanta 1986，第 55 页和 109 页)。

埃修仅仅将世界的永恒性描述为柏拉图和亚里士多德的一个假设。⑥

在对新柏拉图主义的注释家们同基督教的关系的这一考察中，我们已经发现了各种态度的一个宽阔的分布、甚而一个序列。有波菲利对基督教的攻击，有叙利亚的扬布里柯和雅典的普罗克鲁斯在日益增长的压力下对异教仪式的从事，有在雅典的学校被关闭时达玛修斯的激切和辛普利丘的苦涩。我们已经看到在亚历山大里亚的菲洛庞努斯的基督教的反击，和亚历山大里亚学派的阿摩尼乌斯、奥林匹俄多鲁斯对分歧的平和的同意。最终是基督教的教授们对亚历山大里亚教席的毫无戏剧性地占领。拉丁基督教的波埃修置身于这一序列之外，因为他是把新柏拉图主义看成和基督教一样、并使新柏拉图主义深入到基督教的感性之中去的人们当中的一个。

五、解读注释家们的危险

显然，新柏拉图主义课程的神学动机以及把柏拉图和亚里士多德协调一致的压力造成了危险，假如这些注释家们被解读为亚里士多德的直接向导，而没有作必要的估计的话。而从他们那里摘引前苏格拉底哲学家们的残篇也不是安全的，假如没有考虑残篇原本据以被选取来讨论的新柏拉图主义背景的话。由于各种原因，类似的告诫也适用于由新柏拉图主义的注释家亚历山大所保存的残篇。⑦ 布鲁门泰尔在第 14 章中提请注意在《论灵魂》的注释中所发现的新柏拉图主义学说的数量，并且指出，盎格鲁—萨克森的学者们常常意识不到新柏拉图主义的偏见。相反的危险则是把柏拉图和亚里士多德的协调一致接受为不折不扣的真理，库辛（Cousin）和拉维森（Ravaisson）就是例子。

但是，新柏拉图主义歪曲的语境并没有阻止这些注释成为亚里士多德的最好的向导。注释家们对亚里士多德哲学的介绍主张注释家必须具有对亚里士多德全部著作的非常详尽细密的知识，而这个他们无疑是具有的。此外，注释家们被叮嘱既不要接受也不要拒绝亚里士多德太过容易说的话，而是深刻而无偏见地考虑它。这些注释使人们注意于亚里士多德中成百的短语、句子和观念，这些东西，一个人不管多么经常地阅读他，都能够轻易地一掠而过。对这一歪曲的语境予以正确估计的学者，关于亚里士多德所学到的远比靠他自己所学到的要多

---

⑥　索拉比，《时间、创造和持续》（*Time, Creation and Continuum*），London and Ithaca NY 1983，第 196 页。

⑦　有关亚历山大对斯多亚学派的研究，参见托德，《阿弗洛狄西亚的亚历山大论斯多亚的物理学》（*Alexander of Aphrodisias on Stoic Physics*），Leiden 1976，第 24—29 页。

得多。

布鲁门泰尔所研究的《论灵魂》的注释有可能包含比逻辑学注释或《物理学》非神学部分的注释更多的歪曲，而这只是因为柏拉图少有论及逻辑学和物理学。事实上，新柏拉图主义的歪曲在归于辛普利丘的《论灵魂》的注释中要比在他的其他注释中多得多，以致这一点一直被作为怀疑它也许是另一个作者（普利西安[Priscian]）的作品的诸多理由之一而被指出。但这一假设受到了 I·哈多特在后面第 12 章中的质疑。⑦

六、个人注释家

在描述了一些总体的趋势后，我现在转向个体注释家。这些人——我们拥有他们的注释——归于三个主要的类别。第一组有 2 世纪和 3 世纪早期的亚里士多德学者们，阿斯帕修斯（Aspasius），某个利用阿德拉斯图斯（Adrastus）、阿弗洛狄西亚的亚历山大并在同一个传统中写作但在稍后一个时期的人，以及塞米斯修斯。其次有最大的一组，以新柏拉图主义的方式写作的注释家们，一些稍后的基督徒注释家们，时间在公元 250 年和约 610 年（当时斯提凡努斯被从亚历山大里亚招到君士坦丁堡）之间。最后，有一个 11 世纪拜占庭注释著作的复兴，它在 12 世纪在欧斯特拉修斯和以弗所的米歇尔的注释中达到顶峰。

我们所拥有的最早的一些注释是关于亚里士多德的《尼各马可伦理学》的。其中最早的是出自公元 2 世纪前半期的雅典的阿斯帕修斯的注释，涵盖了卷 1—4、卷 7 和卷 8。接着有关于《尼各马可伦理学》卷 2—5 的注释，印行于 CAG

---

⑦ 这一假设是鲍希尔（F. Bossier）和斯蒂尔（C. Steel）的，见《伪辛普里丘〈论灵魂〉注〉中的吕杜斯》（Priscianus Lydus in de "In de anima" van Pseudo(?)-Simplicius），《哲学期刊》（*Tijdschrift voor Philosophie*）34，1972，第 761—822 页，复述见斯蒂尔，《变化的自我》（*The Changing Self*），Brussels 1978. 有关《论灵魂》注释的特殊性的观点是由 I·哈多特在她的《亚历山大里亚的新柏拉图主义的问题：希洛克勒斯和辛普利丘》的附录中提出的，在那里，她反对剩下的那个论证，也反对结论。但是《论灵魂》的注释可以至少区别于《物理学》的注释的一个议题——不是前面提到的——是，身体究竟是靠性质（见《物理学》623. 11—18）还是质料（见《论灵魂》134. 6）被阻止占据同一个地方。还可以感到惊奇的是，对光是一种物体的怀疑应当如何同对柏拉图的光是一种火的定义的认可相一致（见《论天》12. 28；16. 20—21；130. 31—131. 1；但请参考《论灵魂》133. 32；134. 6）。参见索拉比，《物质、空间和运动》，London and Ithaca NY 1988，第 106—107 页；第 108 页。还可以感到惊奇的是，为什么《论灵魂》141. 15—38 的注释不像普利西安的《释义》（*Metaphrasis*）14. 10—12 那样把声音的波动理论归于塞奥弗拉斯特。

20 中,它也许出自阿弗洛狄西亚的阿德拉斯图斯。[72] 尽管戈查尔克[73]和(见第 18 章)默尔肯反对它实际上是阿德拉斯图斯的作品的假设,但默尔肯相信它也可以早至公元 2 世纪。两种注释都被默尔肯在后面做了描述。

阿弗洛狄西亚的亚历山大和其他人一起受教于阿斯帕修斯的学生赫尔米努斯(Herminus),他在公元 198 年到 209 年之间被任命为亚里士多德哲学的一个教席。这也许一直是在雅典的一个教席,是奥勒留(Marcus Aurelius)皇帝(公元 161—180 年在位)为四个主要的哲学派别建立的四个教席中的一个。讽刺作家琉善在《阉人》(The Eunuch)中说这些教席是向相关各学派的任何解释者之间的竞争开放的,他们让自己接受一个第一等级公民委员会的审查。[74] 按照琉善的讲法,阉人是领先的竞争者。亚历山大在补充亚里士多德的观点以获得一个一致的亚里士多德的立场上所表现出来的杰出才能,可以从许多例子中体现出来。我在别处给出过的一个例子(不是出自一个注释)是他对亚里士多德空间是有限的论断的辩护,以反驳空间的边界在概念上是有问题的反对意见。[75] 在一个有限的宇宙中对一个边界的需要,直到 19 世纪黎曼几何学发明之后才最终被绕过。

在 4 世纪的君士坦丁堡,塞米斯修斯(盛年在 340 年代末到 384 或 385 年)把自己看成是释义的发明者,错误地以为全面注释的工作被完成了。[76] 但不管怎样,他的释义包含大量内容充实的解释,包括对主动理智的整个附注,同时,它们在以后的时间里被广泛地运用。人们已经估算过,菲洛庞努斯的《物理学》注释未加说明地引用塞米斯修斯 600 次,[77]而且他对文艺复兴时期的新柏拉图主义有巨大的影响。[78]

---

[72] 默瑙克斯,《从亚里士多德到贝萨利翁》(D'Aristote à Bessarion),Laval Quebec 1970,第 24 页以下;《希腊人中的亚里士多德主义》(Der Aristotelisums bei den Griechen),卷 2,Berlin 1984,第 323—330 页。

[73] 戈查尔克,《从西塞罗时代到公元 2 世纪末期罗马世界中的亚里士多德哲学》,(Aristotelian philosophy in the Roman world from the time of Cicero to the end of the second century AD),见哈塞(主编),《罗马世界的兴起和没落》II 36.2,第 1155 页,注释 363,其中对安东尼·肯尼的《亚里士多德的伦理学》(The Aristotelian Ethics)(Oxford 1978,第 37 页注释 3)进行了评论,本书第 3 章是取自这部著作的一个修订过的节选。

[74] 琉善的证据被林奇加以运用,《亚里士多德的学派》(Aristotle's School),Berkeley,Los Angeles 1972,第 169—173 页。

[75] 索拉比,《物质、空间和运动》,第 8 章。

[76] 塞米斯修斯,见《后分析篇》1.2—12。参见布鲁门泰尔,《弗修斯论塞米斯修斯(Cod. 74):塞米斯修斯写过关于亚里士多德的注释吗?》(Photius on Themistius [Cod. 74]: Did Themistius write commentaries on Aristotle?),《赫尔墨斯》107,1979,第 168—182 页。

[77] 维特利(H. Vitelli),CAG 17,第 992 页,s. v. 塞米斯修斯。

[78] 这在马霍内(E. P. Mahoney)的论文中被表明,布鲁门泰尔在第 5 章中讨论了这些论文。

同新柏拉图主义的注释相联系,我们已经看到波菲利(公元 232—309 年)如何将亚里士多德的研究在新柏拉图主义内部牢固地确立起来,强调亚里士多德的范畴体系同柏拉图的相容性,而他的学生扬布里柯(约公元 240—约 325 年)则确认了同他的范畴的"理智理论"的一致性。扬布里柯对亚里士多德的注释已经佚失,但保存下来的残篇的一个集子已经被拉森做出。⑦ 扬布里柯的唯一的一个学生是德克西普斯(约公元 330 年,参见第 6 章),有一篇出自于他的有关亚里士多德的注释保存了下来。⑧ 他的《范畴篇》注释同波菲利保存下来的一篇注释都具有对话形式这一特殊的特征。

晚期雅典的新柏拉图主义者们使用过的房屋——弗朗茨(Alison Frantz)声称同她发掘的那所是同一座——被雅典的普鲁塔克(死于公元 432 年)遗赠给了学校。普鲁塔克有关亚里士多德的注释没有一篇保存下来,但是有关一篇《论灵魂》的注释的证据在下面第 13 章中被布鲁门泰尔所讨论。事实上,雅典学派的绝大多数亚里士多德的注释都佚失了。这也适用于叙利阿努斯(死于约公元 437年)的注释,除了那篇有关《形而上学》卷 3、4、13、14 的注释,而且也适用于普罗克鲁斯(约公元 411—485 年)和达玛修斯的那些注释,后者是公元 529 年封闭学园时期的领袖。⑧

亚历山大里亚的注释家阿摩尼乌斯(公元 435/445—517/526)和菲洛庞努斯(约公元 490 到 570 年)已经做过描述。菲洛庞努斯的才华横溢的论证颠覆了八百年之久的亚里士多德的传统,他论证说在世界的创造上,基督教一定是正确的。如果物理宇宙没有一个开端,那么它就已经经过了多于有限的年数,而亚里士多德曾经声称经过无限是不可能的。此外,被下一年所经过的年数要大于无限。只是在另一个

---

⑦ 达尔斯加德—拉森(Bent Dalsgaard-Larsen),《哈尔西斯的扬布里柯》(*Jamblique de Chalcis*),Aarhus 1972 年,提供了有关《范畴篇》和《前分析篇》的注释残篇,附有其他一些来源不确定的残篇。还有一个有关《解释篇》的注释,也许是有关《论天》的,但不可能是有关《论灵魂》的;参见狄龙,《哈尔西斯的扬布里柯(约公元 240—325 年)》,见哈塞(主编)《罗马世界的兴起和没落》II 36.2,Berlin 1987,第 862—909 页,详见第 872—877 页。

⑧ 这篇注释由狄龙翻译,London and Ithaca NY 1989。

⑧ 有关叙利阿努斯的如我们从残篇中所知的其他亚里士多德的注释,参见卡尔杜罗(Loredana Cardullo),《叙利阿努斯佚失的有关亚里士多德的残篇》(*Syrianus lost commentaries on Aristotle*),《古典研究学院学报》(*Bulletin of the Institute of Classical Studies*)33,1986,第 112—124 页。有关普罗克鲁斯的亚里士多德的注释的证据,参见韦斯特林克,第 13 章注释 18,有关达玛修斯的注释,参见韦斯特林克,《有关柏拉图〈斐多篇〉的希腊注释》(*The Greek Commentaries on Plato's Phaedo*),卷 2,达玛修斯,Amsterdam 1977,第 11—12 页。

八百年后,中世纪哲学才汇集了各种材料来应付后一种观点。⑫

　　我认为查士丁尼关闭雅典的学园是有成效的。⑬ 但是留下的一个神秘之处就是,辛普利丘到哪里写作他的注释。它们看起来写成在七位雅典哲学家于科特西丰短暂驻留时期趋于结束(直到公元 532 年)之后。在第 12 章,I·哈多特支持塔迪欧(Michel Tardieu)在三篇系列作品中已经论证的观点,即,辛普利丘到了哈兰(卡莱)(Harrân [Carrhae]),在今天临近伊拉克边界的土耳其境内。⑭ 塔迪欧最好的一个证据是在辛普利丘的注释中有哈兰地区的地名出现。他的更进一步的证据的一部分在下面由 I·哈多特做了记述。存在着以叙利亚文保存的有关一个新柏拉图主义学校的证据,这个学校繁盛于哈兰迟至公元 943 年,而就在此前的七十多年前,库拉(Tâbit b. Qurra)从哈兰出发去巴格达建立柏拉图化的学校,它成为了希腊哲学在阿拉伯世界传播背后的驱动力。如果塔迪欧是正确的,那么,雅典的新柏拉图主义学校就绝不曾从历史地图上消失。它通过辛普利丘在哈兰保存了下来,如塔迪欧在讲话中表明的,陪同他的是达玛修斯和普利西安。而且库拉传到巴格达的正是这个学校的教义。与此同时,如果所有这些是正确的,那么,依然可以询问的是,辛普利丘在这个学校中的角色是否将一直是一个教师的角色,因为在他的注释中缺少一个教学语境的各种迹象。

　　注释传统通过奥林匹俄多鲁斯(公元 495/505—公元 565 以后)、伊利亚斯、戴维、伪伊利亚斯和斯提凡努斯在亚历山大里亚的延续,由韦斯特林克在第 14 章中做了叙述。在他所考察的注释之上,塔兰加上了一个出自这一时期的匿名的对《解释篇》的注释的版本。⑮ 斯提凡努斯在公元 610 年或之后不久被征召就任在君士坦丁堡的一个教席,这通常被认为标志着亚历山大里亚学派的结束。但是,在一篇即

---

⑫　索拉比,《无限和创造》(Infinity and the Creation),就职演讲,1982,见本人(主编)《菲洛庞努斯和对亚里士多德科学的反驳》,London and Ithaca NY 1987,第 164—178 页。

⑬　最好的反例是由卡梅隆做出的,《学园在雅典的最后日子》(The last days of the Academy at Athens),对此我已经在《时间、创造和持续》中做了评论,第 199—200 页。

⑭　塔迪欧,《古兰经的智者和哈兰的"智者"》(Sâbiens coraniques et "Sâbiens" de Harrân),《亚洲学期刊》(*Journal Asiatique*)274,1986;《依据阿拉伯资料的哈兰的年历用法和辛普利丘对亚里士多德的〈物理学〉的注释》(Les Calendriers en usage à Harrân d'après les sources arabes et le commentaire de Simplicius à la *Physique* d'Aristote),见 I·哈多特(主编),《辛普利丘——他的生平、著作和身后》(*Simplicius — sa vie, son oeuvre, sa survie*),Berlin 1987;《辛普利丘作品中美索不达米亚人的航海习惯》(*Coutumes nautiques mésopotamiennes chez Simplicius*),即出。

⑮　塔兰(主编),《亚里士多德〈解释篇〉的匿名注释(巴黎希腊语文本 2064)》(*Anonymous Commentary on Aristotle's De interprtatione (Codex Parisinus Graecus 2064)*),Meisenheim am Glan 1978。

出的论文中，⑧儒歇论证说，伪伊利亚斯和戴维也许一直原本是跟在奥林匹俄多鲁斯之后而不是在他之前的。尽管伪伊利亚斯一度在亚历山大里亚之外写作，有可能是在君士坦丁堡，⑧但他可以随后迁移到亚历山大里亚，而亚历山大里亚学派可以一直持续到阿拉伯在公元 640 年占领这座城市的时期。这一时间幅度可以由下面韦斯特林克反对把伊利亚斯活动的时间定得早至公元 541 年的新反驳所加强。

比最后的亚历山大里亚学派的这一作品更为重要的是波埃修稍早一些在罗马的活动，他企图让亚里士多德对拉丁语世界成为可理解的。他在他对《解释篇》的第二部注释中宣布了一个把所有他能够到手的亚里士多德和柏拉图翻译成拉丁文并附有注释的计划。⑧ 他已经翻译了所有或者几乎所有亚里士多德的逻辑学著作，给一些逻辑学著作和《物理学》加上了精选的注释或者完整的注释，并对《解释篇》和《前分析篇》中的三段论写了专题论文。但之后，由于一个他不承认的罪名，在公元 525 或 526 年他 44 岁或 45 岁的时候，他被处死了。他的《哲学的安慰》是在狱中当等候处决时写就的一个反思，有关生命究竟是由命运、机会还是天命所主宰的。它的辛酸注定要激发阿尔弗雷德（King Alfred）、乔叟（Chaucer）和伊丽莎白一世女王的英文翻译或释义。

如艾伯森（Sten Ebbesen）在第 16 章中所解释的，一些注释在波埃修之前就已经翻成拉丁文了。在公元 4 世纪便已经有了维克托里努斯（Marius Victorinus）的一个较早的对《导论》的拉丁文的改写本和对《范畴篇》的注释，一份对《范畴篇》的释义（Decem Categoriae）和普雷特克斯塔图斯（Praetextatus）对塞米斯修斯有关《前后分析篇》的释义的拉丁文翻译。⑧ 甚至更早以前，在公元 2 世纪，阿普留斯（Apuleian）曾经写过一份有关《解释篇》的拉丁文阐释。⑩ 但主要是波埃修将注释传统传给了从公元 6 世纪到 12 世纪的拉丁世界。他不仅在他为《导论》的第一部注释和《范畴篇》的注释所写的引言中保存了标准的六点，⑪而且在他的《导

⑧ 儒歇，《哲学的定义和亚历山大里亚的斯提方努斯的一条新的残篇》（The definitions of Philosophy and a new fragment of Stephanus of Alexandria）。

⑧ 韦斯特林克，《伪伊利亚斯（伪戴维），关于波菲利的〈导论〉的讲稿》（Pseudo-Elias (Pseudo-David) Lectures on Porphyry's Isagoge），Amsterdam 1967。

⑧ 波埃修，《解释篇注》²（梅瑟[Meiser]），79.9—80.1。

⑧ 参见 P·哈多特，《维克托里努斯》（Marius Victorinus），Paris 1971。

⑩ 参见伊萨克（J. Isaac），《〈解释篇〉在西方，从波埃修到圣托马斯》（Le peri Hermeneias en occident de Boèce à saint Thomas），Paris 1953；苏利文（M. W. Sullivan），《阿普留斯的逻辑学》（Apuleian Logic），Amsterdam 1967 年。

⑪ 波埃修，《导论注》¹I. 1, 4.17—5.10（谢普斯—布兰德特[Schepss-Brandt]），《拉丁教父文集·范畴篇注》（in Cat. PL）64, 161A—162A，这几点的大部分也见于《解释篇注》²（梅瑟），1—13。

论》注释中给出了对哲学的一个定义和划分,⑨²并把哲学研究的最终目标说成对上帝的沉思,⑨³而在他对《解释篇》的第二部注释中,他表现了想要展示柏拉图和亚里士多德的协调一致的企图。⑨⁴ 他把亚里士多德的《范畴篇》看作只是给初学者的一篇导论,哲学的顶点被亚里士多德保留给了他的《形而上学》。⑨⁵ 尽管只有一篇《范畴篇》的注释保存了下来,但波埃修计划有第二篇,以表明《范畴篇》更高的内涵。他说,它将利用毕达戈拉斯学派的科学,因此大概是循着扬布里柯"理智理论"的模式⑨⁶。对这一计划中的注释的一个重构由艾伯森在第 16 章中提供。波埃修的其他现存的亚里士多德的注释确实在实际上是成对出现的。有两篇有关波菲利的《导论》的,还有两篇有关亚里士多德的《解释篇》。在每一种中,头一篇注释更为基本。在它们之间的这些注释覆盖了在西方拉丁世界中逐渐被称作 Logica Vetus 或者旧逻辑学(Old Logic)的课程大纲。

晚期亚历山大里亚学派的注释以及伊利亚斯、戴维和斯提凡努斯的绪论在大约 610 年以后在拜占庭世界中被阅读了数个世纪,当时,斯提凡努斯离开亚历山大里亚前往君士坦丁堡,而其后果明显体现在各种纲要中。⑨⁷ 但希腊注释写作的传统只是在 11 世纪才在那个世界中恢复起来。有超过一打的晚期拜占庭注释家在亨格尔(Hunger)的《拜占庭学手册》(*Byzantinisches Handbuch*)中被描述,*CAG* 编辑了其中的三本。⑨⁸ 在这些注释中迄今为止最重要的是欧斯特拉修斯(公元 1050/1060 年 — 约 1120 年)和以弗所的米歇尔。布朗宁(Robert Browning)通过重新确定米歇尔的时间已经转变了理解(第 17 章),表明这两个注释家都属于

---

⑨²　定义,波埃修,《导论注》¹ I. 3,7. 11—16;划分,《导论注》¹ I. 3,7. 11—12,9;《导论注》² I. 1—3,135.5—143.7。

⑨³　《导论注》¹ I. 3,8. 6—19。

⑨⁴　波埃修,《解释篇注》²(梅瑟),80. 1—6。

⑨⁵　波埃修,《拉丁教父文集·范畴篇注》64,252B—C。

⑨⁶　波埃修,《拉丁教父文集·范畴篇注》64,160A—B。

⑨⁷　参见儒歇,《公元 7 世纪的拜占庭哲学文本》(Byzantine philosophical texts of the seventh century),见《奥地利拜占庭学年鉴》(*Jahrbuch der Österreichischen Byzantinistik*)23,1974,第 61—76 页;《一部中世纪拜占庭的逻辑学术语手册》(A middle Byzantine handbook of logical terminology),见同上 29,1980,第 71—98 页。

⑨⁸　除欧斯特拉修斯和米歇尔之外,索福尼亚斯(Sophonias)被包括在 13 世纪的注释家中。亨格尔的综述在《拜占庭标准语世俗文献》(*Die hochsprachliche profane Literatur der Byzantiner*),卷 1(=《拜占庭学手册》,第 5 部,卷 1),Munich 1978,第 25—41 页。他没有包括那个被不可靠地归于此外便一无所知的普鲁撒的赫利奥多鲁斯(Heliodorus of Prusa)的释义性注释(*CAG* 19.2),关于这部注释,我们所能说的只是它必定早于公元 1366 年(参见高希尔[R. A. Gauthier],见高希尔和乔里夫[J. Y. Jolif],《亚里士多德〈尼各马可伦理学〉》[*Aristote, L'ethique à Nicomaque*]2,Paris 1970,导论,第 106—107 页)。

由 12 世纪拜占庭的科姆尼娜公主所组织的一个团体。因之,米歇尔注释的完成时间应当被放在 1138 年或更晚,而不是 1040 年。艾伯森对米歇尔有关《辩谬篇》的注释的研究指出他"清理"了早期的注释,弥补了它们,并且将它们巧妙地缝合到一起,以使一个校订本跟在另一个校订本后面,而最早的一个也许是为了安娜本人所参加的一个课堂的。在这个过程的最后,艾伯森没有发现任何由米歇尔本人所强加的个人偏向。[99] 在另一方面,在他有关动物学著作和《政治学》的注释中,人们可以猜测他只有很少的注释可以依赖。[100] 在所有注释中,他所关注的(默尔肯,第 18 章)只是阐释亚里士多德。相反,欧斯特拉修斯突出的是他对基督教和柏拉图主义的辩护以及对三段论的偏爱,这些都由默尔肯做了描述。

米歇尔的注释似乎部分地是设计来填补那些留有空隙的区域,而且这也许原本是按照安娜的指示。这些填补空隙的内容没有全部保存下来,但是我们拥有关于庞大的生物学著作集(《论动物的部分》、《论动物的运动》、《论动物的行进》、《论动物的生成》、《自然短论集》)的注释[101]和关于《政治学》的一部注释的一小部分残篇。佚失的《修辞学》的注释有过一些先驱,但是《修辞学》也一直相对地被忽视。[102] 在这个团体中,有可能对《尼各马可伦理学》曾经编纂过一个合成的注释(CAG19.1,第 158—186 页;CAG20;CAG22.3),把欧斯特拉修斯用作第一卷,阿德拉斯图斯的那个公元 2 世纪的派生品用作第 2—5 卷,第 6 卷又是欧斯特拉修斯,第 8 卷是阿斯帕修斯(Aspasius),米歇尔用作第 9、10 卷和对第 5 卷的一个更进一步的注释,以及一个临时代用品用作剩下的第 7 卷(默尔肯,第 18 章,艾伯森,第

---

[99] 艾伯森,《注释家们和有关亚里士多德〈辩谬篇〉的注释》,《亚里士多德希腊文本拉丁注释全集》(Corpus Latinum Commentariorum in Aristotelem Graecorum)7.1(CLCAG),第 268—285 页。

[100] 有关一般性的生物学的注释,参见对普留斯(A. Preus)的介绍,《亚里士多德和以弗所的米歇尔论动物的运动和行进》(Aristotle and Michael of Ephesus on the Movement and Progression of Animals),Hildesheim 1981。

[101] 关于《自然短论集》,有一篇对它的开篇论文《论感觉》的注释,现存是由亚历山大写的。对亚里士多德的《动物志》、《论动物的生成》和《论动物的部分》的那篇阿拉伯语的转述——巴达维(A. Badawi)已经将它翻译成了法文,并确认是塞米斯修斯的一篇译文——在其他人看来,也许只是对亚里士多德的那三本著作的阿拉伯译文的一份阿拉伯语的摘要。参见巴达维,《对亚里士多德希腊语佚失著作和其他书信的注释》(Commentaires sur Aristote perdus en grec et autres epîtres),Beirut 1971,以及齐梅尔曼(F. W. Zimmermann)和布朗(H. V. B. Brown)对它的评论,《出自晚期希腊哲学范围的新阿拉伯译文》(Neue arabischen Übersetzungen aus dem Bereich de spätantiken griechischen Philosophie),Der Islam 50,1973,第 313—324 页,尤其是第 323—324 页。

[102] 参见布兰迪斯(C. A. Brandis),《论亚里士多德的〈修辞学〉和它的希腊解释者》(Über Aristoteles' Rhetorik und die griechischen Ausleger derselben),《语文学》(Philologus),1849,第 34 页以下,及戈查尔克在章 3 注释 67 中所给的其他索引。

19章）。[103] 普瑞施特认为米歇尔还提供了对《形而上学》6—14卷的伪亚历山大的注释，它完善了亚历山大自己对第1—5卷的注释，对这一看法存在着争论，尽管艾伯森告诉我，他依然[104]同意普瑞施特，就像默尔肯在第18章中所做的那样。

　　大约同一时间（1130年），威尼斯的詹姆士（James of Venice）前往拜占庭，也许是去拜访米歇尔，如布朗宁所指出和艾伯森所同意的（第17和19章），之后，他将一部来自菲洛庞努斯的有关《后分析篇》的注释以及有关《论题篇》和《辩谬篇》的批注翻译成拉丁文，此外还写作了他自己的对《辩谬篇》和《后分析篇》的注释。在同一个世纪，克莱蒙的杰拉德（Gerard of Cremona）（死于1187年）从阿拉伯的抄本翻译古希腊的注释：塞米斯修斯论《后分析篇》，亚历山大论《论感觉》，此外还有亚历山大的论文《论理智》（On the Intellect）（=Mantissa 106—113）和《论时间》。在下一个世纪，13世纪，从希腊文和阿拉伯文翻译成为一股潮流，拉丁世界不再局限在波埃修的全部篇目之中。格罗斯泰斯特（Grosseteste）和莫尔贝克的威廉（William of Moerbeke）两个人都从希腊文翻译，同时也从阿拉伯文方面，译文不仅由希腊文注释构成，也由受希腊注释影响的著作构成，包括13世纪阿威罗伊（Averroes）的有关亚里士多德的注释，和12世纪阿维森纳（Avicenna）与哈查理（Ghazali）的非注释著作。[105]

---

[103]　艾伯森把米歇尔看成是一个可能的编辑者，默尔肯认为这是完全有可能的。

[104]　与叙利阿努斯（死于约公元437年）的相似之处已经向一些人表明，它在时间上先于叙利阿努斯（最近的是塔兰对莫瑞克斯《希腊人中的亚里士多德主义》卷1的书评，见 Gnomon 第46期，1981，第721—750页，详见第750页），而向另一些人则表明，它吸收了他（最近的是蒂勒特[P. Thillet]，见亚历山大《论命运》（De Fato）Budé版，第lvii页）。普瑞施特在他对 CAG 22.2 将它归于以弗所的米歇尔，见《哥廷根学报》（Göttingische Gelehrte Anzeigen）第168期，1906，第861—907页。有关艾伯森，参见《亚里士多德〈辩谬篇〉的注释家们和注释》（Commentators and Commentaries on Aristotle's Sophistici Elenchi）（=CLCAG，卷7），第3部分，第87页。

[105]　有关格罗斯泰斯特，参见默尔肯，第18章。有关莫尔贝克，参见蒂勒特，《阿弗洛狄西亚的亚历山大论命运和皇帝，莫尔贝克的抄本》（Alexandre d'Aphrodise de Fato ad Imperatores，version de Guillaume de Moerbeke），巴黎1963，带参考书目。有关威尼斯的詹姆士，参见艾伯森，第19章，和米尼奥－帕留罗（L. Minio-Paluello），《威尼斯的希腊学者雅各布》（Jacobus Veneticus Grecus），Traditio 8，1952，第265—304页；《威尼斯的雅各布和拉丁亚里士多德主义》（Giacomo Veneto e l'Aristotelismo Latino），见珀尔图斯（Pertusi）（主编），《中世纪晚期与文艺复兴的威尼斯和东方》（Venezia e l'Oriente fra tardo Medioevo e Rinascimento），Florence 1966，第53—74页，两篇文章都重印于他的《小著作》（Opuscula），1972。有关克莱蒙的杰拉德，参见斯蒂恩施耐德（M. Steinschneider），《在17世纪中期以前对阿拉伯文献的欧洲语言翻译》（Die europäischen Übersetzungen aus dem arabischen bis Mitte des 17 Jahrhunderts）（再版于Graz 1956）；吉尔松（E. Gilson），《中世纪基督教哲学史》（History of Christian Philosophy in the Middle Ages），London 1955，第235—236页，较为一般性的见第181—246页。有关一般的翻译者，参见多德（Bernard G. Dod），（转下页）

七、本 卷

本卷中有六章是新的（章 1、4、10、11、19 和 20）。四章第一次从法文或德文翻译过来（章 2、6、8、12）。六章经过实质性的修订（章 3、5、9、14、15、18）。其他各章经过各种更为细小的方式的修订，只除了其中所有的希腊和拉丁引文都已经做了翻译，而就这些引文构成了原著（章 15、17）的一个实质性部分而言，变化是巨大的。在我的作为第 1 章的导言之后，我把普瑞施特对 CAG 的纪念碑式的评论的一篇译文包括了进来（章 2），它提纲挈领地预见到了自此以后得以实施的许多学术研究。在章 3，戈查尔克补充了一些有关斯多亚范畴的新的思考到他论述这一注释传统开端的著作中。沙普尔斯（Sharples）在章 4 中探讨了亚历山大的鲜为人知的个性，并认为就此而言，他的注释和《问题》（Quaestiones）反映了他的教学实践。布鲁门泰尔对他把塞米斯修斯描述为最后一位亚里士多德主义者做了修订，以虑及马霍内有关一种相敌对的新柏拉图主义对他的影响的证据。P·哈多特的论述波菲利和德克西普斯的第 6 章描述了有关柏拉图和亚里士多德的和谐一致的各种最重要的尝试中的一次。在第 7 章，艾伯森尝试重构波菲利的语义学和他的概念构成的理论。在第 8、9 章，萨福利和索拉比考察了从叙利阿努斯和普罗克鲁斯一直到阿摩尼乌斯有关柏拉图和亚里士多德的和谐一致的问题，叙利阿努斯和普罗克鲁斯依然是部分怀疑的，而阿摩尼乌斯则把和谐一致扩展到亚里士多德的神学，并将亚里士多德的神就是柏拉图的造物者的观念通过阿拉伯人一直传到了 13 世纪的西方。维瑞肯展示了一个全新的有关阿摩尼乌斯和菲洛庞努斯在亚历山大里亚的看法（章 10、11），仅仅在阿摩尼乌斯通过截掉他的老师普罗克鲁斯的一元体（henads）和三元体（triads）来简化新柏拉图主义的神学上同意于普瑞施特。I·哈多特在第 12 章提供了对辛普利丘的一个全面的叙述，并确定他的亚里士多德注释是《论天注》、《物理学注》、《范畴篇注》，按此顺序，及一部佚失的《形而上学注》，和在《物理学》和《形而上学》注释之后的《论灵魂注》。韦斯特林克对亚历山大里亚学派和他们的各种导言的精巧的研究在第 14 章被提出来以确定时间，而布鲁门泰尔对新柏拉图主义在《论灵魂》中的影响的提醒则被他在讨论辛普利丘

（上接注⑩）《拉丁亚里士多德》（Aristoteles Latinus），见克雷茨曼（N. Kretzmann）、安东尼·肯尼、平伯格（编），《剑桥晚期中世纪哲学史》（The Cambridge History of Later Medieval Philosophy），Cambridge 1982。注意，在翻译以 Hegira（[译按]公元 622 年，穆罕默德从麦加流亡到麦地那的日子）为基础的伊斯兰日期时，必须考虑到穆斯林年要短 10 或 11 天。

《论灵魂》的真实性的第13章中做了更新。

对波埃修的注释的全部讨论要归功于希尔对各种相关文本的全面而详尽的比较,这些文本在这里由他第一次翻译提供了出来。对于他从这一比较得出的令人吃惊的结论,即,波埃修是非常缺乏原创性的,一直少有赞同。根据希尔,波埃修只是简单地把他的亚里士多德抄本页边上的希腊文注释通过翻译成他行文所用的拉丁文而借为他的注释,在第15章,希尔说明了为什么他不为随后针对他的解释的各种反对意见所动的原因。在第16章,我已经纳入了由艾伯森所提供的针对波埃修的原创性的相反的例子。布朗宁论述科姆尼娜的团体的著作改变了对晚期拜占庭注释者们的印象,他还在第17章中翻译了他由以取得他的证据的那篇葬礼演讲词。在第18章,默尔肯论述了主要的《尼各马可伦理学》的注释,这是一个文献集,按照他的时间推定,包括由公元2世纪的亚里士多德学派所写的现存的最早的各种注释,继而跳至出自12世纪中欧斯特拉修斯和米歇尔之手的一些最晚的希腊语注释。[106] 默尔肯更进一步阐明了当这些注释由格罗塞泰斯特翻译成拉丁文后,它们对于大阿尔伯特(Albert the Great)和波纳文图拉(Bonaventure)所产生的影响。

艾伯森对新柏拉图主义者注释当中的逻辑学持一种消极的看法,但尽管如此仍旧强调了它的影响(章19)。正像在阿威罗伊的阿拉伯文的注释中一样(索拉比,章9),在这里,菲洛庞努斯的著作也被错误地归于了亚历山大。菲洛庞努斯有关《后分析篇》的注释就是在这样的伪装下由威尼斯的詹姆士大概是从以弗所的米歇尔的藏书中发现,并因此推动了13世纪关于科学知识的对象的唯实论。与此相对,11世纪到12世纪富有典型特征的唯名论则部分地为波菲利和波埃修的传统所促进,这个传统认为,亚里士多德的《范畴篇》是关于语词的,就它们表示事物而言。撇开这一事实,波菲利和波埃修他们本人最好是被说成概念论者(conceptualist)[107],而非唯名论者。

这就完成了对个人注释者们的研究。第20章表现了另一种类的成就。对注释者们的研究使得追寻与亚里士多德非常不同的概念和理论的发展第一次成为可能,而且在第20章中,缪勒能够详述数学对象在心灵中有其存在的观点的演进。

---

[106] 被归于普鲁撒的赫利奥多鲁斯(Heliodorus of Prusa)的《尼各马可伦理学》注释有可能是更晚的。它属于直至14世纪的任何时间。

[107] 有关其他意义上的概念论,参见缪勒(Mueller)第20章和默尔肯第18章,它们讲述了劳埃德论欧斯特拉修斯的概念论。

八、注释的重要性

15000 页的 *CAG* 是以前从未被翻译成英文或其他现代欧洲语言的古代希腊哲学的篇幅最长的文献集。但是现在有一个计划正在进行，它旨在翻译一个实质性的部分，包括所有最重要的希腊文注释，以阿拉伯文和其他语言保存的残篇，以及相关的文本。[108]

我已经说明了注释著作的价值，但现在要澄清的是它们远不仅是注释。注释写作曾经是做哲学的方式之一，这些著作因此除了解释亚里士多德以外，还反映了新柏拉图主义和亚里士多德学派的思想。此外，它们包含着来自古代希腊哲学思想各个时期的残篇。这就是例如有那么多的前苏格拉底的残篇被汇集，而它们的价值是众所周知的。但剩下来的其他残篇则提供了古希腊哲学各时期的一幅全景图。

注释代表了哲学史上一个缺失的关联。拉丁语的中世纪获得它们对亚里士多德的知识至少部分是通过注释的中介。我们已经看到这一中介是如何传递了一个变化了的亚里士多德，他的神已经变成了一位世界的创造者，他的主动理智——可以补充的是——为人类灵魂提供了不朽的希望。没有对这些注释的知识，我们就不可能理解中世纪晚期的亚里士多德。再者，古代注释是一直被错误地认为是产生于中世纪晚期的那些观念的无可置疑的来源。例如，曾经认定，波纳文图拉在 13 世纪基于无限性的概念创造了天才的证明，试图证明基督教的宇宙有一个开端的观点。事实上，波纳文图拉只是在重复注释家菲洛庞努斯七百年前设计并同时由阿拉伯人保存的证明。[109] 波纳文图拉甚至采用了菲洛庞努斯原创的例子。再者，推动理论被引入动力学一直被称为一次科学革命，它向来被认为是西方拉丁世界的一个独立的发明，即便它更早是由阿拉伯人或者他们的先辈所发现的。但最近的著作已经追溯到一条可能的路线，按这条路线，它原本可能是从菲洛庞努斯经由阿拉伯人传到西方的。[110]

---

[108] 这就是"古代注释家论亚里士多德"系列，索拉比主编，从 1987 年迄今，由 Duckworth 和 Cornell University Press 出版。

[109] 索拉比，《时间、创造和持续》，第 14 章。

[110] 齐梅尔曼，《阿拉伯传统中的菲洛庞努斯的推动理论》(Philoponus' impetus theory in the Arabic tradition)，见索拉比（主编），《菲洛庞努斯和对亚里士多德科学的反驳》，London and Ithaca NY 1987，第 121—129 页。

　　由于印刷和新的拉丁语翻译，对注释全新的运用在 16 世纪曾经帮助推动了文艺复兴同亚里士多德科学的分离。因为注释家们所记录的不仅是亚里士多德的理论，而且是竞争者的理论，同时，菲洛庞努斯作为一个基督徒设计了他自己的竞争的理论，并因此在伽利略的早期著作中较柏拉图更频繁地被提及。⑪

　　我们已经看到，注释也是新柏拉图主义时期学派活动史的一个资料来源。它们的显著特征中的许多已经在普瑞施特对 CAG 的开创性的评论中被预见到了，在此作为第 2 章被从 1909 年的德文翻译过来。他增加了它们的用途以作为语法和词汇上的变化的证据。关于后者，当前翻译系列的索引被设计来帮助追踪语词涵义上的变化。

　　读者们将在辛普利丘的注释中发现的不仅是一份对较早希腊思想的记录，而且就《范畴篇》的注释而言，是一份令人尊敬的针对学生的训练课程。因为，《范畴篇》是亚里士多德的一份核心的而且明显简单的形而上学文本，但辛普利丘所代表的注释传统却以一种现代讨论中不可比拟的彻底性将其拆卸下来，并迫使读者仅仅通过这一形而上学的基础来思想。参加到古代对亚里士多德的其他范畴是否全都能够被还原为关系，或者是否关系的定义本身可以被弄得更加严密的讨论，这具有直接的哲学价值，而不需要任何背景知识。有关这些古代争论的哲学研究正在开始大量涌现，而且它是现代有关是否关系性质可以被作为只是附加的而被去掉，或者是否量子物理学证明了相反的意见的研究工作的镜像。⑫

　　随着注释者们变得更易于通达，我希望有更多的信息来阐明概念和理论的历史。在即出的著作中，埃利斯（John Ellis）谈到了在亚里士多德的《范畴篇》和他的《论灵魂》之间一个明显可以察觉的冲突。⑬ 根据《范畴篇》，具体性质不能

---

⑪　华莱士（William A. Wallace），伽利略的序曲，《中世纪和 16 世纪伽利略思想的来源论文集》（*Essays on Medieval and Sixteenth-Century Sources of Galileo's Thought*），Dordrecht 1981，第 136 页（比较第 196—197 页）；施密特（Charles Schmitt），《菲洛庞努斯有关亚里士多德〈物理学〉的注释在 16 世纪》（Philoponus' commentary on Aristotle's *Physics* in the sixteenth century），见索拉比（主编），《菲洛庞努斯和对亚里士多德科学的反驳》，1987。

⑫　特勒尔（Paul Teller），《关系整体论和量子力学》，（Relational holism and quantum mechanics），《英国科学哲学月刊》（*British Journal for the Philosophy of Science*）38，1987，第 71—81 页，有关古代争论的研究参见自 1985 年以来在逻辑学——《范畴篇》和《导论》（*Isagoge*）——题目下的参考书目中的出版物的数量。

⑬　埃利斯，《一个苹果的芳香可以同它相分离吗？》（Can an apple's fragrance be separated from it?），写作中。

从它们所在其中的东西中分离而存在。但是,一个苹果的具体的芳香难道不能
飘散到周围的空气中吗? 阿摩尼乌斯的建议是,仅当有这个苹果实体的一些相
伴随时。但如菲洛庞努斯逐渐发现的,这就同《论灵魂》所主张的我们的嗅觉不
通过直接与这个苹果的实体接触而发生作用相矛盾了。

　　这提供的只是就亚里士多德对五官感觉的研究的大量重新估价的一个例子
而已,我在其中看到有两个主要的倾向。[114] 首先,注释家们将亚里士多德对感觉
过程的论述做了非物质化的处理:眼睛的晶体并没有变成有颜色的;声音包含的
只是一个波,而不是一个移动的空气团。其次,他们逐渐注意到,感觉过程较亚
里士多德在其物质性的程度上所允许的要多样化得多(气味为证)。对于这种朝
非物质化的趋向,阿拉伯的作家们,特别是阿维森纳,贡献了一个意向的概念,它
被他理解成某种意义或信息,甚至阿奎那也依然是这样来理解的。但是,到了布
伦塔诺的时代,在 19 世纪,对那一信息的意识的概念已经变成主要的。这样,只
是通过注释家们一系列的歪曲,布伦塔诺才能够将他自己的有关一个意向性对
象的原创观念读进亚里士多德对感知觉的研究之中。他曾经认为一个意向性对
象,例如一个被希冀的好运,是一个为了用作我们的心灵意识到的对象而不必真
实存在的对象。通过将这一富有影响的观念读进亚里士多德,他赋予了这个观
念以权威性,也赋予了他的如下建议以权威性,即,心理的可以通过它被指向这
种意向性的对象而与生理的相区别。这个小小的历程说明了,最好的注释家们
的任务是重新解释而非反映亚里士多德,就像在布伦塔诺的例子中那样,重新解
释可以证明比忠诚更有成果。

　　哲学注释在伊斯兰和印度的传统中也是重要的;事实上,整个传统印度哲学
都采取了注释的形式。最近的一次会议评价了是否注释可以与原创性相容,并
且发现,在所有这三个传统中都是相容的。[115] 不仅存在解释的原创性,而且还有
观念的原创性。从古希腊的注释中我们可以想到菲洛庞努斯把推动理论引入动
力学,这一直被称作一次科学革命,想到他的被伽利略所采用的对在真空中的运
动不体现为无限的速度的辩护,以及他对一种无限过去的辛辣反驳。我们可以

---

[114]　索拉比,《亚里士多德的感知觉理论》(Aristotle's theory of sense perception),见努斯鲍姆和罗蒂
　　　　(Amelie Rorty)(主编),《亚里士多德的〈论灵魂〉》(*Aristotle's de Anima*),Oxford 1990,即出;《从亚
　　　　里士多德到布伦塔诺:意向性概念的发展》(From Aristotle to Brentano: the development of the con-
　　　　cept of intentionality),见布鲁门泰尔和罗宾逊(主编),亚里士多德和亚里士多德的传统卷(volume
　　　　on Aristotle and the Aristotelian traditions),1991,即出。
[115]　1989 年 3 月 10 日到 14 日,在印度遮普(Jaipur)由克里士那(Daya Krishna)教授主持的会议,受到印
　　　　度哲学研究会的赞助。

想到辛普利丘把原始质料当成一种广延，当它被赋予属性时才构成物体的研究，以及亚历山大对空间边界的说明。在叙利阿努斯和普罗克鲁斯那里存在着对物体是否能够在恰恰同一个地方相重合的讨论，以及在许多注释家那里对其他属性还原到关系的争论。⑯

CAG 文献

我将以 *CAG* 版中对有关亚里士多德的注释的一个目录和主要注释家带年代的一个目录作为结束。*

I   Alexander *in Metaphysica*（*in Metaph.*）1—5 and ps. -Alexander *in Metaph.* 6—14, M. Hayduck, 1891.

I   1   Alexander *in Analytica Priora*（*in An. Pr.*），M. Wallies, 1883.

     2   Alexander *in Topica*（*in Top.*），M. Wallies, 1891.

     3   ps. -Alexander（Michael of Ephesus）*in Sophisticos Elenchos*（*in SE*），M. Wallies, 1898.（但请参见艾伯森在《亚里士多德希腊文本拉丁注释全集》7. 2, 第 153—199 页上的编辑，一个更早稿本的编辑也是由米歇尔所做。）

III   1   Alexander *in de Sensu*（*in Sens.*），P. Wendland, 1901.

         Alexander *in Meteorologica*（*in Meteor.*），M. Hayduck, 1899.

         亚历山大注释残篇现在已经收集如下：

     2   Alexander on the intellect from *in de Anima*（*in DA*），in Paul Moraux, *Alexandre d'Aphrodise*, *Exegete de la Noetique d'Aristote*, Liege and Paris 1942, 203—21.

         Alexander *in Analytica Posteriora*（*in An. Post.*），in Paul Moraux, *Le Commentaire d'Alexandre d'Aphrodise aux Secondes Analytiques*, Peripatoi 13, Berlin 1979.

IV   1   Porphyry *Isagogẹ*（*Isag.*）and *in Categories*（*in Cat.*），A. Busse, 1887.

     2   Dexippus *in Cat.*, A. Busse, 1888.

     3   Ammonius *in Porphyrii Isagogen*（*in Isag.*），A. Busse, 1895.

---

⑯   在以下地方，我已经写了所有这些，除了最后一点:《时间、创造和持续》，第 14 章；《菲洛庞努斯和对亚里士多德科学的反驳》，第 1 章和第 9 章；《物质、空间和运动》，第 1、7、8、9 和 14 章。

*   ［译按］为方便专业检索故，下面所列文献，除一些文字说明外，均保持为原文，不做翻译。

4   Ammonius *in Cat.*, A. Busse, 1895.

5   Ammonius *in de Interpretatione* (*in Int.*), A. Busse, 1897.

6   Ammonius *in An. Pr.*, M. Wallies, 1899.

V   1   Themistius *in An. Post.*, M. Wallies, 1900.

2   Themistius *in Physica* (*in Phys.*), H. Schenkl, 1900.

3   Themistius *in DA*, R. Heinze, 1899.

4   Themistius *in de Caelo* (*in Cael.*), Latin and Hebrew, S. Landauer, 1902.

5   Themistius *in Metaph. 12*, Latin and Hebrew, S. Landauer, 1903.

6   ps.-Themistius (Sophonias) *in Parua Naturalia* (in PN), P. Wendland, 1903.

VI   1   Syrianus *in Metaph*. 3, 4, 13, 14, W. Kroll, 1902.

2   Asclepius *in Metaph. 1—7*, M. Hayduck, 1888.

VII   1   Simplicius *in Cael.*, J. L. Heiberg, 1894. (新编辑在准备中, P. Hoffmann).

VIII   Simplicius *in Cat.*, C. Kalbfleisch, 1907.

IX   Simplicius *in Phys. 1—4*, H. Diels, 1882. (新编辑在准备中, L. Táran).

X   Simplicius *in Phys. 5—8*, H. Diels, 1895. (新编辑在准备中, L. Táran).

XI   Simplicius (?) *in DA*, M. Hayduck, 1882.

XII   1   Olympiodorus *Prolegomena* (*Proleg.*) and *in Cat.*, A. Busse, 1902.

2   Olympiodorus *in Meteor.*, W. Stuve, 1900.

XIII   1   Philoponus *in Cat.*, A. Busse, 1898.

2   Philoponus in *An. Pr. 1*, Philoponus (?) *in An. Pr. 2*, M. Wallies, 1905.

3   Philoponus in *An. Post. 1*, Philoponus (?) *in An. Post. 2*, Anon. *in An. Post. 2*, M. Wallies, 1909.

XIV   1   Philoponus *in Meteor.*, M. Hayduck, 1901.

2   Philoponus *in de Generatione et Corruptione* (*in GC*), H. Vitelli, 1897.

3   ps.-Philoponus (Michael of Ephesus) *in de Generatione Animalium* (*in GA*), M. Hayduck, 1903.

XV   Philoponus in *DA 1—2*, Philoponus (?) *in DA 3*, M. Hayduck, 1897.

XVI   Philoponus in *Phys. 1—3*, H. Vitelli, 1887.

XVII   Philoponus in *Phys. 4* and fragments, H. Vitelli, 1888.

XVIII	1	Elias *in Isag.* and *in Cat.*, A. Busse, 1900.
	2	David *Proleg.* and *in Isag.*, A. Busse, 1904.
	3	Stephanus *in Int.*, M. Hayduck, 1885.
XIX	1	Aspasius *in Ethica Nicomachea* (in EN), G. Heylbut, 1889.
	2	Heliodorus (?) in *EN*, G. Heylbut, 1889.
XX		Composite commentary on *EN*, G. Heylbut, 1892:

Eustratius *in EN 1, 6.*

Derivative of Adrastus *in EN 2 — 5.*

Anon. *in EN 7.*

Aspasius *in EN 8* is printed in XIX, l.

Michael of Ephesus *in EN 9 — 10.*

XXI	1	Eustratius *in An. Post. 2*, M. Hayduck, 1907.
	2	Anonymous Neobarii and Stephanus *in Rhetorica* (*in Rhet.*), H. Rabe,1896.
XXII	1	Michael of Ephesus *in PN*, P. Wendland, 1903.
	2	Michael of Ephesus *in de Partibus Animalium* (*in PA*), *in de Motu Animalium* (*in MA*), *in de Incessu Animalium* (*in IA*), M. Hayduck, 1904.
	3	Michael of Ephesus, *in EN 5*, M. Hayduck, 1901.
XXIII	1	Sophonias paraphrase *in DA*, M. Hayduck, 1883.
	2	Anon. paraphrase *in Cat.*, M. Hayduck, 1883.
	3	Incert. paraphrase *in An. Pr.*, M. Wallies, 1884.
	4	Anon. paraphrase *in SE*, M. Hayduck, 1884.

增补

I	2	Priscian of Lydia *Metaphrasis in Theophrastum* (*in Theophr.*) and *Solutiones ad Chosroem* (*Chosr.*), 1. Bywater, 1886.
II	1	Alexander *de Anima* (*DA*) and *Mantissa* (*Mant.*), 1. Bruns, 1887.
	2	Alexander *Quaestiones* (*Quaest.*), *de Fato* (*Fat.*), and *de Mixtione* (*Mixt.*), 1. Bruns, 1892.

主要古希腊注释家

Andronicus of Rhodes	edition perhaps 60 BC
Boethus	Andronicus' pupil, first century BC
Lucius and Nicostratos	Platonist critics, early second century AD
Adrastus	first half of second century AD

Aspasius	first half of second century AD
Alexander of Aphrodisias	appointed to chair between 198 and 209 AD
Porphyry	232—309 AD
Iamblichus	c. 240—c. 325 AD
Dexippus	fl. c. 330 AD
Themistius	fl. late 340s to 384 or 385 AD
Plutarch of Athens	died 432 AD
Syrianus	died c. 437 AD
Proclus	c. 411—485 AD
Ammonius	435/45—517/26 AD
Damascius	head of Athenian school at time of closure, 529 AD
Philoponus	c. 490—570s AD
Simplicius	wrote after 529 AD
Olympiodorus	445/505—after 565 AD
Elias	probably a pupil of Olympiodorus
Stephanus	called to Constantinople in, or soon after, 610 AD
Pseudo-Elias	either before or after Stephanus
David	akin to pseudo-Elias, and close in date, but not his source
Eustratius	1050/1060—c. 1120 AD
Michael of Ephesus	commentaries completed 1138 AD or later

当代亚里士多德主义[*]

华莱士

一、亚里士多德转向

政治理论的说服力取决于其表达和阐明它的听众有关政治生活的主要情感、直觉和信仰的能力。为了取得这些效果,政治理论家们常常利用各种与日常的政治话语保持一定距离的阐释性语言。这类语言可能来自现代的语用和社会实践,就如权利和契约的语言,新古典经济学的语言,自然科学的语言,或者性的语言那样。但是自罗马时代以降的政治思想家们[①]还一直利用特别地来自于过去的话语,以获得一个非此则不可能达到的对现在的批判性的视角,并展望一种更好的未来。[②] 这在今天同样如此。一大批社会理论家已经通过转向亚里士多德,把过去融入现在,以朝向未来。尤其是,他们声称在亚里士多德的《政治学》的论述中已经为一种新的、更令人满意的伦理学和政治学思想找到了正确的基础,或者,至少,恰当的起点。在政治学理论的话语中,亚里士多德已经成为了一

---

[*] [译按]本文选自《政治学理论》(*Political Theory*)第 20 卷第 4 期(1992 年 11 月),第 613—641 页。注释原为尾注,现均改为脚注。

[①] 不仅传统这一观念,而且它在政治学论证中的权威性运用,都更典型地是罗马的而非希腊的。参见阿伦特(Hannah Arendt),《什么是权威?》(*What Is Authority?*)《过去和未来之间》(*Between Past and Future*)(New York:Viking, 1968),第 91—141 页,尤其是第 104 页,第 120—125 页。

[②] "过去的"和"现在的"语言之间的区别在一定程度上是人为的:过去的语言并不全然是过去的——否则,它们对于我们将是不可通达的——反之,现在的语言显然有其自己的过去。虽然如此,这一区别还是值得保留的。例如,向亚里士多德的转向被认为是从"过去"面向"现在"的一个令人欣喜的观察点,即便过去的疆域已经被置入一幅极具当代性的图景之中。有关政治语言和语言传统是如何为政治观念的建构提供素材的,参见波科克(J. G. A. Pocock),《政治学、语言和时间:政治学思想和历史文集》(*Politics, Language and Time: Essays in Political Thought and History*)(New York:Atheneum, 1973),第 1 章和第 7 章。

个当代人。

如果就亚里士多德仅仅为一个理论家论证的某个具体方面提供修辞上的支持而言，当代对亚里士多德的采用并不是特别不同寻常或令人吃惊的。它肯定不是不同寻常的。自亚里士多德殁后，他的文字已经获得了它们自己的生命，常常在他不曾写过的剧本中发挥作用。亚里士多德智慧的本质从他死后就一直几乎是连续不断地被翻新着——被漫步学派的哲学家们，他们继承了他在雅典的学园；被阿奎那，当他企图为天主教学说阐明一个自然的、社会的根基的时候；被霍布斯，当他试图摈弃经院哲学的目的论传统的时候；被西班牙的法学家们，他们企图证成自己对美洲土著统治的合法性；被马克思，当他设计一种理论来倾覆政治经济学这门新科学的时候。同时，这种采用并不是格外令人吃惊的。由于他的哲学既非马克思主义的也非自由派的，既非经验还原的也非严格形而上学的，既非宗派性的也非无神论的，既非资本主义的也非社会主义的；由于它为道德精英们的民主思考和启蒙原则、为除一种男性的对公共行为的美德的自信外还为一种女性的对具体性和私人性的关注，提供了修辞上的支持，亚里士多德对于几乎所有正在寻求新的社会思想途径的理论家们来说都能提供某种东西。③但是，许多当代理论家们对待亚里士多德要更为严肃认真，常常把他们自己的道德的和／或政治的理论称作"亚里士多德式的"。对于他们来说，亚里士多德远不只是一种灵感；他更成为了一个权威和论证辩护的主要手段。这些理论家们在亚里士多德那里，对于为自由主义提供一种替换或者补充来说④，不仅仅发现了理智的支持，更发现了哲学的支柱。

这是一种相当奇怪的发展。毕竟，亚里士多德赞成一大堆惹人非议的社会的、种族的和性别的偏见，并且表现出严重的分析和观察上的局限。此外，亚里士多德政治科学的一些典型特征，诸如他的目的论的自然主义，曾经被直接或间接地运用到抵制科学研究中的进步和政治权力向社会的较低等级扩展的伦理学

---

③ 因此，亚里士多德已经成为协调福利国家（森）或加强民主的多样性（卡斯托尼亚蒂斯［Castoriadis］）、阐述一种伦理怀疑主义的理论（威廉姆斯［Williams］）或解构政治科学的合理性（利奥塔［Lyotard］）、展示传统政治理论的男性特征（布朗［Brown］）或发展一种女性基础的关怀伦理（托伦多［Tronto］）这些各种各样叙述的一部分。现在，就像从前一样，许多人（包括本文作者）相信，沿着或者反乎亚里士多德的路线思考可以丰富他们自己的视野。参见我的《自由派、共产主义者与政治学理论诸任务》(Liberals, Communitarians, and the Tasks of Political Theory)，《政治理论》(Political Theory)第 15 卷第 4 期（1987 年 11 月）：第 602—603 页。

④ 为了稳妥和简洁起见，我理解自由主义是这样一套政治的和伦理的原则，它们巩固西方工业民主制的主流的上层价值。在其庇护之下是洛克、麦迪逊（Madison）、康德和密尔的理论，以及被事实上所有西方的政治秩序和制度在修辞上所认可的实践。

的和政治学的理论之中，而这些进步和扩展，事实上在今天没有一个人会公开地想要取消。但时至今日，亚里士多德思想的这种超越时代性更多地是由于对它的诉求，因为当代亚里士多德主义者们相信，自由主义和启蒙的胜利已经付出了巨大的代价。他们引用自由主义对启蒙的狂妄的理性信仰的依赖，及其随后在认可或建立一个普泛的伦理和公共秩序上的无能，来作为当今西方社会各种道德和政治危机的根源，如果不说是原因的话。在社会界激增的各种类型的社会理解和难以解决的问题当中，理论家们一直在寻求一种可以给理智上的混乱带来秩序、给我们的迅即变化着的世界带来一种永恒的价值感的适宜的、全面的体系。许多人相信亚里士多德的 *Politike* 可以对自由主义和现代性的疾病提供最好的治疗。

但是，尽管大多数在思想和政治信念上殊异的思想家们把他们对自由主义的批判奠立在亚里士多德的观点中，但他们的亚里士多德主义究竟意味着或者包涵着什么，却是完全不清楚的。当我们同当代亚里士多德主义者们的亚里士多德碰面时，我们遭遇的只是他的思想家族中的某些成员而已。亚里士多德没有被召唤来使妇女屈从或使奴隶制复活，而是用来丰富我们伦理学、政治学研究的视野。而且，甚至这位新的、改良了的亚里士多德也呈现出许多常常是自相矛盾的政治的和理论的形式。当他被用于参与自由主义对共产主义、德性对权利、目的论对义务论/功利主义，或者自然主义对历史主义的种种纷乱的角逐时，亚里士多德也许会——这取决于你读的是哪一位新亚里士多德主义者——加强或批判罗尔斯式的自由主义，复活或削弱施特劳斯式的自然主义，恢复或败坏托马斯主义的传统，支持或反对人道主义的马克思主义。⑤ 因此，我要问，通过转向亚里士多德，我们在走向何处？ 在今天，作为一位亚里士多德主义者意味着什么？

为了回答这些问题，我将简要地把亚里士多德的 *Politike* 的概念在他的哲

⑤　以前对各种新亚里士多德主义的解释没有充分领会它们政治和思想的多样性。明显地，请参见哈贝马斯的论文，《库尔贝格与新亚里士多德主义》(Kohlberg and neo-Aristotelianism)，为麦卡锡(Thomas McCarthy)在他为哈贝马斯《道德意识和交往活动》(*Moral Consciousness and Communicative Action*)写的导言中所引用，勒恩哈德(Christian Lenhardt)和尼科尔森(Shierry Weber Nicholsen)译(Cambridge：MIT Press，1990年)，第 x－xi 页和 xii 页注释 1。也请参见施奈德巴赫(Herbert Schnaedelbach)，《什么是新亚里士多德主义》(What Is Neo-Aristotelianism)，《国际实践》(*Praxis International*)第 7 期 3—4 号(1987 年 10 月)第 225—37 页，以及恩特维斯(Maurizio Passerin d'Entreves)的回应，《亚里士多德还是伯克？ 对赫伯特·施奈德巴赫《什么是新亚里士多德主义》的一些评论》(Aristotle or Burke? Some Comments on Herbert Schnaedelbach "What Is Neo-Aristotelianism")，《国际实践》(*Praxis International*)第 7 卷第 3—4 期(1987 年 10 月)第 238—245 页。

学中的种种所指看成一个整体,接着把新亚里士多德主义的各种流派看成对
Politike 的种种构造。我这样做是要对这些理论家们把亚里士多德用作逻辑论
证、历史解释模式和伦理、政治修辞的策略加以判断。我的目的既不是要打消对
亚里士多德思想的关注,也不是要把它们贬抑为只是党派利益的意识形态的表
达,更不是要冒然推定"真正"的亚里士多德。它毋宁是要对一个具体的伦理、政
治思想的团体进行批判性地分析,这个团体提出了有关对政治理论史的解释及
其在当代政治论争中的应用的基本问题。询问"一个人如何区分亚里士多德政
治科学中的本质因素和偶然因素?"导致人去追问,"一个人如何界定一位过去的
理论家的信念的关键特征?"询问"亚里士多德的政治理论如何可以恰当地超越
它原来的时空?"暗示了这样的问题,"死人的论证对于活人的论证应该有多重的
影响?"询问"什么构成了对亚里士多德的权威的相对于修辞上滥用的合理的运
用?"使一个人想知道,"运用政治理论史于当代的讨论中,能行得通吗?"最后,询
问"存在一种具有当代亚里士多德主义色彩的政治学吗?"使一个人面对这样的
问题,"一个理论家的政治学如何影响她或他对政治理论史的解释方法?"在我对
当代亚里士多德主义的讨论中,我只能仅仅提出这些更为一般的问题;我提出它
们,只是指出包含在一个人的有关当前亚里士多德转向的观念地图上的路标。

二、*Politike* 和新亚里士多德主义诸派

Politike 难于作任何简单的翻译,⑥而且鉴于当代亚里士多德主义者们从对
Politike 的含义的解释出发来构建他们自己的理论,它的定义便构成了当前的
主题。但是要评价在新亚里士多德主义处对于亚里士多德究竟发生了什么,就
必须要有一个起点。而且就它的支持者们除了承认亚里士多德是一个虚构的
(fictional)存在之外还承认他是一个历史的存在而言,那个起点就可以部分地独
立于他们的解释框架。以下部分只是用来对新亚里士多德主义者的 *Politike* 的
解释提供几个文本上的和概念上的参考观点。⑦ *Politike* 是亚里士多德用来确
定他的有关伦理的和政治的理性和行为的技艺或科学的术语,他主要是在《尼各
马可伦理学》和《政治学》中说明该主题的(尽管《修辞学》也是内在相关的)。在一点

---

⑥　对 *Politike* 单纯的、最字面的翻译也许是"政治技艺的科学",但是在亚里士多德的著作中它的意思
　　随其语境和应用而变化——从它的最具理论性的运用到政治活动家对它的应用,就前者而言其最好
　　可被译成"政治哲学"或"政治科学",就后者而言它最好可被译成"政治技艺"。

⑦　我在我即出的著作《古希腊思想中的政治技艺》(*The Political Art in Ancient Greek Thought*)的一章
　　中对亚里士多德的 *Politike* 提供了一个更为详尽的论述,标题为"亚里士多德的政治科学"。

上，他称其范围是"人类事务的哲学"（*he peri ta anthropeia philosophia*），然而一个纯正的翻译应是政治科学（无论对于政治科学这门当代专门学科的研究者来说多么不适宜）。就形式而言，*Politike* 涵盖了理论和实践领域，包括普通公民参与 *polis*[城邦]公共事务的活动，从事于制定法令的普通政治家们的工作，像伯里克利那样的卓越的领导者们的实践智慧和行动，以及最后，像亚里士多德那样试图理解人类的德性和制度、使其更为公正的政治学理论家们的教义和著作。⑧ 就内容而言，*Politike* 关系到作为他们自身或者作为各种联合体成员行动着的个人的德性。特别是，它关注有关德性（*virtue*）和幸福（*eudaimonia*）之实现的个人交往关系。对于人这种最具政治性的动物来说，这些联合体或共同体（*koinoniai*）也包括主人和奴隶、丈夫和妻子、父母和孩子这些必要的等级关系，而不仅仅是在朋友之间和邦人之间理想的平等关系。在这些联合体的恰当状态中，每一个参与者都对他们的联合体的共同利益有所贡献，而不仅仅是对他们的终极的最高"目的"（*telos*）。由于人的本性，对于亚里士多德来说，最高的联合体便是政治联合体或共同体，亦即城邦（《政治学》1252a1—6,1253b1—14）。德性只有在正确组织的政治共同体中才能得到充分实现。*Politike* 依据城邦的善规定各个个人和各种联合体的终极善，以及具体的技艺和科学在城邦中能够造福于作为一个整体的政治共同体的恰当方式。*Politike* 的目的或目标是行动（*praxis*），并且践行 *Politike* 必然是有德性的（《尼各马可伦理学》1095a5—16,1103b25—29,1139b3—5；参考1141b21,1143b23）。

　　政治科学的知识，就像所有知识对于亚里士多德那样，根源于它同一个本身便是自然的普遍实在的目的的"自然的"对应。那一自然在其目的中得到充分实现，而且自然现象的目的包含形式和质料两者。一种现象的形式特征是指一个事物的依照理性（*logon*）的样式（*morphe*）或形式（*eidos*）。一个事物的自然不能仅仅参照它的质料特征来说明，但是，那一自然也不能完全参照它的形式特征来说明。⑨ 亚里士多德的政治科学的知识不是在与生俱来的意义上是自然的。不是每一个人都能具有或者践行 *Politike*，那些能够这样做的人必须养成他们的能

⑧　对 *Politike* 的主要讨论和运用见于亚里士多德的《尼各马可伦理学》1.1—2,6.5、7,10.9 和《政治学》4.1.9。

⑨　参见库珀（John Copper），《亚里士多德论自然目的论》（Aristotle On Natural Teleology），载于《语言和逻各斯》（*Language and Logos*），肖费尔德和努斯鲍姆编（Cambridge：Cambridge University Press，1982），第 197—222 页，特别是第 199 页。也请参见库珀，《假设的必然性和自然目的论》（Hypothetical Necessity and Natural Teleology），《亚里士多德生物学中的哲学问题》（*Philosophical Issues in Aristotle's Biology*），戈特塞尔夫（Allan Gotthelf）和林诺克斯（James G. Lennox）（Cambridge：Cambridge University Press，1987），第 243—274 页。

力。但 *Politike* 的知识又不只是掌握具体的风俗、法律或习惯（*nomoi*）那么简单。亚里士多德相信，*Politike* 有一个自然的维度，可以同医学这门技艺与科学的自然特征相比较。系统地实践后者保持身体的健康；实践 *Politike* 是就灵魂的健康做相同的事。医学和政治学这两门巧妙的科学不受演算规则的规定。⑩ 但这两门学科又不只是由一个不规则判断的集合所构成；它们展示了自然整体的内在关联。

因此，*Politike* 的本性就包括政治现象的自然特质——尤其是"人"作为一个政治动物、其目的只有在良好的（自然的）城邦生活中才能充分实现的自然特质——的形式的认识论和实质的、质料的概念两个方面。不管亚里士多德自己判断的感性来源是什么，政治的人和政治的联合体的"自然的"特质规定了 *Politike* 的"自然的"要素和政治领域的自然的客观目的论。⑪ 实际上，亚里士多德自然主义的目的论将亚里士多德的 *Politike* 和政治领域这二者的形式的以及质料的或者实质的方面粘合在了一起。概而言之，粘合的方式是这样的。*Politike* 的理性的和伦理的内核是 *phronesis* 的理智德性，它在本质上与深思熟虑相关。为了阐明实践智慧这一概念，亚里士多德将读者引向他的"自然"德性——在《伦理学》中，这是就在其私人性关系中的个人而言；在《政治学》中，这是就在其制度性关系中的个人而言——的认识。最终，他分析了城邦、这一最高形式的联合体的制度性结构。在这里，普通公民的政治性思考和他们之间的政治平等关系增进了它的德性和幸福。但是，亚里士多德对人和社会的不平等的自然特质的信念使他的理想制度不能是民主的。结果，最好的制度囊括了奴隶，并且排除了绝大多数的劳动者和全体妇女拥有完全的公民权利和公民特权（《政治学》1329a 17—21，34—39）。这些自然的观念使他的理论体系作为一个整体既融贯一致又富有实效。

关于亚里士多德 *Politike* 概念的四个信念构成了新亚里士多德主义的内核。第一，亚里士多德运用于实践理性或实践智慧（*phronesis*）中的 *Politike* 概念

---

⑩ 参见《尼各马可伦理学》，1102a16—26，以及 10. IX，等。参见耶格尔，《亚里士多德在其伦理学中对医学作为方法模型的运用》（Aristotle's Use of Medicine as Model of Method in His Ethics），《希腊研究月刊》（*Journal of Hellenic Studies*）第 77 期，第 1 部分（1957）；第 54—61 页，特别是第 58—59 页；劳埃德，《亚里士多德的伦理学中医学和生物学类比的作用》（The Role of Medical and Biological Analogies in Aristotle's Ethics），《实践智慧》（*Phronesis*）第 13 卷，第 1 期（1968）；第 68—83 页；参考库珀，《亚里士多德的理性和人类善》（*Reason and Human Good in Aristotle*）（Cambridge, MA：Harvard University Press，1975），第 1 章。

⑪ 厄文（Terence Irwin）对亚里士多德伦理学的客观性质提供了最好的分析和辩护。参见厄文，《亚里士多德的第一原理》（*Aristotle's First Principals*）（Oxford：Clarendon，1988）。

妥当而成功地解决了在自然和习俗之间以及普遍和特殊之间的对立。第二,亚里士多德的那些令人难以接受的自然主义偏见是他的理论体系的外在特征;它们可以从那一体系中除去而不削弱它的内在脉络或清空它的内容。第三,亚里士多德思想的内在有机成分既不是由产生它们的历史环境所塑造的,以致它们和我们毫不相干,也不是由在一些基本的方面相似于我们自己的历史环境所塑造的;严肃的新亚里士多德主义者不可能是彻底的历史主义者。最后,亚里士多德的 *Politike* 为政治生活提供了一种推理模式,它从性质上改进了由康德式的道德和/或自由主义的传统理解所提供的那些模式,而且,如果予以恰当地仿效的话,将会恰当地指导我们就对今日的政治社会来说什么是理性的和正义的做出判断。

　　对亚里士多德的诉诸在道德和政治理论中已经变得如此普遍而深入,以致对近来就他所做的理论上的具体化,没有任何分类概括可以是完整的或完全精确的。⑫ 虽然如此,绝大多数仍可归入以下三个范畴之一:分析的亚里士多德主

----

⑫　以下名单中不包括一些较年轻的政治理论家,这些理论家显然是喜欢亚里士多德的,但对如何理解他却没有太多系统的看法。这样的作者有高尔斯顿(William Galston),贝讷尔(Ronald Beiner),巴泽斯佐斯基(J. Budzeszewski),斯密斯(Steven Smith)和夏皮罗(Ian Shapiro)。我有意不考察这些作者对亚里士多德的运用。尽管他们每一个都明显大量引用了亚里士多德,但没有一个能够充分或一致地说明在理论上内在于这一引述关系之中的东西。有关高尔斯顿的亚里士多德主义,参见《正义和人类善》(*Justice and the Human Good*)(Chicago:University of Chicago Press, 1980),特别是第IX—XI章,第121页以下,以及《自由的目的:自由城邦中的善、德性和多样性》(*Liberal Purposes: Goods, Virtues, and Diversity in the Liberal State*)(Cambridge:Cambridge University Press, 1991)。有关贝讷尔的亚里士多德主义,参见《政治判断》(*Political Judgment*)(Cambridge:Cambridge University Press, 1983),以及更具体的,《政治科学的古典方法及其同当代政治学研究的关系》(The Classical Method of Political Science, and Its Relation to the Study of Contemporary Politics),《政府及反对派》(*Government and Opposition*)19(1984):第471—478页,以及《论理论和实践的不统一》(On the Disunity of theory and Practice),见《国际实践》第7卷,第1期(1987年4月):第25—34页。有关巴泽斯佐斯基的亚里士多德主义,参见《自然的复兴:政治理论和人类特质》(*The Resurrection of Nature: Political Theory and the Human Character*)(Ithaca, NY:Cornell University Press, 1986)和《黑暗中最近的海岸线:对德性政治学的一个辩护》(*The Nearest Coast of Darkness: A Vindication of the Politics of Virtues*)(Ithaca, NY:Cornell University Press, 1988)。有关斯密斯的亚里士多德主义,参见《亚里士多德政治科学中的善、高贵和德性》(Goodness, Nobility, and Virtue in Aristotle's Political Science),《政治》(*Polity*)第19卷,第1期(1986年秋季号):第5页—26页,以及《什么是黑格尔〈权利哲学〉中的"权利"》(What Is "Right" in Hegel's *Philosophy of Right*),《美国政治科学评论》(*American Political Science Review*)第83卷,第1期(1989年春季号):第3—18页,特别是第12—14页。斯密斯在黑格尔的《权利哲学》中所发现的理性内核或什么是"权利",显然可还原为他(斯密斯)在亚里士多德那里所发现的有价值的东西。有关夏皮罗的亚里士多德主义,参见《政治批判》(*Political Criticism*)(Berkeley:University of California Press, 1990),特别是第8—9章。

义(analytical Aristotelianism)，基础主义的亚里士多德主义(fundamentalist Aristoteli-anism)和传统的亚里士多德主义(traditional Aristotelianism)。第一个范畴有诠释的和哲学的两个分支，古典哲学专家的工作即属于这个范畴，例如厄文，克劳特(Richard Kraut)，和布罗迪(Sarah Broadie)，以及一些更具普遍性而少历史性关注的哲学家，例如福特(Philippa Foot)和威金斯(David Wiggins)。第二个范畴有伦理的和自然主义的两个分支，属于这个范畴之中的，一方面是努斯鲍姆的一系列著作，另一方面是施特劳斯(Leo Strauss)和萨尔科沃(Stephen Salkever)的主要著作。第三个范畴有盎格鲁—萨克森和欧洲大陆两个分支，属于这个范畴之中的，一方面是麦金太尔(Alasdair MacIntyre)的大多数著作，另一方面是伽达默尔(Hans-Georg Gadamer)。⑬ 这些学者都已经撰著了启人深思的著作，使对亚里士多德的一种特殊的解释成为他们论断的核心。但是，在对这些分支的代表人物的各种解释加以概括之后，我将证明，在不同程度上，他们利用亚里士多德的方式对亚里士多德的论述和他们自己的论述都造成了伤害。

(一) 分析的亚里士多德主义

对亚里士多德哲学兴趣的复兴，标志性的工作是安斯康姆(G. E. M. Anscombe)1958 年的论文《现代道德哲学》(Modern Moral Philosophy)。⑭ 它在分析哲学家中激发出了一批"德性伦理学"的手工作坊，在其中，亚里士多德《尼各马可伦理学》中所概括的德性行为的逻辑同康德主义、功利主义伦理学的受规则支配的道德形成了有益的对比。不同于前者，在其中，道德行为包括对一种可普遍化的规则的服从，它强调道德乃是有德性的活动———一种践行针对行为和情感的理性选择(*prohairesis*)的倾向(disposition)(《尼各马可伦理学》1106b36,1107a2)。不同于后者，在其中，道德行为产生自对一个具体的行为如何有助于一个外在的、受

⑬ 又，从亚里士多德那里学到很多东西并不就使一个人成为一位新亚里士多德主义者。因此，许多其著作受到亚里士多德影响但未受其决定的重要的理论家，就不在这一板块之中，例如阿伦特，她大量运用了亚里士多德的 *praxis* 概念到她自己有关本真的政治行为的观点之中，还有波科克，他确实开启了对亚里士多德的更多的新兴趣。他的《马基雅维里的时刻》(*Machiavellian Moment*)(Princeton, NJ：Princeton University Press, 1975)将"公民共和主义"(civic republicanism)引入到专业讨论中来，而且他还把亚里士多德当成这一思想的古代先驱。但是，波科克恪守他作为一位观念史学家的专业要求，这妨碍了他明确地将亚里士多德的政治科学扩展为一种当代的道德或政治理论的基础，而且就目前来说，在使亚里士多德自己的论断而非对这些论断的运用成为共和传统的核心的问题上，他是非常谨慎的。

⑭ 《哲学》(*Philosophy*)第 33 卷，第 124 期(1958)：第 1—19 页。

选择的目的的正确的计算,实践道德依赖于一个其实施本身部分地构成了证明其合理性的目的的行为。⑮

这些哲学家对亚里士多德的这种研究使品质问题重新回到了专业兴趣的范围内,但是它也一般使亚里士多德的伦理学概念显得仿佛独立于政治学的关切而运作。基于这一理解,道德哲学家们一般把亚里士多德的 *Politike* 翻译成"伦理哲学"、"道德哲学"、"哲学伦理学"或"实践哲学",并且相应地将它的政治的维度边缘化。⑯ 对亚里士多德 *Politike* 的这种片面的看法模糊了亚里士多德有关人类事务的哲学中同时存在着的伦理的和政治的特质。在亚里士多德相当广阔的政治领域的概念中,没有政治学是超道德的,也没有道德是非政治的。⑰ 但是这些作者绝大多数未曾以同时包容《尼各马可伦理学》和《政治学》二者的方式写过亚里士多德的 *Politike*,所以,他们对亚里士多德的哲学关注将不会是我们研究的中心。但厄文是一个例外,他对亚里士多德 *Politike* 的解释不仅使我们了解了其他新亚里士多德主义者的工作,而且也对它们作了概括。

在其对这一古代哲学传统非常审慎、文献翔实的再诠释中,厄文一直力图将它逻辑上正确而良好的因素从其逻辑上不正确而糟糕的因素中分离出

---

⑮ 这一领域中重要的著作包括福特的《美德与恶》(*Virtue and Vices*)(Berkeley: University of California Press, 1978);华莱士的《美德与恶》(*Virtues and Vices*)(Ithaca, NY: Cornell University Press, 1978);和罗蒂所编的自 1970 年以来的论文选,《亚里士多德伦理学论文集》(*Essays on Aristotle's Ethics*)(Berkeley: University of California Press, 1980)。"德性伦理学"作为一个生产车间出现的显著标志就是以此为题的论文集在《中西部哲学研究》(*Midwest Studies in Philosophy*)第 13 卷(1988)上的发表。

⑯ 参考罗斯爵士,《亚里士多德》(*Aristotle*)(London: Methuen, 1964 [1923]);库珀,《亚里士多德的理性和人类善》;格思里,《希腊哲学史》(*A History of Greek Philosophy*)第 6 卷,《亚里士多德:一次遭遇》(*Aristotle: An Encounter*)(Cambridge: Cambridge University Press, 1981);厄文,《亚里士多德的第一原理》;里尔(Jonathan Lear),《亚里士多德:理解的渴求》(*Aristotle: The Desire to Understand*)(Cambridge: Cambridge University Press, 1988);克劳特,《亚里士多德论人类善》(*Aristotle on the Human Good*)(Princeton, NJ: Princeton University Press, 1989);和布罗迪,《亚里士多德的伦理学》(*Ethics With Aristotle*)(New York: Oxford University Press, 1991)。

⑰ 在纽曼出版已逾百年但依然非常有用的对《政治学》的开创性的注解中,他认为亚里士多德对 *Politike* 的研究有两个分支,其中之一出自《尼各马可伦理学》,可以被称作亚里士多德的"道德理论"或"道德哲学",而另一支则出自《政治学》,可以被称作他的"政治理论"或"政治科学"。其他的注解家追随其衣钵(例见库珀,《理性和人类善》,第 71 页,注释 98)。最近的学术中首先指出在亚里士多德的 *Politike* 中伦理学和政治学的整体关联的或许是卡什多勒(Stanford Cashdollar)的《亚里士多德的道德政治学》(*Aristotle's Politics of Morals*)(《哲学史月刊》[*Journal of History of Philosophy*]第 11 卷,第 2 期[1973]:第 145—160 页)。

去。⑱ 他对亚里士多德的研究工作强调我们尤其要注意将亚里士多德政治科学的内容从其形式中分离出来。厄文相信,亚里士多德的基本哲学观点本身有非常多的真理,如果我们对这些真理的理解和领会足够充分,我们现在仍可从中受益。具体来说,他相信,亚里士多德有关"品质和道德教育"的观点,诸如他的道德行为所需要的不仅仅是"意愿或决心",而且还有恰当的"训练、习惯和环境"的信念,"本身就是……合理而有益的"。⑲ 此外,在厄文看来,它们就是引领亚里士多德的"伦理"研究进入政治学研究的东西。然而,厄文承认,亚里士多德有关例如 demos[民众]的品质的成问题的政治判断,也依赖于同样的观点。由此,亚里士多德主张,就一种"低贱"的生活方式阻滞了德性的培育,并且就民主制度下的绝大多数公民很可能追求这样一种生活而言,一种民主制的政体秩序很有可能不会是有德性的。对厄文来说,这些观点在经验上和逻辑上都是错误的。他为了解决在亚里士多德政治科学的基本原理和它们的实质结论之间的这一悖谬的关系,便主张亚里士多德的 Politike 的"图式"或形式是正确的,只有它的"运用"是有缺陷的:"我们可以运用[亚里士多德的伦理]原理来纠正亚里士多德的一些政治建议。"⑳

为了支持他对亚里士多德的哲学价值的解释,厄文在亚里士多德的研究方法中辨认出两种辩证研究的模式。第一种他称作"有力的辩证法",具有自我批判的基础,尽管仍然植根于客观现实之中。第二种是"单纯的辩证法",它依赖于公认的、有声望的公众的意见(endoxa)作为它的起点。对厄文来说,亚里士多德在得出他的伦理学和政治学的实质性的论断时,错误地过多依赖于"单纯的辩证法",结果,上述许多不合适的观点就是从令人尊敬的前提中得出的纯然外在的、令人遗憾的结论。㉑ 但是这并没有损害那些前提,因为亚里士多德错误的推论仅仅反映了他在同如何协调经验的具体性和原则的普遍性这一持久问题的斗争

---

⑱ 参见厄文,《柏拉图的道德理论》(*Plato's Moral Theory*)(Oxford:Clarendon, 1977);《亚里士多德的第一原理》;《古典思想》(*Classical Thought*)(Oxford:Oxford University Press, 1989)。厄文所采用的"逻辑"出自 20 世纪 60 年代末和 70 年代初英语分析哲学的语言。实在说来,厄文工作的最麻烦的一个方面就是他没有意识到他自己概念范畴的异质性特征。但要对这一现象加以描述并且说明它的"失误",将使我们远离我们对亚里士多德的最初兴趣点。

⑲ 厄文,《道德科学和政治理论》(Moral Science and Political Theory),《政治思想史》(*History of Political Thought*)第 6 卷第 1—2 期(1985 年夏季),第 166 页。

⑳ 厄文,《道德科学和政治理论》,第 167 页;《亚里士多德的第一原理》,第 416 页。这些段落具体展示了厄文是如何将亚里士多德的形式和实质的统一转换成康德式的图式和内容、先验和经验推理的二元论的。

㉑ 厄文,《亚里士多德的第一原理》,第 14—15 页,476—481 页。

中的逻辑缺陷。厄文相信,我们应当赞同亚里士多德,因为他总是致力于使作为哲学辩证法基础的对 *endoxa* 的依赖同哲学研究揭示有关实在本质的客观原则的能力相适应,而这就对这一问题提供了一种透辟的解决。㉒ 实际上,厄文和其他分析的亚里士多德主义者所共有的观点是,分析亚里士多德 *Politike* 的正确语境是在根本上和历史或政治学毫无关系的哲学问题。今天,其他分析哲学家们在比较霍布斯和亚里士多德有关政治本质和国家的观点时,便追随他的研究方法,仿佛两个人都对同一个历史鼓点提供乐章(这一点由于霍布斯形成他自己的思想是为了回应他自己时代的经院哲学的亚里士多德主义的事实而复杂化了)。㉓

(二) 基础主义的亚里士多德主义

对于基础主义的亚里士多德主义者来说,亚里士多德是首要的来源。当它开始对社会理论化时,他的理智的权威使其他所有人黯然失色。就此而言,所有有关伦理和政治生活的理性思考,如果正确地被理解的话,都是对亚里士多德的一个预示或注脚而已。他的观点的价值首先来自于他的自然和人类善的概念,以及它们在他的实践理性/智慧(*phronesis*)这一概念中的表达。这个概念提供了自由主义所缺乏的东西——一种客观的、充满了道德标准的理性,这种理性阐明了一种理性的目的性人类价值的等级秩序,这种等级秩序也可灵活地适应于多样化特征的伦理和政治生活。基础主义的亚里士多德主义最杰出的文本来自于努斯鲍姆和萨尔科沃。这两个亚里士多德主义者谴责把哲学当成一个撬动世界的杠杆,并因此要求他们的亚里士多德主义是灵活的;而对于他们两个人来说,我们应当用亚里士多德式的 *Politike* 的价值和原则来替换植根于我们的世界的那些价值和原则,以作为我们伦理和政治思想的起点。

自 1978 年以来,随着她的亚里士多德的《论动物的运动》(*De Motu Animalium*)的译文以及一系列论述亚里士多德伦理学的论文的发表,努斯鲍姆已经形成了一种亚里士多德主义的理论,这个理论既为罗尔斯式的自由主义添加了伦理的深度,又减轻了计算理性对道德推理的侵蚀作用,构造了"一个处于诡辩的

㉒ 厄文,《亚里士多德的第一原理》,第 14—15 页。

㉓ 这类研究的范例见于基特和米勒(Fred D. Miller, Jr.)所编的《亚里士多德政治学指南》(*A Companion to Aristotle's Politics*)(Oxford:Blackwell,1991)。

相对主义和科学的演绎主义之间的中间地带".⑳ 像厄文一样,努斯鲍姆认为,亚里士多德有一种伦理学和政治学的理论,它的合理性可以从他对它的实际运用中分离出来。为了表明这一点,她论证说,亚里士多德的自然目的论在本质上是由它的理性形式而非它的实际内容构成的,而这就使她可以从亚里士多德的著作全集中分割出他有关什么是"本质上人性的"观点。这种将形式从内容中的分离使努斯鲍姆面对将亚里士多德柏拉图化的指责——即,把他的自然概念的基础同物质生活相分离,解除它和实际事务的联系,如果不是使之神秘化的话。然而,她直面这一指责,强调说,决定自然形式的实践内涵的起点是对理性(*logos*)本身的辩证研究,它只对人类经验情境化的具体事物发生作用。

由此,努斯鲍姆引入了她对亚里士多德式的筹划(deliberation)的看法。对她来说,理性的和道德的筹划——最优秀的人、具有实践智慧的人(*ho phronimos*)的筹划——将具体和普遍、手段和目的、他的信念和感知,与他的自然目的以一种永远向批评修正保持开放的方式连接在一起。亚里士多德对等级制关系的具体判断没有一个意味着是对亚里士多德的实践理性的一种必然的限定。在努斯鲍姆看来,"亚里士多德反对任何事先固定的等级目的的秩序这一观念",即使他按照等级制的方式就那些目的做了任何具体的安排。在亚里士多德的 *Politike*

---

⑳ 努斯鲍姆,《亚里士多德的〈论动物的运动〉》(*Aristotle's De Motu Animalium*),原文加翻译、注释和诠释文章(Princeton, NJ：Princeton University Press，1978),以下简称 *DMA*——这一引用见于第 219 页;《善的脆弱:古希腊悲剧和哲学中的幸运和伦理学》(*The Fragility of Goodness: Luck and Ethics in Greek Tragedy and Philosophy*)(Cambridge：Cambridge University Press，1986),以下简称 *FG*;《感知的洞见:一个亚里士多德式的私人和公共理性概念》(The Discernment of Perception：An Aristotelian Conception of Private and Public Rationality),《波斯顿地区古代哲学会议纪要》(*Proceedings of the Boston Area Colloquium in Ancient Philosophy*)第 1 卷(1986),第 151—201 页,重印于《爱的知识》(*Love's Knowledge*)(New York：Oxford University Press，1990),以下简称 *DP*;《非相对性德性:一条亚里士多德的研究途径》(Non-Relative Virtues：An Aristotelian Approach),《中西部哲学研究》(*Midwest Studies in Philosophy*)第 13 卷(1988)：第 32—53 页,以下简称 NRV;《自然、功能和能力:亚里士多德论政治的分配》(Nature, Function and Capability：Aristotle on Political Distribution),WIDER 工作论文第 31 号(1987 年 12 月),第 1—50 页,以下简称 NFC(现在最方便的出处是《马克思和亚里士多德:19 世纪德国社会理论和古典的古代》[*Marx and Aristotle: Nineteenth Century German Social Theory and Classical Antiquity*],迈克卡尔塞(George E. McCarthy)编辑[Savage, MD：Rowman & Littlefield，1992]);《亚里士多德的社会民主制》(Aristotelian Social Democracy),见《自由主义和善》(*Liberalism and the Good*),道格拉斯(R. Bruce Douglas)、马拉(Gerald M. Mara)和理查森(Henry S. Richardson)(New York：Routledge，1990),第 203—252 页,以下简称 ASD;《亚里士多德论人类本性和伦理学的基础》(Aristotle on Human Nature and the Foundation of Ethics)(Manuscript，1990),以下简称 HNFE;和《人类功能和社会正义:为亚里士多德的本质主义辩护》(Human Functioning and Social Justice：In Defense of Aristotelian Essentialism),《政治理论》第 20 卷,第 2 期(1992 年 5 月)：第 202—246 页,以下简称 HFSJ。

中，没有任何经验的对什么是合理的或公正的判断必然反映他的自然目的论的
实质的伦理原则。㉕ 这样，亚里士多德的感知经验不必是我们的，因为"感
知……是在规则和具体应答、一般概念和独特个案之间的一次亲密的对话的过
程，在这个过程中，一般陈述着具体并且反过来被具体进一步阐明"。㉖ 对亚里
士多德式的筹划的这样一种理解使我们能够将麦子从亚里士多德的 *Politike* 的
稗子中分离出来，而仍旧可以是一个亚里士多德主义者，只要我们忠于他的自然
目的论的合理内核，它安顿在一个基础伦理学的理论当中。

　　这种基础主义具体表现在她的人类功能活动的理论当中，她在这一理论中
描述了生活的基本境域，或者"基础经验"（grounding experiences），它们应当构成了
人类的理性选择的能力。*logos*，就其所指的是为充分发展的人类提供物质的、
伦理的、最终是理性的维系的基本的功能而言，反映了这一自然的秩序。㉗ 就其
运用关系到构成它的东西而言，*logos* 是自然的。客观的人类道德在于在每一种
境域中的恰到好处的功能活动，它总起来表达了"共同（完整）人性的特征"。在
亚里士多德那里，这样的人性把绝大多数的人类种族排除在外。因此，为了具体
说明她的根据亚里士多德的有关人类功能活动的观点，她求助于早期马克思的
著作，从中推导出了如下关于适当的人类功能的说明：肉体的健康，对必死性的
认识，快乐与痛苦的经验，认识能力，婴儿发育，性欲的满足，饥渴的满足，幽默和
游戏，还有财富的拥有、教育和政治参与。这些是可以使自由主义对自由和平等
的承诺成为现实的条件。㉘

　　但是，将这些能力予以实例化也许是危险的，因为它可以造成有关好的人类
生活和繁荣的政治共同体的各种严格受限的社会规定。我们应当如何理解由亚
里士多德对 *logos* 的运用所确立的肯定奴隶制、妇女的依附和绝大多数的劳动
人口被排除在完全的公民权之外的自然秩序——努斯鲍姆称之为"愚蠢而无根

㉕　*DP*，第 163 页；*DMA*，论文 4，《实践三段论和实践科学》（Practical Syllogisms and Practical Science）。

㉖　*DP*，第 199 页。至于对伦理目的的感知，这等于是对罗尔斯的"反思平衡"概念的一种充满感情的说
　　法。但是，当然，努斯鲍姆已经转向亚里士多德以补充罗尔斯，把他对"亚里士多德的原则"的定位从
　　正义理论中的一个从属的位置转换为一个系统构造的位置，并且为伦理的人类目的提供了一个合理
　　的基础。有关努斯鲍姆对罗尔斯的论述，参见 *DMA* 第 211 页；《羞耻、分离和政治统一体》（Shame,
　　Separateness, and Political Unity），见罗蒂编，《亚里士多德伦理学研究文集》（*Essays on Aristotle's
　　Ethics*），第 395—435 页；"NFC"；和"ASD"。关于罗尔斯对反思性平衡和亚里士多德的原则的论述，
　　参见《正义论》（Cambridge, MA: Harvard University Press, 1971），第 20—21 页，48—51 页，120—
　　121 页，432、434、579 页，424—33 页。

㉗　参见 *DMA*，论文 1：《亚里士多德论目的论解释》（Aristotle on Teleological Explanation）和附录：《人的
　　功能》（The Function of Man）。

㉘　参见 NRV，ASD 和 HFSJ。

据"的判断——同一种充分合理的自然秩序、一种契合于更为平等的观念并且同样被公正地称之为亚里士多德主义的自然秩序之间的关系？努斯鲍姆认为我们不应感到担心，因为亚里士多德对人类本性的奠基不像一个科学事实那样将我们同"外部"相隔绝，而是成为"对最好的人类的价值的探求"的一个部分。此外，它也是足够灵活的，可以同实际上任何文化的各种经验相关联，使参与这一探求的人能够像正在"讨论同一个人类问题"㉙那样进行下去。同亚里士多德的不同，她的基础伦理学的自然秩序已经变成包容性的而非排他性的："自然进入伦理设计，不是作为一个外部的固定的点，而是作为人类生活的一个人性经验的语境，它虽然在历史中发展，但却相对稳定，展示了某些可能性而排除了另一些，是我们希望和限定的境域。"㉚当塑造亚里士多德思想的那些实际的政治限制具有不体面的效果时，努斯鲍姆便把她的亚里士多德主义从它们之中解放出来。她能够告诉我们，一种亚里士多德式的对政治学任务的看法使我们能够不带丝毫反讽地"想象各种形式的人性的而非奴性的相互依赖关系"。㉛

　　萨尔科沃的亚里士多德主义和努斯鲍姆的有许多共同之处。㉜和她一样，他转向亚里士多德是出于对主流的哲学社会理解和解释的憎恶，诸如科学演绎主义或文化相对主义，以及作为一种政治哲学的自由主义在伦理上的贫乏。但是，他对这些问题的视角根源于施特劳斯的著作，这一视角强调亚里士多德目的论的自然主义向度。㉝萨尔科沃和施特劳斯将他们对亚里士多德的赞同根植于他们对以下两条自由主义信念的反对：(1)确保个体自由的实现是核心的人类价值；(2)通过取得自由个体的认可以使政治规则合法化包含了核心的政治价值。在他们看来，自由主义的这两条原则其运用并不基于合理的证明。结果，当自由

㉙　NRV，第41—42页，46—47页。

㉚　HNFE，第47页。

㉛　ASD，第243页。

㉜　萨尔科沃，《寻找中道：亚里士多德政治哲学中的理论和实践》(Finding the Mean: Theory and Prac-tice in Aristotelian Political Philosophy)(Princeton, NJ: Princeton University Press, 1990)，以下简写为FM。有关萨尔科沃核心论点的一个较早的表述，参见《亚里士多德的社会科学》(Aristotelian Social Science)，《政治理论》第9卷，第4期(1981年11月)；第479—508页。

㉝　参见施特劳斯，《自然权利和历史》(Natural Right and History)(Chicago: University of Chicago Press, 1953)，特别是第3—4章，以下简写为NRH，和《城邦与人》(The City and Man)(Chicago: University of Chicago Press, 1964)，尤其是导论和第1章，以下简写为CM。施特劳斯的基本论证为萨尔科沃的工作提供了由以进行的解释性架构，但是鉴于后者的著作是创造性的，涉及到了"德性伦理学"的提倡者们所提出的支配性道德的问题，它相比于一代人以前施特劳斯的著作来说对于当代的新亚里士多德主义更具代表性。因此，我将集中注意于它。

主义按照施特劳斯称为"平等主义的自然权利"被民主化时,不受理性或德性指导的集体权力便占据了优势。对萨尔科沃来说,民主和启蒙使得自由和权力超越理性而荣登宝座。㉞ 平等主义的自然权利的僭越威胁着理性自身,特别是在辅之以自由社会所接受的理性的种种假想的非政治标准的时候,即,事实和价值的二元论和一种在理解人类价值本身中的历史主义的时候。前者将"科学"和"道德"对立起来;后者摧毁了自然、客观标准的可能性——对施特劳斯来说,缺少了它们,没有任何价值可以得到既合理而又非工具性的证明。这些自由主义的科学理性和历史理性的冒牌货们加深了虚无主义。在施特劳斯看来,这唤起了向"古典(即正确理解的)自然权利"的回归。

　　施特劳斯对自然权利的政治理解首先是亚里士多德式的,㉟它引起了萨尔科沃对亚里士多德的当代兴趣。对施特劳斯来说,亚里士多德的《政治学》提供了"对政治事物的常识理解的充分的意识形式",这反过来又提供给我们当中那些"或多或少完美的绅士"可以从中去除洞穴障蔽、看见自然权利之光的感知基础。㊱ 亚里士多德式的自然权利揭示了伦理德性的本质——这是雅典式民主制所缺乏的——并因此能够提供有关完美的标准,这是当代自由主义所缺乏的,以指导自由的施行。对萨尔科沃来说,伯里克利式的民主制认可对权力的热爱和男性的政治学;亚里士多德式的 *Politike* 则赞同节制。今天,它可以满足由民主制的道德分歧造成的对政治教育的需要,并且为良好的公民权利提供理智基础。㊲

　　在《寻找中道:亚里士多德政治哲学中的理论和实践》中,萨尔科沃提供了一种"典型的亚里士多德式的伦理学和政治学问题的研究方法",理由是"亚里士多德式的实践哲学为当代对自由民主制的讨论提供了一套合理的和恰当的术语与

㉞　例如,在《自然权利和历史》中,施特劳斯写道:"从平等主义的自然权利观点来看,同意优先于智慧,从古典自然权利的观点来看,智慧优先于同意"(第141页);*FM*,第21页,第29—31页。

㉟　古典自然权利有三种表达:苏格拉底—柏拉图式的、亚里士多德式的和托马斯式的自然权利。但不是三者都有同样的价值。托马斯使自然权利依附于神学,又使神学忠实于自然法的不变的基本原则。结果,自然权利成为无助的人类理性所不可认知的,这激起了自由主义对古典自然权利的反叛(*NRH*,第157—159页,163—164页)。尽管古典自然权利的学说在施特劳斯看来最清晰地体现在柏拉图的《国家篇》中,但是,对于理解政治社会来说,它的实际的含义却最显著地体现在亚里士多德的著作中。自然权利的概念只是在政治科学的概念中才充分地显示出来,而政治科学的概念是亚里士多德发现的(*NRH*,第81—85页;*CM*,第11—12页)。和苏格拉底—柏拉图式的自然权利一道,亚里士多德式的自然权利对雅典式民主制的非理性和无道德作出了回应。它最清楚地理顺了政治共同体中的自然和习俗的关系,并因此对政治理性提供了最好的指导。

㊱　*CM*,第25、28页。

㊲　*FM*,第29—31页,第85页,第170—172页,第208、246、249、259页。

问题"。㊳ 它为人类提供了一种生物学式奠基的、非还原主义的自然科学和一种
目的论的、非独断论的人类道德概念。不同于新尼采主义者们,它还为政治学中
的伦理合理性提供了希望,而不同于相对主义者们,他还为批评性的教育提供了
一个统一的立场。㊴ 依照施特劳斯,并和努斯鲍姆一致,萨尔科沃主张,它提供
了一种可灵活适应实践活动中各种突发事件的自然目的的等级秩序。㊵

　　就努斯鲍姆和厄文而言,我们能够对亚里士多德取其精华而弃其糟粕。但
是,萨尔科沃对亚里士多德目的论的自然维度的强调,却迫使他更为深刻地思考
亚里士多德对奴隶的自然存在和妇女的自然依附的解释。这是如何可行的? 我
们应当如何就比如说妇女在政治秩序中的地位提供一种亚里士多德式的解释,
而不把他的解释看成是在为那种依附作辩护? 在这里,萨尔科沃的论证借鉴了
萨克森豪斯的观点。㊶ 对他们两个来说,亚里士多德的目的论论证了自然依附
的合理性但并非妇女作为一个阶层的必然依附。亚里士多德对妇女(或,就此而
言,奴隶、体力劳动者以及工匠)的讨论更一般地是出现在对德性缺陷的讨论中。这
样,只要妇女看起来不再作为一个阶层体现出有缺陷的德性,亚里士多德式的
Politike 就无需赞同她们作为一个阶层的屈从。此外,萨克森豪斯和萨尔科沃
还主张,亚里士多德的论述必须作为对男子气概批评的一个部分来理解,既然它
是这样一种理论的一个部分,这个理论相对于民主制下的雅典人的参与性的政
治学,强调私人生活的德性,强调对公共生活和参与的德性静观沉思,这些德性
曾经挑起战争并且增进了男性统治。结果,两个人都设法把亚里士多德对妇女
的依附地位的自然化转变为一份女性主义关怀和家庭生活的辩护状。我们对一

㊳　*FM*,第 3、5 页。

㊴　*FM*,第 7 页。

㊵　参见 *FM*,第 149 页注释 91,在那里,萨尔科沃引用了施特劳斯的《自然权利和历史》,后者在他的书
　　(第 163 页)中在那一点上正在解释柏拉图和亚里士多德的观点:"唯一普遍有效的标准是目的的等
　　级制。这一标准足以对个人和群体、行动和制度的高贵等级进行判断。但它不足以指导我们的行
　　动。"雅克(Bernard Yack)在《自然权利和亚里士多德的正义概念》(Natural Right and Aristotle's Con-
　　ception of Justice)中再一次重复了施特劳斯的这一观点(《政治理论》第 18 卷第 2 期[1990 年 5 月]:
　　第 216—237 页)。

㊶　参见 *FM*,第 178—95 页,在那里萨尔科沃解释亚里士多德对妇女的看法,并频频引用萨克森豪斯
　　(Arlene Saxonhouse)。萨克森豪斯的论证在《亚里士多德:不完善的男性、等级制和政治学的界限》
　　这篇论文中得到了很好的表达,该文最初是作为她的《政治思想史中的妇女:从古希腊到马基雅维
　　里》(*Women in the History of Political Thought: Ancient Greece to Machiavelli*)(New York: Prae-
　　ger, 1985)中的一章发表的,现(以删节的形式)可见于《女性主义政治理论读本》(*Feminist Readings
　　in Political Theory*),尚利(Mary L. Shanley)和佩特曼(Carole Pateman)主编(University Park:
　　Pennsylvania State University Press, 1991),第 32—52 页。

个在各种人之间和各种生活方式之间设定了自然等级制的存在的政治哲学,没有什么好担心的。当从亚里士多德那里为当代政治生活汲取经验教训的时代来临之际,萨尔科沃凭借对亚里士多德式的 *Politike* 的这一解释来为从政治生活中的"适度的疏离"作辩护。这就是萨尔科沃为我们的政治生活所应当采取的方向的最清楚的指示,如果我们曾经找到并且依靠亚里士多德式的中道而生活的话。㉒

(三) 传统的亚里士多德主义

曾经极大地促进了亚里士多德转向的单本著作是麦金太尔 1981 年的《追求德性》(*After Virtue*)一书。麦金太尔以特别非历史的问题形式"尼采还是亚里士多德?"向 20 世纪末的西方人提出了道德的抉择。也就是说,除非我们返回到亚里士多德的传统——在其中,在罗尔斯式的自由主义中得到典型体现的道德规则在一个更大的伦理德性的语境中找到一个从属的位置——否则,尼采对现代道德的批评——即由于最终为自利和激情所驱动,它是无法被理性地证成的——将取得胜利。㉓ 最近以来,麦金太尔一直寻求将亚里士多德的方案中的理性确立为理性传统或者理性探究传统的一个典范。这一传统只是他在其1988 年的《谁之正义? 何种合理性?》(*Whose Justice? Which Rationality?*)一书中所描述的四种传统中的一种——其他几种是托马斯主义(Thomism)(麦金太尔所青睐的)、苏格兰启蒙运动和自由主义,但是他把亚里士多德主义确立为一种理性传统的做法为他概括其他几种传统的合理性提供了模式。

传统先行确定对其成员来说用作道德论证基础的善的观念。㉔ 它们拥有什

㉒　FM,第 199 页以下。有关萨尔科沃对亚里士多德的"中道"的讨论,见 FM 第 78—79 页,第 116—117页,第 130 页以下,第 161 页。奇怪的是,在这三个例子的两个中,亚里士多德的中道不是由亚里士多德本人表述的。在第二个例子中,它仿佛是对一篇晚期柏拉图对话的解释;在第三个例子中,它仿佛是萨尔科沃对一篇福斯特(E. M. Forster)小说的解释。

㉓　《追求德性》(Notre Dame, IN: University of Notre Dame Press, 1981; 2d ed., 1984)。我曾写过第一版的一篇长篇书评,见于《泰罗斯》(*Telos*),第 57 期(1983 年秋季);第 233—240 页。

㉔　《谁之正义? 何种合理性?》(Notre Dame, IN: University of Notre Dame Press, 1988),以下简写为WJ。参见内格尔(Thomas Nagel)的书评,见 1988 年 7 月 8 日—14 日的《时代文献增补》(*Times Literary Supplement*),第 747—748 页;厄文的书评,见《社会哲学和政策》(*Social Philosophy and Policy*)第 7 卷第 1 期(1989 年秋季);第 45—68 页;努斯鲍姆的书评,见《纽约书评》(*New York Review of Books*)1989 年 12 月 7 日,第 36—41 页;和阿娜斯(Julia Annas)的书评,见《哲学和公共事务》第18 卷第 4 期(1989 年秋季),第 388—404 页。此后麦金太尔出版过另一本书,《道德研究的三种竞争形式:百科全书、谱系学和传统》(*Three Rival Versions of Moral Enquiry: Encyclopedia, Genealogy, and Tradition*)(Notre Dame, IN: University of Notre Dame Press, 1990)。　　　(转下页)

么可以属于它们、什么不可以属于它们的相对确定的观念,这使得它们的理性系统多多少少是排他性的。它们向批评修正保持开放,但只是来自于内部的,或者是作为同其他传统的接触和冲突的结果。就麦金太尔对亚里士多德传统的解释而言,他的著作同基础主义者的著作的区别在于,他坚持认为,亚里士多德的历史语境已经不可回复地影响了"亚里士多德的传统"。亚里士多德的 *Politike* 不可能不相关于最初赋予其以意义的实际信念和实践活动而被构成。这就将麦金太尔的传统概念同另一个"传统的"亚里士多德主义者、伽达默尔的传统概念区别了开来。㊺ 结果,麦金太尔便为它作为一种理性探究传统的出现提供了一种准历史性的叙述。城邦"提供了亚里士多德在其中形成他的正义理论、他的实践理性理论,以及二者之间合理关系的理论框架……社会秩序的形式,其共同的生活模式已经就'什么是对人类而言最好的生活模式'的问题表达了它的公民们的集体回答或种种答案"。在亚里士多德的 *Politike* 中不存在任何"外在于城邦的"伦理的或政治的标准。㊻ 而它依然对我们保持进入的可能。在流行的自由主义传统的边缘地带存在着亚里士多德式的实践活动的残留物,对我们来说,放弃"现代性的立场",并且通过我们对亚里士多德传统中它的"本质"特征的理解,"使我们自己想象性地同秩序良好城邦的公民的立场相一致",依然是有可能的。㊼

撇开麦金太尔著作中历史化的特征不谈,他也企图从亚里士多德的词汇库中抢救出一种合理的内核。和厄文、努斯鲍姆以及萨尔科沃一样,他认为亚里士多德的正义、实践理性理论含有严重的"错误",麦金太尔称之为"不幸"。和其他人一样,他相信这些是非本质的,源自对亚里士多德的尺度的一种贫乏的运用。㊽ 他同他们——特别是努斯鲍姆——的区别在于,他把这些尺度置于那些

(上接注㊹)但是,它并没有在他对亚里士多德的讨论或态度上有所增益。事实上,麦金太尔是通过表达他的恼怒来开始这本书的,他恼怒于未能说服他的读者相信合乎理性地克服当传统彼此冲突时所引起的不相容性和不可移译性问题的可能性。

㊺ 伽达默尔和麦金太尔一样,使传统成为合理的理解的基础,并且视这类传统的权威在理智上和政治上是无害的。然而,不同于麦金太尔对一种理性传统的理解,对于我们应当在它们的过去和我们的现在之间达成对它们的一种"视域融合"的那些"经典"文本,伽达默尔对文本在传统中的安排很少注意历史实践活动构成"经典"文本话语的前提条件的方式。参见伽达默尔,《真理与方法》(New York:Seabury Press, 1975),第245—274页。

㊻ *WJ*,第101页,第133页,第122—123页。

㊼ *WJ*,第110—111页,第391—392页。

㊽ *WJ*,第104—106页。

通过亚里士多德的心灵(*nous*)概念来理解的第一原理之中。⑩ 因为它们是由辩证法而非筹划来把握的,它们是较少变化的,较少受到具体环境和筹划者的种种特征的影响。他选择来说明这些辩证的原理如何关联于实践者的筹划的类比来自两个相对来说非政治性的领域:解决问题的科学共同体和曲棍球游戏。在每一个例子中,显然都有正确的步骤可采取,尽管游戏者可能不采取。⑩ 这使亚里士多德主义者、包括亚里士多德本人的伦理"错误"成为可能,亚里士多德的实践理性在麦金太尔看来(相对于努斯鲍姆),撇开它的更多的历史主义的根源不说,在本质上不是由筹划性的选择所构成的,它的合理性可以在一个不受它的成员的各种选择和错误玷污的平台上起作用。这使得麦金太尔像努斯鲍姆和萨尔科沃一样(尽管依据不同的理由)有可能假定一种亚里士多德式的、没有统治的等级制度的实存。确实,对麦金太尔来说,亚里士多德的实践哲学代表了古希腊城邦各种传统中所有理性的东西。不仅亚里士多德的实践理性和正义理论体现着城邦;而且城邦也被合理地体现在亚里士多德的理论中。是亚里士多德的哲学体系——而非荷马史诗、索福克勒斯的戏剧、修昔底德的历史或柏拉图的对话——表达了种种古希腊信仰和社会实践的理性特征。对麦金太尔来说,它证明它自己"合理地优越于"它的前辈们。

麦金太尔对作为实践理性模型的探究之科学特征的强调、对其相对于人类选择现象的独立性的强调,使他能够取得它和"理性神学"之间的关联,而这是努斯鲍姆和萨尔科沃都不曾做过的。此外,亚里士多德对沉思生活(*theoria*)是人类生活的最高形式的信念、他把它描述为像神一般以及他对不动的动者的讨论使麦金太尔能够在亚里士多德那里发现对阿奎那的各种直接预示。城邦的理性秩序可以预示宇宙的理性秩序。当然,在这两种传统之间存在着诸多差异。首先,亚里士多德不是一个基督徒;其次,他"没能"辨识出人类不完满的本质特征,以及由人类意志所扮演的重要角色。结果,在这两种传统的对抗中,麦金太尔相信托马斯主义证明了自身在理性上是优越的。但是,撇开它的种种基督教的基础,托马斯的实践理性是"根本上亚里士多德式的"。对于麦金太尔来说,托马斯主义在加强亚里士多德传统的德性的同时对其理性上的缺陷做了纠正,并因此已经得到历史合理地证明。⑪

---

⑩　*WJ*,第 91—93 页,第 116—119 页。麦金太尔与努斯鲍姆之间的争论呈现于 *WJ* 第 165 页和 187 页,以及努斯鲍姆对此书的书评。见上文脚注 46。

⑩　*WJ*,第 134 页,第 141 页,更一般的见于第 132—143 页。

⑪　*WJ*,第 101—102 页,第 142—143 页,第 183—208 页,第 402—403 页。

三、历史诠释中的政治学理论

　　尽管没有一位新亚里士多德主义者在亚里士多德的文本中找到我们现代人应该采纳为指导的文稿,但所有人在亚里士多德的 *Politike* 中都发现了一种替换诸种流行的社会理解模式的富有吸引力的选项。但是在新亚里士多德主义者那里,对于亚里士多德究竟做了些什么呢? 我们对亚里士多德 *Politike* 各要素的简洁辨认表明了亚里士多德的自然概念中形式与内容之间的内在联系,以及在自然、实践理性和城邦之间的内在联系。这些联系使 *Politike* 的含义和意义要比当代亚里士多德主义者承认的更复杂;实际上,他们确认,对于亚里士多德 *Politike* 的任何"本质"身份的确定在本质上都是一种诠释性的构造。确实,亚里士多德做的所有判断并不同等程度地反映他思想的核心信条,但是确定哪一些是在反映,这并不能从文本本身中得出。仅仅通过阅读亚里士多德,人们不能知道他对那一自然秩序的描画中究竟哪些部分构成了其更为褊狭和境遇性的特征或者更为持久和理性的特征。亚里士多德自己的哲学事业拒绝任何对其作者身份的简单建构。⑤ 这意味着亚里士多德的 *Politike* 的同一性是一种诠释性的构造。继而,任何在当代理论论说中用为"本质的"亚里士多德的东西必然是构造的构造。(实际上,看起来,恰恰是这种对决定性诠释的抗拒使得亚里士多德的思想被应用得丰富多彩成为可能。)结果,将伦理和政治反思的基础从现代转向过去、从当代的理论化转向"亚里士多德"去的对亚里士多德的吁求,就是典型的不真诚,即便不是故意的。当代亚里士多德主义者既不承认他们的理论权威的歧义性,也不承认他们自己事业的建构性特征。

　　在由当代亚里士多德主义者所提供的对亚里士多德的解读中的这种作者身份的伪装,它概念上的后果是什么呢? 并且,这对于他们自己的理论努力来说又说明了什么呢? 它表明,当代亚里士多德主义者据以将有关统治的政治判断——它们给予了等级制形式的亚里士多德的自然目的论以实质内容——视为无关紧要的那些观点,是亚里士多德的理论据之而不再是真正亚里士多德的而

---

⑤ 事实上,从亚里士多德自己的行动来看,他试图发展这样一种作者身份这一点是并不清楚的。亚里士多德也许具有各种总体性的抱负,但是他通过构成一个总体化的理论体系来满足它们这一点却不是显而易见的。他看到了各种各样的问题,并且他表达了它们。确实,他如此做的方式反映了他的心灵的典型特征,但是若将体系融贯性的使命强加于他的话,可能会把出现在 17、18 世纪——当时学者们开始将哲学体系同个人的个性联系在一起、而哲学史的观念第一次出现——的哲学论证的种种正统学说投射在他的身上(这些论断来自于 1991 年 5 月我与弗雷德的一次对话)。

是相反变成他们自己的一些观点。当代亚里士多德主义者的这种诠释策略的作用便将亚里士多德的 *Politike* 去政治化和去历史化了；它也促进了一种他们自己的理论视角，这种视角降低了实践的和政治的行动在构成伦理的和哲学的真理中的作用。怎么会这样呢？

（1）厄文对亚里士多德的 *Politike* 的分析的、相对非历史的诠释，使得亚里士多德的观点和他自己的观点都能够避免被卷入进任何政治的立场中——即使亚里士多德把他对 *Politike* 的讨论以在理论知识的题材被涉及时他所不曾做的种种方式同世界联系在一起时。这就使我们可以像阅读我们的同事的论证一样直接阅读亚里士多德的论证。政治地说，这表明哲学家们可以成为中立的专家，他们提供政治论证所通常缺乏的"逻辑"。

（2）努斯鲍姆断定，亚里士多德的功能主义没有一个政治因素在肯定统治——即使他对城邦中殊异的元素的相互支持的功能的讨论，因为权力和权威的不平等已经被接受为自然的，而符合于此。没有了他实际的政治判断，亚里士多德的思想在努斯鲍姆的手中便从其历史的停泊处解放了出来。它因此变得能和例如马克思、罗尔斯的思想以一种听起来确实颇具吸引力的方式媾和起来。但是，她只有通过修正给每一个人的论证以样式和特点的政治维面，才成功做到了这一点。她给予了我们没有奴隶制的亚里士多德，没有共产主义政治学的马克思，和没有无知之幕的罗尔斯。她所创造的新整体展示人类的功能，但是，它也缺乏一个清晰的政治维面，因为它要么掩饰构成功能性政治秩序鲜明特征的种种独裁后果，要么在政治上是不融贯的。[53] 就她的亚里士多德式的人道主义是政治上决定性的而言，它似乎赋予了一个新的世界哲学家阶层以权威，他们将会就如何使世界对人类更具功能性而给领导者和立法者提供建议。这样的一种新的世界秩序或许可以被称为"人类政制"（hamanocracy）。就她的本质主义哲学可以被更为多元地应用来说，它常常略去了实践的和政治的生活的各种坚硬的边缘和实际的维面。在她的亚里士多德主义内部，存在着一个不被承认的在第一序列的知觉和欲望与第二序列的"本质"和人类需要之间的滑动。她假定它们的互补性，即使权力和正义的政治学预设它们（不可避免地）并非（和谐）一致。[54] 她的"跨文化协调"的视野使特殊与普遍得以和解，并承诺在本地习俗和国际礼

---

[53] 功能主义在功能的正确操作中来安置权威。就功能性社会行为的参与者应当受到归为其恰当功能的东西限制而言，判断那个东西是什么可以通过客观的手段、通过阐释功能性美德的客观标准的专家们来实现。关于政治理论中功能主义的例子，参见卢曼（Niklas Luhmann）和亨廷顿（Samuel Huntington）的著作，它们肯定了其反民主的维面。

[54] HFSJ，第 235—237 页，第 224—227 页。

仪规范之间有一个共同的基础,但是她的有关亚里士多德主义如何能够克服月经禁忌或文盲方面的传统规定的例子,显然避免指涉今日的各种现实的政治实体——公民、企业和民族—国家——的经验和关切。在她的人类状况的哲学蓝图中,它们已经变成了边缘成分。她的"本质的"亚里士多德主义模糊了人类功能和政治功能之间的关系。性别平等、对所有人适宜的健康关怀,以及文盲的终结当然是值得称赞的政治目标,但是国内与国际上对它们的抵制在哲学上是不重要的。对它们的抵制不是由"亚里士多德的"观点提出的,对它们的支持也并不依赖于"亚里士多德的"观点。

(3) 萨尔科沃认为,亚里士多德赞同从作为伦理的政治领域中相对抽离——萨尔科沃称之为"适度的疏离"——没有对社会的任何部分产生具体的伤害,即使它在亚里士多德的理论中服务于剥夺雅典社会中较低等级的各种公民权利。对他而言,自然等级制的存在不含有对民主制的德性的任何确定的看法——即使任何把自然视为等级制的看法自动削弱了这样的可能性,即,存在着经由民主的政治学做出的各种合理的和/或有德性的论断。

(4) 麦金太尔假定各种传统对于它们所排除的东西不会造成任何痛苦或伤害。他把古希腊种种话语和实践中经久不衰的理性元素与亚里士多德对城邦伦理的理论表述视为同一,这不仅把亚里士多德所依赖的丰富的社会和哲学遗产作为不够理性的而予以抛弃,而且也暗示由历史上的"亚里士多德的传统"所达成的"理性的优越性"与"确证"包含了所有的成就而没有任何损失。尽管麦金太尔的将其亚里士多德 *Politike* 的概念植根于一个具有各种不可化约的历史根源的传统之中的意愿,表明了对实践在伦理和政治观念的形成中所扮演的构成性角色的、较之分析的亚里士多德主义和基础主义的亚里士多德主义的更大的欣赏,但是,他的历史是贫血的。他的那些运行于话语层面的传统并不反映在承认它们的个人之间或制度之间的任何有害的、实践的冲突。通过阅读麦金太尔,一个人很可能忘记,在他的道德宇宙的概念——诸如它对整个人类的潜在的开放性——中伴随托马斯的人道主义的进步的,是其他种类的排斥。在他的人类自由的新世界的边界之外有两类"敌人":犹太人,托马斯发现对他们是可以宽容的,因为他们使基督徒记得他们已经否弃了的东西的意义;基督教的异教徒,托马斯发现对他们是不可以宽容的,因为他们的邪恶的影响。[55]

随着当代亚里士多德主义者们分开了亚里士多德 *Politike* 的形式和内容,

---

[55] 阿奎那,《神学大全》(*Summa Theologica*),2a,2ae 9—11. 事实上,托马斯引用了亚里士多德对主人使用他的奴隶作为工具的认可,来论证信仰者应该统治无信仰者。

他们便形成了对自然目的论的一种信仰,这种信仰将理性的等级制在历史中的各种效果作为政治上无意义的而予以排除。他们也断定哲学的第一原理在决定各种政治正义的历史理论的意义上的首要性。他们认为亚里士多德的 *Politike* 理论所提出的主要问题首先是理论性的和诠释性的;他们否认诸种历史冲突和政治问题在他的理论真理形成过程中起过任何建构性的作用。这表明,当代亚里士多德主义者们提供给我们的,不仅是一个具体种类的亚里士多德,而且是对历史之于哲学、权利之于伦理学的关系的一种具体理解。依赖亚里士多德作为当代道德、政治话语的理论基础,这不仅通过模糊亚里士多德 *Politike* 中形式和内容之间不可化约的联系歪曲了亚里士多德的各种论证;它也无视各种历史事件和政治权力的各种问题由以构成其特性的方式。

比如,涉及到理解柏拉图的思想和亚里士多德的思想之间的关系时,就有了如下的诸多后果。在当代亚里士多德主义者诠释亚里士多德同柏拉图的关系时,他们认为,认识论上的各种问题——而非区别政治上的种种关系或者风云变幻的历史发展——提供了亚里士多德在其中发展其独特的理论特性的原初语境。厄文相信,柏拉图和亚里士多德提出了一个单一的问题:如何使经验的特殊性和原理的普遍性相协调。对努斯鲍姆来说,亚里士多德独特的哲学主要来自于他对柏拉图的不重视现象和不能认识生活经验如何构成了表达繁盛的人类生活之真理的形而上学的批判。尽管萨尔科沃和施特劳斯一样经常提及柏拉图和亚里士多德在许多重要问题上的一致性,但是同施特劳斯一样,他肯定亚里士多德的哲学当开始处理政治事务时较之柏拉图的优越性。麦金太尔认为,亚里士多德"解决"了一个柏拉图不曾解决的哲学问题,因为亚里士多德的观点使他能够哲学地理解城邦的"现实性"。但是,亚里士多德 *Politike* 的理论特性拒绝还原为对形而上学第一原理的一种哲学解读。[56] 这种拒绝不仅来自于他的目的论体系中形式和内容之间紧密的内在关联;它也反映了亚里士多德自己的诠释方法。为对亚里士多德的 *Politike* 的研究提供起点(*archai*)的公众意见(*endoxa*)并不是各种与他试图解释的自然秩序没有任何关联的武断的起点。他的诸多形式的与实质的判断不能与它们所介入其中的实践的、政治的语境轻易脱离。那个语境就是雅典城邦,而且在亚里士多德的时代中的雅典在希腊的相对的实力(以及就此而言,其公民的民主能力)与柏拉图时代中的雅典的实力相比,已经被马其顿严重地削弱了。

就理论论证的内涵是由它们所提出的各种政治问题有意义地构成而言,这

---

[56]　参见《形而上学》933b20—23,1025b6;《尼各马可伦理学》1139a6—8,1140b35—1141a1。

些历史的/政治的因素就具有理论的意义。⑤ 对亚里士多德的 *Politike* 的构成要素的一种完整的理解，不得不考虑其他理论的、历史的和政治的对他的哲学论证的影响。⑤ 但是，当代亚里士多德主义者们所赋予的各种政治的和历史的因素在例如理解柏拉图同亚里士多德的关系中的作用，却只是肯定了亚里士多德 *Politike* 概念的笼统的合理性。结果，他们或者含蓄地认可亚里士多德所采取的政治方向，或者将各种政治因素当成理论真理形成中的一个次要的——如果不是边缘性的——角色。由此，政治学的问题就恰恰被从哲学第一原理的立场来理解。当代亚里士多德主义的事业要么阻止了普通公民的经验、欲望和希望构成一种政治秩序中正义的基础，要么通过（或明或暗地）将自然等级制合理化来悄悄认可它们。在无论哪种情况下，结果都限制了我们的民主可能性的视野和公民政治行为的理性可能性的视野。就此而言，由当代亚里士多德转向所采取的方向在政治上便是成问题的，因为它否认使政治伦理学变得生动起来的言词和行为之间的结构性关联。结果就使我们的注意力从伦理和政治行为的全部可能性范围中偏离了出去，由此也就缩小了民主的理论视野。就此而言（不是在所有方面），这项事业便是反民主的。

一个人应该如何利用亚里士多德或者就此而言政治思想史中的任何一个作者或"传统"而可以避免构成当代亚里士多德主义鲜明特色的那一反民主的倾向？一个人如何使民主和政治成为历史文本诠释的核心成分？在对政治理论史的一种民主的研究路径——让我们称其为民主的历史主义——中，语词和行为、话语和权力、理论和实践、理想和实际情况将会被理解为各种富有创造性的张力的元素。一种民主思维的历史主义不会认可作为政治理性构成成分的实践或话语的不可改变的首要性——理性（*logos*）胜过行动（*ergon*）或者行动胜过理性。接受前者不必要地限制了现存的公民的批判的权力；接受后者则会将正义还原为权力与多数统治。此外，这种研究路径不会同等地来看待话语和实践。语词可以是行为之一种，但是它们并不等同于所有各种行为。在一个政治决定之前和

⑤ 就历史问题如何将自己置于哲学问题之中，以及一个"成问题的"结构如何加强了我们对哲学和政治思想史的理解。参见柯林伍德（R. G. Collingwood），《自传》（*Autobiography*）（Oxford：Clarendon，1939），第5—8章，和福柯（Michel Foucault），见《福柯读本》（*The Foucault Reader*），拉宾诺（Paul Rabinow）编（NewYork：Pantheon，1984），第384—385页，第388—390页。

⑤ 见弗雷德，《导论：古代哲学的研究》（*Introduction: The Study of Ancient Philosophy*），载于《古代哲学论文集》（*Essays in Ancient Philosophy*）（Minneapolis：University of Minnesota Press，1987），第ix—xxvii页，在这篇文章中，他讨论了多重历史如何可以构成一种恰当的哲学史。

之后、由那些指挥或批评权力实施的人所发出的话语，展示了明显不同的特征，而且造成那些区别的不是对政治话语的表达，而是对政治权力的经验。理论家们可以施行一种政治权力，而政治家们也可以表达一种政治话语，但是我们也清楚地知道他们的角色如何不一致。民主的历史主义的研究路径会强调理性（*logos*）和行动（*ergon*）之间相互作用的许多维面，因为它们之间的关系提供了有关一个具体社会的不同层面之中民主商谈状况的各种主要指针，以及有关国民是否具有权威性和那一权威如何通过理性和伦理关怀来被（或不被）体现的各种主要指针。这种解释上的聚焦产生了各种有关政治界限之本性的历史性叙述，而非各种有关政治本性在历史上的界限的理论。通过弱化理性或行动作为对政治行为的一种合理限制的自然权威，它强调了民主制的各种历史可能性。

这种研究路径不仅区别于新亚里士多德主义者所遵循的路径，而且区别于如下许多政治理论家所遵循的路径，这些理论家将历史上无关联的理论家们的各种论证拼凑在一起，从历史的—理论的混合成分的大杂烩中捏造出关于当今各种争论的新视角。一点点黑格尔式的宏大，经由适当程度的霍布斯式的现实主义的强化，和某种亚里士多德的实践智慧的润色，并由青年马克思赋予其活力，便可能制作出一个有趣的文学发酵物，但是，在没有对这些新处方所通常省略的这位作者的语境进行历史的、文学的和哲学的分析的前提下，它就真地算不上一个认真关注于权力问题的论证。这种对历史的而不只是对哲学的关切地考察，是理解例如亚里士多德的 *Politike* 的一个必要而非充分的条件。将它们纳入考虑，便从一种对"文本"的仔细解读中防止了对亚里士多德的友爱理论或共同体理论的各种简单建构，正是这些简单建构被接着引入到各种极其非亚里士多德的环境之中；它也削弱了亚里士多德在当代理论论证中的权威。诠释者在构造他们的研究中所扮演的不可缩减的角色防止了种种"真正的"亚里士多德的启示，这些启示是与对他的伦理学和政治学思想的一种具体的、当代的采用相反对的，但是关注这些关切至少会阻止许多不真实的亚里士多德的增殖。它会更为直截了当地认识到政治理论由以不从永恒的角度（*sub species aeternitatas*）被书写的方式，以及政治理论的历史不单纯是解释性的表述这么一回事。

这样，当代亚里士多德主义的不真实性不仅来自于它否认他们的哲学英雄的历史的和政治的特征的方式，而且来自于它的作者们否认他们的理论化的权威的消灭不了的片面的和虚构的特征的方式。他们声称绝非小说家"可比"——而毋宁说是"亚里士多德主义者"，他们的亚里士多德和亚里士多德主义远不是他们的理论想象的虚构物。⑲ 当代亚里士多德主义的不真诚的性格正是对这样一位人士的论证的刻画，他通过在"奥古斯丁的"、"尼采的"或"康德的"论证之间构造一种没有缝隙的辩证法来行进。为了运用亚里士多德来驳斥霍布斯或康德，为了援引实践智慧作为对当代的各种实践理性的观点的批判性替换选项，便忽略了传达他们各自观点的复杂语境。它时而否认权力、历史和文学形式在构成话语中的作用，时而把我们的注意力从我们革新我们的话语的实际能力中移开。如果我们变得不那么迫切于转向亚里士多德、洛克、康德或马克思，作为解决我们问题的基础，我们就可以更有成果地利用他们的思想资源来从事最终必将是我们自己的理论工作。如果我们承认在我们的理论话语中我们提到一个论证是"柏拉图的"或"洛克的"意思在根本上是如何由我们自己的叙述的形式和内容构成的，那么，对政治理论的历史就也许会有更为仔细的诠释和借用。

我对在当代话语中否定历史权威性的论证可能看起来拆穿了政治理论的传统对于当代论证的意义。然而，反过来却是真的。一种对政治理论史的民主的运用不仅削弱了过去的各种基础，它也动摇了现在的各种想当然的基础。它延续了政治理论的对话，但没有割裂从政治权力运作的各种历史问题而来的关于政治学的哲学话语的各种传统。它表明，我们不仅通过创造新的祖先或摹仿旧的英雄而从过去学习，而且也通过了解同一性如何从差异中被时间性地建构起来而从过去学习。相应地，无论亚里士多德的意义还是美国宪法的意义都不应该完全同他们各自所赞同的奴隶制割裂开来，但是，就我们没有生活在好的社会中而言，我们的视角也是折衷的，同时他们每一个的视角作为政治理性或政治革新的一种资源仍然可能是极富意义的。不同于当代亚里士多德主义者们所共有的对各种话语传统的诠释学路径（它把它们在过去的统一性的现实性预设为现在对它们的理解的一个条件），对政治理论史的一种更为民主的理解会将其论证的同一性看做只有在未来才是潜在可实现的。为差异保留地盘的民主的同一性永远不会完全固定。如果在现时做政治理论史会有助于民主制的同一性和共同体的形成，有助于正义和批判性民主制的加强，那么，历史所提供的各种真理就必须保持开放——向公民们的各种不断发生的判断和公民权保持开放。因为作为民主制的公民，为了将来的利益，我们用过去的素材在现在建构民主。只是在这个方

---

⑲　怀特（Hayden White）很有助益地指出各种形式的历史表现的虚构特征。参见他的《话语的地带：文化批评主义论文集》（*Tropics of Dicourse: Essays in Cultural Criticism*）（Baltimore：Johns Hopkins University Press，1978）。但是他也观察到了在虚构事件和历史事件之间的区别。一种政治理论的"事件"恰在这两种事件的边缘交界地带活动。当代亚里士多德主义者们否认亚里士多德 *Politike* 的历史性，然后通过否认他们自己对亚里士多德的借用的虚构特征，便制造了他们的特殊的理论化的权威。

面,民主制才模糊了时间的界线。

我既不打算表明民主的利益有一种固定的、合理的特征,也不打算表明它们一定产生对过去或现在的最好或最公正的理解。此外,我也十分理解,对观念史或当代政治事务的一系列范围宽广的批判性的探究在不赞成民主地构建的社会建制的情况下也可以是非常有用的。我没有兴趣推销一种政治上正确的理解观念史的方式。然而,某些对观念史的探究路径却认识不到各种理论信仰或历史实践压制对各种政治问题的民主制解决的表达的方式。当代亚里士多德主义是其中一种,因为它假定了在政治领域中的一种理论视角,这种视角取消了民主实践构成政治美德的可能性。只有通过理解亚里士多德的这另一面、阴暗面,我们才能以一种可以改进而非限制我们时代的民主前景的方式利用他的智慧。

如果这一理解政治理论史的路径将我们更近地带向真理,那么,我们应该如何理解我们通过转向亚里士多德正在走向何处呢?当代亚里士多德主义如何表明它所由以产生的论证的和实践的语境的各种特征呢?正如我先前表明的,它当然反映了对自由主义话语提出我们时代的基本伦理、政治问题的能力的深深的不满。并且在此指引下转向亚里士多德不会产生任何危害,因为这样做可以动摇传统政治学思想的种种偏见,并且开出各种理解的新路。⑩ 一种亚里士多

---

⑩　我强烈不同意霍尔姆斯(Stephen Holmes)在他的论文中所论证的否证主义的观点:《雅典内外的阿里斯底波》(Aristippus in and out of Athens),载于《美国政治科学评论》(*American Political Science Review*)第 73 卷(1979 年三月)(*American Political Science Review 73*):第 113—128 页。这篇文章从两个错误的前提开始,他不正确地声称它们是"古希腊政治思想的前提"(第 113 页)。他先是把它们归为"古希腊"的信念,而这些信念并无可能联系到任何一位古希腊主要的政治思想家(比如,修昔底德,苏格拉底、色诺芬、柏拉图、亚里士多德),然后表明这类(错误的)信念不能合法地为当代政治思想提供基础。霍尔姆斯论证的成功依赖于他对无论是古希腊思想家们还是那些(如波普尔、阿伦特和施特劳斯)从他们的作品中获得灵感(就波普尔而言是最具否定性的)的思想家们的信念的过分简单化,以及他对这类犯了时代错误、他从别的方面加以正确地谴责的论证的利用。有四个例子可以提供。首先,霍尔姆斯将城邦中的生活描述为"严重政治化的"(第 117 页)。但是政治化这个概念便假定了对一条把非政治的和政治的社会领域清楚区分开来的边界的僭越,这个边界霍尔姆斯自己认为在许多方面是与古希腊思想格格不入的。其次,霍尔姆斯通过用现代术语确定城邦社会的参与特征来论证它的这一政治参与特征的不恰当性。参与城邦生活并不唯一地联系于各种会导致把权威的决定捆绑到作为一个整体的群体政治上的行为(第 121—123 页)。第三,霍尔姆斯通过指出亚里士多德的 *Politike* 比当代政治科学所具有的更广大的范围来论证亚里士多德 *Politike* 的不相关性(第 125 页)。但是这本身并没有证明把在亚里士多德的框架内所作出的任何陈述都作为毫无希望的陈腐之物加以拒绝是合理的——除非一个人已经把构成政治领域的东西的支配性(但还不断变化的)定义精致化为必然准确和公正的。最后,霍尔姆斯声称柏拉图和亚里士多德强调"义务"高于"权利",而他们没有一个运用过这类概念范畴(第 127 页)。实际上,这一对比只有在一种既不为柏拉图也不为亚里士多德所熟悉的自由主义框架内才能被理解——但是霍尔姆斯却时代错乱地运用它来否证在当代政治学论证中对"古希腊思想家"的称引。

德的转向可以鼓励我们将我们的政治学思想去自然化，而非再度自然化——就像许多针对政治学理论传统的不同方面的批判性研究所做的那样。然而，新亚里士多德主义者们并没有将我们带向此路。他们将我们引向亚里士多德并不只是为了赢获对现在的一种潜在批判的视角，而是为了解决我们最基本的伦理的和政治的窘境。结果，他们的基础转向有了更多决定性而更少治疗性的后果。首先，它引导新亚里士多德主义者们离开以论证的方式证明他们自己的理论和政治的承诺是合理的道路，而服务于掩饰他们自己观点的政治内容或逻辑缝隙。其次，通过解散亚里士多德政治学理论的形式和内容的关联、无视亚里士多德的历史语境构成他的观点的内涵和范围的方式，它常常歪曲了亚里士多德思想的内涵。结果就使亚里士多德的伦理的、社会的和政治的思想去政治化了。最后，通过将亚里士多德作为我们政治学观点基础的庇护所，它贬低了由当代政治学和我们的同胞公民们在有助于对正义的理解和实现上所提供的各种可能性的价值。

完全可以有一个纽带将亚里士多德的 *Politike* 和新亚里士多德的 *Politike* 联系在一起，但它不属于当代亚里士多德主义者们所意图的那种。在这里，我只是推测，但是我会表明，就一条纽带存在于亚里士多德和我们之间而言，它也许不是"理论的"，存在于他对政治共同体的各种问题的理论解答的假定持久的价值之中。今天，亚里士多德的吸引力和感染力也许更是"实践的"，涉及到一种共有的历史敏感性。因为，亚里士多德写作在、而我们最近则一直生活在一个掌控共同未来的各种民主能力似乎蹒跚于一个无情没落的命运中的时代。如果我们的时代应当朝着各种由渴求更多民主的欲望所投射的难以捉摸而复杂的目标前进，那么，当代亚里士多德主义也许就开始逐渐失去其目前的理论吸引力了。

非相对性德性：一条亚里士多德主义的研究路径[*]

努斯鲍姆

所有希腊人过去常常佩剑而行。

修昔底德,《伯罗奔尼撒战争史》

从前的风俗也许可以说是非常简单而野蛮的。因为希腊人过去常常佩剑而行；他们也常常互相买卖妻子；肯定还有其他的、极端愚蠢的古代习俗。（例如，在库麦就有一条关于杀人的法律，如果控方能够从自己的亲属中获得一定数量的证人，那么被告将自动被判谋杀罪。）一般而言，所有人追寻的不是祖先的路，而是善。

亚里士多德,《政治学》1268a39 以下

一个远游异乡的人可以观察到,正是认同感和亲近感把人类联系在一起。

亚里士多德,《尼各马可伦理学》1155a21—22

一

在当代哲学的争论中，德性正在引起日益增长的兴趣。人们听到来自不同方面的对远离具体的人类经验的伦理学理论的不满。不管这种远离是来自于功利主义者的旨在达到一种关于满足的普遍演算（calculus）的热衷，还是来自于康德主义者的对具有广泛一般性的普遍原则的关注，在这些理论中，具体语境、历史和人物的名称都不再出现，从而疏远性现在正在被越来越多的道德哲学家们

---

[*] ［译按］本文选自努斯鲍姆和森主编的《生活质量》（*The Quality of Life*），第242—269页，Clarenden Press 1993。

看作是伦理问题探讨中的一个缺陷。在对其他途径的寻求中，德性概念正扮演着一个突出的角色。这也是亚里士多德——这位以德性概念为基础的伦理学研究方法的最伟大的捍卫者——的工作。因为看上去，亚里士多德的工作极富感染力地把严格和具体、理论力量和敏感性结合到人类生活的实际境遇以及在它们的多样性、变化性和流动性中所作的选择之中去了。

但是在一个关键点上，在亚里士多德和当代德性理论之间存在着显著的分歧。对当前许多以德性为基础的伦理学研究方法的捍卫者而言，回归到德性是与朝相对主义的转向联系在一起的，也就是转向这样一种观点，即伦理善的唯一恰当的准绳是地方性的，是内在于每一个叩问着它自己的善的问题的地方性社会或群体的传统和实践之中的。拒斥普遍的算法（algorithms）和抽象的规则，而赞同对善的生活的一种基于德性活动的特殊类型的描述，这被在别的方面像麦金太尔、威廉姆斯和福特①一样有着分歧的著作家们认为，是同放弃理性地论证一种适用于所有人的单一的幸福生活规范的目标、转而依赖于那些无论在起源上还是应用上都是地方性的规范联系在一起的。

所有这些作者，就其与相对主义相关的立场而言，是复杂的；没有一个人肯毫不含糊地肯定一种相对主义的观点。但是所有人却把德性伦理学与一种相对主义的否定相联系，即否定伦理学如果被正确地理解，提供了一种跨文化的范式，它可参照普遍人类有效的理性而被证明，参照它我们可以恰当地评判不同的地方性的善的观念。而且所有人都暗示，通过以亚里士多德主义的德性论方法研究伦理问题，我们所获得的见解会支持相对主义。

由此之故，那些有兴趣支持对地方性传统进行理性批判及感兴趣于清楚地表达一种伦理进步观念的人们，就会很轻易地认为德性伦理学不能给他们多少帮助。假如在世界的许多部分为地方性传统所确立的妇女的地位应当得到提高，假如蓄奴制和种族歧视的传统、宗教的不宽容、侵略性的和好战的男子气概观念、物质分配的不公平模式应当在实践理性的名义下受到批判，那么，这种批判（人们会轻率地认为）将必须根据康德主义的或功利主义的立场观点，而不是通过亚里士多德主义的路径。

对于亚里士多德来说，这是一个不寻常的结果，因为显然他不仅是德性伦理学理论的捍卫者，而且是对人类善或人类幸福作一种单一的客观性描述的捍卫者。这种描述之所以被认为客观，是由于它诉诸理性而得到证实，而这些理性不

---

① 见麦金太尔（1981），并参照麦金太尔（1988）；福特（1978）；威廉姆斯（1984，1985）；沃尔策（Walzer）（1983，1987）。

仅仅来自地方性的传统和实践,而且也来自埋藏于各种地方性传统之下,并且无论在地方性传统中它们事实上是否被认识到,在那里都可以被发现的人类的本性。况且,亚里士多德最为关心的事情之一就是批判他自己的和别人的城邦中的不公正的、专制的或者在其他方面不相容于人类幸福的现存道德传统。他利用他对德性的描述作为批判地方性传统的基础:尤为突出的是,例如,在《政治学》卷 2 中,通过指出现存的社会形式在哪些方面忽略或阻碍了某种重要的人类德性的发展,他不断地反对这些社会形式。② 亚里士多德显然相信在把一种伦理理论建立在德性的基础之上与捍卫人类善的单一性和客观性之间不存在不相容性。确实,他似乎相信这两个目的是相互支持的。

当然,亚里士多德相信某事这一事实,并不就使该事成为正确的(尽管我有时被指责持有那一立场!)。但是总的说来,它确实令那个某事成为真理的似乎合理的候选者,值得我们严肃审查。就此而言,假如亚里士多德在伦理思想中把两个自身根本不相容,或者如果赞同它们的结合和相容就毫无意义可言的因素结合在一起,那可就真地奇怪了。本文的目的就是要确立,亚里士多德确实有一种令人感兴趣的、把德性和一种对伦理的客观性的探究以及对现存地方性范式的批判结合在一起的方法,当我们研究这些问题时,这是一种值得我们严肃考虑的方法。在描绘了亚里士多德主义研究方法的一般外观后,我们就能够开始理解那也许会被拿来反对这样一种有关德性的非相对性叙述的观点中的一些,并且能够开始想象亚里士多德主义者可能怎样回应那些反对观点。

二

相对主义者,当其注目于不同的社会时,她 * 为所遇到的众德目表中的多样性和明显的不相容性触动。在检查这些不同的德目表,并且观察每一份德目表和一种具体的生活形式以及一种具体的历史之间的复杂关联之时,她完全可以感到任何德目表都必定是地方性传统和价值的一种简单反映,而且,由于德性(不像康德主义的原则或功利主义的算法)是具体的并与生活形式密切相连,从而可能在事实上不存在任何可用作所有这些多样性社会的标准的德目表。不仅那些

---

② 对此的例子,见努斯鲍姆(1988a)。

* [译按]本文作者系女性,故在凡涉及第三人称单数的代词时,她都有意使用了"她",而非一般的"他"。以下均同。

同德性相关被推荐的特殊行为方式随时间和地点变化巨大，而且恰恰是那些作为德性的各种境域被单列出来的区域以及它们借以独立于其他区域的方式变化巨大。对某个这样来思考的人来说，很容易会觉得，亚里士多德自己的德目表，任凭它对普遍性和客观性的冒认，一定是同样地受限定的，只是对一个具体社会的显著精神和独特方式的反映。在这一点上，相对主义的作者可能引用亚里士多德对大度的人，*the megalopsuchos* 的描绘——那当然含有许多具体的地方特色，并且听起来非常像某一类古希腊绅士的肖像画——以表明亚里士多德的德目表正像其他人一样是有文化界限的。③

　　但是如果我们深入探究亚里士多德实际上罗列和区分德性的方式，我们就开始注意到对亚里士多德只是描绘了在他自己的社会中被赞赏的东西的观点置疑的事情。首先，我们注意到相当大数量的德性和恶（尤其是恶）是无名的，而且，在那并非无名的一类中，根据亚里士多德自己的论述，有许多被给予了被亚里士多德多少有些专断地挑选出来的名称，它们并不完全符合他所努力描绘的行为。④ 关于这样一些类型的行为，他写道："其中许多是无名的，但我们必须努力……给它们名字以使我们的描述清楚并易于进行下去"（《尼各马可伦理学》1108a6—19）。这听起来并不像某个简单地研究地方性传统并且单列出在那些传统中非常突出的德性名称的人的做法。

　　当我们检查他实际上引入他的德目表的方式时，正在进行的事情就更为清楚了。因为，在《尼各马可伦理学》中，⑤他通过一个方法来这样做，这个方法的直接和单纯已经使它逃过了在这一主题上的大多数作者的注意。在各种情形中，他所做的就是分离出一个多多少少出现在任何一种人类生活之中的人类经验的境域，在其中多多少少任何一个人都将不得不作出某些选择而不是另一些，以某种方式行动而不是另一种。罗列德性和恶的引言性的一章就是以一份关于这些境域的详表开始的（《尼各马可伦理学》II.7）；随后的每一章论述一种德性，用较细致的描述，以"关于 X……"或者有这个意思的话开始，其中 X 命名一种所

---

③　例如，见威廉姆斯（1985：34—6）；汉普舍尔（Hampshire）（1983：150ff）。

④　关于"无名的"德性和恶，见《尼各马可伦理学》（*Nicomachean Ethics*）1107b1—2，1107b7—8，1107b30—1，1108a17，1119a10—11，1126b20，1127a12，1127a14；关于承认不满意于所取的名称，见1107b8，1108a5—6，1108a20 ff。由于在1108a16—19处所阐述的那一普遍原则，即凡在没有名称的地方，应该给出一个名称，无论满意与否，因而这两个范畴在很大程度上是重合的。

⑤　应当指出的是，对经验的各种境域的这种强调在《欧德谟斯伦理学》中没有体现，它以一份德性和恶的目录开始它的讨论。这在我看来是一个标志，表明那篇论文表达了亚里士多德有关德性思想的一个较为原始的阶段——无论其较早与否。

有人通常或者多多少少必然要与之打交道的生活境域。⑥ 亚里士多德接着问道,在那种境域中什么是好的选择和应对? 什么是有缺陷的选择? 对每一种德性的"简略的描述"是,它是任何在那一境域中被牢固地设置以恰当地行动所依据的东西。关于在每一种情形下什么才算是好的行动,可能并且常常有着种种竞争性的说明。亚里士多德在每一种情形中对某一具体的说明不断地加以辩护,最终产生出一个完满的或者说"丰满的"对该德性的定义。

下面是为亚里士多德所认识的最重要的经验境域,伴有它们的相应德性的名称:⑦

境域	德性
1. 害怕重大的伤害,尤其是死	勇敢
2. 肉体的嗜欲及其快乐	节制
3. 有限资源的分配	公正
4. 某人私人财产的管理,涉及到他人	慷慨*
5. 私人财产的管理,涉及到待客	大方*
6. 关系到一个人自己的价值时的态度和行为	大度*
7. 面对轻慢和伤害时的态度	性情温和
8. "言谈和行为上的交往、共处和友谊"	
a. 言谈的真实	真实
b. 社交之快乐的一种	优雅*（与粗俗、粗鲁、麻木相对）

---

⑥ 关于用 *peri*[关于]把德性和生活境域联系起来的陈述,见《尼各马可伦理学》1115a6—7,1117a29—30,1117b25 和 27,1119b23,1122a19,1122b34,1125b26,1126b13—和《尼各马可伦理学》Ⅱ.7 全部。也参见 1126b11,1127b32 处的相关用法。

⑦ 我的目录在这里把公正放在了一个显著的位置。(在《尼各马可伦理学》中它是在所有其他德性之后被单独讨论的,而且这份介绍性的目录为了那个后来的检查推后了它。)我还在目录的结尾增添了与在《尼各马可伦理学》Ⅵ中被讨论的各种理智德性相应的范畴,及与在《尼各马可伦理学》Ⅵ中被讨论的明智或实践智慧相应的范畴。除此而外,我的目录的次序和用语是紧紧遵循那为从Ⅲ到Ⅳ的更为详细的分析给出提纲的Ⅱ·7 的。

* [译按]在《尼各马可伦理学》中,此处主要是就财产的接受和支付而言,其中间德性为 eleutheriotēs,与挥霍和吝啬相对,本义为一种自由的、不为财物上的得失所拘碍的心境,作者在此用了 generosity 一词,即慷慨,甚确。

* [译按]在《尼各马可伦理学》中,此处是就待人接物方面财富的处置而言,其中间德性为 megaloprepeia,与小气和无度相对,作者在此用 expansive hospitality 一词来对译。因为古希腊文 megaloprepeia 的词首 megalo 是大的意思,故此处对译为"大方"。大方与慷慨的区别,亚里士多德指出,"一个是关于大量财富,一个是关于少量财富"(《尼各马可伦理学》1107b18,19)。

* [译按]"大度",作者译为 greatness of soul,古希腊文为 megalopsukhia,直译即"大的灵魂",指面对荣誉和毁谤,具有宽阔的胸襟。

* [译按]"优雅",作者译为 easy grace,古希腊文为 eutrapelia,指待人接物彬彬有礼,有教养。

    c. 更广泛的社会交往　　　　　　　　无名,但是一种友谊(与
　　　　　　　　　　　　　　　　　　　　烦躁,暴躁相对)

 9. 面对他人的好运和厄运的态度　　　公义*(与嫉妒、恶意等
　　　　　　　　　　　　　　　　　　　　相对)

10. 理智生活　　　　　　　　　　　　各种理智德性,如知觉、
　　　　　　　　　　　　　　　　　　　　知识等

11. 对某人生活和行为的安排　　　　　实践智慧

    关于这份目录,它的具体的项目,以及亚里士多德为每一种情形中的德性所选择的名称——其中一些确有文化界限,当然有更多要说的。但是,我在此要坚持的是这份用心,以此用心亚里士多德清楚地表述了他的一般研究方法:从对普遍经验的一个境域和选择的描述开始,并且引进德性名称作为在那个经验区域中应当恰当选择的任何东西的名称(它尚不确定)。依据这条研究路径,如相对主义者所希望的那样,说一个给定的社会不包含任何对应于一种给定的德性的东西就似乎是不可能的。就具体的行动者而言,某一德性是否应该包括在他或她的生活中看上去也不像是一个开放的问题,除非反过来她能够总是选择追随对应的所缺(deficiency)。这里的关键是,每个人在这些境域中做出某些选择并且以这种或那种方式行为:如果这不是正当的,那么就是不正当的。每个人都有某种态度和相应的行为来面对她自己的死亡;她的肉体嗜欲和对它们的控制;她的财产及其使用;社会财富的分配;讲真话;善待他人;培养一种愉悦的感觉,等等。一个人不管生活在哪里,都不可能逃避这些问题,只要她正在过一种人的生活。但这就意味着在每一种情形中一个人的行为,愿意或不愿意,都落入亚里士多德式的德性范围中。如果它不是恰当的,它就是不恰当的;它根本不可能出离这一范围。人们当然会就行为和反应的恰当方式事实上是什么发生争论。但即使那样,也是亚里士多德先把这些问题确定了,他们才对这同一问题进行争论,并且提出对同一德性的竞争性的说明来。在每一种情形中德性名词的所指都被经验的境域——我们将从此往后称为"基本经验"的东西所限定。各种情形中,对德性的简略的或"名词上"的界定都将是,它是任何在那个境域中被设置来很好选择和应对所依据的东西。伦理学理论的工作将是寻求与这一名词上的定义相对应的最好的进一步说明,以产生一个完满的定义。

---

* [译按]"公义",作者译为 proper judgement,古希腊文为 *nemesis*,本义为针对非正义之事的义愤,参酌英文译为"公义"。

三

我们业已开始从语言哲学中引入一些思考。通过考虑亚里士多德自己对语言的指示（指称）和定义的论述——这指导着他对科学术语和伦理学术语以及在这两个领域中的进步的观念处理，我们现在能够使亚里士多德式论述的这一方向更为清楚。⑧

亚里士多德一般的擘画是这样的。我们从一些经验开始——不必是我们自己的，而是得到广泛诠释⑨的我们的语言共同体成员的经验。在这些经验的基础上，一个词进入这个群体的语言之中，指示（指称）着作为那些经验内容的任何东西。亚里士多德给出了雷声的例子。⑩ 人们听到云层中的声响，他们接着就用"雷声"这个词来指称它。在此，或许没有人对这种声响有任何具体的描述或者关于它究竟是什么有任何观念。但是这个经验却为进一步的探寻限定了一个主题。由此，我们能够指称雷声，询问"什么是雷声？"并且提出和评定竞争性的理论。雷声的简略的、或者我们可以说"名词上"的定义就是，"云层中的声响，无论它是什么"。而这些竞争性的解释理论就是正确的、完满或丰满的定义的候选项。结果引用宙斯在云层中的行为的解释就是对这一事物的错误的描述，而最好的科学解释则是正确的描述。在这里只有一种争论，连同一个单一的主题。

亚里士多德认为，关于我们的伦理学术语，也是如此。早在他之前，赫拉克利特已经有了这种根本的想法，他说："如果这些事情没有发生，人们就不会知道公正的名称。"⑪"这些事情"，我们关于残篇的资料告诉我们，就是不公正的经验——譬如伤害、剥削、不平等。这些经验确定了相应的德性词汇的所指。亚里士多德沿着相似的路线前进。在《政治学》中他主张只有人类而非动物或诸神具有我们的基本的伦理学术语和概念（诸如公正和不公正，高尚和卑鄙，善和恶），因为野兽不可能形成概念，而诸神则缺乏界限和限度的经验，这些经验给一个像正义这样的概念提供其关键的内涵。⑫ 在《尼各马可伦理学》对诸德性的列举中，他

---

⑧　对这一点的更长的叙述，参考文献及相关的哲学讨论，见努斯鲍姆（1986a：ch. 8）。

⑨　亚里士多德并不担心在表述这一思想中种种翻译的问题；对此的一些担忧以及一种亚里士多德主义的回答，可参见以下第 4、6 节。

⑩　《后分析篇》Ⅱ. 8, 93a21ff.；见努斯鲍姆（1986a：ch. 8）。

⑪　赫拉克利特，第尔斯—克朗兹残篇 B23；见努斯鲍姆（1972）。

⑫　见《政治学》Ⅰ. 2, 1253a1—18；那里的讨论没有明确地否定诸神的德性，但这一否定在《尼各马可伦理学》1145a25—7 和 1178b10 以下中是明确的。

把这条思想路线推进得更远，他暗示德性名词的所指由于选择的境域而是固定的，而后者经常与我们按照人类存在的共同条件所遭遇到的我们的界限和限度相关联。⑬德性问题通常产生于人的选择在其中既非任意而又多少成问题的领域（这样，他强调，没有任何德性涉及倾听美妙的声音，或者观看愉悦的景象的规定）。每一个德性与恶或缺陷的语词家族都与某一个这样的境域相联。并且我们能够把伦理学上的进步理解成像是科学理解上的进步一样，是在找到被它的简略的或名词上的定义所分离出来的一种德性的正确的、更为完满的说明之中的进步。这一进步得到对基础经验境域的清楚的区划的帮助。当我们更为确切地懂得人类在他们彼此的生活中遭遇了什么问题，他们面对着什么样的、在其中某种选择被要求的处境时，我们将有一个评定各种针对那些问题的竞争性回答的方法，并且我们将开始懂得面对它们时好的行动会是什么。

亚里士多德的伦理学和政治学著作提供了许多这种进步（或者，更一般地说，这样一种理性讨论）是如何进行的例子。我们发现了对柏拉图式的禁欲主义的反驳，作为对节制（相对于肉体嗜欲的恰当的选择和应对）的适当说明，而且赞成对人生中的嗜欲行为的一种更为宽大的态度。我们发现了对过度关心公共地位和声誉，以及随之而来的面对轻视的易怒倾向——这盛行于古希腊的男性典范和古希腊人的行为举止之中——的反驳，连同对一种更具限制并且更受控制的愤怒表现的辩护，作为对亚里士多德所谓"性情温和"的德性的恰当的说明。（在这里亚里士多德流露出对他所选择的德性名词的某种不安，而他这样做是正确的，既然它肯定有利于支持他的具体说明并反驳传统的观念。⑭）对于所有德性都是如此。

在《政治学》卷 2 重要的一节——其中一部分构成了这篇论文的引言之一——中，通过指出证据证明在我们的伦理规定中也像在艺术和科学中一样，有着朝着更大的正确性的进步，亚里士多德对法律应当是可修正的和不固定的命题作了辩护。古希腊人过去常常以为勇敢就是一件四处舞刀弄剑的事情；现在（伦理学告诉我们）他们对于面对死之可能性时的恰当行为有了一种更加内在、更加文明并且共同协调的理解。妇女过去常常被视作财产，被买卖；现在这被认为是野蛮的。而就公正而言，《政治学》的这段宣称，我们已经对什么是公平的和适

---

⑬ 亚里士多德并没有澄清这同他关于语言的描述的关系。但是他的计划是定义诸德性，我们可以期望在这个语境中他在心中保持着他关于定义的一般观点。一种有关德性、有关某一种经验能够为非相对性的描述提供一个可能的基础的方式的类似观点在斯特金（Sturgeon）那里得到了发展（没有参考亚里士多德）(1984)。

⑭ 见《尼各马可伦理学》1107a5，在那里亚里士多德说诸德性和相对应的人物是"相当多没有名称的"，并且当他引入这些名称时说："让我们称之为……。"也见 1125b29，1126a3—4。

当的提出了一种更为充分的理解。亚里士多德给出了一条现存的关于杀人的法律的例子，它根据原告的亲属（显然，不管他们实际上是否目击到任何事情）的证词自动宣判被告有罪。这，亚里士多德说，显然是一条愚蠢和不公正的法律；而它还一度看起来是恰当的——并且，对于一个囿于传统的社会，必定仍旧是如此。保持固定的传统就是阻止伦理上的进步。人们所需要和寻求的不是与过去一致，而是善。因此，我们的各种法律体系应当使它们超越过去而进步成为可能，当它们已经一致同意一种改变是好的时候。（然而，它们不应该使改变太过容易，因为要发现一个人通向善的路并非易事，况且传统较当前的时尚通常是一种更为明智的指导。）

在坚持这些观点的同时，《政治学》作为一个整体表明诸多不同社会的信仰不是不相关联的地方范式，而是作为对所有社会（由于是人）都关注的有关公正和勇敢（等等）的问题的竞争性的回答，并且相应于此它们全都试图发现什么是善。亚里士多德对诸德性的分析给他的这些比较提供了一个合适的框架，这些比较看来是对不同社会解决共同的人类问题的方法的十分恰当的研究。

在亚里士多德式的研究方法中，显然，首要的是区分研究的两个阶段：对选择的境域、固定德性名词所指的"基本经验"的初始划定；以及随后对在那个境域中什么是恰当的选择的更加具体的研究。亚里士多德并不总是仔细地做这个；而且他不得不用来工作的语言对他并不经常是有帮助的。我们对像"节制"、"公正"甚而"勇敢"这样的词没有太多的困难，它们仿佛是规范的，但在具体的道德内容上迄今为止却相当空洞。如研究所要求的，它们可以作为外延固定的标签，在其下许多竞争性的说明可以被考察。但是我们已经注意到"性情温和"的问题，它看起来以命令排除了在有关愤怒的适当情绪上的一个突出的竞争对手。而这无疑对相对主义者所偏爱的目标 *megalopsuchia*［大度］来说也似乎是同样真实的，它正是在它的名称之中暗示着一种对待一个人自己的价值的希腊的而远非普遍的态度。（例如，一个基督徒就会感到对待一个人自己的价值的正当态度要求的是一种对自己的卑微、脆弱和有罪的理解。谦卑的德性要求想到自己的渺小，而非伟大。）在这一观点上，我们在研究中应当获得的是关于面对愤怒和冒犯的正当态度，以及面对自己的价值的正当态度的一个词汇，它们在各种竞争着的说明中是真正中立的，仅仅相关于那个在其中我们希望决定什么是正当的经验境域。如此我们就能够把这些竞争着的观念视作对同一件事情的候选描述，结果，例如，基督徒的谦卑将是这同一个德性——其希腊的说明在亚里士多德对 *megalopsuchia*［大度］的描述中已经给了出来——即针对一个人自己的价值这问题的正当态度的一个候选说明。

事实上，十分奇怪的是，如果一个人考察这个词在用法上从亚里士多德经斯多亚学派到基督教教父的演进，他就能够发现事情多少就是这样，"大度"首先同斯多亚派对德性的至高无上以及外物包括肉体的无价值的强调相联系，由此又和基督教对肉体以及尘世生活价值的否定相联系。⑮ 所以即使是在这个明显没有料到的例子中，历史也表明亚里士多德式的研究不仅为一场唯一的辩论提供了材料，而且实际上在跨越时间和空间的巨大差异来组织这样一场辩论中也取得了成功。

以上就是对基于德性活动——也就是每一种人类境域之中的适当活动——的观念之上的一种客观性人类道德的概述。亚里士多德式的主张是，经过进一步的发展，它将保存为现实人类经验的基础，这是德性伦理学的重点，同时获得对地方性的和传统的道德的批判能力，根据的是对人类生活境遇的一种更为全面的描述，以及对这些境遇所唤起的人性活动的需要。

四

这个提议将遭到众多的反对。这篇论文的结论性的几节将展示其中最为严重的三种，并且将勾勒出亚里士多德主义者在形成一种回答时可遵循的种种路线。在很大程度上，这些反对意见亚里士多德本人未曾想到或碰到过，但他的立场看起来能够应付它们。

第一种反对意见涉及问题的单一性和解答的单一性之间的关系。让我们暂且假定亚里士多德主义的研究方法已经在一致地分离和描绘人类的经验与选择的种种区域——这可以说是构成了诸德性的领域（terrain）——方面取得了成功，而且也在把每一种德性简略地定义为任何在那一境域中好的选择和反应所依据的东西方面取得了成功。让我们假定，这种研究方法成功地做到这一点是采用了一种包容了诸多时间和空间、把完全不同的文化一起带入到对好的人类存在和好的人类生活的单一讨论之中的方法。对在那一境域中各种情形下所做出的好的选择的不同文化的描述现在被看成不是不可移译地不同的，而是关于一套共享的人类经验的一个单一的一般性问题的彼此竞争着的回答。尽管如此，可做争论的是，所达到的充其量只是有关德性的一场单一的对话或争论。尚未表明的是，这场对话会如亚里士多德所相信的那样，只有一个单一的答案。实际上，尚未表明的甚至还有，我们所确立的这场对话将根本只有一种争论的形式——而不是多种多样的文化上的特殊叙述，每一个都给一个德性相应于一个

---

⑮　见普罗科普（Procope）（即出）

具体人群的经验和传统的丰满的定义。对亚里士多德主义者在论证我们的问题将只有一个单一答案时所如此依赖的雷声的例子,存在着一个重要的不可类比之处。因为在那个例子中,在经验中被给出的是被下了定义的词本身,这样经验就确定了一个大致的外延,而任何一个好的定义都必须与之相应。而在德性的情形中,事情更为迂回。在经验中跨越不同的人群所被给予的只是德性行为的基础,生活的境遇——德性行为只是针对它的一个恰当的反应。即使这些基本经验是共同的,那也没有告诉我们将有一个共同的恰当的应对。

此外,在雷声的例子中,彼此矛盾的理论被清楚地提出来作为真理的彼此竞争着的候选项;而那些卷入到德性对话之中的人的行为却表明,如亚里士多德所说,他们确实正在追寻的"不是他们祖先的路,而是善"。而且在那种情形下他们这样做似乎是合情合理的。在涉及到德性的地方(反对者继续道),一种统一的实践上的解答要么为实际的参与者所寻求,要么是一种他们所迫切需要的东西,这却远不是清楚的。亚里士多德主义的方案使得想象一种诸德性可以是非相对性的方式成为可能,但就其自身看来,它并没有回答相对主义者的问题。

第二种反对意见更为深刻。因为它对居于亚里士多德主义研究途径核心的共同的人类经验的概念提出质疑。这位反对者说,这条研究途径,似乎把构成德性基础的经验看作在某一方面是原始的、既定的和脱离我们在规范的德性概念的多元性中所发现的文化的多样性的。正当的勇敢的观念可以不同,但是对死亡的恐惧则为所有人共有。节制的观念可以不同,但是饥饿、口渴和性欲的经验(亚里士多德主义者因此似乎宣称)是不变的。各种规范的概念引进了一个文化解释的因素,它并不体现在基本经验之中,而后者恰恰由于这个理由却是亚里士多德主义的起点。

但是,这位反对者继续道,这一假定是天真的。它们要么不愿直面我们最好的经验描述,要么不愿直面一种严格的审查,审查这些所谓的基本经验事实上由不同的文化不同地构成的方式。一般而言,首要的是,我们对经验的本性、甚至是知觉经验的本性的最好的描述告诉我们,并没有像一只接收一种无需解释的"给定之物"的"单纯的眼睛"这样的东西,甚至感知觉都是解释性的,被信仰、教育、语言,总而言之,被社会和语境的诸多特征严重地影响。存在着一种非常实在的感觉,在其中不同社会的成员看不到同样的太阳和星辰,碰不到同样的植物和动物,听不到同样的雷声。

但是,如果这看上去在人类关于自然的经验——它被声称是亚里士多德命名理论的不成问题的起点——方面是正确的,那么,反对者宣布说,在人类善的领域它将更为明显是正确的。在这里,只有一位非常天真、毫无历史感的道德哲学家才会说,对死亡的恐惧的经验,或者说肉体嗜欲的经验,是一种人类常态。举个例子,最近对情感的社会构成的人类学研究[16]已经指出,恐惧的经验所具有的习得的和文化差异的因素大到什么程度。当我们补充说,亚里士多德主义者感兴趣的恐惧对象是死亡,它已经被不同时间和地点的人类如此不同地解释过和理解过时,有关"基本经验"是许许多多不可化约的经验,具有高度的差异,并且在每一种情形中都为文化的解释所深深地浸透的结论,就变得甚至更加不可避免。

　　在明显更少复杂性的肉体嗜欲经验方面情形也没有什么不同。大多数论述过欲望的哲学家把饥饿、口渴和性欲当作是人类通性,植根于我们共有的动物本性之中。亚里士多德本人已经是非常精细的了,因为他坚持认为欲望的对象是"明显的善",欲望因此是某种解释物和选择物,一种有意图的意识。[17]但是他似乎没有就历史和文化的差异能够塑造那一意识的各种方式做过更多的反思。紧随其后的希腊化哲学家们做了这样的反思,争辩说性欲的经验以及各种各样的饮食之欲的经验,至少部分地是社会的产物,随时间而建立在社会的价值教导的基础上。这在起初是外在的,但它进入个人知觉之中如此之深以至于它实际地构成和改变了欲望的经验。[18]让我们举两个伊壁鸠鲁式的例子。人们被教导说,如要吃得好,他们需要美味的鱼和肉,一顿简单的素食是不够的。久而久之,教育与习惯的结合产生了对肉的欲求,塑造了个人对面前对象的知觉。再如,人们被教导说,性关系所全部涉及的是与一个在价值上被视作高贵或者甚至是完美的对象的结合和融合。久而久之,这一教导塑造了性行为和欲求经验,这样,性唤起本身就对应于文化中习得的情景模式(scenario)。[19]

　　这一社会批判的工作最近已被福柯在其《性史》[20]中推进得更远。作为关于这一主题的一部希腊思想史,这一工作存在一些缺陷,但它确实成功地证实,古希腊人是以一种与20世纪的西方人截然不同的方式来看待欲望及其控制问题的。这里概括他的复杂论述中的两个突出的结论:第一,古希腊人并没有把性欲单列出来特殊对待;他们把它和饥饿、口渴放在一起,视作需要被把握和控制在界限之内的一种驱动力。他们所主要关心的是自我克制,他们是依据这一考虑

---

[16]　例见哈莱(Harre)(1986);卢兹(Lutz)(1988)。

[17]　见努斯鲍姆(1978:第六章的注释),及努斯鲍姆(1986a:ch. 9)。

[18]　对这三个主要的晚期希腊学派中如何处理这些观念的详细研究在努斯鲍姆(即出 b)中得到展示;部分在努斯鲍姆(1986b,1987a,1989,1990a)中被出版;也见努斯鲍姆(1988b)。

[19]　相关的文本在努斯鲍姆(即出 b)中被讨论;也见努斯鲍姆(1986b,1989,1990a)。

[20]　福柯(1984)

来看待欲望的。此外,就性欲而言,他们并没有把伴侣的性别看作是在评价行为的道德价值方面特别重要的。他们也没有把选择一种性别而非另一种性别的伴侣的一种稳定倾向看作是在道德上优越的。相反,他们关注的是主动性和被动性的一般问题,并以复杂的方式把它和自我克制的问题联系在一起。

像福柯这样的工作——在不同的领域有许多这样的工作,其中一些非常优秀——非常令人信服地表明肉体欲求的经验,以及肉体自身的经验,具有随文化和历史的变迁而变化的因素。人们对他们的欲求和作为欲求主体的他们自身的命名,他们把他们的种种欲求的观念整合于其中的他们的信仰和话语的组织结构:所有这一切影响的显然不仅仅是他们关于欲求的反思,而且是他们对于欲求本身的经验。这样,例如,把我们关于同性恋的现代讨论当作是对发生在古希腊世界的性行为的同一场辩论的继续,就是天真的。㉑ 实在说来,在一种不含有我们对伴侣的性别、性倾向的主体和欲望倾向的持久性地强调的文化中,并不存在"同性恋经验",也不存在我们对于一些行为样式的特殊提问方式。

如果我们假定,我们至少能够在一个例子中抓住社会话语的这种差异性、这种建构力量的底蕴——即肉体痛苦是一件坏事的普遍经验——那么,即使在这里我们也发现了反对我们的精巧论点。因为痛苦的经验看起来也如同紧密相关的欲求经验一样确定地被嵌入到了一种文化话语之中,富有意义的变异在此也同样可以得到断言。斯多亚派已经提出了这一论断来反对亚里士多德的德性。为了确证肉体痛苦不是因为其本性才是坏的,而是因为文化传统,斯多亚派就必须为痛苦是坏的这一信念的无所不在性以及避免它的倾向的无所不在性提供某种解释。这一解释需要指出这种反应是习得的而非自然的,也需要解释为什么按照这一事实它如此广泛地被习得。这一点他们是通过指出在婴儿早期护理上的一些特征来做到的。婴儿一生下来就哭。大人们,由于认定哭声是婴儿对他发现他自己所在的处所的不习惯的寒冷和粗糙感到痛苦的反应,于是就赶紧抚慰他。这种经常重复的行为就教会婴儿把痛苦当作一件坏事——或者,尤为甚之,教会他含有坏的观念的痛苦的概念,也教给他社会针对痛苦所共有的各种生活形式。他们宣称,这全是社会的教导,尽管这一点由于这种教导的早期的、非语言的性质往往逃脱了我们的注意。㉒

反对者做出结论说,这一切以及相关的论证表明,亚里士多德式的想法,即

㉑　见哈佩林(Halperin)(1990);温克勒尔(Winkler)(1990);哈佩林,温克勒尔,泽特林(Zeitelin)(1990)

㉒　有关斯多亚派观点的这一部分的证据在努斯鲍姆(即出 b)中被加以讨论;对斯多亚派关于情感的描述的一般性的叙述,见努斯鲍姆(1978a)。

可能存在一场单一的、非相对性的关于诸如必死性或欲望之类的人类经验的对话，是天真的。并不存在这样一种共同经验的基石，而这样也就不存在单一的选择的境域，在这种境域中，德性就是对做好的选择的安排。因此，亚里士多德主义的方案甚至不可能从这一基础出发。

现在，亚里士多德主义者遭遇到第三位反对者，她从一个相当不同的角度发起进攻。像第二位反对者一样，她指责亚里士多德主义者把一种取决于一些并非必然的历史条件的经验当作人类生活的一个普遍而必然的特征。像第二位反对者一样，她论证说人类经验受到非必然的社会特征的塑造比亚里士多德主义者所容许的要更为深刻。但是，她的目的并非像第二位反对者那样只是简单地指出，与诸德性相应的"基本经验"为人类所实际地理解和生活的方式的巨大差异。它还要激进一些。它企图表明我们可以想象一种人类生活形式，它根本不包含这些经验——或者其中的一些——不管以什么形式。这样，包含在那一境域中的好的行动之中的德性就没有必要被纳入一种对人类善的论述之中。在一些情况下，这经验也许甚至是坏的人类生活的一个标志，而相应的德性因此至多不过是一种坏的事态的消极的适应形式。人类生活应当既不包含这种基础性的缺陷也不包含这种疗治性的德性。

这一论点为亚里士多德自己的一些对慷慨的德性的说法有力地提出。他反对消灭私人所有权的论据之一就是它们因此取消了慷慨行动的机会，慷慨行动需要拥有一个人自己的财产好给予他人。㉓ 这种论述对于反对者来说是现成的材料，她会立即说慷慨，如果它真地依赖于私人占有的经验，那么，对于纳入一种旨在对人类的各种德性的非相对性的论述来说，就诚然是一个可疑的候选者。如果它依赖于一种并非必然、而且能够用不同的方式加以评价、并能够根据那一评价被要么接纳要么取消的基本经验，那么它就不是亚里士多德主义者曾经断言其是的普遍者。

第三位反对者中的一些人会在这一点上停步，或者运用这些观察来支持第二位反对者的相对主义。但是以另一种显著的样式，这一理论却选取了一个非相对主义的方向。它请我们依据以某种独立方式产生的对人类幸福的描述来对基本经验做出评价。如果我们这样做了，这位反对者就强调说，我们将发现这些经验中的一些是可疗治的缺陷。那么对亚里士多德德性伦理学的反驳就将是，它限制了我们的社会理想，鼓励我们把我们事实上可以为了所有人的生活利益而加以改进的东西看成是永恒的和必然的。这就是为马克思所坚持的第三种反

㉓《政治学》1263b11ff。

德性的路线,他是这一路线最著名的辩护者。㉔ 根据马克思的论述,许多主流的布尔乔亚的德性只是对于有缺陷的生产关系的反应。布尔乔亚的公正、慷慨等预设了并非理想的、当共产主义到来之时就会被消灭的前提和结构。而且这不仅仅是这些德性的现行的规定,将随着缺陷的消灭而被取代,而就是德性本身。正是在这个意义上共产主义引领人们超越伦理。

这样,亚里士多德主义者就被敦促以一种激进的政治想象的胆量去探究人类生活的基本结构。所宣称的是,当她这样做时,她会看到人类生活包含着多种多样的可能性,远比她的德性目录中所梦想的要多。

五

这些反对观点中的每一个都非常深刻。恰当地回答其中任何一个都需要一篇论文。但是在勾勒出对它们每一个的一种亚里士多德式的回答,指出一种较为完满的回答所可遵循的路线这一点上,我们仍然可以做些什么。

第一位反对者坚持构架的单一性和回答的单一性之间的区别,这是正确的,而他强调,在构造一场有关德性——基于一定经验境域的划分之上的德性——的辩论的过程中,我们尚未对这场辩论将要面对的"什么是 X"的问题中的任何一个做出过回答,这也是正确的。除了它的起点之外,我们甚至还没有对这场辩论本身的结构说上一些——关于它将怎样既利用又批判传统的信仰,它将怎样处理冲突的信仰,它将怎样批判地从"祖先的路"转移到"善"上去——一句话,关于它将相信谁的判断。我曾在另外两篇论文㉕中提到过这些问题中的一些,并再次诉诸亚里士多德;但是还有很多没有做。然而,就这一观点,我们可以做出四个观察以表明亚里士多德主义者会如何来处理这位反对者在此所关心的一些问题。首先,我所希望捍卫的亚里士多德主义的立场在每一种情形下都无需坚持对于说明一个德性的要求只有一种回答。答案完全可以是一个选言判断。我想,比较性和批判性的辩论过程将排除许多竞争对手——例如,曾盛行于库麦的公正观念。但是所保留下来的完全可以是一些(可能数量很小)多样化的可接受的描述。这些描述也许可以被归于一个具有更大的普遍性的单一描述之下,也许不可。但在排除任务中所取得的成功仍将是一项不可小视的成就。例如,

㉔ 对马克思相关段落的讨论,见卢科斯(Lukes)(1987)。对这些问题的尖锐的讨论我得益于 1987 年三月号《牛津哲学协会》上瑞恩(Alan Ryan)和卢科斯间的一次交流。

㉕ 努斯鲍姆(1986a:ch. 8),以及努斯鲍姆和森(1989)。

如果我们成功地排除了基于一种原罪观念上的恰当对待一个人自己的人性价值的各种观念，那么，这会是具有巨大意义的道德工作，即使我们在明确这一肯定性的描述上并没有走得太远。

其次，对任何境域中的"什么是 X"的问题的一般的回答，在同别的地方性实践和地方性条件的联系中，完全可以允许有几个、甚至许多个具体的说明。例如，就友谊和好客而言，其名词上的描述就可能是非常一般性的，允许多种具体的"填充"。英国的朋友，在涉及到常规社会交往的地方，就将具有同古代雅典的朋友不同的习俗。而两套习俗都可以把比如说亚里士多德式的标准——互利和祝福，相互愉悦，相互了解，对善的共同的观念，以及某种形式的"共处"——看作是对上述友谊的一般性描述的进一步的说明。㉖ 有的时候。我们也许会要求把这样一些具体的描述视为可任意取舍的说明，为一个社会基于便利的理由所选择。有的时候，在另一方面，我们也许会要求坚持，一种具体的描述给了针对那一具体情景而被追问的德性以唯一合法的说明；这样一来，这具体的描述就可以被视作这单一的名词上的描述的一个更长或更为完满的解释的一部分。决定以何种方式来看待它，将取决于我们对其程度的针对其语境（既是自然的，又是历史的）的并非随意的评估，对它与那一语境中的道德观念的其他并非随意的特征的关系的评估，等等。

第三，不管我们有一个或多个对一种德性的一般的描述，也不管这个或这些描述容许不容许更多的相对于当前的文化语境的具体说明，有道德的人在这一概念下所做的具体的选择将总是一件针对他或她的具体语境的地方性特征敏锐的反应的事情。因此在这个方面，又一次地，亚里士多德主义者将要给予这个人在德性上的教导并不会有别于一个相对主义者所会建议的部分。亚里士多德式的德性涉及到一种在一般性原则和对具体细节的敏锐意识之间的巧妙平衡，在这一过程中，正如亚里士多德强调的，具体的知觉具有优先权。它具有优先权是在这一意义下，即一个好的原则是对各种明智的具体选择的好的概括，而非一个仲裁法庭。就像医学和航海中的原则一样，伦理原则也应当向新的环境下的变化保持开放；而且好的行为者因此就必须把感知和正确地描绘他或她的处境的能力培养得格外细腻和真实，把对环境的那些甚至没有被涵盖在现有原则之下的特征的直觉领会包括进去。

我已经在别处写了大量的文字论述"具体的优先性"的观点，它究竟具有什么含义和不具有什么含义，具体的感知究竟在什么意义上优先于和不优先于一

㉖　见努斯鲍姆（1986a：ch. 12）。

般的原则。那些想要对这一中心论题弄个明白的人将不得不去翻翻那些作品。㉗

我在此要强调的是,亚里士多德式的具体主义与亚里士多德式的客观性是完全相容的。一个善的和道德的决定对具体情境是敏感的事实并不意味着它仅仅相对于或内在于一种有限的情境才是正确的,相反,一个好的航海判断须敏感于具体的天气状况的事实表明它仅是在一个地方的或相对的意义下是正确的。无论在人类世界的什么地方,留心于一个人的情境的具体特征都是绝对地、客观地正确的;根据亚里士多德,如此留心并因而选择的人就是正在做出合于人性的正确的决定,如此而已。如果另一种处境确曾带有全部相同的伦理上相关的特征,包括具体情境上的特征,那么同样一个决定就将再次是绝对正确的。㉘

应当强调的是,在这里,情境性反应的价值和使这一反应正确的价值在亚里士多德主义者看来是彼此支持的,而非紧张对峙的。因为,所主张的是,仅当我们已经对情境的复杂性做出适时的反应,恰恰就其所是的历史环境来看待它,我们才会有希望作出正确的决定。简言之,对看似合理的一般价值的引进,无论设想得有多么好,都不会做出任何好事来,而且实际上会把事情弄糟。亚里士多德主义者争辩说,我们对我们面前的具体情境的反应甚至也不会是充分的,如果我们没有看到其中的人性:也就是说,对人性需要的呼吁,对向善的冲动,对人类潜能的挫阻——这是这一具体处境向反思的人所展示出来的——不做反应的话。以一种割裂的科学兴趣来研究它,把它看作一套有趣的地方传统,这并不是对如其所是的处境的充分反应;因为无论如何,它都具体地是属人的。

来自发展中地区的一个例子将说明这种彼此支持。在《静静的革命》,一个对孟加拉农村妇女教育的富有说服力的研究㉙中,陈(Martha Chen)描述了政府发展组织,孟加拉农村发展委员会,旨在提高一些农村地区女性识字率的努力。这一计划肇端于一个认识,即识字是这些妇女向好生活的更大的可能性迈进的一个重要成分。它被看作是同诸如经济富裕、自主、自尊等其他价值紧密相联的。这一认识不是从农村的地方传统中获得的,在那里,妇女事实上几乎没有自主权,也没有受教育的经验;它得自于那些本身来自于不同的背景和两个国家的改革工作者们的经验和思考(陈自己是一个美国人,梵语哲学博士)。这个组织在整体上缺少对农村妇女的具体生活方式的经验,这样,如陈所说,对于做她们的工作

㉗ 努斯鲍姆(1986*a*:ch. 10);努斯鲍姆(1985,1987*b*)。

㉘ 但是,我相信,一些道德上相关的特征,在亚里士多德主义者看来,也许是些在另一个语境中甚至在原则上都是不可复制的特征。见努斯鲍姆(1986*a*:ch. 10)和努斯鲍姆(1985,1990*b*)。

㉙ 陈(1986)。

"就没有具体的概念和计划"㉚。在计划的第一阶段，改革工作者们怀着他们对识字及其重要性的观念径直来到农村，提供借自于另一个国家的计划的成人识字材料，并试图促使他们所进入的共同体的妇女接受它们。

但是他们背景知识的缺少使他们在第一阶段没能取得成功。妇女们发现借来的识字材料晦涩而与她们的生活无关。她们看不出识字怎么就会帮助她们；甚至附带的职业训练也被抵制，因为它所关注的是在那个地区很少有需要的技能。这样，失败引导这一组织反思他们的方法。一方面，他们从来没有放弃过他们的有关识字对于这些妇女是重要的基本认识；他们的基于广泛经验和他们对妇女的生活可以是怎样的看法之上的结论看起来也仍然是正确的。另一方面，他们认识到，如果他们打算达成对识字对于所涉及到的妇女们会有什么作用、会是什么的理解，那么更多地关注她们的生活和思想就是必须的。他们以一种更富参与性的方法来取代旧的方法，以此方法，地方性的合作组织把改革工作者们和当地妇女——她们的生活经验和感觉被看作是决定性的——组织到一起。合作组织这一概念导致对处境的一种更为复杂的理解，改革工作者们理解了妇女们不得不活动于其中的关系网，以及她们的贫困和压力的具体的深广程度，而妇女们则把握住了别样的可能性，开始为她们自己确定一整套改变的宏图。接下来的结果是农村中妇女的地位有了一个缓慢而复杂的改进。几年后，一个观光者写道：

> 我看到静静的革命的种子萌动于农村妇女的生活之中。在 BRAC（孟加拉农村发展委员会）所建的集会室里，年轻的和年老的已婚妇女们正在学习读写。尽管被排除在经商之外，她们现在至少能够记帐……在一个渔村，妇女们甚至成了银行家，积攒了约 2000 美元，把它借给她们的男人去买更好的设备。这起始于一种简单的方式——她们每星期从各家收集一把米，贮藏起来，并在市场上出售。来自各地区的 50 个左右的村庄都已经成立起妇女的合作社，投资于新式电泵或种子，并且正在赢得对于它们的成员的尊敬。㉛

这就是亚里士多德主义研究路径的工作方式——系于一种普遍的（目的开放

㉚　陈(1986：ix)。

㉛　引自陈(1986：4—5)。陈强调说，在后来取得的成功中，一个重要的因素是组织没有固执于一种抽象的发展理论，而是有一套灵活的、因势利导的方法。

的)有关人类生活及其需要和可能性的图景,但在每一个阶段都使自己沉浸于历史和文化的具体境遇中。陈的详细的叙述——正是以这种风格它显明了亚里士多德式的对人类善的诉求同亚里士多德式的对具体情境的敏感的结合——表明这两个因素走到了一起,而且必须走到一起。如果改革工作者们一直是把这些妇女作为另类的存在——她们的存在方式不能与他人的相比较,也不能参照人类善的观点被考虑——来接近,那么就不会有任何变化发生——而且叙述者使读者认识到这些变化一直是好的。另一方面,除非对教育和自尊的一般谈论出自于一个具体的历史现实,否则它根本没有作用。深入使作出合于人性的正确的选择成为可能。

这样,亚里士多德主义的基于德性的道德就能够缴获相对主义所追求的大部分东西,而在我们已经描述过的意义下仍旧对客观性有所主张。事实上,我们可以说,在解释人们实际上做了些什么——当他们仔细地考察他们具体情境的特征,参照着最好的东西而审视共有和不共有的特征之时,亚里士多德主义的德性比相对主义的德性做得更好。因为,正如亚里士多德所说,通常做这一切的人们正在寻求的是善,而恰恰不是他们祖先的路。他们预备为他们的善的或正确的决定辩护,并且预备把那些拥护一条不同路线的人认作是对什么是正确的有不同的意见,而并非在阐述一种不同的传统。

最后,我们应当指出,不像一些道德原则的体系,亚里士多德式的德性和它们所引导的思考,总是对在新的境遇和新的证据下的修正保持开放。以此方式,它们再一次保持了相对主义者所期望的针对具体条件的灵活性——但再一次没有牺牲客观性。有时,这新的境遇可以径直对先前界定过的德性提出一个新的具体的说明;在一些情况下,它可以使我们改变我们关于该德性本身是什么的观点。所有一般性的描述被暂时保留着,作为对正确决定的概括和对新的决定的引导。建立在亚里士多德式的程序之中的这一灵活性,将再次帮助亚里士多德式的描述不带任何相对主义地去回答相对主义者的问题。

六

我们现在必须转到第二种反对意见上去。我相信,此处是对亚里士多德主义立场的最为严重的威胁。从前论述德性的著作家,包括亚里士多德本人,对不同的话语传统、不同的概念体系用来言说世界的方式一直缺乏敏感,对话语结构和经验结构本身之间的复杂关联也缺乏敏感。任何一种对亚里士多德主义立场的当代辩护都必须把这一敏感性展示出来,以某种方式回应相对主义的历史学家或人类学家所提出的论据。

在我看来，亚里士多德主义者应当以一个假定开始，即对于任何一种具有深刻的人性重要性的复杂事物，不存在一只"单纯的眼睛"，也不存在任何完全中立并且摆脱了文化塑造的观看世界的方式。像普特南（Hilary Putnam）、古德曼（N. Goodman）和戴维森（D. Davidson）[32]这样一些哲学家的工作——人们必须指出，这是由康德的论证而来，而且我相信也是由亚里士多德本人的论证而来[33]——已经令人信服地表明甚至在涉及到感知觉的地方，人类的心灵也是一个积极的和解释性的工具，它的种种解释是其历史及其各种概念的一种功能，而不仅仅是它的内在结构的一种功能。在我看来，亚里士多德主义者也应当假定，人类世界解释的本性是整体性的，而且对它们的批判同样也必须是整体性的。概念体系，例如语言，作为整体的结构结合在一起，并且我们也应当认识到，任何单个元素的变化都可能对系统整体有影响。

但是这两个事实并不意味着，如某些相对主义者在文学理论和人类学中所倾向于假定的，各种世界解释是同样有效并且完全不可比较的，不存在任何关于评价和"事情状况"的好的标准。对伦理真理对应于一个完全无须解释的实在这个观点的拒斥并不意味着追寻真理的整个理想是一个过时的错误。人们看待世界的某些方式仍可以被确切地加以批判，恰如亚里士多德批判它们是愚蠢、有害和错误的一样。运用于这些批判中的标准必须来自于人类生活内部。（通常它们会来自于该社会本身，来自于它自己的理性主义者和批判传统。）而且研究者必须尝试在批判之前先发展出一个对所批判的概念结构的包容性理解来，看是什么促发了它的每一个部分，并且它们是怎样勾连在一起的。但是迄今为止并没有理由认为批判者将不能够拒斥奴隶制或者库麦的谋杀罪法令，认为它们违背了德性的概念，而德性概念是从对人类由以获得经验的各种不同方式的反思中产生出来的，各种德性便奠基于这些经验之上。

亚里士多德主义者应当承认，基本经验不会正好提供出一种单一的、语言中立的基石，一种德性描述能够直截了当、毫无问题地建基在它之上。对不同文化借以构成这些经验的方式的描绘和评价将成为亚里士多德主义者哲学批判的核心任务之一。但是迄今为止，相对主义者并没有给出任何理由来说明为什么我们不能够在生命终止之时说，对死亡的某些概念解释方式在保持我们证据的完

㉜　见普特南（1979，1981，1988）；古德曼（1968，1978）；戴维森（1984）。

㉝　关于普特南对康德的借鉴，见普特南（1988）；关于亚里士多德与"内在实在论"的关系，见努斯鲍姆（1986a：ch. 8）。

整性上和我们对于幸福生活的希望的完整性上要多于其他方式；为什么我们不能够说，对嗜欲的某些经验方式因为类似的原因要比其他方式更有前途。

此外，相对主义者倾向于少谈实际通行于跨文化中的和谐、认同和重合的数量，特别是在基本经验领域中。亚里士多德主义者，在以一种文化敏感的方式发展她的概念的过程中，应当像亚里士多德本人所做的那样坚持这样一些和谐和认同的证据。尽管在对基本经验的特殊的文化塑造中有明显的差异，我们确实认识到其他文化中的人们的经验是类似于我们自己的。我们确实就具有深刻重要性的事物在和他们交流，懂得他们，让我们被他们打动。当我们阅读索福克勒斯的《安提戈涅》时，我们看到许多对我们显得奇怪的东西；如果我们没有注意到它的死亡的观念、女性的观念等和我们自己的差别有多么大，那么我们就并未把这部戏读好。但是对于我们，被这部戏剧感动，关心它的人物，把他们的争论看作是对德性的反思，诉说着我们自己的经验，他们的选择是在我们也必须在其中做出选择的行为之境域中的选择，这仍旧是可能的。再者，当一个人和来自世界其他部分的人们坐在一张桌子旁，并和他们就饥饿、或者公平分配、或者一般意义上的人类生活质量争论时，他确实发现，不管明显的观念差异，争论是能够进行下去的，仿佛我们正在谈论同一个人类问题；并且通常只是在一个或几个成员理智地诉诸一种理论的相对主义立场的境域下，这一对话才被证明不可能继续下去。这一共有和契合的感觉在我们称之为基本经验的领域显得尤为强烈。而这看来证实了亚里士多德主义者的断言，那些经验可能是伦理讨论的一个良好的起点。

此外，还必须强调，今天几乎没有任何一个文化群体，如相对主义者的论证所预料的，仅注意于他自己的内在的传统并孤立于其他文化之外。跨文化的交流和辩论是当代生活随处可见的事实，而我们的文化彼此影响的经验表明，一般来说，不同观念体系的居民们确实倾向于以亚里士多德主义的而非相对主义的方式来看待他们的相互影响。一个面对着新的技术和科学以及与之相随的观念的传统社会，在事实上不会简单地不去理解它们，或者把它们看作完全是对一种牢牢封闭的生活方式的外部入侵。相反，它把这新的事件评价为是幸福生活的一个可能的贡献者，使它对自己是可理解的，并对那些允诺解决幸福问题的因素加以整合。这类吸收的例子以及围绕它展开的辩论㉞表明成员们事实上确实认识到共同的问题，而且传统社会完全有能力把一个外部的革新视作一种去解决它和那个革新中的社会共有的问题的方法。例如，陈所叙述的农村妇女并没有

㉞ 阿贝塞克拉（Abeysekera）（1986）。

因为她们从来如此而坚持保持不识字。相反，她们愿意进入与国际组织的对话，把合作性的讨论看作是一个通向一种更好的生活的源泉。成员们事实上确实在寻求善，而不是他们祖先的路；只有传统主义的人类学家才满怀乡愁地坚持绝对地保留祖先的一切。

而且甚至当跨文化的对话在基本经验概念化的层面上揭示出一种差异时，情形也是如此。通常像福柯的工作，它提醒我们在某个这样的领域中一个人自己的观看方式的非必然性和非普遍性的特征，它的效果就恰恰是推动了一个旨在寻求人类善的批判性讨论。例如，阅读福柯对我们性观念的历史的考察而不产生如下的感觉是困难的，即一直以来构成西方当代在这些事情上的争论的某些方式，作为基督教道德和 19 世纪伪科学的某种结合的结果，是特别愚蠢、专断和有局限的，与一个人对幸福的寻求相敌对。福柯本人对古希腊文化的令人感动的叙述，如他自己在前言㉟中所坚称的，不仅仅表明有人曾经完全不同地思考过，而且也证明对于我们来说完全不同地思想是可能的。（确实，正如在这里福柯的先驱尼采对谱系学的引入那样，这是谱系学的全部目的：摧毁一度被视为必然的偶像，为新的创造的可能性扫清道路。）福柯宣称他的著作的目的是"解放思想"，以使它能够不同地思想，想象新的和更富成果的可能性。而且，强调在基本经验域中的文化差异的对文化语境的严密分析，在当前关于性和相关事物的讨论中，正在同对现存社会秩序和倾向的批判以及对新的人类幸福模式的构想结合在一起。没有理由认为这一结合是缺乏联系的。㊱

随着我们对这些可能性的追寻，我们已经说过，在亚里士多德式的研究途径中所确定的基本的经验域将不再被视作未经解释的经验的境域。但我们也一直坚持认为在各种社会之间存在着非常多的家族相似和非常多的叠合。并且某些具有相对较大的普遍性的领域在此可以被列举出来，当我们过渡到那些在其文化表现中更多变化的领域时我们应当坚持它们。这样，即使是在敏感地意识到我们正在谈论的是某种在不同的语境中被不同地经验的东西，但是我们依然能够确定我们的共同的人性的某些特征，而这是同亚里士多德的最初的目录紧密相关的，我们的讨论或许可以由此前进。

1. 必死性。不管死亡如何被理解，所有的人都面对它并且（在一定年龄之后）

㉟　福柯（1984：ii，前言）。

㊱　本段是对 1987 年 2 月哈佩林（D. Halperin）和温克勒（J. Winkler）在布朗（Brown）大学"历史和文化中的同性恋"会议上的论文的一个评述中的意见的扩展；哈佩林的论文现在见哈佩林（1990），温克勒的见哈佩林、温克勒和泽特林（1990）。所提议的历史感性的分析和文化批判的结合在同一个会议上被阿比拉夫（Abelove）（1987）作了有力地发展。

都知道他们面对着它。这一事实塑造了或多或少每个人生活的各个方面。

2. 身体。先于任何具体的文化塑造，人的身体是我们与生俱来的，它的可能性和脆弱性并不如此这般地属于一种文化而非另一种。任何一个既定的人原本可以属于任何一种文化。身体的经验受到文化的影响；但是身体自身，先于这样的经验，却提供了种种限定和参数，它们保证在即将经验到的东西上有大量的重合，在这里涉及到的就是饥饿、口渴、欲望以及五官感觉。指出这些经验中的文化成分是非常好的。但是当一个人花时间考虑饥荒的问题以及一般意义上的人类苦难的问题，这样的差别就显得微不足道了，而一个人不可能不承认"在关系到营养的新陈代谢的人类生理学中并没有什么显著的种族差异。非洲人和亚洲人并没有以不同于欧洲人和美洲人的方式来消耗他们的食物热量或者利用他们的食物蛋白质。那么结论就是食物需要不可能像不同人种间一样差异巨大"。㊲ 这一点以及类似的事实应当确凿地成为讨论在这一领域中恰当的人类行为的焦点。而且通过从身体开始，而不是从对欲望的主观经验开始，我们进一步获得了一个机会去批判那些被长久地剥削以至于他们对好的事物的欲求实际上已经降低的人们的处境。当同那些在偏好的主观性表达前停步不前的对选择的研究途径相对照时，这是亚里士多德式的研究途径的又一个优势。

3. 快乐和痛苦。在每一种文化中，都有痛苦的观念；这些在很大程度上彼此重合的观念，大概能够被看成是奠立在普遍的和前文化的经验中的。斯多亚派的婴儿成长的故事是极不可信的；对身体疼痛的否定性的反应确乎是原始的和普遍的，远不是习得的和随意的，不管有多少它的具体的"语法"可以被后来的学习塑造。

4. 认识能力。亚里士多德的名言"求知是所有人的本性"㊳看起来经得起最精细的人类学分析。它指出了我们共同的人性中的一个可以被又一次看成是独立于具体的文化影响而建立的因素，不管它后来受到了文化影响多大的塑造。

5. 实践理性。所有的人，不管他们的文化，都参与（或努力参与）到对他们的生活的计划和安排之中，询问并回答一个人应该怎样生活和行动的问题。这一能力在不同的社会有不同的表现，但一个完全缺乏它的存在物，在任何文化中都将不可能被承认是一个人。㊴

6. 早期婴儿的成长。在大部分专门的文化塑造之先——尽管也许并没有

㊲　高帕兰（Gopalan）（即出）。

㊳　《形而上学》I.1。

㊴　见努斯鲍姆（1988），在那里这一亚里士多德式的观点被同马克思的关于真正的人类功能的观点相比较。

摆脱所有的塑造——的是人类经验和成长的一些被广泛分享并对亚里士多德式的德性具有重大价值的领域：对欲望、快乐、损失以及一个人自己的限度的经验，也许还有对嫉妒、悲哀和感激的经验。一个人可以就这种或那种对婴儿的精神分析学的描述的成就进行争辩。但是看起来难以否认的是，弗洛伊德对婴儿欲望的研究和克莱恩（Melanie Klein）对悲哀、损失以及其他更为复杂的情感倾向的研究，已经明确了在很大程度上为所有人所共有的人类经验的种种境域，而不管他们的具体社会。所有人都是从一个饥饿的婴儿开始的，意识到他们自己的无助，他们与他们所依赖的东西的交替的接近和疏远，等等。克莱恩记录了和一个人类学家的一次对话，在对话中，一个乍看之下（对于西方人的眼睛来说）是怪诞的事件被克莱恩解释为是一种普遍的悲痛模式的表现。这个人类学家接受了她的解释。⑩

7. 亲近感。亚里士多德声称，人们像这样感到同其他人的一种友爱之情，并声称我们在本性上是社会动物，这是一个经验的论断；但是它看起来是正确的。无论我们的友谊和爱的具体观念怎样变化，都有极大的必要把它们看作是同一个共同的人类需要和欲望的家族重合的表现。

8. 幽默。没有什么比幽默更具文化变动了；但是，如亚里士多德所坚持的，给幽默和游戏一些空间看起来是任何人类生活的一种需要。没有任何理由不把人类叫做"笑的动物"；它绝对是我们和几乎所有其他动物的显著差别之一，并且，我斗胆断言，是任何一种将被认作是完满人性的生活（在这种或那种形式下）的一个共有的特征。

这只是各种提议的一份目录，与亚里士多德关于共同经验的目录紧密相关。人们可以减去其中一些项目并且（或者）加上另外一些。⑪ 但看起来却很有把握宣布在所有这些领域中，我们具有了一个对人类善作进一步研究的基础。我们没有一块完全无须解释的给定事实的基石，但是我们确实拥有不同社会的构造围绕它而前进的经验的核心。这里没有任何阿基米德点，没有任何纯洁的通道通向如其本然的未被玷污的"本性"——在此甚至于是人的本性。只有如其所是

---

⑩ 克莱恩（1984）：247—263。

⑪ 关于一份稍长一些的、含有对我们和其他物种、和自然界的关系的讨论的目录，见努斯鲍姆（1990c）。注意到在本卷（[译按]指《生活质量》一书）中其他三份独立准备的目录含有和这一份几乎同样的项目，是非常有意思的，它们是：布洛克（Dan Brock）的用于医学伦理学中生活质量考量的有关基本人类功能的目录；阿拉尔德特（Erik Allardt）的对芬兰社会科学家们所考察的各种功能的列举；以及埃利克森（Robert Erikson）的有关瑞典典组织所考量的各种功能的目录。只有最后两个也许显示了彼此的影响。这样多的不谋而合足见这些关系的无所不在和它们的重要性。

的人类生活。但是在如其所是的生活中,我们确实找到了一个种种经验的家族,聚集在能够为跨文化的反思提供合理的起点的若干核心的四周。

这篇论文构成了一项更大计划的一部分。如果我简明地把在这一节中所提出的这份初步的目录放入这一更为全面的事业的语境当中,显示出它和其他论述的关联,那么它的作用就能够得到更好的理解。在《本性、功能和能力:亚里士多德论政治的分配》(Nature, Function, and Capability: Aristotle on Political Distribution)这篇论文中,[42]我讨论了一种亚里士多德式的关于政府的正当的职能的观念,根据这一观念,政府的任务就是要使能够选择并且过一种至善的人类生活——就包含在那一至善生活中的每一种主要的人类活动而言——的基本必要条件,对于社会的每一个和全体成员都是可能的。我同情地考察了亚里士多德的如下论证,即由于这个原因,假如没有对这些活动的一个理解,那么政府的任务就不可能得到很好地执行,或者它的目的就不可能被很好地理解。一份紧密相关的研究,《亚里士多德的社会民主制》(Aristotelian Social Democracy),[43]显示了从对人类的种种境域和种种能力(如这份目录所提供的)的一般性理解向对最重要的人类功能——使其成为可能是政府的任务——的描述转移的一种方式。它表明了对人类和政治任务的这一理解如何可能产生出一种社会民主制的观念——这是相对于自由观念的另一个可能的选择。

与此同时,在第三篇论文《亚里士多德论人的本性和伦理的基础》(Aristotle on Human Nature and the Foundation of Ethics)中,[44]我集中考察了在这份目录中确认的其中两种人类能力的特殊地位:亲近感(或社会性)和实践理性。我论证了这两者在人类生活中扮演了一个建构性的角色,渗入并且构造了所有其他的活动——仅就它们一定程度上在来自于这二者的指导下行动,它们才被视作真正的人的活动。这篇论文的大部分致力于考察亚里士多德对这两个要素是"人的本性"部分的论证。我论证说这并不是企图把人类伦理奠定在一块中立的处于人类经验和解释之外的科学事实的基石之上。我主张,相反,亚里士多德企图在众多的时间和地点中的族群的经验之间发现某些被非常广泛和深刻地分享的要素。而且我还论证说,证明宣称这二者以此方式是广泛而深刻的论证具有一种自我证实(self-validating)的结构:即,任何一个首先参与论证它们的研究的人,都恰恰以此事实肯定了她自己对它们的重要性的承认。这是对本论文中所承担的

---

[42]　努斯鲍姆(1988*a*)。

[43]　努斯鲍姆(1990*c*)。

[44]　努斯鲍姆(即出 *a*)。

计划的一个重要的继续，因为它确切地表明了亚里士多德为伦理学的"奠基"如何能够在人类的历史和自我解释的内部得以保存，并且仍然在宣称是一个基础。

七

第三种反对意见提出的在根本上是一个深刻的概念问题：究竟什么才是对人类善的研究？哪些存在的境遇在规定什么才是过人的生活而不是别的某种生活？亚里士多德可能指出，一种对人类善的研究鉴于逻辑的不一致不可能以描绘某种别的存在的善结束，比如说神的善———一种由于我们的境遇对于我们是不可能达到的善。⑮　那么是哪些境遇呢？各种德性相对于某些问题和局限、也相对于某些天赋而被界定。哪一些是特别重要的以至于去掉它们会使我们成为不同的存在物并且开启一场全新的和不同的关于善的争论呢？这一问题本身就是我们所提出的伦理争论的部分。因为除非问我们自己，我们经验的哪些要素对于我们看起来是如此重要，以至于它们对我们被当作我们本性的一部分，否则没有任何办法来回答它。我在别的地方讨论了亚里士多德对这个问题的态度，而我将在这里简单地加以概括。⑯　首先，看起来很清楚的是，我们的必死性是我们作为人的种种境遇的一个本质的特征。一个不死的存在物则会有一种不同样式的生活以及不同的价值和德性，以至于认为那一存在物是同一个对善的探索的部分是没有意义的。我们对外在于我们的世界的依赖也将是本质性的：对食物、饮水和他人帮助的某种需要。在能力方面，我们会要求包括认识活动和实践理性的行为，作为任何一种我们将认作是人的生活的要素。亚里士多德可能论证，我们还会要求包括社会性，一种对于别的类似于我们自己的存在的需要的感觉和在共处之中快乐的感觉。

但对我来说，马克思主义的问题，作为对各种人类生活形式的一个深刻的追问和对人类善的寻求，仍然存在着。因为人们当然能够想象不包含私人财产占有——因此也不包含那些不得不与财产的恰当管理相关的德性——的人类生活样式。而这意味着这些德性是否应当被看作是德性并保留在我们的德目表上仍然是一个开放的问题。马克思希望走得更远，主张共产主义将消除对公正、勇敢和许多布尔乔亚德性的需要。我认为我们在此可以存疑。亚里士多德对待这类生活改造的一般态度就是暗示它们通常具有一个悲剧的维度。如果我们消除了

---

⑮　参考《尼各马可伦理学》1195a10—12，1166a18—23。

⑯　努斯鲍姆（即出 *a*）。

一种问题——比如说通过消灭私有财产——那么我们常常是通过引入另一种问题来做到的——比如说，失去了某种选择的自由，那使对他人做出好的和慷慨的举动成为可能的自由。如果甚至在慷慨的例子中——在那里我们能够容易地想象取消这种德性的改造活动——事情都是复杂的，那么在公正和勇敢的例子中，事情当然更为复杂。而且在我们甚至能够开始考察共产主义是否在事实上改造了这些德性的相关物，并且在这些事物的位置上它会不会引入新的问题和局限以前，我们将需要一个比马克思所曾经给予我们的更为详细的对这种共产主义制度下的生活形式的描述。

总之，看起来，所有的生活形式，包括想象的神的生活，都含有边界和限度。[47] 所有的结构，甚至于公认无限定的结构，也会对某种东西是封闭的，与某种东西相割离——比如说，在上面的例子中，就是和内在于反抗限制的斗争中的特别的价值和美相割离。因此，我们将很轻易地超越德性这点就并不显然。而我们应当超越德性这点，对于人类生活看起来也并非是一件非常清楚的好事。

八

对亚里士多德主义有关德性伦理学的纲要的概观，最好的结语是由亚里士多德本人在《尼各马可伦理学》卷 1 中在对人的本性的讨论的结尾处所写的：

> 我们对善的粗略勾勒就这么多。因为看上去似乎我们必须首先画出一个轮廓，然后再对它做填充。这对于任何想要把事情作进一步推进并且说清楚这一略图的细节的人来说都是开放的。而时间在这类事情中是一个好的发现者或支持者。各门科学就是这样取得进步的：对于任何想要填补缺陷的人来说，它都是开放的。（《尼各马可伦理学》1098a20—26）

参考文献

ABELOVE, H. (1987). 'Is Gay History Possible?' Paper (unpublished) delivered at the Conference on Homosexuality in History and Culture, Brown University, Feb. 1987.

ABEYSEKERA, C. (1986). Address (unpublished) to the WIDER Conference on Value and Technology, summer 1986.

---

[47]　见努斯鲍姆(1988b: ch. 11)。

CHEN, M. (1986). *A Quiet Revolution: Women in Transition in Rural Bangladesh*. Cambridge, Mass.: Schenkman Publishing Company.

DAVIDSON, D. (1984). *Inquiries into Truth and Interpretation*. Oxford: Clarendon Press.

FOOT, P. (1978). *Virtues and Vices*. Berkeley: University of California Press.

FOUCAULT, M. (1984). *Histoire de la sexualité*, ii, iii. Paris: Les Belles Lettres.

GOODMAN, N. (1968). *Languages of Art*. Indianapolis: Hackett.

——(1978). *Ways of World-Making*. Indianapolis: Hackett.

GOPALAN, C. (1992). 'Undernutrition: Measurement and Implications', In S. Osmani (ed.), *Nutrition and Poverty*. Oxford: Clarendon Press.

HALPERIN, D. (1990). *One Hundred Years of Homosexuality and Other Essays on Greek Love*. New York: Routledge, Chapman, and Hall.

——, WINKLER., and ZEITLIN, F. (1990). *Before Sexuality*. Princeton: Princeton University Press.

HAMPSHIRE, S. (1983). *Morality and Conflict*. Cambridge, Mass. : Harvard University Press.

HARRÉ, R. (ed.) (1986). *The Social Construction of the Emotions*. Oxford: Basil Blackwell.

KLEIN, M. (1984). 'Our Adult World and its Roots in Infancy', in *Envy, Gratitude and Other Works 1946—1963*. London: Hogarth Press, 247—63.

LUKES, S. (1987). *Marxism and Morality*. Oxford: Clarendon Press.

LUTZ, C. (1988). *Unnatural Emotions*. Chicago: University of Chicago Press.

MACINTYRE, A. (1981). *After Virtue*. Notre Dame: Notre Dame University Press.

—— (1988). *Whose Justice? Which Rationality?* Notre Dame: Notre Dame University Press.

NUSSBAUM, M. (1972). 'Psuche in Heraclitus', Phronesis, 17, 1—17, 153—70.

—— (1978). *Aristotle's De Motu Animalium*. Princeton: Princeton University Press.

—— (1985). 'The Discernment of Perception: An Aristotelian Model of Public and Private Rationality', *Proceedings of the Boston Area Colloquium for Ancient Philosophy*, 1, 151—201. Also in Nussbaum (1990).

—— (1986a). *The Fragility of Goodness: Luck and Ethics in Greek Tragedy and Philosophy*. Cambridge: Cambridge University Press.

—— (1986b). 'Therapeutic Arguments: Epicurus and Aristotle', in M. Schofield and G. Striker (eds.), *The Norms of Nature*. Cambridge: Cambridge University Press, 31—74.

—— (1987a). 'The Stoics on the Extirpation of the Passions', *Apeiron*, 20, 129—77.

—— (1987b). "Finely Aware and Richly Responsible": Literature and the Moral Imagination', in A. Cascardi (ed.), Literature and the Question of Philosophy. Baltimore: Johns Hopkins University Press, 169—91.

—— (1988*a*). 'Nature, Function, and Capability: Aristotle on Political Distribution', Oxford Studies in Ancient Philosophy, suppl. vol., 145—84.

—— (1988*b*). 'Narrative Emotions: Beckett's Genealogy of Love', *Ethics*, 98, 225—54.

—— (1989). 'Beyond Obsession and Disgust: Lucretius' Genealogy of Love', *Apeiron*, 22, 1—59.

—— (1990*a*). 'Mortal Immortals: Lucretius on Death and the Voice of Nature', *Philosophy and Phenomenological Research*, 50, 305—51.

—— (1990b). *Love's Knowledge: Essays on Philosophy and Literature*. Oxford: Oxford University Press.

—— (1990c). 'Aristotelian Social Democracy', in R. B. Douglass, G. Mara, and H. Richardson (eds.). *Liberalism and the Good*. New York: Routledge, 203—52.

—— (forthcoming *a*). 'Aristotle on Human Nature and the Foundations of Ethics', in a volume on the philosophy of Bernard Williams, ed. J. Altham and R. Harrison. Cambridge: Cambridge University Press.

—— (forthcoming *b*). *The Therapy of Desire: Theory and Practice in Hellenistic Ethics*. The Martin Classical Lectures, 1986.

—— and SEN, A. (1989). 'Internal Criticism and Indian Rationalist Traditions', in M. Krausz (ed.), Relativism. Notre Dame: Notre Dame University Press.

PROCOPE, J. (forthcoming). 'Hochherzigkeit', *Reallexikon für Antike und Christentum*, 14.

PUTNAM, H. (1979). *Meaning and the Moral Sciences*. London: Routledge and Kegan Paul.

—— (1981). *Reason, Truth, and History*. Cambridge: Cambridge University Press.

—— (1988). *The Many Faces of Realism: The Carus Lectures*. La Salle, Ill. Open Court.

STURGEON, N. (1984). Review of Foot, *Journal of Philosophy*, 81, 326—33.

WALZER, M. (1983). *Spheres of Justice*. Oxford: Basil Blackwell.

—— (1987). *Interpretation and Social Criticism*. Cambridge, Mass.: Harvard University Press.

WILLIAMS, B. (1984). 'Philosophy', in *The Legacy of Greece*, ed. M. I. Finley. Oxford: Oxford University Press.

—— (1985). *Ethics and the Limits of Philosophy*. Cambridge, Mass.: Harvard University Press.

WINKLER, J. (1990). *The Constraints of Desire*. New York: Routledge, Chapman, and Hall.

亚里士多德形而上学中的目的论*

维 特

亚里士多德的自然哲学是目的论的。无论是自然存在物的发展过程还是自然存在物的各部分都需要目的论的解释。牙齿在一个动物身上的形成是为了那个动物的善。根位于一个植物的底部是为了那个植物(《物理学》II. 198b25, 199a27)。无可争辩的是,亚里士多德认为,对多数自然过程的一个完满的说明必须包括那一过程的目的因或者目的,对一个器官的理解必须包括对其功能的提及和它对整个组织的作用。同样无可争辩的是,亚里士多德认为,仅仅依据质料因和动力因对自然过程的说明是不充分的,尽管存在着大量有关他的论证的实质和种种内涵的争论。① 让我们把在自然过程的解释中对目的因的需要称作"自然目的论"。

---

* [译按]本文选自《古代哲学中的方法》(*Method in Ancient Philosophy*),金茨勒(Jyl Gentzler)主编,第 253—270 页,Clarendon Press,1998。

① 有关目的论的最近几年的核心争论是,亚里士多德是否以为目的论的原因同仅仅质料/动力因就使生成成为必然的观点是相容的。一些学者已经反驳了在亚里士多德自然哲学中在质料的必要性和目的的因之间的相容性(参见库珀,《亚里士多德论自然目的论》[Aristotle on Natural Teleology],肖费尔德和努斯鲍姆主编,《语言和逻各斯》[*Language and Logos*], Cambridge: Cambridge University Press, 1982,第 197—222 页,及戈特塞尔夫,《亚里士多德的目的因概念》[Aristotle's Concept of Final Causality],《形而上学评论》[*Review of Metaphysics*],第 30 期[1976],第 226—254 页)。其他人主张,目的因同在自然过程中质料的相互作用使生成成为必然的观点是完全相容的(参见查尔斯(David Charles),《亚里士多德论假定的必然性和不可归约性》[Aristotle on Hypothetical Necessity and Irreducibility],《太平洋哲学季刊》[*Pacific Philosophical Quarterly*],69[1988],第 11—53 页;厄文,《亚里士多德的第一原理》[*Aristotle's First Principles*], Oxford: Clarendon Press, 1988;及努斯鲍姆,《亚里士多德:论动物的运动》[*Aristotle: De Motu Animalium*], Princeton: Princeton University Press, 1978)。一个站在相容主义立场上对这一争论的最近的研究论证说,亚里士多德有关自然原因的证明并不反对一种唯物主义的、还原主义方式的解释,而是反对那些否认亚里士多德所企图加以解释的自然现象之存在的本体论的还原主义者(梅耶,《亚里士多德、目的论和还原》[Aristotle, Teleology, and Reduction],《哲学评论》(*Philosophical Review*),101[1992],第 791—825 页)。

那么,什么是在亚里士多德形而上学中的目的论呢？依据一种我在这篇论文中所要反驳的观点,这无非就是自然目的论。[②] 按照这种观点,说亚里士多德对实体的研究是目的论的就是说,对复合实体的发展及其各个部分的理解属于自然目的论的领域,即在《物理学》卷 II 和生物学著作中、特别是《论动物的部分》I.1 中所描述和辩护的那个理论。[③]

这一论断既是对的又是错的。认为对像动物和植物这类复合实体的各个部分及发展的解释是自然目的论的主题,这是对的。但是认为这是目的论在亚里士多德对实体的研究中的唯一作用,这却是错的。[④] 自然目的论没有穷尽"为了什么"(for the sake of)这一关系在亚里士多德对实体论述中的哲学上令人感兴趣的用法。在潜能存在和现实存在之间的目的论的关系——这在《形而上学》V.7(1017a35—b9)中亚里士多德对存在的分析中被预示,并在《形而上学》卷 IX 中得到展开——并不等同于自然目的论。我把它称作"形而上学的目的论",而且我在卜面论证说,它在以下三种重要的方式上区别了自然目的论:在它所想要说明的东西上,在它的相关项上,以及在这些相关项之间成立的优先性关系上。

此外在自然目的论和形而上学目的论之间有着重要的联系。两者中的关系

---

② 例如,在《形而上学》中的目的论只是亚里士多德关于如何解释自然过程的理论,此观点在以下的段落中是被假定的:"第四种原因——目的论的原因——在亚里士多德对物理学和形而上学的讨论中扮演了一个特殊的角色。他主张,在这些领域中,就像在生物学和心理学中一样,一个人必须在质料因和动力因之外还运用目的论的原因。在他看来,他的许多前辈的错误在于认为这类现象可以仅仅依据质料因就得到解释。这样,他(众所周知地)写道:'火、土或者任何这类的元素不可能应该是那些在它们的存在和它们的生成中表现出善和美的事物的原因'(《形而上学》984b11—14)"(查尔斯,《〈物理学〉中的目的论原因》[Teleological Causation in the *Physics*],见贾德森[Lindsay Judson][编],《亚里士多德的〈物理学〉》[*Aristotle's Physics*],Oxford：Clarendon Press,1991,第 101—128页,详见第 101 页)。

③ 在一篇未发表的论文中,巴尔梅(David Balme)已经将《论动物的部分》卷 I 概括为表达了一个目的论的理论,论证了只有必须的质料的相互作用而没有目的因不能产生动物的部分。《论动物的部分》卷II—IV研究了每一个组织和器官,并且解释了其功能和质料因。巴尔梅将《论动物的生成》描述为解释了目的论是如何工作的——实际上目的因是如何被加入到质料中去的。他评论说:"但目的论仍然是《论动物的部分》的首要主题,其他论著同样主要地具有理论的目的"(巴尔梅,《生物学在亚里士多德哲学中的地位》[The Place of Biology in Aristotle's Philosophy][未发表论文],第 2 页)。我对生物学著作的这种理论性质和巴尔梅意见一致。自然目的论是在生物学论著和《物理学》中被提出并得到辩护的。

④ 由于自然目的论解释了复合实体的众多特征,因此,在《形而上学》中发现对自然目的论的讨论是无须惊异的。例如,像在以上注释 2 中所引的那段文本中一样,在卷 I 中我们发现,自然目的论在亚里士多德对前苏格拉底的解释理论的批判中得到了辩护。我的论题不是说,自然目的论不出现在《形而上学》中,而是它没有穷尽目的论在亚里士多德对实体的研究中的哲学上的令人感兴趣的用法。

都在同一种亚里士多德的意义上是目的论的:即,一个东西为了另一个东西生成或存在。⑤ 进一步,自然过程和器官部分,自然目的论的待解释项,都是动物的部分和过程。牙齿在一个动物身上的形成是为了那个动物的善。根位于这个植物的底部是为了那个植物。而动物(连同人工制品)也是《形而上学》中亚里士多德所偏爱的有关复合实体的例子。在《形而上学》卷 IX 中展开的潜能存在和现实存在之间的目的论关系适用于亚里士多德的复合实体,并且某些实体是他的自然目的论中的目标或目的。自然目的论解释了某些实体的生成和部分;形而上学目的论解释了是一个实体是什么意思。

我们能够在两种方式上把亚里士多德的形式思考为 *aitia* 或原因:一种是作为生成的原因,一种是作为存在的原因(《形而上学》VII. 1041a31—32)⑥。在自然目的论中,形式在说明生成、动物以及它们的部分上起显著作用。形成的过程必须根据最终得以实现的形式而得到目的论的说明。在形而上学目的论中,形式是实体本身的存在的原因——即同一性和统一性的原因。在视角上的这一转换就是从追问我们如何说明一个动物的形成到追问正在经历这一过程的是什么。问

---

⑤ 这种"为了什么"的关系在亚里士多德那里是令人困惑的,因为它适用于人的行动和自然过程两者。查尔斯已经论证说,这些运用暗示了两种不同的目的论模式(《〈物理学〉中的目的论原因》,第104—111页)。依据目的论的行动模式,当一个行动者"为了"一个目标而行动时,她([译按]作者是女性,故特别使用了"她")有意向地行动,并且带有对那个目标的价值的一种欣赏和对达到那个目标的合适手段的选择。与此相对,如果一个器官"为了"一个有机体而发展或存在,目的论的这种功能性概念并不要求意向性或者对目标的善的欣赏,等等。查尔斯想知道,哪一个概念是基本的,或者是否亚里士多德的目的因概念是布满了歧义的。我认为,对这种问题的正确探究就是要注意亚里士多德(令人吃惊地)说,技艺摹仿自然,这给人的印象是,目的论的功能性概念对于他的思想是基本的。一个人是否能够从目的论的功能性概念中得出目的论的行为性概念,这是一个开放的、令人感兴趣的问题。我在这里主张,按功能性意义理解的"为了什么"的关系(亦即,不需要意向性、对善的欲求和欣赏、对手段的选取,等等)在亚里士多德的形而上学中有不同于它在自然目的论中的用法的运用。由于目的论的功能性概念把目标或目的同善联系在一起,因此值得指出的就是,在《形而上学》IX. 9中,亚里士多德论证说,善的现实优于善的潜能。因此,在潜能和现实之间的目的论的关系既是指向目标又是指向善的,这是目的论的功能性概念所要求的。

⑥ 我在我的著作《亚里士多德的实体和本质》(*Substance and Essence in Aristotle*)(Ithaca, NY: Cornell University Press,1988;第112—142页)中说明了作为存在原因的形式和作为生成原因的形式之间的区别,并为这种区别提供了文本上的证据。我在该著作中针对复合实体描述了两个相联系的统一性问题。一个问题关注的是质料性实体的质料或各部分如何被统一在一起;另一个问题以及一个我要在此提出的问题所关注的是,质料和形式在一个复合实体中如何被统一在一起。在我看来,统一性的第二个问题来自于第一个问题。因为亚里士多德主张,正是形式于质料上的出现才造成了一个统一的质料性实体。各部分的堆积不同于有生命的动物身体,这是因为形式或灵魂出现在后者中。但我们现在需得考虑一个新的有关统一性的问题,即质料和形式的统一性。这是在《形而上学》H. 6中被讨论的主题,而结论则包含着把质料理解为潜能、把形式理解为现实。

题不在于追问我们如何能够说明这一部分在这一动物中的形成或出现,问题是:我们如何能首先说明这个动物的统一性?⑦

亚里士多德对实体的同一性和统一性的解释是目的论的,因为这些解释是依据潜能和现实给出的,并且在这两个概念之间存在着一种内在的联系、一种"为了什么"的关联。⑧但是,由于无论待解释项还是目的论关系的术语都与在自然目的论中的不同,因此我就把这些主题描述为属于形而上学目的论的范围。

动物和植物是典型的自然存在物;它们直接属于自然目的论的范围。然而在《形而上学》中,它们作为实体的地位却是不大确定的。尤其不清楚它们是否是第一实体。⑨但以下一点是非常清楚的。如果它们应当被算作实体,那它们必须以某种方式满足对实体的统一性和同一性标准。亚里士多德对它们如何符合这些标准的解释是目的论的,并且这种形而上学目的论迥然不同于自然目的论。

实际上,这两种目的论在原则上是相互独立的。一个人可以在解释动物和植物的发展上追随自然目的论,但却给出一种非目的论的实体论述。例如,一个人可以以一种非目的论方式、集中于谓述关系来解释复合实体的统一性或同一性,就像《形而上学》的最近的某些解释者所做的那样。⑩ 对实体的非目的论的论述和一种目的论的自然哲学是相匹配的。反过来,一个人可以接受一种对自然的机械论的论述,但却把它嫁接到一种目的论的形而上学中去,这是一种可以归之于莱布尼茨的观点。但是,对亚里士多德来说,对实体的目的论的研究和对自然的目的论的研究形成了一个如此紧密无间的整体,以至于要区别它们是一件困难的工作。就让我们从自然目的论开始。

---

⑦　考斯曼(L. A. Kosman)得出了一个类似的观点:"但《形而上学》主要关涉的不是变化的语境;它所关涉的是独立于变化和生成的、更大和在先的存在的语境"(《亚里士多德中的动物和其他的存在物》[Animals and Other Beings in Aristotle],见戈特塞尔夫和林诺克斯[James G. Lennox]编,《亚里士多德生物学中的哲学问题》[*Philosophical Issues in Aristotle's Biology*],Cambridge:Cambridge University Press,1987,第 361 页)。

⑧　《形而上学》中对潜能和现实之间目的论关系的一个明确的说明出现在 1050a4—10。现实在这里被描述为相关于潜能的 *telos*[目的]和 *hou heneka*[为了什么]。

⑨　我的观点是,动物和植物不是第一实体;形式才是。有关论证参见维特,《亚里士多德的实体和本质》。另一种观点,参见考斯曼,《亚里士多德中的动物和其他的存在物》。

⑩　最近的两本著作通过把亚里士多德的实体理论集中在一种谓述模式上,为亚里士多德的形而上学的非目的论阐释作了示范:卢克斯,《第一实体》(Ithaca, NY:Cornell University Press,1991)以及刘易斯,《亚里士多德的实体和谓述》(*Substance and Predication in Aristotle*)(Cambridge:Cambridge University Press,1991)。如果一个人认为形式和质料的统一性,以及复合实体的同一性是由形式谓述质料这一事实所保证的,那么,复合实体中的形式和质料间的基本关系就是非目的论的。谓述不是一种目的论关系。

一、亚里士多德的自然目的论

正如我迄今所描述的那样,自然目的论只是规定了,对诸多自然过程和事件的说明必须提及这一过程或事件的目标或目的。尽管自然哲学家也需懂得质料因,但"为了什么"不能从我们对自然出现物的解释中被排除出去。在生物学著作中,自然目的论的两个核心待解释项是动物各部分的存在或形成以及动物的生成。在下一节,将要清楚的是,形而上学目的论对这些论题中的任何一个都不置一词。自然目的论并不说明和形而上学目的论同样的现象。

什么是自然目的论中的相关项? 何者为了什么存在或生成? 根据我们从自然目的论的核心待解释项中获得的提示,我们可以区别出目的论关系的三种基本形式。动物的部分为了这个动物(或者为了它的各种能力或活动的其中之一)而生成。动物的部分为了这个动物(或者为了它的各种能力或活动的其中之一)而存在。生成过程为了这个动物而出现。在《论动物的部分》中清楚的是,对自然的部分和过程的目的论说明应该依据动物的形式或定义而被给出。所以,例如,动物的各部分就应当依据它们所能够实施的典型的动物的功能而被功能性地说明。牙齿是为了动物的营养,因此是为了这动物。自然目的论中的相关项一方面是各部分和形成的过程,另一方面是依据可以在其定义中被确定的一系列能力从形式上被设想的动物。

不管我们是在解释一个动物部分的存在、一个部分的形成还是一个动物的生成,我们都必须作为诸原因中的一种——实际上是作为最重要的原因——而提到目的因。为什么目的因比质料因更重要? 亚里士多德在《物理学》中简要提及说:"两种原因都必须由自然研究者来说明,但尤其是目的因;因为它是质料的原因而非相反"(200a33—34)。在《论动物的部分》中,亚里士多德就一个自然过程的形式或目的和被设想为一系列质料的相互作用的这个过程本身之间所具有的在先性关系,提供了一个更为详尽的论述。形式或目的在时间上和定义上先于质料性的相互作用。亚里士多德批驳恩培多克勒没有在他对动物生成的解释中反思这些在先性关系:

> 首先,他没有认识到,种子在最初构成时必定已经拥有了这种能力,其次,种子的产生者不仅在定义上而且在时间上是在先的;因为正是人生出了人,因此正是因为人是这样的,这个人的生成才这样发生。(《论动物的部分》640a23—26)

上述引文指责恩培多克勒没有认识到生产者在时间和定义上都先于其产物；例如，雄性亲本在时间和定义上都先于其雄性后代。生产者的解释上的在先性存在于其定义或形式中。那在雄性亲本中已完满实现的形式在时间上先于胚胎形成的过程。⑪ 在雄性亲本中是现实的形式，其在定义上也是在先的，因为我们的解释必须以对它的明确规定开始。"而这就意味着：因为人是如此这般，他的发展过程就必然是如其所是的那样；因此，这部分先形成，接着是那部分；我们应当按照同样的方式解释所有其他自然作品的生成"（《论动物的部分》640b1—3）。一个自然过程的"为了什么"或目的因不只是在解释那一过程中的一个必要因素。它还在时间和定义上先于质料及质料的相互作用。

在我们对动物各部分的存在的说明中，形式或目的同样在定义上是在先的，因为正是依据对整个组织的定义，我们才应当解释其部分；部分为了这一形式而存在。"因此如果可能的话，我们就应该说，因为这就是人之所是，因此他具有这些东西；因为他没有这些东西就不能存在"（《论动物的部分》640a33—35）。人的部分要依据人的定义才得以理解。如果我们所要说明的是动物各部分的形成而非存在，那么形式或目的在定义上的在先性就与时间上的在先性结合起来，因为目的已经存在于生产者中。

在《论动物的生成》中，亚里士多德反复指出，仅以质料的词项来解释生成是不够的，他把自然生成和技艺性生产相比，在其中产物的定义支配着制造它的活动。"热和冷使铁软化或硬化，但剑却是由工具的运动制造出来的，这种运动包含着属于这一技艺的一个定义"（《论动物的生成》735a1—3）。在自然生成中，我们应当把每一阶段理解为是由产物的形式或定义所支配的。形式只有作为一个目的或目标才是可解释的，因此自然生成的过程就要被解释为为了其目标。⑫

在对动物生成的论述中，亚里士多德在两处联结的地方使用了潜能和现实的概念。首先，他说明了雄性亲本实际上就是其后代所要生成的；形式现实地出现于雄性亲本中，而形式的实现就是繁衍过程的目标（《论动物的生成》734b35—36）。其次，他用潜能和现实的概念来解释灵魂的各种能力在发展的过程中逐渐得以实现的方式；灵魂的所有能力——营养、感觉、思维——都是在潜能上被具有，然后才在现实上被具有（《论动物的生成》736b9—16）。自然繁衍中的形式的功

---

⑪ 亚里士多德在《论动物的生成》中提出了同样的观点："因为技艺是产品的来源和形式，但是在另一个东西中；而自然的运动是在这个事物本身之中，这个事物来自于另一个包含了所实现的形式的自然"（735a3—4）。

⑫ 库珀（《亚里士多德论自然目的论》）就形式在自然生成中的预兆作用给出了一个极好的解释，并且用它来解释为什么亚里士多德把形式和目的这两个我们常常会把它们看做完全不同的概念相等同。

能既有回溯的特征也有预兆的特征。时间上的在先性把握了形式的回溯功能；雄性亲本现实地实现了后代将要实现的形式。而后代的形式以预兆的方式，仅仅作为目的或目标而存在，并且我们对生成的解释是目的论的，因为我们依据完全实现了的形式来给出这些解释。

自然目的论的核心论题是，动物的部分是为了这个动物而形成和存在的，而且特别是，动物可以很好地活动。但是，这一论题并不提出复合实体——在这里是动物——的统一性问题。相反，自然目的论简单地把动物视作一个统一的目的，并将它的形成和它的部分解释为"为了"它。

自然目的论的概念框架是一个整体，在其中动物和植物的表面的统一性是足够的。然而，从研究实体的角度来看，这潜伏着一个困难。毕竟，自然目的论坚持对自然过程运用除质料以外的形式的说明，而正是对动物和植物的这一双重本性的坚持，从研究实体的视角来看，就转变为有关它们的统一性的问题。

而且，如果我们仔细考虑由自然目的论所提供的对生成的解释，那么实体的同一性的问题也能被察觉。自然目的论承认一个动物的各种能力随着时间而展开这一事实；实际上，这就是为什么形式和目的因被等同为一。形式在生成中、尤其是在动物的发展过程中非常普遍地起一种预兆的作用。未成熟的动物简单地是不能够具有构成其形式的诸功能的。但这一事实就使它们的同一性、从而使它们作为实体的地位成为问题。自然目的论并不为这同一个事实所困扰，因为它关注形式和实体，只是就它们在我们对自然过程的理解中扮演了一个解释性的角色（和质料一起）而言的。自然目的论理论上的当务之急是要求自然解释诉诸形式和目的，而不是担心动物和植物如何能够满足成为实体的标准。

我已经表明，对于研究实体的哲学家来说，由形而上学目的论所提出的哲学问题可以被看成是从自然目的论的背景中展现出来的。这不应被看成一个年代上的断言，就好像亚里士多德首先提出了自然目的论，然后才发展了他的实体理论似的。毋宁说，正因为动物和植物是自然存在物，拥有运动和静止的一个内在的本源，它们才具有某些有待自然目的论来解释的特征。同时，因为它们也被视为实体，它们的其他特征便要求由形而上学目的论来解释。

二、亚里士多德的形而上学目的论

下面，我要探讨由亚里士多德的形而上学目的论所提出的两个论题，它们对于他的实体概念是关键性的，但却和自然目的论的解释所关注的有所不同。这两个论题是联系着复合实体而产生的，关注于它们的统一性和同一性。在亚里士多德的实体研究中,统一性和同一性作为标准而起作用。一个实体必须是一个整体,而非一堆材料;由于这个原因,亚里士多德否认动物的部分和质料性的元素是实体(《形而上学》Ⅶ. 1040b7—8)。实体有一个确定的同一性;亚里士多德告诉我们,"是什么"表示实体,而非存在的其他范畴。

无论复合实体的统一性问题还是它的同一性问题,都不关心如何说明它的部分的形成或出现以及它的生成。相反,复合实体是质料和形式的一个复合物这一事实,以及它经历了发展这一事实,提供了一个背景,在其中它的统一性和同一性都是成问题的。如果动物和植物不是复合物,并且总是充分实现了它们的形式,那么统一性和同一性的论题就不会简单地因它们而起。在解释发展的时候,自然目的论本身并不关注存在;而在它对存在的探究中,实体的研究本身也并不主要关注于去解释发展。

但可以指出的是,潜能和现实是亚里士多德用以解释发展或变化的概念。例如,亚里士多德运用潜能和现实的概念来描述一个动物胚胎的展开性的发育。这个胚胎在其现实地是 F 之前只潜在地是 F。并且亚里士多德在《物理学》卷 Ⅰ 对变化的分析中说,潜能和现实之间的区分是对巴门尼德要求存在不能从非存在中生成的一种应对方式(《物理学》Ⅰ. 8.191b28—29)。因此有理由认为,无论何时亚里士多德运用这些概念,他都是在谈论变化和发展。

然而,在《形而上学》卷 Ⅸ 中亚里士多德明确的是,潜能和现实也联系着对实体的研究而被运用,而且在方式上是和它们联系着运动与变化的运用方式相区别的(1045b35—1046a1,1046a25—30)。我们可以把这里对潜能和现实的指涉理解为就像它们在《形而上学》Ⅴ.7 中被表达的那样是存在的方式。为了使这层意思更为具体,我们需要知道,为什么在变化不是目前论题的背景下,亚里士多德认为在潜在地是 F 和现实地是 F 之间做出区分是有用的。[13]

让我们从复合实体中质料和形式的统一性问题开始。亚里士多德说,如果我们把质料看作潜能、形式看作现实,那么,这个问题便解决了。在这种意义上它们是一。"但如我们所规定的那样,如果一方面存在着质料,一方面存在着形

---

[13] 理解潜能和现实在运用到运动上和在运用到实体或存在上之间的区别的一种方式,就是考虑亚里士多德的质料。亚里士多德在一个实体由以从中生成的质料和构成这个实体的质料之间做了区分。形式也有一个双重的应用。形式被用作解释生成而不只是存在。考斯曼对这一区分做了很好的表达:"在此,我们一定不要再次假设,亚里士多德所诉诸的潜能和现实的概念必须依据运动来理解。正如亚里士多德在贯穿《形而上学》Θ 卷论证始终所澄清和表明的那样,有两种意义的潜能和现实,就像有两种意义的质料和形式。潜能和现实在一种意义上相关于运动和变化,但另一种意义上它们只是相关于存在"(《亚里士多德中的动物和其他的存在物》,第 366 页)。

式,一者是潜能的,一者是现实的,那么所研究的主题似乎就不再是一个难题"(《形而上学》VIII. 6.1045a22—25,弗斯译)。⑭ 尽管此处原文已经得到详尽的解释,但并非所有学者都注意于亚里士多德对潜能和现实概念的长篇分析以寻求启发,更少有人在其中发现丰富的启示。如果我们转向《形而上学》卷 IX 去看看潜能如何联系着现实,并且因此质料如何联系着形式,那么,我们将发现一种"为了什么"的或者目的论的关系作为潜能和现实之间的基础性的关联。⑮ 我将在下面说明,如果我们依据亚里士多德在《形而上学》IX. 8 中归于现实相对于潜能的存在论上的在先性去理解质料和形式间的目的论关系,那么质料和形式的统一性问题就会得到阐明。

亚里士多德用潜能的和现实的存在之间的关系来阐明的第二个论题是实体的同一性问题。在《形而上学》卷 V 中,亚里士多德区别了潜在地是某物和现实地是某物。他的评论"并且我们说那尚未成熟的东西它是谷物"(1017b7—8)表明,他并没有将一种单纯的可能性同一种现实的存在相比较。相反,他是在指出,我们说那不具有充分发展了的谷物形式的某物它是谷物;它潜在地是谷物。而且在《形而上学》IX. 8 中,亚里士多德在他对现实相对于潜能的在先性的讨论中,运用了男人和男孩的例子(1050a5—6)。未成熟的实体(这个男孩)缺乏其形式(1050a6)。他仅仅预兆性地具有其形式;他为了现实地具有其形式而存在。这些探讨要求实体的研究者区分是一个实体的两种方式,因为对实体的研究规定每一实体都必须有一个确定的同一性。这里的观点不是关于变化的。亚里士多德不是在提醒我们,我们需要借助一个目的因来说明这个男孩的发展。相反,他是在告诉我们,这个男孩在这个男人不缺乏其形式的意义上缺乏其形式。我理解亚里士多德是在说,这个男人充分地体现了人的形式,因为他能够实施全部范围内的人的功能。然而,这个男孩是一个实体,而且必须具有一种形式的同一性;他潜在地是这个男人现实之所是——人。

对实体的统一性和同一性问题的这些解决办法意味着什么,将仅以概要的方式被看到,并且是在我们考虑了现实的在先性之后。本文的核心主张是,潜能和现实是亚里士多德形而上学目的论中的概念,对实体的探究产生了同自然目的论的问题不同的问题,而且亚里士多德的形而上学目的论就提出了那些问题。

---

⑭ 弗斯(Montgomery Furth)(译),《亚里士多德,〈形而上学〉卷 Z、E、Θ、I(VII—X)》(*Aristotle*, Metaphysics: *Books Zeta*, *Eta*, *Theta*, *Iota* (*VII—X*)), Indianapolis: Hackett, 1985。

⑮ 质料和形式在 1050a15—17 中被提及:"此外,质料是潜在的,因为它可以变为形式;而且当它现实地存在时,它才是在形式之中。"

因此,我对于潜能和现实之间的存在论上的区别究竟如何解决了这些议题的看法,就是独立于此处所提出的核心主张的一个论题。

当我们转向亚里士多德在《形而上学》IX.8 中对现实的在先性的讨论时,我们发现亚里士多德从三个方面来坚持现实对于潜能的在先性:时间上、定义上以及存在上(*ousia*)(1049b10—12)。前两种在先性是由自然目的论所熟知的,但第三种则不然。⑯ 存在或实体上的在先性,或者存在论上的在先性,是整个适合于——而且实际上必要于——一种实体研究的语境的,在其中亚里士多德仿佛确认了不同种类的实体:质料性的实体、复合实体、形式、无质料的实体。在这一语境下,亚里士多德对实体进行等级排列,或者主张某些实体在存在论上先于其他实体,都是富有意义的。因为自然目的论并不致力于一种对实体的研究,因此哪种实体先于哪种实体的问题就不会直接产生。

现实在时间上先于潜能,因为一个物种的现实的成员先于这同一物种的一个潜在的成员。这让我们想起亚里士多德的反驳恩培多克勒的观点,即生产者已经具有了后代的形式。亚里士多德也容许在某种意义上潜能是暂时在先的,这再次回应了一个来自于生物学的观点:即一个既定的个体在它是现实的之前是潜在的。这使我们想起这一观点,即在胚胎发展中的灵魂的各种能力相继展开,从潜能走向现实。

现实在定义上也先于潜能。例如,我们依据它们存在之所为的各种活动来定义各种能力,而不是相反。视力就是为了看的能力。因此,要知道什么是视力,就必须知道什么是看:"对一者的定义和知识必须先于对另一者的知识"(1049b17—18)。正如在自然目的论中,目的因、完满实现的形式,在定义上先于质料暨动力因,因为它们联系于那一定义而得到说明,所以,一种活动也先于指向它的一种能力,因为我们依据现实性来定义能力。

亚里士多德归于现实的相对于潜能的第三种在先性是存在(*ousia*)上的在先性。我已经在别处论证了存在上的在先性在特征上是存在论的:如果 A 在存

---

⑯ 在一组针对本文的有益的评论中,莱文(Susan Levin)确认了生物学中的两处文本,亚里士多德在那里提到了实体上的在先性。亚里士多德在这两处原文中对比了生成的顺序和实体的顺序;在本性上,在发展上在先的在实体上是在后的,实体上在先的在发展上是在后的(《论动物的生成》II.6. 742a18—22;《论动物的部分》II.1.646a25—b10)。在亚里士多德详尽阐述他所说的实体上在先意指什么的地方(见上引的第二处原文),他依据定义上和时间上的在先性来说明它。因此,在这些生物学文本中,"实体上在先"可以被解释为时间上和定义上在先的一种结合。我论证了这不是《形而上学》IX.8 中"实体上在先"的意思,从而这两处文本并不表明亚里士多德在他的生物学著作中使用了所有三种类型的在先性。

在上先于 B,那么没有 B,A 也可以存在,但是没有 A,B 就不能存在。⑰ 这是亚里士多德所给出的唯一独立的存在上的在先性的定义,而且这无可争辩地也是他后来在同一章中通过存在上的在先所指的意思,在那里他把它相对于可毁灭的实体而归之于永恒的实体(1050b7—19)。

在记住我对现实在存在上的在先性的解释的同时,现在让我回到实体的统一性和同一性的问题上来。现实在存在上的在先性被解释为存在论上的独立性,这提供了对复合实体的统一性的一个说明。根据现实在存在上的在先性,形式的存在就独立于质料的存在,质料的存在却依赖于形式的存在。质料不是一个独立存在的实体。对于亚里士多德为什么会认为只要我们把质料确认为潜能、形式确认为现实,他就已经解决了复合实体的统一性的问题,这是一个简短的说法。

让我对此提出一个稍微长一些的说法,目的不是要说服任何人确信我的解释的真理性,而只是想把它表达出来。这个观点就是,质料从形式那里获得其同一性而不是相反。一个给定动物的质料被等同为由这一灵魂赋予形式的质料,而且它没有别的、独立的同一性。与此相对,形式能够并且事实上就在不同的质料中被实现,而且仍然保持它的同一性。⑱

类似地,现实在存在上的在先性使未成熟实体的同一性完全依赖于同一种类的成熟实体的同一性。我已经在别处论证了,鉴于亚里士多德的目的论的自然观,对他来说有意义的就是把存在论上的独立性归于物种的成熟的范本,而把存在论上的依赖性归于不成熟的实体。⑲ 其要点就是,未成熟的实体简单地不具有各种能力去共同构成这一种类的形式或本质。婴孩不能思考,谷苗不能繁育。这就是说,它们缺乏能力去做它们的形式规定它们所能够做的事情。但是

---

⑰ 参见维特的《亚里士多德的现实的在先性》(The Priority of Actuality in Aristotle)一文,见斯卡尔特萨斯(T. Scaltsas)等编,《亚里士多德中的统一性、同一性和说明》(*Unity, Identity and Explanation in Aristotle*)(Oxford:Clarendon Press, 1994),第 215—228 页。亚里士多德在《形而上学》V. 11. 1019a 2—4 中、在他对各种在先性的讨论中给出了了在存在或本性上的在先性的定义。他也在《物理学》IV. 1. 208b35—209a2,VIII. 7. 260b17—19 中明确讲到了这一点。我要为后两处的指涉感谢莱文,这两处指涉确证了,存在上的在先性不是一种只出现在"早期"亚里士多德或者一个单独孤立的例子中的关系。

⑱ 尽管亚里士多德倾向于形式的一种功能性定义,但他并不以纯粹功能性的术语来定义质料性实体的形式。比如,灵魂被定义为一个有机体的首要的现实性。当我说形式的存在并不依赖于质料的存在时,我并不是指复合物的形式能完全脱离质料而存在。我也不是指灵魂可以在任何陈旧的种类的质料中实现。相反,我指的是,灵魂的同一性并不由它所赋予形式的质料来决定,尽管它当然必须就某种适合种类的质料来赋予形式。

⑲ 维特,《亚里士多德的现实的在先性》。

它们并不径直缺乏这种能力；毕竟，尽管现在无论谷苗还是婴孩都不能繁衍，但是它们最终将能够这样做。它们潜在地能够具有构成它们的形式的各种能力。它们当前的同一性并不依赖于它们自身及其现在的能力，而是依赖于它们同其他实存、它们的种类的成熟范本的关系。因此，如果没有现实存在的人或谷物，也就不会有任何相对于它们才具有一种确定的同一性的东西存在。要是没有人，就没有任何潜在地是人的东西能够存在。因此未成熟实体在存在论上依赖于成熟实体，而不是相反。

但是，未成熟实体就不会已经具有它自己的形式么？毕竟，根据亚里士多德对动物繁殖的说明，雄性亲本的精子把形式传递给月经。因此在那里情形便是如此。甚至一个胚胎，以及在某种程度上一个婴孩，都有其物种的形式、因而有其同一性。⑳ 但我的问题是：对亚里士多德来说，说一个实体具有其形式意思是什么？无疑，它不是说形式就在那里，像一个质料部分那样存在于其中。相反，它是指，实体具有一个有关一定范围的活动的本原或原因。为了明白同一性问题的所在，让我们比较一下一件人工制品和一个自然物。当人工制品有其形式时，它就能执行一特定的功能；一栋完工的房屋可以施行庇护的功能。但是一个婴儿或一个孩子不像一件人工制品。一个婴儿或一个孩子不能施行其功能、即人的功能。而这功能是什么呢？要回答这个问题，我们要指出其目的、即成人。一个婴儿或一个孩子潜在地是一个人；这就是它的同一性。

未成熟实体是实体；然而，是一个实体容许有等级，至少就复合实体而言，因为它们的目的或形式可以在一个更高或更低的程度上被实现。人的婴儿是人，但不是在同样的方式上或程度上是成年人之所是。㉑ 这个思想如何与亚里士多德在《范畴篇》中的立场、即实体不容许等级相合呢？（3b34—4a9）在《形而上学》中，亚里士多德通过提出形式和复合实体间的一个区分修正了《范畴篇》的这一

---

⑳ 有理由认为，亚里士多德主张，胚胎在它的心脏发展时具有它自己的内在本原，而不是来自于精子和月经之间接触的最初时刻。对这一问题的一个明确的回答不会解决同一性问题。同一性问题不关注亚里士多德认为形式和质料何时构成了一个新的自然存在物（一个具有自己的内在本原的东西），而是关注如何规定那个新的自然存在物是什么。

㉑ 考斯曼在对话中提出了对未成熟实体的另一种可供选择的说法。为什么不能说，一个婴儿因其是一个潜在的认知者、繁衍者以及公民等等，故而它就是人呢？我并不认为修饰词从这类同一性的术语变为共同构成了这类同一性术语运用之基础的各种能力就会使我的基本观点有太大区别。关键点是，作为婴儿是人（有那种同一性）的原因的各种潜在的能力，仅仅因为成熟的人现实地具有这些能力，才是可解释的。换言之，我同意婴孩是人，但我认为同一性建基于婴孩和成人的关联上。我以一种我以为是亚里士多德的风格将它表述为，婴孩潜在地是人，藉此我指的是，它潜在地是有理性的，潜在地是能够繁殖的等等。

立场："而且正像数目不容许更多或更少,在形式意义上的实体也不容许,但如果有实体容许的话,它就只是包含了质料的实体。"(1044a9—11)第一实体,或者形式不容许有等级,但是复合实体容许,因为形式经历了一个在质料中实现的过程。

三、自然目的论和形而上学目的论之间的关系

亚里士多德的生物学著作中的目的论和《形而上学》中的目的论之间的关系是什么呢? 一种可能性是我已经在本文的主体部分反驳过的,即,二者是同一的。亚里士多德没有运用潜能和现实之间的目的论的关系来解释他在有关自然和生物学的著作中借助目的因所解释的同样的现象。就算我已经成功地反驳了这个同一性论题,关于这两种目的论如何彼此相关的重要问题也仍然存在。这些问题实际上属于有关自然和生物学的著作和有关实体的著作是如何相关的这一广泛的论题。

在直觉上,有两种立场是可能的,而且已经由学者们所提出。其一是,生物学著作的目的论解释框架是不完整的,并且要求形而上学的补充。㉒ 譬如,有人会认为,自然目的论假定动物是功能完善的统一体,这是一个形而上学目的论为其提供证明的假定。㉓ 让我们把它称作"不完满论题"。其二是,自然的和形而上学的目的论实际上是一个连续的论证。生物学著作和论自然的著作至少部分地是关于实体的著作,因此能被理解为(而且实际上应该被理解为)同《形而上学》中的实体研究是相连续的。让我们把它称为"连续性论题"。㉔ 不完满论题和连续性论题当然无须被视为是相抵触的阐释,因为一个人可以既主张自然目的论要求形而上学的补充,也可以主张它为一些形而上学的论断或者补充了或者提供

㉒　沿着这些线索,弗斯写道:"我的观点是,亚里士多德向自己寻问了一系列非常深刻的关于动物王国的问题,实体的形而上学是对此的一部分回应,这样,后者在很大程度上便受到了激发,而且因此应当被解释为一个非常深刻的理论基础……对于生物科学来说"《实体,形式和灵魂》[*Substance, Form and Psyche*],Cambridge:Cambridge University Press,1988,第5页)。

㉓　莱文在她对我的论文的有益的评论中论述了这一主张。尽管我不同意她的立场,但在她的论证的启发下,它确实迫使我重新思考我自己的观点。

㉔　有关这种方法解释亚里士多德的生物学著作和实体著作的一个范例,参见戈特塞尔夫和林诺克斯主编《哲学论题》(*Philosophical Issues*)第 IV 部分中的论文。有关对这一研究方法及其一些缺陷的一个非常有益的讨论,见劳埃德,《亚里士多德的动物学及其形而上学:研究现状》(Aristotle's Zoology and his Metaphysics:The *status quaestionis*),见《古希腊科学的方法和问题》(*Methods and Problems in Greek Science*),Cambridge:Cambridge University Press,1991,第 372—397 页。

了证明。只要自然目的论所假定的论断不是那些被假定为提供给形而上学目的论的同样的论断,那么这种相互加强的印象在直觉上就是似乎可信的和融贯的。但是,如我随后将论述的,如果不存在有力的理由来独立接受其中任何一个论题,那么就无需去考虑它们的结合了。

我对这两个论题的反对基于我对亚里士多德的实体研究工作的看法,对此我在这里不能予以辩护。㉕ 我认为实体的研究首先关注的是实体是什么的问题(定义问题),而不是哪些东西是实体的问题(即成员问题)。并且我认为,定义问题按原因的方式被加以阐述;我们应当寻求对一个事物是一个实体起作用的原因。而亚里士多德为这一研究提供了一个候选者的名单(动物,它们的部分,元素,柏拉图的形式,等等)以及成为实体的一组标准(统一性,是一个主体,是一个这个,等等)。对实体的研究不是要证明或论证这一候选者名单或者这组标准,而毋宁是要辨证地运用它们以试图回答实体是什么这一问题。我对不完满论题和连续性论题的拒斥就假定了对亚里士多德在《形而上学》核心卷中的实体的研究的这一理解。

我已经论证了,形而上学目的论和自然目的论解释的不是同样的东西,由形而上学目的论而非自然目的论所解释的其中一个东西就是复合实体的统一性和同一性。这看起来正像不完满论题;自然目的论假定动物是功能完善的统一体,形而上学目的论则论证这个假定。形而上学扮演了其熟悉的为科学假定——在这里的假定就是,动物是组织完善的统一体——奠基的角色。总之,它的支持者可以论证说,我自己对这两种目的论如何区别的解释似乎含有不完满论题。

我认为这一设想的谬误之处在于,它所赋予的动物是功能完善的统一体这一论断的地位。根据不完满论题,这个论断是亚里士多德的一个假设,它在生物学著作中被断定,在《形而上学》中被证明。然而,动物是功能完善的统一体这一思想并不是亚里士多德生物学的一个假定;它也不是在实体的研究中被确立或证明的。动物是功能完善的统一体(这既对于亚里士多德而言,实际上也对于我们而言)。亚里士多德认为,这一关于动物的事实必须在一个适当的自然理论中被加以考虑。在《形而上学》中动物也是组织完善的统一体;这就是为什么它们高居于实体名单之列的原因。《形而上学》的问题并不是:我们如何能够证明动物是组织完善的统一体这一论断?《形而上学》的真正问题是:动物之所是的这些种类的组织完善的统一体如何能够经得起一种实体研究的审查? 而且答案是"相

㉕ 这里所提出的有关亚里士多德实体研究的意图和方法的观点在我的著作《亚里士多德的实体和本质》中得到了更为具体地描述,并且被给予了文本上的支持。

当好的",但是,出于很多理由,它们不是实体的首要的等级。因此,不完满论题的错误在于,它赋予了亚里士多德这样的立场,即,动物是组织完善的统一体的主张是一个要求证明的假设。相反,这是一个常识(endoxa),一个无论是在自然解释的理论中还是实体的研究中都必须被加以考虑的有关自然的真实的意见。

　　连续性论题认为亚里士多德的有关自然目的论的著作是致力于同他的实体研究极其相同的工作。就这一观点来看,亚里士多德对动物的生成和动物的部分的目的论的说明直接是为了他的形而上学计划。因此,即使目的论关系的相关项有所不同,即使它们解释不同的事物,这两种目的论都是一个单一的存在论计划的一部分。我在亚里士多德的生物学或自然著作和他的有关实体的著作之间所作的区分就是矫揉造作的,这从实体的术语都出现在两组著作中这一事实即可得知。我对此的回应只是指出,在论动物的著作中发现实体的词汇是不足为奇的,因为动物对于亚里士多德就是实体。然而,在使用"实体"、"质料"、动物的"形式"这些术语和提出什么是"是一个实体"这个问题之间作出区别却是重要的,后者是《形而上学》核心卷的任务。因此,从解释《形而上学》的视角来看,去探察亚里士多德在生物学著作中对实体的评论有什么启发,也许是很好的锻炼;但这不应该是主张它们在致力于一个单一的存在论的计划。

　　迈耶(Susan Sauvé Meyer)在最近的一篇文章中已经论证了对亚里士多德在《物理学》卷 II 中为自然目的论所做的辩护的一种解释,该解释将这一辩护看成是通过为复合实体(如动物和植物)是实体的论断进行辩护而有助于对实体的研究。对迈耶来说,亚里士多德对自然目的论的论证有一个存在论上的靶子:即,动物和植物仅仅是偶然的质料统一体这一质料主义的自然哲学家们的论断;依照迈耶的质料主义者们,动物和植物严格地讲并不存在。她写道:"排除性的存在论的建议的真理性就是在亚里士多德为自然目的论的辩护中置于审判台上的哲学议题。"㉖迈耶对有关自然目的论的论证的阐释为连续性论题提供了一个明白的例证,因为它发现了一个在为自然目的论的辩护中遭到驳斥的存在论的命题。然而,应当注意的是,迈耶在她的论文中没有就生物学著作和实体研究之间的关系作出任何明确的论断。

　　出于论辩的目的,我接受迈耶对亚里士多德论证的靶子的富有争议的提议,而且我将提出,亚里士多德正在反驳在存在论上对动物和植物的排除,而不是在反驳解释上的还原主义这一被绝大多数学者所接受的观点。如果是这样,那么,

---

㉖　迈耶,《亚里士多德、目的论和还原》,第 795 页。

亚里士多德对动物和植物真实存在着这一结论的论证,就可以被看成通过确立一个重要类别的复合实体存在而是实体研究的一部分。但这一观点的问题在于,它弄错了《形而上学》中亚里士多德的出发点和最终目标。说动物和植物存在,并且是实体,这属于亚里士多德由以开始他的实体研究的那些常识之列。这是一种常识(endoxa),一种公众意见,而不是一个由一个更早阶段的论证来证明的论题。它也不是一个由对实体本身的研究来证明的结论。与复合实体例如动物、植物有关的形而上学目的论的工作就是要解释它们为什么是实体,而不是要论证它们存在或一直存在着、甚或它们是实体这一论断。因此,即使《物理学》卷Ⅱ中的论证证实了迈耶断定它有的那一结论,她的阐释也没有为连续性论题提供证据,因为动物和植物存在这一论题不是亚里士多德的形而上学的一个论题,从而它不能是一个由他的自然目的论来确立的形而上学论题。

尽管连续性论题是错误的,但在一种更为宽泛的意义上,亚里士多德的思想有着很大的连续性。无疑,过去十年的学术成果已经表明生物学著作和实体研究可以相互阐释。但是相互阐释并不意味着有一个单一的研究在进行,或者所造成的解释性的计划在致力于一个单一的主题,或者一方为另一方提供了理论基础。亚里士多德对自然变化与生成的目的论解释是一个同他对存在和实体的目的论解释不同的计划,尽管某些类别的生物,例如动物和植物,两门科学的范围都属于。

《亚里士多德〈形而上学〉Lambda 卷》导论 *

弗雷德

  《形而上学》，按它传至我们的样子，显然不是一部一体写就的论著。它是各种十分不同的材料的汇编。它如何以及何时逐渐成了我们现在读它的那个样子，这一直是被大量研究的主题。这种研究已经极大地阐明了《形而上学》作为一个文本的构成问题，尽管没有完全解决它。

  虽然这个问题没有得到完满解决，但是，迄今为止，却似乎在一个对《形而上学》Λ 卷的研究者来说极具深意的事实上有着普遍一致的看法。Λ 卷原始看来自身构成了一篇论文，只是后来才被插入到《形而上学》中。现假定由于某种偶然的原因，除 Λ 卷以外的整个《形而上学》在其传播的一个非常早的阶段已经佚失了，而只有 Λ 卷在"论实体"（*On Substance*）这一题目下保存了下来。我们没有任何理由认为 Λ 卷只是残篇，或者只是一本书、一部原本篇幅很大的著作的一章，而这部著作除这部分之外不幸已经佚失了。因为，例如，Λ 卷没有提及它表明自身只是其中一部分的一部更大的著作的较前或较后的章节。它无论是在形式上还是内容上都是一部自足的著作。反过来，现假定 Λ 卷在一个非常早的阶段由于某种偶然的原因已经从《形而上学》中分离了出来，它和《形而上学》的其

---

* ［译按］本文选自第十届亚里士多德学会专题论文集《亚里士多德〈形而上学〉Lambda 卷》（*Aristotle's Metaphysics Lambda*）第 1—53 页（Oxford University Press, 2000）。第十届亚里士多德学会（The Xth Symposium Aristotelicum）在牛津大学举行于 1996 年 8 月的最后一个星期，会议召集人和组织者为弗雷德、查尔斯（David Charles），他们也是本书的编者。与会者均为国际亚里士多德研究领域的专家学者，如卡恩（Charles Kahn），索拉比，等等。会议主题选定为亚里士多德《形而上学》第十二卷，也就是按希腊文称呼的 Lambda 卷，分章节逐章进行讨论，并由专门学者按章节撰写专文加以论述，由此结集成为本书，实际上可以看成是有关《形而上学》第十二卷的一个详尽的评注集和最新的研究成果集。在这本书中，弗雷德作为当代亚里士多德研究领域的领军人物，撰写了长篇的导论以及对 Λ.1 的专题论文。译文即是对其中的导论的翻译，由此庶几可以对当代西方亚里士多德研究的最新进展有一个鲜明的印象。

余部分一直是分别传播的,前者还是在"论实体"这个题目下。如果这样,我们就会有两部论著按传统归之于亚里士多德,一部是《形而上学》,一部是《论实体》。甚至对于这部我们可以得到的《形而上学》,我们也很少有理由假定,我们所已经逐渐称为《论实体》的那部论著本来是这部《形而上学》的一卷。人们并不能够在这部《形而上学》中辨认出一道要么在形式上要么在内容上的清晰的裂缝或间隙,以使 Λ 卷恰好填得进这个裂缝。当然,是有一些东西在实施《形而上学》核心卷似乎为其对实体的研究所构想的那一计划中失落了。核心卷以对可感的、物质的实体的考察开始其对实体的研究,但却使我们认识到,在此基础上,我们将进至对不可感的、非物质的实体的讨论,以完满地认识到什么才算作实体,什么才是一个实体(参考 1028b13—15;28—31;1029b3—12;1037a10—14)。但对不可感的、非物质的实体的这一讨论,我们在《形而上学》中,除非存在 Λ 卷,否则永远不会找到。但是,却不能够说 Λ 卷恰好填补了如果 Λ 卷被从《形而上学》中去掉或分出后我们所会有的这道裂缝。因为 Λ 卷在许多方面并没有提供核心卷似乎许诺的对分离实体的那种讨论。首先,它不只是对分离实体的讨论。它还是对实体的非常一般的研究。它像核心卷一样还是以对可感实体的讨论开始的。差别仅在于,和核心卷不同,它实际上确实进至了对不可感实体的讨论。其次,它讨论不可感实体的方式不像是核心卷令我们期待它讨论它们的方式,假如它恰恰是核心卷所许诺的那种讨论的话。Λ 卷没有重拾核心卷中所提供并且要求进一步按对分离实体的讨论加以发展的那些论证线索。Z 卷所关注的不仅是有何种实体,而且是什么才是一个实体、甚或什么才是一个存在这样的问题。它把每一个人都同意其存在和实体身份的复合实体分析为质料和形式,并把它们解释为本身就是实体,尽管各自分别是在一个要么严格要么宽泛的意义上。它同 H 卷和 Θ 卷一道提出了一条思路,按照这条思路,质料和形式依据潜能和现实来解释。质料是对某物的潜能,或者至少提供了它,形式是某物的现实,或者提供了它。我们接着可以看到,复合实体的形式例如灵魂本身就是现实化的或不依赖于环境的一系列一定种类的潜能。这使我们认识到形式的、因而实体的可能性,它们是现实的、独立于环境而活动的,它们的现实性和活动性不基于某种由于环境而可以发生也可以不发生的性能或能力。接着我们可以把实体身份和存在解释为首要地是一种纯粹的现实性、一种不基于潜能和质料的现实性,接着去解释其现实性确实以潜能和质料为前提的事项的实体身份,并最终转向质料和形式构成的事项的实体身份。但是,Λ 卷却丝毫没有这样做。它虽然关注于我们应当提出哪几种实体,但是却既没有怀着什么才是一个实体或一个存在的问题,也没有说明作为一个实体而存在也就是作为某种现实性而存在,以及存在着完全不同种类的实体,因为存在着完全不同形式的现实性。因此,Λ 卷并没有正好填补《形而上学》全部论证中的那道如果 Λ 卷从这一著作中失落而会留下的裂缝。它毋宁看上去是对实体的另一种方式的论述,或多或少地安插在《形而上学》Z 卷所安插的那一论证的位置上,并与《形而上学》核心卷所设想的论述相平行,只除了它实际上设法达到了对不可感的实体的讨论,而相反,相应的接续核心卷的有关非物质实体的部分却要么佚失了,要么从来没有写过。事实上,在 Z 卷的开始和 Λ 卷的开始之间有着很多非常密切的相似之处。不管怎样,如果我们曾经有过一部 13 卷的《形而上学》和作为一篇独立的论文《论实体》的 Λ 卷,那么,并没有任何充分的——更不用说富有说服力的——理由可以假定,《论实体》这篇论文刚好是《形而上学》的一卷,当然也不会假定它是第 12 卷。人们也许会质疑有任何编辑者敢于出版一部以 Λ 卷为第 12 卷的《形而上学》的新版本。

但事实却是,Λ 卷一直是作为《形而上学》的第 12 卷被传播的。这一点,鉴于我们一直没有清楚地解决《形而上学》是如何根据组成它的相当分散的材料编辑的这个问题,并没有太大的意义,而这在有某种证据表明《形而上学》过去不总是具有它现在所具有的 14 卷的情况下尤其如此。事实始终是,Λ 卷看起来像是一篇恰好被插进《形而上学》中的独立的论文,一篇本来也可以被插在《形而上学》的结尾而非作为第 12 卷的论文,一篇甚至从表面上都一直没有整合进周围的文本中的论文,它在其第一个部分同核心卷所提供的讨论相平行,并在那一意义上重复了它,但是接下来通过提供一个对不可感实体独一无二且不可或缺的讨论又决定性地补充了它。十分显然,这正是为什么 Λ 卷在我们已经逐渐称为《形而上学》的著作集中被赋予了一个位置的原因。

尽管如此,人们会夸大这一事实,假如有人声称 Λ 卷和《形而上学》的其余部分没有任何关系的话。当人们考察 Λ 卷的开始,或者——就此而言——考察作为一个整体的 Λ 卷时,那么,显然,Λ 卷只能在一定的语境中被理解。这个语境不是像我们现在所拥有的那个样子的《形而上学》。我们自己必须提供一个语境。但是亚里士多德显然预先假定,人们已经知道,在 Λ 卷中我们正在进行形而上学,而且形而上学理论的关键部分将是实体理论。因此,非常清楚,Λ 卷是以 Z、H、Θ 卷为开始的那一著作就这一主题而言所想要是的那种论文。但是,知道这一点并没有太大的帮助。至少一开始我们并不知道而且我们也许永远不会知道,是否 Λ 卷比 Z 以下各卷更早或更晚,是否它是 Z 卷所设想的那一计划的一个摘要、梗概或提纲,或者是否涉及到了一个不同的计划,以及是否它采取了相同的方法来研究 Z 卷所设想的那一题材。有这样一个有吸引力的建议，为这一文本的字面特征所支持，即，Λ 卷是匆忙写就的。我们在结束时将要回到这一建议上来。如果我们赞成这一建议，那么，我们就可以自由地认为，Λ 卷甚至不构成这种实体理论的大致轮廓的一个完整的提纲，而只是一个精选的论述，其目的是要勾画一个方式表明一种实体的论述将不得不包括对分离的、非物质的实体的论述以及怎样。据此观点，我们从亚里士多德没有明确地说某些我们也许期待他说的事中就不能得出任何推论，这不是他在写作 Λ 卷时实际上所考虑的事。但是，即使据此观点，事实依然是，Λ 卷本身不可能是亚里士多德在他正在写作 Z、H 和 Θ 卷时所想要写的论文的一部分。同时，我们必须牢记的是，这个观点是高度猜测性的。所以，由于各种理由，最稳妥的办法就是一开始就要行进在这一假设上，即，Λ 卷是一篇独立的论文。

说 Λ 卷是一篇自足的著作绝不是要质疑 Λ 卷是亚里士多德的一部作品。要发现别的什么人有可能写作了它是困难的。而且塞奥弗拉斯特的《形而上学》似乎恰好是以我们在 Λ 卷中看到的这种讨论为前提的这一事实，看起来为它的真实性提供了保证。鉴于其思想的特征和令人吃惊的创新性，要发现别的什么人有可能写作了它是困难的。我们也不必提出 Λ 卷究竟是由亚里士多德本人还是仅仅由某位后来的编辑者插入《形而上学》的问题。对于我们的目的来说关键的是，它是一个后来的插入，而它原本构成了一篇独立的论文。

之所以说这是关键的理由是，这个假定给它带来了某种研究文本的方法。假如它最初是一篇独立的论文，那么，我们就应当照这样来研究它。而且这就是说，在对它的解释中，我们不应当受到这样一种假定的拘束，即，它所体现的观点必须同由《形而上学》中 Λ 卷之前和之后的部分所体现的观点相契合，它所提出的论证同《形而上学》其余部分的总体论证相契合。因为，既然《形而上学》作为一个文本所提出的那些问题还没有得到充分的解决，那么，我们便甚至不知道是否有《形而上学》的一个总体论证这样一件事，是否有由这部著作所体现的一个总体的观点。看起来稳妥的是说，Λ 卷是一篇形而上学的论文，但我们甚至不应当从一开始便假定，作为它的基础的形而上学这个概念同作为《形而上学》其他部分基础的形而上学概念是一样的。在这一意义上，我们应当把它作为一篇自足的论文来研究，努力依据它自己的主张来理解它，而不让我们对这一文本的理解受到我们相信我们关于《形而上学》其余部分所知东西的误导和拘束，以使 Λ 卷符合于整个的文本。

同样地，尽管如此，但是确实，Λ 卷是一篇形而上学的论文，它研究了在《形而上学》的其余部分所研究的一些同样核心的形而上学的问题。而且因此，在第二步，一旦我们认为我们已经充分地理解了亚里士多德在 Λ 卷中正努力要做的事情，以及他如何着手做它，那么，我们就应当在各个方面比较 Λ 卷同《形而上学》的其他部分，尤其是它在其第一部分中似乎与之相平行的核心卷。但是，这仅仅应当是第二步。

Λ 卷显然分成三个部分，一篇导论（Λ.1），一个论可感实体的部分（Λ.2—5），以及按照它事实上将呈现出来的那样，一个论不可感的或者超感觉的实体的部分。因为在第三部分中所讨论的实体不仅如同物理对象的实体形式也是的那样是不可感的，而且除此而外，在一个远比对象的实体形式强得多的意义上是非物质的：它们不仅本身没有一个物质的构造，它们的存在甚至也不包括它们在质料中的实现，它们同质料和由质料构成的对象相分离。就此而言，它们属于一个不同的、更高的实在领域或层面。这本身便表明——而且认识到这一点是重要的——我们的文本没有把它自己表现为一篇论神圣实体的论文，更不必说一篇论神圣的 ousia 的论文。没有任何迹象表明，有关可感实体的第一部分只是被认为是在引入我们据此可以接着考察这篇论文的真正主题、亦即非物质的实体的材料。把 Λ 卷，例如像罗斯在他有关《形而上学》的评注的导论中所做的那样，看成是在"亚里士多德的神学"（第 cxxx 页）的标题下，并且把第 2—6 章的讨论称作亚里士多德的"上帝存在的证明"，它"追寻的是一个多少有些拐弯抹角的路线"（第 cxxxii 页），这看上去似乎是极具误导性的。相反，至少在一开始，Λ 卷的焦点似乎关注的是可感世界。我们试图理解其中的诸存在者。例如，有性质、数量和我们可以以别的某种方式概括为范畴的诸事项，但是，首要的是物质性的实体，它们由于是物质的因此是从属于变化的。现在，既然这些非实体性的事项可以依据它们所描绘的各种物质性实体来被理解，那么，物质性实体便是非实体性实存的本原。因此，物质性实体的本原，那些依据它们我们继而说明物质性实体的事项，在某种方式上也就将是非实体性事项的本原。接下来得出的就是，在我们于我们周围所碰到的这种物质性实体的诸本原中，存在着分离的非物质性的本原。同时，既然实体的诸本原本身必须是实体，否则的话我们就会使非实体先于实体，因此，这就意味着一定存在着分离的、非物质性的实体。这就是在 Λ 卷中分离的、非物质的、不可感的、不变的实体进入视野的方式。我们正在观看可见的世界，但是在努力判断支配它的那些本原、亦即我们在这个可见世界中所碰到的那些实体的本原的过程中，我们也发现，在这些本原之中一定存在着非物质的实体，如果我们想要理解这个可见世界，那么，我们就有必要去理解它。并且这也就是在 Λ 卷的结尾中我们所返回的视角，因为 Λ.10 一开始便把这个可见世界中的秩序解释成是由于神＊或善，一种分离的、非物质的实体，它本身不是这个可感世界的一部分，但却需要来解释它。

这样来看待问题，我们也就明白了 Λ 卷的两个主要部分之间那除此而外便显得奇怪的不一致或者不对称。Λ 卷的头几行也许使我们以为，我们将非常一般地研究实体的原因和本原。而且，由于在第一章的后面我们分别区分了二到三种实体，因此，我们也许以为，在 Λ 卷的第一部分，我们将有一个对可感实体的原因和本原的研究，而在第二部分，将有一个对非物质的实体的原因和本原的研究。这一期望在第一部分得到完全的满足，但是，在第二个部分却完全失望了。对此的解释不是说，非物质的实体没有任何本原，而是说，一般地它们拥有它们自身的本质、是它们自身的本原是就它们与它们的本质相同一而言的。因为，尽管确实，对于神来说，他没有任何在先的、分离的本原，但是，至少就其他不动的动者来说可以追问的是，它们是否也在一种不寻常的意义上确实拥有本原。它们是不动的这个事实仅仅意味着，它们不依赖于种种通过它们本身是运动的而可以解释它们是一定种类的运动的原因的本原。我们也许可以认为亚里士多德在他写作 Λ.1 时也已经计划就不可感的实体的本原写作 Λ.6 以下部分，但是却没有来得及完成 Λ.1 的承诺，因为结果证明，要确立它们的存在、本性，以及至少对它们的数目有所确立，是非常困难的。这诚然不能被排除。但是，即便我们确曾假定 Λ 卷是匆忙写就的，可看来奇怪的是，亚里士多德没有费心就非物质实体的本原和原因以这种或那种方式作出任何说明，而假如这就是他最初的计划的话。甚至对于完成所假定的这一原初承诺没有任何象征性的姿态，如果只是要标出这种讨论的位置的话。因此，看起来更为合理的是假定，当他在 Λ 卷的一开始讲一个人正在研究实体的本原和原因时，他所想到的毋宁只是我们周围世界中的普通的可感实体。他不是在告诉我们，我们应当并因而在这篇论文中将要研究任何一种实体的本原。如果这是他的意思，那么，这篇论文的第二个主要的部分就诚然没有实现这一承诺。相反，亚里士多德正在提出一个实际的主张，主张哲学家们实际上是在研究实体的本原，即便这也许不是他们本人用来描述他们正在做的事情的语言。不仅从第一章的其余部分，例如，从 1069a25—26 来看，而且从我们对亚里士多德之前以及亚里士多德时代的古希腊哲学的了解来看，清楚的都是，他所想到的事实是，哲学家们诚然研究我们生

＊　［译按］此处英文用大写的 God。作者这样用，显然是为了区别于其他的同样被称为神的不动的动者，以表明这是最高的第一不动的动者（详见后文）。中文没有大写，故采用楷体予以强调。以下凡楷体显示的"神"均同此。

活于其中的可感世界的本原,可感实体的本原,尽管在这一研究的过程中他们也可以渐渐提出不可感的实体来解释可感世界。而且因此他正在加入这些其他的哲学家——前苏格拉底哲学家们和柏拉图主义者们——的事业当中。在他自己的研究过程中,他也将得出这样的结论,在可感实体的诸本原中还存在着非物质的实体。但是这绝不是在说,我们的论文被设定是一篇论述这些非物质实体的论文。它只是说,既然最终表明存在着这些可感实体的非物质的本原,那么,我们对实体的论述如果没有对这些不可感实体的本性的一个说明就会是不完整的,尤其是因为关于我们所必需提出的非物质实体的本性有各种极端不同的看法。应当强调的是,所有这些不是要否定在某种意义上 Λ 卷也许是一篇神学论文,但这是在这一意义上而言的,即,神学不只是研究神圣实体,而且也研究其他实体,并且这不只是附带的。

　　因此,这就是一个人为什么可以认为 Λ 卷是一篇神学论文,在 Λ. 2—5 中的讨论只是一个预备性的讨论以为接下来在 Λ. 6—10 中对分离实体的研究提供基础的一个理由。一个人也许可以认为,Λ 卷被设定是一篇有关形而上学或第一哲学的论文,从而,对可感实体的一个讨论——它构成物理学或第二哲学的领域——只有当它在某种方式上仅是对形而上学或第一哲学的真正主题的讨论的预备时,它在这篇论文中才可能是合适的。按此观点,一个人也许可以为 Λ. 1. 1069a36 以下的说法而感到确信,即,可感实体是物理学的领域,相反,非物质的实体归于另一门学科的领域。我们也记得 Z. 11. 1037a13 以下的说法,即,我们现在仅仅考察可感实体,因为我们后面要研究是否有另一种实体以及它是如何,既然可感实体的理论在某种方式上只是物理学和第二哲学的主题。并且在 E. 1 中亚里士多德告诉我们,如果存在着分离的、非物质的实体,我们就会有三门理论哲学,亦即神学、物理学和数学(1026a10 和 18—19)。因此,一个人也许可以断定,一篇有关形而上学的论文应当研究分离的、神圣的实体,根本没有任何合适的位置留给对可感实体之类东西的一个系统的讨论。但是要得出这一结论就是要无视刚才引述的所有亚里士多德的说法是以一种含混的方式加以限定的事实。正是这种含混性很容易使一个人看不到这种种的限定,特别是因为澄清它们的尝试必然是矛盾的,因为亚里士多德本人为它们的澄清没有提供多少帮助。虽然如此,但非常清楚的是,亚里士多德在 E. 1. 1026a23 以下提出是否第一哲学是普遍的而不只是关涉一个特殊的实在领域亦即神圣实体的问题。而所提供的答案看起来是,第一哲学不只研究一个特殊的对象领域,而是普遍的,因为它是第一的。这样,如果不存在任何分离的、非物质的实体的话,那么,物理学就会是第一的,但是,正是由于这个原因,物理学便不只是研究一个特殊的领域亦即可感实体,而会在以某种方式研究所有存在物上是普遍的。在详细地说清楚第一哲学研究所有存在物的方式上,有种种困难产生出来。在亚里士多德的时代这曾是一个富有争议的主题,而且它也是亚里士多德自己似乎徘徊于其上的一个主题。但是,也许我们可以就此针对亚里士多德在 E 卷中的概念讲上许多。假如没有任何非物质的、分离的实体,我们就会有两门理论科学,或者毋宁说两组科学,物理学和数学,前者关于可感实体,后者关于数量。而物理学在这一意义上是普遍的,即,尽管它的领域不包括数量,但是它却不得不讲上一些有关数量的东西。因为可感实体的一个根本的特征就是,它们是有一定数量的,它们形成具有某种数量的种和类。这样,一个人便必须对什么才是一个数量、为什么有可感实体就必须要有数量以及一个人必须假定多少种数量形成一个看法。一个人可以做所有这些,而无需已经做了一个人在专门数学学科例如算术或几何学中的任何一门或者就此而言在所谓的普通数学中做的任何事情。因为,甚至普通数学也已经是一门预设了我们已经知道存在着数量、它们是什么和它们是什么种类的数学学科,相反,我们现在正在考虑一门将这些事实确立为有关可感实体存在的一个前提的物理哲学学科。但是,事实上,亚里士多德假定存在着分离的、非物质的实体。而且因此,神学或形而上学将是第一哲学。但是,这并不意味着神学或形而上学将只是关于不动的动者和它们的种类。因为,对于理解它们来说根本的是,它们是实体,它们是理智,它们是可感实体的推动者。它们是某一种类的实体、理智和推动者。所以,一个一般的实体学说在神学中就会有其地位,区分不同种类的实体,包括可感实体。它将接着澄清分离的、非物质的实体的特征,特别是假如它确实得出,它们可以被概括为纯粹的现实性,相对于可感实体的形式和可感实体本身。在对可感实体的这种概括中,我们将不得不说明它们的潜能或者物质性给它们带来了数目和连续的量。按此方式,神学将是普遍的。如果我们观察上面所引的 Z. 11 中的说法的话,那么,它也是受到限定的。只是"在某种方式上"可感实体才是物理学的领域。尽管它们构成了物理学的正当领域,但是,由于各种原因它们也被这位形而上学家研究。如果亚里士多德只是假定,一点点的物理学是一个人为了研究形而上学而必须具备的背景知识的一部分,那么"在某种方式上"这一限定就没有意义。同样,靠近 Λ 卷导论章结尾的说法不是在断然地主张可感实体是物理学的领域,反之,非物质的实体由神学或形而上学研究。它毋宁是在主张,除非这两种实体具有共同的本原,否则它们将在不同的学科中被研究。不管我们怎样解释这一点,至少它给能够存在一门研究两种实体的学科的想法带来了可能性。因此,亚里士多德的观点就可以是,Λ 卷是一篇神学或形而上学的论文,但一个人可以认为对可感实体的讨论是这样一篇论文的一个必需的部分。这样，即使亚里士多德在 Λ 卷认为第一哲学是神学，这也不意味着 Λ.2—5 仅仅构成一个预备性的讨论，Λ 卷的真正主题是神或神圣实体。如果 Λ 卷是一篇 E 卷意义上的神学论文，我们就必须假定，在 Λ 卷中对可感实体的讨论构成了神学本身作为一门普遍科学的一个必须的部分。

　　如果我们在 Λ.1.1069b3 的结尾转向可感实体和它们的本原以开始我们对它们的探究，那么，这不只是因为我们熟悉它们，以及因为可感实体一般被认为是实体，而反过来，不仅非物质的、分离的实体的存在本身，而且什么应当算作这类实体与它们的本性，则是有争议的。而且这也是因为，哲学研究始自且总是始自于我们周围的可感实体、我们生活于其中的可感世界，尽管亚里士多德的许多前辈一直把它径直和整个实在等同在一起。我们周围的实体是由它们是物质的这一事实来规定的。这就是它们为什么是可感的亦即可知觉的原因，并且这也就是为什么它们从属于变化的原因。事实上，我们周围世界中的实体不仅由它们从属于变化意即它们在变化中持存这一事实所规定，而且它们也在一种更为基本的方式上从属于变化，即，它们生成和消灭。而一个人会奇怪，非物质的、分离的实体——它们因为是非物质的，因此是不能变化的——究竟如何能够有可能是在各个方面都从属于变化的事物的原因。显然，如果我们所具有的唯一的本原是非物质实体，那么，这就非常难以理解，我们怎么能够具有任何变化。幸运的是，这个问题对亚里士多德没有产生，因为非物质的、不变的实体只是从属于生成和消灭的物质实体的本原中的一些。亚里士多德能够诉诸的其他的本原是他叫做"动力因"和"质料"的东西。这些在某种程度上将提供对事物的生成和消灭的说明。因为，说 A 类的某物是 B 类的某物的质料，就是说有 C 类的某物，它能够按这样一种方式推动 A 类的某物，在这一类典型的过程进行当中把它变成 B 类的某物。但是，人们也许仍旧可以对一个非物质的、分离的实体究竟如何会是从属于生成和消灭的某物的一个本原感到困惑。同时，在这一语境下人们也许记得，亚里士多德之所以对柏拉图设定理念或者普遍的属类可以说明、解释或者造成可见世界中的任何东西加以批判，正是因为它们被设定是非物质的、分离的实体。亚里士多德论证说，柏拉图的人的理念无论如何解释不了一个实际的人，这恰恰是因为它被设定是一个非物质的、分离的实体。与此相对照，亚里士多德的人的形式之所以在根本上有助于解释一个人，正是因为，尽管它不是一个物质的东西，但是，它不是一个分离的实体，而只是人的形式，这要么是所说的这个人的形式，要么是所说的这个人的父亲的形式。所以，始终有这样一个问题，即，一个非物质的、分离的实体究竟如何能够是一个可消灭的实体的本原。

对于这个问题，Λ卷将提供一个回答。

我们还能够问这样一个相关的问题，即，如果所有本原是永恒的，就像非物质的、分离的实体那样，那么怎么可能存在任何生成和消灭的东西呢？假如我们假定永恒实体当中的一些尽管永恒却从属于变化，例如运动，那么，这个问题便较容易回答。它们也许可以通过它们永恒地改变区域而有助于解释生成和消灭的事物的一个永恒的次序。但不管怎样，所有本原都是永恒的这不是事实。存在着解释生成和消灭的事物的本原，像形式、尤其是质料，尽管它们本身不是生成和消灭的事物种类，但是，虽然如此，它们不是永恒的。这些非永恒的本原，假如恰当地辨认的话，可以解释所有生成和消灭的事物。或许它们甚至也可以解释这一事实，即，生成的事物形成了一个在时间中向后伸展的系列，无论人们要追溯它有多远。根据亚里士多德，至少，为了要有一个给定的人，就不仅必须要有一个是那个已经生成的给定的人的形式的人的形式，而且还必须已经有了是那个给定的人的父亲的形式的一个人的形式。而这对于那个给定的人的父亲亦然，如此等等以至无穷。但是我们所要理解的不只是为什么存在着这些生成和消灭的东西，和为什么总是已经有了这些东西，而且是为什么持续存在着这些生成和消灭的东西。对此，亚里士多德认为，我们需要诉诸的不只是可感的、可毁灭的实体及其内在本原、它们的"要素"，而且也诉诸变化着并因而是物质的、可知觉的但却是永恒的实体，以及非物质的、分离的实体。

这有助于解释，为什么亚里士多德已经在Λ.1.1069a30以下提请我们注意，我们将需要一个对实体种类的三重的划分，尽管在可感的、可毁灭的和可感的、永恒的实体之间的划分在Λ.6中才进入论证。我们不仅在一方面是非物质的、不变的和不可感的实体和另一方面是物质的、变化的和可感的实体之间进行区分，我们也在后者之中区分那些变化的、但却永恒的东西，亦即例如行星，和那些在所有方面都变化的、并因而也生成和毁灭的东西。我们需要永恒的但变化的实体，例如行星，但尤其需要太阳，来解释它们通过它们的运动所产生的循环变化，而这样有助于解释毁灭事物的生成，但这也有助于保证和解释生成和消灭事物的不断生成。它们也将允许我们说明，不变的、非物质的、不可感的实体如何完全地可以处于生成和消灭的实体的诸本原当中，这也就是说，通过成为永恒的但却变化的实体例如行星的本原，后者又是从属于消灭的实体的本原。最后，永恒的但却变化的实体在《形而上学》Λ卷的论证中将扮演的一个关键角色恰恰是，它们将被表明需要完全不变的、永恒的推动者、非物质的实体来解释星辰的永恒的周期性运动。这个证明我们将在Λ.6中被给予。

然而在目前，由于还很难区分这三种实体，因此，我们便再次把两种可感实体合为一组,仿佛它们作为实体没有根本不同。在 Λ.2—5 中,我们对这两种实体的研究,仿佛它们构成一组,根据同样的本原来被解释。我们本来至少可以想像这个论证以完全不同的方式进行。我们本来可以认为,如果存在着三种在其作为实体的本性上可以证明极端不同的实体,那么,对实体的论述就应当对每一种逐一地加以研究,接着表明它们是如何关联的。但是,这并不是亚里士多德的做法。他以为给定、在所有方面视为当然的是,存在着从属于变化的可感实体,包括星辰,而且他将要把这类实体作为一个整体来加以研究,看看是否它们的本原最终包括不可感的、不变的实体,以及它们属于哪一类。而且,正是在这一点上,存在着永恒的可感实体将成为关键性的。

　　这样,在 Λ.2 中,亚里士多德论证说,从属于变化的可感实体有三种本原。他确定它们是质料、形式和动力因。在这里至少存在三个问题。我们对质料、形式和动力因作为变化的本原是熟悉的。任何变化在根本上都包含这三个因素。因为变化要成其为变化,必须要有什么东西在变化过程中持存、并且作为变化的一个结果现在具有了一定的形式、而先前仅仅是能够具有这一形式。此后,除了那个持存的东西之外,还要有那个东西所获得的一个形式。最后,还要有什么东西引起它发生,或者解释这一事实,即仅仅有可能具有这一形式的东西现在现实地具有了这一形式。这也是在这里这三种本原被引入的方式。但是我们必须首先问的是,为什么这几个变化的本原同时应当是从属于变化的那些实体本身的本原。特别是如果我们注意于人们所谓的与实体性变化相对的偶性变化,那么,我们满可以问,为什么解释一个东西变红或由于寒冷而收缩一毫米的那些本原,是正在这样变化的那个实体本身的本原,如果它所变化的颜色或大小按照定义不是这个东西的本质的话。这是第一个问题。为了解决这个问题,人们也许可以论证说,这恰恰在于这些实体的本性,即,它们应该变化,因而变化的本原也就是这些实体的本原。但这还解释不了从属于变化的实体的本原和变化的本原的同一。也许,人们将要论证说,这些实体从属于变化,在很大的意义上是由于无论它们是什么,包括它们本质上是什么,它们都是作为变化的结果,因此解释这一变化的东西也解释它们和它们无论本质上还是偶性上的所是。确实,亚里士多德在 Λ.2 中讲话,就仿佛他特别想到,可感实体正是作为业已生成的一个结果、作为由自然、由技艺、或由自发所业已产生的一个结果的东西。在一定意义上,一个人本性的一部分恰恰就是有一个是人的父亲以及被一种由这位父亲所发动的特定的自然过程所产生。因此,也许,观点就是,就生成和消灭的实体而言,生成的本原就是实体的本原,实体性的形式、实体性的质料和动力因。但这看上去似乎还不对。因为我们现在把可感实体的本原等同于实体性变化的本原,而不是像亚里士多德所做的那样更为武断地等同于十分一般的变化的本原。而且既然永恒的实体不在实体上变化、不生成,因此,为什么亚里士多德不会想把可感实体的本原等同于实体性变化的本原,这就是非常明显的。

也许还有另一条途径来研究这个问题。我们正在研究的是物理对象,处于物理学领域的对象。物理学的任务,按我们在1069a36以下被提示的,就是研究这些对象和它们的行为,例如它们的运动。因为,我们被告知(1069b1),这些对象包括运动或变化。我们是如此习于"物理对象"和"物理学"这些词,以至于我们想不到它们是有很多承载的词,承载了种种假定和暗示的词,而且我们如何必须以亚里士多德的方式来理解这些词,这也不是完全清楚的。如果我们看亚里士多德的《物理学》,我们也许会想到,物理学研究自然对象或者就它们是自然的而言的对象。自然对象的概念比物理对象的概念更强一些。一个动物甚或一个人是一个自然对象,但我们要把它们叫做"物理对象",这却不是同样清楚的。就此而言,我们还必须牢记的是,亚里士多德看来有一个形而上学的学说,按照这种学说,正是与人工制品相对的自然对象恰当地说才是可感的物质实体,而且在其中活的有机体构成了范例。

在我们对此加以探索之前,我们也许还要牢记的是,可感的物质实体的存在同运动与变化之间的关系比一个人也许会以为的要密切得多,如果这个人只是想到这一事实的话,即,对象的位置或它所具有的作为变化的结果的特性,对于这个对象来说是偶然的。因为,以另一种方式来看待事物,那么,一个人也许会以为,可感的物质对象的概念恰恰是变化的中心和主体的概念。如果我们观察这个世界中的变化,那么,我们绝大部分是不满足于把它理解为一般意义上的这个世界的变化,而是试图把它看成某个具体的对象的变化。如果我们看见什么东西我们不能确认它的种类,事实上我们也不知道它究竟是一个东西还是多东西,但是至少是所说的某个离开的东西的一个瞬时的部分,留下了其余部分在后面,那么,我们会倾向于认为一定至少有两个东西。如果我们在这间屋子的一个角落中有什么东西看上去而且行动起来非常像一株植物,在这间屋子对面角落中有什么东西也非常像这株植物,但是如果我们也注意到,我们花费了巨大的心血系统地照看或无视这两株"植物"中的无论哪一种,两株"植物"却分别以同样的方式对我们的对待做出反应,那么,我们也许会渐渐想知道我们究竟正在对待的只是一种"植物",即使它的两个部分在空间上是不连续的。而且确实,正是事物表现出一种一般的行为模式这一事实使我们认为两个对象是同一种还是不同种,尽管它们也许看起来非常像或非常不像。

这样,当亚里士多德谈到自然对象,他把它们看成具有一种自然本性。自然本性就是实体形式。就有机体而言,它就是灵魂。根据亚里士多德,正是这种自然本性解释了某一种对象的一般行为模式。实际上,亚里士多德定义自然本性是一种运动或变化和静止的本原。就任何一种具体的变化而言,例如一个有机体生长到一个既定的大小,变化到这个大小对这个对象来说将是偶然的,因为,这个具体的大小偶然于这个对象。但是,生长到一个在这种对象通常所具有的大小范围内的大小,这对这个对象来说却不是偶然的。而且它应当像这样行为对于它来说也不是偶然的。这对其他变化亦然。实际上,对于亚里士多德来说,正像这种自然本性或者灵魂在一定意义上就是这个有机体的实在性或现实性,同样,表现出这种行为模式的这个有机体的生命就是这个形式、自然本性或灵魂的实在性或现实性。按此观察,我们便可以明白为什么实体性形式是变化的一个本原,不只是生成的而是非常一般的变化的一个本原,以及为什么这种变化,就它被认为是变化的一般典型模式的一部分而言,完全不是偶然于这个对象,而是在一定程度上本质于它。而且相应地,我们就能够把实体性质料不只是看成生成的一个本原,而是看成提供给这个对象展示这种行为模式的可能性的一个本原。因此,在这一意义上,实体性质料和实体性形式就不仅仅是生成和毁灭的本原。它们同适当的动力因一起将解释所有的变化,就其是自然的变化而言,也就是说,就其是一种展示了对于具有这一自然本性的对象的行为来说是典型模式和规律的变化而言。

　　但是这适足以提出第二个更为紧迫的问题。这第二个问题由如下事实而来,即,亚里士多德把所有的可感实体放在一起,仿佛我们可以一般地谈论可感实体的本原,不管它们是从属于消灭还是永恒的。但这就在我们对这些本原的理解中造成了极大的张力,如果这些本原被认为既是永恒实体的本原又是可毁灭的实体的本原。这在质料和形式上尤为明显。按照我们前面讨论的想法,即,亚里士多德对可感实体的质料和形式的思考一定是就它们是可感实体生成的本原而言的,那么,这里的质料和形式就应当是实体性质料和实体性形式。但这在以下两点上似乎并不恰当。首先,尽管实体性质料和实体性形式不只是可感实体的本原,在它们是实体性变化的本原的意义上也是变化的本原,但是,这似乎并不足以把实体的本原同非常一般的变化的本原相等同。我们通过解释说实体性形式和实体性质料应当被理解成非常一般的自然变化的本原来调和这一点。但是,还有另一个问题,即,永恒的可感实体不生成。而现在我们必须面对的正是这个问题。

　　永恒的可感实体尽管从属于变化,但是按照定义不必生成,因而没有在实体性变化的本原意义上的实体性形式和实体性质料。不存在什么东西从中它们在这种或那种作用下变成星辰。它们一直以来都是星辰。因此,这样以来,什么是"形式"和"质料"的这一相应的意义呢,在此意义上全部可感实体都可以根据其质料及其形式得到解释?至少有两种方式人们可以用来尝试回答这个问题,它们没有一个看来是完全令人满意的。

一种方式,亚里士多德在Λ.1的末尾开始他的对可感实体的讨论,然后在Λ.2中继续前进,这就使得人们认为,可感实体,即便它们是永恒的,仍然从属于变化,因而由变化的诸本原所支配。星辰至少改变位置,因而就受到位置变化的本原,质料、形式和动力因的支配。按照这在《物理学》中就非实体性变化、因而就位移被解释的方式,质料就将是持存于整个位置变化过程始终的这个对象本身,而形式将是它所获得的一定的位置。这样,就行星来说,质料将是行星本身,而形式将是它所运动到的它所在的位置。这就会有"质料"的一种意义和"形式"的一种意义,即,质料是那持存于变化过程始终的东西,形式是规定有什么作为这一变化的结果的东西。但是,现在,变得相当难以理解的就是,这样来被理解的质料和形式怎么能够在类似于实体性质料和实体性形式能够被理解为是生成的实体的本原的方式上是星辰的本原。原因之一是,作为质料的星辰是其运动的一个本原,而不是它自身的本原。而且,其次,一个星辰所运动到的多个位置中的任何一个在对星辰的解释中几乎不能具有类似于实体性形式针对一个生成的实体解释它的这一生成的作用。因此,我们就被迫尝试另一种回答。星辰是精华的或精粹的。这不是仿佛说,它们业已被从以太或任何可能的精粹物质中构成。因为它们根本从未被生成。但是,我们可构造一个更为一般的从某物中被构成的概念,以致于一个东西可以被说成是从某物中被构成的,但无须实际上业已被这个某物从其中构成。接着,我们可依靠在Λ卷后面所表达的这样一个观点,即,事物的本原也许只是按照类比才是相同的。我们就星辰谈论"质料",不是因为就它们而言也存在某种它们业已从中生成、因而它们从中被构成的东西,而仅仅是因为就它们而言也存在同这种质料的一个类比,即,从中星辰被构成,它们由以组成的东西。而且,相应地,也存在着一个同一般实体形式的类比,即,存在着什么东西,星辰所由以组成的东西据之构成一个星辰。但是,这个观点令人不满意的是,这样的话,质料的概念,当它运用到星辰上时,似乎从变化的概念中被完全分离了出来。而这在我们的上下文中似乎是尤其令人不满的,因为,在上下文中,质料的概念似乎是作为从属于变化的事物的一个本原的概念被引入的。

因此,也许,我们不应该假定,亚里士多德在这里考虑非实体性变化,例如位移的本原是按照他似乎在《物理学》中考虑它们的那种方式。也就是说,我们也许不应当假定,质料就位移而言正是运动着的对象本身。相反,我们将假定,它是对就生成和消灭的事物而言的实体性质料的一个类比。它仅仅是一个类比,因为星辰不从这一质料中生成,它们被这一质料所构成。但是,我们却不要通过把这一类比建立在星辰和可毁灭的事物都由某种物质构成的事实基础上来切断质料和变化之间的联系,相反,我们把类比建立在别的东西的基础上。如我们所看到的,甚至就普通的可感实体而言,也存在着一种方式把实体性的质料看成不仅仅是为生成和消灭提供可能性的东西,而且是为非常一般的变化提供可能性的东西,就变化展示了一种具有所说的这种事物的典型特征的模式而言。因为,一个事物要能够按照这一种类的一个事物典型变化的方式而变化,它必须具有某种质料构成。而我们前面也曾经说过,实体性形式或自然本性或灵魂解释一个事物所经历的变化,是就它们恰好展示了具有这一种类的典型特征的模式而言的,确实,在一定程度上一个有机体的生命,就其只是这种模式的一个例证而言,就是这种实体性形式的现实性。因此,也许,保存质料和形式在根本上是变化的本原的一个办法就是表明,对实体性变化的类比就星辰而言至少确实解释了它们的具有典型特征的运动,尽管就星辰而言这也没有起到解释它们的具有典型特征的生成方式或其他形式上的变化方式的作用,因为它们除了位置上变化外不以任何其他形式变化。这就是为什么这只是对就有机体而言的实体性形式的一个类比。我们接着就可以说,它们同实体性质料的类比只是为具有典型特征的运动提供可能性的东西。而且因为它只是对普通意义上的实体性质料的一个类比,因此,我们就称它为位置上的或位移性的质料。也许,以此方式我们就不仅能够理解质料和形式如何不只是变化的本原,而是如何更进一步恰恰是从属于变化的事物的本原,就事物展示了构成它们的本质的一定的变化模式而言,而且也能够理解,按照类比,质料和形式的概念可以被扩展到永恒运动着的实体上。

    但是,不管我们怎样说,应当清楚的是,把所有可感实体看成构成了一类对象,按照同样的变化本原亦即质料和形式来解释,这使这两个概念处于极大的张力之下。还应当清楚的是,就星辰、尤其是行星而言,亚里士多德的说法一定是非常非常复杂的,如在 Λ 卷的第二个主要部分所表明的那样。亚里士多德确实似乎认为星辰或者在这里毋宁说它们的球体是活的、甚至有理智的存在。它们确实按它们运动的方式而运动,因为在某种意义上,不只是以这种方式而是仅仅以它们运动的这种方式而运动,正是它们的自然本性。在某种意义上,仅仅以这种方式而运动必定是它们的自然本性,既然它们从未偏离它们一直以来运动的这种方式。虽然如此,在绝大多数情况下,它们的运动是合成的。而这就提出了这个问题,它们的形式所解释的是何种运动,它自身所具有的是合成的运动还是简单的旋转。幸运的是,我们在此不必对此烦恼,因为在这里全部的问题是变化的本原怎么能够是从属于变化的实体的本原,以及可毁灭的和永恒的可感实体怎么能够具有相同的本原。

这里所提出的第三个问题或者毋宁说提问是这样。如果人们想到亚里士多德的标准的原因学说,人们也许会感到困惑的是,在亚里士多德的诸原因和这里的实体诸本原的名单中,或者在 Λ 卷的整个第一部分中,目的因明显地似乎缺失了,这究竟是怎么回事。这也许在我们的语境中是一个特别重要的问题,就像在 Λ 卷的第二个主要部分中是否神应当被认为是一个目的因或一个动力因这一解释性的问题将要提出来一样。现在,同这个问题相联系,有这样一件事情需要记住。Λ 卷是一篇形而上学或本体论的论文。我们首要的兴趣不是在如何给我们在我们所生活于其中的世界所碰到的不同种类的事项以一个实际的解释,而是我们感兴趣于我们需要诉诸哪几种事项来解释事物,我们需要有何种可为我们所用能够解释我们会碰到的任何一种存在的本体论。为了解释数量,根据亚里士多德,我们需要可感实体。为了解释可感实体,根据亚里士多德,我们还需要不可感的分离的实体,除形式、质料和动力因而外——就一个内在的形式可以被说成是一个动力因而言,例如就自然生成而言的父母的形式。但是,在这里我们已经可以看到,亚里士多德的本体论中的同一个事项可以在解释中扮演双重的甚或三重的角色。一个人的实体性形式既扮演形式因的角色,又扮演动力因的角色。事实不仅仅是,儿女的形式是儿女的形式因,并且完全类似于这个形式的一个形式,或者,如果我们希望这样说的话,正是这同一个形式,也是儿女的动力因,而这就是父母的形式。事实还是,确确实实,正是这同一个实体形式,父母的形式,既是形式因,亦即父母的形式因,又是动力因,亦即儿女的动力因。但是,它也是父母的目的因,就像这同样的形式或者完全类似于它的一个形式是儿女的目的因一样。因此,如果亚里士多德没有把目的因列为实体的一个独立的本原,这并不意味着亚里士多德在这里正在忽视甚或放弃目的论的解释。这也许只是意味着,他认为如果我们正确地确定可感实体的质料、形式和动力因,那么,我们也将具有所有我们需要的实在来做出合适的目的论的解释。目的因不是和我们已经具有的、可为我们所用的本原不同的实体本原。因此,亚里士多德在这里没有提到目的因这一事实不会在他的本体论中造就一道裂痕。它也不意味着在这里他正在放弃目的论的解释。毋宁说,目的因在这里的被忽视提出了一些进一步的问题。因为,亚里士多德提到动力因而非目的因的事实使人想知道,是否亚里士多德把某种理论的优先性赋予了动力因。亚里士多德也许认为,就说明而言,谈论动力因比目的因更为稳妥。因为所有人都将承认对动力因的需要,至少就变化来说。

现在,假定我们上面就可感的可毁灭和不可毁灭的实体所说过的,以及我们现在就一个形式可以扮演的作为形式因、目的因或动力因的双重或三重角色所说过的,那么,已经应当清楚的就是,由于各种原因,针对全部可感实体以相同的本原为前提并且能够依据相同的本原被解释的意义,就有一个问题。就永恒的可感实体而言的质料和形式充其量也许只是对就普通的可毁灭的实体而言的质料和形式的某种类比。而且父母的形式和儿女的形式不是严格相同的。无论如何,说可感实体的本原和原因是三个,质料、形式和动力因,这引起了这样的问题,即,是否我们应当假定有三个实在,质料、形式和动力因,它们是每一个可感实体的本原。答案显然是否定性的。这不是应当如何理解这一主张。毋宁说事实是,对每一个可感实体,都有一个三重的本原,一个是该实体的质料,一个是形式,一个是动力因。但是在每一种情况下扮演作为质料、形式或动力因的角色的,显然作为一个规则将按情况相区别。苏格拉底的质料将不是和柏拉图的相同的质料,一只狗的质料甚至将和一只猫的质料不是同种的质料。只是在这一意义上,才有三个事项或东西是所有可感实体的本原。但是,质料远为复杂。如果在这一规定的意义上有三个东西是所有可感实体的本原,那么,就有一个东西、又一个东西、再一个东西,在一个被规定的意义上是所有可感实体的本原。我们通过规定"一个东西"的意思来规定这一意义。至少有一个重要的东西,即太阳这个东西,它通过它的黄道运动,在一个动力因对于所有可毁灭的实体是严格同一的意义上,是所有可毁灭的实体的一个动力因。因此,在这里,我们便有一个原因或本原作为数量上单一且同一是所有可毁灭的实体的一个本原。与此相对照,苏格拉底和柏拉图的质料在数量上不是单一的,但是它在特定的意义上仍旧是单一且同一的,即在种类上单一且同一。一只狗和一只猫的质料只是在属上同一。但是,如果我们谈论任意一对可感实体,它们也许只是按类比具有相同的质料或相同的形式。在这一意义上,也许便有一个东西,亦即按类比有一个东西,是可感的可毁灭的实体和可感的永恒实体的质料,即构成可感实体的材料或潜能,使它们能够按照具有它们的典型特征的方式变化的东西。因此,在 Λ.4 和 Λ.5 中亚里士多德系统地讨论了在可见世界中的全部实在可以被说成——至少按照类比——具有相同的本原的意义,以及每一个实在都有专属于它的它自己的本原的意义。

类比地统一或同一的概念是一个极其有力的工具,对之加以思考和阐明是有益的,特别是因为亚里士多德在多处关键的地方依赖于它,例如在 Λ 卷本身中,1072b1,或者在 Θ.6.1048a35 以下,而且也在《形而上学》的其他各处,尤其是在 Δ 卷和 N 卷。它包含一个词的系统地同名异义的用法,但是,为了弄清这种同名异义,重要的是要想到,亚里士多德一贯地将它同另一种系统地同名异义区分开来,即所谓的核心意义的情形。例如亚里士多德有时候依赖于核心意义、"pros hen"[趋向于一]的同名异义的概念,来解释如何在根本上能够有一门关于存在的一般学说,既然"存在"在多种方式上被使用。解释便是,有一个"存在"的首要的用法,按照这种用法实体才是存在者,所有其他的用法依据这一用法才能够被说明。例如,一种性质可以被说成是一个存在者,因为它具有一种和是实体的存在者的可阐明的关系,一种具有典型的性质特征的关系。虽然这是一个相当复杂的问题;但是,如果我们按照以下方式来观察它们,也许我们不会使事情过于简单化。对一个核心地同名异义词"T"的事例、例如"存在"这一事例的概括就是,不存在任何单一的、可阐明的特征,以致所有恰当地被称为"T"的东西都分有这一个特征,据之它们被称作"T"。这就是为什么"T"这个词被说成是同名异义地被使用的。这对于类比地被使用的词来说是同样真实的。这就是为什么它们都被说成是同名异义的。但是把核心的同名异义和类比的同名异义区别开来的是,就核心的同名异义而言,有多个可阐明的不同用法,以致一个东西可以被说成是 T,因为它满足被用来表达这个词的不同用法的各组条件之一。此外,有一个这个词的占优的、首要的用法,借助这个用法,所有其他的用法可以被说明。与此相对照,就类比的同名异义而言,不仅不正确的是说,有一个单一的特征,所有被一个类比的同名异义词"T"所恰当地称呼的事物都分有它,甚或只是一组它们全都满足的条件,据之它们被称为"T"。甚至事情也无需是这样,即,有多个可阐明的不同用法,每一个由它自己的一组条件所规定,一个东西为了在这一用法上被称作"T"必须满足其中之一。并且事情确实也不必是这样,即,一个类比地使用的词的不同用法全都可以参照一个占优的首要的用法被说明。这当然同它们作为核心的或一定程度上占优的事例、我们从它们开始把类比扩展到其他事例当中去是完全相容的。而后者是这样的,即,在其中,无论出于何种原因,我们都决定使用这个被类比地使用的词。也许,它们是每一个人在其中都准备使用这个词的事例、在其中我们相信对这个词的这种用法有一个很好的领会的事例。但是,这不意味着在这些事例中的这个词的这种用法是占优的,就像在核心意义的事例中我们拥有一个首要的用法那样。性质的存在依赖于实体的存在、且不得不依据实体的存在被说明,这是按照事物的本性。但是,如果我们把质料的概念类比地从人工制品的质料扩展到自然对象或有机体的质料上,或者相反,这不是因为按照事物的本性,人工制品的质料或者作为人工制品的质料的东西分别依赖于自然对象的质料或者作为自然对象的质料的东西，或者相反。

事实上，看起来这就是亚里士多德也许对类比的同名异义的概念所感到的有意思的东西。核心的同名异义的事例和类比的同名异义的事例的共同之处是，没有一个单一的特征或者至少一个单一的条件是所有被称作"T"的事项所分有的，据之它们被称作 T。但是就核心的同名异义而言，这个词的用法以这样一种方式变化，以至于我们禁不住要径直谈到歧义性。当我们说一个有机体它是健康的，接着说一种食品它是健康的，我们不仅明显地在一种可阐明的方式上不同地使用了"健康的"，而且，包含在头一个例子中的健康性是某种完全不同于包含在第二个例子中的健康性的东西；它们没有任何共同之处；只是对后者的说明包含对前者的指涉。人们不会禁不住说，有机体的健康或健康性至少类比地是同食品的健康或健康性相同的。但是，就一个类比的同名异义词例如"质料"而言，尽管明显的是，一个东西是一个有机体的质料和一个东西是一个星辰的质料不是一回事，但是，在从谈论一个有机体的质料转到谈论一个星辰的质料的过程中，说一个人是在从"质料"的一种被清楚规定的用法或意义转到这同一个词的另一个被清楚规定的用法或意义，这却不是事实；而且，说在每一种情况下所提到的质料或质料性是完全不同的东西、可以没有任何共同之处，这也不是事实。在后一种情况下的质料至少是对前一种情况下的质料的一个类比。而且，这就是为什么我们能够说，这两个东西至少按类比是相同的。所以，亚里士多德可以认为，在两种情况下的"质料"这个词的用法，尽管是同名异义的，但却不是在我们的意义上径直是歧义的。事实上，许多中世纪的哲学逐渐认为类比地被使用的词是同名同义的而非同名异义的。因为，尽管它们没有满足亚里士多德的更为狭窄的同名同义的概念，但是，它们也不是明显歧义的。

按类比扩展一个词的用法对亚里士多德既不是派生的，就像在核心的同名异义那里，不同的用法是在一个首要的用法上派生的那样，也不是单纯比喻性质的。在所有的类比的事例中，我们确实具有质料，而不只是按比喻而言或派生意义上的质料。这就是为什么按类比质料是同一的。亚里士多德似乎认为，实在本身被这类的类比所规定，人们通过学习类比地运用一些像"质料"、"形式"、"现实的"或"潜能的"词来了解有关实在的事情；他似乎认为，词的这种类比的用法不只是语言的用实用主义的术语来说明的一个特征，而是反映了实在的一个特征的特征。

从而在 Λ 卷中亚里士多德没有明显地依赖核心意义，因而一个人也许想知道，是否相反亚里士多德想要根据类比的用法来说明存在和实体身份。至少初看起来这似乎不可能,因为第1章所预设的对存在的说明显然不是类比性的,而毋宁看起来像是根据核心意义的说明。不管怎样,要接着发展一种类比的说明,这需要很多工作但只有很少的证据。因为,首先,亚里士多德式的类比似乎至少要求四项。这样,只有一个类比物的含混的概念就不能满足,既然亚里士多德的类比似乎要求至少一对各两个的类比物,如果不是更多的话。此外,甚至在 Λ 卷中实体学说也似乎涉及到一种实体的等级排列,但是,类比和类比的同一的概念至少本身不能够反映在类比物之间的优先性。但另一方面,类比也确实不排除类比物构成一个等级的可能性。

这样,有人也许会认为,重要的事实是,我们类比地把实在性或现实性赋予事物,因此,神的现实性只是对人的现实性或石头的现实性一个单纯的类比。这也许可证明是亚里士多德的观点。这一类比的各项可以是按次序排列的、由一个事项及其现实性构成的各对。但是,如果这就是这里亚里士多德的观点,那么,必须说的是,他没有额外地强调它。还必须说的是,类比要在我们的理论中扮演一个关键的角色,关于类比的谓述就必须还有许多工作要做。因为,我们必须确定,在类比地赋予现实性的过程中,我们留有足够的逻辑余地在我们就这一理论所需的类比物之间做更进一步的区分,但这也许就会破坏这一赋予的类比特征。因为,我们也要说,例如,神的现实性不是对可感实体的现实性的一个单纯的类比,而是在这一意义上区别于它,即,在神那里而不是在可感实体那里,现实性和它是其现实性的事项是同一的。而且在神那里这就涉及这一事实,即,他的现实性是一个纯粹的现实性。所以,尽管相对于一个被类比地使用的词我们具有一级类比物,但是,我们确实要有这些类比物的次级,因为这些类比物在这一方式上,在一个可阐明的、确切的方式上,意即在它们是和所说的这个词有关的类比物的意义上,是有区别的。这些层级甚至也许可以这样来排列,以致它们的成员根据各种优先性,或者以某种别的方式,例如根据卓越或善好,构成了一个类比的等级。但是,这必须以我们不因此破坏对"现实性"这个词的赋予的类比性特征为前提。为什么这是一个要点的理由如下。一个词被类比地使用的事实并不意味着,这样称呼的所有各项只是类比物。对于它们之中的一些,这个词可以以完全相同的、可确认的方式来运用。例如,我们可以认为,所有纯粹的现实性是在一个可确认的相同的方式上的现实性。这不是使它们成为现实性的东西;使它们成为现实性的是同某种现实性的类比,后者不是在这一方式上的现实性。但是,如果这更进一步的现实性可以被解释成在某种确定的、可确认的方式上是一种现实性,例如,它由某种可以被展开也可以不被展开的可能性所构成,而且如果我们接着说,在这第二种方式上是现实的各事项如何将这一具有一种可以被展开也可以不被展开的可能性的特征归因于具有或者就是纯粹现实性的各事项，那么，我们看来就已经将一个原始的类比替换成了某种不仅不再是一个单纯的类比、而且完全不再是一个在这一原始意义上的类比的东西。因为，我们现在可以确切地说现实性在于什么。一个人可能仍旧坚持说，这也许是现实性之所在于者，但它并不是现实性之所是；但这没有太大的意义，如果现在所有的理论工作是通过现实性之所在于者以及不同种类的现实性之间的关系来进行的话。所有这些丝毫不是要说亚里士多德不能有一个据之"现实性"以及同它在一起的"存在"被类比地赋予的观点。要说的只是，如果这是亚里士多德的观点，那么，他似乎在这里没有给出这一观点。

不管怎样，亚里士多德，在他讨论所有的事物都有这样的相同的本原，即一个本原——例如质料可以只是按类比同一的意思的时候，也就提出了一个一般性的问题，而这是由他的每一个个别的可感实体都有专属于它的本原的形而上学的观点所引起的。我们需要认识和理解我们在我们周围所碰到的事物，例如在我们周围的可感实体。如果认识和理解它们就是能够确认和理解它们的本原，并且如果每一个实存物都有它自己的本原，那么，要理解我们周围的事物似乎就是一个令人绝望的无尽的工作。因为这将包括去认识和理解 n 多序列的更进一步的事项，意即我们周围的每一个事物它们的本原。这个问题的解决在于这一事实，即，尽管每一个具体的可感实体都有它自己的专属于它的本原，例如，它的质料、它的形式和它的最近的动力因，但是，同种类的事物有同种类的本原。这就是说，同种或同属的事物具有在种上或属上相同的本原。因此，一旦一个人学会了将苏格拉底的形式确认为人的形式，并且懂得了它如何把苏格拉底作为一个人来解释，那么，他也就能够把同样的解释确切地运用于任何一个人。因为，苏格拉底的形式是作为人的形式来说明苏格拉底的；而且在苏格拉底展示了人的典型的特征和行为的范围内，就此而言，他的形式在任何一个方面都和其他任何一个人的形式没有区别。正因为如此，一个人对于具体的事物便具有真正一般或普遍的知识，尽管它们的本原是具体于它们或者专属于它们的。而且也正因为此，一个人也能够具有关于事物的非常一般的知识和理解，根据《形而上学》A 卷，这构成了理论智慧，例如，自然生成预设一个同种的对象作为被生成的对象的知识，或者，质料、形式和动力因解释任何一个可感实体的知识。

在这一讨论的语境中，在 Λ.5 中，尤其是在 1071a29 以下中，亚里士多德本人明确地论及了这样一个观点，即，每一个具体的可毁灭的实体的质料、形式和最近的动力因都是专属于那个实体的，因而它们本身是具体的。附带说一句，这不是要说，这些本原的具体性是由于这一事实，即，它们是相关的具体的实体的本原。作为本原,它们也许应该不会反过来这样依赖于它们是其本原的那些实体。而且,这位父亲,或者这位父亲的形式,作为一个动力因,显然不会将他或它的具体性归因于他或它是其动力因的孩子。甚至更为明显的是,这对于质料也是真实的,因为,质料按照定义必须能够没有这种形式而存在,因而也就不是作为这个对象的质料。这对于形式同样是真实的,但是这是一个有争议的问题。难以看出的是人们怎么会对这一章有不同的理解,如果一个人不曾以一种先入的有关亚里士多德的学说一定是如何的观点——即亚里士多德的形式是普遍的观点——来探究它的话。当然,没有人要说亚里士多德采用了一个分离的形式或理念,比如说人,作为人的一个本原或原因。因为非常明显的是,亚里士多德否认这样的理念或形式,"*universalia ante rem*"[先于事物的共相],如它们逐渐被称呼的那样。毋宁要认为,亚里士多德设定的是"*universalia in re*"[在事物中的共相],在实体中的形式,它们在所有相同特定种类的事物都有数量上唯一且同一的形式的意义上是普遍的,例如,一个人的形式,这样,父母和儿女就具有严格同一的形式。但这完全不是在 Λ. 5. 1071a18—29 中我们所获知的内容。在那里,我们被告知,十分真实地是要非常一般地说,正是人生成人。但这不是被设定要在这一意义上来理解,即,正是一个普遍物被生成,或者一个普遍物在生成人或解释人的生成。毋宁说,是一个具体的人在生成一个具体的人。因为不存在普遍的人这样的东西。永远是一个具体物才是一个具体物的本原和原因。如果我们一般地谈及事物,那么,仅当我们在对事物做一般的说明的时候,我们才说,或者仿佛在说,总是同样的东西在生成一个人,意即人。而且因此,非常一般地,只是在对事物的一般的说明中,我们才忽略了本原的具体性,因为它们的具体性同它们所要解释的东西没有任何关系。例如,如果我们想要对苏格拉底有一个说明,不是就它是苏格拉底来说,而是就他是一个人来说,那么,重要的就是,他具有人的形式,人的质料,和作为人的父母,而不是他具有具体的形式、具体的质料和他所有的具体的父母。对苏格拉底真实的对于所有人都是真实的。而这就允许我们对人做出一般的说明,对人有一般的理解。在上述所有中,丝毫不涉及一个人的任何普遍形式或者一个普遍的"人"。仅仅涉及具体的人和人的具体的形式。我们只是被告知,对事物的一般的说明,对事物的一般的理解,我们可以忽略事物的具体性和它们的本原,既然例如,一个人的形式在对任何一个人的说明之中总是在扮演着完全相同的角色。这是关于自然世界的一个重要的、绝非微不足道的事实,但是,不是一个我们只能通过诉诸普遍物来说明的事实。

　　还应当被注意的是,当亚里士多德特地详细说明了在何种意义上事物的本

原是同一的以及在何种意义上它们不是同一的,当他感到有必要使我们注意于
这一事实,即一个最远的动力因、意即太阳十分严格地是许多事物的同一的本
原,那么,在这样的语境中,我们会期望他指出质料、形式和最近的动力因在这方
面不是同等的。我们会期望他使我们注意于这一事实,即,尽管没有两个事物具
有数量上同一的质料,但是,任意数目的事物却能够具有数量上同一的形式,尽
管不是所有的事物都能够具有数量上同一的形式。一个人可以反驳说,亚里士
多德也不倦于使我们注意于这一事实,即,许多事物,只要它们是同一种类和大
致同时,便可以具有相同的最近的动力因。但显然,亚里士多德,为了提出一个
对于他是重要的一般性的观点,在这一点上只是在夸大事实,因为就最近的动力
因而言所需要的这种限定只有几乎很少的理论意义,如果不是没有的话。但是,
形式的情况却十分不同。它不仅不是严格类比的,因为事情并非是有的时候有
可能数量上唯一且同一的形式是若干个个别实体的形式。尽管如此,更为重要
的却是,这会是一个具有巨大理论意义的事情。因为,这样一来我们就会把普遍
的形式引入了我们的本体论中,而这确实同亚里士多德与柏拉图主义者们的不
一致有重大的关系。此外,无关于亚里士多德和柏拉图的不一致,这在一篇非常
一般地论实体的论文中也确实会有关系,假如在这些实体之中存在着一般形式
的话。而且,这样一来,如果他认为不值得使我们注意于此,这就会是非常令人
费解的。但是,这不只是亚里士多德没有说上一些我们期望他说的话的问题。
这还是除了他已经说过的话以外难以理解他还能够说什么的问题。他确实说,
每一个具体的可感实体,除了有它自己的具体的质料和动力因以外,还有它自己
的形式。他不可能这样限定地来说:"除了在一些情况中不同的可感实体碰巧具
有数量上同一的形式。"因为,形式的情况不像最近的动力因的情况。要么所有
同一种类的事物具有数量上同一的形式,从而无论有没有限定,说每一个具体的
可感实体有它自己的形式这就完全不是真的。但是,这却是亚里士多德说的。
要么没有两个同一种类的事物具有数量上同一的形式,就此而言,如亚里士多德
所说,每一个都有它自己的专属于它的形式。现在,摆脱这一困境的唯一的途径
就是在一个事物所具有的具体的形式之外也引入一个普遍的形式。但这样一
来,变得难以理解的就是,为什么亚里士多德只是提到"这个形式"作为一个本
原。变得难以理解的是,为什么亚里士多德不谈及也要诉诸普遍形式的需要。
而且似乎他正在破坏他对所有可感实体具有同样的本原的内涵的漫长讨论的核
心观点的部分。我们之所以能够从事物理学和形而上学,是因为尽管所有事物
都有它们自己的本原,但是在一个重要的意义上,所有一个种类或一个属的事物
的本原或者总之所有事物的本原是同一的。这就是为什么我们能够知道和理解

在这一天空下的每一个事物。但是,如果我们引入普遍形式,就没有必要诉诸不同的事物具有同样的本原、例如同样的形式的一种受限定的意义。因为普遍的形式是事物不受限定地分有的本原。因此,我的结论是,亚里士多德在这里确实诉诸的是个别形式。同样正确的还有,亚里士多德在这里没有超出于此明确地肯定或否定普遍或一般形式的存在。但是,在我看来,在这一语境下亚里士多德所不得不说的就使得要相信他能够提出除了具体形式以外还存在普遍形式变得非常困难,如果在这一文本中他还说了别的事情。这不只是说,为了说明具体对象所经历的具体变化有必要诉诸具体的原因和本原,而没有必要诉诸普遍的或一般的原因和本原;而是根本没有任何必要诉诸任何一般的或普遍的原因或本原,而只有必要按照一个一般的方式诉诸具体的原因和本原,如果一个人想要对变化有一个一般的理解,或者如果一个人想要对具体的变化是遵循着一个一般的变化模式有一个理解。当落叶乔木在秋天落下它们的树叶时,它遵循的是一个一般的模式。但这不是因为有一个一般的或普遍的原因、本原或者规律使它们、它们的每一个这样。毋宁说,它们的具体的本原使它们按照一种遵循普遍的模式的方式行为。而且,这是不足为奇的,既然本原,如果不是在数量上的话,至少在种上、属上或按类比是同一的。落叶乔木在秋天会落下它的树叶,这正是这种树木的形式的部分。

在 Λ.6 我们转到了这一论著的第二个主要部分,即关于不从属于变化的实体的部分。Λ.5 的结尾和 Λ.6 的开始,连同 Λ.1 一起读就清楚地表明,如果我们现在转向不变的实体,这不是因为它们构成了这篇论著的真正的主题,前面的章节只构成了对它的一个预备性的讨论。我们关注于实体,而在讨论了可感实体之后,我们现在才能够转向不可感实体。这是一个紧密关联的论题,不只是在这一意义上,即,既然我们正在探究实体,而且有两种实体,物质的实体和非物质的分离的实体,所以我们现在才必须转到后者。这种联系要更为内在得多。我们对可感实体的讨论已经留下了松散的结尾。不诉诸不可感的分离实体的话我们将不会充分地理解可感实体。在第一个主要的部分中,我们已经间接提及了这一事实,即,可感的可毁灭的实体预设了像太阳这样的实体作为最遥远的动力因。现在结果将表明,这些实体例如太阳必须是永恒的,而且它们因此反过来以非物质的分离的实体为前提。就此而言,关于 Λ 卷的事实就同经常关于它所声明的相反。不是说对可感实体的讨论只是这篇论著所真正相关的东西的导论;事实毋宁是说,这部论著在一开始是一部关于可感实体的论著,但是,对可感实体的一个完整的讨论要求一个人进一步讨论分离的实体。现在,争论性的问题就是,是否有任何不可感的分离的实体。因此,我们需要论证有这样的实体。而且它们是什么样子,这也是一个富有争议的问题。例如,众所周知,柏拉图已经以他的理念提出了这类实体。亚里士多德否认这个有关所要求的非物质实体的本性的观点,但是,他需要肯定地表明,所要求的非物质的实体是什么样子。

鉴于认定 Λ 卷是一部有关神圣实体的论著,也鉴于一个人自然而然地具有的对亚里士多德的神的概念的特殊兴趣,不足为奇的是,一个人原本应当把 Λ 卷的第二部分理解为在很大程度上和首要地是关于神、第一不动的动者的,它也常常只作为"不动的动者"被明确地提及。但是,事实上,它绝大部分是非常一般地关于非物质的实体的存在、本性和数目的。亚里士多德把这些实体称作——鉴于我们的研究显示它们享有一种幸福的永恒生活——"神圣的"和"诸神"。而在这些神圣的存在之中他还单列出一个实体,第一不动的动者,他称之为"神"。但是,关于一般而言同诸神——被提出来解释星辰的运动的诸天球的不动的动者——相对的神,却出奇地没有太多他专门要说的东西,而且关于神(恒星的最外层天球的不动的动者)和其他诸神(最近天球的不动的动者——这被认定被集中安放在最外部的天球之中,解释行星的运动)之间的关系他也几乎没有什么要说的。如果 Λ 卷的这一部分是关于神的,这就会是非常奇怪的。但事实上,如亚里士多德自己说的,它是十分一般地关于非物质的分离的实体的,亚里士多德把它们全都归为神圣的。

在此我们采取何种立场确实对解释的细节有相当的影响。无疑,如果在 Λ.7 的一开始 1072a23 中所指的是第一天(the first heaven),那么,亚里士多德在这里就一定是在谈论第一不动的动者。第一不动的动者在推动第一天的同时也推动别的什么东西,就它推动最外层的天、并且在这样做的同时便使最外层的天推动别的什么东西而言(1072a23—4;参考 1072b3—4)。理解第一天怎么能够推动东西这没有任何问题。它能够通过自身被推动来推动东西。问题从而是,第一推动者将如何推动东西,而自身不被推动。我们得到一个从 1072a26 一直延伸到 1072b13 的长篇回答。这通常被认为是描绘了第一不动的动者的运作。而这无疑是正确的。但在我看来,这段话可以被理解成是在描述任何一个不动的动者推动的方式以及任何一个不动的动者为了这样推动而不得不满足的限制。似乎通常被设定的是,当亚里士多德在这里在 1072b26—27 中谈到首要的思想对象和首要的欲望对象时,他一定正在分别地思考一个具体的、个别的思想对象和欲望对象。但这至少是有问题的。亚里士多德似乎是在暗示,欲望对象和思想对象形成了一个等级次序,在这两个等级次序的顶端的对象是重合的。这样的话,如果首要的思想对象是一个具体的事项,意即神,那么,这个事项本身也是终极的欲望对象。这样,神作为一个欲望对象在推动。这无疑是正确的。但问题是,是否这个论证是一个明确带有这个意思的论证,还是毋宁是一个具有更为一般的意思的论证,即,不动的动者们作为欲望对象在推动,因而只是含蓄地意味着第一不动的动者也以这一方式在推动。这样,"首先出现在欲望对象和思想对象中间的事物们"这个短语(1072a27)本身就是歧义的。亚里士多德可以设想一种对象的等级制,在其中,这些对象——至少在顶端——是被作为一定的个体而被规定的。但是,他也可以设想一种对象的等级制,在其中,这些对象是被作为一个类而被规定的,比如说,作为就欲望对象而言的外部的善们。事实上,难以理解的是,否则这些对象怎么可能在这一等级制的较低的等级中被规定。现在,亚里士多德自己明确地告诉我们,他是如何想象可理智对象的这一等级制的最高等级之被规定的。在这一等级安排中,他在 1072a31 以下说,我们拥有顶端的实体。它们本身构成了一个序列,在这一序列顶端我们发现了是简单而纯粹的现实的这个实体或者这类实体,这取决于我们如何解释这段话。现在,问题是,我们究竟是否设定亚里士多德认为只存在一个是简单或纯粹的现实的实体,还是所有不动的动者都是简单而纯粹的现实的。就后者而言,首要的思想对象、从而首要的欲望对象就将是这一具体种类的实体,第一不动的动者只是其中之一。这样,所有不动的动者就都必须是纯粹的现实性,如果它们应当对它们所推动的对象的永恒的运动提供保证的话。而且,它们是单纯的,例如,就它们不是质料和形式的合成物而言。这恰恰就是为什么它们是不动的原因。当然,一个人可以竭力论证说,"简单"在这里的意思要强得多,这样只有第一不动的动者是简单的。但是,要发现这样的意思而不引入大量的神学学说是相当困难的,而对此在 Λ 卷中没有任何证据。因此,总而言之,在我看来,问题可以这样来讲,亚里士多德在这里认为首要的思想对象,或者首要的可理解的东西是非常一般地由某一种类的实体所构成的,意即不动的动者们非常一般地所属的那一种类的实体。在这里相关的还有这一事实,即,整个论证不是以关于神或第一不动的动者的论断构成的,而是以存在着某个是一个不动的动者的永恒实体的论断构成的(1072a25—26 和 1072b7—8)。因此,我们应该竭力去表明的不是神如何推动,而是非常一般地一个不动的动者如何去推动。而且 Λ 卷第二个主要的部分的总的论证无疑要求这样一种一般性的解释,而不只是一个依赖于神的特殊的特征而对神如何去推动的解释。有意义的也许还有这一点,即,当亚里士多德在 1072b13 以下继续说有关神的一些东西时,他说,整个世界都依赖于"这类的本原",仿佛在前面他一直在描述一类实体,而不是一个具体的实体。但是,甚至当在 1072b13 以下他专门谈论神的时候,他所实际上必须说的也似乎同等地适用于所有不动的动者。

　　这绝非是要说，神在亚里士多德的分离的实体的论述中不扮演一个关键的、事实上本质性的角色。毕竟，在对最外层的恒星天球的永恒的圆周运动的解释中，他是第一不动的动者。而且，由于内层的天球部分地是最外层的天球的运动的一个效应，因此，他也是行星的周期运动的一个本原。而且，由于行星的这种周期运动是我们周围世界中的事物——包括事物的生成和消灭——的周期变化的原因，因此神也是这些变化和这些变化所产生的实存的一个本原。这样，亚里士多德在 1072b14 以下就可以说："从而天和整个自然都依赖于这类的一个本原。"而且最后一章第 10 章，他就是以对神如何是世界的善的秩序的来源的一个解释开始的。但是，我们应当记得，亚里士多德在上引的这段话中把神说成这类的一个本原，仿佛在前面他一直在描述神所是的这类事物，意即一个不动的动者，而不是专门描述神本身。同时我们也必须留意，在亚里士多德的论述中似乎被赋予第一不动的动者的突出重要性，部分地只是亚里士多德选择来阐述和论证他将可见世界描述为依赖于非物质的分离的实体、尤其是第一不动的动者的方式的一种功效而已。如果我们不留意于此，那么，我们注定会为他的论述的各种特征感到吃惊并且不理解。例如，我们注定会为在 Λ.8 的开端所提出的问题感到吃惊，即，究竟是否只有一个还是有多个迄今为止所讨论的这种实体。

　　但是，在我们转向这个之前，在这里对亚里士多德的计划做一些较为概括的总体考虑也许是合适的。Λ.1 只是断言有三种实体。接下来一直到第 5 章的结尾，他依赖于这一事实，即，在各方面一致同意，无论明确地还是不明确地，在一开始我们肯定只有可感的可毁灭的实体（参考 1069a31）。还存在着可感的不可毁灭的实体已经是一个有争议的问题，而毫无疑问，亚里士多德永恒的可感实体是星辰（因而诸天球）的观点则是极富争议性的。如果我们考察前苏格拉底哲学家们，那么例如，我们看到，终极的物质性本原或物质性的诸本原，意即元素，会被认为是永恒的实体，但是我们也发现这样的普遍观点，即，这个世界的现实内容，包括星辰，只是宇宙生成过程的产物。因此，亚里士多德就要做一个工作，使我们相信星辰是永恒的，以及如果有任何可感的永恒的实体，它们就是星辰。而且断定存在着非物质的分离的实体，这肯定是富有争议的。因此，当我们来到 Λ.6，亚里士多德在某种程度上就不得不论证这两种存在主张。而且这就是他在 Λ.6 和 Λ.7 的开始显然正尝试去做的事情。尽管如此，问题是，他究竟如何尝试去做这件事情的。即使不回答这个问题，我们至少可以试图概略地去看看这一论证所采取的路线。从 Λ.6 的一开始 1071b4—12 显然可见的是，亚里士多德认为他能够根据总是一直有运动、总是将有运动以及时间没有开始或结束的事实证明，至少必须有一个连续的永恒的因而圆周的运动。因此，至少必须有一个永恒地连续圆周运动的永恒物体。要解释这个运动,我们必须假定一个在永恒地推动这个物体的推动者。但是,这样一个推动者必须本身是非物质的,不从属于任何变化或运动。因此,我们至少有两个事项,一个永恒周期运动的永恒物体,和一个非物质的不动的动者。这两个事项,亚里士多德论证说,对于总是要有变化和总是要有时间来说是最少必须的。关于这个论证有很多要问的,但是,这不是我们这里所关注的,因为我们只是在试图弄清亚里士多德的总体论证结构。要注意的是,迄今为止,没有丝毫涉及到一个第一不动的动者或者最外层天球的一个推动者的必要性。亚里士多德所有迄今为止说过的是,必须假定某个不动的实体(参考 1071b4—5)。然而在这里,1072b22 以下,这一论证被一个困难所打断。这个困难是,我们正在假定有一种现实性,永恒物体的周期运动,它不被相应的潜能所先于,相反,潜能先于现实是我们周围世界的特征。我们得到对这种种不令人满意的结果的一个讨论,这些不令人满意的结果是亚里士多德的那些前辈们所不得不接受的,因为他们在他们对我们的世界的起源和特征的说明中坚持月下物理学的这一原则的普遍有效性。但是这也是对其他哲学家如何为了避免这样的结果而假定某种早已经总是在那里的现实的运动或活动的讨论。这样,例如,柏拉图假定早就总是有一个自动的灵魂。尽管如此,亚里士多德反驳说,甚至这些哲学家也没有对总是已经在那里的这一运动的本性和起源给出一个可接受的说明。我以为,相形之下,亚里士多德认定他已经给出了对这个问题的一个回答的开端。我们需要假定一个总是一直在那里、而不曾通过一个东西的潜能的实现而出现在某一点上开始运动的运动,来避免赫西俄德和其他人所陷入的问题。但是,他也没有陷入像留基波和柏拉图这些人所面对的问题,他们假设了一种曾经总是在那里的运动。因为,他已经规定了这种运动的本性和起源。它是由一个不动的动者所推动的一个永恒物体的永恒的周期运动。在 Λ.6 的结尾,亚里士多德通过在一个关键的方式上使其变得更为复杂而扩展了这一章的开始所做的这一论述。

迄今为止亚里士多德论证了,要总是有变化、总是有生成和毁灭、总是有时间,最低条件就是至少有一个永恒圆周运动的永恒物体和有一个推动它的非物质的实体。这是一个纯粹先天的论证。尽管一个人接受它会有难度,但是,至少一个人可以理解亚里士多德怎么能够认为他可以在这个论证上取得成功。但是在 Λ.6 的结尾,在处理了这个难题之后,亚里士多德却开始了一个更具雄心的论证,以强调有一个永恒的生成和毁灭、生与死的循环的最低条件。他论证说,要解释这个,你至少需要两个永恒运动的物体及其推动者,其中之一通过它的运动解释事物不总是同样的,而是不同的和只是周期性地相同。你不总是有植物或动物生命的涌现和诞生，而是你周期性地具有它。第二种运动只有通过自身是复杂的才能具有所要的这一效果。它是这个物体由于它的特定的不动的动者而独自具有的规则运动的结果，如果它为了它的运动不是还依赖于第二个因素的话。而且，如果我们试着确认这第二个因素，那么，看起来最经济的假设就是假定正是第一个物体的推动者在推动第一个物体的圆周运动时也把运动传递给了第二个物体，以致第二个物体的作为结果的运动是它本身具有的运动和被传递的运动的一个效应。这看起来是一个相当大胆的论证。但是亚里士多德立即转而使我们确信，这事实上是我们能够观察到的（1072a17，1072a22 再一次）。我们在一定程度上能够看到，有最外层恒星天球的简单的旋转运动，一个行星的复杂运动是那一天球运动和某个其他运动的效应，大概是后者通过或者至少由于它自己的特定的推动者传递给它的。我想要引起注意的是，人们有这样的感觉，即，亚里士多德开始仿佛我们将要得到一个纯粹先天的论证，关于保证永不停息的生成和毁灭的最低条件的。我们不仅需要一个永恒圆周运动的永恒物体，我们也需要一个具有更为复杂的运动的永恒物体以说明可毁灭物体的永恒的周期性的生成和毁灭。但是，没有深入这一论证太远，亚里士多德却已经正在审视经验事实和对它们进行解释的天文学理论。而这就提出了严重的问题，关于在多大范围内亚里士多德的不动的动者的理论是真正形而上学的，也提出了问题，关于亚里士多德怎么能够会希望具有任何有关星辰的运动的理论——它满足在《后分析篇》中他的科学理论的最严格的要求，无论是否是形而上学的。我们怎么才能希望先天地理解必须有比如说 55 个天球？最有可能真实的是，天文学的观察允许我们推断实际有的天球的数目。但难以理解的是，怎么可能有形而上学的原则、本体论的原则、由理性所构成的原则，据之一个人可以推论世界只能有 55 个天球，不多也不少。

　　但是在这里我最感兴趣的却是这一点。在诉诸最外层的天球之后，在 Λ. 6 的结尾是隐含地，而在 Λ. 7 的开始 1072a23 中是公开地说道，我们现在已经引入了第一不动的动者。但是这不取决于纯粹抽象的先天论证——关于如果应当有无尽的生成和毁灭所必须被满足的条件。而毋宁是取决于这一事实，即，要么已经在阐述这一论证时，要么在试图通过诉诸事实来佐证它时，亚里士多德依靠的是他认为他就行星的运动及其依赖于最外层天球的运动所知道的东西。像这样的先天论证似乎和第一不动的动者没有什么关系。在 Λ. 6 开始论证的第一部分只是要求某个永恒的物体和它的推动者，而这个论证的第二个部分似乎要求的只是一个永恒的物体连同它的运动的两个来源，或者两个永恒的物体连同它们的运动的二或三个来源，最经济的是两个推动者。但是它们没有一个必须是第一不动的动者——就这个论证而言,尽管可能存在一个更进一步的论证,表明这些不动的动者以一个第一不动的动者为前提。只是因为亚里士多德,为了使我们相信他的先天思考,转而诉诸首要者、最外层天球的运动——行星的运动也在某种意义上似乎依赖于它,我们才碰巧开始诉诸第一不动的动者。

在我们转向 Λ. 8 的开始之前,有关这一论证还有最后一点。在 Λ. 7. 1072a23 以下的论证应当被看成依赖于 Λ. 6 结尾的论证。因此,这段文字应当据以被解释和还原。这里的观点就是,一个推动者可以推动某物并且在推动某物的过程中可以推动别的东西。这样,便有一个具有一个最先的成员和一个最后的成员以及在这里是一个二者之间的成员的系列,但在原则上在二者之间有任意数目的成员。重要的事情就是,除非有一个最先的成员,以及在这个系列中的最先的成员在推动中间成员的过程中推动最后的成员,否则,在这个系列中的最后的成员不会被推动。这是一个相当不同于由生物的生成所形成的系列的系列。确实,父亲推动某物产生儿子。这个儿子推动某物产生孙子。而这个系列在两个方向上延伸。但是,根据亚里士多德,它需要甚或能够有一个最先的成员,这却不是事实。事实既不是,父亲在推动某物产生儿子的过程中推动别的某物产生孙子。事实更不是,有这个系列的一个最先的成员,它在推动某物产生接下来的成员的过程中推动别的某物以致最终产生最后的成员。现在,在 Λ. 6 的结尾和 Λ. 7 的开始,亚里士多德正在考虑第一不动的动者。这样,自然要问的就是,第一不动的动者在一个终结于某个生成物的动力因系列中是最先的成员这是否是第一不动的动者概念的一个部分,以及,是否他想要把没有一个最先的成员的最近动力因或生成者系列同另一个对于某物的生成同样必须的动力因系列相对比,而后者不得不有一个最先的成员,假如毕竟应该有什么生成的话。如果这就是亚里士多德的观点,他确实没有特别对其加以表明。在 Λ. 8. 1073b2—3,他讲起来仿佛不动的动者们的排列主要是它们所推动的天球的排列。而且不幸的是,亚里士多德所依靠的天文学理论的具体内容在一个关键点上是如此不清楚,以至于至少产生了这样的问题,即,是否亚里士多德认为最外层天球的运动一直被传递到最后的天球,尽管一个人会倾向于假定这一点。

由此我们可以转向 Λ. 8 的开始。在那里,亚里士多德提出了这样一个问题,是否我们应当设定只有一个在 Λ. 7 中所描述的这种的分离实体,还是很多个,如果是后者,有多少。而且亚里士多德将要得出的结论是,我们需要的是由正确的行星运动的天文学理论所要求的旋转天球的数目所决定的一定的数目。这在我们也许是一个惊奇。而不管怎样,它对许多研究者来说一直是一个惊奇。这些研究者把 Λ. 8 当成后来插入到文本中的。他们这样做部分地是因为,Λ. 8

打断了 Λ. 7 中对神的理智的讨论，而这一讨论被认为接着在 Λ. 9 中得到了继续。而且这种看法契合于一个更大的看法，按照这一看法，Λ. 6 为第一不动的动者的存在的证明奠定了基础。接着，在 Λ. 7 中，我们得到了这一证明，它后面跟随的是对神作为某一种理智的讨论，一个 Λ. 9 中继续的讨论。Λ. 10 接着继之以一个对神的作为世界的至善根源的角色的讨论。按照这个观点，一个人只能对 Λ. 8 感到惊奇，尤其是它一开始的问题，是否有多于一个的在前面所描述的这种实体，以及它的肯定性的回答。但是，这种惊奇是建立在一个错误的观点之上的。

尽管如此，一个人也完全可以对相反的理由感到惊奇。一个人可以认为，在这一讨论中在这一点上，按照已经讲过的，我们需要许多分离的非物质的实体这一点应当是一个已经有了的结论，因而他会感到困惑，这现在怎么可能是一个问题。要明白这个，我们必须返回到我们上面讨论过的 Λ. 6 中的那个论证。Λ. 6 的第一个部分着手表明，一定有某个——也就是说至少一个——永恒的物体，因而必须有某个——就是说至少一个——不动的动者。亚里士多德在这里并没有想到一个特定的物体和一个特定的不动的动者，这一点由亚里士多德在 1071b21 中那一论证的结尾的表述所表明。他以复数说"这些实体因此必须是非物质的"，这表明他自己认为，通过指出一定有至少一个这类实体，他已经表明了有这类实体存在。无论如何，这一表述方式向我们表明，在这里他已经正在考虑许多不动的动者。如果我们转向 Λ. 6 结尾的那个论证，那么，无论我们如何解释它，这个论证都是要表明我们至少需要两个永恒的物体，因而，隐含地，至少两个不动的动者。Λ. 7 的开始，就它设想推动事物和被推动事物的系列可以有任意多个中间项而言，也设想可以有任意多个永恒物体、因而任意多个不动的动者。而且看起来极有可能的是，这是被亚里士多德所设想的。因为，在这一点上，他一定已经正在考虑尤多克索斯和卡利普斯的天文学理论，在这两种理论中，对每一个行星的运动的解释，是依据最外层天球和若干更靠近中心的天球——其中最后的天球带动行星——的运动被给出的。大概亚里士多德已经正在考虑他自己的理论，按照这个理论，行星的运动被从最外层天的天球开始的彼此嵌套的许多天球所说明。但是，这并没有被明显地表现出来，实际上暂时地它被读者所忽视，因为亚里士多德如此关注于这一天才的想法，即解释生成和毁灭的永恒循环所需的永恒的周期运动可以被一个永恒圆周运动着的物体说明，后者在这样做的过程中使另一个物体经历了所需的那种永恒的周期运动，以及毕竟，天的最外层天球确实提供了一个在永恒旋转或圆周运动的物体的例子，一个此外尤多克索斯和卡利普斯用来解释行星的周期运动的例子，也就是说解释永恒的生成和毁灭所需的那种永恒运动。当关注于这一想法,我们在 Λ.7 的开始便立刻到达了一个第一不动的动者的观念,它也是行星运动的一个本原。行星是被一个先行的物体所推动的物体,而后者既被圆周地推动又在被圆周推动的同时也推动行星。这个先行物体的圆周运动被一个不动的动者说明。此外,这个不动的动者在推动这个先行物体的过程中也推动行星。而且,我们通过研究这个不动的动者的本性而继续这一思路,暂时不考虑行星或其天球的运动不只是由这个先行的物体传递给它的运动。但是这不改变这一事实,即,到我们来到 Λ.8 的开始之时,我们已经知道一定有整数多的不动的动者来解释行星或天球自身所有的运动。因此,应当令人惊奇的不是亚里士多德提出是否有多于一个不动的动者这个问题,而是是否只是有一个不动的动者这个问题。但是,对此的解释是,亚里士多德现在在纠正他从 Λ.6 的结尾往后所也许已经造成的一个令人误解的印象,即,第一不动的动者是对需要来维持生成和毁灭的循环的永恒周期运动负责的唯一的不动的动者。我们至少需要两个,但是如亚里士多德在 Λ.8 所着手表明的,我们事实上有很多个不动的动者来解释这一现象。

但是在第 8 章的开始所提出的问题不只是关于不动的动者的数目的问题,它更为准确地是关于"这类"实体的数目的问题。如果我们问"这类"的所指,那么,显而易见的回答似乎是:在 Λ.7 中第一不动的动者已经被表明的那样一种实体,亦即纯粹的现实性、享有永恒幸福的生命因而是神圣的理智。如果我们现在返回到 Λ.7 来审视对第一不动的动者的描述,那么,我们注意到,亚里士多德在 1072b14 中说,这个世界依赖于"这类的"一个本原。"这类的"这个词应当提醒我们,迄今为止所给出的对第一不动的动者的描述也许不是专用于第一不动的动者的,而是对任何一个不动的动者——任何一个被提出来解释任何一个对象的永恒的圆周运动的推动者——的描述。亚里士多德已经在 Λ.6 的开始建议,为了要有一个永恒圆周运动的对象,就必须要有另一个推动它的对象,它是纯粹的现实性或主动性,完全没有质料。我们现在在 Λ.7 中似乎只是在针对第一天球、最外层的天的圆周运动更为详细地提出同样的观点。同样,我们在 1072b14 中得到的对第一不动的动者的更进一步的描述似乎适用于任何一个不动的动者:它是一个享有永恒幸福的生命的神圣的理智,当然,除了它不是神以外,除非它是第一不动的动者。

因此,一个人完全可以开始想要知道,究竟在什么范围内这几章是打算专门针对神的,而不是一般地关于神圣的分离实体的,尽管一个关键的角色被赋予了其中的第一不动的动者。由于各种复杂的原因,我一直试图说明,Λ.7 对于第一不动的动者,是把它作为包含在对永恒的周期运动的解释中的一个、而且是最重要的一个不动的动者来关注的,但是甚至这一章对第一不动的动者的描述看起来也是十分一般地对不动的动者们的描述。Λ.8 对从 Λ.6 结尾往后的论述的平衡性做了调整,指出"这类的"许多其他的不动的动者包括在对永恒的周期运动的解释中。Λ.8 结尾的一段话试图使我们相信,传统的关于世界的流行的宗教信仰只是我们现在所一直努力确立的基本真理的一种神话式的说法而已,亦即,首要的实体们(再次注意复数形式)是神圣的。在这里,我们迄今为止的论述的关键点不是作为有关第一不动的动者的一个事实来表现的,而是十分一般地关于不动的动者们:它们是首要的实体而且它们是神圣的。实际情况也不是,当我们转向 Λ.9 时,我们继续那是由于 Λ.8 的插入才同 Λ.7 分开的对神的理智的作用的讨论。因为,不仅仅 Λ.7 讨论神的理智这一点只是在有限的范围内才是真实的,亦即,在它讨论第一推动者的理智之为一个不动的动者的理智的意义上。Λ.9 甚至没有做这个。它宣称提出了一个关于理智的问题。这足以说明它在 Λ.8 之后的位置。在完成了我们在 Λ.8 中对非物质的实体的肯定性的论述之后,我们在 Λ.9 和 Λ.10 中转向了若干问题。既然行星天球的不动的动者们是像第一不动的动者那样的一些理智,那么,我们现在便提出一个关于它们所具有或者毋宁说所是的理智的问题。但是 Λ.9 看起来甚至比这个还要一般一些。它似乎是十分一般地关于理智和思维的。否则,它几乎不可能一开始在第二句话中就宣称,理智在各种现象之中是最神圣的,亦即在我们由经验所知的事物中。

因此,我认为,尽管有一些相反的现象,但是,可以说出很多东西来支持这一观点,即,Λ 卷的第二个主要的部分不是首要地关于神的,而是关于分离的不变的实体的,它们表明是不动的动者。它们是首要的实体,因为永恒的但却可见的、运动的实体依赖于它们,而反过来,我们熟悉的普通的、可毁灭的实体又依赖于这些。但是虽然这样说,我绝不想要赞成在一些研究者那里例如杜林那里所看到的观点,即,当亚里士多德在 Λ 卷中谈论"神"时,他并不打算谈论一个具体的实体,而是用这个词集体地来指所有神圣的存在。杜林认为,亚里士多德根本不关注是否只有一个神或是否有许多神这个问题,因为,这是一个较晚的问题。但在我看来,Λ.8 不仅仅清楚地表明亚里士多德非常感兴趣于具体的分离的理智实体的数目,而且明确地讲到(1073b1)它们构成了一个次序,最外层的天的不动的动者是最先的。整个自然世界所依赖的正是这个不动的动者(1072b14),而且正是指着这个第一不动的动者亚里士多德引用荷马的话结束整部论文:"多数的统治是不好的;就让只有一个统治者吧。"不幸的是,亚里士多德没有提出第一不动的动者和其他不动的动者之间的确切关系的问题,例如,是否第一不动的动者也是其他不动的动者的一个本原这一问题。

某物是一个不动的动者这一事实本身并不意味着它没有任何的本原。从一开始这只意味着我们不必诉诸一个动力因来解释推动它的某物。但鉴于不动的动者们在Λ卷中被设定来扮演的角色,所需要的就远不只是它们在推动某物的过程中本身不被推动这么多。它们只能保证所造成的运动的永恒性,如果它们本身不从属于任何运动或变化的话。因此,它们既没有质料,也没有一个动力因。但是,它们是完全不变的这一点仍旧不表示它们没有任何本原。这只表示它们没有任何变化的本原。它们仍然可以有如下意义的本原,例如,它们具有思想的对象,这些对象使它们思想它们思想的方式。这并不是说这些对象推动它们按这一方式思想。它们永远一直在以这一方式思想,而且它们一直在以这一方式思想是因为它们的思想的对象是像这样的。但现在,我们必须小心确保这和如下假设相容,即,按这一方式思想就是它们的本性,既然具有这些思想正在于这一理智的这一本性。这和如下观念也仍然是相容的,即声称在这些思想的对象之间以及对象和思想之间存在着一个优先性的次序,这也正在于一个理智具有这些思想这一本性。例如,我们可以论证,第一不动的动者是先于所有其他不动的动者的,既然任何一个具体的第二位的不动的动者在推动一个对象的过程中的功能,如果不诉诸第一不动的动者及其功能就不可能被理解。而且,如果事情就是如此,那么,其他不动的动者们便会有第一不动的动者作为它们的本原。对于这一点有太多的东西可说,但是所有这一切是极其思辨的。

确实,存在着许多我们愿意有一个答案的问题,至少其中一些应当还是有可能取得某种进展的。例如,已经有一系列的问题针对亚里士多德在Λ.8中所赞同的天文学理论。例如,人们可以问,是否亚里士多德所采取的行星运动模式——它包括将尤多克索斯和卡利普斯针对不同行星的运动提出的不同模式统一为一个适用于所有行星运动的统一结构——是由更为纯粹的数学思考所形成的,按照这种思考,以向心天球为基础的统一模式最切合于明显的行星运动的观察数据。人们也愿意就行星和天球的关系知道得更多一些。难道因为不动的动者们本身是理智存在,我们就必须假定各天球被不动的动者们所推动吗?

对最后这个问题的回答仍旧是一个思辨的问题,但是,至少在Λ卷中有某种证据存在,而且,这一问题因其种种牵连而非常重要,以致不是简单撇开就可以的。在Λ.7中,亚里士多德显然设想,被推动的存在是一个具有种种欲望因而具有一个灵魂的存在,以及一个具有种种思想因而具有一个理性灵魂或一个理智的存在。如我们在1072a27—28中可以看到的那样,这显然在亚里士多德的如下论证中扮演了某种角色,即,我们必须在非常一般的欲望(ὄρεξις)之间区分欲望的特殊形式,意即理性欲望($\beta o \acute{\upsilon} \lambda \eta \sigma \iota \varsigma$)和非理性欲望($\epsilon \pi \iota \theta \upsilon \mu \acute{\iota} \alpha$)。而观点就是(参考 1072b29—30),至少就我们所感兴趣的情形来说,解释运动的欲望是一种在一个思想中有其根源的理性欲望。正是因为思想的对象被看成是富有吸引力的,一种针对它的的理性欲望才被感觉到。按公认有偏见的方式来表达这一问题,一种渴望运动的欲望是由一种思想产生的。现在,一个人可以想象这样一种欲望的观念、尤其是理性欲望的观念,即一个理智欲望或想要做它不管怎样都在做的事情,意即思想。这就是为什么非物质的理智享有一个永恒幸福的生命的原因:它们不受阻碍地享有它们喜欢做和擅长做的事情,意即思想。但是,我认为这里所涉及的欲望观念是一种对一个人也许尚未拥有的东西渴欲的观念,意即一个有关促使一个行为者去做些什么以达到一个目标的东西的观念。它是一种对一个人尚未拥有、只有通过做些什么才可达到的某种东西的欲望。非物质的理智由于始终思想着它们所必须思想的无论什么东西因而始终都已经达到它们的目标。它们的欲望不是对它们尚未拥有的东西的一种欲望。它毋宁说是一种总是已经被满足的欲望。这就是它们对它们已经具有的东西的无限满足。相反,一种在使某物运动或变化的意义上推动某物的欲望是一种对它尚未具有的东西的欲望,它只有通过以一定的方式变化才可以达到。这意味着以此方式被其欲望所推动的存在不是不变的非物质的理智。这也强烈地暗示,非物质的理智不就是运动着的天球的理性灵魂或理智。因为,天球的理性灵魂不仅仅具有像非物质的理智一样的思想和欲望,而且不同于非物质的理智,它们也在上面所描述的意义上被它们的思想和欲望所触发,这是一些仅当天球以恰当的方式改变位置,也就是说,仅当欲望产生了适当的运动才能够被满足的欲望。

这样就提供了一幅并不令人满意的有关星辰,有生命的、有理智的天球和无形体的理智的复杂图像,它进一步提出了一个人不知道甚至如何开始回答的问题。例如,一个人想要知道,无形体的理智如何相互区别由此以至于通过产生不同的思想和欲望而产生不同的运动。尽管如此,这看起来却是亚里士多德正在赞成的观点。而且这就产生了这样的结论,即,亚里士多德的神,或者就那一问题而言不动的动者们,是先验的存在者,也就是说,它们本身不是我们生活于其中的世界的部分。尽管如此,但假如它们就是它们所推动的诸天球的理性灵魂的话,那么,它们就会是我们生活于其中的世界的部分。亚里士多德做了很多评论暗示它们不是这个世界的部分的事实接着就表明,亚里士多德没有把不动的动者们当成它们各自的天球的灵魂。当亚里士多德在 Λ. 7. 1072b13—14 就神说天和自然依赖于这种本原时,他似乎正在谈论最外层的天球和它包含的各种东西,依赖这句话强烈地暗示这种本原好像是在依赖于它的东西之外的。Λ. 10

的开头更加清楚。亚里士多德正在询问这一问题,是否整体的本性作为它的秩序是将它的善作为同它相分离的东西,还是作为内在于它的东西。而回答便是,善,那使其成为一个善的世界的东西,既是同它相分离的,又是内在于它的。亚里士多德诉诸军队的例子,一个好的军队,首先因为它有一个赋予它以好的秩序的好的统帅,但也是因为它尽其本分。在这里,统帅自己不被看作是军队的一部分,而毋宁是被看作置于军队之上、同军队相对的东西。这由 $\sigma\tau\rho\acute{\alpha}\tau\epsilon\nu\mu\alpha$[“军队”,主要指投入战斗或远征的军队]一词而非 $\beta o\acute{\nu}\lambda\eta\sigma\iota\varsigma$[一般意义上的“军队”]来表示军队的用法所阐明。如前一个词按其结构所强调的,我们正在考虑的是一群被带入远征或战役的人,这也许是平民,甚或是雇佣军,他们同他们的领导者们或领袖相对。我们也不应当让我们自己被后面几行的家庭的类比弄乱了,而困惑于家庭之中的自由人和奴隶或仆人之间的对比。当然,自由人是家庭的部分或成员。但在这里家庭不是被设定来作为和实在的一个类比,而毋宁是作为和物理世界或可见世界的一个类比,后者是实在的已经被赋予了秩序的部分。一个家庭的不同部分在维持这个秩序上扮演着不同的角色,正像军官在维持由统帅所颁布的秩序中扮演和普通士兵非常不同的角色一样。而且看起来还有,当亚里士多德在 Λ.7 中解释一个不动的动者如何通过它自身是欲望的对象、是运动中的对象为了它的缘故而处于运动中者而推动它所推动的那个东西时,“为了它的缘故者”(that for the sake of which)(1072b1—3)的两种意义间的区别,仅当在做推动的理智本身不是被推动的事物的理性灵魂时,才是有意义的。区别就在于,一方面某物 A 为了 B 的缘故,因为 A 是为着 B 的利益并且有助于 B 的善;另一方面,某物 A 为了 B 的缘故,尽管它不是为着 B 的利益并且无助于 B 的善。对这一区别的需要之所以产生是因为,有这样的存在者,一个人不能做任何有益于它们、有助于它们的善的事情,因为它们不能被任何东西影响,更不要说任何人所做的任何事情,它们是完美的存在而且向来都是完美的存在,完满地、牢固地拥有着它们的善。尽管如此,恰恰是因为它们的完美,它们就可以是一些一个人惊叹、羡慕、崇拜、敬畏的存在。而且这种针对它们的受到感动的态度也许就可以使一个人为了它们的缘故做上一些事情,例如做上一些事情来仿效它们,因为一个人想要尽可能地像它们,既然一个人看到类似于此是奇妙的。因此,亚里士多德解释说(1072b1—3),如果不变的、非物质的实体推动我们去做什么,例如,推动我们处于一定方式的运动中,那么,它们就一定是作为欲望的对象推动我们为了它们的缘故而处于这一方式的运动中,但是在“为了它的缘故者”的第二种意义上。因为我们在这样运动的过程中没有影响它们,没有有益于它们,没有有助于它们的善。现在,这对于分离的理智同它所推动的天球的关系来说是真实的,例如对于第一不动的动者同第一天球的关系。但是,至少远不清楚的是,是否它对于天球的灵魂同天球的关系来说也能够是真实的。因为,它以此方式运动是为了天球的善。因为在以此方式运动中,它将尽其所能地类似于推动它以此方式运动的东西。在以此方式运动的过程中,可以证明,它为了它的形式或灵魂的缘故做了什么。可以证明,它是在"为了它的缘故者"的第一种意义上为了它的灵魂的缘故做什么的。因为一个有机体的形式也是它的目的因。在做它自然所做的事情的过程中,它有助于保存和维持它的形式。天球自然地按它运动的方式运动。在这样做的过程中,它保存它的形式或本性或灵魂。这同它也是为了不受它正在做的事情影响的理智的缘故才做这个,是完全相容的。因为,依据《论灵魂》II. 4. 415a29—b7,看起来亚里士多德认为,生物无论什么时候它们自然地做什么,它们都不仅为了它们自己的善、为了在一种意义上的它们的形式的缘故做这个,而且也是为了在另一种意义上的神的缘故,这正是在"为了它的缘故者"的两种意义之间做同样的区分。在理智存在者那里就像在天球那里一样可以容易地看到,这两种意义可以同时起作用。天球之所以按其所是的方式运动,是因为它羡慕理智、想要类似于它。但这丝毫也不妨碍它认为它是为了它自己的善才以此方式运动的。在这里,关键的是,为了它自己的善、为了在第一种意义上的它或它的灵魂的缘故想要做什么的欲望,本身不是由一种为了它自己的善的欲望所产生的,而是由一种为了善本身的欲望。此外,看上去,除非灵魂受到它的欲望的影响如此这般地推动天球,否则它不会推动天球按其运动方式运动。最后,看起来的是,假定在做推动的理智等同于天球的灵魂,就是在假定天球的灵魂是自动的。但是,亚里士多德已经在 Λ. 6. 1071b37 中针对柏拉图否认现实运动的源泉是一个自动的灵魂。因此,看起来就是,第一不动的动者也不等同于恒星天球的心灵,而毋宁是"超越"它,这不是就它在它之外的意义而言的,而毋宁是在它不内在于它的意义上。

所以,在这一意义上,就像在柏拉图那里一样,我们具有一个至少包含两个领域的分层的本体论,物理世界及其构成成分的领域,但还有分离的实体的领域。但是,和柏拉图不同,亚里士多德把这些等同于非物质的理智,它们推动天球,而本身不被运动或者从属于任何一种变化。

另一个从古代以来就一直吸引着研究者们的问题就是,我们如何设想去理解在 Λ. 9. 1074b34 中那个一直被以为的论断,即,神圣理智思想自己。断定这就是所论断的内容是基于如下假定,即,在 Λ. 9 中我们仍然在谈论神的理智。但是,我们已经看到,这章也许正在谈论一般的理智。它的确把现实地思想恰好就是其本质的理智存在与理智在其中可以被实现也可以不被实现的理智存在对立地做了区分。而且所论断的是 , *ἀρίστη οὐσία* ［最高贵的实体］(1074b20)是这样的,以致它必须正在思想自己。*ἡ ἀρίστη οὐσία* 可以指第一实体,但是它也可以指最好的一类实体,也就是说,分离的非物质的实体,不动的动者们或者非常一般的神圣理智。但是,无论这会怎样,神圣理智必须以自身为对象的论断毫无疑问有意义上的分歧。按照某人通常可以被说成正在思想他自己、正在凝视他自己的意义来理解它似乎是自然的。许多解释者一直努力避免的正是这种理解。但是这一解释是以神圣心灵的某种概念为前提的,而这也许是错误的。就神圣理智而言,理智存在与其理智是同一的,而且理智与其现实的思维是同一的。一个不动的动者所包含的仅仅是思想。但是,在现实的思维中,理智与其对象成为同一的,至少是就这个对象是可理解的来说,就好比理论真理那样。因此,正如亚里士多德在说了这个理智思想自己之后所立即加以表达的那样,存在着这个理智是一个思想的思想的意义。而且这既是在这个思想的主体就是这个思想自身(因为这就是这个理智之所是)的意义上是真实的,也是在这个思想的对象就是这个思想的意义上是真实的。问题就是在何种意义上后一种情况是真实的。一般的答案就是,这之所以是真的是因为,如果理智思想自身而且如果它自身仅仅是一个思想,那么,这个理智就将思想一个思想。

　　但是有另一种看待这一问题的方式。亚里士多德立即进而提出这一困难,即,认识状态总是似乎以别的东西作为它们的对象,似乎只是偶然地属于它们自己。这可以以不同的方式被解释。但是,如我们从《论灵魂》III. 4 所能看到的,有一种解释它的方式是这样的。理智在现实思维中变成与思想的对象相等同。这样它便偶然地变成它自己的对象,就其对象在现实思维中偶然地就是理智而言。假如我们考察普通的理智,那么,为什么这种同一是极其偶然的就是明显的。普通理智就是思想可以被实现也可以不被实现的东西、可以被实现来思想这个思想而非那个思想的东西的能力。因此,如果它在一种现实的思想中和思想的对象成为同一的,这种同一就是极其偶然的。但与此相对,我们必须假定就神圣理智而言,同一不是偶然的。这是如何可能的呢? 首先,神圣理智永远在思想,永远在思想同一个东西,而不是在思想某个当它可以思想别的什么时它仅仅碰巧思想的东西,因此,它不是变成它的对象,而就是它的对象,永远是这个对象,并且它和它的对象之间的关系至少不是在它碰巧思想这个对象而非某个别的对象的意义上是偶然的。从而这就是这种关系完全可以不是偶然的一种方式。依据 1075a1 以下的论述,我们可以认定,恰当地说,思想就是在思想我们据以理解我们周围的这个世界的永恒的理论真理,而这些真理在如下意义上和对它们的思想是同一的,即,它们好像不外在于这个理智而独立存在于某个柏拉图的天中,而是作为这个理智的思想。因为,恰当地说,去思想就是去思想这些思想。这些思想的真理恰恰是这一理智的本性的一部分。而且依据这样的一个背景,思想是一个神圣理智的思想的对象的论断,和一个神圣的理智不是偶然地思想他自己的论断,就会获得不同的意义。如果一个神圣理智永恒地沉思永恒的真理,那么,它就是并非偶然地在沉思它自己,既然永恒真理在某种意义上就是它自己的思维,而这反过来恰当地说又是它要思想的东西。依据像这样的一种解释,我们就不仅可以避免关于神正在以某种我们可以找得到反驳的方式沉思它自己的假设,而且我们也可以更好地理解为什么这章是关于一般的思想、为什么理智是现象中最神圣的。因为,我们在思想中,恰当地说,在沉思真理中,会按照一个神圣理智思想的方式在思想,只除了以此方式思想不是我们的本性或本质本身。由于这个原因,我们只是零星地分有了诸神的幸福生命,如果不是全部的话。

在 Λ. 2、3、4、5 中关于动力因的一个被始终一贯地使用的术语是 *τὸ κινοῦν*,"那推动者"。在别的地方,亚里士多德也称这个原因为 *τὸ κινητικόν* 或 *τὸ ποιητικόν*,"动因"或"作用因"。如果亚里士多德正是以这样一些术语来指称不动的动者们(参考 1071b12),那么,这一定是因为他认为它们是动力因。它们不只是在它们使某物运动或改变位置的意义上是推动者,而且是由于它们是动力因。假如一个人认为动力因是某种必须做这个或那个以造成结果的东西,例如,推或拉以使一个对象运动,那么,这便会带来困难。但是,在我看来,这是思考动力因的错误方式。无论如何,当亚里士多德在 Λ. 4 的结尾解释如何因为动力因是形式,从而在一种意义上有三种原因,而在另一种意义上有四种原因时,他把医术视为一位康复的病人的动力因,把建筑术视为一座房子的动力因。但显然,无论建筑术还是医术都并非通过做些什么以产生结果,从而是作用性质的或功效性质的,更不用说拉或推了。类似地,父母的实体性形式无须做任何事情就是后代的动力因。谈论一个动力因只是在谈论某物发生和应当被解释的方式,例如,病人依据医术恢复健康。因此,不动的动者们是非物质的事实不是由于它们是动力因。但是,我们被明确地告知它们怎样推动的,意即,作为目的。至少,在 Λ. 7. 1072a26 以下,我们被告知这是适用于第一不动的动者的,而且没有任何理由认为其他的不动的动者是以不同的方式推动。第一不动的动者作为一个思想对象和一个欲望对象在推动。这样对它来说就根本不需要在推动东西的过程中自身被推动。

事实上,就它作为一个思想对象和一个欲望对象在推动东西的过程中自身不被推动而言,这对第一不动的动者,或者,就此而言,对一般而言的不动的动者们,没有任何特殊之处。我们从《论灵魂》III. 4. 429a14 中知道,根据亚里士多

德,我们被作为我们思想的对象的可理智物推动去思想某物。在 Λ 卷 1072a30
我们的那段话中,当亚里士多德说理智在它思想的时候被可理智物所推动时,我
们发现了同样的观点。这对于任何思想以及一个思想的任何一个可理智对象都
是真实的。而且同样真实的是,没有任何一个可理智物在被思想的过程中被推
动,或者只有通过它自身被推动才能够推动我们去思想它。可理智物非常一般
地来讲不是这样一种处于运动之中、从属于任何种类的变化——除了偶尔之
外——的东西。更加确定的是,享有特权的可理智物无须自身被推动就推动我
们思想。事实上,双倍确定的是,它们推动我们思想而无须本身被推动,仅仅由
于它们是可理智物,由于它们是它们所是的特殊的可理智物,即,它们不从属于
无论何种变化,其意义要远远强于例如一个实体性的形式尽管不从属于任何变
化过程,但却不在时间之上保持同一的那一意义。例如,一个人类灵魂,但事实
上任何一个灵魂,仅仅存在于这个生物存在的时间中,而且根据它所由以被构成
的潜能究竟实现或实施与否在不同的时间上它处于不同的状态。但是上述可理
智物却与此不同,它们是纯粹的现实性,因而不仅不从属于变化过程,而且也不
经受进入一个不同的状态,例如从一个无知的状态进入一个认识的状态。它们
不容许发展或完成。这样,在《论灵魂》III. 5. 430a12 中,主动理智就被描述为我
们思维的一个动力因,但与此同时也被描述为一个完全不变化、完全不被影响的
东西,意思是说,例如,它不是这样一种有一个思想受其影响的东西,以致它仅仅
开始思想这一思想,但之前不曾思想它,而且完全可以停止思想它。也许,主动
理智就是神圣理智。但不管我们是否接受这一看法,清楚的却是,这对于神和非
常一般而言的不动的动者们是同样真实的。类似地,亚里士多德假定,一个欲望
的对象推动我们以致欲望它并且运动以达到它,而它自身不被推动,例如,在《论
灵魂》III. 10. 433b11—12 中。这对于任何一个欲望的对象都是真实的,但对要
获得的真正的善来说尤其如此,它是我们目的的一个部分。所以,针对在《形而
上学》Λ 卷的意义上一个不动的动者如何自身不被推动而推动事物的问题,回答
就非常容易做出。这同它是诸如这般的某一种类的一个非物质的实体无关,而
只是由于它是一个可理智物和一个欲望的对象。而且这恰恰是亚里士多德在
1072a6 中说的:不动的动者以理智的一个对象和欲望的一个对象的方式推动,
理智的任何一个对象和欲望的任何一个对象。

　　这样,它同接下来我们正在研究的第一不动的动者或者不动的动者们的论
证有何关联呢?回答应当就是,我们不仅必须懂得一个不动的动者如何能够推
动任何东西,而且还要懂得作为这种实体,它实际上是如何推动事物的。一个普
通的可理智物只是当我们实际地思想它时是我们的思想的动力因。但是,依据

环境,我们可以不思想它而思想别的东西,或根本就不做思想,更不用说做些什么,例如,从一个地方移动到另一个地方。说一个不动的动者是非常特殊的一种思想对象,其意义是双重的。(A)首先,如亚里士多德在这里(1072b27)立即指出的,它处于可理智物的等级序列的顶端的事实保证了它是可欲望的,实际上,它也处于可欲望的事物的等级序列的顶端,是卓越地善的和为其缘故值得选取的(1072a35)。所以,它就是一个人自然地、合理地欲望的东西,或者至少欲望与之相像的东西。因此,不同于别的许多可理智物,一个不动的动者是这样一种东西,即,对它的思想自然地、合理地产生了一个对于它的欲望,而那个欲望将促使一个人按照某种方式运动,例如做圆周运动以尽可能地类似于不动的动者。在这里,关键的是,不动的动者推动一个人思想它,以及这一思想反过来产生了对于不动的动者的一个欲望,而这又接着产生了相应的运动。所以,不动的动者,作为一个不动的动者,而非任意一个可理智物,不仅仅是一个人的思想的动力因,而且也是一个人的欲望和所造成的运动的动力因。尽管如此,这,即便是其部分,都不过是对任何一个欲望的对象推动任何一个能够运动的生物的一般模式的反思:它通过一个思想或者通过一个反过来产生了一种欲望的印象推动它(参考《论灵魂》III. 10.433b12)。一个不动的动者的情形只在两个方面有别于这一一般模式。(i)至少如这里所构想的,它将通过一个思想来推动,既然它是一个可理智的对象,而不是一个可感觉的对象,后者可以通过一个知觉或者通过一个知觉印象推动某物。(ii)一般来说,认识的对象仅当它是一个欲望的对象它才推动某物。因此,亚里士多德在《论灵魂》III. 10.433b11 中坚持认为,因果链条开始于欲望对象。它产生了一个认识状态,这个认识状态产生了一个欲望,而这个欲望产生了一个运动。就不动的动者来说,我们在某种意义上也具有这同样的序列。只是就他而言,既然他是他所是的这样一种东西,他同时也是一个欲望对象就没有任何问题。要恰当地思想一个不动的动者就是要把它思想为卓越地善的和可欲望的。而且因此,就此而言,我们也就能够把这一序列描述为开始于思想的对象,它产生了一个思想,从而一个欲望,从而一个运动。而且因此,被推动去思想一个不动的动者就是被推动以某种方式运动。但这仍旧留下一个人不思想不动的动者并因而不被推动的可能。这把我们带到了第二个方面,在其中,一个不动的动者是一个非常特殊种类的思想的对象是关键。(B)要保证不动的动者通过产生对它的思想而产生运动,那么,在某种意义上,如此被推动的这个对象只能思想不动的动者就必须是实情。事实上,比如说最外层的天球处于不断的、永恒的运动中,那么,它就一定始终在思想它的推动者。但为什么会是如此?在这里,关键就是,第一不动的动者,而且非常一般地来说不动的动者们,它们是一个特殊种类的可理智物。依据 Λ 卷中的论述,恰当地说,至少没有任何思维——这就是说,涉及对事物的一种真正的理解的思维——是可能的,除非一个人依据第一和其他不动的动者们思想事物,因为别的每一个东西都依赖于它们。因此,对于最外层的天球来说,要有一个真正的思想、一个恰当而言的思想,在根本上就要有一个最低限度是关于第一不动的动者的思想的思想。而且,由于天球只在它在旋转这一方面上变化,因此,它就永远在思想第一不动的动者。但是,没有任何理由说明,为什么任一天球的思维应当被限制在对第一不动的动者的思想上,而不扩展到非常一般而言的不动的动者们、扩展到它们之外的更多的东西上。事实上,根据我们如何理解第一不动的动者,理解它也许本身就包括理解大量远不是第一不动的动者的东西,例如非常一般而言的不动的动者们。而且这一思想会产生对不动的动者们的欲望,这就解释了各天球的永恒运动。上述观点不等于对亚里士多德在这里所做论证的一个充分的说明,更不用说对亚里士多德论证方式的合理性的一个证明。但是,在我看来,这一定是亚里士多德的论证所采取的路径。而且因此在我确实看来清楚的是,对于亚里士多德在 Λ 卷中是否明确地认为神无疑是一个动力因或一个目的因的传统问题,回答就是,他认为他是一个动力因,但是神作为一个动力因运作的方式就是作为欲望的一个对象,因而是作为一个目的,尽管是一个特殊种类的目的,它本身不可能被达到,因此只能在一个相当特殊的意义上算作一个目的因。

　　亚里士多德在 Λ 卷所作的论述,尤其是在第二个主要部分所作的论述,无论我们弄得多么详细,都是极其艰巨和高度思辨的。看来部分地由于这个原因,Λ 卷以一个问题目录结束,亚里士多德声称只有我们采纳了和他所阐发的那个立场类似的一个立场,这些问题才能被解决(1075a25 以下)。因此,他的论述的说服力并没有被认为仅仅依赖于迄今所提供的那些论证,实际上,它们常常是非常概略的,而是也依赖于这一论述将使我们能够处理非此便不可解决的各种难题的事实。这个问题目录,如同在某种意义上类似于它的《形而上学》B 卷中的问题清单,需要更为仔细的研究。

　　如果我们现在把 Λ 卷看作一个整体,将它同《形而上学》其余的部分相比较,或者——就此而言——同亚里士多德的其他著作相比较,那么,这对于弄清它的时间是有用的。不幸的是,在这里,证据也是非常复杂和纠缠的,以致要做出任何判断都似乎是高度思辨性的。但是,既然有倾向给 Λ 卷设定一个较晚的时间,因此至少有一点是值得提出的。这一判断在很大部分是基于这一假设,即,雅典人根据卡利普斯的天文学理论在公元前 330 年改革了他们的历法,因此,Λ 卷或者至少提到卡利普斯的理论的 Λ 卷的 Λ.8 一定是写在公元前 330 年

以后。尽管如此，应当明显的是，亚里士多德似乎一直在同卡利普斯合作，因此
不必等到雅典人改革了他们的历法才提到卡利普斯有关行星运动的观点，更不
用提卡利普斯的观点本身也许已经发展了的事实。有关相对时间的问题也被暗
指的这一事实，即 Λ 卷本身也许不是一个整体，弄得复杂起来。这就是为什么
有些认真地考虑 Λ.8 是一个较晚的增补的意见的研究者倾向于认为，Λ.8 是在
公元前 330 年之后写的，而 Λ 卷的其余部分则是较早的。但是我们已经看到，
上述意见所建基于其上的假设是非常成问题的。Λ.8 看上去是 Λ 卷的一个内
在的部分。说它突然引入多个不动的动者使我们大吃一惊，而 Λ 卷的其余部分
则一直使我们认为只有一个不动的动者，这并非事实。而认为它打断了开始于
Λ.7 并在 Λ.9 中被继续的对神的理智的本性的一个讨论，这看起来也是不对
的。但是，我们也必须要问，如果 Λ.8 被认为是如此明显的一个插入，我们应当
如何解释它被插入在这个位置上，不管这是亚里士多德做的，还是一个后来的编
辑者做的。此外，我们必须要考虑到，如罗斯所说，布拉斯已经注意到，①从
Λ.7.1073a3 开始直到 Λ.8.1073b38 的整个部分，相对于之前的部分，相对于从
1073b38 到 1074a38 的部分，完全没有间断，Λ.8（1074a38—b14）也是这样。这表
明 Λ.7 的结尾和 Λ.8 的开始是一个整体。现在，Λ.7 在 1073a3 的最后部分是
以这样的考察开始的——这一点现在应当是清楚的——即，现实地存在着诸如
一个永恒的、不动的、同可感事物相分离的实体的东西。它被认为是对前面讨论
的主要结论的概括。这不是存在着一个第一不动的动者的结论，而是存在着至
少一个不动的动者的结论。因此，这自然就产生了 Λ.8 所开始的那个问题，是
否只有这类的一个实体还是有更多。但在 1073a3—5 中的这句话不能被理解成
只是被引入进来，为了把 Λ.8 同前面的讨论联结在一起并因而整合在一起。因
为这句话后面直接跟着的就是有关一个不动的动者没有体积的实质性的论述，
而且只是这样，我们才转向了不动的动者们的数目的问题。

　　当然，由此并不就得出整个 Λ 卷是整体写就的。事实上，长期以来人们就
已经注意到，Λ 卷在文体风格上章节与章节之间有巨大的变化，例如，存在着明
显避免间断的章节或者否则的话便会因其审慎的措辞而孤立出来的章节，相反，
在其他部分，亚里士多德在其表述上毋宁说是粗心的，常常只是列出要讨论的观
点，引入它们，例如，用"那么的话"（参考 1069b35 和 1070a4），仿佛他正在为自己勾
勒这部充分构思的论著在整个论证的这一点上所不得不陈述的东西。但是，这
本身并不构成有力的理由来否认 Λ 卷是整体写就的。毋宁说，这促使人认为，Λ

① 布拉斯，《亚里士多德学派》（Aristotelisches），*Rhein. Mus.* 30（1875），第 481—505 页。

卷是多少有些匆忙地写就的,部分地利用了较早的素材,其中一些引自文字上非常漂亮的较早著作。1073a5上的 $\delta\varepsilon\delta\varepsilon\iota\kappa\tau\alpha\iota$ [已经指出],似乎不是指我们在前面的文字中所看到的任何内容,而也许是如此匆忙地利用较早的素材的一个表现。一个人可以想象,亚里士多德由于充分意识到他的形而上学在我们期望它以对分离的、非物质的实体的一个研究而臻于完成的地方有一个巨大的缺口,就编辑和写作了 Λ 卷,作为对一种实体研究——它也讨论分离的、非物质的实体——能够或者必须是怎样的一个仓促的勾勒。这确实大致就是伯恩耶特在总结本次亚里士多德学会的一个口头陈述中所提出的意见。事实上,他更进了一步,请人们想象亚里士多德,在几乎已经到达他的生命尽头的时候,在一种至少是在亚历山大死后的不祥的、对个人具有威胁的政治环境中,决定创作 Λ 卷以获得和提供一个远远不是初级的说明,表明一种有关分离的、非物质的实体的学说可以如何填补他的形而上学。在我看来,只有非常少的证据来支持 Λ 卷这样晚的一个时间,从而不能为 Λ 卷的写作设想这样一种戏剧化的场景。但是,这一建议的主体是富有吸引力的。从最早时期以来亚里士多德的形而上学关注的是实体。而从某一刻开始亚里士多德似乎已经相信,形而上学的核心必须包括一个对实体的论述。继而,随着他更为关注非物质的实体,随着他相反于柏拉图和不同的柏拉图主义者们思考它们,找到一种给非物质的实体留有地位的对实体的论述对于他就一定似乎是不断增长的欲求。Λ 卷似乎是从事于此的一个匆忙的尝试。但是,亚里士多德必定在他写作 Z 卷之前就已经感到了需要这样一种论述。

看起来合理清楚的是,Λ 卷在以下意义上是一部形而上学的论著,即,它试图确认的是万物据之可以得到解释的终极本原,而不是试图得出我们据之能够解释这个或那个具体领域中的事项的特殊本原。它试图提供对实在结构作为这类的一个整体的总体论述,这似乎是被 A 卷所预想的。但是,如果我们想要更为具体地知道,何种形而上学作为一门学科的概念构成了我们的文本的基础,那么,这似乎是相当不容易的。由 Λ.1 的开头来看足够清楚的是,亚里士多德,正像例如他在 Z 卷中所做的那样,预设我们将能够依据实体来解释像性质、大小或变化等非实体性的事项,因为,它们是实体的性质、大小或变化。因此研究的焦点依然像在 Z 卷中那样就是实体。根据无论何种存在都必定要么是实体要么是一个非实体性的事项的学说,并且根据实体先于非实体性的事项的学说,从而得到保证的就是,实体的所有本原本身也将必然是实体。因此我们已经将我们的研究缩小到了实体上这一事实,并不意味着我们不得不担心我们需要来解释任何真实的东西的实在会被我们的研究所忽视。一旦我们撇开了可感实体的非实体性的特征,剩下的就将是实体,即,可感实体和我们据以解释这些可感实体及其活动的本原,后者反过来也将是实体,例如质料和形式。但是在这些本原之中,我们必须在它们之间进行区分,例如质料和形式,它们是可感的、可毁灭的实体的构成性的本原或元素和在这些实体之外的本原。而再次在后者之中,我们又必须区别三种实体:可感的、可毁灭的实体,或它们各自的实体性的形式,永恒的可感实体,以及永恒的不变的实体。后一类实体亚里士多德称作"神圣的"。Λ 卷的第二部分便是有关这类实体的。至少就此而言,Λ 卷像是 Z 卷所设想的那篇论著。它以对可感实体的一个讨论开始,因为它们是普遍同意的和熟悉的,继而进至对非物质的实体的讨论。事实上,构成其基础的概念,就所有我们知道的来说,可能类似于亚里士多德在 E 卷中关于神学所具有的那个概念,即,一门研究神圣实体的科学,但与此同时也是普遍的(参考 1026a19—22)。我们不应当太过在意于亚里士多德在 Λ 卷中不是从神圣实体开始的事实。因为 E 卷讨论神学科学或第一哲学,而 Λ 卷显然是一个辩证法的事业,我们在其中开辟出我们的上升至第一本原、包括其存在必须首先得到奠立的神圣实体的道路。对于有关它们的一门科学来说,它们的存在是一个设定。

但是,亚里士多德在 Λ 卷中没有提供太多的细节,可以容许我们以任何确信来支持这样一种有关这个作为基础的形而上学的概念的假设。真实的是,在 Λ 卷中,神圣的实体被称作"首要的实体"(1074b9)。它们是首要的是由于它们先于所有其他实体并因此先于其他一切。但我们也许还想要知道,是否它们在一个更强的意义上被认为是优先的,意即,它们是优先的是由于它们是实体或存在,以及是否亚里士多德在这里所关注的也是这个问题,什么才是一个实体或一个存在。假如这就是他所关心的,他似乎对它没有丝毫表示。但在另一方面,他在 Λ 卷中的说法至少为契合于这一关切的一个论述提供了一些因素。分离的、非物质的实体被描述为纯粹的现实性。它们既非某种潜能的实现,它们的现实性也非部分地或作为一个整体由它们所拥有的一定的能力组成。它们依据现实和潜能可以同永恒的变化的实体、可毁灭的不变的实体以及非实体性的事项区分开来。但是,在 Λ 卷中没有任何迹象表明亚里士多德本人在此基础上想要对什么才是一个实体或什么才是一个存在做出一个说明。更加没有任何迹象表明,他认为他的事业是试图指出关于非常一般而言的存在、关于就其是存在而言的存在能够说些什么。在 Λ 卷中明显缺失的是一个有关"存在"一词的系统歧义的学说,更不用说核心意义的概念,后者可以允许亚里士多德对实体身份或者存在之为存在做出一个统一的说明。同 Γ、E 或者 Z、H、Θ 相比较,Λ 卷在其有关形而上学计划的概念上似乎是相当含混的。它契合 A 卷所预想的计划,但在其对这一计划的概念上似乎没有超出 A 卷太多。总之,在我看来,它反映的是

相比于无论是 Ε 卷或 Ζ、Η、Θ 卷更少发展的一个研究。

　　无论我们怎样考虑 Λ 卷的哲学成就，应当清楚的是，它有助于我们填补我们在对亚里士多德的形而上学思想的知识中的一个巨大的空缺。这显然就是为什么它在《形而上学》中找得到它的位置的原因。它也是我们有关亚里士多德的神学的主要资源，就亚里士多德考虑那些神圣的存在、考虑神的方式而言，以及他如何理解通俗的宗教——即认为它是对一些只有以一种神话化了的形式才可以为普通人所理解的基本真理的讲法——而言（参考 1074a38 以下）。亚里士多德主义在晚期希腊化时期和早期帝国时代的复兴与一个宗教狂热的时期同时，在这一时期，我们看到对神圣事物、命运和灵魂的拯救的广泛而增长的关注，一种为哲学家们所分享和常常投合的关注。在这一时期，亚里士多德成为了一个权威。而且因此发现他的追随者们在哲学神学的问题上转向 Λ 卷就是唯一自然的。他们甚至在基督教、继而是伊斯兰教出现以后也将继续从事于此，带着这些信仰加于神学观点上的种种限制。我们只消看看阿奎那就可以明白 Λ 卷一直多么有影响。但是亚里士多德主义的复兴多多少少是和柏拉图主义的复兴同时的。而且在那些卷入柏拉图主义复兴的人中间，几乎从一开始就存在着一派，它减少柏拉图和亚里士多德之间的差别，并且想要赋予亚里士多德以有限的权威地位。所以，对于许多柏拉图主义者来说，由于在此时他们开始采用神学来构成他们的哲学的核心，Λ 卷也就成为了一个关键的文本。在帝国时代的柏拉图主义的神学中，神圣的理智扮演了一个关键的角色。它所扮演这一角色，以及它的被设想的方式，离开 Λ 卷的影响是很难被理解的，特别是如果我们记住在古代晚期的观点中斯多亚所启发的神圣的 *logos*，作为同亚里士多德所启发的这个神圣的理智不同的道路而与之相竞争。而且我们也看到，柏拉图主义者们特别利用了亚里士多德有关非常一般而言的理智的学说来阐明他们的有关一种神圣的 *nous* 的学说，例如一个在思想的理智与其对象是同一的观点，或者这样的思想不包括变化的观点。更有甚者，甚至对亚里士多德怀有敌意的柏拉图主义者们，例如普罗提诺，事实上在他们的有关神圣理智的学说中也依赖于亚里士多德。实际上，至少从普罗提诺开始，在我们看来本来是柏拉图和亚里士多德之间的一个根本差异的东西，一个甚至在 Λ 卷中对亚里士多德都具有重大关系的差异，也被完全抹平了。在 Λ 卷中，正像在 Ζ 卷中一样，亚里士多德分有柏拉图的对非物质的分离实体的信仰，但是却反驳柏拉图说这些实体不是理念而是理智。但是，对于普罗提诺以及后来的柏拉图主义者们，理念是活的理智。而且对于普罗提诺来说，这些理智就是那个神圣理智。可以证明，普罗提诺的理念不外在于理智的观点部分地是基于对 Λ 卷的反思。柏拉图主义关于神和神圣理智的观点，以及由此间接地亚里士多德在 Λ 卷中的观点，确实对在古代晚期发展的基督教神学产生了一种构成上的影响，例如对三一体学说。这极大地便利了基督教哲学家、神学家们后来能够对 Λ 卷的利用。罗斯（注释第 cliii 页）甚至声称"天主教"被引导"将其神学极大地奠基在他的神学之上"，亦即亚里士多德的神学。这当然过于夸大了，但却反映了对亚里士多德在 Λ 卷中的观点同样在西方对基督教的神学具有深刻影响的良好意识。

对于 Λ 卷对晚期神学——不管是不是基督教——所具有的普遍深入的影响，这并不是所要论证的要点。但是，如果一个人意识到 Λ 卷在神学中所扮演的这一普遍深入的角色，那么，他就会发现 Λ 卷应当被认为是一部神学论著是不足为奇的。这就是它如何由于可详细说明的历史原因而逐渐在这一传统中被利用的方式。但是以下一点看起来也是清楚的，即，在这一意义上历史地推动哲学家们利用 Λ 卷的种种预设并不是亚里士多德的预设。亚里士多德感兴趣的是我们生活于其中的世界，而且他相信他能够表明这个世界依赖于一个超验的本原或很多本原，此外，如果这类本原应当在亚里士多德对于他想要它们起作用的世界的论述中扮演角色的话，关于它们才能够和需要说上些什么。但是亚里士多德并不曾预设有关这些本原的思想对我们理解这个世界以及按照这一理解过一种良好的生活来说是亟需被知道的，更不用说对我们拯救我们的灵魂来说。

尽管如此，由于 Λ 卷事实上所曾扮演的这一普遍深入的角色，我们应当开始担心，是否在这里，就像是在亚里士多德哲学的其他部分中一样，我们没有处于对这一文本的一种传统解释的符咒之下，在业已被引至了处在这样一种传统下的那个文本之后，我们继续据之来阅读这一文本。有鉴于此，一个人应当欢迎任何试图突破这一传统模式并严肃地重新思考亚里士多德本人在 Λ 卷的神学部分中所确实曾经思考的内容的尝试，就像布罗迪在她的论文《亚里士多德的第一推动者干了什么？（关于〈形而上学〉Λ 卷的神学）》（Que fait le premier moteur d'Aristote? [Sur la théologie du livre Λ de la Métaphysique]）②中所做的那样，即便在最后，一个人极端不同意于她的结论。作为亚里士多德的研究者，我们不想继续保留活着的哲学传统的那个虚构的亚里士多德，方法就是根据我们的哲学同事和古典学同事的最新的卓识来更新有关他的画面；我们想要知道亚里士多德实际想的以及我们应当对他所想的做些什么。

---

② 布罗迪，《法兰西及国外哲学回顾》（Revise philosophique de la France et de L' étranger），第 183 期（1993），第 375—411 页。

菲洛庞努斯的亚里士多德：处所的广延 *

朗

亚里士多德主张，物理学家必须理解处所(ὁ τόπος)这个概念，因为每一个思考过这个问题的人都认为，存在的东西总是"存在于某处"(εἶναι που)。① 他给处所提出了四种可能的定义，并否弃了前两种，形式和质料，它们在很大程度上不再出现。其他两种定义是："边界(extremes)之间的某一间隔(interval)或者边界(也就是界限[limits])，如果在所生成的物体的体积(magnitude)之外不存在任何间隔的话。"②亚里士多德否弃了处所是一个间隔的定义，并作出结论说，处所必须是所包含的物体的界限。③ 历史地讲，这个问题不曾按亚里士多德的方式发展。对其定义的批判肇始于他的学生塞奥弗拉斯特和兰姆普萨库斯的斯特拉托(Strato of Làmpsacus)，与亚里士多德相反，塞奥弗拉斯特和斯特拉托断言处所必须是一个间隔。在公元 6 世纪，菲洛庞努斯把反驳亚里士多德定义的观点和支持处所是一个间隔这一主张的论点汇编在了一起。我后面将会讨论这些反驳。首先我打算仔细考察一下处所问题更为直接的语境。

根据亚里士多德的说法，"存在的东西存在于何处"的问题首先是由赫西俄德提出的，因此已经有一段很长的历史了，尽管在《物理学》第 4 卷中对这个问题的研究所采取的形式明显看来是亚里士多德自己的。④ 他问道，如果处所存在，那么它如何存在、它是什么，最终处所被定义为所包含的物体的最初的不动的界

---

* [译按]本文选自沙普尔斯(R. W. Sharples)(主编)，《谁的亚里士多德？谁的亚里士多德主义？》(*Whose Aristotle? Whose Aristotelianism?*)，第 11—27 页，Ashgate，2001。

① 亚里士多德，《物理学》IV. 1，208a27—29。这篇论文中所有出自希腊文的译文均是我自己翻译的。

② 亚里士多德，《物理学》IV. 4，211b7—9：*ἢ διάστημά τι τὸ μεταξὺ τῶν ἐσχάτων,ἢ τὰ ἔσχατα εἰ μὴ ἔστι μηδὲν διάστημα παρὰ τὸ τοῦ ἐγγιγνομένου σώματος μέγεθος*。

③ 亚里士多德，《物理学》IV. 4，211b14—17。

④ 亚里士多德，《物理学》IV. 1，208b29—33。

限。⑤ 亚里士多德所否弃的处所是一个间隔的观点可能在柏拉图的《蒂迈欧篇》中有其直接的根源，在《蒂迈欧篇》中，神通过按照和谐的或算术的规则所做的一系列划分来安排世界；这些划分产生了后来由物体所填充的间隔（διαστήματα）。⑥ 由此，关于处所究竟是一个间隔（来源于柏拉图的观点）还是所包含物体的最初的不动界限（亚里士多德的定义）的争论，在规定晚期希腊哲学的更为一般的规划（综合柏拉图和亚里士多德的观点）之中便能够被看到。由亚里士多德提出的处所是什么的问题，通过间隔这个源于柏拉图的概念而得到回答。但是，综合这两种完全不同的观点虽然不可避免地要解释较早的观点，同时却也产生了一种新的和原创性的观点。就处所而言，正如我将要指出，这种综合把亚里士多德的"界限"转化成了一个面，并且以一种连柏拉图都未能预见到的方式定义了间隔这个概念，即：三维的广延。

　　这种综合明显地出现在菲洛庞努斯对《物理学》第 4 卷的注释中。在常常被称为"处所推论"（corollary on place）的长达 30 页的边页中，菲洛庞努斯反对认为处所是一个面的"亚里士多德的观点"，他主张处所是三维的广延。由菲洛庞努斯给出的反驳就亚里士多德对处所的说明提供了一种解释，由此构成了亚里士多德主义的一支。我将首先回顾这些反驳，以期弄清楚它们如何构成了对亚里士多德处所定义的挑战，随后我将转向《物理学》第 4 卷本身，考察这种挑战与亚里士多德的论证之间的关系。我将会指出，对于亚里士多德来说，所有的面都是界限，但是并非所有的界限都是面；处所是一个不是面的界限。因此，我将会推定，归之于亚里士多德的并且被菲洛庞努斯所批判的观点与我在《物理学》第 4 卷本身中所发现的观点是截然不同的。

　　从界限到广延的概念转换构成了我们据以发现菲洛庞努斯对如下这个最终变成主流的观点论证的背景，即，处所是一个三维的、静态的、无形体的间隔，这个间隔不是别的就是空的空间（empty space）。⑦ 我将在菲洛庞努斯的论证中考察这种观点，并且把它与亚里士多德在《物理学》第 4 卷中的论证相比较。最后，

---

⑤　亚里士多德，《物理学》IV. 4，208b29—33。

⑥　柏拉图，《蒂迈欧篇》36A1—B5。

⑦　菲洛庞努斯，《亚里士多德物理学著作中的亚里士多德的物理学注》（In Aristotelis Physicorum libros physicorum Aristotelis ）（以下为《物理学注》[Comm. in Phys.]），维特利（H. Vitelli），《亚里士多德希腊文注释》普鲁士学院版（the Prussian Academy edition Commentaria in Aristotelem Graeca）第 17 卷，Berlin：雷梅尔（G. Reimer），1888，557. 29—31：εἰ γὰρ καὶ διαστατόν ἐστι τριχῇ ἀλλ᾽ οὖν παντά πασιν ἀπαθὲς καὶ ἀσώματον καὶ αὐτὸ τοῦτο οὐδὲν ἄλλο ἢ χώρα κενή [因为，如果间隔是三维的，但因此在各个方面就是不动的、无形体的，而且它本身除了是空的空隙之外不再是别的什么]。

我将指出,在亚里士多德和菲洛庞努斯之间,一切都改变了:将要被解决的问题,关键词的基本意义,整个世界的构造,还有物理学家所必须提出的问题。我首先转向菲洛庞努斯对"亚里士多德处所定义"的反驳,然后再转向《物理学》本身。

由于假定亚里士多德的处所是一个界限的定义意味着处所是一个面,针对这种观点,菲洛庞努斯便列出了五点反驳。(1)处所被物体所占据,而物体是三维的;⑧所包含的东西的界限是一个面,而面是二维的;⑨三维的东西不能在二维的东西"之中";因此,处所不能是一个面。⑩ 在《物理学》第 4 卷第 3 章中,亚里士多德提出了一个东西如何能够被说成是在另一个东西"之中"的问题,在他看来,一个东西在另一东西之中"最恰当地来说就像在一个容器之中或者通常就像在处所之中"。⑪ 因此,如果一个东西不能在一个面"之中"的话,那么依照亚里士多德自己的说法,面就不能是处所。

(2)一个东西通常被认为等同于它所占据的处所。⑫ 但是二维的面从来不可能等同于三维的体。⑬ "因此,不能说处所是一个面。"⑭再者,一个东西与其处所相等的标准直接来源于《物理学》第 4 卷,尽管亚里士多德稍有不同地表达了这个观点,即"首要的处所不比这个东西更少也不比这个东西更大"。⑮ 因此,至少从表面上看来,这一反驳击中了亚里士多德观点的核心。

(3)处所必须是不动的。在其最终把界限说成是处所的定义的解释中,亚里士多德坚持这种观点。⑯ 但是由于面是一个物体的界限,所以当它是其面的那个物体移动时,这个面也必须移动。因此,亚里士多德的定义和他自己的说法是相违背的,而结论便是,面不能是处所。⑰

(4)亚里士多德论证说,所有的位移要么是直线的要么是圆周的,而且预设了它所发生"在那里"的一个处所。⑱ (a)如果处所被定义为一个面的话,那么就

---

⑧　菲洛庞努斯,《物理学注》IV. 563. 27—28;29—30。

⑨　菲洛庞努斯,《物理学注》IV. 563. 31—32。

⑩　菲洛庞努斯,《物理学注》IV. 563. 27—31。

⑪　亚里士多德,《物理学》IV. 3,210a24。

⑫　菲洛庞努斯,《物理学注》IV. 564. 4—5。

⑬　菲洛庞努斯,《物理学注》IV. 564. 5—6。

⑭　菲洛庞努斯,《物理学注》IV. 564. 13:ἀδύνατον ἄρα τὸν τόπον ἐπιφάνειαν εἶναι

⑮　亚里士多德,《物理学》IV. 4,211a2。

⑯　亚里士多德,《物理学》IV. 4,212a15—21。

⑰　菲洛庞努斯,《物理学注》IV. 564. 14—16:... ἀδύνατον ἄρα τὴν ἐπιφάνειαν τόπον εἶναι。从(2)开始的这种文字顺序上的颠倒也许是有意的。

⑱　亚里士多德,《论天》I. 2、9。

无法解释诸星球的圆周运动。[19] 诸星球的最外层天球，一个表现为圆周运动因而预设了处所的面，不能在处所之中，因为在它之外一无所有。因此，亚里士多德及其追随者们是自相矛盾的，因为他们既说它是一个处所又说它"在处所之中"[这就预设了处所]。这个矛盾产生了一系列相关的问题，涉及天球的各个部分、它们同整体的关系以及部分和整体的运动。

　　(b) 如果处所是一个面的话，那么月下区物体(sublunar bodies)的直线运动也是成问题的。[20] 例如，当一个物体穿过空气运动的时候，空气随着物体而改变处所，因为一个物体不能穿过另一个物体运动。[21] 如果处所是一个面，那么只有空气的面才会屈服于移动的物体。但是甚至无穷多的面都不能形成一个有深度的大小，而且也不会为一个三维的物体形成一个处所。既然没有一个它能够运动进去的处所，那么一个物体又如何能够改变处所呢？显然，处所不能是一个面。

　　亚里士多德所主张的处所是一个面的观点也有其现代的支持者，比如，罗斯、索拉比、弗利、阿波斯特(H. G. Apostle)和胡西(E. Hussey)，他们列举了两种证据：(1)为其观点本身而设计的一种逻辑；(2)来自《物理学》第4卷的文本证据。[22] (1)在对亚里士多德的观点进行阐明时，胡西清楚地表述了关键的假设："因为处所是一个界限，所以它是一个面……"[23]这个论证大概是这样进行的：一个体被其面所限定；处所是"所包含的物体的最初的不动的界限"；[24]因此，处所是这个物体的面。(2)在《物理学》第4卷第4章中，亚里士多德声称，他的处所定义说明了为什么宇宙看上去有一个中间部分和最后部分，"并且因为这个原因，它似乎(δοκεῖ)是一种面……进而，处所与物体同在，因为界限与被限定的

---

⑲　菲洛庞努斯，《物理学注》IV. 565. 5 以下。

⑳　菲洛庞努斯，《物理学注》IV. 567. 8 以下。

㉑　这个批判可能指亚里士多德，《物理学》Ⅷ. 10,266b25—267a20 或《论天》Ⅲ. 2,301b25—30。

㉒　罗斯《亚里士多德的〈物理学〉》，Oxford：Clarendon Press,1936,第576页；索拉比，《辛普利丘，论亚里士多德的〈物理学〉4.1—5,10—14》(Simplicius, On Aristotle's Physics 4. 1—5, 10—14)导言，该书由厄姆森(J. O. Urmson)翻译，London：Duckworth, 1992,第1页；弗利，《亚里士多德和原子论者论虚空中的运动》(Aristotle and The Atomists on Motion in a Void),见马哈默(P. K. Machamer)和特恩布尔(R. J. Turnbull)主编，《运动和时间，空间和质料》(Motion and Time, Space and Matter),Columbus：Ohio State University Press,1976,第83—100页，详见第88页；《亚里士多德的〈物理学〉》，阿波斯特(H. G. Apostle)翻译，并附有注释和术语表，Bloomington：Indiana University Press,1969,第247页注释47；胡西(E. Hussey),《亚里士多德的〈物理学〉：卷Ⅲ和卷Ⅳ》(Aristotle's Physics: Books III and IV),Oxford：Clarendon Press, 1983,第118页。

㉓　胡西，《亚里士多德的〈物理学〉：卷Ⅲ和卷Ⅳ》,第118页。

㉔　亚里士多德，《物理学》IV. 4,211b6—8;212a20:τὸ τοῦ περιέχοντος πέρας ἀκίνητον.

东西同在".㉕ 因为面也限定体积并与体积同在,所以处所在亚里士多德看来就是一个面。

　　但是这个证据并没有讲完所有的看法。存在着反对把处所叫做一个面的有力证据,必须被加以考虑。非但不把处所叫做二维的,亚里士多德明确地把它放到了与体相同的属中,因为二者都具有三个间隔,长、宽和高,尽管处所本身不能是体。㉖ 的确,在不是一个体的情况下,处所如何能够具有三个间隔呢? 这是由亚里士多德提出的、任何对处所的说明所必须解决的第一个困难。

　　关于处所的第二个困难似乎也将它与面区别了开来。如果物体具有一个处所,那么,同样它也具有面和它的其他界限。㉗ 就面是物体的一个界限而言,它必须具有一个处所;而且由于它必须具有一个处所,那么它就不能是一个处所。必须由对处所的一个恰当的说明来加以解决的这个问题,揭示了"因为处所是一个界限,所以它是一个面"这一主张中的一个严重的混淆:所有的面都是体积的界限,但不是所有物体的界限都是面;㉘比如,形式和灵魂是肉体的界限,但不是面。㉙ 因此,处所是所最初包含的物体的一个界限的定义并不需要意味着它是一个面(或一个形式或一个灵魂)。这种混淆起源于"界限"的概念,而亚里士多德对"界限"的定义则把我们带到了这个问题的核心。

　　一个界限是每一个东西的"最终者"($\tau\grave{o}$ $\overset{\vee}{\epsilon}\sigma\chi\alpha\tau o\nu$)和"最初者"($\tau\grave{o}$ $\pi\rho\hat{\omega}\tau o\nu$):"每一个东西的最终者,亦即那在其外不能找到任何部分的最初者,和每一个部分都在其内的最初者。"㉚一个物理部分会进一步扩展一个物体;但作为"最终者",一个界限却终结了一个物体;因此,一个界限不能是一个物理

㉕　亚里士多德,《物理学》IV. 2,212a20—30。罗斯表明,"在这里,亚里士多德指出他的说法和其他两种$\overset{\vee}{\epsilon}\nu\delta o\xi\alpha$[意见]的一致"(《亚里士多德的〈物理学〉》,第 576 页)。但是亚里士多德常常使用$\delta o\kappa\epsilon\hat{\iota}$来指示他并不必然同意的观点;例如,参考亚里士多德《物理学》III. 1,200b16—21,在那里,$\delta o\kappa\epsilon\hat{\iota}$涵盖了他同意的观点和他不同意的其他观点。有关对这一观点的一个更为系统的说明,参考《形而上学》IV. 5,1009a6—15。

㉖　亚里士多德,《物理学》IV. 1,209a5—7。厄姆森在对他所翻译的《辛普利丘,论亚里士多德的〈物理学〉4. 1—5,10—14》的一条注释中主张,亚里士多德从来没有把处所叫做二维的(第 22 页);但是,在这一文献中存在着不清楚的地方:例如,孟德尔(H. Mendell)说处所在《物理学》IV 中是"一个二维的位置"(《Topoi 和 Topos:亚里士多德的处所概念的发展》[Topoi on Topos:The Development of Aristotle's Concept of Place],*Phronesis* 32[1987],第 210 页)。

㉗　亚里士多德,《物理学》IV. 1,209a7—9。

㉘　亚里士多德,《物理学》IV. 1,209a8。

㉙　有关形式是一种界限,参考亚里士多德《形而上学》V. 17,1022a4—6,有关灵魂是一种影响到一个生命体的大小和增长的界限,参考《论灵魂》II. 4,416a1—18。

㉚　亚里士多德,《形而上学》V. 17,1022a4—6。

的部分，而必须是无质料的。但是，正如对面和处所的一番考察将会表明的那样，在各种无质料的界限间存在着一些重要的区别。我将会考察三个这样的区别。面和处所(1)在不同的科学中被研究;(2)限定不同的对象;(3)起到不同的作用。这些区别需要考察。

(1) 对面的研究属于数学，因为，面被看作是和物体相分离的，并且因此是和自然运动相分离的。[31] 因此，面先于物体，并且作为一个概念类似于"曲线"，后者像所有数学概念一样，能够在不涉及质料的情况下被研究，而不像"扁鼻"，后者类似于物理学的概念，因为它必须出现"在一个鼻子中"，因此就要有对是"一个鼻子中的曲线"的所指作为它的定义的一部分。[32] 或许恰恰由于这个原因，面才不在亚里士多德所提出的四个处所定义当中：确切地来说，面是一个属于数学而非物理学的概念。

对处所的研究属于物理学是因为，处所是在没有了它们运动便成为不可能的那些"共同和普遍的"术语中被发现的。[33] 因此，处所并不是脱离运动而被研究的，相反，必须通过运动而被研究。此外，与一般的数学对象不同，并且尤其与面不同，处所在其定义中确实需要指涉一个具体的物体：所包含的物体（在《物理学》第4卷中对其所言不多，但在《论天》中却做了详尽的讨论）。

(2) 面和处所限定不同的东西：面是一个体积的界限，而处所则是所包含的物体的最初的界限。[34] 在亚里士多德的物理学中，体积和所包含的物体这两个概念并不是同一的。实际上，它们应当被明确加以区分。按照定义，体积是被认作数量、亦即可测量的体：

> "体积"[指]可被分割为连续的部分者；在体积中，那在一个方向上连续者是长度，在两个方向上是宽度，在三个方向上是高度。在这些东西中，……限定的长是一条线，限定的宽是一个面，限定的高是一个体。[35]

这个定义揭示了一个关键点：亚里士多德并没有把长、宽和高设想为维度——一

---

[31] 亚里士多德，《物理学》II. 2,193b25;《物理学》III. 1,200b21。

[32] 亚里士多德，《物理学》II. 2,194a4—6;也请参考《形而上学》VII. 10,1035a5—10。

[33] 亚里士多德，《物理学》III. 1,200b20。

[34] 有关"面"是所包含的物体的界限，参考亚里士多德，《物理学》II. 2,193b23—25;《物理学》IV. 1,209a9。也请参考穆勒(I. Mueller)《亚里士多德论几何学的对象》(Aristotle on Geometrical Objects),《哲学史文献》52(1970),第159页。

[35] 亚里士多德，《形而上学》V. 13,1020a12—13;参考《论天》I. 1,268a8—12。

个从体中抽象出来的数学概念——而是设想为体积的间隔，亦即被认为是可测量的数量的体。通过成为最初的非质料的部分，并且因此将体同在它之外的东西、例如空气或水分开，一个面就限定了体，亦即具有长、宽和高的体积；由此，所有被面所限定的物体必须要有某个东西在它之外，而且面也必须被包含在、亦即在处所之中。处所限定所包含的物体；在《论天》中，亚里士多德把这个物体等同为以太，在其之外既没有处所也没有在处所中的物体；㊱由此，处所不能被包含。由于处所不被包含，所以处所既不能在处所之中，也不能分割，也不能改变处所。尽管其结构性的涵义还必须被确立，但是，这一否定性的结论却表现得足够清楚了：处所并不把所包含的物体限定为具有长、宽、高的体积。

（3）作为界限，面和处所起着不同的作用。面、线和点各自都通过具有一个比被限定的间隔更少的间隔而用作一个界限。这样，由于体是完整的体积，所以它具有体积的所有可能的间隔——长、宽和高；㊲它被面所限定，因为仅仅具有长和宽的面终止了物体的高。同样，一个不具有任何体积的点限定了一条只具有一个长度的线，而一条具有一个体积的线限定了面。因为体积实际上不能是无限的，所以体积的所有实际的间隔，包括面，都必须总是具有一个界限。㊳

处所再次明确地与面形成了对比。由于处所是最初的界限，所以它不能有任何界限。由于它不能有任何界限，所以处所必须具有所有可能的间隔：长、宽和高。实际上，这个观点解决了一开始所提出的问题：处所如何能够在和体相同的属中，即使它不是一个体。㊴它们之所以在相同的属中，是因为两者都具有三个间隔，尽管是由于不同的理由：体具有长、宽和高，因为它是完整的体积，而处所之具有三个间隔，是因为，作为最初的界限，它不能具有任何界限。㊵因此，处所和体一样，虽然在具有长、宽、高的诸事物的属之中，但却不是一个体；处所是所包含的物体的最初的界限。

面通过分割限定了处所并且因此预设了处所。处所起到什么作用？处所解决"自然物体在哪里"的问题，因为它提供了宇宙中的物体在"哪里"的界限。它

㊱　亚里士多德，《论天》I. 3，270b1—31；9，278b21—279a22。

㊲　参考亚里士多德，《论天》I. 1。

㊳　亚里士多德，《论天》I. 5，272b17—21；参考《物理学》III. 5，204a34—206a8。

㊴　亚里士多德，《物理学》IV. 1，209a4—6。辛普利丘指出，所有的体都具有三个维度这个事实无需意味着，所有具有三个维度的东西都是一个物体。参考辛普利丘，《亚里士多德物理学著作中四篇晚期注释》(*In Aristotelis Physicorum libros quattuor posteriors commentarii*)（以下为《物理学注》)，第尔斯编辑，《亚里士多德希腊文注释》普鲁士学院版第 10 卷，Berlin：雷梅尔，1895，529. 29—34。这一文献已经由厄姆森翻译，以上注释 22。

㊵　亚里士多德，《论天》I. 1，268a22—268b5。

们或上或下,或左或右,或前或后:

> 对于每一个[可感]物体都有一个恰当的处所,如果所有可感物体要么
> 是重的,要么是轻的,并且,如果重的[物体]按本性具有朝向中心的位移,而
> 轻的[物体按本性具有]向上的位移⋯⋯此外,所有可感的物体都在处所之
> 中,而且处所在种类上有上与下、前与后、左与右之分;这些区别不仅相对于
> 我们和根据习惯成立,而且也在整体本身中成立⋯⋯无疑,在一个处所中的
> 东西便是在某处,而在某处的东西便是在一个处所中⋯⋯一个东西在处所
> 中是因为它在某处,亦即上或下,或者六个不同的方位中的其他某个方位;
> 但它们每一个都是一个界限。㊶

通过限定所包含的体,而且就规定了一个物体在"哪里"的六个方位来说,处所使
宇宙和宇宙中的所有地方都成了确定的。由于长、宽、高是完整的体积的形式界
限,因此,上下、左右、前后是宇宙之中的"一个东西在哪里"的形式界限。这样所
有的物体都在"某处"($\varepsilon\hat{\imath}\nu\alpha\acute{\imath}$ $\pi o\upsilon$)。㊷

"何处",$\tau\acute{o}$ $\pi o\upsilon$(通常而且并不准确地被翻译成"处所")位于亚里士多德的存在
的诸范畴之列。㊸ 对"何处"这个词的翻译有两个备选项:一个是亚里士多德在
《物理学》第4卷第1章至第5章中所肯定的"处所"概念,另一个是他在《物理
学》第4卷第6至9章中所否定的"虚空"概念。他说,处所"具有某种潜能
($\check{\varepsilon}\chi\varepsilon\iota$ $\tau\iota\nu\grave{\alpha}$ $\delta\acute{\upsilon}\nu\alpha\mu\iota\nu$),而这种潜能现在是清楚的。㊹ 处所构成了作为形式界限
而贯穿于整个宇宙的六个方位,这些形式界限规定了宇宙之中的任一(和所有)
物体运动或静止于"何处"。

尽管处所和面两者都是界限,但是它们之间的区别现在已经清楚了。作为
一个界限,面履行了一种重要的功能。一个实际上无限的体是不可能的;㊺因
此,如果没有一个作为其界限的面的话,体便不可能是现实的。简言之,通过用
作其界限,面使体成为现实的。处所也是一种界限,履行了一种完全不同但同等

㊶　亚里士多德,《物理学》III.5,205b24—206a7;参考《物理学》IV.1,208b10—15,和《论天》II.2,284b15
　　以下。

㊷　亚里士多德,《物理学》IV.1,208a29。

㊸　相关例子参考亚里士多德,《范畴篇》4,1b26;4,2a1;9,11b11;10,10b23;《论生成和毁灭》13,317b10;
　　《形而上学》V.7,1017a26。

㊹　亚里士多德,《物理学》IV.1,208b10—11。

㊺　参见亚里士多德,《物理学》III.5,206a7—8。

重要的功能。因为,自然的、移动的物体需要一个它们在其中运动或静止的"位置"(where),⑯如果没有处所通过将宇宙限定为上下、左右、前后而构成"位置"的话,就既不可能有运动也不可能有静止。

任何界限都包含并因而规定了被包含者;因此,界限比被包含者更为珍贵。⑰ 面通过将体和外在于它的东西分割开来,便限定了被包含的体;处所通过构成宇宙之中的方位性,便限定了所包含的宇宙的体。而且,在一个引人注意的段落中,亚里士多德将宇宙的这种界限称作它的"实体"(οὐσία)。⑱

实体是存在的第一个范畴和在首要意义上的一个东西之所是。⑲ 那么,把宇宙的界限称作它的实体这能够意味着什么呢? 在此,我们可以回到亚里士多德在《物理学》第 4 卷第 4 章中对处所的解释:"处所与物体同在,因为界限与被限定的东西同在。"⑳存在是如何一起构成了一个界限与被限定的东西之间的关系的? 界限和被限定的东西"一起"组成一个存在。在这个意义上,处所不与所包含的物体"相邻"或"相接",就像面不与它所包围的体积"相邻"或"相接"一样。体积和面一起组成一个体,这个体被它的面、亦即将这个体同包围它的东西分割开来的非质料的界限所包含;处所和所包含的物体一起构成了我们的独一无二的宇宙的第一层天,处所,作为宇宙的非质料的界限,通过构成贯穿于整个宇宙的上下、左右、前后而使宇宙就"位置"而言成为确定的。完全根据"位置"而确定的东西恰恰就是宇宙的实体。

尽管我不会考虑虚空的问题,但它仍然提出了一个重要的区别。虚空的支持者认为虚空是这样一种处所,当它容纳它能够接受的物块时,它就是"满的";当没有这样的物块时,它就是"空的"。㉑ 这种观点意味着,"空的、满的和处所是同一的,但是它们的存在却不是同一的。"㉒"空的"和"满的"可以表示"物块"的在场或不在场,但是处所却不然。作为一个界限,处所是非质料的,实际上是形式的,而且它使宇宙成为在形式上就方位而言确定的。但是处所的形式性与数学对象的形式性是不同的。六个方位形成了三对,上下、左右、前后,它们作为界

---

⑯　亚里士多德,《物理学》II. 1,192b21—23;IV. 1,208a27—32。

⑰　亚里士多德,《论天》II. 1,284a6—7;II. 13,293b13—14;也见于 283a32。

⑱　亚里士多德,《论天》II. 13,293b16。

⑲　这个论题贯穿于亚里士多德全集。参考《形而上学》XII. 1,1068a18—19;VIII. 1,1042a5—23;V. 8,1017b10—26;《物理学》I. 2,185a30—32;7,190a36。

⑳　亚里士多德,《物理学》IV. 4,212a29—30;ἔτι ἅμα τῷ πράγματι ὁ τόπος· ἅμα γὰρ τῷ πεπερασμένῳ τὰ πέρατα

㉑　亚里士多德,《物理学》IV. 4,213a15—18。

㉒　亚里士多德,《物理学》IV. 4,213a18—19。

限与数学的体积的规定，即长、宽、高是相类似的；但是，长、宽和高将物体的体积规定为现实的；这些方位的对子却构成了贯穿于整个宇宙的"何处"这个范畴。

在处所提供了就方位而言的对宇宙的形式规定这个意义上，我们可以返回到《物理学》第 4 卷第 4 章。在推出处所是一个界限的结论后，亚里士多德声称，这就解释了为什么处所似乎（$\delta o \kappa \varepsilon \hat{\imath}$）是一种面。⑤ 被处所限定的天，在其处所中表现为圆周运动。因此，天空便似乎表现为一个面朝我们并且旋转的面。这个外表的面不是处所；它是处所的最初的可见的结果，一个被限定的体——一个在公共的意见（$\delta \acute{o} \xi \alpha$）中很容易被混淆的原因和结果。

处所是所包含的物体的一个具有长、宽、高的界限。对于亚里士多德来说，由菲洛庞努斯所列举的众多批评并不意味着处所不能是一个界限，而是意味着它不能是一个面。在其"处所推论"中，菲洛庞努斯不仅批评了"亚里士多德的处所定义"，即处所是一个面，而且，他还提出了对处所的一个不同的解释。他首先接受了亚里士多德对间隔、$\tau \grave{o} \ \delta \iota \acute{\alpha} \sigma \tau \eta \mu \alpha$（557.8—563.25）的反驳，然后便批评和否定了处所是一个面的观点（正如我们已经看到的那样[563.26—567.28]），并且通过论证作出结论说，处所必须是一个三维的广延（567.29—585.4）。他自己的观点既出现在他对亚里士多德对间隔的反驳的回应中，也出现在他的结论中。因此，我将依次考察这些观点。

亚里士多德拒绝处所是"边界之间的某种间隔"（$\delta \iota \acute{\alpha} \sigma \tau \eta \mu \acute{\alpha} \ \tau \iota \ \tau \grave{o} \ \mu \varepsilon \tau \alpha \xi \grave{\upsilon} \ \tau \hat{\omega} \nu \ \dot{\varepsilon} \sigma \chi \acute{\alpha} \tau \omega \nu$）的观点。菲洛庞努斯问道，是否在亚里士多德的有关处所不可能是"某种三维的广延"（$\delta \iota \acute{\alpha} \sigma \tau \eta \mu \acute{\alpha} \ \tau \iota \ \tau \rho \iota \chi \hat{\eta} \ \delta \iota \alpha \sigma \tau \alpha \tau \acute{o} \nu$）的证明中有任何的必然性。⑭ 在此，亚里士多德和菲洛庞努斯之间的第一个区别是直接的：亚里士多德拒绝边界之间的间隔，而菲洛庞努斯却询问三维的广延。这一区别并非无足轻重。

亚里士多德的间隔位于各端亦即界限之间。这种用法与几何学和音乐（或算术）的用法相似，在几何中，$\tau \grave{o} \ \delta \iota \acute{\alpha} \sigma \tau \eta \mu \alpha$ 是一个圆的半径，即圆心和圆周之间的间隔，在音乐（或算术）中，间隔位于限定并因而规定它的两个音符（或两个数）之间。在柏拉图的《蒂迈欧篇》中，神通过进行划分、继而在所造成的这些划分之间的间隔（$\delta \iota \alpha \sigma \tau \acute{\eta} \mu \alpha \tau \alpha$）中进行填充而确立了这个世界。⑮ 对于亚里士多德来说，正如我们已经看到的那样，体积可划分为本身由它们的界限所规定的连续的

---

⑤ 亚里士多德，《物理学》IV. 4，212a28—29。

⑭ 菲洛庞努斯，《物理学注》IV. 557. 10。

⑮ 柏拉图，《蒂迈欧篇》36A1—B5。

部分,而长、宽和高就是在一个、两个或三个间隔之间连续的体积。

　　菲洛庞努斯用"在三个维度中"这个短语代替了"那在界限之间者"这个短语,并因此将这样一个观点归之于亚里士多德,即:处所作为三维之中的一个间隔亦即广延,这是不可能的。这一转换的机制是清楚的。在这里(并且贯穿于菲洛庞努斯对亚里士多德物理学的注释始终),"维度"($\delta\iota\alpha\sigma\tau\alpha\tau\acute{o}\nu$)这个词从未出现在柏拉图和亚里士多德的著作中。实际上,在斯多亚学者阿波罗多鲁斯(Apollodorus)之前,这个词并不具有这种意义。[56] 相关而言,对于亚里士多德来说是体积的间隔的长、宽和高,对于菲洛庞努斯来说还是非质料的维度;因此,$\tau\grave{o}\ \delta\iota\acute{\alpha}\sigma\tau\eta\mu\alpha$的意义便从界限之间的间隔转化成了某种非质料的和三维的东西,结果表明,它在根本上是无形体的、静态的和虚空的。[57]

　　亚里士多德断言,预设各端之间的某种间隔会造成在同一个处所中无限多的处所($\dot{\epsilon}\nu\ \tau\hat{\omega}\ \alpha\dot{\upsilon}\tau\hat{\omega}\ \check{\alpha}\pi\epsilon\iota\rho\sigma\iota\ \check{\alpha}\nu\ \mathring{\eta}\sigma\alpha\nu\ \tau\acute{o}\pi\sigma\iota$)。[58] 正像菲洛庞努斯解释亚里士多德的主张那样,它大意是:如果处所是一个三维中的广延,那么它要么让位(或腾地方)给每一个于它之中生成的整个物体,要么它分割物体以致于产生实际上无限的部分,结果就是,处所本身(为这些部分所占据)也是无限的。[59]

　　显然,由于认为第一种观点(即处所让位)是明显的,菲洛庞努斯便解释第二种观点。处所和在处所中的东西是相等的,亦即,包含者的边沿(boundary)和被包含者的边沿必须是在相同的地方;如果两个边沿(一个提示:依照菲洛庞努斯,它们就是面)是在同一个地方,那么部分就在部分中,整体在整体中。[60] 既然所有的体积都是无限可分的,那么结论就是,这两个面的部分实际上被无限划分了。[61] 这就是说,由于它们被运用于彼此,所以这两个边沿将相互通过,由此实际上彼此划分并且产生一个实际上无限的部分——和由这些部分所占据的处所。[62]

　　菲洛庞努斯说,两种反驳都是"头脑简单的"。[63] 在他看来,广延是"无形体

[56]　参考狄奥根尼 VII. 135:$\sigma\hat{\omega}\mu\alpha\ \delta'\ \dot{\epsilon}\sigma\tau\acute{\iota}\nu,\ \H{\omega}\varsigma\ \varphi\eta\sigma\iota\nu\ \H{A}\pi\sigma\lambda\lambda\acute{o}\delta\omega\rho\sigma\varsigma\ \dot{\epsilon}\nu\ \tau\hat{\jmath}\ \Phi\upsilon\sigma\iota\kappa\hat{\jmath},\ \tau\grave{o}\ \tau\rho\iota\chi\hat{\jmath}\ \delta\iota\alpha\sigma\tau\alpha\tau\acute{o}\nu,$　$\epsilon\dot{\iota}\varsigma\ \mu\hat{\eta}\kappa\sigma\varsigma,\ \epsilon\dot{\iota}\varsigma\ \pi\lambda\acute{\alpha}\tau\sigma\varsigma,\ \epsilon\dot{\iota}\varsigma\ \beta\acute{\alpha}\theta\sigma\varsigma$[如阿波罗多鲁斯在《物理学》中所说,物体是三维的广延,分为长、宽和高]:阿尼姆,《早期斯多亚残篇》(*Stoicorum Veterum Fragmenta*),Leipzig:Teubner, 1903—1905,卷 III. 259.6。

[57]　菲洛庞努斯,《物理学注》IV. 557.18—19;560.2—6;11—14;567.32—33。

[58]　亚里士多德,《物理学》IV. 4,211b20—21。

[59]　菲洛庞努斯,《物理学注》IV. 557.11—14。

[60]　菲洛庞努斯,《物理学注》IV. 558.13—16。

[61]　菲洛庞努斯,《物理学注》IV. 558.16—17。

[62]　菲洛庞努斯,《物理学注》IV. 558.18—22。

[63]　菲洛庞努斯,《物理学注》IV. 557.14。

的"；因此，一个物体正好填充了不需要让位或腾出地方的广延，并且由于物体不能被无形体的东西（ἀσώματον）所划分，所以广延无法划分，从而更无法产生无限的划分。⑭ 广延就像面或者线：再多的广延加在一起也无法进行划分，也不能增之毫厘。⑮ 他肯定了处所的三个主要的特性：处所是三个维度中的无形体的广延，在每一个方向上都是"静态的"，并且不是别的就是空的空间。⑯ 这些特性是紧密相关的。

"处所—广延是无形体的，与物体相分离，并且就其自身而持存，不在某种基质中有其存在。"⑰长和宽在物体中有其存在，但作为数学对象可以脱离物体而被处理，与此不同，广延"在它自己的定义中是无形体的"⑱，并且是"无质料的"。⑲（菲洛庞努斯"无质料的"[ἄυλος]一词是一个很可能直到普鲁塔克之后才出现的词，普鲁塔克用它来描述神。）⑳实际上，正是由于这个原因，广延按定义才是空的或者空虚的。㉑

在上面我们曾经看到，亚里士多德面对的问题是，处所在不是一个物体的情况下如何能够具有长、宽和高；在这里，菲洛庞努斯面对的是同样的问题，但却在一种不同的形式下：广延如何能够既是三维的又是无形的？针对将我们带到他的观点核心的两个具体的反驳，菲洛庞努斯抛出了他的解决方案。第一个反驳是：三维性是一种数量，而数量是实体的一种属性；物体是一个实体；因此，三维性是物体的一种属性。㉒菲洛庞努斯仓促地给出了这样一个论证：它证明，所有物体都是三维的，而不是相反，即每一个三维的东西都必须是一个物体。

第二个反驳清楚地提出了这样的问题：如果维度属于数量的范畴，而数量又需要实体的话，那么对于广延来说，独立于并且分离于实体亦即物体便似乎是不

---

⑭　菲洛庞努斯，《物理学注》Ⅳ. 557. 21—28。

⑮　菲洛庞努斯，《物理学注》Ⅳ. 558. 5—10；558. 25—559. 9。

⑯　菲 洛 庞 努 斯，《 物 理 学 注 》Ⅳ. 557. 29—31：εἰ γὰρ καὶ διαστατόν ἐστι τριχῇ， ἀλλ᾽ οὖν παντάπασιν ἀπαθὲς καὶ ἀσώματον καὶ αὐτὸ τοῦτο οὐδὲν ἄλλο ἢ χώρα κενή［因为，如果它是三维的，那么它在各个方位上都是静态的，无形体的，并且它本身不是别的什么，而只是空的空间。］

⑰　菲洛庞努斯，《物理学注》Ⅳ. 558. 29—30：τὸ δὲ διάστημα τὸ τοπικὸν ἀσώματόν ἐστι καὶ χωριστὸν σώματος καὶ καθ᾽ αὑτὸ τοῦτο οὐδὲν ἄλλο ἢ χώρα κενή.

⑱　菲洛庞努斯，《物理学注》Ⅳ. 567. 31：ἀσώματον ὂν τῷ οἰκείῳ λόγῳ.

⑲　菲洛庞努斯，《物理学注》Ⅳ. 559. 15。

⑳　普鲁塔克，《反斯多亚派共同概念》(De comm.. not)1085C；亚历山大里亚的斐洛(Philo of Alexandria)以比较级的形式用它来描述νοῦς[心灵]，《》(Leg. Alleg)Ⅰ. 88。

㉑　菲洛庞努斯，《物理学注》Ⅳ. 563. 20—21；参考 687. 34—35。

㉒　参考菲洛庞努斯，《物理学注》Ⅳ. 561. 3—24。

可能的。⑦ 通过注释说事实并不遵循理论——观念应当同事实一致⑦——菲洛
庞努斯便将他的解决方案着落在了说明性的理论和明显的事实相遇的连接
点上。

鉴于我们总是在具有实体的物体中看到数量这一事实,我们必须得出结论
说,不仅数量不是自我构成的($αὐθυπόστατος$),因为它需要实体;而且,实体也
不是自我构成的,因为它需要一个确定的数量或大小。⑦ 实际上,在这个意义
上,所有的范畴都彼此依赖,而且由于这种依赖性,如果离开了其他的范畴,一个
范畴就不能发现一个范畴。

然而,"处所—广延"($τὸ τοπικὸν διάστημα$)是不同的,因为在理论上它能
够通过自身而构造自身,而且它能这样做是因为,没有任何东西阻止它。"处
所—广延单独在其各维度中具有其存在。"⑦虽然如此,事实上,它从来都不会保
持为空的,因为在一个物体离开的时候,另一个物体就占据了它的处所。就此而
言,"处所—广延"可以比作质料或"第二载体,也就是在三个维度上延伸而没有
性质的物体"。在这里,理论和事实之间的区别在于:尽管广延(与实体不同)在根
本上并不依赖于任何别的东西,但事实上(就像实体一样),如果没有性质的话,它
决不会被发现,因为,当一个形式被消灭后,另一个形式立刻就出现了。因此,处
所—广延总是被占据,不是因为它在根本上不具有其与物体相分离的存在(和定
义),而是因为它事实上恰好总是与性质同在。

我们在前面曾经看到,菲洛庞努斯把"界限之间的间隔"重新定义为"三维的
广延"。在这一论证中,他重新构想了物体以及形式与质料之间的关系。事实
上,物理学所研究的自然世界具有一种与亚里士多德的完全不同的拓扑学。

在他最初就亚里士多德对广延(原文如此)的反驳的回应中,菲洛庞努斯解释
道,当亚里士多德说处所和处所之中的东西是相等的时,他的意思是说,包含者
的边沿和被包含者的边沿必须在同一个地方。"在同一个地方"可能指亚里士多
德关于处所和物体"同在"的主张。⑦ 但是,对于亚里士多德来说,并不存在两个
不同的东西,即具有两个不同的边界或界限的包含者和被包含者;毋宁说,处所
和最初所包含的物体作为界限和被限定的东西是同在的,而且因此,它们形成了
一个存在:第一层天。对于自然物,一个形式是一个物体的形式,一个界限是被

---

⑦　菲洛庞努斯,《物理学注》IV.578.6—11。

⑦　菲洛庞努斯,《物理学注》IV.578.11—13。

⑦　菲洛庞努斯,《物理学注》IV.578.13—19。

⑦　菲洛庞努斯,《物理学注》IV.578.6—7。

⑦　亚里士多德,《物理学》IV.212a30;V.3,226b21—22。

限定的东西的界限，一个间隔是一个体积的间隔。自然物的形式总是被发现同质料在一起，也就是说，这二者构成了一个单一的个体之物，因为"质料渴望形式，正如雌性渴望雄性、丑陋的渴望美丽的一样"。⑱ 而且由于一个自然物的形式是使一个被包含的物体成为确定的——比如一条狗或一只猫——的界限，所以，处所是所包含的体的一个界限，而且使整个宇宙就上下等等而言成为确定的。

　　菲洛庞努斯把亚里士多德解释成是在论证，包含者的界限和被包含者的界限在同一个地方，因为，在菲洛庞努斯的世界中，这两个界限并不形成一个单一的存在，而总是保持为不同的。对于菲洛庞努斯来说，处所是"就其自身"

　　"καθ' αὐτό"——一个在柏拉图那里意味着自我同一性的短语，在新柏拉图主义那里也有很长的历史⑲——的无形体的广延。因此，广延非但不是"所包含的物体的"存在，而且在根本上，在定义和存在上都是分离于和独立于物体的。那么，为什么它总是实际上被占据呢？广延总是被占据，不是因为质料渴望形式，以便它们一起可以形成一个单一的个体之物，而是因为一个形式接着另一个形式落入广延。因此，即使处所及其占据者从不以任何方式统一在一起，但结果总是，处所亦即广延从来都不是空的。

　　在这里，菲洛庞努斯的处所概念出现了。对于亚里士多德来说，处所和形式两者都是界限，但是形式是被包含者的一个界限，而处所是包含者的界限。⑳ 对于菲洛庞努斯来说，处所和形式都不是一个界限。处所是无形体的、三维的广延，而在自然世界中，形式是一个物体中各种性质的暂时的出现，而这个物体本身是三维的、没有任何内在的性质。㉑ 同样，亚里士多德完全把处所和质料分开了：质料既不能与一个被包含的物体相分离，也不是一个界限，而处所二者都可以。㉒ 在菲洛庞努斯的世界中，尽管广延是无形体的，质料是物体，但是它们在重要的方面是相似的。两者都是三维的，没有内在的性质，两者都"接受"形式，它像性质一样生成于和消灭于质料之中。对于自然物来说，形式"落入"又"离

---

⑱　亚里士多德，《物理学》I. 9，192b16—25；也请参考《尼各马可伦理学》I. 1，1094a1—3；15—16；X. 7，1177b15—20。

⑲　关于一些明显的例子，参考柏拉图，《斐多篇》64C6，100B6；《智者篇》252C4；《巴门尼德篇》128E5—129A2，130B8；《菲利布篇》53D3，《国家篇》VII. 516B5，524D9—525A2；在疑伪的（几乎肯定是新柏拉图主义的）《定义篇》（Definitions）中，参考411C8"潜能"：Δύναμις τὸ καθ' αὑτὸ ποιητικόν[潜能，那就其自身的可制造者]。

⑳　亚里士多德，《物理学》IV. 4，211b13—14。

㉑　菲洛庞努斯，《物理学注》IV. 579. 3—6。

㉒　亚里士多德，《物理学》IV. 4，211b29—212a2。

开"广延。

　　简言之,自然物对于亚里士多德和菲洛庞努斯是完全不同的。对亚里士多德而言,一个自然物首要地是和它的形式——其作为现实的存在——相同一的,而且,只有一个实体性的形式;物理学家必须提到质料——一个物体的作为潜能的存在——因为形式和质料共同构成了一个个体,这是"按本性"。⑧ 对于菲洛庞努斯来说,形式作为性质出现在质料之中。因此,有多少性质,就有多少形式。在某种程度上来说,这种观点在柏拉图的《蒂迈欧篇》中有其根源:具有接受任何形式的能力的容器本身是没有形式的,而且形式出现在其中不是作为一个"这个"或一个"那个",而是作为一个"这类",亦即作为性质。⑧ 因此,物理上的个体之物只不过是多重形式的出现,这些形式只是暂时出现在质料(和处所)之中,它们从不构成一个统一的个体之物。柏拉图提出这样一个观点:一种存在是形式……但是有一种第二级的、具有一个与其相似的名字的、可感的、被制作的、总是移动的、在某个处所中生成又从那里消失的形式。⑧

　　菲洛庞努斯认为,在存在和定义上都是"空的"广延实际上总是碰巧"充满了物体",亦即由进入和出离一个质料载体的形式性的性质所暂时构成的个体之物。菲洛庞努斯把数量和实体与广延进行对比:数量和实体都不是"自我—构成的"($α\grave{ι}θνπ\acute{o}στατος$),而(他暗示)广延是"自我构成的"。"自我构成的"这个原本可能是由扬布里柯所创造的词揭示了菲洛庞努斯对处所的解释的第二个来源:新柏拉图主义。⑧ "自我构成的东西"明显地出现在普罗克鲁斯的《神学原理》一书中(准确地说,是在第 40—51 页之中);它也出现在菲洛庞努斯的《论彼岸世界,反普罗克鲁斯》(de Aeternitate Mundi contra Proclum)中,而当辛普利丘反驳菲洛庞努斯时,这个词也出现了⑧。"自我构成的东西"可以就其揭示了菲洛庞努斯对处所的说明的新柏拉图主义基础而言得到简要地概括。

　　实在可以从根本上被理解为一个下降的等级结构,下降的原则是一个具有独立性——亦即自我同一性,相反于依赖性、亦即由他物所造成——的原则。第一级的实在,太一或善,在其独立的自我同一性中超越了所有的因果关系;第二

---

⑧　参考亚里士多德,《物理学》II. 193a;2,194a26—27;194b7—8;9—15。

⑧　柏拉图,《蒂迈欧篇》48E2 以下。

⑧　柏拉图,《蒂迈欧篇》52A1—7。

⑧　参考普罗克鲁斯,《神学原理:修订本,附有导论、翻译和注释》(Elements of Theology: A Revised Text with Introduction, Translation and Commentary),多兹(E. R. Dodds),第二版,Oxford:Clarendon Press,1963,第 224 页。

⑧　菲洛庞努斯,《论彼岸世界,反普罗克鲁斯》,拉比(H. Rabe)编辑,Lipsiae:Teubner, 1899,33. 12 以下,307. 20,364. 22,405. 25,424. 9,428. 18,471. 5。辛普利丘,《物理学注》IV. 1328. 23 以下。

级的实在是由其自身所造成的,也就是说,它是自我构成的和自我同一的。第三级的和最低的实在是依赖于他物和由他物所造成的。

　　在菲洛庞努斯对广延的解释中,这两个较低的等级出现了。由出现在一个质料载体中的性质所构成的数量和实体不是自我构成的,而是彼此依赖并且依赖于所有的范畴;因此,它们是第三级和最低级种类的实在:依赖于他物和由他物所造成。广延显然属于中级的实在:它是独立的、无形体的和自我构成的。⑧⑧广延并不像例如实体那样是相互依存的,而是独立的,亦即凭借自身而存在。由于广延是独立的、无形体的和自我构成的,所以,根据菲洛庞努斯,广延必须在各个方向上都是静态的($\dot{\alpha}\pi\alpha\theta\dot{\epsilon}\varsigma$)。总之,惟有物体是可分的,因为惟有它才具有部分。无形体的东西($\dot{\alpha}\sigma\dot{\omega}\mu\alpha\tau o\nu$)和自我构成的东西($\alpha\dot{\nu}\theta\nu\pi\dot{o}\sigma\tau\alpha\tau o\nu$)不能具有部分,因此是单纯的;⑧⑨所以,它不能被划分,从而是“静态的”。⑨⑩

　　在这里,根据菲洛庞努斯,我们获得了处所的三个特性:在三个维度上的广延,在每一个方向上的静态,并且只是空的空间。然而,一个问题仍然存在,菲洛庞努斯自己对介绍它的兴趣把我们带到了他对处所的说明及其不仅反对“亚里士多德的对处所的说明”、而且更一般地也反对亚里士多德的宇宙论的最后时刻。

　　亚里士多德认为,宇宙是方向性的(上下,等等),所有的自然物都具有一个恰当的位置。实际上,这些关系也许反映了处所具有的“潜能”。菲洛庞努斯对这种主张的回应是明确无疑的:“说处所自身具有某种就其自身而言的潜能是绝对荒谬的。”⑨①对于亚里士多德来说,处所具有某种潜能是因为,作为宇宙的界限和实体,它使整个宇宙变成了方向性的,并且因此构成了规定自然物在宇宙中“在哪里”(where)运动和静止的界限。⑨②　当菲洛庞努斯否认处所具有某种潜能时,他与亚里士多德似乎是明显不一致的:菲洛庞努斯论证说,根本不存在任何像方位(比如上和下)这样为宇宙中的物体规定自然处所的东西。⑨③ 他说,亚里士多德的观点显然是错误的:重的石头位于山顶并且始终在那里,物体并不因为它们需要

---

⑧⑧　在《神学原理》中,普罗克鲁斯明确地论证说,“所有是自我构成的东西都是可以返回它自身的”(第42页),“所有可以返回自身的东西都具有(其)可与所有物体分离的实体”(第16页)。

⑧⑨　关于$\alpha\dot{\nu}\theta\nu\pi\dot{o}\sigma\tau\alpha\tau o\varsigma$和是$\dot{\alpha}\mu\epsilon\rho\tilde{\eta}$[无部分的]的联系,参考菲洛庞努斯,《论彼岸世界,反普罗克鲁斯》,364.22。

⑨⑩　见普罗克鲁斯,《神学原理》,参考第80页。

⑨①　菲洛庞努斯,《物理学注》IV.581.18—19: $\tau\dot{o}$ $\delta\dot{\epsilon}$ $\lambda\dot{\epsilon}\gamma\epsilon\iota\nu$ $\delta\dot{\nu}\nu\alpha\mu\dot{\iota}\nu$ $\tau\iota\nu\alpha$ $\ddot{\epsilon}\chi\epsilon\iota\nu$ $\alpha\dot{\nu}\tau\dot{o}\nu$ $\kappa\alpha\theta'$ $\alpha\dot{\nu}\tau\dot{o}\nu$ $\tau\dot{o}\nu$ $\tau\dot{o}\pi o\nu$ $\gamma\epsilon\lambda o\tilde{\iota}o\nu$ $\pi\acute{\alpha}\nu\nu$.

⑨②　亚里士多德,《物理学》IV.4,211a3—5;参考《论天》IV.1,308a17。

⑨③　菲洛庞努斯,《物理学注》IV.581.8以下。

一个面而移向它们的恰当的处所。

现在,菲洛庞努斯揭示了他自己关于宇宙运行方式的观点:因为它们渴望秩序,因此,土、气、火、水等元素便"合于目的"(hit the mark),这是安排世界的造物主赋予它们的。⑭ 当由造物主所带给世界的秩序变得紊乱时,每一个元素都渴望向这一秩序回返,因此就被推向那一位置。简言之:不是处所具有潜能把物体推向其恰当的处所,而是物体具有一种渴望来维护造物主赋予它们的秩序。⑮菲洛庞努斯把亚里士多德的质料渴望形式的观念与柏拉图的一个主张联系在了一起:对善而言"最为必然的"是说,每一个知道它的东西都追求并且渴望它。⑯尽管菲洛庞努斯在其处所推论中没有探究这个观点,但是从其对《物理学》第2卷第1章的注释中,我们可以得知,正如他解释自然物那样,每一个元素都由一个内在的推动者、倾向所推动,它像灵魂一样,是"一种已经下降到物体中并且塑造和支配它的潜能……一种将其存在结合在一起的自然力量,因为如果没有任何东西将它结合在一起的话,它原本就会消火并且变成非存在了"。⑰

尽管亚里士多德和菲洛庞努斯似乎在这里说的话是一样的,但是正如亚里士多德肯定而菲洛庞努斯否定上下等方位实际上是被给予的那样,宇宙及其秩序对他们两个人来说是根本不同的。对于亚里士多德来说,自然是内在地(从而永恒地)有序的,是因为一个界限总是与被限定的东西同在,而这个被限定的东西也总是渴望其界限。形式,一个自然物的界限,作为现实来构成一个物体;质料,即被限定的东西,作为潜能来构成它;它们共同构成一个个体之物,它是"按本性",并且作为质料和形式的一个合成物是实体的一个候选项。⑱ 处所,作为一个界限,与被限定的东西同在,与所包含的物体同在,它们共同形成了一个独一无二的、有秩序的宇宙。

对于菲洛庞努斯来说,自然的秩序是由一个外在的原因、造物主产生的,而且再者,《蒂迈欧篇》的意象和语言似乎是不可抗拒的:期望所有的东西都成为善

---

⑭ 菲洛庞努斯,《物理学注》IV. 581. 19—21: οὐ γὰρ ἐπιφανείας ἐφιέμενα φέρεται ἐπὶ τοὺς οἰκείους τόπους ἕκαστα, ἀλλὰ τῆς τάξεως ἐφιέμενα, ἧς παρὰ τοῦ δημιουργοῦ τετυχήκασιν [因为,不是由于对面的渴望,它们每一个被带至这些恰当的处所,而是由于对秩序的渴望,它们才契合那出于造物主的秩序]。

⑮ 菲洛庞努斯,《物理学注》IV. 581. 29—31: οὐχ ὁ τόπος οὖν ἔχει τὴν δύναμιν τοῦ φέρεσθαι τὰ σώματα ἐπὶ τοὺς οἰκείους τόπους, ἀλλὰ τὰ σώματα ἔφεσιν ἔχει τοῦ τὴν αὐτῶν φυλάττειν τάξιν.

⑯ 柏拉图,《菲利布篇》20D7—8: περὶ αὐτοῦ ἀναγκαιότατον εἶναι λέγειν, ὡς πᾶν τὸ γιγνῶσκον αὐτὸ θηρεύει καὶ ἐφίεται... 另请参考 53D—E7.

⑰ 菲洛庞努斯,《物理学注》II. 197. 34—198. 2。

⑱ 参考亚里士多德,《形而上学》XII. 3, 1070a9—13; VII. 15, 1039b20—30。

的，神把无序变成了有序，使世界变得尽可能美丽，他把理智置于灵魂之中，而把灵魂置于肉体之中。[99] 这里的宇宙及其秩序与亚里士多德物理学中的宇宙及其秩序似乎是完全不同的。在元素与其自然处所之间，不存在任何直接的或内在的联系；从本质上来说，宇宙既不是有序的也不是永恒的。相反，当造物主遣使灵魂作为一个外在的原因来制造有序运动并且说服必然性在宇宙中扮演一种积极的角色时，造物主使一个随机的"前—世界"（pre-world）变成了有序的世界。[100] 诸元素渴望处所，不是因为它们按照本性具有它，而是因为处所是造物主为它们确立的善，充当了一个外在的秩序原因。[101]

　　在新柏拉图主义中，对《蒂迈欧篇》的解释与对《斐德罗篇》的解释若合符节。[102] 被看作宇宙中的运动的第一原理或源泉的灵魂被定义为自我运动或自身推动自身者；作为其自我运动的一个结果，灵魂能够在另一个东西，也就是作为其自然的副产品的肉体中产生运动。灵魂是自我运动的，而肉体是由他物所推动的。实际上，在这里，$αύτό\ καθ'\ αύτό$［自身就其自身］和$αύθυπόστατος$的语言也许有其最终的根源。不动者（善或一）、自动者（灵魂）、通过他者而被推动者（肉体）的等级结构与无原因者（善或一）、自我构成者（无形的广延）和通过他者而被构成者（实体和所有其他的范畴）的等级结构类似。相应地，亚里士多德的、由内在相关的质料和形式构成的诸实体所组成的宇宙被这样一个宇宙所代替了，这个宇宙是通过自我性（selfhood）的从绝对的独立到自我构成再到依赖和被他者构成（other-constituted）的下降等级所构成的。同样，对于亚里士多德来说具有事实的直接性的宇宙的秩序，对于菲洛庞努斯来说则变成了有待在明显的事实和解释性的理论的汇合点上被解释的现象。

　　在菲洛庞努斯对亚里士多德的处理中，没有任何东西是未被触及到的。整体及其所有的部分都被转换了：世界、世界的部分、它们的构成原理、期望认识这个世界的物理学家的任务和对象。它是一个全新的处所：柏拉图的间隔和亚里士多德的界限变成了菲洛庞努斯的广延。

----

[99]　柏拉图，《蒂迈欧篇》30A2—C。
[100]　参考柏拉图，《蒂迈欧篇》48B2 以下。
[101]　参考柏拉图，《蒂迈欧篇》31B4 以下。
[102]　柏拉图，《斐德罗篇》245C5—246A2；参考《法律篇》X. 895A5—896C2。

论亚里士多德"*SYMBEBĒKOS*"的意义 *

蒂尔内

一、预备性的说明

在《后分析篇》1.4 中,亚里士多德在属于某物之在其自身($\kappa\alpha\theta'\alpha\dot{\upsilon}\tau\acute{o}$)和属于某物之就其偶性($\kappa\alpha\tau\grave{\alpha}\ \sigma\upsilon\mu\beta\epsilon\beta\eta\kappa\acute{o}\varsigma$)或偶性($\sigma\upsilon\mu\beta\epsilon\beta\eta\kappa\acute{o}\tau\alpha$)间做了看似严格的区分。① 在这样做的过程中,他描述了两种不同方式的在其自身属于——我将把它们分别称作在其自身-1 和在其自身-2——而且他还指出,凡是属于某物之就其偶性的都应当同属于某物之在其自身,无论是上述两种方式的哪一种,区别开来。② 以下是相关的段落:

---

* [译按]本文选自《牛津古代哲学研究》(*Oxford Studies in Ancient Philosophy*)第 XXI 卷,2001 年冬季号,第 61—82 页,西德利(David Sedley)编辑,牛津大学出版社,2001。

① 我从巴恩斯 1975 年对《后分析篇》的翻译和注释《亚里士多德的〈后分析篇〉》[*Aristotle's* Posterior Analytics],Oxford,1975)中借用了"偶性的"(incidental)这一术语。巴恩斯解释说:"X 的'偶性'一般来说是对 X 的陈述,而且尤其是对 X 的非本质的陈述"(96),但是,尽管这对于在《后分析篇》1.4 中所定义的偶性来说是正确的,却不适用于全部偶性。本文的一个目的就是要表明在亚里士多德那里有本质的 $\sigma\upsilon\mu\beta\epsilon\beta\eta\kappa\acute{o}\tau\alpha$,并且要说明它们的性质。正是由于这一原因,所以,从一开始就把"$\sigma\upsilon\mu\beta\epsilon\beta\eta\kappa\acute{o}\varsigma$"翻译成通常的译法——即,"偶然的"(accident)——就会发生误导作用,因为这已经含有了是非本质的内涵。

　　[译按]鉴于本文作者在此所作的这一用词上的特别区分,相应地,在中文翻译中,我用"偶性的"、"偶性"来翻译英文的 incidental,incidentals,"偶然的"、"偶然性"来翻译英文的 accidental,accidentals。显然,后者表示纯粹的偶然性,而前者,在本文作者看来还具有本质的偶性的意义。

② 应当说明的是,尽管这两种概念($\kappa\alpha\theta'\ \alpha\dot{\upsilon}\tau\acute{o}$ 属于和$\kappa\alpha\tau\grave{\alpha}\ \sigma\upsilon\mu\beta\epsilon\beta\eta\kappa\acute{o}\varsigma$ 属于)可以被说成是属于的不同方式,但是亚里士多德也打算在以这两种不同的方式属于的事项(items)间作出区分。这在就其偶性($\kappa\alpha\tau\grave{\alpha}\ \sigma\upsilon\mu\beta\epsilon\beta\eta\kappa\acute{o}\varsigma$)属于这一例子中是最显而易见的,因为亚里士多德明白而频繁地提到偶性($\sigma\upsilon\mu\beta\epsilon\beta\eta\kappa\acute{o}\tau\alpha$),但这也同样适用于在其自身属于——即,适用于在其自身属于的那些事项——但对此没有相应的表达方式(尽管例如在《后分析篇》1.6,75a19 中——提到了 $\tau\grave{\alpha}\ \kappa\alpha\theta'\ \alpha\dot{\upsilon}\tau\acute{\alpha}$——以及74b6—7 和 1.10,76b4)。

　　一物属于另一物之在其自身有两种情况[(i)在其自身-1：]，假如它属于它之所是——例如线之于三角以及点之于线（因为它们的实体依赖于这些，而这些属于那陈述它们所是的说明）——以及[(ii)在其自身-2：]假如它属于其自身的那些东西是属于那表明其所是的说明——例如，直属于线，曲亦然，奇与偶属于数，素数和合数，以及正方形数和长方形数；对于所有这些，有些属于陈述就线而言它们是什么的说明，而其他则是就数而言的。同样，在其他情形中也是这样一些东西，我说它们属于某物之在其自身；而不以上述任何一种方式属于的东西，我称之为偶性的（即，是偶性——*συμβεβηκότα*），例如文雅的或白的之于动物。③（73a34—b5）

　　在属于某物之在其自身和属于某物之就其偶性间的这一区分，正如在这里对这些概念所作的界定那样，类似于在对某物而言是本质的和偶然地属于某物间的区分，我的论证大致如此，而且在这里就隐含着亚里士多德的本质主义。然而，这样说的时候，有两点需要注意：首先，对某物而言是本质的既包含属于某物之在其自身-1的东西，又包含属于某物之在其自身-2的东西，④其次，在对于某物是本质的和偶然地属于它之间所作的分别，对于亚里士多德来说，不像对于事实上所有现代的本质主义者那样，是建立在一个东西的必然属性和它的偶然属

---

③　除非特别提及，有关亚里士多德的所有段落，我所用的是《亚里士多德全集：牛津修订译本》(*The Complete Works of Aristotle: The Revised Oxford Translation*)，巴恩斯编辑(Princeton, 1984)，只除了以下统一的不同："偶性的"相应于"*συμβεβηκός*"；"就其偶性"相应于"*κατὰ συμβεβηκός*"；"说明"(account)相应于"*λόγος*"；在现在这一段中，有一些略微的变化。
　　[译按]*λόγος*在其他译本中通常翻译成 formula 或者 definition，意思是"定义"，但此处作者采用 account，显然是要表达比定义更宽泛的意思，以容纳同样是对事物本身进行描述，但并非定义其本质的内容。因此，这里，我以"说明"来对译 account。
④　这当然是一个极具争议的论断，在此我不打算予以详述。争议主要在于认为那属于某物之在其自身-2的对于那个某物而言是本质的这一点上。也许以下的简要说明会有助于缓和读者针对这一论断可能产生的一些最初的怀疑。我把亚里士多德的本质主义解释为主要运用于个体身上，而只是在次要的和派生的意义上才适用于个体的种。因此，主要的观点就是，亚里士多德的基本的本质主义的观念就是某物属于一个个体之在其自身，亦即，在其自己本身的观念，而且认为，这是（并且也是亚里士多德所愿望的）一个比之属于一个个体的实体（或者其*τί ἦν εἶναι*，或者其*τί ἐστι*）——即，属于它之在其自身-1的东西——的观念更为宽泛的观念。正是由于这一原因，亚里士多德在属于*οὐσία*、*τί ἦν εἶναι*或*τί ἐστι*的观念之上引入了更为普遍的在其自身属于（在其自身-1和在其自身-2）的概念。对于那些接受例如奇数对于数字 7 是本质——因为亚里士多德对在其自身-2属于是指什么的说明中承认在这一例子和例如苏格拉底是男性的例子之间可作类比——的读者来说，属于某物之在其自身-2对于该物来说是本质的（尽管不是它的实体的任何部分）那一论断，也许似乎是较为合理的。

性之间的分别的基础上的。⑤

　　然而,考察亚里士多德本质主义的性质不是本文的目的,至少不是直接的目的。但理解那一学说——甚至是就那较少争议的形式,即,对于某物是本质的东西被限制在属于某物之在其自身-1 的东西上——的困难之一是,在别的地方,在属于某物之在其自身的东西和属于某物之就其偶性的东西间的分别不像以上段落所表明的那样界限分明。结果,这一本质的/偶性的分别就有倾覆的危险。最显著的例子便是那所谓的"在其自身的偶性"($τ\grave{α}$ $κα\vartheta'$ $α\grave{υ}τ\grave{α}$ $συμβεβηκότα$),它明显与上述分别有直接的抵触,⑥但是亚里士多德著作中其他更为微妙的偶性的例子也同样削弱了这一分别。然而,一旦我们认识到,亚里士多德是在不同的意义上使用"$συμβεβηκός$"(和"$κατ\grave{α}$ $συμβεβηκός$")这一表达的,这一点一旦被阐明,就不仅容许$τ\grave{α}$ $κα\vartheta'$ $α\grave{υ}τ\grave{α}$ $συμβεβηκότα$出现在上述的本质主义二分的格局中,而且也容许更为微妙的$συμβεβηκότα$的种类出现,那么,这一困难就被消除了。

　　因此,在这里,我的目的就是考察亚里士多德所运用的"$συμβεβηκός$"的不同的意义,说明在与之相应的$συμβεβηκότα$和那些被说成是属于某物之在其自身(无论是在其自身-1 还是在其自身-2)的事项之间的关系。对这些问题的理解不仅将使我们加深对亚里士多德本质主义的理解,而且还将消除许多别的联系那一学说而被想到的困难。

二、$συμβεβηκός$的首要意义

　　亚里士多德想要在属于某物之在其自身和属于某物之就其偶性间作出严格划分的论断被他自己在《后分析篇》1.22 中的话所削弱:

----

⑤　这是一个较少争议的论断——参见例如卢克斯,《第一"实体"》(*Primary "Ousia"*)(Ithaca, NY, 1991),第33页:"这是一种特殊的本质主义,完全不同于碰巧具有这一名称的当代的观点,原因在于,对这一观点的表述中并不包含模态的观念。"我对这一观点的表达如下:亚里士多德的本质主义不是一个模态理论——对于该理论,对于某物是本质的和对于它是偶然的区分是依据某物的必然和偶然的属性来定义的(无论它们会是什么)——它毋宁说是一种形而上学理论——对于这一理论,上述分别最终是根据一种形而上学的本原来定义的,意即,依据属于某物之所是($\grave{ε}ν$ $τ\tilde{ω}$ $τ\acute{ι}$ $\grave{ε}στι$)者来定义。

⑥　关于在其自身的偶性($τ\grave{α}$ $κα\vartheta'$ $α\grave{υ}τ\grave{α}$ $συμβεβηκότα$),请参见例如《后分析篇》1.7, 75b1;《形而上学》B.1, 995b20, 25;B.2, 997a20, 21。也请参见《物理学》2.2, 193b27;3.4, 203b33;《论动物的部分》1.3, 643a28;《形而上学》M.3, 1078a5。在许多场合,亚里士多德也提到在其自身的表征($τ\grave{α}$ $κα\vartheta'$ $α\grave{υ}τ\grave{α}$ $πάθη$):《后分析篇》1.7, 75b1,1.9, 76a13;1.10, 76b13;《物理学》3.5, 204a18;《形而上学》Γ.2, 1004b5;Δ.11, 1019a1;Δ.13, 1020a25;Z.5, 1030b19—21。

我们假定一个东西陈述一个东西,那不是某物之所是($\delta\sigma\alpha\ \mu\dot{\eta}\ \tau\acute{\iota}\ \dot{\varepsilon}\sigma\tau\iota$)的东西便不是对它们自身的陈述。因为它们(即,不是某物之所是的那些东西)全都是偶性[的]($\sigma\upsilon\mu\beta\varepsilon\beta\eta\kappa\acute{o}\tau\alpha$)(尽管一些是在它们自身[$\kappa\alpha\theta'\ \alpha\dot{\upsilon}\tau\acute{\alpha}$],一些是以另一种方式[$\kappa\alpha\theta'\ \ddot{\varepsilon}\tau\varepsilon\rho\sigma\nu\ \tau\rho\acute{o}\pi\sigma\nu$]),而且我们说,它们全都是对一些基础性的主体($\dot{\upsilon}\pi\sigma\kappa\varepsilon\acute{\iota}\mu\varepsilon\nu\sigma\nu$)的陈述,同时那是偶性的($\sigma\upsilon\mu\beta\varepsilon\beta\eta\kappa\acute{o}\varsigma$)东西又不是基础性的主体……(83b17—22)

亚里士多德似乎已经重新划定了界线;因为那是偶性的东西在这里区别于陈述某物之所是的东西(而不是区别于属于某物之在其自身的东西),而且至少一些偶性被认为属于它们的主体(或陈述它们的主体)之在其自身,而其余的被认为属于它们的主体(或陈述它们的主体)之在另一种方式。⑦

请想一想旧的界线将那是偶性的东西区别于属于某物之在其自身-1或在其自身-2的东西。而明显是新的界线表明,那是偶性的应当仅仅区别于属于在其自身-1的东西(即,陈述某物之所是的东西),而且现在还包括了属于某物之在其自身-2(即,那些属于某物之在其自身——但不陈述某物之所是——的偶性,区别于那些属于某物之在另一种方式的偶性。)

但是,与其说亚里士多德已经重新划定了界线,不如说他把他的注意已经转移到了那些一直存在着的界限上去。因为,贯穿整个《后分析篇》始终,亚里士多德的内心深处总是保有着一个基础性的或者说首要的"偶性"的意义,据此,一个偶性是陈述某个基础性主体(而自身不是一个基础性的主体)的东西,区别于陈述某物之所是的东西(意即,区别于属于在其自身-1的东西)。⑧ 同时,那些在这一基础的意义上被认为是偶性的东西又可以被进一步分别为两个完全不同的种类:(1)在其自身属于的东西(即,在其自身-2属于的东西——要记住它们不陈述所是),和(2)在另一种方式上属于的东西。⑨

---

⑦ 在以下的讨论中,我是在专业术语的意义上使用"在其自身"这一表达,有点儿接近于"本质上"这一表达。有时候,为了简洁的缘故,这一表达模糊了从单数到复数的冗长而别扭的变化,尽管有时候(与巴恩斯相一致),我会提到属于它们的主体之在它们自身(而非在其自身)的偶性([译按]复数)。

⑧ 我之所以强调某个基础性的主体,是由于我想要让有关这个基础性主体的性质的问题保持开放。尽管亚里士多德谈到了陈述和属于作为基础性主体的实体的东西,但是,也有一些段落表明,我们也可以谈到陈述或属于实体的质料的东西,它(质料)构成了基础性的主体。参见例如《形而上学》Z. 13,1038b1—7;Θ. 7,104927—36;和 I. 9。

⑨ 在这里,我不打算讨论那另一种方式的性质。重要的一点是,这一类偶性不属于它们的主体之在其自身(无论是在在其自身-1的意义上,还是在在其自身-2的意义上),应当等同于《后分析篇》I. 4,73b4—5 中的偶性。

　　在《后分析篇》1.22 中这三类明显不同的实存的划分反映了亚里士多德总是牢记着的那些界线,而且同他的在《后分析篇》1.4 中所说的立场不存在任何真正的冲突。因为同样的划分在那里已经出现,只是题目不同而已。

　　在《后分析篇》1.4 中,亚里士多德已经暗中对那些被说成是在其自身(既在在其自身-1 的意义上,也在在其自身-2 的意义上)属于的事项和那些在更为特殊的意义上不属于它们的主体之在它们自身而是在另一种方式上是偶性的事项作了区分。但是,他没有表明属于在其自身-2 的东西在一种意义上也是就其偶性属于。他在 1.4 和 1.22 之间对"偶性的"一词的明显矛盾的用法几乎是不可原谅的,除非他是想让我们提早在此期间为这一过渡做准备。

　　为了充分地领会到这一点,我们首先必须注意到,就在《后分析篇》1.4 将在其自身属于同就其偶性属于区别开来之后不久,亚里士多德说,凡是在上述两种意义中的任何一种上属于它的主体之在其自身的,也必然地属于这个主体。⑩(作为这一论证的结果,我们可以进一步说,任何被说成属于其主体之在其自身的偶性,也将必然地属于它。)接着,在《后分析篇》1.6 中,亚里士多德解释说:

> 　　对于不属于事物之在其自身——在事物在其自身属于被界定过的意义上——的偶性,没有任何演绎的知识。因为,一个人不能根据必然性来证明结论;因为对于那是偶性的东西来说,它之不属于是可能的——**因为这就是我正在谈论的那种偶性**。(75a18—22,重点是后加的)

亚里士多德正在明确谈论的这种偶性是这样一种偶性,它不属于它的主体之在其自身,也不必然地属于它们。但是,明显暗含在上述段落中的是,(至少)存在另外一种偶性,它确实属于它的主体之在其自身,而且同样必然地属于它们。⑪

---

⑩ 《后分析篇》1.4,73b16—24:"因此,就绝对可理解者而言,凡是要么在内在于所谓述者的意义上,要么在被内在于所谓述者的意义上,被说成属于事物之在其自身的,都既是由于它们自身而成立,又是出于必然而成立。因为,要么在绝对的意义上要么相对于对立物而言,它们不属于是不可能的——例如,直或曲之于线,奇或偶之于数。因为,相反者在同一个种中或者是一种缺失,或者是一种矛盾——例如,偶数,就其相伴随而言,是数字中凡不是奇数的。因此,如果肯定或否定是必然的,那么那在其自身属于的东西也就是必然属于。"一般来说,注解家们在确切地解释在这里亚里士多德的论证是什么意思上一直是有困难的,但对我们而言重点却是,他清楚地主张,任何属于其主体之在其自身-1 或在其自身-2 的东西,也必然地属于它。

⑪ 在这同一章较早的地方,亚里士多德已经说过,"每一个东西要么以此方式(即,在其自身)属于,要么就其偶性属于,而且那是偶性的东西乃是不必然的"(74b12—13)。但这并不是要同后面的存在着在其自身属于的偶性的暗示相矛盾;它只是要把"偶性的"所指限制在仅仅包含那些不是在其自身属于的偶性。

　　由此,显而易见的就是,属于它们的主体之在它们自身的偶性是为《后分析篇》1.4—10 所知晓的,甚至是被明确提到的,[⑫]但是,它们不是那些在 1.4 中被截然地同那在其自身属于者分别开来的偶性。在 1.4 中被截然地同那在其自身属于者分别开来的那些偶性是在《后分析篇》1.22 中被说成在另一种方式上(即,在和在其自身属于不同的另一种方式上)属于的那些偶性。

　　同时重要的是要充分地领会到,那些在《后分析篇》1.22 中被说成在其自身属于而区别于那些在另一种方式上属于的偶性,事实上是在其自身-2 属于。它们不是在其自身-1 属于这一点,应当立刻从它们"不是某物之是什么"这一事实中看出,但是,还可以找到比这更进一步的证据来确证它们是在其自身-2 属于。

　　然而,在对那一证据加以考察之前,让我们首先来考察《论题篇》1.5 中的一段话,在那里,亚里士多德以如下的言语对 συμβεβηκότα 作了一番描述:

　　　　一个偶性是这样一种东西,它尽管不是上述的任何一种——即,既不是一个定义,也不是一个特性(ἴδιον),也不是一个种——但却属于这个事物;还是这样一种东西,它既可以属于也可以不属于任何一个自我同一的事物,[⑬]就像(例如)坐着既可以属于也可以不属于某一自我同一的事物。同样地还有白色;因为,无法阻止同一个东西在一个时间是白的,在另一个时间不是白的。(102b4—10)

---

⑫　《后分析篇》1.7, 75b1;参考 1.10, 76b6—7, 13。

⑬　我不相信亚里士多德想要在这里给出两个明显不同的"定义",或者两个等价的定义。他只是在给出描述同一个东西的两种方式——一种比另一种较为宽泛些——他说,其中第二种描述比较好,因为它没有预设什么是定义、特性或种的知识作前提。总的意思是十分清楚的:一个偶性是这样一种东西,它尽管不是上述任何一种,但也并非不属于这个事物,而是这样一种东西,它既可以属于也可以不属于任何一个自我同一的事物。有关这一最终的界定,参看史密斯(Robin Smith)(翻译和注释)《亚里士多德:〈论题篇〉卷一和卷八》(*Aristotle: Topics Books I and VIII*)(Oxford, 1997),第 64—67 页;埃伯特(Theodor Ebert),《亚里士多德的偶性》(《偶性》)('Aristotelian Accidents'['Accidents']),《牛津古代哲学研究》(*Oxford Studies in Ancient Philosophy*), 16 (1998),第 133—159 页所作的讨论。我同意巴恩斯的观点,《亚里士多德〈论题篇〉中的属性》(Property in Aristotle's Topics),《哲学史文献》(*Archiv für Geschichte der Philosophie*)[*AGP*], 52[1970], 136—155),认为所谓的"四谓词"理论提供的是一份有关所有可以被说成属于某物的东西的不完整的目录,因为,就我所能判断的而言,它不包括在其自身-2 属于的那些事项。埃伯特就此提供了另一个方案,建议说,一个偶性(在《论题篇》的意义上)是任何属于某物的东西,同时是这样一种东西,它既可以属于也可以不属于别的某个东西——这就承认了一些偶性可以必然地属于——但我不相信这是亚里士多德在《论题篇》这一定义中的意图。我也不相信,亚里士多德正在给出两个明显不同的定义,同时把所有这些非常成问题的内容归在第一类下(即,亚历山大的解决方式)。有关这些观点,参看埃伯特的讨论(《偶性》,第 142—147 页)。

这里所提到的偶性和《后分析篇》1.22中被描述为在另一种方式上属于（区别于那些在其自身属于的偶性）的那些偶性是相同的，也和《后分析篇》1.4中被同一般地在其自身属于的东西截然区别开来的那些偶性是相同的。这一点可以从如下事实得到说明，即，同在其自身属于者的情形相反，这些偶性既可以属于也可以不属于这个自我同一的事物——意即，它们不是必然地属于。同时，这一点还进一步由亚里士多德使用的例子——某种是白色的东西的例子——所表明，因为请想一想，在《后分析篇》1.4中，有教养的和白色的，被说成动物的偶性，区别于那可以属于动物之在其自身者（73b5）。

这同一类型的偶性在《物理学》1.3中再次被提到，在那里相同于《论题篇》所举的例子中的一个再一次被用到，这次是坐着的（或不坐着的）例子。但是，有意思的是，在《物理学》中的这段话里，这一类型的偶性明显同另一种类型的偶性形成了对照：

> ……偶性要么是那可以属于也可以不属于主体的东西，要么是那主体包含在它的说明之中的东西，而它是这个主体的一个偶性：这样，坐着便是可分离的（χωριζόμενον）偶性的一个例子，而扁鼻性则含有对鼻子的说明，我们把扁鼻性赋予（συμβεβηκέναι）后者。（186b18—23）

这一基础性的区分又一次是在那些以某种不同于在其自身的方式属于的偶性——因为它们既可以属于也可以不属于——和那些在其自身属于的偶性之间做出的；具体来说，如我们现在所能清楚看到的，就是在其自身-2——因为请注意，对这后一类偶性的描述——"那主体包含在它的说明之中的东西，而它是这个主体的一个偶性"——和《后分析篇》1.4，73a37中对在其自身-2属于的东西所作的这一说明是何其般配："假如它属于其自身的那些东西是属于那表明其所是的说明。"而且这进一步被亚里士多德对属于鼻子的扁鼻性的例子的运用所证实，因为，这是一个他在其他场合用来明确地说明某种在其自身-2属于的东西的例子。⑭

在以上段落中，亚里士多德把第一种类型的偶性——那些可以属于也可以不属于一个主体的偶性——描绘成"可分离的"偶性。这样，把第二种类型的偶性——那些在其自身-2属于的偶性——描绘成"不可分离的"偶性看起来就是

---

⑭　例见《形而上学》Z.5，1030b15—27。

恰当的。⑮

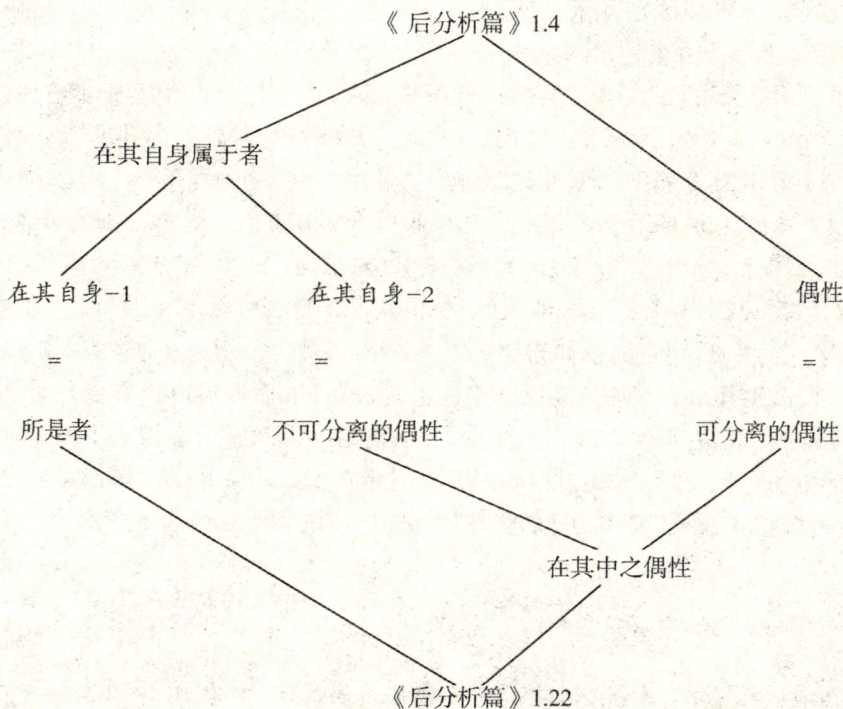

图表 1

    至此为止,我们的讨论已经在很大程度上阐明了亚里士多德在《后分析篇》中(以及在一定程度上在《论题篇》和《物理学》中)对"*συμβεβηκός*"的用法;有很多东西有待我们来理解。让我表明迄今为止的主要观点。贯穿整个《后分析篇》始终,总是有一个"*συμβεβηκός*"的首要的意义存在于背后,据此,偶性是那陈述或者属

---

⑮ 奇怪的是,埃伯特竟然能够蛮有把握地断定"把偶性分成这样两种的划分法(即,可分离的和不可分离的)在亚里士多德的著作中找不到任何依据[《偶性》,第 144 页]),这在已经有了在《物理学》的那段话(埃伯特只是在一条注释中提到了这段话——当成更进一步混淆的根源)和《后分析篇》1.22(他提到了这段话,但一带而过,没有讨论)中那一明显的划分法的前提下,尤其奇怪。可能非常正确的是,这一区分没有出现在《论题篇》中,无论是明显的还是暗含的,而亚历山大和波菲利试图在《论题篇》1.5 对"*συμβεβηκός*"的两个"定义"中找到这一区分(或者那里引入它)是错误的(请再次参看埃伯特在《偶性》第 142—147 页的讨论)。这是因为,如我在上面已经提到的(第 401 页注释 2),《论题篇》显然不知道在其自身-2 属于这一概念。但是这一区分——它不同于亚历山大和波菲利所传播的那一种——明显出现在《物理学》和《后分析篇》中,同时暗含在亚里士多德对在其自身属于的偶性的许多提法中。

于一个基础性主体（但自身不是基础性的主体）的东西。这样，偶性应当同那些属于主体之所是的事项区别开来。从现在开始，我将在这一首要的意义上称偶性为"在其中之偶性"（*inhering incidentals*）。⑯

有两种类型的在其中之偶性：(1)那些<u>在其自身-2</u>属于的偶性（我将把它们叫做"不可分离的在其中之偶性"，或简单地说"不可分离的偶性"），和(2)那些在另一种方式上，即，不在其自身属于的偶性（我将把它们叫做"可分离的在其中之偶性"，或简单地说"可分离的偶性"）。在《后分析篇》1.4 中，亚里士多德是在把总体上属于某物之在其自身（既在在其自身-1 上，也在在其自身-2 上）的东西同它的可分离的偶性区别开来，而在《后分析篇》1.22 中，他是在把那陈述某物之所是的东西（即，属于某物之在其自身-1 的东西）同它的统而言之的在其中之偶性（其不可分离的偶性和其可分离的偶性二者）区别开来。其描述不仅在整体上是一贯的，而且可以被看成只是确切地描述同一种理论的不同方式——至少，一旦我们认识到一个事物的不可分离的偶性（那些属于它之在其自身的在其中之偶性）和属于它之在其自身-2 的东西是完全同一的，就可以这样来看。这两种描述可以彼此并列在一起，如图表 1 所示。

三、《形而上学》Δ.30 中"次要的"偶性

在最近几年，许多论文讨论了在其自身的偶性（*τὰ καθ᾽ αὑτά συμβεβηκότα*），并且集中于《形而上学》Δ.30 中的一段话，在那里，亚里士多德意图就这些偶性的本性做出他最为明确的陈述。⑰ 迄今为止我一直回避对这一有关段落的考察，是由于这样两个主要原因。首先，《形而上学》Δ.30 中对*συμβεβηκότα*的说明，如我们将要看到的，是微妙而复杂的；只有在对亚里士多德"*συμβεβηκός*"的

---

⑯ 意即，它们在某一基础性的主体之中。

⑰ 除了上引的埃伯特的论文，我所记得的，具体来说是一组在 20 世纪 70 年代才开始出现的彼此有关的论文：巴恩斯，《亚里士多德〈论题篇〉中的属性》，AGP 52（1970），第 136—55 页；韦丁（Vernon E. Wedin, Jr)，《对在其自身的偶性和属性的评注》（A Remark on Per se Accidents and Properties），AGP 55（1973），第 30—35 页；格雷汉姆（William Graham），《相反的可谓述性和在其自身的偶性》（Counter-predicability and the Per Se Accidents），AGP 57（1975），第 182—187 页；格朗戈尔（Herbert Granger)，《亚里士多德的种差和在其自身的偶性》（The Differentia and the Per Se Accident in Aristotle)，AGP 63（1981），第 118—129 页；在这些论文中，除了韦丁，全都认为《形而上学》Δ.30 提供了对*τὰ καθ᾽ αὑτά συμβεβηκότα*的一个定义（巴恩斯 136；格雷汉姆 182；格朗戈尔 118）。有关的讨论，也请参看哈德郭普罗斯（Demitrius J. Hadgopoulos)，《亚里士多德对"谓词"的定义》《谓词》(The Definition of the "Predicables" in Aristotle [Predicables])，Phronesis，21(1976)，第 59—63 页，和梯勒斯（J. E. Tiles)，《为什么三角形就其自身（*kath' Hauto*)有两直角》《三角形》(Why the Triangle has Two Right Angles Kath' Hauto[Triangle])，Phronesis，28(1983)，第 1—16 页。

首要意义（即，所谓的在其中的偶性的东西）已经有了一个清楚的了解后再去研究
它，我们才可能理解它。这一说明的复杂之处在于，在其中，亚里士多德分别了
“*συμβεβηκός*”的两个非常一般的意义，我们迄今为止已经碰到过的两种类型的
偶性似乎各自归于其下，但两种更进一步类型的偶性也归于其下。⑱　结果，
“*συμβεβηκός*”这两个非常一般的意义就同时隐去了重要的分别（即，在归于它们
各自之下的这两种不同类型的偶性之间的分别），而且还忽略了一个重要的统一原则
（即，可分离的偶性和不可分离的偶性二者都是在其中的偶性类型。）

　　第二个原因是，我还一直没有表明一种迄今为止一直暗含在我的一些论述
中的分别——在在其自身-1 的偶性和在其自身-2 的偶性间的分别。下面我将
提出，在其自身-1 的偶性的概念是亚里士多德思想的一个重要部分，对我们理
解《形而上学》Δ. 30 是关键性的。⑲　亚里士多德是以对可分离的偶性的至少乍
看起来显得多少有些别扭而笼统的描述开始《形而上学》Δ. 30 的：“我们把那附
属（*ὑπάρχει*）于某物而可以被真实地断定、但既非必然也非经常的东西称作偶
性”（1025a14—15）。那附属于某物、但既非必然也非经常的东西，大概就是这样
一种东西，它既可以属于也可以不属于自我同一的东西——因此这就表明，它所
指的正是可分离的偶性。但紧接着的例子却表明了某种远不止于或者多出于只
是可分离的偶性的东西，因为这些例子是关于这样一些东西，它们彼此具有一种
比可分离的偶性同它们的主体间所具有的甚至更为微弱的关联。事实上，亚里
士多德的例子表明了某种更像是可分离的偶性的一种巧合共存：

---

⑱　埃伯特认为，《形而上学》Δ. 30 描述了使用“*συμβεβηκός*”一词的不同的意义，而且它不包括我称作
“可分离的偶性”（属于一个人的“是白色的”是它的一个例子）的内容。他对此的解释是根据这样一
个事实，即，在《论题篇》《物理学》和《后分析篇》中所介绍的*συμβεβηκός*的概念全都是专业用法（不
一定要一样），所以，可以理解，它们没有列入这个希腊用语的意义之中。（由此：“既然在《论题篇》中
所界定的*συμβεβηκός*是专业词汇的部分，因此，这个词的这一内涵，在亚里士多德尝试罗列［在《形而
上学》Δ. 30 中］这个词的各种不同的词典意义时，就可以被亚里士多德正当地忽略不计”［《偶性》，第
137 页］）。尽管我同意埃伯特论述中的一些方面，但在我看来，可分离的偶性是 *par excellence*［最显
著的］*συμβεβηκός*，它们未被纳入《形而上学》Δ. 30 的叙述中会是非常奇怪的。此外，它们明显地包
含在*συμβεβηκός*被以和《形而上学》Δ. 30 中完全相同的词语界定的其他段落中（参见，例如，《形而上
学》E. 2，1026b31—6：“那既非总是，也非绝大部分是的东西，我们叫做偶性……一个人是白色的，这
就是偶性的［因为他既非永远也非绝大部分是这样］……”）。

⑲　这是一个我在相关文献中从未发现过的分别，尽管认识它有助于清除对*τὰ καθ' αὑτὰ συμβεβηκότα* 讨
论中的许多混乱——因为这一讨论不自觉地在两种类型的在其自身的偶性间游移。认识这一分别，
例如，将把罗斯，也许还有其他许多人，从这样一个麻烦的结论中拯救出来，即，那些在其自身-2 属于
的东西是特性*ἰδία*（还有这一相关的结论，即，它们因此必定是相互排斥的对立面的各方）。请参见罗
斯在《亚里士多德的〈前后分析篇〉》中对“*καθ' αὑτὸ*”的讨论（*Aristotle's* PRIOR and POSTERIOR *Analyt-ics*，Oxford 1949，第 59—62 页，第 521—522 页）。

　　例如,假如一个人在挖坑种植的过程中发现了宝藏。这——发现宝藏——就是这个挖坑的人的一个偶性;因为既非一者(发现宝藏)必然出于另一者(种植),亦非假如一个人种植,他经常发现宝藏。一个有教养的人可以是白的;但由于这不是必然发生也不是经常发生,因此,我们称之为偶性。(1025a15—21)

　　"挖坑"和"发现宝藏"各自是这个人的可分离的偶性,"是有教养的"和"是白色的"亦然。但这些例子特殊之处在于,亚里士多德显然刻意要避免这样说:即,他发现宝藏或他是白色的这一点是这个人的一种偶性。相反,亚里士多德似乎要强调的是,就这个人是一个正在种植的人而言,他发现宝藏是这个人的一种偶性,以及,就这个人是一个有教养的人而言,他是白色的是这个人的一种偶性。因此,尽管在一个层面上,他发现宝藏这一点是这个(正在种植的)人的一个可分离的偶性,他是白色的这一点是这个(有教养的)人的一种可分离的偶性,但亚里士多德看起来真正要说的是,这里包含"συμβεβηκός"的一个更进一步的意思:即,"种植"和"发现宝藏"共存于同一个主体是偶性的。同样,"是有教养的"和"是白色的"共存于同一个主体是偶性的。在某种意义上,"发现宝藏"是"种植"的一种偶性,"是有教养的"是"是白色的"一种偶性。

　　基于应该是明显的理由,我将把这些偶性称作"巧合的偶性"(coincidental incidentals),或简单地说"偶合性"(coincidentals)(并且是在它们是作为"偶合性"的偶性上的意义)。而且要说明的是,尽管一对偶合性中的每一个本身是一种在其中的偶性(就其类型而言是一种可分离的偶性),但在这一对双方之间的那种巧合的关系,作为偶性,却不是一种在其中的关系。"是白色的"不是在陈述有教养的之为基础性的主体的意义上的"是有教养的"的一个偶性,而是在双方均巧合地(κατὰ συμβεβηκός)陈述同一个基础性的主体的意义上的"是有教养的"的一个偶性。⑳ 这样,在《形而上学》Δ.30中"συμβεβηκός"的第一层意思看来就具有比只是指可分离的偶性的意思更宽广的范围,还包括偶

_____

⑳　另请参见亚里士多德在《形而上学》Δ.6中对"一"(ἑν)的与此紧密关联的论述:"我们称作一的东西,(1)那偶然地(καθ' αὑτό)是一的东西",(2)那就其自身的本性而言(καθ' αὑτό)是一的东西。(1)那偶然的一的例子是,科里斯库斯和有教养的,以及有教养的科里斯库斯(因为说'科里斯库斯'和'有教养的',以及'有教养的科里斯库斯'乃是一回事),有教养的和正义的,以及有教养的科里斯库斯和正义的科里斯库斯。因为这些都被偶然地称作一,正义的和有教养的是一是因为它们是一个实体的偶性(即它们是'巧合的一'),有教养的和科里斯库斯是一则是因为一个是另一个的偶性(即它们'根据内在性'是一)"(1015b16—23)。

合性。

在巧合的偶性的意义上的偶性,在亚里士多德的讨论中不具有特别重要的作用,尽管它们确实出现在他在《物理学》2.5 对机会的讨论中,并且在别的地方还在一个论证的上下文中被用来表明,偶性的谓述不能 *ad infinitum*[无限]进行下去(最终必须要有本质性的和偶性的谓词双方)。㉑ 然而,它们是 *συμβεβηκός* 的一种类型,位于亚里士多德所考虑的 *συμβεβηκός* 的一系列意义中的一端;是一个包含着一种各项之间较在一个主体之中的偶性甚至更为微弱的关联的偶性类型。

"*συμβεβηκός*"在《形而上学》Δ.30 中的第二层意思对我们而言具有更大的意义,特别是就最终理解亚里士多德的本质主义这一点而言。它指任何属于一个事物之在其自身但却不属于这个事物的实体(*οὐσία*,即,这个事物的实体)的东西。这一意义容许这样引入偶性,置于同偶合性的位置相对的另一端。

> "偶性"还有另一层意思,即,那附属于每一个东西之在其自身(*καθ' αὑτό*),但却不在其实体(*οὐσία*)之中的东西,如三角形各角等于两直角附属于三角形。同时,这种偶性可以是永恒的(*ἐνδέχεται ἀΐδια εἶναι*),但其他种类的偶性没有一种(即可分离的偶性和偶合性)是永恒的。这在别的地方说过。㉒ (1025a30—4)

这种偶性可以是永恒的(便如三角形各角等于两直角永远属于三角形的例子那样),㉓尽管,这并不意味着它们全都是永恒的(这就容许这种偶性包括那在其自身-2属于者——例如,"是雄性的"并非永远属于动物)。㉔ 但其他种类的偶性没有一个是或

㉑ 参见《形而上学》Γ.4,1007b1—18。

㉒ 哈德郭普罗斯(《谓词》,63)注意到,至少有一些早期注释者把这里提到的在其自身的偶性(*in-itself incidentals*)当成 *ἴδια*(特性),并且指出了阿弗洛狄西亚的亚历山大的一个观察,即,1025a34 的 *ἀΐδια* 一词在一些稿本中被写成 *ἴδια*。我相信,这里指出的在其自身的偶性中至少有一些是 *ἴδια*(即,那些在其自身-1属于者),但肯定不是全部(即,排除了那些在其自身-2属于者)。

㉓ 参见例如《论动物的生成》2.6,742b26—30;《物理学》8.1,252b2—4。

㉔ 至少在"是雄性的"对动物总是真的这一意义上不是。具有感觉性的灵魂对动物总是真的,要么是雄性的要么是雌性的亦然,因此,这些都永恒地属于动物,但单就"是雄性的"这一情况本身而言则不然。我的论旨是,正如《形而上学》Δ.30 中所描述的"*συμβεβηκός*"的第一层意思那样,第二层意思也包含两种明显不同类型的偶性。在上述的描述中,亚里士多德包括了在其自身-1偶性和在其自身-2偶性两种,其中只有前者永恒地属于(或者说是 *ἴδια*)。

能够是永恒的（因为那样一来，它就有可能必然属于，而因此就不会是那种偶性之所是了）。㉕

　　起初，也许，我们所考虑的是不可分离的偶性，因为它们是在其自身（即，在其自身-2）属于而又不在它们的主体的实体之中的偶性，但我们又再一次因亚里士多德的例子而暂时止步。不可分离的偶性是在其中偶性的一个类型：即，它陈述或属于它的主体之为基础性的事物。但三角形各角等于两直角（以下简称为"两直角"）陈述三角形之为基础性的事物，这却是根本不明确的。无疑，它陈述三角形之为基础性的事物和例如奇数陈述数之为基础性的事物的方式不同。如我们很快就要看到的，似乎更有理由认为，两直角是在陈述三角形之所是。

　　而且，即便两直角被明确说成属于三角形之在其自身，㉖我们也有理由对它是属于三角形之在其自身-2表示怀疑。然而这却恰恰是不可分离的偶性被认为是在其自身属于它们的主体的意思。我们还记得，亚里士多德对什么是在其自身-2属于的说明质言之是这样：一个东西属于另一个东西之在其自身-2，如果它让它所属于的那个东西出现在对它是什么的说明中的话。但三角形并不出现在任何可能的对两直角是什么（假定我们甚至可以赋予两直角具有一所是的概念以意义的话）的说明中，而且，因此确实看不出来两直角可以被说成属于三角形之在其自身-2。㉗

四、两直角属于三角形之所是

　　真理是，两直角属于三角形之在其自身-1，就此而言，我们首要关注的应当

㉕　这一观点的有趣之处在于这一问题，为什么亚里士多德认为做出这一观察——即，这些偶性中有一些可以是永恒的，但其他各种则不然——是重要的。我们已经清楚的是，以前种类的偶性没有一种是永恒的，因此，为什么现在要表明，只有后来的种类偶性中有一些是永恒的（即它们可以是永恒的）——除非这里已经暗中提到了在在其自身-1的偶性和在其自身-2的偶性之间的区分？

㉖　此外请参见《后分析篇》1.34,48a35；《论动物的部分》1.3,643a28。

㉗　因此，梯勒斯说："两直角的定理是 kath' hauto [-2]（在其自身[-2]）谓述的一个别扭的例子，因为两直角似乎不需要有三角形在阐明它是什么的任何说明中（《三角形》，第 8 页）。有关类似的一个抱怨，参见索拉比，《必然性，原因和过失：对亚里士多德理论的考察》（《必然性》）（Necessity, Cause and Blame: Perspectives on Aristotle's Theory [Necessity]）（Ithaca, NY, 1980），第 189 页，注释 2。

是,努力弄懂在什么意义上这可以被说成在偶性上属于三角形。㉘ 亚里士多德的读者在做出这一看法上的困难,在我看来,可以被归因于显然不情愿得出这一特别直截了当的结论,即两直角属于三角形之所是(以及因而它属于三角形之在其自身-1)。㉙ 此外,之所以不情愿还可以被归因于如下事实,即,如亚里士多德已经清楚讲过的,两直角不属于三角形的实体(oὐσία)。㉚ 为了消除这一困难,因此,就要充分表明,至少依据一种方式的对oὐσία的解释,某物可以属于某物之所是(因而在其自身-1)而不是其oὐσία的一部分。下面我将简要地说明这是怎么一回事。㉛

根据亚里士多德,至少在某些情况下,一物的实体(它的oὐσία)由其属加种差构成。这样,在《后分析篇》1.22 中:"它将作为一个实体(oὐσία)被陈述,即,要么是所陈述的东西的属,要么是其种差"(83a39—b1)。㉜ 但是,单单提及这些(即,属

㉘ 一些注释者认为,两直角是在亚里士多德在《后分析篇》1.4 中所描述的"καθ' αὐτό"的第四种意义(即,在其自身-4)上属于三角形,尽管人们怀疑,这是因为这些人没有看出它是在其自身-1 属于,而不是因为他们成功地看出它是在其自身-4 属于。这样,例如,阿波斯特说:"被证明属于主体的事物看来也归于本质上是意义(4)的事物之列;因为三角形各角等于两直角不是在意义(1)、(2)和(3)的任何一种上本质属于三角形(73b31—32)"(阿波斯特[译注],《亚里士多德的〈后分析篇〉》[Aristotle's Posterior Analytics],Grinnell 1981,第 100 页)。梯勒斯《三角形》,第 13 页)也倾向于第四种意义,而费尔约翰(Michael Ferejohn)认为两直角是三角形的一种"per se proprium"[自身固有属性],并且解释说:"由于他使它成为自身固有属性谓述的一种典型特性,作为自身固有属性谓述,它们不是定义上为真的,因此,它们之包括在类型 1 和 2 中就被排除了,而这就留下了类型 4 作为可以安置它们的唯一具有渺茫的可能性的位置"《亚里士多德的科学的起源》[The Origins of Aristotelian Schience],New Haven 1991,第 123—128 页之第 128 页)。

㉙ 唯一值得注意的例外是迈克基拉汉(Richard McKirahan),他论述说,证明的结论属于在其自身-1:"典型的主体—属性论证(即证明)表明,属性属于主体在其自身 1(per se 1)"《原理和证明》[Principles and Proofs,Princeton 1992,第 169 页),尽管甚至是他似乎也未能领会进一步观察的真理,即,这类结论因此一定陈述那属于主体之所是者。

㉚ 此外参见《形而上学》Δ. 30,1025a31—2;《论动物的部分》1.3,643a28—31。

㉛ 与此有密切关联的考察来自于这一论断,即,两直角不在对三角形的定义中(参考索拉比,《必然性》,第 189 页:"在三角形其内角和等于两直角的结论中,谓词不进入对主词的定义中。")然而,我愿意指出,亚里士多德的立场是,一物属于另一物之在其自身-1,假如它属于它之所是,而不是假如它属于它之定义(这会是一系列形式中的任意一个)。但是,既然这一考察意味着将出现在定义中和属于所是看成在事实上是可以互换的,因此,我将把这两个相关的考察看成一个。

㉜ 相同的规定,尽管非常的不清楚,在之前的段落——《后分析篇》1.22,83a25—35——中也有过(见下面的讨论,第 78—80 页)。在《形而上学》中,亚里士多德常常把oὐσία等同于τί ἦν εἶναι(例见《形而上学》Α. 3,983a27—8;Α. 7,988a34—5;Α. 10,993a18;Γ. 4,1007a21—9;Z. 3,1028b33—6;Z. 6,1031a15—18;Z. 7,1032b1—2;Z. 10,1035b15—16),此外还常常提到及γένος[属]和διαφορά[种差]的定义或说明表示τί ἦν εἶναι(《论题篇》1.4,101b19—22;1.5,101b38—102a1;1.8,103b10,103b14—16;5.5,135a11—12;6.1,139a28—31;6.4,141b26—7;6.5,143a17—18。参考《论题篇》5.2,130b25—7;《形而上学》Δ. 8,1017b21—3;H. 1,1042a17—21)。

和种差)显然没有说出所有可以被说成属于某物之所是的事项。正是依据属于其所是的关系是递归性的这一事实(见以下),我们可以看到,任何属于或者是上述的属或者是种差之所是(或定义)的东西,本身都将属于它们([译按]指上述的属或种差)是其属加种差的东西的所是。㉝ 这样,例如,种差的种差将属于最初的种差所属于的东西的所是。但种差的种差本身不是 $ουσία$(或 $τί\ ῆν\ εἶναι$)的成分,后者被认为是仅仅由属和(最初的)种差所构成的。㉞

亚里士多德本人,在《后分析篇》2.4 中,就属于某物之所是,明确地肯定了递归性原理:"……假如 A 属于每一个 B 之所是,而 B 普遍地陈述每一个 C 之所是,那么,必然地,A 陈述 C 之所是"(91a9—21)。而这一原理的一个更为具体的结论似乎就应当是,一个科学证明的任一结论展现了对属于相关主体种类之所是的一个更进一步的规定。㉟ 事实上,我一直认为,一个科学的证明"展开"了一个主体种类的实体,以此方式,它在更精细的内容上揭示了属于这一种类之所是的各种要素。㊱

这样,在属于某物之所是的关系是传递性的前提下,要点便是,我们可以看到有许多远不止是某物的属和种差的词项将归入其所是中。而且,如果我们把

㉝ 亚里士多德对种差或属的说明或定义的思想是十分在行的,正如他熟悉于种差的种差的思想一样。参见例如《范畴篇》5,3a25—6:"对种差的说明($λόγος$)陈述种差所陈述的那个东西";也请参见《后分析篇》2.4,91b4—7;《论题篇》6.6,143b20—22;6.11,149a24—25(有关对种差的定义);《形而上学》Z.12,1038a9—11,25—26。

㉞ 如果注意到属和种差是直接在事物之所是中的,而种差的种差,等等,却是非直接的,会对这一观点有所帮助。

㉟ 见《后分析篇》2.6,92b12—13:"对每一种一物之所是而言(即,对每一种属于一物之所是的东西而言),必须通过演绎被证明,除非它是它的实体($ουσία$)。"像罗斯和巴恩斯明显所做的那样,认为在这段话中亚里士多德正在声称,对每一个属于一个事物的东西——意即它的非本质的属性——必须通过演绎来证明,就是错误的。亚里士多德的明确无疑的学说(《后分析篇》1.6,75a18—22),正确说来就是,绝不可能有任何对非本质的属性的演绎(参见罗斯,《前后分析篇》(*Prior and Posterior*),第626 页;巴恩斯,《后分析篇》,第 205 页)。

㊱ 一物的实体由所有在其 $τί\ εστι$ 中的要素构成——"因为它们的实体($ουσία$)依赖于这些($εκ\ τούτων$),并且它们属于那陈述其所是的说明"(《后分析篇》1.4,73a36;参考《后分析篇》2.13,96b2—14)——但被分成 $γένος$[属]和 $διαφορά$[种差](这样,亚里士多德对 $γένος$[属]的定义就是:"那按照一个事物之所是陈述在 $εἶδος$[种]上表现出差异的许多事物的东西"《论题篇》1.5,102a31—32],而对 $διαφορά$[种差]的暗含的定义是,那"按照一个事物之所是陈述在 $εἶδος$[种]上是相同的许多事物的东西"[参考《后分析篇》2.14,97a36—b7;97b8—15])。$τί\ εστι$ 的各种要素属于陈述该物之所是的说明,但不属于对 $ουσία$——即,$τί\ ῆν\ εἶναι$——的说明,因为这仅仅由 $γένος$[属]加 $διαφορά$[种差]构成。有关对这些观点的更详尽的讨论参见我的《作为本质之展开的亚里士多德的科学证明》(*Aristotle's* Scientific Demonstrations as Expositions of Essence)一文(《牛津古代哲学研究》,20[2001],第 149—170 页)。

一个事物的实体看成仅由它的属和种差所构成，如亚里士多德本人在许多场合明确所做的那样，那么，某物就可以被说成属于一个事物之所是，但却不属于其实体，也就是说——即，它可以不作为那些直接的、出现在对它的实体的说明中的词项属于它。㉗　而且因此就可以认为，尽管亚里士多德否认两直角出现在三角形的 *ουσία* 中，但他却可以相信它属于三角形之所是。

这样，亚里士多德便明确表明了，不仅两直角属于三角形之在其自身，而且两直角属于三角形是证明的：

> 假定 *A* 代表两直角，*B* 代表三角形，*C* 代表等腰三角形。那么，*A* 因为 *B* 而属于 *C*；但 *A* 属于 *B* 却不是由于别的任何东西（因为三角形由于其自身的本性[*καθ' αὑτό*]而包含两直角）；因之对 *AB* 就不存在任何中项，尽管它是证明的。因为，很清楚，中项不必总是被假定是一个个体事物，而有时候是一个陈述[*λόγος*]，如上述那样。（《前分析篇》1.35, 48a32—9）

这样，不是根据三角形之所是在其自身以外的什么东西，其各角等于两直角可以被证明是属于它。而是如亚里士多德所指出的，这一证明由以进行的中项将是一个陈述，而不只是一个词项。㉘　而且起中项作用的陈述或许多陈述，将不仅仅表明三角形之所是的更多内容，而且是一条（直）线（如我们在《后分析篇》1.4, 73a34 中所看到的，它属于三角形之所是）是什么的更多内容。而且因此，在《物理学》2.9 中，"由于一条直线是三角形之所是，因此，三角形的各角就必然应该等于两直角。但反之则不然"（200a16—17）。

亚里士多德实际上从未做出过他显然了然于心的这一证明，但是一个具体的证明对于我希望得出的这一一般观点来说并不是必须的。㉙　假如在别的事物

㉗　因此之故，"其所是"便由许多词项构成。*ουσία* 由被当成一个整体的"其所是"的整体所构成，尽管被分成 *γένος* 和 *διαφορά*。而且当这样来划分的时候，*ουσία* 等同于 *τί ἦν εἶναι*；正是 *τί ἦν εἶναι* 提供了对 *ουσία* 的一个说明。

㉘　参考《论题篇》6.11, 148b33—149a4："在一个定义中，字词应当是以陈述的方式来给出，如果总是可能的话"（149a32）。

㉙　尽管在《形而上学》Θ.9, 1051a24—26 中说："为什么一个三角形的各角等于两直角？因为在一点上的各角等于两直角。"罗斯重构了这一"证明"如下："亚里士多德心中的证明是，'由一条线当和另一条线相交（不交于第二条线的任意一端）造成的各角等于两直角。一个三角形的各角等于由这样的一条线所造成的各角。因此，一个三角形的各角等于两直角。'"（《前后分析篇》，第537页）。但是，这里所涉及到的前提是基于观察，而不是基于证明（或 *ἐπαγωγή*）——因而亚里士多德说："因此，如果平行于边的直线已经被清楚地画出来，那么这一定理对于任何一个人来说都已经是显然的了，只要他一看到这个图形"（1051a26—27）。也许是显然的，但不是被证明的。史密斯评论　　　　（转下页）

中，直线属于三角形作为一个三角形之所是，而且，如果其他各种属性和关系属于直线作为一条直线之所是，那么，根据递归性，那些属性和关系也将属于三角形作为一个三角形之所是。⑩ 并且假如可以表明，在直线构成了作为一个三角形之所是的一个部分这一前提下来考察，根据作为一条直线之所是可以得出，所有的三角形其内角等于两直角，那么，便可以断定，这也属于三角形作为一个三角形之所是——并且这正是两直角的情况。而且最终，假如两直角属于三角形作为一个三角形之所是，那么，根据亚里士多德对在其自身-1 属于者的定义，就可以得出，两直角属于三角形之在其自身-1。

五、逻辑上的偶性

既然三角形各角等于两直角属于三角形之在其自身-1，那么，在什么意义上这是三角形的一个偶性，正如亚里士多德在《形而上学》Δ. 30 中明确所说的那样呢？⑪ 最初，我对它是一个在其中偶性的想法表示怀疑，而现在那一可能性通过两直角属于三角形之所是的结论而被彻底排除了——因为凡属于三角形之所是者都不是把三角形作为基础性主体来陈述。同时，两直角不是偶合性地属于三角形也应当是清楚的。（即便我们可以就一个三角形说，"其各角等于两直角"和"是一个三角形"二者在某种意义上都内在于三角形中，这也肯定不是借助偶合性，基础性事物才同时让这二者内在于它之中的。如亚里士多德所表明的，正是根据三角形之在其自身所是，两直角属于它。）一定是在"$\sigma\upsilon\mu\beta\epsilon\beta\eta\kappa\acute{o}\varsigma$"的另一层意义上，三角形各角等于两直角才被说成三角形的一个偶性。

《形而上学》Δ. 30 解释说，两直角之所以是三角形的偶性是因为它不是在其 $o\upsilon\sigma\acute{\iota}\alpha$ 上属于它，而且我已经证明了，被排除在 $o\upsilon\sigma\acute{\iota}\alpha$ 之外并不必然应当被排除在

（接上页注㊴）说："事实上，对于亚里士多德来说，这是一件非常困难的事：不存在任何可能的方法将亚里士多德所知道的这一定理的证明……付诸图形的形式"（《亚里士多德的前分析篇》[Aristotle's Prior Analytics], Indianapolis 1989，第 165 页）。我下面总的论述的要点是，为了得出所需要的结论，一个具有严格图形形式的证明甚至不一定是必须的。

⑩ 梯勒斯主张，既然不可排除要诉诸直线，这就要求对两直角属于每一个三角形的结论的证明将至少包括一个由 $\kappa\alpha\theta'$ $\alpha\upsilon\tau\acute{o}$-2 的谓述构成的前提："无论任何，证明都依赖于直对线的谓述，这是在第二种方式上 $\kappa\alpha\theta'$ $\alpha\upsilon\tau\acute{o}$ 属于的一个例子"（《三角形》，第 9—10 页）。然而，我没有看到，这要求直对线的谓述本身是一个前提（如果那是梯勒斯的观点的话）。在几何学的公理中就将有一个命题陈述直表示什么（参见《后分析篇》1. 10, 76a31—36），在那一公理下，我们可以进一步说直线（在线是什么的前提下）是什么。这样，一个陈述所有直线作为直线之所是的命题便有可能作为一个前提出现在我们的证明中，但是，如同其他任何陈述某物之所是的命题一样，这将是一个 $\kappa\alpha\theta'$ $\alpha\upsilon\tau\acute{o}$-1 的谓述。

⑪ 还有别处——参见例如《论动物的部分》1. 3, 643a28—31。

一物的所是之外。在《后分析篇》I.22 中,亚里士多德又一次解释说,不在一物的 *οὐσία* 之中的东西对于它来说就是偶性的,但是他还对他这样说的意思做了进一步的说明。在那里,在一个相当困难的段落中,我们读到:

> 再者,表示实体的事物表示的正是它们的主体是什么,或者,它是一种什么;但是不表示实体而只是陈述某个基础性主体的东西,这既不是所陈述的这个东西之所是,也不是它是种什么,而这就是偶性(*συμβεβηκότα*)。(83a24—28)[42]

准确地说,我们应当如何来解释"正是它们的主体是什么,或者,它是一种什么"(*ὅπερ ἐκεῖνο ἢ ὅπερ ἐκεῖνό τι*)这一短语,这是不清楚的,但是它在这种或那种意义上指向属和种差,这却是清楚的,同时,很快在我们已经看到过的一段话这一点得到了阐明:"它将作为一个实体(*οὐσία*)被陈述,即,要么是所陈述的东西的属,要么是其种差"(83a39—b1)。

从而,以上段落就一起表明,任何陈述某物但既不表示其属也不表示其种差的东西,显然在一个非常广泛的意义上,应当被算入其偶性之列。这不仅包括它的在其中偶性(和偶合性),而且包括从属或种差中得来的东西——亦即,我在上面已经论述过的排除于 *οὐσία* 之外但却依然是该物之所是的一部分的那些内容。[43] 当我们从这一大类的偶性中分出在其中偶性(和偶合性),我们剩下的就是我将称作"逻辑上的偶性"(因为它们是从一物的实体中证明而得的)

这样,具有两直角就是三角形的一种逻辑上的偶性,属于三角形之所是。因此,它属于三角形在其自身-1。事实上,一般来说,科学证明的结论,就它们的证明经由所是的某一部分作中项来进行而言,将归为在其自身-1 属于它们的主体种的偶性——它们都是 *καθ' αὑτὰ* -1 *συμβεβηκότα*(意即,在其自身-1 的偶性)的陈述。

六、总结说明

在前面的讨论中我已经区分了三种偶性,它们通过对亚里士多德使用"*συμβεβηκός*"这个术语的各种不同意义的考察可以辨认出来。它们的分布,从

---

[42]　对巴恩斯的翻译有所修改,绝大部分依据罗斯(见罗斯,《前后分析篇》,第 574 页和 581 页)。

[43]　如罗斯的注释所说:"但是,必须认识到,它们不仅包括偶性(即在其中偶性)而且还有属性(罗斯以此来指 *ἴδια*),后者尽管不包括在它们的主体的本质(罗斯在这一段话中对 *οὐσία* 的翻译)中,但却必然是那一本质的结果"(《前后分析篇》,第 577 页)。

在一种非常微弱的意义上可以说是共同出现或者共同属于的实在——这就是偶合性——一直到那些在非常强的意义上从某物的 $o\dot{v}\sigma\acute{\iota}\alpha$ 中证明而得属于该物（而且因此也属于该物之所是）的实在——逻辑上的偶性。但是，它们是处于对立两极的两种次要的实在（但这并不是要说，逻辑上的偶性，具体来讲，在亚里士多德的证明科学的理论中不具有重要的意义——因为科学证明就是在阐明这一类的逻辑上的偶性）。㊹ "$\sigma\nu\mu\beta\epsilon\beta\eta\kappa\acute{o}\varsigma$" 的主要意义，不管怎样，是指居于这两极之间的实在。这些居间的实在便是在其中偶性，它们被分成两类：（1）那些在其自身-2属于的偶性——不可分离的在其中偶性——（2）那些不在其自身属于而在另一种方式上属于的偶性——可分离的在其中的偶性。㊺ 这些区分可以图示如下（图表2）。

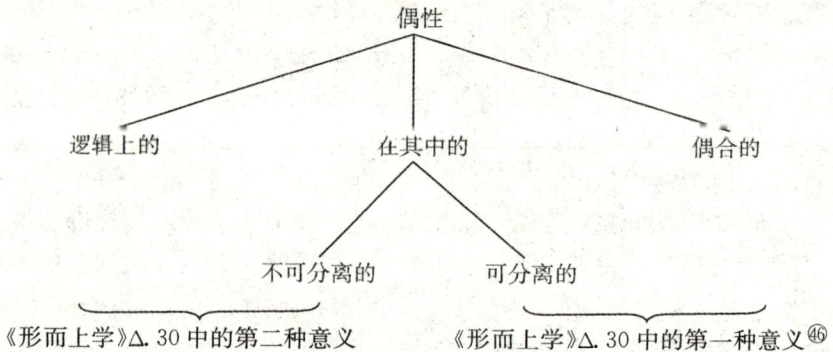

```
                          偶性
            ┌──────────────┼──────────────┐
         逻辑上的        在其中的          偶合的
                     ┌──────┴──────┐
                  不可分离的      可分离的
            └───────┬───────┘  └──────┬───────┘
   《形而上学》Δ.30 中的第二种意义   《形而上学》Δ.30 中的第一种意义㊻
```

图表 2

㊹　参见例如《后分析篇》1.7，75a39—b2："证明中有三种事物……第三种，基础性的一类，证明阐明其属性 ($\tau\grave{\alpha}\ \pi\acute{\alpha}\theta\eta$) 和对于它本身来说是偶性的东西 ($\tau\grave{\alpha}\ \kappa\alpha\theta'\ \alpha\dot{v}\tau\grave{\alpha}\ \sigma\nu\mu\beta\epsilon\beta\eta\kappa\acute{o}\tau\alpha$)。"

㊺　观察这些分别的一种方法就是把亚里士多德看成正在撒一张越来越大的"偶性的网"。首先，这样一类东西，它们尽管属于某个主体，但是它们的彼此共存却既不是出于必然也不是出于经常，这类事物就被说成是 $\sigma\nu\mu\beta\epsilon\beta\eta\kappa\acute{o}\tau\alpha$——偶合性。接着，这样一类东西，它们属于一个主体，但不是 $\kappa\alpha\theta'\ \alpha\dot{v}\tau\grave{\alpha}$（既不是 $\kappa\alpha\theta'\ \alpha\dot{v}\tau\grave{\alpha}$-1 也不是 $\kappa\alpha\theta'\ \alpha\dot{v}\tau\grave{\alpha}$-2）属于，这类事物被说成是 $\sigma\nu\mu\beta\epsilon\beta\eta\kappa\acute{o}\tau\alpha$——可分离的偶性。继而，这样一类东西，它们属于一个主体，$\kappa\alpha\theta'\ \alpha\dot{v}\tau\grave{\alpha}$（即 $\kappa\alpha\theta'\ \alpha\dot{v}\tau\grave{\alpha}$-2）属于它，但不是 $\dot{\epsilon}\nu\ \tau\hat{\omega}\ \tau\acute{\iota}\ \dot{\epsilon}\sigma\tau\iota$（即 $\kappa\alpha\theta'\ \alpha\dot{v}\tau\grave{\alpha}$-1）属于它，这类事物被说成是 $\sigma\nu\mu\beta\epsilon\beta\eta\kappa\acute{o}\tau\alpha$——不可分离的偶性。最后，这样一类东西，他们属于一个主体，而且是 $\dot{\epsilon}\nu\ \tau\hat{\omega}\ \tau\acute{\iota}\ \dot{\epsilon}\sigma\tau\iota$ 属于它，但不是在其 $o\dot{v}\sigma\acute{\iota}\alpha$（分析为它的 $\gamma\acute{\epsilon}\nu o\varsigma$ 和 $\delta\iota\alpha\phi o\rho\grave{\alpha}$）上属于它，这类事物被说成是 $\sigma\nu\mu\beta\epsilon\beta\eta\kappa\acute{o}\tau\alpha$——逻辑上的偶性。

㊻　《形而上学》Δ.30，如我们所看到的，是一个特别棘手的文本，因为它起初似乎是在指和描述那两种我们从《后分析篇》中已经熟悉了的偶性类型——可分离的偶性和不可分离的偶性。但是，更仔细的分析却表明，《形而上学》Δ.30 中所描述的"$\sigma\nu\mu\beta\epsilon\beta\eta\kappa\acute{o}\varsigma$"的这两种意义，在运用中相较于此实际上却要宽泛得多。尽管每一种分别同已经描述过的两种类型的偶性的这种或那种相一致并包含它们，但却不限于此，还包含着明显不同的附加的偶性类型（逻辑上的偶性和偶合性）。这样，凭借其更为一般的定义，《形而上学》Δ.30 便引入了亚里士多德所讨论的偶性的全部范围。然而，具体说来，关注《后分析篇》却使我们能够发现在那一范围的实在中的更为细微的差别。

　　除开是为了澄清亚里士多德"συμβεβηκός"这一术语的多种用法以外，阐明这些分别的一个原因，一直都是想要间接地推进我们对他的本质主义的理解。亚里士多德的本质主义把属于某物之在其自身同其可分离的偶性区分了开来。但可以属于某物之在其自身的这个实在类，又进一步被区分为属于某物之在其自身-1（这又被进一步分为οὐσία和逻辑上的偶性）和属于某物之在其自身-2（可分离的偶性）。偶合性，就其未被径直解释为在其中偶性而言，不属于亚里士多的本质主义的划分范围之内。

　　但是，这一讨论的其中一个重要内容，一直都是想要把逻辑上的偶性这一范畴确认为是一种偶性，是区别于οὐσία（它在任何意义上都不是偶性的）的。它使我们可以认识到在其自身-1偶性和在其自身-2偶性之间的分别，并且看起来，任何令人满意的对亚里士多德"τὰ καθ᾽ αὑτὰ συμβεβηκότα"（以及类似的）表达的用法的考察，都必须考虑到这一分别。此外，我们也才有办法在两种情况之间作出判断——即，我们只需询问，该事项如所述的，是从那它据认为是其一个καθ᾽ αὑτὸ συμβεβηκός（［译按］就其自身而言的偶性）的东西中证明而来的，还是在其中的。

《形而上学》Z. 10—16 和《形而上学》Z 卷的论证结构 *

门　恩

　　第 10—16 章也许是《形而上学》Z 卷最困难的章节。困难更多地不是在于对作为其中部分的单个句子甚或具体论证的理解上，而是在于对亚里士多德在这几章中企图达成什么和这些具体的论证被认为又是如何推进了那一目的的理解上。而且，如果不事先对亚里士多德在整个《形而上学》Z 卷中企图达成什么以及 Z 卷是如何内在组织的、它的各个部分在达成这一更大的目的中是如何起作用的有某种考虑，那么，对上述问题便很难取得一个观察的视角。所以，我们也许需要在有关这几章的当前的问题和有关 Z 卷的更具全局性的问题之间来回穿梭——而且，由于有关 Z 卷的种种目的和结构的被最广泛接受的观点并不以为 Z.10—16 是一个整体，这使得要发现把这几章结合在一起的主题变得困难起来，因此这样做就尤为必要。

　　我将加以辩护的观点大体来说有如下述。《形而上学》Z 卷主要的任务是要研究，就一个给定的可感 οὐσία[实体]X 而言，什么是 X 的 οὐσία：这不是因为（如弗雷德-帕奇克所认为的）亚里士多德想要知道在可感事物之中什么是最恰当的 οὐσίαι[复数形式的"实体"]，或者因为（如伯恩耶特所认为的）亚里士多德想要知道是什么使一个可感 οὐσία 成为一个 οὐσία，而是因为亚里士多德想要知道是否一个可感事物的 οὐσία 就是这个事物的 ἀρχή[本原]，亦即，一个更深一层的、先于这个事物存在并确乎出自永恒的 οὐσία。① 亚里士多德的回答是"不"，Z 卷的主要论证

* ［译按］本文选自《牛津古代哲学研究》(Oxford Studies in Ancient Philosophy)第 XXI 卷，2001 年冬季号，第 83—134 页，西德利编辑，牛津大学出版社，2001。

① 我将简单地用学者们的姓名来指以下的书籍和研究：伯尼茨（编注），《亚里士多德的〈形而上学〉》(Aristotelis Metaphysica)(2 卷本；Bonn 1848—1849)；罗斯（编注），《亚里士多德的〈形而上学〉》(Aristotle's Metaphysics)(2 卷本；Oxford 1924)；耶格尔（编），《亚里士多德的〈形而上学〉》(Aristo-telis Metaphysica)(Oxford 1957)；弗雷德和帕奇克，《亚里士多德，〈形而上学〉Z：文本、（转下页）

是否定性的，同柏拉图主义者以及前苏格拉底自然哲学家们相反对。在亚里士多德看来，把我们从可感事物带到 $\dot{\alpha}\rho\chi\alpha\acute{\iota}$（[译按]复数形式的"本原"）（亦即，带到万物的首要者，在此，亚里士多德和他的对手们都一致同意，它们一定是 $o\dot{v}\sigma\acute{\iota}\alpha\iota$，一定是永恒的，而且在从其他事物中被分离出来时一定能够存在）的原因探求的道路并不是那条在 ZH 卷中被加以考察的、经由这个事物的 $o\dot{v}\sigma\acute{\iota}\alpha$ 或原因到达其作为 $o\dot{v}\sigma\acute{\iota}\alpha$ 的存在的道路，而是在 Θ 卷和 Λ 卷中所探讨的、经由作为现实的存在（being-as-actuality）的动力因和目的因的道路。Z. 3 论证了一个可感 $o\dot{v}\sigma\acute{\iota}\alpha$ 的 $o\dot{v}\sigma\acute{\iota}\alpha$- as $\dot{v}\pi o\kappa\epsilon\acute{\iota}\mu\epsilon\nu o\nu$[作为载体*的实体]不是先于它存在的更深一层的 $o\dot{v}\sigma\acute{\iota}\alpha$（例如前苏格拉底的质料性的 $\dot{\alpha}\rho\chi\acute{\eta}$ 或者《蒂迈欧篇》的那个容受者），Z. 4—9 论证了一个可感 $o\dot{v}\sigma\acute{\iota}\alpha$ 的作为本质的 $o\dot{v}\sigma\acute{\iota}\alpha$ 不是先于它存在的更深一层的 $o\dot{v}\sigma\acute{\iota}\alpha$（柏拉图的形式）。尽管这些解释是富有争议的，但它们不是我最想要讨论的。我这里的主要议题是，Z. 10—16 正在考察一个事物的部分性的 $o\dot{v}\sigma\acute{\iota}\alpha$，亚里士多德称为这个事物的"$\sigma\tau o\iota\chi\epsilon\hat{\iota}\alpha$"[元素]或"$\lambda\acute{o}\gamma o\varsigma$[定义]的部分"的东西：它们可以要么是一个物理的 $\lambda\acute{o}\gamma o\varsigma$ 的部分（例如，土、水、气、火，它们必定在血是什么的一个物理的 $\lambda\acute{o}\gamma o\varsigma$ 中被提到），物理学家们将它们用作这个事物的 $\dot{\alpha}\rho\chi\alpha\acute{\iota}$，要么是一个逻辑的（dialectical）$\lambda\acute{o}\gamma o\varsigma$ 的部分（属和种差），柏拉图式的辩证法家们（dialecticians）* 把它们引为这个东西的 $\dot{\alpha}\rho\chi\alpha\acute{\iota}$；我认为，Z. 10—16 作了一个连贯的论证，证明了 $\lambda\acute{o}\gamma o\varsigma$ 的无论物理的还是逻辑的部分都不提供一个事物的真正的 $\dot{\alpha}\rho\chi\alpha\acute{\iota}$；Z. 17 和 H 卷接着表明，尽管如此，如何仍然可能提供有关一个事物的 $\lambda\acute{o}\gamma o\varsigma\ \tau\hat{\eta}\varsigma\ o\dot{v}\sigma\acute{\iota}\alpha\varsigma$[实体的定义]。这个解释的一个好处就是，它容许我们在 Z 卷中看到一个单一、连贯的论证，落实亚里士多德在他开头的几章中已经宣布的一个计划；我们也能够对 Z 卷在整个《形而上学》中是如何起作用的，尤其是它如何承担并解决出自《形而上学》B 卷的有关 $\dot{\alpha}\rho\chi\alpha\acute{\iota}$ 的各种难题，以及在这样做的过程中它如何运用出自《形而上学》Δ 卷的各种划分，给出一

（接上页注①）翻译和注释》(*Aristoteles, Metaphysics Z: Text, Übersetzung und Kommentar*)（2 卷本；Munich 1988）；以及伯恩耶特，《〈形而上学〉Zeta 卷地图》(*A Map of Metaphysics Zeta*)（Pittsburgh 2001 即出）。

* [译按]此处作者保留 $\dot{v}\pi o\kappa\epsilon\acute{\iota}\mu\epsilon\nu o\nu$ 这个词不翻译，但是，从下面他的论述来看，他显然是按照传统的理解，将 $\dot{v}\pi o\kappa\epsilon\acute{\iota}\mu\epsilon\nu o\nu$ 理解为载体。因此，对于本文中作者用到的出现这个词的一些希腊原文，我在括号里的意思注释中都作"载体"来翻译。但显然，将亚里士多德使用的这个词译成"载体"是有问题的，它译成"主体"更好。详细的理由读者可以参见本选集中弗雷德的《亚里士多德〈形而上学〉中的实体》一文中的有关说法。

* [译按]显然，如同上面的 dialectical 所指的并非我们现代所熟知的"辩证的"而是"逻辑的"，同样，这里的辩证法家 dialectician 实际上所指的是逻辑学家。但是，在这里和下面，我们依然从俗将 dialectician 翻译成"辩证法家"，但是为了准确起见，却将 dialectic 不翻成"辩证的"，而是翻成"逻辑的"。

个更为清晰的描述。

一、Z.3 的头一句话和 Z 卷的论证结构

要理解 Z 卷的结构，我们便不得不回到它的头几章，这几章列出了这一卷将要对之加以研究的一个计划。Z.1—2 是一个 $προοίμιον$[前言]，说我们应当研究 $ουσίαι$（而不是其他范畴中的存在者），并且描述了以前的哲学家们有关存在着哪些 $ουσίαι$ 的不同的观点：每一个人都同意，自然物体是 $ουσίαι$，但对于是否有别的 $ουσίαι$，特别是一些同可感事物相分离的 $ουσίαι$（像柏拉图的形式或者数学对象），以及如果有，它们是什么，他们则意见不一。亚里士多德接着说，"在首先概述了 $ουσία$ 是什么之后"（1028b31—32），我们必须研究这些有争议的问题。接着，Z.3一开始就说："$ουσία$ 的意义，如果不是更多的话，至少主要有四种：因为本质、普遍者和属被认为是每一个东西的 $ουσία$，而第四种是 $υποκείμενον$"（1028b33—36），而接下来的几行对作为 $υποκείμενον$ 的 $ουσία$ 做了一个预期的说明；②据此推测，亚里士多德后面将对被说成是 $ουσίαι$ 的其他三种东西加以说明。这些说明以及基于它们的那些讨论，必然是打算用来解决在 Z.1—2 中所描述的那些有争议的问题的，而被说成是 $ουσία$ 的那四种东西的名单则应该用于组织下面的讨论。

但是，当我们试图指出 Z.3—17 中哪些章节直接对应于那四种被说成是 $ουσία$ 的东西时，我们立刻陷入了困境。Z.3 的主体讨论 $υποκείμενον$；Z.4 的开头宣布要讨论本质；Z.13 的开头宣布它正在对普遍者进行讨论；Z.16 的末尾宣布（在其他各种事物中）对普遍者是否是 $ουσίαι$ 的讨论的结束。因此，大多数研究者（包括罗斯、弗雷德—帕奇克和伯恩耶特）一直持有这样的观点，即，Z.3 是对 $υποκείμενον$ 的研究，Z.4—12（或许包括一些作为插入而被删除的部分）是对本质的研究，而 Z.13—16 研究的是普遍者：继而，我们必须说，撇开在 Z.3 的头一句话中那显而易见的四重划分，亚里士多德的本意只是三种讨论，对 $υποκείμενον$、对本质、和对普遍者，既然在表明没有任何普遍者是一个 $ουσία$ 的过程中（Z.13，1038b8—9；Z.16，1041a4），他也已经隐含地指出，没有任何一个属是 $ουσία$。但这一划分 Z 卷的方法由于几个原因是不令人满意的。首先，当然，它撇开了 Z.17。Z.17 宣布它本身是一个新的开端（1041a6—7），因此，或许，Z.3 的计划只是想要涵盖 Z.3—16；但这样一来，我们就会想知道，为什么亚里士多德认为一个新的开端是必要的（难道 Z.3—16 已经失败了？），为什么他不曾对此附加某种事先的警

---

② 这一说明（$τύπος$, $υποτύπωσις$）在 1029a8 被标明完成了。

示。但是,甚至 Z. 3—16 也不完全适合于上述描述。Z. 12,在 Z. 13 被认为引入了有关属和普遍者的论题之前,致力于有关属和种差的议题,并否认有分离的属存在;而这便是为什么许多研究者断定 Z. 12 是插入的、打断了 Z 卷本来的顺序的一个原因。③ 但是,说 Z. 3—16 是关于普遍者是 οὐσίαι 这一论断的,这也具有刻意选择的误导的性质。Z. 16 末尾的总结说,"没有任何一个普遍而言的事物是 οὐσία,而且没有任何一个 οὐσία 是由 οὐσίαι［构成的］"(1041a3—5),有关构成物的这一论断似乎并不从属于有关普遍者的论断:Z. 16 证明了动物的部分和复合物中的土、水、气、火不是 οὐσίαι,而不只是在证明普遍者诸如"一"和"存在"不是 οὐσίαι,而且这两个讨论似乎具有同样的地位。弗雷德-帕奇克建议,对普遍者的研究实际上仅仅是 Z. 13—15,Z. 16 只是一个附加的注释集。但这解决不了问题,既然 Z. 13 也同等地研究了普遍者和物质构成:"一个 οὐσία 由在现实性上在它之中［ἐνυπάρχουσαι］的 οὐσίαι［构成］,这是不可能的"(Z. 13,1039a3—4),其中,ἐνυπάρχοντα,"构成物",所包括的或者是普遍者,或者是例如德谟克利特的原子(1039a7—11 所引):亚里士多德认为,有同一个基本的错误包含在把一个 οὐσία 的这两种构成物的任何一种当成一个 οὐσία 之中,而且 Z. 13—16 正在对这个错误的两个方面同时进行反驳,而不是只反对其中的一个。

把 Z. 4—12(或者,即便是 Z. 4—6、10—11,假如我们把 Z. 7—9 和 12 作为插入的部分删掉)看成对作为本质的 οὐσία 的一个连续的讨论,这也是不容易的,而且弗雷德—帕奇克最后的结论是,Z. 10—11 原本不是作为和 Z. 4—6 一起的一个整体的部分而写的。④ 诚然,Z. 10—11 确实像 Z. 4—6 那样提出了有关一个事物的 λόγος 或本质的问题,但是,它们所问的问题是专门针对于 λόγος 的部分,而这是一个不是与 Z. 4—9 而是与 Z. 12(论定义的各部分的统一性)以及与 Z. 13—16 所共同的论题。这样,尽管 Z. 10 询问是否一个事物的物质构成是它的部分,但是,Z. 13 却断言,"λόγος 中没有任何一个部分是任何一个东西的 οὐσία,或者分离于它们而存在,或者存在于别的某个东西之中:我的意思是,例如,没有任何脱离于具体的［动物］的动物,λόγος 中的任何其他的部分也不可以"(1038b31—34);而且,如我们所看到的,Z. 13—16 把属和物质构成作为同类的情形来处理。如果

---

③ 或许是因为这个原因,伯尼茨断定属在 Z. 4—12 对本质的研究中被隐含地研究了,而不是在 Z. 13—16 对普遍者的研究中;但是难以否认,在 Z. 13—16 中也有对属的论述。

④ 弗雷德—帕奇克的结论是,Z. 4—6、Z. 7—9、Z. 10—11、Z. 12、Z. 13—16(或者也许只是 Z. 13—15)和 Z. 17 是亚里士多德分别写就的有关 οὐσία 的六篇不同的论文;之后他又写了 Z. 1—3,作为对由 Z. 4—6、Z. 10—11、Z. 13—16 和 Z. 17 所构成的一个合集的导论;之后,经过反思,他又增补了 Z. 7—9;而某个人,也许不是亚里士多德,后来又增补了 Z. 12。

我们把 Z. 10—12（或者 10—11）当成对作为本质的 *ουσία* 的一个讨论的部分，Z. 13—16 当成对普遍者的讨论，那么，我们就必须承担丢失将这几章结合在一起的主题的风险。

我的观点是，通常的将 Z. 3—16 三分为 Z. 3/Z. 4—12/Z. 13—16 的方法是错误的，使 Z. 10—16 成为一个统一的部分的划分方法更有助于展现这一论证的本来的结构。但是，单纯地划分文本不是关键。关键是要理解（例如）Z. 10—16 的论证的主旨是什么，以及它们如何落实 Z. 3 的计划，如果这就是实际上它们所做的事情的话。要明白这一点，我们就必须考察在 Z. 3 的头一句话中（在 Z. 1—2 他已经讲过的话的语境下）亚里士多德所提出的计划是什么。我认为，如果我们正确地把握住了它，那么我们就能够明白 Z. 10—16 是如何发挥作用的；而作为一个副产品，我们也就能够看到如何避免将 Z. 12 看成是一个插入（或者还有 Z. 7—9，尽管这超出了我现在的主题），同时，我们也能够看到为什么亚里士多德把 Z. 17 和 H 卷包括在一起，而不是在 Z. 16 的结尾停止他对 *ουσία* 的研究。

二、Z 卷的计划：*ουσίαι，ουσία ἑκάστου，ἀρχαί*

有关 Z. 3 头一句话的一个基本论题是，它对一个事物之 *ουσία* 的概念——"本质、普遍者和属被认为是每一个东西的 *ουσία*，而第四种是 *ὑποκείμενον*"（1028b33—36）——的运用是如何同在 Z. 1—2 中所提出的那些问题关联在一起的，这些问题是依据有关 *ουσία* 的第一位（1—place）的概念被提出来的。Z. 1—2 声称它们正在面对古老的问题 *τί τὸ ὄν*[什么是存在]，并声称对此的争论就是对 *τίς ἡ ουσία*[什么是实体]的争论；亚里士多德在 Z. 1 的结尾首先提到有关存在者究竟是一还是有限多或无限多的相当古老的争论，接着在 Z. 2 中提到当前的有关究竟物体是唯一的 *ουσίαι* 还是还有非物体的 *ουσίαι*、例如形式或数学对象的争论。在所有这些之中，亚里士多德正在回应和发展柏拉图的《智者篇》；⑤他也正在更为专门地回溯《形而上学》B 卷的第五个难题，这个问题问"我们是否应该说

---

⑤　但是亚里士多德正在如下方面修正《智者篇》，(1)他只是非常简洁地提到那些对存在者有多少——一种现在看来非常古老的哲学思考方式——作精确统计的人；(2)他并没有严肃地对待（尽管有一个简洁的提及）在《智者篇》中被讨论并加以拒斥观点，即，只有非物质性的 *ουσίαι*——这也许是中期对话作品中柏拉图的观点，但没有人再对它加以辩护；(3)在形式理论之外，他提到了学园派有关分离的数学对象的理论。请注意，在提到那些说存在者是一（埃利亚学派）、有限的多（恩培多克勒、阿尔克迈翁、基俄斯的伊翁等等）或无限的多（阿那克萨戈拉、德谟克利特）的人的时候，亚里士多德没有只是暗指《智者篇》；亚里士多德和《智者篇》都正在暗指一个文献学传统，这一传统　　　　　（转下页）

只存在可感的 *ουσίαι*，还是还有在它们之外的其他东西，这些东西究竟是一种还是多种 *ουσίαι*，如那些同时提出形式和居间者（数学对象）的人所说的那样"（B. 5, 997a34—b2）。⑥ Z. 3 的头一句话，以及对它加以展开的有关 *ουσία* 是什么的概述被引进来以帮助解决这些争论。但是，对可以被说成是一个事物的 *ουσία* 的那四种东西的描述是如何起到这种作用的呢？⑦

　　我将在这里对比三种观点：一种是由伯恩耶特、科德（Allan Code）和维特所持有的，一种是由弗雷德—帕奇克以及在某种形式上由大多数最近的文献所持有的，以及我本人将予以辩护的观点。伯恩耶特等人在 *ουσία* 的概念和某物的 *ουσία* 的概念之间做了一个截然的区分，其中，一个 *ουσία* 的 *ουσία*（大体上）就是使它成为一个 *ουσία* 的特性或者对它作为一个 *ουσία* 的解释：亚里士多德自己最终的观点被认为是，尽管动物和植物是 *ουσίαι* 的最明显的例子，但这些东西的 *ουσίαι* 却是它们的形式，亦即它们的灵魂。这有一些道理，但是出于两个原因，我认为它不可能是正确的途径。首先一个原因是，从语言上说，"X 的 *ουσία*" 的意思乃是 "对问题 '*τί ἐστι X*' [X 是什么？] 的回答"："*ουσία*" 是这个问题的名词化，就像 "*ποιότης*" [性质] 是问题 "*ποιόν ἐστι X*" [X 是怎样？] 的名词化。这种谈及 "X 的 *ουσία*" 的方式，在亚里士多德这里、而且不仅仅在亚里士多德这里，是十分普通的，而亚里士多德不可能突然而且毫无提示地便引入这个词的一个新的非常 "形而上学的" 意

（接上页注⑤）曼斯菲尔德（Jaap Mansfeld）已经将其回溯到了希庇亚斯（Hippias）（参见曼斯菲尔德的《亚里士多德、柏拉图和前柏拉图的文献学与年表学》[Aristotle, Plato, and the Preplatonic Doxography and Chronography]，参见他的《希腊哲学史料学研究》[*Studies in the Historiography of Greek Philosophy*] [Assen 1990]，第 22—83 页）。当亚里士多德说，古代的 *τί τὸ ὄν* 的争论是一种 *τίς ἡ ουσία* 的争论时，他的意思只是，恩培多克勒和阿尔克迈翁等人正在就有多少在 *ουσίαι* 这一意义上的存在者进行争论，而不是对加上性质、加上关系等等的 *ουσίαι* 的总数进行争论；这是十分正确的。

⑥ 这处对 B ♯5 的回指看来是普遍公认的，尽管人们没有更多地利用它。我一般将不按章节号而是按带一个 ♯ 号的问题编号来引用《形而上学》B 卷。[我所依循的问题顺序是在 B. 2—6 的长篇讨论中所引用的那些难题的顺序，它们同 B. 1 中的顺序略有不同。我的编号因此便区别于罗斯一般（但并非一贯）所采用的系统，因此，我的 ♯4 是他的（5），我的 ♯5 是他的（4），我的 ♯12 是他的（14），我的 ♯13 是他的（14a），我的 ♯14 是他的（13），我的 ♯15 是他的（12）；除了 ♯5 和 ♯12 之外，我实际上没有引用上面的任何一个。]

⑦ 有时，人们听到这样的观点，即，只有本质、普遍者和属被说成是 *ουσία ἑκάστου* [每一个东西的实体]，而 *ὑποκείμενον* 仅仅被说成是一个 *ουσία*（但要发现对此观点的明确的表述是困难的——罗斯、弗雷德-帕齐克、伯恩耶特都正确地认为，*ὑποκείμενον* 也被列为被说成是 *ουσία ἑκάστου* 的东西）。但这在语法上是尤其别扭的。而且人们可以谈到某物的 *ὑποκείμενον*，就像可以容易地谈及某物的本质一样，而亚里士多德在《物理学》2.1，193a9—30 中确实讨论了他归于安提丰和其他 *φύσικοι* [自然哲学家们] 的这个观点，即，每一个自然物的 *ουσία* 是 *ἡ πρώτη ἑκάστῳ ὑποκειμένη ὕλη* [对于每一个东西首要的载体质料]。

义，作为由第一位的 $ουσία$ 的概念所得出的一个抽象；⑧实际上，更有可能的是把这个第一位的概念看成来自于那个第二位（2—place）的概念，从而一个 $ουσία$ 总是某物的 $ουσία$，就像一种 $ποιότης$ 是某物的一种 $ποιότης$ 一样。⑨ X 的 $υποκείμενον$、体现在其定义之中的 X 的本质、或 X 归于其下的一个普遍者或属，全都是问题"$τί εστι X$"的可能的回答，而这就是为什么亚里士多德在这里罗列它们的原因。⑩ 反对伯恩耶特研究路线的第二点就是，如 ZH 卷的论证所展开的，亚里士多德在追问是否 Z.3 中所列举的四种东西之一是某物的 $ουσία$ 和追问是否它是一个（第一位的）$ουσία$ 之间轻松地来回穿梭。这样，Z.3 便通过证明质料不是分离的或一个这个、因而不可能是一个 $ουσία$，将质料是一个形式—质料的复合物的终极 $ουσία$（1029a26—30）的论断归于了荒谬。Z.13 给出了两个平行的证明来证明没有一个普遍者是一个 $ουσία$，首先，"每一个东西的 $ουσία$ 是恰好属于每一个东西而不属于别的某个东西的东西，而普遍者却是共同的"（1038b10），⑪其次，"那不 $καθ' υποκειμένου$［就载体］而言的东西被称作 $ουσία$，而普遍者总是就某个 $υποκειμένον$ 而言的"（b15—16），同时丝毫没有提到是一个 $ουσία$

---

⑧　提示：有"X 的 $ουσία$"这个短语的另外两种用法：一方面，它是问题"$εἰ εστι X$ ？"［是否 X 存在？］的名词化，X 的存在（例如在柏拉图那里便是这样运用的；在亚里士多德这里相对较少，但请注意 $γένεσις$［生成］之为 $βάδισις εἰς ουσίαν$［步入存在］；以及 $πρότερον ουσία$［意指"先于存在"］，另一方面，它是问题"$τί εστι X$＋与格？"的名词化，X 的财富，等等。这两种用法没有一种在这里有关。我不相信我曾经看到过有"$ουσία$"带属格名词的情况不归于这三种意思之一的（没有统计属格只是同位语的情况，例如在 Z.2 中很明显有两次）。至少在一个扩展的意义上，亚里士多德也愿意在 X 例如是一种性质时说到"X 的 $ουσία$"：这作为对一个（不标准的）"$τί εστι$;"问题的回答而有意义，但它几乎不可能是对为什么 X 是一个 $εἰ εστι$ 的解释，既然 X 不是一个 $ουσία$。

⑨　所以，在 Z.1 中，存在的首要意义就是"那 $τί εστι$，它表示（$σημαίνει$）$ουσία$"（1028a14—15）。Z.1 正在谈论在日常的第一位意义上的 $ουσίαι$，但一个第一位的 $ουσία$ 便是某物之所是，因此就是那个第二位的某物的 $ουσία$，就像一个第一位的母亲是那个第二位的某物的母亲一样。（看来也许奇怪的是把一个形式—质料的复合物例如苏格拉底描述为某物的 $ουσία$，但是苏格拉底也能够是一个"$τί εστι$"或者不如说 $τί εστι$［是谁？］问题的回答，例如"在拐角讲话的那个人是谁?"Z.1 将首要的范畴描述为"$τί εστι καί τόδε τι$"（1028a11—12），而罗斯错误地认为在这两个描述之间存在着一种张力：对问题"$τί εστι$"的一个回答采取了"$τόδε$"［这一个］的形式，就像对问题"$ποῖόν εστι$"的一个回答采取了"$τοιόνδε$"［这样的］的形式。B♯12 论证说，感受、运动、关系、位置、比率"$οὐθενός δοκοῦσιν ουσίαν σημαίνειν（λέγονται γάρ πάντα καθ' υποκειμένου τινός，καί οὐθέν τόδε τι）$"［人们认为没有一个表示实体（因为人们认为所有这些都是陈述某个主体的，而且没有一个是这一个）］（1001b29—32）；这样，某物的 $ουσία$（对 $τί εστι$ 的回答）一定就是 $τόδε τι$，而不可能 $καθ' υποκειμένου$［就载体］而言。

⑩　参考 Z.7，1033a2—4："我们以两种方式说铜环是什么，既通过讲质料，［它们是］铜质的，又通过说形式，［它们是］如此这般的一种形状，它是［这个东西］位于其中的首要的［＝最近的］属。"

⑪　在这里，"X 的 $ουσία$"显然意指对"$τί εστι$"的回答，而不是例如"X 的作为一个 $ουσία$ 的原因"之类的东西：亚里士多德正在提及《论题篇》的那个规则，X 的定义一定是 X 的一个 $ἴδιον$［特性］。

和是某物的 ουσία 之间的任何差别。最后，在 H. 1，在重提和解释 Z. 3 的头一句话时，亚里士多德提示说，自然物体被一致同意是 ουσίαι，形式和数学物是否是更进一步的 ουσίαι 则被反驳，以及"再者，据证明得出，本质和 υποκείμενον 是 ουσίαι，而且，再者，属比种更是 ουσία，普遍者比个体事物更是"（1042a12—15）。所以，根据 Z. 3 被（正确地或错误地）说成是一个事物 X 的 ουσία 的那些东西也被说成本身就是 ουσίαι，而且在一个较 X 本身之所是更高的程度上是如此。⑫

　　所以，我们必须反乎伯恩耶特而说，宣称是 X 的 ουσία 的那四个东西也正在宣称是 ουσίαι，而且，亚里士多德列举被（正确地或错误地）说成是 X 的 ουσία 的这些不同的东西，是因为他想要断定是否这些东西是 ουσίαι，因而帮助断定有哪些 ουσίαι。到现在为止，我同弗雷德—帕齐克相一致。但我认为他们在 Z. 3 的头一句话正在提出何种计划上出了错，因为他们（像除伯恩耶特、科德和维特以外的绝大多数最近的文献一样）使之适合于一个对 Z 卷的"标准和候选项"的解释。这就是：弗雷德—帕齐克认为，亚里士多德在《形而上学》中的整体目的是要发现一门普遍的存在科学，而且（因为存在是多义的）亚里士多德能够做到这一点，只有借助找到某个以首要的方式存在的东西，以致知道它的首要的存在方式也将容许我们理解其他事物的各种派生的存在方式。这就意味着，亚里士多德必须寻求 ουσίαι，既然是一个 ουσία 恰恰就是要是一个首要方式的存在。但（弗雷德—帕齐克认为）有种种不同的和表面上矛盾的某物为了是一个 ουσία 而必须满足的标准，同时，弗雷德—帕齐克还认为，Z 卷的任务就是要决定——首先在可感事物中看，既然它们是最为我们所熟悉的东西——是否有什么东西满足这些不同的标准。他们认为亚里士多德的最终的结论是，虽然形式最满足 ουσία 的不同的标准，但普通可感事物的形式并不完全满足它们，因为它们除了在一个限定的意义上以外不是可分离的；而且因此首要的 ουσίαι、从而首要的存在者，只能是分离的无质料的形式，诸如诸天的推动者们。弗雷德—帕齐克认为 Z. 3 的头一句话是在致力于通过罗列一定数目的一个 ουσία 可以被期望满足的标准以估定哪些东西

⑫　科德同意说，如果 X 是一个实体，那么，X 的 ουσία 必须是先于 X 的，并因此必须是一个实体（《作为一门有关本原的科学的亚里士多德的〈形而上学〉》[Aristotle's Metaphysics as a Science of Principles]，见《哲学国际月刊》[Revue internationale de philosophie]，51[1997]，第 357—378 页，见第 372 页注释 3）。维特也认为，一个实体的本质本身就是一个实体性的实在（《亚里士多德的实体和本质》[Substance and Essence in Aristotle]，Ithaca，NY，1989）。我的解释因此更接近于科德和维特的，而不是伯恩耶特的。我在"X 的 ουσία"这一短语的意义上仍然不同于上述三位作者。而且，科德和维特不见得像我所认为的那样认为，亚里士多德在 Z 卷中探究 X 的 ουσία 的目的是要断定是否这条路通向更进一步的先于 X 存在的 ουσίαι。

是οὐσίαι。这样，一个οὐσία可以被期望是一个ὑποκείμενον，实际上是一个终极ὑποκείμενον；同时，一个οὐσία也可以被期望是一个本质（有一个本质以及与那个本质相同一）。更为困难的是要弄明白，为什么有人会提出"属"和"普遍者"作为οὐσία的标准，但是弗雷德—帕齐克认为它们是被建议并被否定的标准；而且他们认为亚里士多德将要论证，形式既可以满足ὑποκείμενον—标准，也可以一起满足本质—标准。

对弗雷德—帕齐克的解释的一个显而易见的反驳是，它使得要弄清楚在Z.3中开始的研究如何有助于解决在Z.1—2中所罗列的那些论题以及解决是否有在可感事物之外的οὐσίαι的难题（B♯5）变得困难起来。弗雷德-帕齐克确实认为Z卷意在从事一种对不可感的οὐσίαι的研究，但是，他们对这种研究是如何进行的看法是模糊的。我们可以在他们对Z.3的最后一段话的处理中看到这一困难：

> 就让质料和形式的合成物被排除掉，因为它是在后的而且表面的；而质料也在某种方式上是表面的；但是关于第三者（即，形式）让我们来研究，因为它是最具争议的（ἀπορωτάτη）。既然可感物中有一些被一致同意（ὁμολογοῦνται）是οὐσίαι，因此我们便应当从对这些东西的研究开始（ἐν ταύταις ζητητέον πρῶτον）。因为前行至更为可知的东西是有益的：因为学习对所有人都是以这种方式进行的，经由按本性较少可知的到达更为可知的。这就是任务；正如在伦理学中（ἐν ταῖς πράξεσι）的任务那样，从对每一个人的善［开始］，到使普遍的善成为每一个人的善，这里的任务也是一样，从对于他更为可知的［开始］，到使按本性可知的对于他成为可知的。因为对一个人来说可知的和首要的常常是很少可知的，而且含有很少或根本不含有存在。但是从知道很少却为他所知的东西［开始］，他必定试图知道一般可知的东西（意即，按本性更为可知的），如已经说过的，经由这些（意即，对他自己最初可知的东西）逐步前进。（1029a30—b13, b1—2调换到这段话的结尾，同伯尼茨、罗斯、耶格尔和弗雷德—帕齐克）

在这里，伯尼茨认为亚里士多德的意思是，我们应当从对我们最表面的事物、可感的形式—质料合成物开始，继而，通过探究这些事物的本质，逐步知道按本性最真实和最可知的那些事物，伯尼茨把这些事物等同于这些可感事物的形式。弗雷德—帕齐克，以及今天其他所有人，正确地否定了这一解读：这绝不是亚里士多德在如何谈论内在的形式，它们并不是特别遥远或者难以知道，而且它们在《物理学》和《论灵魂》中、在没有 Z 卷的深奥的研究的协助下就得到了研究。所以，弗雷德—帕齐克认为亚里士多德相反正在提到分离的、无质料的形式，诸如诸天的推动者们；他们认为亚里士多德的意思是说，我们应当首先讨论就可感事物而言的形式，继而（在某种程度上以此为基础）讨论就分离的、无质料的事物而言的形式。对这一解释的一个严肃的反驳是，亚里士多德在任何现存的文本中从未把他本人所相信的任何分离的无质料的存在（这对立于他因为柏拉图相信它们而谈论的那些）描述成一个形式。⑬ 但是，即便亚里士多德相信无质料的形式，讨论可感事物的本质又有何帮助呢？亚里士多德必须提前指出将来、大概是在 Λ 卷中对无质料的 οὐσίαι 的一个研究，而不是指出他将在 Z 卷中所做的任何东西。但是 Λ 卷实际上并没有利用 Z 卷对内在的形式作为 οὐσίαι 的地位的讨论（比如说，在论证无质料的形式是更强意义上的 οὐσίαι 的时候——但 Λ 卷丝毫没有表明，神是在任何不同于其他 οὐσίαι 的意义上的 οὐσία）；所以弗雷德—帕齐克暗示，亚里士多德也许本来是在他写作 Z 卷时原本打算要写的某个 Λ 卷的其他稿本中这样做的。但是，即便依据对这一佚失的或者从未写作的著作的最一般的重构，亚里士多德所能做的最多也是接受这些结论指出，形式最是 οὐσία（但有质料的形式仅仅不完满地是这样），并用它们来表明，无质料的形式的存在方式是最高的；而且这丝毫没有表明存在着无质料的 οὐσίαι，即那个 Z. 3 以下被认为将有助于解决的来自于 Z. 1—2（和 B ♯5）的问题。

然而，对亚里士多德在 Z. 3 的这最后一段话中所说的却有一个明显不同的解释。亚里士多德正在说，我们应当从 ὁμολογοῦνται οὐσίαι（Z. 2 的自然物体，他刚刚提到的"在后的和表面的"形式—质料合成物）开始，并且考察它们的本质，以期借助从这些事物进到它们的本质，我们可以使我们从这些在后的事物上升至那些按本性最可知的事物。亚里士多德说，我们这样做是为了弄清楚那 ἀπορώτατον——与 ὁμολογούμενον 相对——的东西，并且说这就是形式。关于形式的明显的 ἀπορία[难题]便是在 Z. 2 中提到的、在柏拉图和其他哲学家之间

---

⑬ 亚里士多德在这里的沉默是全局性的和一贯的，二手文献对此的沉默几乎完全是一样的；就我所知的而言，它只有一次被瑞安（Eugene Ryan）所打破《亚里士多德的纯形式》[Pure Form in Aristotle]，*Phronesis*，18[1973]，第 209—224 页）。但这一证据也不是纯粹否定性的；对亚里士多德来说是一个形式就是要是某种原因，而没有任何东西神是其形式因——他不可能是诸天的形式因，既然它们没有任何 ὕλη γενητή[可生成的质料]（Λ. 2, 1069b24—26；参见 H. 1, 1042b5—6；H. 4, 1044b6—8），并因此没有任何实体性的形式因。

的那个争论。柏拉图说有 $\pi\alpha\rho\acute{\alpha}$[在……之外]可感事物的分离的形式,而其他哲学家说没有。柏拉图说这些分离的形式是作为可感的 $o\dot{v}\sigma\acute{\iota}\alpha\iota$ 的本质的 $o\dot{v}\sigma\acute{\iota}\alpha\iota$(亚里士多德记载他大致就是这样说的,《形而上学》A. 9, 992a26—29;A. 6, 988a9—11;A. 7, 988a33—b6),因而考察他的主张的最佳方式就是从一致公认的 $o\dot{v}\sigma\acute{\iota}\alpha\iota$ 开始,看看探究它们的本质是否导向有争议的分离的形式。当然,亚里士多德的回答将是否定性的,但是,在 Z. 3 这一阶段,这仍旧是一个开放的问题:在《形而上学》中,迄至这一点,亚里士多德都没有说过任何反对柏拉图式的形式的话,除了在 A. 9 和 B ♯5 以纯粹设问的方式。通过在 Z. 4 以下表明可感事物的本质并不先于和分离于那些事物而存在,亚里士多德将对解决来自 Z. 1—2 和 B ♯5 的那些争论做出一个实在的、尽管是否定性的贡献。

但在这里重要的不简单是对 Z. 3 的最后一段话做一个解释,而是对亚里士多德在 Z. 3 的头一句话中所提出的那个计划做一个解释。伯恩耶特在如下一点上相对于弗雷德—帕齐克是完全正确的,这就是,当亚里士多德列出四种被说成是 $o\dot{v}\sigma\acute{\iota}\alpha\,\dot{\varepsilon}\kappa\acute{\alpha}\sigma\tau o\upsilon$[每一个东西的实体]的东西时,他的计划是要从公认的 $o\dot{v}\sigma\acute{\iota}\alpha\iota$(即,自然的形式-质料合成物)开始,并且询问什么可以是(在上述四种方式的任何一种的意义上)这些 $o\dot{v}\sigma\acute{\iota}\alpha\iota$ 的 $o\dot{v}\sigma\acute{\iota}\alpha\iota$。但弗雷德—帕齐克在如下一点上相对于伯恩耶特是正确的,这就是,是某个东西的 $o\dot{v}\sigma\acute{\iota}\alpha$ 亦即是一个 $o\dot{v}\sigma\acute{\iota}\alpha$。亚里士多德的计划是要从公认的 $o\dot{v}\sigma\acute{\iota}\alpha\iota$ 开始,来考察如果我们继续询问这些东西的 $\tau\acute{\iota}\,\dot{\varepsilon}\sigma\tau\iota$[是什么?],直至我们达到一个最终的终点,我们将达到一个先于我们所开始的那些 $o\dot{v}\sigma\acute{\iota}\alpha\iota$ 而存在的 $o\dot{v}\sigma\acute{\iota}\alpha$。对亚里士多德的计划的这一解释得到了 H. 1 对 Z. 3 的头一句话的向回指涉的支持:

> 已经说过我们正在寻求 $o\dot{v}\sigma\acute{\iota}\alpha\iota$ 的原因、$\dot{\alpha}\rho\chi\alpha\acute{\iota}$ 和 $\sigma\tau o\iota\chi\varepsilon\tilde{\iota}\alpha$。既然存在着一些被所有人所公认的 $o\dot{v}\sigma\acute{\iota}\alpha\iota$,而且一些人已经对别的东西做了个别的论断:公认的是自然事物……然而一些人却单独地说,形式和数学事物是 $o\dot{v}\sigma\acute{\iota}\alpha\iota$。再者,由论证得出($\sigma\upsilon\mu\beta\alpha\acute{\iota}\nu\varepsilon\iota\,\dot{\varepsilon}\kappa\,\tau\tilde{\omega}\nu\,\lambda\acute{o}\gamma\omega\nu$),本质和 $\dot{\upsilon}\pi o\kappa\varepsilon\acute{\iota}\mu\varepsilon\nu o\nu$ 是 $o\dot{v}\sigma\acute{\iota}\alpha\iota$,而且再者,属比种更是 $o\dot{v}\sigma\acute{\iota}\alpha$,普遍者比个体事物更是 $o\dot{v}\sigma\acute{\iota}\alpha$;而且理念也同普遍者和属相联系(因为它们根据这相同的论证似乎就是 $o\dot{v}\sigma\acute{\iota}\alpha\iota$)。(1042a4—16)

所以,如果 Y 在我们的上述四种方式的任何一种的意义上被说成是 X 的 $o\dot{v}\sigma\acute{\iota}\alpha$,那么,至少从表面上看来,Y 就是 $\pi\alpha\rho\acute{\alpha}$ X[在 X 之外]的一个更进一步的 $o\dot{v}\sigma\acute{\iota}\alpha$,而且确实比 X $\mu\tilde{\alpha}\lambda\lambda o\nu\,o\dot{v}\sigma\acute{\iota}\alpha$[更是实体];而且因此,追问公认的

ουσίαι 的 ουσίαι 就是一条试图去发现有争议的、被假定在先的 ουσίαι 的可能的途径。

但是，理解 Z 卷的论证结构的关键点在于，它不只是一个有关柏拉图式的形式的问题。从 A. 1—2 开始，亚里士多德便已经把智慧、《形而上学》所正在探究的那门科学描述为有关 ἀρχαί 的科学，亦即所有事物中首要的东西的科学。当然，存在着 ἀρχή 的一个宽泛的意义，就此而言所有的原因都是 ἀρχαί，但是，在这个意义上，所有科学就都会是有关 ἀρχαί 的科学。《形而上学》强调说，一个东西要在被追求的意义上成为一个 ἀρχή，以至于有关它的知识能够构成智慧，它必须是永恒的（因为否则的话，它就会从某个在先的东西中产生出来，因而不会是一个 ἀρχή；参考 B ♯ 10, 1000b24—28）；它必须是一个 ουσία 而非某个 ὑποκείμενον 的一种属性（因为否则的话，那个 ὑποκείμενον 就会先于它，而它便不会是一个 ἀρχή，参考 N. 1, 1087a31—36）；而且它必须能够在同其他事物相分离时存在（因为否则的话，它便不会在存在上先于它们，参考 B ♯ 3, 999a17—19；K. 2, 1060a36—b3）。全部这个都契合于亚里士多德的神，而且也会契合于柏拉图的形式，但是关于它没有任何特别柏拉图化的东西；它会同样契合于一个德谟克利特的原子或者一个恩培多克勒的"根"。亚里士多德和柏拉图以及前苏格拉底自然哲学家们全都同意，既然熟知的可感 ουσίαι 生成和消灭，因此，ἀρχαί 必须是这些东西之外的一些较不熟知的 ουσίαι，我们只能够通过从这些熟知的事物往后推论到先于它们而存在的其他的 ουσίαι 来逐渐知道它们。无论是柏拉图的辩证法还是前苏格拉底的自然哲学（还有学园的数学沉思）都声称能够发现这类更进一步的 ουσίαι 和 ἀρχαί；亚里士多德声称，这些方法提供不了所追求的 ἀρχαί，以及一门第一哲学的新科学是必须的。

无论柏拉图还是自然哲学家们试图达到 ἀρχαί 的一个办法就是从熟知的事物开始并且询问 τί ἐστι，期望最终的答案将是所追求的永恒的 ουσίαι。这种探究可以使我们到达柏拉图的形式，它们被假定是熟知的事物的作为其本质的 ουσίαι。但是，它也可以使我们到达气，或土、水、气与火的集合，或德谟克利特的原子，或《蒂迈欧篇》的容受者，这些东西都被假定是熟知的事物的作为其 ὑποκείμενα 的 ουσίαι。《形而上学》Z 卷从 Z. 3 以下正在考察这些主张，并且结论是，这些寻求熟知的事物的 ουσία 的方法没有成功到达先于熟知的 ουσίαι 而存在的更进一步的 ουσίαι。这一否定性的论证最终是想要激发亚里士多德的肯定性的提议，即，永恒的 ουσίαι，而不是可感的 ουσίαι 的 ουσίαι（要么作为它们的质料，要么作为它们的形式因），将是可感的 ουσίαι 的永恒的动力因和目的因，这一点亚里士多德在《形而上学》Λ 卷中做了论证。⑭

三、λόγος 的部分

但是,关于 Z. 3 以下的计划的这一思考方式似乎只是使 Z. 10－16 的问题变得更为触目。足够明显的是,Z. 3 论证说,可感事物的终极 ὑποκείμενον 不分离存在,因此不可能是一个 οὐσία,从而,它不可能先于熟知的 οὐσίαι。同时,我认为 Z. 4－9 是在论证,可感的 οὐσίαι 的本质并不像柏拉图所主张的那样先于和分离于可感的 οὐσίαι 而存在。这样,Z. 3－9 便会是所许诺的对 Z. 3 的头一句话中被说成是 οὐσία 的四种事物中的两种、ὑποκείμενον 和本质的考察。但是,Z. 10－16 是干什么的? 列在 Z. 3 头一句话中的剩余的两项、普遍者和属似乎不会导向任何更进一步的 οὐσία,除非又一次是柏拉图式的形式。但是,即使亚里士多德感觉到他在 Z. 4－9 中把形式折腾得还不够,这也最多可以解释 Z. 13－16(而且甚至这几章也不是唯一地相关于普遍者或柏拉图式的形式);Z. 10 尤其不是在审查柏拉图式的形式,同时它也不像是在考察主张列在 Z. 3 头一句话中的四种事物中的任何一种是先于熟知的 οὐσίαι 的更进一步的 οὐσίαι。所以,为什么有这一章呢?

但是,Z. 3 的头一句话说,"οὐσία 的意义,如果不是更多的话,至少主要有四种"。除了 ὑποκείμενον、本质、普遍者和属以外,还有别的什么可以被说成是 οὐσία?

(一) Δ. 8:一个事物的总体的和部分的 οὐσία

我们能够在《形而上学》Δ 卷论 οὐσία 的一章即 Δ. 8 中找到答案。这章文字是复杂的,为了清楚的缘故我在其中做了一些划分标志:

---

⑭ 指出如下一点是有益的,即,我之不同意于对 Z 卷的标准和候选项的解读是和不同意于有关亚里士多德对形而上学的对象的看法相联系的。弗雷德—帕齐克认为,形而上学在本质上是一门有关存在的科学,亚里士多德之所以感兴趣于特殊的存在者,诸如运天的推动者们,只是因为他正在寻求存在的范例以阐明作为存在的存在的本性(尽管 Λ 卷从来没有这样运用过它们)。与此相对,我认为形而上学在本质上是一门有关 ἀρχαί 的科学,它也是一门有关存在的科学的唯一的意义仅在于,这些 ἀρχαί 必须被作为某物的原因来认识,以及发现最高原因的最好方法便是去寻求这些最广泛的结果——这就是存在及其 per se[在其自身的]属性——的原因。我还认为,亚里士多德并没有说,在各种意义上的存在的诸原因,在所有意义上都将导向 ἀρχαί:作为真的存在的原因和作为偶性的存在的原因并不导向 ἀρχαί,而且,在我看来,亚里士多德的结论是,作为一个事物的 οὐσία 的存在的原因(它是这个事物的 οὐσία)也不导向 ἀρχαί,只有作为 ἐνέργεια[现实]的存在的诸原因才导向 ἀρχαί。对存在的其他意义的原因的研究只在否定的意义上属于形而上学,因为,考察不成功的论证——如果它们是成功的,那么它们就会导向对 ἀρχαί 的知识——是形而上学家们的工作。

　　οὐσία指［(1)］单纯的物体,例如土、火、水和这一类的无论什么,以及一般而言的物体和由这些东西所构成的动物、［天上的］精灵及其部分:所有这些被说成是οὐσία,因为它们不陈述一个ὑποκείμενον,而是相反其他东西陈述它们。另一方面［οὐσία 指］［(2)］任何是存在的一个原因的东西(αἴτιον τοῦ εἶναι),它内在于(ἐνυπάρχον)这类不陈述一个ὑποκείμενον的东西之中,就像灵魂之于动物［是存在的原因］。再者,［οὐσία指］［(3)］任何内在于这类事物(亦即,不陈述一个ὑποκείμενον的事物)之中的部分,它们定义/界定它们(ὁρίζοντα)并表示一个这个,从而当它们被毁灭了,整体也就被毁灭了(ἀναιρεῖται),正如某些人所说的当面被毁灭了体也就被毁灭了,当线被毁灭了面也就被毁灭了;而且一般而言数在一些人看来就属于此类(因为［他们认为］当它被毁灭了便无物存在,它定义/界定万物)。再者,［(4)］本质,其λόγος是一个定义,它也被认为是每一个东西的οὐσία。所以,［(结论)］结果就是,οὐσία有两方面的意思:［(a)］终极ὑποκείμενον,它不更进一步陈述任何别的东西;［(b)］那是一个这个而且是分离的东西:每一个事物的样式和形式便属于这类。(1017b10—26)

　　这里的这个清单既造成了种种内在的困难,也造成了和 Z.3 中的清单的一个明显的不相搭配;与此同时,Z.3 中的清单似乎正在往回指向它,而它有助于给Z.3 以下的那个计划以一个新的启发。其中一些部分很容易地便搭配在一起;一些则较为困难。

　　清楚的是,Δ.8 的意义(1)在 Δ.8 的结论(a)中得到了概括,而且这对应于Z.3 的清单中的ὑποκείμενον。⑮ 同样清楚的是,Δ.8 的意义(4)对应于 Z.3 的清

----

⑮　无论如何,在我看来这是足够清楚的。但是,罗斯说,在 Δ.8 的结论(a)中被概括为τὸ ὑποκείμενον ἔσχατον［终极载体］的意义(1),"指的不是原始质料,而是既包含质料又包含形式的个体事物",它对应的不是在 Z.3 中被讨论的τόδε,而是 Z.2 中所罗列的公认的实体。(罗斯也许认为,意义(1)是第一位的οὐσία的意思,而意义(2)—(4)是第二位的οὐσία的意思,但亚里士多德在这里对这种分别没有任何兴趣:在结论(b)中对意义(2)—(4)的概括以第一位的术语将它们描述为ὃ ἂν τόδε τι ὂν καὶ χωριστὸν ῇ［那是一个这个而且是分离的东西］,而且在 Z.3 中,ὑποκείμενον可以是第二位的。)确实,亚里士多德用来引入意义(1)的例子,土、火等等,按照亚里士多德自己的观点是形式—质料合成物,但"形式—质料合成物"不是他正在运用它们来引入的οὐσία的那个意义。相反,他提到土等等是因为它们一般被说成是οὐσίαι,由此他试图提取这些不同的事物据以被说成是οὐσίαι的特征:ἅπαντα δὲ ταῦτα λέγεται οὐσία ὅτι οὐ καθ᾽ ὑποκειμένου λέγεται ἀλλὰ κατὰ τούτων τὰ ἄλλα［所有这些被说成是οὐσία,因为它们不陈述一个τόδε,而是相反其他东西陈述它们］。仍然有可能的是,如此提取出来的οὐσία的那个意义,相比于它之适用于那些普通的例子来说更要适用于不可感的原始质料。

单中的本质。不甚清楚的是，在意义（2）即 $α\mathring{ι}τιον\ τo\mathring{υ}\ ε\mathring{ι}ναι$（诸如有生物的灵魂）和意义（4）即本质之间所假定的差别是什么。同样不清楚的是，结论（b）被假定正在概括什么——如果如基尔万所说，它正在确认意义（2）和（4），忽略了意义（3），那么，难以理解的就是，亚里士多德为什么从他的概括中撇开了（3），为什么他首先列出（2）和（4）。⑯

假如我们看到意义（3）和（4）不是作为 $oυσ\acuteια$ 的独立的意义平行于（1）和（2）被给出的，而是作为意义（2）的两个子项，在概括中由（b）所涵盖，那么，我们便可以减轻这一困难。⑰ 意义（2）是"任何是存在的一个原因的东西，它内在于（$\mathring{ε}νυπ\acuteαρχον$）这类不陈述一个 $\mathring{υ}ποκε\acuteιμενον$ 的东西之中"；亚里士多德的例子是灵魂，而且在他（尽管不是每一个人）看来灵魂是有生物的本质，因而也是在意义（4）上的一个 $oυσ\acuteια$。但是意义（3）上的 $oυσ\acuteιαι$ 也从属于意义（2）。因为"任何内在于［一个事物 X］之中的部分，它们定义/界定［它］并表示一个这个，从而当它们被毁灭了，整体也就被毁灭了"，这将将符合意义（2）的条件：它们是 $\mathring{ε}νυπ\acuteαρχοντα$ in X［内在于 X 的东西］，而且，既然它们是离开了它们 X 便不可能存在（或者不可能是 X）的构成成分，因此，它们也是对于 X 的存在的原因，即便它们不是 X 的本质。实际上，一个不认为灵魂是一个有生物的整个本质（而是把有生物定义为"灵魂和肉体的复合物"：参考《论题篇》6.14，151a20—21）的读者，将把亚里士多德的意义（2）的例子即灵魂归于意义（3）而非意义（4）。但是，是意义（3）上的 $oυσ\acuteιαι$ 的 $\mathring{ε}νυπ\acuteαρχοντα\ μ\acuteερη$［内在的部分］的最显而易见的例子是亚里士多德所给的数学界限的那几个例子：一个三角形仅仅因为它由三条直线所界限才是一个三角形，而且如果这些界线中有一条被拿掉，就不再有一个

---

⑯ 《亚里士多德的〈形而上学〉，$Γ$、$Δ$、E 卷》（*Aristotle's* Metaphysics, *Books* $Γ$，$Δ$，E），基尔万翻译及注释（Oxford，1971；2nd edn. 1993），见于第 48 页。

⑰ 还有一个问题是关于为什么结论（b）把（2）—（4）（或者，按基尔万的看法，只是（2）和（4））概括为 $\mathring{o}\ \mathring{α}ν\ τ\acuteοδε\ τι\ \mathring{o}ν\ κα\mathring{ι}\ χωριστ\grave{ο}ν\ \mathring{\eta}$——亚里士多德确实相信形式是 $τ\acuteοδε\ τι$，以及在一个弱的意义上的 $χωριστ\acuteον$，但是这个问题是要发现，他在哪里认为他在 $Δ$.8 中已经说过这个。我的最好的建议是，在（3）下的其中一个条件是 $τ\acuteοδε\ τι\ σημα\acuteινοντα$［表示一个这个］（既然这是唯一一处 $τ\acuteοδε\ τι$ 被提及的地方，因此说（b）inter alia［特别］往回指向（3）便是非常难以否认的），并且（2）和（3）都要求相对于某个不陈述 $καθ'\ \mathring{υ}ποκε\acuteιμενον$ 的东西的存在上的优先性，这也许便意味着 $χωριστ\acuteον$。我对 $τ\acuteοδε\ τι\ σημα\acuteινοντα$ 的解释是：Y 要在意义（2）（包括意义（3））上是 X 的 $oυσ\acuteια$，Y 必须是 $\mathring{o}ρ\acuteιζ\acuteον\ τε\ κα\mathring{ι}\ τ\acuteοδε\ τι\ σ\acuteημαιον$［定义/界定它们并表示一个这个］；亦即，它必须界定它的拥有者是一个这个（即 X）而不仅仅是一个这类，因为它表示这个东西是什么（即 X），而不仅仅是它是如何。这似乎也是亚历山大的解释，《形而上学注》373—374。

三角形。⑱ 所以，我们可以说，尽管一个三角形的本质是其总体的意义（2）的 *οὐσία*，它的每一条界线却是这个三角形的部分的意义（2）的 *οὐσία*。在这一意义上，不是所有一个东西的构成部分都是它的部分上的 *οὐσίαι*（一块床头板就不是一张床的一个部分上的 *οὐσία*，一条青铜线也不是一个三角形的部分上的 *οὐσία*）。诚然，亚里士多德正在一个相当宽泛的意义上运用"构成部分"来把各边称作一个三角形的构成部分，因为对古希腊人来说，一个三角形总是一个二维平面，而不是周长。严格要说的⑲是，各边是三角形的 *λόγος*［定义］的部分。亚里士多德频繁地在 *τὰ μέρη τὰ ἐν τῷ λόγῳ*（或者只是 *τὰ ἐν τῷ λόγῳ*）的意义上来讲，而且一个三角形的各边是范例——在《后分析篇》I. 4 中，亚里士多德把这类数学界限提供作为他的最强意义的 *καθ' αὑτό*［就其自身］属于 * 的例证："*καθ' αὑτό* 是那在 *τί ἐστι* 上属于［某物］的无论什么东西，例如线属于三角形，点属于线：因为［三角形或线］的 *οὐσία* 是出自［线或点］，而［线或点］内在于说明 *τί ἐστι* 的 *λόγος* 之中［*ἐν τῷ λόγῳ ἐνυπάρχουσι*］"（73a34—37）。而且，实际上，如果三角形的定义是"由三条直线所界限的平面图形"，那么，直线除了是这个东西的某种意义上的构成部分之外，一定是它的 *λόγος* 和本质的构成部分。

　　如果我们从 Δ. 8 的 *οὐσία* 意义的清单返回到 Z. 3 的第一句话，那么，显然，Z. 3 的 *ὑποκείμενον* 就是 Δ. 8 的意义（1），而 Z. 3 的本质就是 Δ. 8 的意义（4）。但是，普遍者和属会归于 *οὐσία* 的何种意义呢？

　　一些哲学家也许认为，某物所属的一类普遍者，即其 *infima species*［最低种］，是这个事物的整个本质，因而是其意义（4）上的 *οὐσία*。但是，至少这个事物的一个属可以仅仅是它的本质的一个部分，从而是其意义（3）上的 *οὐσία*。⑳ 对亚里士多德来说，令人多少有点儿吃惊的是把属同一个事物的物理的或数学的构

---

⑱　参考 B ♯ 12, 1002a4－8：*ἀλλὰ μὴν τό γε σῶμα*［一个数学上的立体］*ἧττον οὐσία τῆς ἐπιφανείας, καὶ αὕτη τῆς γραμμῆς, καὶ αὕτη τῆς μονάδος καὶ τῆς στιγμῆς· τούτοις γὰρ ὥρισται τὸ σῶμα, καὶ τὰ μὲν ἄνευ σώματος ἐνδέχεσθαι δοκεῖ εἶναι, τὸ δὲ σῶμα ἄνευ τούτων ἀδύνατον*［然而，体之于面更少是实体，面之于线和线之于单位和点也更少是实体；因为以这些东西体得到界定，这些东西没有体似乎可以存在，而体没有它们则不能存在］。请注意，界线不只是三角形的必要条件（如亚里士多德的否定性语言所会表明的），而且是它的存在的部分上的原因。同样，当亚里士多德说到面是体的 *οὐσίαι* 时，他正在想到的不是物理学上的物体，而是数学上的立体：各个面是对于多面体的存在的部分上的原因。

⑲　如亚历山大在同一个位置所评论的，《形而上学注》373. 27—33。

*　［译按］"最强意义的就其自身属于"，关于这个术语，可以详细参见本选集所收录的蒂尔内的论文，《论亚里士多德"SYMBEBĒKOS"的意义》一文。

⑳　对 Δ. 8 的意义（3）的这处回指由弗雷德—帕奇克所确认（ii. 253，对 Z. 13 的注释，而不是对 Z. 3 的），尽管只是以一种 *obiter dictum*［附带的方式］；其他注释者中没有一个看起来注意到了它。

成成分混在一起"作为 $\lambda\acute{o}\gamma o\varsigma$ 的部分",并因此全都声称是这个事物的在这同一意义上的 $o\mathring{v}\sigma\acute{\iota}\alpha$。但是,无疑,这就是他所做的。我们已经看到,线"内在于说明三角形的 $\tau\acute{\iota}\ \acute{\epsilon}\sigma\tau\iota$ 的 $\lambda\acute{o}\gamma o\varsigma$ 之中",但属也内在于这个事物的 $\lambda\acute{o}\gamma o\varsigma$ 之中:在"部分"的各种意义的清单中,亚里士多德说,"在揭示每一个东西的 $\lambda\acute{o}\gamma o\varsigma$ 之中的事物 $[\tau\grave{\alpha}\ \acute{\epsilon}\nu\ \tau\mathring{\omega}\ \lambda\acute{o}\gamma\omega\ \delta\eta\lambda o\mathring{v}\nu\tau\iota\ \acute{\epsilon}\kappa\alpha\sigma\tau o\nu]$,它们也被叫做这个整体的部分:由于这个原因,属也被称作种的一个部分,尽管在另一种方式上([译按]广义地)种是属的一个部分"($\Delta.$ 25, 1023b22 – 25)。而且亚里士多德确实常常把属(和种差)称作 $\tau\grave{\alpha}\ [\mu\acute{\epsilon}\rho\eta]\ \acute{\epsilon}\nu\ \tau\mathring{\omega}\ \lambda\acute{o}\gamma\omega$:我已经引用过 Z. 13 的那一否定性的结论,"在 $\lambda\acute{o}\gamma o\varsigma$ 之中的事物没有一个是任何东西的 $o\mathring{v}\sigma\acute{\iota}\alpha$,或者分离于它们而存在,或者在别的什么东西之中:我是指,例如,没有任何动物可以脱离具体的[动物],也没有任何在这些 $\lambda\acute{o}\gamma o\iota$ 之中的其他事物可以脱离"(1038b31 – 34)。但是" $\lambda\acute{o}\gamma o\varsigma$ 的部分"确实不指"属":$\Delta.$ 24 说,两足的是人的一个部分,字母($\sigma\tau o\iota\chi\epsilon\mathring{\iota}o\nu$)在同一方式上,作为一个"形式的部分"或者"形式的质料",与通常的可感的质料部分相对,是音节的一个部分(1023a35 – b2)。两足的以一种直接的方式进入人的 $\lambda\acute{o}\gamma o\varsigma$ 之中,作为其种差,而 α 则以一种更为复杂的方式进入 $\beta\alpha$ 的 $\lambda\acute{o}\gamma o\varsigma$ 之中,但它们都是 $\lambda\acute{o}\gamma o\varsigma$ 的部分,在根本上具有相同的地位。它们根据 $\Delta.$ 2 的宽泛的定义都是形式因,"本质的 $\lambda\acute{o}\gamma o\varsigma$ 及其属……和 $\lambda\acute{o}\gamma o\varsigma$ 之中的各部分"(1013a27 – 29):也就是说,它们都是部分的形式因,从而是这个事物的部分的 $o\mathring{v}\sigma\acute{\iota}\alpha\iota$。自然地,亚里士多德把属和种差当成 $\lambda\acute{o}\gamma o\varsigma$ 之中的典型的部分,而且有时候说起来仿佛它们是唯一类型的一个 $\lambda\acute{o}\gamma o\varsigma$ 的部分,因为他把属—种差的定义当成典型的定义:但是他也难以否认几何学的定义,诸如"由三条直线界限的平面图形"(或者"由六个正方形和八个等边三角形所界限、且两个正方形和两个三角形在每一个顶点上相交的体",等等),它们具有更为复杂的结构,并有不同种类的部分。

所以我建议说,这就是 Z. 3 的第一句话正在省略的:尽管被说成是每一个东西的 $o\mathring{v}\sigma\acute{\iota}\alpha$ 的主要地是 $\mathring{v}\pi o\kappa\epsilon\acute{\iota}\mu\epsilon\nu o\nu$、本质、普遍者和属,但是被说成是 X 的 $o\mathring{v}\sigma\acute{\iota}\alpha$ 的事物的完整的清单,如 $\Delta.$ 8 所告诉我们的,是 $\mathring{v}\pi o\kappa\epsilon\acute{\iota}\mu\epsilon\nu o\nu$、本质和 $\lambda\acute{o}\gamma o\varsigma$ 之中的各部分,无论它们是属、数学界限还是像在 $\beta\alpha$ 之中的 β 和 α 那样的特殊的质料构成成分。㉑ 而且,尽管根据弗雷德—帕奇克的解释(亚里士多德正在给出可能的标准用于测试所给予的东西是否是 $o\mathring{v}\sigma\acute{\iota}\alpha\iota$)或者伯恩耶特的解释(亚里士多德正在

㉑　根据这一观点,并非如此显然的就是,为什么亚里士多德要单独列上"普遍者"(就像根据罗斯—弗雷德—帕奇克的观点,并不显然的是,为什么他要单独列上"属");但是,事实上,他有一个充分的理由,下面我将回到这一点上。

为一个东西是一个 $ο\dot{v}σ\acute{ι}α$ 列出各种不同的可能的解释),难以理解的是为什么他会感兴趣于属或者一个东西的其他的部分的 $ο\dot{v}σ\acute{ι}αι$,但是,假如他正在询问可感事物的 $τ\acute{ι}\ \acute{ε}στι$ 以期发现是否这个答案导向先于熟悉的事物而存在的一个更进一步的 $ο\dot{v}σ\acute{ι}α$,那么,这就会产生极好的理解。亚里士多德正在审查他的前辈们所已经选择来寻求 $\acute{α}ρχ\acute{η}$ 的各种不同的道路。如我们已经看到的,自然哲学家们(和在《蒂迈欧篇》中扮演自然哲学家们的柏拉图)给出事物的作为 $\dot{v}ποκε\acute{ι}μενον$ 的 $ο\dot{v}σ\acute{ι}α$ (气、容受者)来当成一个 $\acute{α}ρχ\acute{η}$,而柏拉图式的辩证法家则给出事物的作为本质的 $ο\dot{v}σ\acute{ι}α$ (一个柏拉图式的形式)来当成一个 $\acute{α}ρχ\acute{η}$。但是,一位哲学家也完全可以只给出 X 的一个部分的 $ο\dot{v}σ\acute{ι}α$ 来当成它的一个 $\acute{α}ρχ\acute{η}$。学园派的数学家们就是这样做的,当他们引用直线作为三角形的一个 $\acute{α}ρχ\acute{η}$ (而不是引用全部三条直线,更不用说"由三条直线所界限的平面图形")的时候;恩培多克勒就是这样做的,当他引用土作为血的一个 $\acute{α}ρχ\acute{η}$ (土是血的部分的 $\dot{v}ποκε\acute{ι}μενον$,但它也是血的 $λ\acute{ο}γος$ 的一个部分,因为恩培多克勒认为血的定义是"按 1:1:1:1 的比例混合的土、水、气和火")的时候;而且柏拉图也是这样做的,当他引用一个属(或者像存在和一之类的总属)作为先于种存在的一个 $\acute{α}ρχ\acute{η}$ 的时候。确实,寻求 X 的这类部分的 $ο\dot{v}σ\acute{ι}αι$ 很可能似乎是由 X 到达它的 $\acute{α}ρχα\acute{ι}$ 的最为可能的方式:因为我们可以认为 X 的整个 $ο\dot{v}σ\acute{ι}α$,如 X 的整个 $λ\acute{ο}γος$ 所表达的那样,将只是给出我们 X 本身,而不是一个先于 X 存在的更进一步的 $ο\dot{v}σ\acute{ι}α$,相反,由 X 的 $λ\acute{ο}γος$ 的一个部分所表达的东西则也许是先于 X 存在的某物,并且同 X 的其他这类部分的 $ο\dot{v}σ\acute{ι}αι$ 联合起来形成 X。而且我想要建议的是,正如 Z. 3 审查和否定了把 $\acute{α}ρχα\acute{ι}$ 作为表面的、事物的 $\dot{v}ποκε\acute{ι}μενα$ 来进行寻求的做法,而 Z. 4—9 审查和否定了把 $\acute{α}ρχα\acute{ι}$ 作为表面的、事物的本质来进行寻求的做法,同样,Z. 10—16 审查和否定了把 $\acute{α}ρχα\acute{ι}$ 作为表面的、事物的 $λ\acute{ο}γος$ 的部分来进行寻求的做法,无论 $λ\acute{ο}γος$ 的这些部分是属或普遍者与否。在 Z. 12—15,亚里士多德主要(但不是唯一地)在审查属(如我们已经看到的,在 Z. 13,1038b31—34,他把它们叫做 $τ\grave{α}\ \grave{ε}ν\ τ\hat{ω}\ λ\acute{ο}γω$);但是在 Z. 10—11,他正在审查认为一个事物的物理的构成成分是它的 $λ\acute{ο}γος$ 的部分并因此是它的 $\acute{α}ρχα\acute{ι}$ 的主张。而且反乎柏拉图、恩培多克勒和阿那克萨戈拉,柏拉图认为一和存在是最高的 $\acute{α}ρχα\acute{ι}$,恩培多克勒认为动物的不同关节的(an-homoeomerous)部分先于动物,而且纯粹的土、水、气和火是甚至先于这些东西的 $\acute{α}ρχα\acute{ι}$,而阿那克萨戈拉认为动物的相同关节的(homoeomerous)部分是 $\acute{α}ρχα\acute{ι}$,亚里士多德在 Z. 16 中则总结说,表面的、事物的 $λ\acute{ο}γος$ 的这些公认的部分没有一个是 $ο\dot{v}σ\acute{ι}α$,而且因此它们没有一个能够先于表面的事物而存在;"没有任何一个 $ο\dot{v}σ\acute{ι}α$ 是由 $ο\dot{v}σ\acute{ι}αι$ [构成的]",从而整个这种寻求 $\acute{α}ρχα\acute{ι}$ 的方式,无论是由自然哲学家、辩证法家还是数学家所实践的,都注定要失败。

（二） B♯♯6—9：关于 $\sigma\tau o\iota\chi\varepsilon\tilde{\iota}a$ 的两难困境

Δ. 8 的 $o\dot{\upsilon}\sigma\acute{\iota}a$ 的第三种意义为我们提供了有关 Z. 10—16 的一把钥匙。但是，一当我们认识到 Z. 10—16 之所以感兴趣于这些公认的 $o\dot{\upsilon}\sigma\acute{\iota}a\iota$，不只是因为它们被公认为是 $o\dot{\upsilon}\sigma\acute{\iota}a\iota$，而且是因为它们被公认为是 $\dot{a}\rho\chi a\acute{\iota}$，那么，我们便被引向了有关 Z. 10—16 的另一把钥匙：《形而上学》B 卷的第六个及以下的难题。如我们已经看到的，Z 卷从一开始便提出了 B♯5；而且我认为，Z 卷像《形而上学》的其余部分一样至少是松散地继续被 B 卷的计划指引着，而且 B 卷能够不很好地给我们提供所需的有关 Z 卷的论证结构的线索。

B 卷的绝大多数难题都正在以某种方式询问 $\dot{a}\rho\chi a\acute{\iota}$，并就亚里士多德的前辈们所已经设为 $\dot{a}\rho\chi a\acute{\iota}$ 的事物提出各种困难，以激发亚里士多德 $\pi\varepsilon\rho\acute{\iota}\ \dot{a}\rho\chi\tilde{\omega}\nu$［关于本原］的新探索。第六个难题和与它相关的第七、第九个难题都正在专门提出石头也许是 $\lambda\acute{o}\gamma o\varsigma$ 的部分的 $\dot{a}\rho\chi a\acute{\iota}$ 的各种困难。《形而上学》Z. 10—16 应当被理解为正在回答这些难题。在 B 卷中，亚里士多德是作为有关 $\sigma\tau o\iota\chi\varepsilon\tilde{\iota}a$ 的各种困难来提出有关这类 $\dot{a}\rho\chi a\acute{\iota}$ 的各种困难的，而且他并不把 $\sigma\tau o\iota\chi\varepsilon\tilde{\iota}o\nu$——我们通常说“元素”，但“字母表的字母”的原始比喻在亚里士多德那里是非常生动有力的——当成仅仅是对 $\dot{a}\rho\chi\acute{\eta}$ 的另一个同等的描述，而是认为暗含着一个有关 $\dot{a}\rho\chi\acute{\eta}$ 如何起作用的明确的概念。这个比喻要回溯到德谟克利特，他解释有很多在现象上不同的事物可以从这些相同的原子中产生，就像“一部悲剧和一部喜剧从相同的字母（$\gamma\rho\acute{a}\mu\mu a\tau a$）中产生一样”（《论生成和毁灭》I. 2, 315b14—15）；之后，学园派把这一字母比喻拿过来论证属（或者，另外地，数学上的基元［primitives］）是别的一切必须被拼写成它们的真正的 $\sigma\tau o\iota\chi\varepsilon\tilde{\iota}a$。所以，在 B♯6 中，亚里士多德设置了在自然哲学家们和辩证法家们之间的一场有关 $\sigma\tau o\iota\chi\varepsilon\tilde{\iota}a$ 的辩论：

存在着一个人为了切中真理既应当就这些东西（B♯5）又应当就 $\dot{a}\rho\chi a\acute{\iota}$ 而提出的很多的难题，一个人是否应当假定属是 $\sigma\tau o\iota\chi\varepsilon\tilde{\iota}a$ 和 $\dot{a}\rho\chi a\acute{\iota}$，还是每一个东西的作为首要的构成成分所由以构成的东西（$\dot{\varepsilon}\xi\ \dot{\omega}\nu\ \dot{\varepsilon}\nu\upsilon\pi a\rho\chi\acute{o}\nu\tau\omega\nu\ \dot{\varepsilon}\sigma\tau\iota\nu\ \dot{\varepsilon}\kappa a\sigma\tau o\nu\ \pi\rho\acute{\omega}\tau\omega\nu$）。这样，言语（$\varphi\omega\nu\acute{\eta}$）的 $\sigma\tau o\iota\chi\varepsilon\tilde{\iota}a$ 和 $\dot{a}\rho\chi a\acute{\iota}$ 似乎便是言语的声音（$\varphi\omega\nu a\acute{\iota}$）的作为首要的［构成成分］所由以构成的东西，而不是那个共同的东西，［属］言语。所以，我们也把那些其证明内在于（$\dot{\varepsilon}\nu\upsilon\pi a\rho\chi o\upsilon\sigma\iota$）所有或者绝大多数其他［命题］的证明之中的［命题］称作几何学证明（$\delta\iota a\gamma\rho\acute{a}\mu\mu a\tau a$）的 $\sigma\tau o\iota\chi\varepsilon\tilde{\iota}a$。再者，那些说身体的 $\sigma\tau o\iota\chi\varepsilon\tilde{\iota}a$ 是多的人

　　和那些说它们是一的人，他们都说[身体]所由以构成和它们所由以被组成
的东西是ἀρχαί：因此，恩培多克勒说，火、水等等是存在者的作为构成成分
所由以构成的στοιχεῖα，而不说这些东西是存在者的属。此外，如果有人想
要考察其他东西的φύσις，例如，[如果他能够说]一张床由哪些部分组成和它
们如何被构成，那么，他便知道了它的φύσις。所以，从这些论证可知，ἀρχαί
不会是存在者的属。但是，如果我们通过定义知道每一个东西，而且属是定
义的ἀρχαί，那么，必然地，属也将是可定义的东西的ἀρχαί。而且，如果掌握
存在者的ἐπιστήμη就是要掌握存在者据以被说明的形式，那么，属将至少是
形式[或种]的ἀρχαί。而且那些说一、存在或者大和小是存在者的στοιχεῖα的
人中还有一些人似乎正在把这些东西用作属。但是不可能同时按ἀρχαί的
这两种方式来主张。因为只有一个[有关一个给定的事物的]λόγος τῆς οὐσίας
[实体的定义]；但是，借助属的定义与说明[这个东西]是由什么构成成分构成
的定义是不同的。（998a20—b14）

　　之所以说这里存在着一场在自然哲学家们和辩证法家们之间的真正的辩论是由
于，双方都正在为他们的不同的στοιχεῖα争取相同的地位：如果它们都是正确的，
那么，对于一个单一的事物便不得不有两个不同的λόγος τῆς οὐσίας。自然哲学
家们和辩证法家们双方都认为只有一个单一的、在科学上正确的有关一个事物
的λόγος τῆς οὐσίας，并且认为我们达到对这个事物是什么的这种理解（并因此达到
有关这个事物的科学知识的起点），是通过将这个事物分解为某一种类的（物理的或逻
辑的）"构成成分"：这些构成成分不仅在λόγος上而且在真实的存在上都先于这
个事物，结果这些单纯的构成成分便可以靠其自身作为永恒的οὐσίαι而存在，并
且也能够以不同的方式结合而形成不同的复合物，就像στοιχεῖα结合而形成不同
的音节一样。现在，当亚里士多德在《形而上学》Z 卷提出这一难题，他将得出结
论说，双方在关键点上、尤其是在他们所共有的假定上都是错误的。具体来说，
如他在 Z.17 中所说的那样，一个事物的οὐσία既不是一个στοιχεῖον也不是由
στοιχεῖα[所构成的]（对 1041b19—20 的意译），尽管它是这个事物的某种ἀρχή：
"[这个事物的οὐσία]不是一个στοιχεῖον，而是一个ἀρχή；一个στοιχεῖον是那内在于
一个事物之中（ἐνυπάρχον）、这个事物就像被分成为质料那样被分成的东西，
正如 α 和 β 是音节[βα]的στοιχεῖα一样"（1041b31—33）。正如这段文字所表明
的，亚里士多德认为"στοιχεῖον"是一个危险的质料主义的比喻：正是那些自然
哲学家们引入了这一比喻作为他们的ἀρχαί，并且亚里士多德似乎理所当然地
以为这一典范的例子，στοιχεῖα τῆς φωνῆς[语音的元素]，是在自然哲学家们的意

义上的$\sigma\tau o\iota\chi\varepsilon\hat\iota\alpha$。㉒ 辩证法家们把自然哲学家们的比喻拿过来好反驳自然哲学家们说,属才是真正的$\dot\alpha\rho\chi\alpha\acute\iota$,但是亚里士多德认为,在这一过程中他们已经接受了对这些公认的非质料的$\dot\alpha\rho\chi\alpha\acute\iota$的一种质料主义的描述,对待它们仿佛它们是熟悉的事物的构成成分。他在《形而上学》N.4 中说,学园派在$\dot\alpha\rho\chi\alpha\acute\iota$上犯错误的原因之一是,"他们使每一个$\dot\alpha\rho\chi\acute\eta$成为一个$\sigma\tau o\iota\chi\varepsilon\hat\iota o\nu$"(1092a6—7),而且在 H.3 中他甚至谴责辩证法家们一味地引用质料的$\dot\alpha\rho\chi\alpha\acute\iota$:"人也不是动物和两足的,而是必须有某种超出和在这些之上的东西,如果这些是质料的话,即某种既不是一个$\sigma\tau o\iota\chi\varepsilon\hat\iota o\nu$也不是由一个$\sigma\tau o\iota\chi\varepsilon\hat\iota o\nu$ 组成、而是$o\dot\upsilon\sigma\acute\iota\alpha$的东西;但是他们忽略了这个,并且(仅仅)讲质料"(1043b10—14)。

　　$\sigma\tau o\iota\chi\varepsilon\hat\iota\alpha$的这个比喻的一些内涵,以及辩证法家们力图把他们的$\dot\alpha\rho\chi\alpha\acute\iota$表现为类似于质料的$\sigma\tau o\iota\chi\varepsilon\hat\iota\alpha$的一些困境,在 B ♯9 中得到了阐述。难题♯♯7—9 一般而言是在展开如果我们对♯6 给出辩证法家们的回答所产生的各种困难。难题♯7 在假定$\dot\alpha\rho\chi\alpha\acute\iota$是一个逻辑的$\lambda \acute o\gamma o\varsigma$的各部分的同时问道,究竟最高的属述是最低的种与种差是在先的,并且因此更是$\dot\alpha\rho\chi\alpha\acute\iota$;亚里士多德针对柏拉图主义的回答——即它是最高的属㉓——提出各种困难,而众所周知,方法便是质疑属作为某个东西分离存在、必定应当是一个$\dot\alpha\rho\chi\acute\eta$的论断。接着,♯8 便从较为狭窄的有关更高对更低的属的议题跳了回来,提出各种困难来反驳普遍者可以同它们的个体事物相分离而存在那一基本的假定(尽管也提出了种种困难,关于可生成和可毁灭的个体事物如何能够没有这类永恒的$\dot\alpha\rho\chi\alpha\acute\iota$和$o\dot\upsilon\sigma\acute\iota\alpha\iota$而存在,如果普遍者离开个体事物并不存在的话)。但是接着,在♯9 中,亚里士多德便对柏拉图用属作为$\sigma\tau o\iota\chi\varepsilon\hat\iota\alpha$来同德谟克利特的$\sigma\tau o\iota\chi\varepsilon\hat\iota\alpha$相对抗的计划提出了质疑:究竟柏拉图假定这些属每一个在数量上是一,还是有一个动物它是马的构成成分,有另一个动物它是人的构成成分(以及也许还有一个动物它是苏格拉底的构成成分,又有另一个动物它是克桑西珀的构成成分)? 如果是前者,那么便有不能克服的困难;如果是后者,那么柏拉图的理论便被剥夺了它的绝大部分吸引力。这就是亚里士多德在♯9 中正在表明的:

㉒　在所引用的 B ♯6 和 Z.17 的这几段中同样如此;但是,亚里士多德在 Z.10 中对这一让步附上了一个警告,我在下面将会讨论它。Z.17 在这里正在利用 Δ.3,后者是在这一严格的方式上界定$\sigma\tau o\iota\chi\varepsilon\hat\iota o\nu$的,同 Δ.1 和 Δ.2 形成了鲜明的对比,后者更为宽泛地(分别)界定$\dot\alpha\rho\chi\acute\eta$和$\alpha\hat\iota\tau\iota o\nu$。

㉓　参考《形而上学》Δ.3,1014b9—14:$\dot\varepsilon\pi\varepsilon\grave\iota$ $o\dot\upsilon\nu$ $\tau\grave\alpha$ $\kappa\alpha\lambda o\acute\upsilon\mu\varepsilon\nu\alpha$ $\gamma\acute\varepsilon\nu\eta$ $\kappa\alpha\theta\acute o\lambda o\upsilon$ $\kappa\alpha\grave\iota$ $\dot\alpha\delta\iota\acute\alpha\iota\rho\varepsilon\tau\alpha$ ($o\dot\upsilon$ $\gamma\grave\alpha\rho$ $\dot\varepsilon\sigma\tau\iota$ $\lambda\acute o\gamma o\varsigma$ $\alpha\dot\upsilon\tau\hat\omega\nu$), $\sigma\tau o\iota\chi\varepsilon\hat\iota\alpha$ $\tau\grave\alpha$ $\gamma\acute\varepsilon\nu\eta$ $\lambda\acute\varepsilon\gamma o\upsilon\sigma\iota$ $\tau\iota\nu\varepsilon\varsigma$ $\kappa\alpha\grave\iota$ $\mu\hat\alpha\lambda\lambda o\nu$ $\mathring\eta$ $\tau\grave\eta\nu$ $\delta\iota\alpha\varphi o\rho\grave\alpha\nu$ $\check o\tau\iota$ $\kappa\alpha\theta\acute o\lambda o\upsilon$ $\mu\hat\alpha\lambda\lambda o\nu$ $\tau\grave o$ $\gamma\acute\varepsilon\nu o\varsigma$. $\mathring\omega$ $\mu\grave\varepsilon\nu$ $\gamma\grave\alpha\rho$ $\mathring\eta$ $\delta\iota\alpha\varphi o\rho\grave\alpha$ $\dot\upsilon\pi\acute\alpha\rho\chi\varepsilon\iota$, $\kappa\alpha\grave\iota$ $\tau\grave o$ $\gamma\acute\varepsilon\nu o\varsigma$ $\dot\alpha\kappa o\lambda o\upsilon\theta\varepsilon\hat\iota$, $\mathring\omega$ $\delta\grave\varepsilon$ $\tau\grave o$ $\gamma\acute\varepsilon\nu o\varsigma$, $o\dot\upsilon$ $\pi\alpha\nu\tau\grave\iota$ $\mathring\eta$, $\delta\iota\alpha\varphi o\rho\acute\alpha$. [因此,既然所谓的属是普遍的和不可分的(因为不存在关于它们的定义),所以,有些人便说元素是属,而不是种差,因为属更为普遍:因为种差出现在哪里,属都跟随,但属出现在哪里,种差并不到处跟随。]

　　　　如果这些 *ἀρχαί* 的每一个在数量上是一，而且它们不是像在可感事物的情形中那样对不同的事物各不相同（就像这个音节，在种上同一——[例如这一音节类型 *βα*]，它有在种上也是同样的 *ἀρχαί*[即，字母类型 *β* 和 *α*]：因为它们是同样的，但在数量上区别）——如果它不是像这样，而是存在者的这些 *ἀρχαί* 每一个在数量上是一，那么，在这些 *στοιχεῖα* 以外便不会有任何东西。因为，说"在数量上的一"无异于说"个体的"：因为这就是我们称呼个体的，那在数量上是一的东西，而且普遍者是在这些之上的东西。所以，[这会是]好像字母（*τὰ στοιχεῖα τῆς φωνῆς*）在数量上是有限的：必然地所有文章（*γράμματα*）就会仅仅是和这些 *στοιχεῖα* 一样多，如果不存在两个或更多的这同样的[字母类型]的话。（999b27—1000a4）

在这里，亚里士多德的论证转向他的对手把 *ἀρχαί* 描述成事物的构成成分的说法，以及他把 *ἀρχαί* 同作为音节和长文章的 *στοιχεῖα* 的字母的比较。亚里士多德的对手不是德谟克利特，后者认为有许多各种类型的在数量上不同的原子，就像有许多在数量上不同的 α（复数）和 β（复数）一样。相反，亚里士多德的这位对手认为，只有各种类型的一个单一的 *στοιχεῖον*，因而它们必定不是物理的甚或数学的 *στοιχεῖα*，而是逻辑的 *στοιχεῖα*，亦即被设想为每一种在数量上是一的属，就像柏拉图对它们设想的那样。亚里士多德的观点是，被如此设想的逻辑的 *στοιχεῖα* 不能解释被假设由它们而来的合成物的众多，像德谟克利特的 *στοιχεῖα* 解释物理的合成物的众多那样，例如，由相同的字母而来的悲剧和喜剧：二十四种类型的字母能够产生大量的各种类型的文章，但是二十四个个体的（individual）字母却不能。柏拉图也许认为，正如一定数量的简单的可感事物类型可以解释大量的复杂的可感事物类型，同样，一定数量的简单的永恒个体（被设想为每一个在数量上是一的属）也能够解释大量的复杂的永恒个体（被设想为每一个在数量上是一的种）。但是，这一类比并不奏效，因为一个单一的简单类型包含许多个个体，它们同许多其他不同类型的个体结合在一起（一些 α 同单独一个 β，另一些同单独一个 γ，又一些同 β 和 ρ），便产生了许多复杂的类型，相反，一个单一的简单的永恒个体不能同时是许多复杂个体的部分。也许，当亚里士多德说"如果字母在数量上是有限的，必然地，所有的文章都会仅仅和 *στοιχεῖα* 一样多，因为不会有两个或更多的同一个[类型]"时，他是在夸大他的例子：你虽然不能用仅仅每一种类型的一个字母表字模来写悲剧或喜剧，但是你却能构成足够多的不同的单词，这样，至少有一些超出 *στοιχεῖα* 之外的东西。但是，没有一个个体的字母可以同时是两个音节的部分：所以，如果应当同时有一个 *βα* 和一个 *γα*，那么就必须有两个不同的个体的 α。在可感事物的例子中,一个单个个体的 α 字模可以首先属于一个 βa,然后属于一个 γa,但是,柏拉图式的存在者的 $\sigma\tau o\iota\chi\varepsilon\hat{\iota}a$ 却是永恒的和不变的,从而不能在不同的时间进入不同的合成物,而且它们所构成的音节(种—形式)也是永恒的,从而全都必须一起存在,而不是在时间上彼此相继。所以,一个合理的推论就是,没有任何东西超出 $\sigma\tau o\iota\chi\varepsilon\hat{\iota}a$ 之外:如果只有一个单一的永恒的个体的 α,那么,就不能既有一个永恒的 βa 又有一个永恒的 γa,而且为什么应当有这个而不是另一个呢? 如果只有一个单一的永恒的个体的动物,那么,就不可能既有一个永恒的两足动物又有一个永恒的四足动物,而且为什么应当有这个而不是另一个呢? 柏拉图能够通过提出许多难以察觉的各种类型的 $\sigma\tau o\iota\chi\varepsilon\hat{\iota}a$、例如许多永恒的动物自身来解决这一困难并且说明音节—形式的多样性,但是,这样一来神秘的就是,它们怎么会产生,以及什么使它们彼此区别,而且,提出一个动物自身的解释上的吸引力就失去了,如果有多少种动物(甚或有多少个体的动物)就有多少种动物自身的话。

四、Z. 10—16 的论证

(一) Z. 10—11:物理的 $\sigma\tau o\iota\chi\varepsilon\hat{\iota}a$

基于这一背景,我们就能够看到,Z. 10—16 正在回应出自 B 卷的这一系列难题,即♯♯6—9,它们涉及被认为是一个事物的 $\lambda\acute{o}\gamma o\varsigma$ 中的 $\sigma\tau o\iota\chi\varepsilon\hat{\iota}a$ 或者构成成分的 $\dot{a}\rho\chi a\acute{\iota}$。Z. 10 一开始便说:

> 既然定义是一个 $\lambda\acute{o}\gamma o\varsigma$,每一个 $\lambda\acute{o}\gamma o\varsigma$ 都有部分,而且 $\lambda\acute{o}\gamma o\varsigma$ 的部分对应于事物的部分,就像 $\lambda\acute{o}\gamma o\varsigma$ 对应于事物一样,因此,难题便已经产生 ($\dot{a}\pi o\rho\varepsilon\hat{\iota}\tau a\ \dot{\eta}\delta\eta$),各部分的定义是否应该内在于 ($\dot{\varepsilon}\nu\upsilon\pi\acute{a}\rho\chi\varepsilon\iota\nu$) 这个事物的 $\lambda\acute{o}\gamma o\varsigma$ 中。(1034b20—24)

这里的指涉回溯到 B♯6,或者更具体地说,回溯到 B♯6 的物理的那一部分,后者询问是否一个事物 X 的物理的构成成分也是 X 的 $\lambda\acute{o}\gamma o\varsigma$ 中的 $\sigma\tau o\iota\chi\varepsilon\hat{\iota}a$ 或部分,亦即,是否对 X 是什么的一个正确的科学的说明要提到 X 的这些构成成分。(亚里士多德在 Z. 10 中讨论的所有这些"部分",甚至那些他称作"形式的部分"的东西,都是物理的或数学的 $\dot{\varepsilon}\nu\upsilon\pi\acute{a}\rho\chi o\nu\tau a$[内在者]——因此是音节中的 $\sigma\tau o\iota\chi\varepsilon\hat{\iota}a$,圆的弧形,动物的指/趾,直角中的锐角,甚至动物中灵魂的各部分——而非作为逻辑的"部分"的属和种差。)在 Z. 10 中,就像在 B♯6 中一样,亚里士多德感兴趣于是否 X 的构成成分是 X

的 λόγος 中的各部分，不是因为他感兴趣于发现为其自身的缘故的 X 的 λόγος（或者因为他感兴趣于 X 的本质，以及 λόγος 表达这一本质），而是因为他想要考察是否 X 的构成成分是 X 的 ἀρχαί，亦即先于 X 存在和由 X 所预设的事物。亚里士多德将明确地在 1035a24 和 1035a30—31 上把这一议题表述为是否一个事物的构成成分是它的 ἀρχαί，并且，在对这个难题的最初的那些论证中，他的其中一个反驳事物的各部分是它的 λόγος 的各部分的主张的论证已经把这个议题表述为，是否这些部分先于这个事物：

> 再者，如果部分先于整体，而且锐角是直角的一部分，指/趾是动物的一部分，那么，锐角就会先于直角，指/趾就会先于人，然而，正是后者（亦即，直角和人）似乎是在先的：因为在 λόγος 之中，前者被说成出自后者（亦即，通过参照后者而被定义），而且[后者]也在没有其他而存在[的意义]上是在先的（也就是说，因而它们不仅是在 λόγος 上而且是在 οὐσία 上也是在先的）。（1034b28—32）

因为，尽管伯尼茨、罗斯和弗雷德—帕奇克认为这最后一段在是否一个事物的部分是它的 λόγος 的部分这个最初的难题之外正在引入又一个难题，㉔然而事实上，这个论证（而且它是一个单独的论证，不是一个问题，也不是一对儿相反的论证）被表现为是一系列代表那个最初的难题的这一方面或那一方面的论证中的一个。这个论证的假定，"再者，如果部分先于整体"，提出了这一难题的一个方面，它在问"各部分的定义是否应该内在于（ἐνυπάρχειν）这个事物的 λόγος 中"：如果回答是肯定的，那么这便直接意味着，至少 λόγῳ [在定义上]，部分是先于整体。但是 Β ♯6 中的自然哲学家们和辩证法家们没有哪一个正在 λόγῳ 的在先性和 οὐσίᾳ 的在先性间做出细微的区分：双方都想当然地以为（而且亚里士多德还没有表示出他的不同意）X 的 λόγος 的构成成分将是 X 的 ἀρχαί，在 X 存在之前存在。所以，亚里士多德通过指出一个具体的例子（动物的例子，和较为可疑的角的例子）将自然哲学家们的立场归为荒谬，在这个例子中，整体既在 λόγος 上也在存在上先于部分，从而它便是自然哲学家们的论题的一个反例。

　　要理解亚里士多德在这里是如何论证的，重要的是要注意到 Z. 10 的这个问题不是（像例如博斯托克说的那样）这个事物的哪些部分内在于它的 λόγος 之中，

㉔　这实际上是我已经检查过的（古代的、中世纪的和现代的）所有解释者的观点，除了科德、拉克斯（André Laks）和莫斯特（Glenn Most）（在他们的未出版的对《形而上学》ZHΘ 三卷的翻译稿中），他们正确地理解了这段话，以及博斯托克（《亚里士多德的〈形而上学〉，Z 和 H 卷》，博斯托克翻译和注释[Oxford 1994]），他是摇摆的。

而是是否这个事物的部分内在于它的λόγος之中,也就是说,是否这个事物的科学的λόγος是那个给出了其部分的λόγος——这与那个给出了其属和种差的λόγος形成了隐含的对比。亚里士多德对这个难题的解决依赖于区别部分的两种意义,质料—的—部分和形式—的—部分,并且说只有 X 的形式的部分而非质料的部分内在于 X 的λόγος之中;而博斯托克却试图将形式的和质料的部分间的区别重新抛回给问题。博斯托克想要亚里士多德问,是否 X 的定义的部分是其形式的部分或者毋宁是(或者也是)其质料的部分,因为这等于在问,是否 X 的本质(它由整个定义来表达)是这个事物的整个形式或者毋宁是(或者也是)其整个质料;而且这就是博斯托克所认为的 Z.10—11 真正深刻的问题。㉕ 但是,这就意味着忽略了 Z.10 所关涉的是部分;而且,既然正是这些部分声称是ἀρχαί,这也就意味着忽略了 Z.10 所关涉的是ἀρχαί。当然,它也意味着忽略了亚里士多德正在回应 B ♯6 物理的那一部分,并且因此这便意味着忽略了亚里士多德解决这一难题的策略。

　　亚里士多德在 Z.10 的一开始提出这个难题,是通过给出一个各部分明显被包含在整体的λόγος中的例子和一个各部分明显不被包含在整体的λόγος中的例子(并且接着通过给出我们已经看到过的那几个例子,锐角和手指,以图证明部分无论是在λόγος上还是在οὐσία上都不先于整体):"难题便已经产生,各部分的λόγος是否应该内在于这个事物的λόγος中。因为[各部分的λόγοι]显然内在于一些事物而非另一些事物的[λόγοι]中:因为圆的λόγος不包含弧形的[λόγος],但是音节的[λόγος]却包含στοιχεῖα的[λόγος],尽管圆也被分成弧形,就像音节被分成στοιχεῖα一样"(1034b22—28)。尽管亚里士多德将会通过表明弧形是一种意义上的部分、而στοιχεῖα是另一种意义上的部分来解决这个难题,但是,在陈述这个难题时他却把圆和音节表述为只是两个不同种类的事物:似乎有一些事物其λόγοι包含它们的部分,同时有另一些事物其λόγοι则不包含它们的部分。或者毋宁是:自然哲学家们,通过引用音节这一范例,使得给出一个东西的λόγος的正确方式就是要历数它的各部分这一点显得像是一般的,而辩证法家们,通过引用圆这一相反的例子,使得一个事物的λόγος可以无须提及它的各部分而被给出这一点显得像是一般的,并且只是因为这两个例子在所有的λόγοι应当如何被给出方面支持相反的建议,才存在着一个矛盾,并因此有一个需要被解决的难题。而且,

---

㉕　类似地,弗雷德—帕奇克:Z.10—11 的"Grundgedanke"[基本思想]是"一个事物的定义是其形式的定义并且仅仅是其形式的定义"(i.25),这似乎等于是说,一个事物的本质就是它的形式(所以,他们在 i.33 上对此做了转述)。

尽管竞争的双方在假定所有的定义都应当被一律对待上也许似乎是过于简单了，但亚里士多德事实上同意有单独一种 λόγος 适合于所有的定义，并且建议区别不同种类的部分而不是不同种类的 λόγος。亚里士多德谋求这一策略的主要目的是要从自然哲学家们手里夺回音节中的 στοιχεῖα 这一范例，以及，在勉强同意自然哲学家们 βα 的（唯一真实的）λόγος 确实要提到 β 和 α，存在着在一种意义上的 βα 的部分的同时，想要否认在这一 λόγος 中被提及的各部分是自然哲学家们所力图建立为 ἀρχαί 的那种部分，亦即像德谟克利特的原子那样的个体的可感的质料的部分。

亚里士多德像通常那样，凭藉运用一个出自《形而上学》Δ 卷的区分作为钥匙，前进到出自《形而上学》B 卷的一个难题。Δ. 24 论"出于"（out-of）的多种意义，Δ. 25 论"部分"的多种意义，这两个紧密相连的章节都是有关的，但是 Z. 10 最直接地是在利用 Δ. 25：当亚里士多德说 ἢ πολλαχῶς λέγεται τὸ μέρος［或者部分以多种方式被说］（1034b32），然后像 Δ. 25 那样开始引用"部分"的一个纯粹数学的意义，㉖ 同时像 Δ. 25 一样丢掉它又回到实体的而非数量的部分上（ἐξ ὧν ἡ οὐσία ὡς μερῶν［实体出于哪些部分］）时，这一往回的指涉是明显的。具体来说，当 Z. 10 把质料的部分同形式的部分作为部分的两个不同的意义区别开来时，它正在依照 Δ. 25："有一个意义，在这个意义上质料也被说成是某物的一个部分，还有一个意义，在这个意义上不是质料而［仅仅］是那些形式的 λόγος 所出于其中［被构成］的东西［被说成是这个事物的部分］"（Z. 10, 1035a2—4），正如 Δ. 25 在部分的多种意义中列举了"一个整体被分成的那些东西或者它出于其中被构成的那些东西，［那整个存在］要么是形式要么是具有该形式的东西：这样对于铜环或铜块，铜（即，形式在其中的质料）便是一个部分（即，作为那具有该形式的东西所出于其中被构成的东西），而角也是一个部分（即，作为该形式所出于其中被构成的东西）"（1023b19—22）。现在，在 Δ. 25/Z. 10 一个事物的"形式的部分"这个概念中有一个最初令人感到困惑的东西，因为我们也许认为一个事物仅仅通过具有质料才能够被分成部分；即使形式在某一较少字面性的意义上能够具有"部分"，说形式的这些部分可以很容易地被误当成质料的部分看起来也是奇怪的，这就是亚里士多德在 Z. 11 中所说的。但是，依照 Δ. 25 的陈述，即，部分是或者形式或者具有形式的东西所出于其中［ἐξ ὧν］被构成的那些东西，如果我们回到 Δ. 24

㉖　Z. 10, 1034b33 的第一个 τρόπος［方式］τὸ μετροῦν κατὰ τὸ ποσόν［按照数量的部分］，就是 Δ. 25 的第二种 τρόπος（τὰ καταμετροῦντα τῶν τοιουτῶν［= ποσῶν］）［这样一些东西（= 数量）中的部分］，1023b15—17），而 Δ. 25 已经首先承认了一个宽泛意义的一个数量的任何一部分，无论是一个因数与否（1023b12—13）。

论 ἐκ τινος[出于某物]的不同意义,那么,更为丰富的语境便呈现出来:在那里我们发现"一些东西出于某物(ἐκ τινος),正像形式出于[其]部分,如人出于两足的,和音节出于 στοιχεîον,因为这不同于雕像出于铜[的方式]:因为复合实体出于可感的质料,但是形式也出于形式的质料"(1023a35−b2)。在形式的部分和普通质料的部分之间的差异便可以通过"形式的质料"和普通的"可感的质料"之间的差异这样得到解释。

然而,亚里士多德的术语在这里是具有误导性的:关键的差异不是可感质料(例如同雕像有关的铜)是可感的,而毋宁是它只是形式的偶然的 ὑποκείμενον,形式在这一场合所仅仅碰巧陈述的东西,相反,"形式的质料"是形式的 per se[在其本身的]ὑποκείμενον,意思正像数是奇数的 per se[在其本身的]ὑποκείμενον。所以,同一个事物可以既是亚里士多德称为一个事物的"可感的质料"的东西,也可以是另一个事物的"形式的质料"的东西:鼻子是扁(在某个例子中)的可感质料,但它是扁鼻的形式—的—质料。并且同样地,属是种的形式的质料,正如动物是人的形式—的—质料,㉗因为一个人之所是恰恰就是一个动物之具有某一谓词(比如说,两足的),在其中动物便是这一种差—谓词的 per se[在其本身的]ὑποκείμενον,因而也是这个复合的人的 per se[在其本身的]ὑποκείμενον。而且,在亚里士多德的另一个例子中,音节 βα 出于 στοιχεîον β,同样也出于 στοιχεîον α,以此方式,β 和 α 共同是 βα 的形式的质料,因为 βα 之所是恰恰是 β —和—α 之具有一个 β —和—α 是其 per se[在其本身的]ὑποκείμενον 的谓词,亦即"把 β 排列在 α 之前"。所以,στοιχεîα β 和 α,作为音节 βα 的"形式的部分",就是音节 βα 的形式的质料的部分,亦即,是 βα 的 per se(在其本身的)ὑποκείμενον 的质料的部分;并且因此,如果在一些例子中不清楚一个东西究竟是某个整体的形式—的—部分还是仅仅是一个质料的部分,这就是不奇怪的,因为比如说,究竟肉和骨之于人就像鼻子之于扁鼻还是仅仅就像鼻子之于扁那样,这是不清楚的。

亚里士多德在 Z.10,1034b32 以下正在把 Δ.24—25 中部分的两种意义之间的区分用于解决这一难题,而且尤其是用于将自然哲学家们的 στοιχεîα 的范例予以中立化。他同意于自然哲学家们 β 和 α 是 βα 的 λόγος 的部分,也承认它们在一种意义上是 βα 的质料的构成成分;但是,它们是 βα 的形式的部分,或者 βα 的形式的质料的部分,而不是它的可感质料的部分,从而它们并不容许自然哲学家们

㉗ 亚里士多德这里的例子实际上是,两足的是人这个种的形式—的—部分,或者形式—的—质料。按照他在别的地方关于属和种差的角色所说的,对于人的形式—的—质料来说,动物是一个较之两足的更不成问题的例子。

证明个体的可感的质料的部分是作为一个事物的λόγος的部分的άρχαί。亚里士多德没有简单地向自然哲学家们承认βα的例子，说音节是一类其λόγος提及其部分的事物，而圆是一类其λόγος不提及其部分的事物。代替说存在两类整体，一类整体其λόγος提及其部分，另一类整体其λόγος不提及其部分，亚里士多德说的是，存在两类部分，形式的部分，它在λόγος中总是应当被提及，[可感的]质料的部分，它在λόγος中从来不应当被提及，这样，"在一定的方式下，甚至并非音节的全部στοιχεῖα都出现在λόγος中，例如，这些蜡质的[στοιχεῖα]或者空气中的[στοιχεῖα]：因为，甚至这些东西已经都是音节的作为可感质料的一个部分了"（1035a14—17）。㉘

　　所以，亚里士多德对物理的στοιχεῖα之被声称是λόγος的部分、因而是άρχαί的判断便取决于这些στοιχεῖα是如何被描述的。起初，亚里士多德对这个难题的解决方法似乎是这样的：单个的质料的构成成分（这里一的一这个α）不是音节βα的λόγος的部分，因而没有任何权利成为βα的一个άρχή；但是，这同一个质料的构成成分在一种更为普遍的描述下（字母α之为α）则的确是βα的λόγος的一个部分以及βα的一个άρχή；确实，被这样描述的这个部分应归入不只是质料或形式—质料合成物βα的λόγος，而且是βα的形式的λόγος。这样，通过被普遍描述的物理的στοιχεῖα的λόγος，以及通过属和种差的λόγος，二者都描述同一个形式，因而（因为不可能有同一个事物的两个独立的科学的λόγοι）这两个λόγοι最终必定是契合的：也许βα的属是"β—和—α"，而种差是"把β排列在α之前"。㉙ 但是，即便这里一的一这个α——它是一个纯粹的质料的构成成分——不是βα—之为—βα的λόγος的部分，但是，它似乎仍旧可以是的λόγος的部分，从而有权成为这里一的一这个βα的一个άρχή。无疑，蜡质的α，尽管它只是βα的可感质料，却是蜡质的βα的形式的部分，属于其λόγος，而且因此它应当是蜡质的βα的一个άρχή，尽

㉘ 亚里士多德对于为什么圆—弧不包括在圆的λόγος中是有某种困窘的，因为圆—弧是几何广延的部分，它是形式的质料，从而看起来它们应当是形式的部分（亚里士多德说，尽管圆—弧只是圆的形式出现于其中的质料，但它们"比铜之在圆出现于铜中时更接近于形式"，1035a13—14）。也许最好的说法是，X是Y的形式—的—质料，仅当X是Y的本质的ὑποκείμενον，并且这取决于X如何被描述；所以，"两个半圆"可以并不是圆的恰当的质料，即便两个半圆同作为圆的恰当的质料的广延有相同的范围。

㉙ βα的一种更为简单的物理的λόγος也许是说，它是β和α，在这个例子中，属—种差的λόγος会包括物理的λόγος并且添加一个更进一步的种差。这得到了 H. 2, 1043a14—16 的暗示，在那里，一座房子的一种λόγος是说"它是石头、砖头、木头，[描述]潜能的房子，因为这些是质料"；β—和—α同样会是潜能的βα。但是，提供这种质料并且还添加形式或种差的更为完满的λόγος，同样具有被称作"物理的"的权利；参考《论灵魂》I. 1, 403a29—b16。

管不是 $\beta\alpha$-之为-$\beta\alpha$ 的一个 $\dot{\alpha}\rho\chi\dot{\eta}$；因而按照类比这里—的—这个 α 似乎应当属于这里—的—这个 $\beta\alpha$ 的 $\lambda\acute{o}\gamma o\varsigma$，是它的一个 $\dot{\alpha}\rho\chi\dot{\eta}$。实际上，这就是亚里士多德临时的结论：

> 这类[纯粹的质料的]部分的 $\lambda\acute{o}\gamma o\varsigma$ 内在于一些事物的[$\lambda\acute{o}\gamma o\iota$]中，但是它不应当内在于另一些中，如果[$\lambda\acute{o}\gamma o\varsigma$]不属于合成物的话：因为由于此，一些事物出于它们所毁灭于其中、作为 $\dot{\alpha}\rho\chi\alpha\acute{\iota}$ 的事物而被构成，而另一些则不然。所以，那些是合成物、即形式—和—质料的东西，例如扁鼻或铜环，毁灭于[它们出于其中、作为 $\dot{\alpha}\rho\chi\alpha\acute{\iota}$ 而被构成的东西]，并且质料就是它们的一个部分；但是，那些不结合以质料、而是没有质料、其 $\lambda\acute{o}\gamma o\iota$ 仅仅属于形式的东西，则要么根本不毁灭，要么不以这样的方式毁灭；这样，这些[质料的构成成分]就是那些「合成的]东西的 $\dot{\alpha}\rho\chi\alpha\acute{\iota}$ 和部分，而既非形式的部分，也非形式的 $\dot{\alpha}\rho\chi\alpha\acute{\iota}$。（1035a22—31）

但是，在 Z. 10 的第二部分，亚里士多德严肃地修订了这一解决办法。[30] 我们上面刚刚看过的表述暗示的是在自然哲学家们和辩证法家们之间的一条和平的分界线：存在着一个形式的 $\lambda\acute{o}\gamma o\varsigma$ 和一个合成物的 $\lambda\acute{o}\gamma o\varsigma$，而且由于它们是不同事物的 $\lambda\acute{o}\gamma o\iota$，所以丝毫不奇怪的是，其中之一应当提到[可感的]质料，而另一个则不然；并且因此同样不奇怪的是，可感的质料的部分应当是一个事物的 $\dot{\alpha}\rho\chi\dot{\eta}$，而不是另一个的。但是这实际上是不正确的。首先，[31]尽管铜可以是铜环的 $\lambda\acute{o}\gamma o\varsigma$ 的部分，这里的—这个—铜却不可能是这里的—这个—铜—环的 $\lambda\acute{o}\gamma o\varsigma$ 的部分，因为根本不存在这里的—这个—铜—环的 $\lambda\acute{o}\gamma o\varsigma$（1035b38—1036a8）。其次，尽管 1035a22—31 的那个临时的结论暗示，质料的部分是形式—质料合成物（而非形式）的 $\dot{\alpha}\rho\chi\alpha\acute{\iota}$，亚里士多德现在却指出，一个实体例如一个动物的质料的部分严格来说甚至不先于形式—质料的合成物（更不用说形式）："这些[质料的部分]在一种方式上先于合成物，而在另一种方式上则不然（因为它们不能在被分离时存在：因为不是任何情况下的一个手指都是一个动物的手指，相反，死的手指是同名异义的[亦即，

---

30 在做由 Z. 10 的第一部分向第二部分过渡的时候，在 1035b3—4，亚里士多德将这一过渡描述成从正确但不显然的转向正确而且显然的（这是一个标准的说法）。但是在我看来，这一章第二部分的那些结论比起这一描述所表明的是更具修正性质的。

31 我颠倒了亚里士多德处理的顺序。

不是那一名称的动物一部分])"(1035b22−25)。㉜　但是，如果 X 在同 Y 分离时能够存在，而 Y 在同 X 分离时不能存在（就像动物在同手指分离时能够存在，而手指在同动物分离时不能存在），那么，Y(手指)便后于 X(动物)，并因此不可能是 X 的一个 ἀρχή；㉝并且，即便 Y 内在于 X 的 λόγος 中，大概就像合成物手指会内在于合成物动物的 λόγος 中，如果存在合成物动物的一个 λόγος 的话，这也是正确的。

　　存在上（在 οὐσία 上）的在先性，即那种为我们在《形而上学》中正在寻找的 ἀρχαί 所需要的在先性，它需要可分离性并能够同 λόγος 上的在先性区分开来，这对于亚里士多德来说确实是非常重要的；但是迄今为止，在 Z.10 中他一直竭力不去提及这一点，从而区别于 B♯6 的自然哲学家们和辩证法家们，这些人一致认为，任何在 λόγος 上在先的也就是一个严格意义上的 ἀρχή。Z.10 最终的观点比起贯穿 1035a31 的那个临时的结论来更少向自然哲学家们做出让步：单个的质料的部分不内在于任何东西的任何 λόγος 中，而且它们不是任何东西的 ἀρχαί，无论是形式的还是合成物的。但是，接下来，形式的部分也必须被重新审查，因为尽管它们在 λόγος 上先于形式，但它们也许在 οὐσία 上不是在先的，从而也许不是恰当的 ἀρχαί：现在亚里士多德更为审慎地说，"作为 λόγος 的部分的、λόγος 分成它们的这类东西，它们是在先的，要么它们全体，要么其中一些"(1035b4−6)。而且这一提示将同等地运用于本质的质料的构成成分，例如 βα 之中的 β 和 α，以及属和种差：二者都是在 λόγος 上在先的，但是它们也许没有满足在 οὐσία 上在先的可分离性的条件，从而它们也许不是恰当的 ἀρχαί。这一议题将转向普遍者的情形（在 B♯8 中提出），尤其是这一问题（在 B♯9 中提出），即是否在不同的合成物中它是数量上同一的 στοιχεῖον。因为，如果 βα 之中的 α 和 γα 之中的 α 是同一的，那么 βα 之中的 α 当然就能够在同 βα 分离时存在；如果在马之中的动物和在人之中的动物是同一的，那么在马之中的动物当然就能够在同马分离时存在；但是，如果在马之中的动物和在人之中的动物不是同一的，那么，在马之中的动物可以同马相分离或者是马的一个 ἀρχή，就不再是清楚的。这就是就属和种差而言 Z.12 所转向的议题；但是，如同 Z.12—16 的论证所表明的，属的例子和本质的

㉜　这正是在详述出自 Z.10,1034b28−32 的那个观点，即，动物在脱离一而—存在—的能力上先于手指；但是，尽管亚里士多德在设置这一难题时已经提出了这个观点，他却没有回指向它，或者在他对这一难题的临时的解决办法中给出任何对它的解释（亦即，在 1035b3 始终）。

㉝　亚里士多德指出，就动物的一些部分而言，例如也许是心脏，整体不能没有部分而存在正如部分不能没有整体而存在，所以，它们是"同时的"(1035b25−27)；在这里，部分也不是一个恰当的 ἀρχή。

质料的构成成分的例子归到了一处。㉞

（二）Z. 12：逻辑的$\sigma\tau\omicron\iota\chi\varepsilon\hat{\iota}\alpha$

在 Z. 10－11 处理了"物理的"的$\sigma\tau\omicron\iota\chi\varepsilon\hat{\iota}\alpha$的要求之后,亚里士多德在 Z. 12 转向了 B ♯6 的另外一个方面、转向了"逻辑的"$\sigma\tau\omicron\iota\chi\varepsilon\hat{\iota}\alpha$,属和种差。马的属和种差显然在$\lambda\omicron\gamma\omicron\varsigma$上先于马;它们是否是马的$\dot{\alpha}\rho\chi\alpha\acute{\iota}$引出了它们是否也在$\omicron\dot{\upsilon}\sigma\acute{\iota}\alpha$上是在先的。亚里士多德将要论证,它们不是在先的;并且,作为批判辩证法家们的$\dot{\alpha}\rho\chi\alpha\acute{\iota}$的一个手段,他采纳了 B ♯7 的问题,即,究竟最高的属还是较低的属和种差是在先的并因此更是$\dot{\alpha}\rho\chi\alpha\acute{\iota}$。柏拉图主义的观点是,不仅属先于种,而且更高的属是在先的,全体的最普遍的属——最终是存在和一——是所有东西的$\dot{\alpha}\rho\chi\alpha\acute{\iota}$。诚然(如 B ♯7 论证的那样),如果我们不提出更普遍的是在先的,那么,我们便没有任何理由假定属首先先于种。但是,如果更普遍的在$\omicron\dot{\upsilon}\sigma\acute{\iota}\alpha$上是在先的,那么,它们必须是同归于它们之下的那些东西可分离的;而且 B ♯7 论证说,即使这在一些例子中是真实的,它也不可能作为一个原则是真实的,因为在一些例子中,甚至柏拉图主义者们也必须承认,普遍者不能同它所谓述的东西分离而存在(例如,离开了二本身、三本身等等便没有任何数本身)。在另一方面,如果较低的属和种差是在先的,就将有太多的$\dot{\alpha}\rho\chi\alpha\acute{\iota}$;尤其是因为按照亚里士多德的观点,每一个种差仅仅在一个属内部才能谓述(数之奇,角之锐,等等),并且是仅仅一个种的最终的种差,这样,有多少种就有多少种差。这些理由合在一起就表明,一个事物的逻辑的$\lambda\omicron\gamma\omicron\varsigma$的部分绝不是$\dot{\alpha}\rho\chi\alpha\acute{\iota}$。

B ♯7 的论证是亚里士多德在 Z. 12 中解决有关逻辑的$\sigma\tau\omicron\iota\chi\varepsilon\hat{\iota}\alpha$的问题的背景。亚里士多德断言,尽管属无疑在$\lambda\omicron\gamma\omicron\varsigma$上先于它们的种,但是它们并不离开或$\pi\alpha\rho\acute{\alpha}$[在……之外]种而存在。因而不是种的$\dot{\alpha}\rho\chi\alpha\acute{\iota}$;而且他还颠倒了柏拉图式的较高的属在较低的属和种差之上的在先性。属在$\lambda\omicron\gamma\omicron\varsigma$上先于划分它的种差(因为属在种差的$\lambda\omicron\gamma\omicron\varsigma$中是被预设的,就像数在奇数的$\lambda\omicron\gamma\omicron\varsigma$中是被预设的,或者鼻子在扁鼻的$\lambda\omicron\gamma\omicron\varsigma$中是被预设的一样),但是 X 的最终的种差就是 X 的$\omicron\dot{\upsilon}\sigma\acute{\iota}\alpha$,并且因此在$\omicron\dot{\upsilon}\sigma\acute{\iota}\alpha$上先于 X 的属(它们充其量是潜在的$\omicron\dot{\upsilon}\sigma\acute{\iota}\alpha$)。实际上,亚里士多德在这里正在

㉞　由于篇幅的缘故,以及要阐明我所想的乃是论证的大体的结构,我将不讨论 Z. 11;但是要我说,在我看来,Z. 11(第一部分)不是(像有时被认为的那样)Z. 10 的一个置换,而毋宁是以 Z. 10 为前提,并且给出了一个反柏拉图的推论(即,因为人等等,例如扁鼻,具有某一本质的质料,它们的形式没有这一质料甚至不能被清楚地想到,更不用说没有它而实际存在了),和对在 Z. 10 中通过例示所说的观点的一个纠正,即,肉和骨仅仅是人毁灭于其中的质料,不是人的形式—的一质料,因而不是他的$\lambda\omicron\gamma\omicron\varsigma$的一个部分。

消除辩证法家们 X 的属和种差由于是 X 的 λόγος 的部分因而各自是 X 的部分的 οὐσίαι 的论断：因为最终的种差暗中包含了较高的属和种差，"最终的种差将是这（[译按]整体的）οὐσία 和定义"（1038a19—20；参考 a25—26）。但是，正是由于这个原因，X 的最终的种差不是合适的 X 的一个 ἀρχή，因为它在 οὐσία 上不先于 X，而是和它同时的：这个事物的存在包含种差的存在，而种差的存在包含这个事物的存在。所以，尽管最终的种差是这个事物的 οὐσία，但是，无论属还是种差，恰当地说，都不是 ἀρχαί。

亚里士多德在 Z. 12 中有关逻辑的 στοιχεῖα 的主要结论是足够清楚的，而且我们可以看到这些结论如何契合于他的解决出于 B 卷的难题和审查不同的东西作为一个事物的 λόγος 的部分声称是 ἀρχαί 的要求的纲领。不甚清楚的是，为什么他通过提出一个有关定义的统一性的问题来引入这些结论；不明显的是，何种统一性是亚里士多德认为我们有权要求于一个定义的，或者为什么他应当这样认为；而且这还促成了这样的印象，即，Z. 12 是出自另外某个隐秘的讨论的残篇，而不是 Z 卷中正在进行的论证的一个逻辑部分。但事实上，亚里士多德慎重地设计有关定义的统一性的这个难题是为了产生一个反驳柏拉图主义者们的逻辑的 στοιχεῖα 的论证（方法就是，论证柏拉图主义者们的承诺使他们不能解决这个难题）；并且，这个证明不是偏离主题，而是 Z. 12—16 对辩证法家们的那个批判的核心。正如在 B ♯9 中那样，亚里士多德的基本想法是要证明在数量上同一的 α 不能既在 βα 中又在 γα 中，这样，"必然地所有文章就会仅仅是和这些 στοιχεῖα 一样多，如果不存在两个或更多的这同样的 [字母类型] 的话"，而且任何音节都不会产生（1000a2—4）。但是究竟为什么不会呢？这个原因必然转向音节的统一性：如果 βα 真地是一个音节，而不只是两个分开的字母 β 和 α，那么，βα 中的 α 一定是这样与 β 相结合的，以致于它不可能同时与 γ 相结合。这样，如果柏拉图主义者们毕竟想要有音节的话，那么，他们就必须要么说有每一个类型的许多的 στοιχεῖα，要么说每一个 στοιχεῖον 容许对立物——他们不能没有矛盾地讲到它们，既然他们想要他们的 στοιχεῖα 脱离一切变化和潜能。

到目前为止，这只是对一个论证的概括；要将它变成一个实际的论证，我们不得不说明为了形成一个音节，α 和 β 必须具有何种统一性，以及为什么 α 不能以此方式既和 β 相结合又和 γ 相结合。辩证法家们的 στοιχεῖα 是属和种差：人是一个其 στοιχεῖα 是动物和两足的 [等等] 的音节，而马是一个其 στοιχεῖα 是动物和四足的 [等等] 的音节。亚里士多德想要迫使柏拉图主义者们承认，在马中和人中的不是同一个动物；他的理由是，在马中的动物必须同四足的相结合，而在人中的动物必须同两足的相结合，以此方式同一个动物不能既和四足的又和两足的相结合,除非通过和一者在现实性上相结合、与另一者在潜能性上相结合。这样这个论证要求的是何种统一性就清楚了:马中的动物之与四足的相结合只是马中的动物之使四足的谓述它;而四足的和两足的不能够在现实性上谓述同一个动物。

这就是亚里士多德在 Z. 12 中的意思;他在 Z. 14 中使之更为明确:

> 如果[动物,它根据柏拉图主义的说法是一个单独的这个]将在两足的和多足的中分有,那么,就会有不可能的结果,因为对立面将同时属于同一个东西,而这个东西是单一的而且是一个这个;但是如果它不[在这些种差中分有],那么,当有人说动物是两足的或有足的时候,[谓述的]方式又是什么呢? 也许[属和种差]是"复合的"(σύγκειται)或"连接的"(ἅπτεται)或"混合的"(μέμικται)? 但所有这些都是荒唐的。(Z. 14,1039b2—6)

在这里,亚里士多德理所当然地以为,说"动物是两足的"是正确的(并且这一正确性是人的定义中所预设的);㉟而且,如果像柏拉图主义者们所说的那样,"动物"所指的是一个这个,而且是同一个这个在人的定义和马的定义中,那么,一个单独的这个将同时荒唐地在对立物中分有。柏拉图主义者们可以试图迂回地说,动物的形式并不真地是两足的,而是动物和两足的在理智世界中仅仅彼此毗邻,㊱是"复合的"或"连接的"或"混合的"。㊲但是亚里士多德斥责这些可选择的描述是荒唐的,不只是因为它们是运用于形式上的没有任何清楚内涵的物质性的比喻,而且是因为,如果动物不是两足的,那么将不存在人的一个单一的本质,而只

㉟ 比较 Z. 15,1040a15—17:亚里士多德已经证明,没有任何个体事物、因而没有任何理念(它按照柏拉图主义者必须是一个个体)可以被定义,因为任何适合于它的描述也将适合于别的东西。一个柏拉图主义者回答说,尽管"动物"和"两足的"等等各自单独适合于许多事物,然而人的形式——它们的结合——则不然。亚里士多德的回答是,事实上"两足动物"将不仅适合于人的形式,而且也适合于它的构成成分,动物的形式(或者存在于人中的动物)和两足的形式(或者存在于人中的两足)。亚里士多德在这里所假定的就是,对于两足的和动物一起构成人的一个单一的本质而言,所说的动物必须是两足的(而且因此必须是一个两足动物)。

㊱ 也许认为理智世界中的"字母"构成了这样一些排列之一,在这些排列中,单词暗含在各种方向中,包括向后的和对角的;这样,一个字母可以同时属于几个不同的单词。

㊲ 柏拉图或柏拉图主义者们肯定尝试过所有这些描述,无论是"分有"还是它的各种替代品:《智者篇》没有清楚区分地运用了一系列术语,针对出现在谓述中的各种形式之间的关系,它在 251E10 上使用了μετέχειν[分有]的各种形式,在 251D7、252B6 和 252E2 上使用了μείγνυσθαι或συμμείγνυσθαι[混合]的各种形式,而针对我们在谓述中就两个形式所做的,它又在 251D6、252A9 和 252C5 中以主动语态使用了προσάπτιεν或συνάπτειν[连接]。

是两个不同的本质,动物和两足的——结果,正如 H. 6 所陈述的结论那样,"人将不是通过在人或[任何]一个东西中分有而存在,而是通过在两个东西、动物和两足的中分有而存在"(1045a18—19)。而且,在 Z. 12 中亚里士多德已经论证了,对于"两足动物"要是一个单一的东西的 λόγος,动物必须在两足的中分有,而且还说,它不可能这么做。

> 为什么是这一个东西而不是许多东西、动物和两足的? 因为,对人和白,当一个不属于(ύπάρχη)另一个时,它们是多,但是,当它属于时,它们是一,而且这个 ύποκείμενον,人,具有一个 πάθος(πάθη τι)[一个表征]:因为,这样,它们成为一个东西,而且白色的人存在。但是在现在的例子中,一个并不在另一个中分:因为似乎属并不在种差中分有,因为那么一来,同一个东西就会同时在对立物中分有,因为属由以被分化的种差是对立物。(1037b13—21)㊳

当亚里士多德说"似乎"属并不在种差中分有,并且提供了一个为什么不的论证时,他具体的意思是,假如那些想要属和种差作为这个东西的 λόγος 的部分而是 ἀρχαί 的柏拉图主义者们说属在种差中分有,那么他们将陷入矛盾:他提供了白色的人这一不矛盾的例子来说明对于 XY 要是一个单一的东西它需要什么,并接着论证说,这不会发生在两足动物的例子中。㊴ 当然,亚里士多德认为,动物苏格拉底是一个两足的,正如人苏格拉底是白色的;但是柏拉图主义者们论证说,个体和种也存在着一个动物,数量同一地在人中和马中;而根据这一假定,亚里士多德断言,一个不可能解决的难题出现了。

亚里士多德运用这一难题(正如他使用过 B ♯7 的那些不很精妙的难题一样)为如下观点提供支持,即,属并不 παρά 其种而存在,因而不可能是种的一个 ἀρχή。"所以,如果属绝不 παρά 属的种而存在,或者,如果它存在,但只是作为质料而存在(因为语音[φωνή]是属和质料,而种差出于这之中而产生种、这些 στοιχεῖα [=音素]),那

㊳ 亚里士多德提供了一个进一步的论证,即使属不在种差中分有,这也将解释不了包含多于一个种差的定义的统一性:我理解他的观点是,如果单一的形式动物在两足的、四足的和无翼的中分有,这一事实将解释不了为什么动物、两足的、无翼的构成了一个统一体,或者它可以同等程度地解释为什么动物、两足的、四足的构成一个统一体。

㊴ 罗斯是正确的(反乎伯尼茨和现在的弗雷德—帕奇克),即,在 1037b14—18 中被肯定下来以支持白色的人的(在这样一些例子中,在其中存在一个白色的人)与 1037b18—21 中被予以否定以支持两足动物的是完全相同的。弗雷德—帕奇克对这整段话的解释是相当奇怪的,并且依赖于在这一文本中设置大的裂痕。

么，显然，定义就是包含种差的 $\lambda\acute{o}\gamma o\varsigma$ ……[而且，如果正确地说，包含的只是最终的种差]"（1038a5—9）。由于属不是一个单独的这个，从而在其于对立的种差中的分有上就没有任何荒唐。当亚里士多德说，属是质料时，他具体的意思是，它是 Δ. 24 称为"形式的质料"的东西；亦即，它是种差 *per se secundo modo*[第二位地在其本身]所谓述的最近的 $\acute{v}\pi o\kappa\epsilon\acute{\iota}\mu\epsilon\nu o\nu$，就像奇和偶谓述数一样。由于这个原因，只要种差存在，它就必然谓述属，不是以让这个属永恒地连接于它的方式，就像一个 $\sigma\tau o\iota\chi\epsilon\hat{\iota}o\nu$ 连接于另一个那样，而是以暗含它的方式，就像 α 的这一种差暗含着语音一样。

（三）Z. 13—16：反驳 $o\dot{v}\sigma\acute{\iota}a\iota\ \dot{\epsilon}\xi\ o\dot{v}\sigma\iota\hat{\omega}\nu$[出于实体的实体]的难题

在 Z. 13 中，亚里士多德从对较高的和较低的普遍者作为一个逻辑的 $\lambda\acute{o}\gamma o\varsigma$ 中的部分是 $\acute{a}\rho\chi a\acute{\iota}$ 的论断的讨论中跳出来，考察了更为基本的问题，即，这一讨论引出了是否任何普遍者都可以是归于其下的事物的一个 $o\dot{v}\sigma\acute{\iota}a$——无论是整个的 $o\dot{v}\sigma\acute{\iota}a$ 还是仅仅部分的 $o\dot{v}\sigma\acute{\iota}a$（这遵循的是 B 卷的次序，从 B ♯7 前进到 B ♯8）。Z. 13 在形式上回到 Z. 3，拣出那些被说成是 $o\dot{v}\sigma\acute{\iota}a\ \dot{\epsilon}\kappa\acute{a}\sigma\tau o\nu$[每一个东西的实体]的东西其中的一个，即普遍者（1038b1—8）。亚里士多德已经在 Z. 3 中谈论过 $\acute{v}\pi o\kappa\epsilon\acute{\iota}\mu\epsilon\nu o\nu$，在 Z. 4—9 中谈论过（整个）本质，而在 Z. 10—12 中已经开始谈论一个物理的或逻辑的 $\lambda\acute{o}\gamma o\varsigma$ 的部分。如我已经说过的，我认为，整个 Z. 10—16，包括对普遍者的讨论，基本上是一个连续的对 $\lambda\acute{o}\gamma o\varsigma$ 的部分的讨论。亚里士多德在 Z. 13 中在形式上宣布一个新的开端的原因是，有人也许会认为，所归于其下的一个普遍者不只是 X 的一个部分的 $o\dot{v}\sigma\acute{\iota}a$，而且是 X 的整个的 $o\dot{v}\sigma\acute{\iota}a$。然而，亚里士多德立即打消了这一建议（1038b9—16），转向更为严肃的可能，即，普遍者是归于其下的那些事物的一个部分的 $o\dot{v}\sigma\acute{\iota}a$："也许它不可能是作为本质的（它们的 $o\dot{v}\sigma\acute{\iota}a$），但它是这个的一个构成成分[$\dot{\epsilon}\nu\upsilon\pi\acute{a}\rho\chi\epsilon\iota$]，正如动物之于人和马？"（1038b16—18）。而且自此以后，所有亚里士多德关于普遍者说的，连同他关于属、关于质料的构成成分所说的，都属于一个单一的对所宣称的一个事物的部分的 $o\dot{v}\sigma\acute{\iota}a$ 的总体的讨论。根据罗斯和弗雷德—帕奇克，Z. 13—16 应该专注于普遍者（以及作为普遍者而声称是 $o\dot{v}\sigma\acute{\iota}a\iota$ 的柏拉图的形式），只是隐含地、就属也是普遍者而言才涉及到属。但更为正确的说法不是亚里士多德对属的论述从属于他的对普遍者的论述，而是他对普遍者的论述从属于他的对属的论述，或者不管怎样对 $\lambda\acute{o}\gamma o\varsigma$ 的部分的论述，并在 Z. 16 的这一结论中达到顶峰，即，"没有一个普遍而言的事物是 $o\dot{v}\sigma\acute{\iota}a$，没有一个 $o\dot{v}\sigma\acute{\iota}a$ 出于 $o\dot{v}\sigma\acute{\iota}a\iota$[而被构成]"（1041a3—5）。甚至当他在反驳形式的时候，他的主要的论证（占据着 Z. 14—15）都是针对着柏拉图尝试给出一个把每一个形式分解为它的στοιχεῖα、属和种差的λόγος的企图："由此,对于那些说理念是分离的实体而且还使形式/种出于属和种差的人,结论便是显然的"(Z.14,1039a24－26):意即,他们必定面对 B ♯9 的难题,要么说马中的στοιχεῖον动物和人中的στοιχεῖον动物是在数量上同一的(从而便遭遇显而易见的矛盾),要么说马中的στοιχεῖον动物和人中的στοιχεῖον动物是在数量上不同的(从而要解释这许多不可见的动物—στοιχεῖα产生于何处,以及它们是如何分别的)。那些设置分离的形式的人被认为是特别易于受到这一挑战的,而在这个方面亚里士多德本人则不会,因为,"如果有一个作为自身的人自身,一个这个和分离者,那么,出于其中[这个人被构成的]那些东西,比如说动物和两足的,就必定也表示一个这个,并且是分离的和是实体"(1039a30－32);相反,如果人这个种是一个这类,那么,动物也会是一个这类,那么就无须担心它在对立物中的分有。

　　亚里士多德贯穿整个 Z.13－15 想要论证的是,柏拉图主义者们的ἀρχαί,逻辑的λόγος的那些部分,有着和自然哲学家们的ἀρχαί、亦即一个事物的具体的质料的构成成分一样多的困难。实际上,他认为柏拉图主义者们的属和种差是一个事物、亦即作为一个分离存在的个体的形式的具体的质料的构成成分。而且正如亚里士多德在 Z.10 已经论证了不存在对一个物理的个体的任何λόγος那样,同样,他在 Z.15 中反驳柏拉图主义者们说,不可能存在甚至对一个永恒的个体诸如一个理念的λόγος。⑩ 而且因此他还论证说,无论自然哲学家们还是柏拉图主义的辩证法家们都难于解释为什么在一个复合体中的众多στοιχεῖα是一个事物。如我们已经看到的,他认为柏拉图主义者们有特别的困难来说明同一个属如何能够和两个相反的种差结合在一起(在要求的意义上);但是他们还有更为基本的困难去说明两个理智的στοιχεῖα究竟如何能够结合在一起。亚里士多德按照柏拉图自己的意思假定,如果某物既是一(整体)又是多(部分),因此,它便具有相反的属性;但如果这个东西在现实上是一,只是在潜能上是多(具有被分割因而成为众多事物的潜能),那么,这就不是荒唐的,但是由于一个柏拉图式的形式没有任何潜能,所以,亚里士多德便认为,它必定要么不是多(因而它不具有任何στοιχεῖα、任何λόγος),要么不是一(因而不存在任何可给出一个λόγος的东西)。

　　柏拉图主义者们也许会对亚里士多德就自然哲学家们的批评产生同情,因

⑩　这当然直接反对的不只是形式是分离的实体的那个论断,而且是它们具有使它们在其στοιχεῖα——它们是先于复合的形式的ἀρχαί——中得到清楚表达的λόγοι的那个论断。有时候,人们听说,这是一个分离的形式不可能是实体的论证,因为可以被定义(被断言)是某物一个实体的标准;但是,如果有这样一个标准,那么,它将像排除掉一个柏拉图的形式那样排除掉亚里士多德的上帝,因为二者都是个体的、因而是不可定义的。

为后者使他们自己穷于列数一个东西的质料的构成成分,却丝毫没有谈及统一的形式。但是,亚里士多德论证说,柏拉图主义者们犯了同样的基本的错误,而且出于相同的理由,他们认为他们的ἀρχαί是στοιχεῖα或ἐνυπάρχοντα。的确,他故意赞扬德谟克利特得出了正确的结论,借以对照羞辱柏拉图主义者们:

> 　　一个实体出于在现实性上内在(ἐνυπαρχουσῶν)于它的实体是不可能的:因为在现实性上是二的事物绝不在现实性上是一,但是,如果它们[只是]在潜能上是二,那么,它们将是一(正如在潜能上,一倍[直线]是出于两个一半;就现实性而言,则是分离的)。这样,如果实体是一个东西,它将不出于内在于它的(ἐνυπαρχουσῶν)实体、按照德谟克利特所正确描述的方式[出于它们而被构成]:因为他说,一个东西出于两个而生成或者两个出于一个而生成,都是不可能的:因为他赋予了实体不可分的体积。因此显然,这对于数也是一样,如果数是一些单位的一个合成的话,正如一些人所说:因为要么二不是一个东西,要么在现实性上在它之中没有任何单位。(Z. 13, 1039a3—14)

正如对"数"的讨论所表明的,亚里士多德在这里正在批评柏拉图主义的由στοιχεῖα所构成的分离的理智物的理论,并且将它们同质料主义者的错误相比较。这在 H. 3 中变得明显起来,在那里,亚里士多德从这一段话出发,把定义等同于数,并且说柏拉图主义者们不能说明以下任何一者的统一性:"显然,如果实体在某种意义上是数,那么它便是在这一方式上,而且如一些人所说,不是由单位[构成而是数的方式]:因为定义是一种数……数必须具有某种它由以而是一([译按]亦即统一性)的东西,[但是]他们现在却不能说凭什么它是一,如果它是一(因为要么它不是,而是像一个堆积物,要么我们应当说什么使[它]出于多而成为一);而且定义也是一,而他们同样不能解释这个"(1043b32—34, 1044a2—6)。"他们"在这里是梦想把实体归结为由单位构成的数的"一些人";而且,正如他们不能解释这些数的统一性一样,他们也不能解释定义的统一性,如亚里士多德在前面指责他们陷入了和质料主义者们相同的错误的段落中说过的那样:"人也不是动物和两足的,而是必定有某种παρά这些的东西,如果这些是质料,那么,那个某物,既不是一个στοιχεῖον也不是出于一个στοιχεῖον[被构成],而是οὐσία;但是他们却不考虑这个,而[仅仅]讲质料"(1043b10—14)。而 H. 6,从 H. 3 获得"关于定义和数已经提到过的那一难题,即,什么是它们是一的原因"(1045a6—7),则更为明显地表明是谁陷入了这一难题,以及为什么他们不能解决它:"是什么使人成为一,为什么他是一而不是多,特别是,如果像一些人所说有一个动物自身和两足自身的话?因为，为什么是人而不是这些，以至于人将不是通过在人或一个东西中分有而存在，而是在两个东西、动物和两足的中？显然，对于那些像他们所惯于的那样追求定义、给出 λόγοι 的人，要解释它（ἀποδοῦναι）并解决这一难题是不可能的"（1045a14—22）；正如亚里士多德继续说的那样，"我们"之所以能够解决这一难题，是因为我们能够说，在 λόγος 中的一个元素潜在地是 X，而另一个是 X 的现实性，并且因此"他们"为什么不能解决这个难题的原因便是，他们认为属以及数中的单位是分离的永恒的存在者，从而不可能是任何潜能上的东西。㊶

　　亚里士多德在 Z. 13 中和作为一个整体的 Z. 10—16 中的主要目的是要反驳 B ♯6 的双方面，表明无论自然哲学家们还是辩证法家们都没有通过他们的给出一个事物的 λόγος 并将其分解为它的 στοιχεῖα 的方式达到所追求的 ἀρχαί。尽管如此，亚里士多德的论证却依然威胁着还有更广泛的后果：不管前苏格拉底的自然哲学家们和柏拉图主义的辩证法家们也许曾经犯过什么错误，这一论证却威胁着暗含给出任何 λόγος τῆς οὐσίας 的根本不可能性，并且如果这是不可能的，那么（用亚里士多德自己的话来说）科学就是不可能的。如亚里士多德在 Z. 13 的结尾对这一难题的表达那样，

　　　　如果没有任何实体能够出于普遍者，理由是［一个普遍者］表示一个这类而非一个这个（并且，亚里士多德已经在 1038b23—29 中论证过，一个实体或这个不能出于非实体或这类，因为，那么一来，"一个非实体和一个这类就会先于实体和一个这个"），任何实体也不能在现实性上是一个出于实体的合成物，那么，每一个实体就会是非复合的，结果便不会有任何一个实体的 λόγος。但是，在每一个人看来，并且我们在以前也已经说过，存在着要么唯一要么主要关于实体的定义；而现在［看来］甚至对于这个也不［存在定义］；所以就没有任何东西的定义。（1039a14—23）

柏拉图主义者们和前苏格拉底自然哲学家们都说，一个（复合的、因而可分析的）实体是出于实体而被构成的；而且他们还要说，亚里士多德基于一个实体不能是许多个实体的理由而拒绝这类复合的实体，因而就是在否认一个实体可以出于任何种类的 ἀρχαί（因为没有任何一个非实体可以是一个实体的 ἀρχή），这样也就是在否认任何实体有一个 λόγος，因为一个 λόγος 所做的就是说明一个东西出于什么

㊶　这个论证在《形而上学》N. 2, 1088b14—28 中被弄得更为完满，断定（特别针对于数）永恒的事物不可能 ἐκ στοιχείων［出于元素］。

ἀρχαί。实际上，柏拉图在《泰阿泰德篇》中提出了非常类似于此的一个观点，他提出这样一个难题，即，究竟一个音节不过就是其所有的στοιχεῖα，还是"音节是某一个形式，它出于各个στοιχεῖα、在它们结合在一起时而生成"(204A 1—2)；柏拉图论证说，如果音节不是其στοιχεῖα，那么，它就不能有στοιχεῖα作为其部分(因为，柏拉图论证说，一个整体——诸如一个数[204B 10—E 6]——不过就是其所有的部分)，它也不会有除στοιχεῖα以外的任何东西作为其部分；所以，柏拉图断定，音节将不得不是"单一的和不可分的"，正如στοιχεῖα所是的那样(205D 1—5)，并且因此它将是ἄλογον[无定义的]——不具有一个λόγος——就像στοιχεῖα所是的那样(205E 2—4)。(请回想苏格拉底的关于给出一个λόγος的例子是，如果有人就苏格拉底的名字的第一个音节提问"τί ἐστι ΣΩ"，回答就是，"它是 sigma 和 omega" [203A 6—10]，而στοιχεῖα本身是ἄλογα；这就是柏拉图在 206E 6—207A 1 所描述的λόγος的意义，即，通过"给提问者列举στοιχεῖα的答案来回答一个τί ἐστι的问题"。)柏拉图明显是通过说音节就是其所有的στοιχεῖα来回答这个难题的；㊷由于亚里士多德说一个音节不能等同于它的众多στοιχεῖα，因此，他必须说明如何能够有一个将一个事物同其στοιχεῖα相联系的λόγος τῆς οὐσίας，而不需要它等同于其στοιχεῖα，同时，也不需要这些στοιχεῖα中的任何一个或者它们加在一起的全部是这个事物的οὐσίαι或ἀρχαί；但是这就要求重新思考一物的οὐσία是什么，以及它如何能够在一个λόγος中得到表达。

㊷ 这一点受到最近许多解释者的争论。伯恩耶特说，"这一对话非常清楚地表明""一个整体就是(等同于)它的所有构成部分"的假定是错误的(《柏拉图的〈泰阿泰德篇〉》[*The Theaetetus of Plato*]，Indianapolis 1990，第 192 页)，而唯一的议题是，这一假定是否能够通过 reductio[归纳]的方式合法地从苏格拉底的梦中得出。就我所知，伯恩耶特有关柏拉图要他的理想的读者从这一对话获取的教训是正确的；虽然如此，至少对话人物苏格拉底确实论证了，而他和泰阿泰德确实最后也同意，一个整体确实等同于它的所有构成部分。我以为，亚里士多德认为柏拉图是致力于此的；我还以为，亚里士多德认为柏拉图是致力于梦的理论的。(柏拉图非常像是在攻击梦的理论的地方是在其如下论断上，即，音节是ἐπιστητά[可知的]，而στοιχεῖα则不然；但是那个梦却说，尽管στοιχεῖα不是ἐπιστητά，但却是ἐπιστητά[可感的]，并且我以为，亚里士多德认为这是要说，它们由某种高于ἐπιστήμη[知识]的东西、亦即νοῦς[理智直观]所把握；参考亚里士多德自己在《后分析篇》2.19，100b8—12 上的观点，在那里由于ἐπιστήμη πᾶσα μετὰ λόγου ἐστι[所有知识都是依据定义的]，所以不可能有ἀρχαί的ἐπιστήμη，但是必定代之以νοῦς。这样，στοιχεῖα就是在可知世界之内的某种单纯物。参考《形而上学》Δ. 3，1014b9—11：ἐπεὶ οὖν τὰ καλούμενα γένη καθόλου καὶ ἀδιαίρετα (οὐ γὰρ ἐστι λόγος αὐτῶν)，στοιχεῖα τὰ γένη λέγουσί τινες[因此，由于那些所谓的普遍的属也是不可分的(因为没有它们的定义)，所以一些人把属叫做元素]，在那里，是一个στοιχεῖον又一次和不具有一个λόγος联系在一起。)但是，不管柏拉图在他写作《泰阿泰德篇》的时候认为什么，也不管亚里士多德认为柏拉图认为过什么，柏拉图的音节必定要么和它的众多στοιχεῖα是同一的、要么是ἄλογον的论证，依然提出了一个亚里士多德受到感召而要回应的挑战。

五、Z. 17—H 中的积极的方案

Z. 3 一开始所声明的方案在 Z. 16 的结尾得到了完成。根据我一直在概括的解释，结论完全是否定性的：Z. 3 证明，一个可感实体的 *ὑποκείμενον* 并不先于实体而存在，Z. 4—9 证明，一个可感实体的本质并不先于实体而存在，Z. 10—16 证明，一个可感实体的 *λόγος* 中的各部分并不先于实体而存在。但是我认为，对 Z. 3—16 的这番描述也可以在一定程度上启发 Z. 17 和 H 卷的更为积极的各种方案。首先，它可以有助于表明，为什么 Z. 17 的"新开端"是必要的。

对于弗雷德—帕奇克和伯恩耶特来说，Z. 17 的作用就是提供另一个论证，证明 *οὐσία*——或可感事物的 *οὐσία*——是形式。但是，要把 Z. 17 理解为一个延伸的证明实体或一个事物的实体是形式的论证，这是非常困难的。事实上，有可能 Z. 17 根本就没有说实体是形式。如果它说了，它只是在 *αἴτιον ζητεῖται τῆς ὕλης (τοῦτο δ᾽ ἐστὶ τὸ εἶδος) ᾧ τι ἐστίν· τοῦτο δ᾽ ἡ οὐσία* [所寻求的是质料的原因（这就是形式），由以它是什么；而这就是实体）这句话（1041b7—9）中这样说了；但是许多编辑者，包括耶格尔和弗雷德—帕奇克，很可能是正确地删掉了 *τοῦτο δ᾽ ἐστὶ τὸ εἶδος*，把它作为从页边窜入的要么是一句注释、要么是 *τοῦτο δ᾽ ἡ οὐσία* 的一句 *varia lectio* [异文]。[43] 但是，即便在这里流传下来的文本是正确的，Z. 17 也只是在一个单独插入的注释中说一个事物的实体是其形式。诚然，在亚里士多德写 Z. 17 的时候，他相信一个事物的实体是它的形式，而且这可以从他在 Z. 17 所讲的事物中推论出来；但这并不是他在这一章中正在论证的。然而我们需要一个相当不同于弗雷德—帕奇克或伯恩耶特的视角来观看他正在论证什么。

在我看来，Z. 3—16 尚未向我们表明通往形而上学所寻求的 *ἀρχαί* 的路径；所以，亚里士多德将要探求另一条通往 *ἀρχαί* 的道路就是自然的。另一方面，通往 *ἀρχαί* 的成功的道路将不会经过可感事物的 *οὐσία*，而是经过它们的动力因和目

---

[43]　这句话首先是在克里斯特（Christ）的《形而上学》Teubner 版（Leipzig 1885；第二版，1895）中被加上括号的；耶格尔也给它加上了括号，并且说它是 *τοῦτο δ᾽ ἡ οὐσία* 的一句（异文）。在我看来，它更像是一句注释，同时我怀疑耶格尔的有关在失传的抄本的边页上的 variae lectiones 的固执想法，但是也许是对的。它确实看起来是一种添写，打断了句子的句法结构。罗斯印出了这句话，但是说克里斯特把它加上括号"也许是对的"；弗雷德—帕奇克和科遂—拉克斯—莫斯特则删掉了它，博斯托克保留了它。伯恩耶特态度不明朗，但（在赞赏拉克斯时）暗示了另一种解释，如果它应当被保留的话：不是"质料的原因……由以而是某物"，而是"质料的原因，亦即，它由以而是某物的形式"。将形式直接叫做质料的原因似乎是古怪的（毋宁是质料由以而是某物的原因，亦即，质料之是某物的原因），但是这也许是正确的，并且看来最有希望拯救流传下来的文本。

的因（就像在 Λ 卷中那样）；从而这也没有说明 Z. 17 和 H 卷。㊹ 但是 Z. 13 的难题一直悬而未决，而且我们必须解决这个难题以正确地给出任何一个实体的 λόγος τῆς οὐσίας。恰当地说来，给出任何一个可感事物的 λόγος τῆς οὐσίας，这不属于第一哲学家的工作。提出反对给出一个 λόγος τῆς οὐσίας 的难题之所以是属于第一哲学家的工作，是因为如果 B ♯6 的柏拉图主义者们或自然哲学家们是正确的，那么，第一哲学——对 ἀρχαί 或首要的事物的研究——就会是对可感事物的 λόγοι 之中的 στοιχεῖα 的研究，从而，给出一个可感事物的 λόγος 就会确实是属于第一哲学家的工作；而且，提出一个难题反对那些假如它们是正确的就会属于第一哲学的论断，这属于第一哲学家的工作。同时，亚里士多德认为，这个难题确实对于反驳 B ♯6 的双方是致命的，双方都声称他们的 λόγοι 的 στοιχεῖα 是 ἀρχαί，亦即，在存在上先于被定义的事物，因而一定是实体。但是，一旦第一哲学家提出了这个难题，那么，解决这个难题并且表明 λόγος τῆς οὐσίας 是如何可能的，也就是他的责任——即使根据正确的理由，那些 λόγοι 将不导向第一哲学所寻求的 ἀρχαί。

我认为，这就是 Z. 17 和 H 卷所关注的。Z. 17 是一个论证，不是证明某物的 οὐσία 是其形式，而是证明一个事物的 οὐσία 既不是这个事物的一个 στοιχεῖον，也不是出于 στοιχεῖα 而被构成的，而是一个不同种类的原因和（在一个宽泛的意义上的） ἀρχή，它不是一个 στοιχεῖον。Z. 17 论证这一点以表明如何通过否定 B ♯6 的双方所共有的如下那些假定来避免 Z. 13 的那个难题，即，每一个 ἀρχή 都是一个 στοιχεῖον，一个事物的 λόγος 通过给出其 στοιχεῖα 来给出其 οὐσία，从而一个事物的 οὐσία 就是其所有的 στοιχεῖα。如果我们把 Z. 17 解释为证明一个事物的 οὐσία 是其形式的论证，那么，我们就错过了如下关键点，即，这个论证不只是针对于认为一个事物的 οὐσία 是其质料构成成分的总和的自然哲学家们，而是同样也针对于柏拉图主义者们，他们一致认为一个事物的 οὐσία 是其形式，但认为这个形式是

㊹ 直接讲我对此的观点：我不以为亚里士多德认为，形而上学是或包括一门有关作为可感事物的形式的 οὐσία 的科学。一个事物的形式和质料是相关的，因而就是同一门学科认识它们二者：就自然事物而言，这就是物理学（就人工制品而言，就是适当的技艺）。亚里士多德不认为而且甚至从未考虑这样的思想，即，形而上学和物理学二者都研究同样的形式。在他说第一哲学研究形式的那两段话（《物理学》1.9，192a34—b2 和 2.2，194b9—15）中，从上下文显然可见，他的意思是，第一哲学具有决定是否存在分离的柏拉图的形式（它通常独立于质料而存在并被认识）的任务。研究可感事物的形式之属于形而上学的唯一的意义（就像 Z 卷属于形而上学那样）是，形而上学家要审查那些如果它们是正确的就会属于他的科学的论证，包括声称要表明可感事物的形式是分离的永恒实体的论证。（正如以上所注，亚里士多德的神不是一个形式，所以，这就没有给他提供任何理由来相信形而上学是一门有关形式的科学。）

出于στοιχεῖα而被构成的，亦即出于属和种差。柏拉图主义者们、而不仅仅是自然哲学家们处于攻击目标之列，这从 H. 3 的紧密依循 Z. 17 的语言的那段话变得显而易见，我已经引用过："人也不是动物和两足的，而是必须有某种超出和在这些之上的东西，如果这些是质料的话，即某种既不是一个στοιχεῖον也不是由一个στοιχεῖον 组成、而是οὐσία的东西；但是他们忽略了这个，并且（仅仅）讲质料"（1043b10—14）。㊺　而且，当然，亚里士多德最直接的目标是《泰阿泰德篇》中的苏格拉底，当他在 Z. 17 中如是说的时候，"音节不是στοιχεῖα，β 和 α 也不等同于 βα……［因为当 β 和 α 分离时它们持续存在，而βα 则不然］……所以音节是某物，不仅仅是元音和辅音στοιχεῖα，而且也是别的某物"（1041b12—17）。㊻　亚里士多德给出βα的例子表明，反乎 B ♯6 的双方，尽管音节的λόγος τῆς οὐσίας 必须提及其στοιχεῖα，但是被给出的οὐσία不能是这些στοιχεῖα中的任何一个或者它们的总和，因为否则βα就会在οὐσία上等同于（亦即，绝对地等同于）αβ 或者一对不连的字母。相反，βα的οὐσία必须是某种超出并在 β 和 α 之上、内在于βα的东西，尽管它不能不预设 β 和 α 而被言说，就像奇数不能不预设数而被言说一样。

　　为了表明这一点，并且阐明οὐσία还会是别的什么，亚里士多德从如下一个前提开始，即，οὐσία是一个原因，他借此特别要表达的意思是，X 的οὐσία是对于 X 的存在的原因，亦即，对于 X 它存在这一事实的原因。在这里，他正在重提《后分析篇》第 2 章，该处说，τί ἐστι［是什么］对应于εἰ ἔστι［是否存在］，就像διότι［由于……］对应于ὅτι［即……］，亦即，就像 S 之是 P 的原因对应于 S 是 P 这一事实。这就表明，我们能够通过考察为什么 X 存在来发现 X 的οὐσία。但是，要行得通，我们就必须正确地表述待解释项。正如亚里士多德所说，"διὰ τί［为什么］总是这样来被寻求的，διὰ τί 一个东西属于另一个东西"（1041a10—11）：询问"为什么 X 是 X？"没有任何意义。还是根据《后分析篇》第 2 章，亚里士多德给出了一个例子，我们通过发现为什么雷存在的原因（亦即，为什么打雷的原因）来寻找雷

㊺　请回想《形而上学》N. 4 说学园派在ἀρχαί上走错了，因为"他们让每一个ἀρχή都是一个στοιχεῖον"（1092a6—7）。

㊻　尽管显而易见，亚里士多德在这里正在反驳苏格拉底在《泰阿泰德篇》中说的东西，但是，人们也许以为他正在反驳一种质料主义的、而非柏拉图式的观点，因为他们认为苏格拉底的梦被假定代表一种质料主义的观点，把στοιχεῖα当成某种类似于物理原子的东西（这是一个传统的观点——我不认为有人还会坚持它）。但是根据这个梦，每一个στοιχεῖα仅仅可以被命名，而且你甚至不能给它加上它是或者它不是（201E 3—202A 2），这使得它们多少像是《巴门尼德篇》第一个假设中的一，而完全不像德谟克利特所曾经构想出来的任何东西。如果你认为这个梦反映了一种柏拉图现在正在批判的极端的柏拉图主义的立场，那么，亚里士多德在 Z. 17 中也正在批判那一极端的柏拉图主义的立场；就我的目的来说重要的是，除了批判自然哲学家们以外，他正在批判一种他认为是柏拉图主义的立场。

是什么，我们不是通过询问"为什么雷是雷？"来这样做的，而是通过询问"为什么[现在]在云中有声响？"如果回答是"因为火正在云中被熄灭，所以产生了声响"，那么，雷就是火在云中被熄灭的声响。类似地（亚里士多德说），要发现一座房子是什么，我们应当问"为什么[这里]有一座房子"，再将这形式地表述为"为什么这些砖石是一座房子？"(1041a24—28)；㊼要发现人是什么，我们应当问："为什么如此这般的一个动物是一个人？"(1041a20—21)㊽但是为了正确地做到这一点，重要的就是，在将"X 存在"重新表述为"Y 是 X"的时候，我们要找到正确的 Y：为了通过询问为什么奇数存在来发现奇数是什么，我们应当问为什么一些数是奇数，而不是问为什么一些羊群是奇数。所以，我们应当首先寻找 X 的 *per se* ὑποκείμενον，接着寻找为什么在一些例子中这一ὑποκείμενον是 X（就一些数而言使它们成为奇数的是什么？）、而在另一些例子中它不是 X 的原因。这就是亚里士多德在 H. 1—2 中开始考虑细节时所推荐的方法：在首先确定了质料、即在潜能上是 X 的那个东西之后，我们接着通过寻找属差、亦即为什么这个质料在和另一些例子相对的一些例子中是 X 的原因来发现 X 的形式或者现实性；这将是何种属差，将取决于我们先已如何确定了质料，因为"现实性和λόγος对于不同的质料是各个不同的"(H. 2，1043a12—13)。

在βα的例子中，*per se* ὑποκείμενον会是 β 和 α，它们一起是βα的总的合适的质料；因此这个方法建议我们通过询问什么是对于 β 和 α 来说（在同另一些例子相

㊼　这是亚里士多德所说的。要使这一类比看上去更好些，我们应当在雷的例子中说的不是"为什么在云中有声响？"，而是例如"为什么在云中正在打雷？"——但是在我们知道雷的科学定义之前，我们对于雷全部知道的就是，它是云中的一种声响，所以这就几乎是同样的东西。亚里士多德似乎正在把云看成雷的ὑποκείμενον，就像砖石是房子的ὑποκείμενον一样。在上述任何一个例子中，我们都正在就ὑποκείμενον询问属性的原因，其中，在我们知道原因之前，属性都只是以一种不清楚的方式被认识的。这一类比在 H. 4 的蚀的例子中得到了明确地表达。

㊽　我校读为διὰ τί ἄνθρωπός ἐστι ζῷον τοιονδί(按照 Ab)[为什么如此这般的一个动物是一个人]，而不是διὰ τί ὁ ἄνθρωπός ἐστι ζῷον τοιονδί(EJ)[为什么如此这般的一个动物是这个人]。(耶格尔和弗雷德—帕齐克印作 ἄνθρωπος；罗斯印作ἄνθρωπός，如果假定亚里士多德没有写送气符号[并不绝对可靠，参见《辩谬篇》177b3—6]，那么这就意味着它写作 ΑΝΘΡΩΠΟΣ。)我同意所有最近的编辑者的观点，即，由于 Ab 的(或其同一版本的)一般倾向是将亚里士多德的文字顺畅化和规范化，EJ 一般而言较 Ab 更为可取。但是，在这个例子中，就像在一些其他的例子中一样，正是 EJ 在予以顺畅化。(如弗雷德—帕齐克所注释的，由于某种理由，EJ 在 Z. 17 中有许多错误。)ζῷον τοιονδί是主语，类似于1041a26—27 的ταδί，οἷον πλίνθοι καὶ λίθοι[例如这些砖石]；ἄνθρωπός是表语，类似于 1041a26—27 的οἰκία[房子]。这得到了 1041b5—7 的有力证实，在那里，ταδί 是主语，οἰκία 是表语，然后紧接着，相平行地，ταδί(或ὁδί，EJ)是主语，ἄνθρωπός 是表语；之后，作为一个可选的主语来说明ταδί，我们便有τὸ σῶμα τοῦτο τοδί(依照伯尼茨和弗雷德—帕齐克，ὡδί要更好些)ἔχον[具有这个肉体]，和1041a21 中的ζῷον τοιονδί这个主语相对应。

对的例子中)它们的存在的原因来寻求 βa 的 $o\dot{v}\sigma i a$。并且,为什么 β 和 α 在一些例子中是 βa——相对于是 $a\beta$ 或只是两个不连的 $\sigma\tau o\iota\chi\epsilon\hat{\iota}a$——的原因是,在这些例子中 β 被直接放在 α 之前。我们可以通过说"βa 是 β 和 α、且 β 被直接放在 α 之前",在一个属—种差的定义中来表达 βa 的 $o\dot{v}\sigma i a$;但是,正如 Z. 12 已经论证过的,当这个定义被正确地给出,"那个最后的种差就是这形式和 $o\dot{v}\sigma i a$"(1038a25—26),因为种差在每一个谓词都隐含着它的 *per se* $\dot{v}\pi o\kappa\epsilon i\mu\epsilon\nu o\nu$ 的意义上隐含着属。而且无疑,种差"且 β 被直接放在 α 之前"隐含着其 *per se* $\dot{v}\pi o\kappa\epsilon i\mu\epsilon\nu o\nu$"β 和 α":这样种差就隐含着 βa 的整个 $o\dot{v}\sigma i a$。并且,这个种差或 βa 的 $o\dot{v}\sigma i a$ 确乎不是 β 或 α 这两个 $\sigma\tau o\iota\chi\epsilon\hat{\iota}a$ 其中之一,它也不是出于这两个 $\sigma\tau o\iota\chi\epsilon\hat{\iota}a$ 而被构成的(尽管它不能没有它们);它也不是被加到 β 和 α 之上、和它们一起构成这个音节的第三个 $\sigma\tau o\iota\chi\epsilon\hat{\iota}o\nu$。

> 所以,如果这必然也要么是一个 $\sigma\tau o\iota\chi\epsilon\hat{\iota}o\nu$ 或出于 $\sigma\tau o\iota\chi\epsilon\hat{\iota}a$,那么,如果它是一个 $\sigma\tau o\iota\chi\epsilon\hat{\iota}o\nu$,相同的论证就会起作用(因为肉就会出于这个和火与土,并且如果[复合物总是要求一个增加的 $\sigma\tau o\iota\chi\epsilon\hat{\iota}o\nu$],就还有别的什么,结果就将导致无限);而且如果它是出于 $\sigma\tau o\iota\chi\epsilon\hat{\iota}a$,显然,它就必须出于一个而不是出于多个,或者它将是那个(它所出于的单一的 $\sigma\tau o\iota\chi\epsilon\hat{\iota}o\nu$);这样,在这个例子中(如果这个音节的 $o\dot{v}\sigma i a$ 是出于几个 $\sigma\tau o\iota\chi\epsilon\hat{\iota}a$),我们也将再次给出相同的论证,正像在肉或这个音节的例子中一样。所以,这似乎就是某种不是一个 $\sigma\tau o\iota\chi\epsilon\hat{\iota}o\nu$ 的东西,而是一个这个之为肉、那个之为一个音节的原因,在其他例子中也一样;而这就是每一个东西的 $o\dot{v}\sigma i a$(因为这就是存在的首要的原因)。(1041b19—28)

这个论证表明,反乎柏拉图主义者们和自然哲学家们,有一种[内在的]原因和[广泛而言的]$\dot{a}\rho\chi\dot{\eta}$,它不是一个 $\sigma\tau o\iota\chi\epsilon\hat{\iota}o\nu$:[49]并且,为了使这一区别清楚,恰恰是在 Z 卷的最后一句话中,亚里士多德最终唤起了 Δ. 3 中他为此目的而早已精心安插在那里的论述,并且说 $\sigma\tau o\iota\chi\epsilon\hat{\iota}o\nu$(相对于 $a\check{\iota}\tau\iota o\nu$ 或 $\dot{a}\rho\chi\dot{\eta}$)是"那内在于一个事物之中($\dot{\epsilon}\nu\upsilon\pi\dot{a}\rho\chi o\nu$)、这个事物就像被分成为质料那样被分成的东西,正如 α 和 β 是音节 βa 的 $\sigma\tau o\iota\chi\epsilon\hat{\iota}a$ 一样"(1041b31—33)。

　　Z. 17 的目的就是要启动这一区别,并表明一个事物的 $o\dot{v}\sigma i a$ 是一种原因和

---

[49] 它不能是一个严格意义上的 $\dot{a}\rho\chi\dot{\eta}$(即在这一意义上形而上学是一门 $\pi\epsilon\rho i\ \dot{a}\rho\chi\hat{\omega}\nu$ 的科学而物理学不是),因为它不是先于事物,而是与它同时(作为一个事物的 $\lambda\dot{o}\gamma o\varsigma$ 的诸原因都是和这个事物同时的,Λ. 3,1070a21—22),且不能没有 $\sigma\tau o\iota\chi\epsilon\hat{\iota}a$。

[广义的]ἀρχή，它不是一个στοιχεῖον、也不是出于στοιχεῖα。与其说 Z. 17 的论题是形式是οὐσία，不如说其论题是一个事物的οὐσία是与其στοιχεῖα相对的整体的原因。但是我认为这也不是完全正确的。尽管在βα的例子中正确的是，其οὐσία是与其στοιχεῖα相对的整体的原因，但是我并不认为亚里士多德以为这在所有例子中都是真的。在 Z. 12 中得到陈述、而在 Z. 17 中得到较好论证的一个亚里士多德的议题是，一个事物的οὐσία是其种差，而且在βα的例子中，这个种差就是相对于这些στοιχεῖα的它们之是一个音节、而非一个堆积物的原因，但是这并不需要在所有例子中都是真的。在人的例子中，亚里士多德说过的不是，οὐσία是这肉、这骨之是人的原因，而是说它是如此这般的一个动物之是人的原因：这是一个种差，但是它如何会是一个整体的原因却是不清楚的。⑤ 亚里士多德在这里面对的不只是自然哲学家们，而且是 Z. 12 里的柏拉图主义的对手们，并且，尽管对于他来说重要的是要证明终极种差并不简单是另外一个与较高的属和种差并排相邻的στοιχεῖον、而是以它们为前提并且按某种方式使其现实化的，但是，我们仍然不能想到在任何一种意义上终极种差相对于较高的属和种差是整体的原因（也许只有一个单一的较高的属，它将不需要什么东西来统一它）。由于亚里士多德想要证明种差不是一个στοιχεῖον，因此，他选择了βα的例子，在那里，per se ὑποκείμενον是种差必须将其统一的几个不同的东西；这个例子表明，种差并不总是一个στοιχεῖον，而且它还提供了理由来认为种差绝不是一个στοιχεῖον（因为那么一来就还需要另一个原因来将这个种差和属统一在一起）。⑤¹

在我看来，对 Z. 17 的作用的这一解读也为将《形而上学》H 卷理解为一个连续的、直至 H. 6 中对定义的统一性的陈述的论证提供了一把钥匙，而不只是对 Z 卷的一系列的增补。定义的统一性不只是 Z. 12 的局部关切。Z. 13 也提供了有关定义的统一性的一个难题：如果 X 的λόγος通过（比如说）Y 和 Z 两个στοιχεῖα来表达其οὐσία，那么，X 如何能够是一个单一的实体而非 Y 和 Z 两个实体，既然看上去 Y 和 Z 必定是相对于 X 而言的ἀρχαί、必须共同是 X 的οὐσία，并且由于这两个原因而必须是实体？Z. 17，通过把ἀρχή同στοιχεῖον区别开来并证明 X 的οὐσία不是其στοιχεῖα的任何一个或者全部，给我们提供了摆脱反对任何λόγος τῆς οὐσίας这一难题的基础；接着，H 卷表明如何实际地在这一基础上就一个给定的事物给出一个λόγος τῆς οὐσίας，而且它证明了我们不能以任何别的方

---

⑤ 请比较 H. 2（它运用了 Z. 17）：每一个事物的οὐσία是其种差，而且亚里士多德罗列了许多可能的种差，其中几个是整体的原因（混合是蜜酒的种差，捆绑是包裹的种差，粘结是卷轴的种差，钉合是箱子的种差），但其中一些则不是（位置是门槛或门楣的种差，时间是早餐的种差，方向是风的种差）。

⑤¹ 这显然就是亚里士多德在 H. 3，1043b4—14 上的论证策略，它再次运用和说明了 Z. 17。

式给出一个 λόγος τῆς οὐσίας。H 卷一开始就说，我们必须从已经说过的东西中
"συλλογίσαασθαι[推论]，并且在汇集了主要的观点之后加上一个结论"（H. 1,
1042a3—4）。我通常认为这是在说我们现在必须从我们已经发现的原则往下推
论：⁵²Z. 17 已经发现了这一原则，H 卷将要得出结论以表明如何给出一个避免
那一难题的 λόγος τῆς οὐσίας，而不像是受到 B ♯6 的前苏格拉底的哲学家们和柏
拉图主义者们所青睐的那些 λόγοι。

在某种意义上，在 H. 6 中所给出的解决方法就是：X 的属（或者 X 的诸
στοιχεῖα，其中不包括种差）只是潜在的 X，并且仅仅潜在地是一个实体（它不需要是
一个无规定的实体，因为它不需要先于 X 而存在，除了在 λόγος 上和在潜能上以外），X 的
种差才是现实性或 X 的现实的 οὐσία，而且根本不需要有关整体的更进一步的原
因（除非在时间性的事物中的一个动力因）来说明为什么潜在的 X 是现实的 X。但
是，要解决这个问题，这种形式的语言是不够的。而接受这样的结论，即，属（或
στοιχεῖα）不可能是那种就像柏拉图的形式一样不能在潜能上存在的事物，也是
不够的。问题不只是我们应当如何考虑属和种差的形而上学的地位（在这里我们
已经知道了它们是什么）：毋宁说，我们为了这一解决方法是可行的而必须正确地
选择属和种差，而 H 卷的工作就是表明如何选择它们，从而给出一个给定的 X
的 λόγος τῆς οὐσίας。首先（H. 1 的结尾）我们不得不找到恰当的质料，这对于不同
的 X 是不同的；接着（H. 2）我们寻找 X 的种差，在这里，种差将取决于具体的属
或质料，并且如 Z. 17 所说，将是对 X 而言的存在的 οὐσία 和原因。H. 3 依照
Z. 17 勾勒了这一主旨，这一种差将不是除这些 στοιχεῖα 之外的另一个 στοιχεῖον，并
且试图表明采用这种新的原则你能够做到多少没有它你不能做到的事情，特别
是在解释定义的统一性上。然而，这不仅仅依赖于选取正确的种差，而且依赖于
选取正确的质料，而 H. 4—5 警告我们，这是棘手的（一个普遍的原始质料是不够的；
X 的质料也不简单是在一个时间上接续的意义上 X 出于其中而生成的东西），并且就如何
首先找到质料、继而发现质料之是这个事物的原因给出了建议；仅当这被正确地完
成，H. 6 的解决方法才是可能的。而如果这被正确地完成，我们也将解决 B ♯6 的
一个余下的难题。B ♯6 说过，一个事物的通过其物理的 ἐνυπάρχοντα 的 λόγος，

---

⑤² 请比较 M. 4, 1078b23—25：苏格拉底 εὐλόγως ἐζήτει τὸ τί ἐστιν· συλλογίζεσθαι γὰρ ἐζήτει,
ἀρχὴ δὲ τῶν συλλογιαμῶν τὸ τί ἐστιν[合理地寻求那"是什么"：因为他寻求推理，而推理的本原就是
那"是什么"。]，συλλογιαμοί 在这里不只是些形式上有效的论证（这无须从 τί ἐστι 开始），而是构成
ἐπιστήμη[知识]的积极工作的建设性的论证，这才是苏格拉底所要做的，只要他能够找到 ἀρχαί。伯
尼茨和罗斯建议将 H. 1 中的 συλλογίσασθαι 从词源上翻译成"合计"，这并不坏，但听上去有点过于消
极，仿佛所有实际的工作已经做完了。

和它的通过属和种差的 $λόγος$，不可能都是正确的，因为同一个东西不能有两个 $λόγοι$；只有那些是形式—的—质料的物理的 $ἐνυπάρχοντα$ 才属于这个事物的 $λόγος$，而且它们合在一起和属是一样的，并通过种差以一定的方式得到实现，这样，正确的物理的 $λόγος$ 和属—种差的 $λόγος$ 是一样的。㊾ 以此方式寻求一个事物的 $οὐσία$ 并没有将我们带至亚里士多德式的第一哲学家——像前苏格拉底的自然哲学家或柏拉图主义者一样——所正在寻求的那种 $ἀρχαί$，永恒的、分离存在的 $οὐσίαι$，因为一个实体的构成成分只是潜在的实体，并且因为形式仅当复合实体存在时才存在；所以，在解决了从自然哲学家们和柏拉图主义者们那里继承而来的这一难题之后，亚里士多德转而沿一个新的方向，作为现实性的动力因而非 $οὐσία$ 的形式因或质料因去寻求 $ἀρχαί$；这就是将导向 Λ. 10 里的 $ἀρχή$ 的路径。

㊾ 这就是亚里士多德所要表达的，而且它适合于 $βα$，也适合于圆（在其中，属和质料是平面或平面图形）。比较成问题的是，亚里士多德如何能够使之适合于动物的种：例如，动物这个属真地是马的质料吗？但是在这些例子中，亚里士多德也是力图确保"好的"属—种差定义和"好的"物理定义（通过本质的、而不仅仅偶性的质料构成成分的定义）并不对立，因为每一个物种的种差必定是由它借以实施它的生命活动的器官中取得的。但是，在这里，质料构成成分似乎更像是种差而不像是一个属。始终真实的是，在定义动物或其种中，我们依照宽泛地讲 H 卷的程序，从在其最一般的描述"有机的自然的身体"之下的恰当的质料开始，接着通过确定这些器官倾向哪些能力和活动、进而这些器官是如何构成以实施这些活动的来添加产生区别的原因。所以，尽管属从在一个普遍描述之下的质料中取得，种差却从更为具体的描述之下的质料的部分中取得。并且动物（或"生物"）这个属并不简单是属类的质料"有机的自然的身体"，而是这种以一种不确定描述的形式结合在一起的质料；或许就像"直线图形"——这是三角形、四边形等等的属——并不简单是属类质料"平面"，而是以一种不确定描述的形式结合在一起的质料、"由直线所限定的平面图形"，其下的种是"由三条直线限定的平面图形"等等。所有这些表明的是，对于一个人在真实的科学中所必须界定的复杂实体来说，亚里士多德的属—质料和一个单独系列的形式—种差的框架是过于简单的。尽管如此，亚里士多德继续受到在《形而上学》ZH 卷中所奠定下来的、得到宽泛解释的那些原则的指引。

实践智慧或本体论：亚里士多德和海德格尔 *

罗　森

亚里士多德实践哲学对海德格尔（Martin Heidegger）的生存的本体论的影响一直广受专家们的讨论，其中我可以提到沃皮（Franco Volpi），塔米尼奥克斯（Jacques Taminiaoux）、吉赛尔（Theodore Kisiel）和这之中最杰出者，伽达默尔。在这些著作出版前的许多年，那些参加过海德格尔在马堡的讲座的人们，例如我自己的老师施特劳斯，曾经提到有关亚里士多德《修辞学》的一个研究生课程，《修辞学》中包含一个有关人类情感的本体论。① 就我所知，这个研究生课程从未出版过。但是我们现在拥有除主要的文本《存在和时间》以外的海德格尔 1924/25 年有关柏拉图的《智者篇》的著名的讲稿。② 这部已发表的文献的头 225 页是致力于亚里士多德的，尤其是致力于除了其他著作的相关文本中以外在《尼各马可伦理学》卷 VI 中对理智官能的研究。海德格尔讲座的这一部分所关注的是实践性的理智，而主要的论题就是 *Phronesis*［实践智慧］。整个分析在海德格尔对为什么 *sophia*［智慧］或 *theoria*［静观］对亚里士多德来说高于 *phronesis* 或 *praxis*［实践］的论述中达到顶峰。

看来存在着广泛的一致意见认为，海德格尔借鉴亚里士多德的实践哲学作

---

* ［译按］本文选自波佐（Riccardo Pozzo）主编，《亚里士多德主义对现代哲学的影响》（*The Impact of Aristotelianism on Modern Philosophy*），第 248—265 页，The Catholic University of America Press，2004。本文在罗森的《难以捉摸的日常：在哲学可能性中的研究》（*The Elusiveness of the Ordinary: Studies in the Possibility of Philosophy*）（New Haven, Conn.：Yale University Press, 2002），第 94—134 页中，以"康德和海德格尔：通向亚里士多德的两条先验道路"（Kant and Heidegger: Transcendental Alternatives to Aristotle）为题已经发表过。

① 参见《海德格尔和亚里士多德》（*Heidegger e Aristotle*）（Pauda：Daphne Editrice, 1984），第 26 页。
② 海德格尔，《柏拉图的〈智者篇〉》（*Plato's Sophist*），罗策维奇（Richard Rojcewicz）和舒维尔（André Schuwer）译（Bloomington, Ind.：Indiana University Press, 1997）。

为尝试的一部分以克服胡塞尔对理论的单一的强调。③ 吉赛尔甚至说，在1924/25年的讲座中，海德格尔"将一次又一次地寻找出入亚里士多德这部作品的各种路径，在这部作品中，实践智慧的洞识宣称它相对于静观智慧的潜在的优越性"。④ 接下来，我就以海德格尔在《智者篇》的讲座中持续不断地尝试将 phronesis 转化为有关人类存在的本体论的一个关键因素作为我的线索。就我而言，我把这一尝试看成是一个错误。它导致了在海德格尔常常是富有穿透力的论述中对亚里士多德学说的一个歪曲。但是，甚至更为重要的是，对伦理学来说本体论的诱惑的后果是灾难性的。在这里就像在别处一样，亚里士多德看问题比海德格尔更清楚。

出于引导的目的，我们可以说，在亚里士多德那里 phronesis 的任务是要计算达成实践目的之实现的手段。实践智慧并不对目的进行计算；目的由 nous 或理智直观提供。上述计算在一个具体命令形式的对一个目的的再次陈述中达到完成，而这是一个经过筹划使目的适应于具体环境的命令。除非计算者是善的，否则计算不会是善的；这样，实践智慧就不像例如数学中的理论计算，也不像对永恒存在者的纯粹静观，后者非善非恶，因为它没有任何实践上的推论。简言之，实践智慧同伦理学和政治学相联，它除了依赖于从事在正确的选择中达到完成的正确的筹划的计算能力外，还依赖于对目的的直觉。对实践智慧的这一不多的概括是基于《尼各马可伦理学》卷 VI，尤其是第 6 章 1144a—b。在此之上我再补充一个贯穿整部著作的关键点。实践智慧对德性行为是工具性的，是达到最高人类善——幸福的一个手段。如卷 X 所阐明，但在卷 I 已经被指示过的，来自于伦理德性或者 praxis 的幸福不是人类可以达到的最完美的。这个等级保留给了理论静观人生的幸福或者至福（eudaimonia）。

我先停下来做一个解释性的评论。亚里士多德把实践同理论和创制分开，由此便将一个根本的修正引入到了柏拉图的技艺和科学的分类中。我顺便指出，可作论证的是，对柏拉图来说，"民众"的德性（哲学创造的人工制品，如《国家篇》VI. 504d4—9 中对它的称呼）是内在不完善的，这不只是就哲学家而言，而是就所有公民而言的，幸福或者至福在根本上只有哲学家通过对天外存在物或理念的纯粹理智观看才可获得。这个观点内在于苏格拉底的德性即知识的命题之中，在

---

③ 沃皮，《海德格尔和亚里士多德》，第 91—94 页；塔米尼奥克斯，《海德格尔和基础本体论的任务》（*Heidegger and the Project of Fundamental Ontology*），金德尔（Michael Gendre）编译（Albany, N. Y.：State University of New York Press, 1991），第 xx 页。

④ 吉赛尔，《海德格尔〈存在与时间〉的生成》（*The Genesis of Heidegger's* Being and Time）（Berkeley, Calif.：University of California Press, 1993），第 303 页。

下面受到了亚里士多德的修正。严格说来,这个论题不是错误的(参见例如《尼各马可伦理学》VII. 3,1147b12—19)。但是有两种知识。理论知识提供给我们最高形式的幸福,但这类的理论活动和伦理德性无关。它的卓越性完全不同于体现在高贵和公正行为之中的人类善。第二种形式的知识在术语的严格意义上既非"科学的"也非"理论的"。但它是如何把目的调适为计算性理性的一个正确命令的知识,这种计算性理性针对的是在我们当前对之加以筹划的处境的种种相关境遇下正确行动的实施。这种类型的知识紧密联系于感知觉,既是对具体的感知,又同苦乐相关。

让我对这第二种知识做一个清晰的说明。我不把判断活动本身同一个认知的过程混为一谈。但是,判断活动——phronesis 的典型技艺就体现于其中——本身依赖于有关人类事务的实际知识。如亚里士多德反复讲到的,phronesis 为 orthos logos[正确理性]所协助,并契合于 orthos logos。这一点的意义可以表达如下。亚里士多德对实践同理论和创制的区分,以及他的这一主张,人在本性上(in nature)是政治的动物,把自然同理性以一种独立于哲学和 episteme["科学"或"知识"]——在这一术语最纯粹的意义上——的方式联系在一起。praxis 的 logos 的正确性是不依赖于哲学家的理论观看的。柏拉图当然提到人类本性和城邦的本性,但他从未说到人在本性上是一个政治的动物。意即,他从未赋予非哲学家以达到一种实践的完满的可能性。这在根本上只有通过哲学王才是可能的。

亚里士多德的情况是复杂的,但是尽管如此,却依然可以同柏拉图的情况区别开来。对亚里士多德来说有两种幸福,理论的和实践的。原则上,经由伦理德性的幸福对大多数人来说都是可以通达的,正像理论幸福之不然那样。"它看上去对许多人是共同的[polukoinon]。因为经过某种学习和保持它可以属于所有那些尚未丧失[伦理]德性方面的能力的人"(《尼各马可伦理学》I. 9,1099b18—20)。人们也许会通过指出 eudaimonia 按本性是最高的人类善来支持这一论述;如果它是极为罕有的,或者决非轻而易举就可获得的,那么,这就表明自然始终都在枉费功夫。但不幸的是,亚里士多德经常强调获得实践智慧、因而达至 spoudaios[善人]或完满德性的高贵人士的罕有和困难(例如,II. 9,1109a28)。这从 phronesis 或实践理智的本性来看也是明显的,它从不犯错,是具有德性的一个必要条件。这甚至从 megalopsuchia* 或"大度"(greatness of soul)这一德性来看更为明显,亚里士多德把这种德性描述为伦理德性的美化(kosmos);"它使它们更为伟大,而

---

* [译按]英译一般采用直译,即"灵魂的伟大",实指心胸的开阔,汉译为"大度"。

没有它们它也不能获得。因此成为大度的是困难的"（IV.3,1124a1 以下）。在此之上我再补充一点，既然人们除非拥有全部德性，否则便不能是 *spoudaios* 或一个完满的 *kalos kagathos*［美善者］，所以，这样一个人是极为罕有的。因此，一切都取决于一个人所能接近于这一典范并在亚里士多德的意义上始终是有德性的程度。

完全可以说实际幸福的可能性的范围似乎受到了威胁。但亚里士多德的总的研究始终致力于理论和实践之间的区分，他对实践的分析始终执著于对日常的或前理论的生活的把握。总而言之：幸福在这样或那样的程度上是人类通过伦理德性可以获得的，并因此实际上是在所有理论反思之外的。海德格尔就他把实践变为本体论而言更像是柏拉图而不像亚里士多德。至少在《存在与时间》中臻于巅峰的时期，⑤海德格尔肯定不像实际的柏拉图，而事实上非常像他所批判的柏拉图，在宣扬一种具有实践—创制特性的准理论。我用这个词的意思是指，在《存在与时间》中，澄明和去蔽的活动也是 *Dasein*⌊此在⌋由以从它自己的对自身（*Jemeinigheit*）的操心（*Sorge*）之中创制世界结构的活动。*phronesis* 向基础本体论的转化是建立在将亚里士多德的伦理德性转化为本真性（authenticity）、幸福转化为向死之畏的基础之上的。

基于这一简单的概括，我们现在就可以引用海德格尔在 1924/25 年讲稿中对 *phronesis* 的著名的、实际上是声名狼藉的定义。其总的语境是把 *phronesis* 作为 *aletheuin*［去蔽］来讨论，亦即一种揭示某种被快乐或痛苦所遮蔽的东西的方式。这种类型的揭示不是实证的，像 *techne*［技术］，也不能够被遗忘，像 *doksa*［意见］和 *mathesis*［知识］，因为它总是新的（即契合于境遇，而非一条普遍的规则）。海德格尔说，*phronesis* 不多不少就是"den Ernst der bestimmten Entschei-dung"，"决定性决断的严肃性"（第 54 页）。我请你们注意 *Ernst* 一词，它无疑可以被合理地证明是对 *spoudaios*，"严肃的"或"善良的"的一个翻译，亚里士多德所频繁使用的一个词。*Entscheidung*［决断］使我们记起 *Entschlossenheit*［决心］。这两个词稍后便会对我们产生更大的意义。

接着上引的那段话，海德格尔在解释亚里士多德的这一命题，即，尽管我们可以遗忘一条知识，但 *phronesis* 是一种每次都达到某种新东西的能力，亦即针对当前境遇的正确的 *logos*。尽管知识可以被遗忘，但 *phronesis* 不能。亚里士多德藉此不是简单地意谓我们不能遗忘我们的种种理智能力，因为这一点可以适用于各种形式的认识活动。海德格尔正确地集中在遗忘 *phronesis* 所实施的

---

⑤　海德格尔，《存在与时间》，第 7 版（tübingen：Mohr，1993）。

内容的不可能性上。海德格尔说:

> 会遗忘是具有 *theorein*[理智静观]特征的 *aletheuein* 的一种专有的可能
> 性。因为 *heksis meta logou*[有理性的品质]是 *aletheuein* 的一种习性,*Da-*
> *sein* 明确地把自己带入其中。但 *phronesis* 方面的情况却不同。它在如下
> 事实上展示自身,即,我能够经验、观察、学习那已经经验过、观察过、学习过
> 的东西,但 *phronesis* 每次却是新的。

这一解释具有误导性质,因为它给人的印象是,理论真理同 *logos* 相联系,
而 *phronesis* 不然。同样重要的是,海德格尔过度诠释了亚里士多德有关 *phro-*
nesis 的创新性的极为简洁的说法。全新的是针对当下可欲求的行动过程的决
断。但是这个决断本身依赖于有关人类本性、因而有关人类事务的一般知识。
这无疑就是亚里士多德经常说 *phronesis* 按照"正确的 *logos*"行动的原因(Ⅵ. 1,
1138b24;Ⅵ. 5,1140b4-6;Ⅵ. 6,1144b21-23 各处)。毕竟,*phronesis* 是灵魂的计算
性的、亦即算计的或筹划的部分的德性。它不像是数学家的计算技艺,后者运用
它们达到对一个技术问题的正确回答。实践智慧的筹划必须在每一种情况中确
立善,从事这个的能力在有关生活的知识上不是单纯形式性的或空洞的。
phronesis 是 *logos*,正像诸德性是在苏格拉底的各种形式的知识的意义上的诸
原则。但是 *phronesis* 基于 *logos*,正像诸德性或诸原则都是 *meta logou*,亦即,
在 *logos* 的协助下工作,并且 *kata ton orthon logon*,依据正确的理性(《尼各马可
伦理学》Ⅶ. 1,1145a18-30)。在另一方面,海德格尔试图通过把 *logos* 等同于"讨
论[Durchsprechen],而不是理性"来削弱这些段落中 *logos* 的意义。他在这里正确
地把 *orthos* 解释为 *orthotes boules*[商谈的正确性],但无论这个还是对一个要求
判断的实践性议题的正确讨论,都不能脱离理性而存在。

接着海德格尔的翻译,"这样,在 *phronesis* 方面就不存在 *lethe*[遗忘]。……
在 *phronesis* 中,不存在任何 *Verfallensmöglichkeit des Vergessens*[遗忘之沉沦
的可能性]"。我打断片刻。在《存在与时间》中,*Verfallen* 指的是 Dasein 由以离
开自身的"沉沦"或"放纵",它的标志是"诱惑、镇静和自我异化这三个动态的特
征(*Versuchung*、*Beruhung* 和 *Entfremdung*),"如吉赛尔对《存在与时间》的注释所说
(177—178 页)。⑥ 换句话说,我们在 1924—25 年所看到的是企图将 *phronesis* 从
一个道德的状态提升到本真性的本体论水平的倾向。这也将它同具有理论理性

---

⑥　吉赛尔,《海德格尔〈存在与时间〉的诞生》(*The Genesis of Heidegger's* Being and Time),第 257 页。

典型特征的去蔽模式分离了开来。"确实,亚里士多德在这里所做的说明(即, *phronesis* 没有遗忘因为它总是新的这一事实)是非常简洁的。尽管如此,从上下文来看清楚的是,假如一个人说亚里士多德在这里已经碰上了 *das Phänomen des Gewissens*[良心的现象],他并没有在解释中走得太远。*phronesis* 无非就是突入运动之中的良心,它使行动澄明起来。一个人不可能遗忘良心。然而一个人可以允许良心所去蔽的东西通过快乐和痛苦、通过情绪被阻塞起来、变得无效。良心总是重新宣布自己"等等(第 56 页)。

简言之:海德格尔把 *phronesis* 解释成良心的无声的召唤,因此是某种 *aneu logou*[无理性]而不是合乎 *ho orthos logos*[正确的理性]的东西,通过它 *Dasein* 在面对 *Angst vor dem Tode*[死之畏]时召唤自己从沉沦返回到一个本真的决心(*Entschlossenheit*)上来。这个 *Angst* 为它开启了全部可能性,以此方式它描画出了整个 *Dasein*(《存在与时间》,第 264 页)。这凑巧对应于亚里士多德的如下说法,即,*phronesis* 不是关于人类活动的这个或那个方面,而是关于生活的整体。*phronesis* 按照正确的 *logos* 而不仅仅是对目的的理智直观工作,为的是达成在这一具体的情况下将有助于行为者的善、因而有助于他的幸福的建议。另一方面,海德格尔的良心"显明自身是操心的召唤:召唤者是 *Dasein*,在被抛(已经一在一之中)之中就其存在的可能性而畏"(《存在与时间》,第 277 页)。以及:"*Gewissensangst*[良心之畏]的事实是 *Dasein* 本身在对这一召唤的领会中被带到了无家可归状态(*Unheimlichkeit*)面前这一事实的现象上的确证。*Das Gewissenhabenwollen*[想要具有良心]为畏而做好了准备"(第 296 页)。

就像在海德格尔对柏拉图、亚里士多德、康德和尼采(就让我们限于这几个人)的解释中经常出现的情况那样,他究竟是在反驳他的前辈,还是在把他们吸收到自己的学说之中,这常常是不清楚的。在这一具体情况下,它所意谓的远比这个要多得多,如吉赛尔所讲的,海德格尔总是在寻求种种方式把 *phronesis* 提升到理论意义的 *sophia* 之上。更为重要的是这一事实,即海德格尔通过将 *phronesis* 同它的具体的伦理的和政治的语境相分离,就从根本上修正了 *phronesis* 的灵活性或"全新性"。在把 *phronesis* 转变到本体论,更为具体地来说,转变为 *Gewissen* 时,海德格尔就倒空了它的全部具体内容。在亚里士多德那里,*phronesis* 是"新的",但不是空的。例如,在我看来,海德格尔过分强调了在实践智慧的筹划中未来的重要性。诚然,我们并不就过去进行筹划。但是我们确实对现在进行筹划:"现在的紧急情况"或者"现在的处境"。而且我们这样做只是基于我们对过去的知识,也就是说,对自然的常规的知识、对人类动机的稳定性的知识、对实践上的可能性的知识,等等,所有这些都把实践的当下规定为实践智慧计算的核心。

总结起来:我们不是遗忘我们的种种认识性的理智能力(尽管我们可以失去它们),而是遗忘由它们所发现或揭示的东西。我们遗忘我们已经拥有的东西,从而遗忘在过去曾经是真的并且可以适用于现在的情形或者对未来的预期的东西。我们遗忘一般适用的东西。海德格尔强调这一事实,即,*phronesis* 所揭示的东西是独特于当下时刻的,或者更精确地说,是独特于作为现在被预期的未来时刻的。但是独特于此刻的东西将不适用于下一刻。在每一个时刻都要求一个新的判断。这是海德格尔用"das in Bewegung gesetzte Gewissen, das eine Handlung durchsichtig macht"[位于行动内部、使一个行动澄明起来的良心](第 56 页)所表达的意思的一部分。

我认为,这远不只是说 *phronesis* 具有一个时间性结构,海德格尔所能够合法地提出的一个观点。但是,时间性结构的内容并不是本体论的;它是实践的或"政治的"——在这一术语的宽泛的意义上。并且,首要的是,*phronesis* 指向的是人类的幸福,而不是 *Angst vor dem Tode*。

海德格尔也许希望以他自己的语气说,畏是本体论上的(ontological),而幸福是实体性的(ontic),但我并不认为这非常富有说服力。它可以甚至是正确的,但结论并不是要把 *phronesis* 等同于 *Gewissen*。相反,它倒有助于明确地在本体论的和实体性的之间、亦即用亚里士多德的话来讲理论性的和实践性的之间做出区分。海德格尔从人类存在的本体论的结构之中获得 *Gewissen*,并赋予它一个本体论的功能;但亚里士多德的 *phronesis* 并不来自于对灵魂的一个理论的或科学的分析,而且它的功能也不是本体论上的,而是实体性的。

一个由海德格尔附带提出但完全没有被他所展开的观点就是,对于亚里士多德来说,伦理学的第一原则是由明智的或审慎的人们的 *endoksa*[意见]所提供的。说得更准确些,在目的意义上的这些原则是由理智直观所提供的,但是这些原则并不来自于宇宙的本体论的结构。正如海德格尔所当然知道的,这些原则属于变化的事物,而且它们本身在改变;甚至自然正义也是可变的,如亚里士多德在《尼各马可伦理学》V. 7 中所明确表明的那样。*endoxa* 不是那样一些在它们不来自于 *doksa* 而来自于 *nous* 这一意义上的目的或原则。它们只能是有关构成了如此这般境遇下明智行为的东西的一般准则(《尼各马可伦理学》VII. 1, 1145b5—7)。而且正是依赖于 *phronesis* 在其筹划的能力中,才更进一步地把这些一般性的意见具体规定为适合于当下处境的建议或命令(亚里士多德在 VI. 10, 1143a8 中提到了 *phronesis* 的这种具体规定的特征)。

一个人忍不住要说,从一种海德格尔的立场来看,伦理学的原则得自于 *das*

Man[常人]的非本真性的言谈。亚里士多德经常用动词 *dokei* 或一个变化的形式，"看起来"、"似乎"、甚或"人们说"，来引入一个观点。如果实践的第一原则和目的实际上是亚里士多德意义上的诸范畴或海德格尔意义上的"生存者"(existentials)，那么，它们对于用作由实践性计算所做的一个明智建议的推导的基础就毫无用处。我们不应当忘记，海德格尔在《存在与时间》中作为一个本体论者讲话时，明确地将他的良心理论同伦理上对好的和坏的良心的关注区分了开来。

> 好的良心必须要宣布 *Dasein* 的"善"[*Gutsein*]，而相应地，坏的良心则宣布一个"恶"的人[*ein Bösesein*]。人们轻易就看到，由此，先前是"神圣能力之流溢"的良心现在成了形式主义的奴仆。一个人因此就应当被容许去说"我是好的"。但除了一个真正的好人谁能够说这个，谁又会想要证实这个？（《存在与时间》，第 291 页）

海德格尔在这里将本体论同圣经而不是亚里士多德区别开来。但是，在这一语境中，这一差别可扩展至这二者。《存在与时间》的主要之点恰恰不是要为这个或那个实践处境提供明智的建议，而是要使我们通过获得对 *Dasein* 的本体论结构的一个领会而准备好提问"什么是存在？"这个问题。对此一个人也许会补充说，生存性的分析描绘了一个人由于它才可以进行一个"明智的"计算的机制，但是它本身却并不关注于这样做（《存在与时间》，295 页）。对于亚里士多德的《尼各马可伦理学》一个人就不能这么说。但是，这就产生了以下这一令人惊讶的结论。对于亚里士多德，实践当然对所有人都是必须的，但它作为一种生活方式却次于理论。对于海德格尔，实践和在一个抽象意义上的 *phronesis*，并不参与对一个本真性的生存的实际的选择；相反，它展示亦即解释人类生存的限定性维度的基础本体论的结构。在这一意义上，它最终是理论性的而不是实践性的。让我把这一点说得更准确一点。海德格尔没有说实践高于理论。如果他毕竟说了些什么的话，那么，他说的是，实践就是理论，亦即真正的基础存在论的理论；或者至少是说，它是追求一种真正的理论的第一个阶段。海德格尔的本体论是实践—创制性的；至于理论，它同相关的作为在场的存在的学说一起被否定了。实践是理论的第一个阶段，在这里，用"理论"我指的是对"什么是存在？"这个问题的回答，或者如果不是回答的话，那么便是对这个问题的正确的言说。在亚里士多德这里，实践、从而当然 *phronesis* 和对"什么是存在？"这个问题的回答或者就此而言和那个问题本身没有任何关系。

这样，这就表明，海德格尔对避免形式主义的渴望在一种将所有哲学转变成形式主义的思维方式中是一个本质性的成分,因为 *sophia* 被吸收进了 *phronesis* 之中。这样,存在的问题就被转化成了对存在的追寻,或者一种由亚里士多德的片言只语、基督教的人类学和尼采的哥特式的 *Sturm und Drang*［狂飙突进］所构成的罗曼蒂克的混合物。本真性的情感或习性的自我正当性(self-righteousness),或者一个空的和沉默的声音,取代了大度和 *phronesis* 的计算的准确性。这样,决绝的 *Dasein* 便不能给出理由而只得采纳出自美国政治学的一句名言,"在他的心中,他知道他是正确的"。

海德格尔对 *phronesis* 的分析充满了令人感兴趣的观点,但是那一分析最有价值的方面是他企图表明,亚里士多德的理论是如何从日常生活的普通推理过程中涌现出来的。在绝大部分上,海德格尔是忠实于亚里士多德的方法的大的特征的;不存在任何对实践的第一原理的演绎,也没有把它们奠基于一个也许更深刻或更全面的本体论结构之上。但是海德格尔偏离了这一方法而趋向他的分析的目的。他非常合理地评论说,对于亚里士多德,*sophia* 相对于 *phronesis* 的优越性是基于 *sophia* 所通达的生存者的存在模式,亦即 *aei onta*,永恒的存在(170—171 页)。"人类的 *Dasein* 因此就是本真性的(*eigentlich*),当它以它在最高的意义上所能够存在的那一方式永恒存在时。"他接着对古希腊伦理学和现代伦理学之间的差异做了如下的一般的陈述:"对于古希腊人,对人类生存的反思是纯粹地指向存在本身的意义的,亦即在人类生存具有永恒存在的可能性的程度上指向这个东西"(178 页)。换句话说,海德格尔认定,把理论相对于实践的优越性奠基在永恒存在相对于短暂存在的优越性上,无异于对伦理学的本体论上的奠基。但是,这是错误的。伦理学基于 *endoksa*,如果说它毕竟基于什么东西上的话;而这也就是说伦理学的基础是常识,而不是存在的意义。

在海德格尔解释 *phronesis* 的道路上的另一个严重的妨碍是他对"良心"这个词的使用,不管他如何修正这个词,它都正确无误地来自于基督教的人类学。这一点同无论虔诚还是羞耻对亚里士多德都不是一种德性的事实是紧密联系在一起的。这样,罪这个在海德格尔的生存本体论中关键性的因素就整个从亚里士多德的 *phronesis* 的领域中消失了。有德性的人不可能感到罪,因为他不受邪恶诱惑,没有丝毫可感羞耻的东西。在这一系列的讲法中我有一个更进一步的评论。就我所能看到的而言,海德格尔丝毫没有提到在他称作 *Jemeinigkeit*［那真正属我者或是我者］* 的东西和亚里士多德对幸福是至善以及它是我所努力追求的我的幸福这一事实的强调之间的一个明显的相似性。当然,*Jemeinigkeit*

---

* ［译按］括号中的是罗森自己对这个德语词的解释,这个词汉译一般译作"向来我属性"。

的向心性或者朝一个人自己的生存的趋向性,不可能在亚里士多德对实践的论述中轻易地被发现,因为完美的伦理德性、亦即一般的公正,不单纯是为自己的而是为了他人的(《尼各马可伦理学》V. 1,1129b31－33；V. 2,1130b18－20)。然而,一个人在把思辨生活视作高于人而实际上是神圣的论述中却似乎可以发现这一点:即一种凭借人类身上最高的因素亦即纯粹理智而过的生活。"看来这是在每一个人身上最高的因素,既然它是主导的和更好的部分。如果一个人不想要选择一个人自己的生活而是别人的生活,那么这就是奇怪的"(X. 7,1178a2－4)。别人的生活,在最高的情况下,就是公正的生活,亦即为了另一个人的生活。一个人自己的生活就是纯粹理论的生活,"就其自身而被喜爱的唯一的现实性。因为除了思辨之外没有什么东西从它之中生成；相反,从实践活动中我们或多或少获得某种超出行动之外的东西"(X. 7,1177b1)。

尽管善良人的自爱也许可以同形式主义相混淆,但对于思辨生活的自足和随之而来的至福却不能够这么说。此外,纯粹理论的幸福在亚里士多德那里是同完满或完美联系在一起的,但这反过来又是同不变之于变化的优先性和 *aei onta* 之于短暂的优先性非常紧密地联系在一起。畏的人被置于作为不完满性的一个象征的他的生存的总体性面前,也就是说,它在警告现在是决绝地以一种本真的方式行动的时候了。*Angst vor dem Tode* 是一种行动刺激,它本身便是认识到不完满性的一个象征。但在另一方面,幸福却是一个人的自然能力的完满或完美的象征。它是一个闲暇的邀请。

换一种方式说,海德格尔的本体论在我看来经历了一个内在的张力。一方面,它是强力的和激进的；另一方面,撇开它对 *phronesis* 的本体论上的吸收,它将实践活动大量留给了在给定的境遇中我必须照做的历史命运来决定。这表面上看起来像亚里士多德的 *phronesis*,但它更像历史决定论,而且当激进的因素发挥作用时并不更少如此。这样,自由就无异于是在假设对有关历史命运的一个决定性解释的责任承担。此外,在卷入纳粹的悲惨结局之后,有一个从激进向消极(不等于和平主义)或 *Gelassenheit*[泰然自若]的转变。冒着被冠以形式主义者头衔的危险,我还必须补充说,在海德格尔的本体论著作中,无论是在《存在与时间》之前或同时或以后,没有一处我可以发现任何伦理德性的概念,或者说得更简单些,从本体论而来的道德准则的自主性。

在这一点上,请允许我在我的论述中稍停一下,就我的核心论题尽可能清楚地做一简短陈述。海德格尔犯了巨大的错误,试图克服理论和实践之间的分裂。他通过将二者转化成诗来做到这一点。但是,没有一个独立的理论,诗首先变成空想,继而变成狂想曲。而没有一个独立的实践,伦理学首先蜕变为生存的本体论,继而蜕变为行动理论,更不消说神经生理学。

此外,我要加上第二个在我看来巨大的错误。海德格尔通常的做法仿佛情绪、感受、情感、欲望以及其他灵魂的"调谐"是在本体论上先于论证理性的。这里有着某种柏拉图爱欲理论的东西,这种理论在海德格尔的 Sorge[操心]的概念中依然可见。但是爱欲本身是由欲望对象的等级秩序所界定的。我们在我们开始理性思想外部世界之前便以某种方式与它"调谐"这一事实,绝不证明这些调谐比论证理智更真实或者更原始地"敞开"了存在的真理。说最初的或原始的感受或调谐内在地优越于或者更澄明于随后而来的调谐,这也是不正确的。海德格尔暗中接受了尼采的系谱学的哲学研究方法,一种无疑比尼采要古老但并不因此更少可疑的方法。一个人也不应当模糊诸如罪、畏和决心这类情绪和对原则的理智直觉(无论普遍还是特殊)之间的界限。正是阐释上的 Entschlossenheit 的这些错误,或者请允许我们说活动,渗透在海德格尔对亚里士多德的 phronesis 的解释之中。

接下来我要就亚里士多德的和海德格尔的生活的"整体性"概念之间的差异做一些评论。在一段同时也附带地说明了 phronesis 和 endoksa 之间的关系的话中,亚里士多德说:"看起来"或者"据信(dokei)明智的人(phronimos)能够就善的东西和对自己有益的东西进行高贵地(kalos)筹划,这不是在具体的意义上,例如有关健康或力量的问题,而是有关整体地生活幸福"(holos,1140a25—28)。

亚里士多德以此指的是,phronesis 既不指向实践生活的某一个方面,也不指向具体方面的算术总和;相反,它旨在产生一种灵魂的习性,它体现在人类被要求于其中就高贵和善做出判断的每一个活动之中。存在着把善的行为作为一个整体来谈论的两种方式。当重点在行为者身上时,我们谈到高贵;当行为被首要地指向政治的和社会的关系时,我们提到公正。这两个术语的所指是互补的,但在它们之间有一个轻微的张力,我很快就会回到这个问题上来。在目前的语境中,我们可以认为它们是同等的谓词,用于指实践生活的相伴的完美。Phronesis 将自身致力于一个灵魂的活动中的是"完整的"连续的表达,这不是因为它已经完成了它的一生所容许的所有活动,而是因为它完全是善的,亦即完美的或 teleios[合目的的]。这样的一个人我们称为"善",而且我们说事物是善的,假如它们对这个善的人显得是如此的话。排除疯狂或一些使人丧失能力的不幸,并且容许一段合理的生活长度的实现,这个善的人在他活着的时候就是完整的,对于幸福也可以讲类似的话。简言之,"善"不是单个行动的属性,而是发动善的行为的灵魂的属性;而且正是灵魂的这种高贵亚里士多德把它同 phronesis 联系在一起。

在海德格尔对这段话的讨论中,他正确地说到"*phronesis* 的筹划影响到 *Dasein* 自身的存在,那 *eu zen*[好的生活],也就是说,*Dasein* 应当是一个公正的存在"(*ein Rechtes*:第 49 页)。*Phronesis* 的 *telos*[目的]因此便不是像在 *techne*[技术]中一样是某种在筹划以外的东西。筹划的对象就是生活本身。这是过于凝练的一段话,但基本上是正确的。让我们现在问我们自己,海德格尔如何按他自己的术语来理解生存的整体性的。请考虑在《存在与时间》第 39 节"*Dasein* 的总体结构的源始总体性(*Ganzheit*)的问题"中的以下论断。在第 182 页上,海德格尔说:"畏,作为 *Dasein* 的存在的一种可能性,同 *Dasein* 自身在畏中的敞开相应和,为对 *Dasein* 的存在的源始的总体性的清晰把握提供了现象基础。这种存在将自身显露为 *sorge*。"用更通顺的英语来说,畏是 *Dasein* 把自身作为一个整体来敞开或显示的能力。正是 *Dasein* 的由于畏而对它的死的某种知识的自我激活,构成了总体化功能开始发动的必要前提(第 264 页)。海德格尔说:"良心显明自身是 *Sorge* 的召唤,召唤者是 *Dasein*,它被抛中畏着(或'使自身畏着')……针对它最本己的能在。"总之:总体性依赖于 *Sorge*(第 231 页),它反过来是 *Schuldigsein*,"有罪的存在"(第 286 页)。这造成了将我的受畏折磨的自我投映在我的罪上的决心(*Entschlossenheit*)(第 285 页)。而且"生存的基础真理要求一个同样基础的 *Gewisssein*[良心的确知],使自身保留在那决心显明的东西中"(第 307 页)。

总体性或整体性在一个方面同面对死的畏相关联,在另一个方面同决心相关联。这两个限界点都是情绪,表达 *Dasein* 的 *Jemeinigkeit*。我这样说的意思是,世界是 *Dasein* 的操心的各种形态的内在活动的一个投影。在这一基础本体论的层面上,提及 *Dasein* 的唯我论是公平的。*Dasein* 操心它自身;它的完整性在于 *Sorge* 的整个自我中心的特征。"所有毗邻于操心的对象的存在,所有与他人一起的存在都瓦解了,当这是一个人最本己的能在之事的时候。*Dasein* 仅当它使之有可能出于它自己的自我之内的时候,它才可能是本真的自我"(第 263 页)。

接下来,我们要注意到,对于海德格尔来说,并不是 *Gewissen* 实际上解蔽了实践上的判断(而且诚然,"实践上的"在海德格尔那里指的是本体论上的实践—创制性的)。海德格尔很少提到 *Dasein* 从事于就生存选择的具体内容进行推理性考虑所依凭的那些步骤。一个人在阅读《存在与时间》的这一节时几乎可以断定,根本没有任何推理性的思考或"计算"、因而也没有任何 *logos* 显露出来。操心的沉默,罪的沉默,良心的沉默,全都集结在决心的沉默中。万事万物通过情绪或情感的手段起作用,而后者本身被死之畏——或者按它本体论上的讲法,*Angst vor dem Tode*——所激活。

以上段落的选择将必然作为证据提供给我的结论。亚里士多德和海德格尔在这一点上相互之间的大的差异有如下述。"整体"对于海德格尔意味着有限和完成,没有更进一步的可能性带我们逾越界限。进而,*Dasein* 的结构的总体性的前提条件不是它的行动的品质,而是对它的消灭的恐惧。我表达我的完整性是通过对畏的回应,而方法就是以一种坚决的决定,决心按一种本真的方式行动。但是,良心并没有告诉我应当做什么,或者,换一句话说,应当如何去施行与具体判断的实际所见和所述相对应的东西。相反,它是我的罪的沉默的标识。在亚里士多德那里,不存在任何良心,而毋宁只有一种善的 *heksis*[品质]或品性,它连同直观和明智是对完美或完满的一个表达。这解释了畏在海德格尔那里的核心地位,相对应的便是幸福在亚里士多德那里的核心地位。对于海德格尔来说总是有某种更多的、甚至新的东西要被进行;因此,畏或不安甚至构成了本真地生活的决心的特征。海德格尔赞美工作,相反,亚里士多德的行动更像是闲暇。

换一种方式来说这个,海德格尔的完整性的概念是同他把人类生存解释为时间性的不可分割的。我这样说不是想要表明亚里士多德把个体的人当作不朽的。但是,对于海德格尔,人类生存的所有意义或意蕴全都来自于一个人自己的根本限度的自由而决绝的选择内部。*Dasein* 不能诉诸分离的存在物,而且首要地,它不能诉诸永恒的存在物作为它自己的生存的本真性的源泉。进而,既然死亡是迫近的,或者简直是内在于我自己的生存的时间性中,那么,决心就不足以使我摆脱畏。它只能用来让我为我拿来填满我的生命的时间性的敞开的各种决定承担个人的责任。在另一方面,对于亚里士多德,永恒地置身于永恒的存在物中以达成完美并不是必要的。理论静观是内在地快乐的,为它自身的缘故而被喜爱,而不是为了任何可能的将引导我以这样或那样方式行动的决定。总之,恰恰是理论的摆脱了实践活动的自由才使一个有限的人类生活的完美的幸福成为可能。通过将理论转化为一种实践,海德格尔将畏构建进了生存之中。施特劳斯曾经描述洛克的人生观是"对快乐的无乐的追求"。我愿意认为海德格尔的理论是对决心的没有决心的追求。

然而,在亚里士多德那里有一个同幸福相关的问题。这个"标准的"观点应当在《尼各马可伦理学》卷 VI 如下的论断中找到,即"创制的目的是同制作活动本身相分离的,相反,这对于实践却不然。因为好的行动(*eupraksia*)本身就是目的"(VI.5,1140b6—7)。如果这是正确的,那么,幸福本身就是好的行动的一个要素。有时候,亚里士多德似乎说的就是这个,但是,在其他时候,就像例如在卷 I

中一样,他清楚地说,幸福是最高的目的,或者所有实践所指向者(I.6,1097a22—23及以下)。但某物所指向者不可能是它自身中的东西的一个部分。而且,如我们先前所看到的,他在卷 X 中说,伦理德性总是寻求某种自身之外的东西,相反,理论静观却是所寻求的唯一的东西,并且仅仅由于它本身就被喜爱的东西。这个问题不仅仅是一个实践幸福次于理论幸福的问题。它毋宁是离开了理论,幸福对于实践的可通达性的问题。

我把这个问题留作一个难题,以待别的机会来研究,现在转向相关的实践真理的可变性的困难。再一次,实践智慧被界定为一种实践上的习惯,它获得"同有关什么是对人类而言的善和恶的 logos 相一致的真理"(VI.5,1140b4—6)。就像在技艺或创制的例子中那样,真理在如下意义上是可变的。在一种境遇下是善的东西在别的境遇下将不是善的。但是,明智的人的判断在这些境遇下是正确的。换一句话说,在每一种使行为趋向于或远离开总的善的生活的境遇下都有一个实践的真理。亚里士多德在这个意义上不是一个相对主义者。而且这种真理对于形式的直观、原理的归纳、逻辑的演绎或任何别的方法或技术方式都是不可通达的。它唯一对于明智的人的判断是可通达的,这个人作为明智的(而不是作为一时发疯的)在判断。

再一次,这存在着同海德格尔的一种表面上的相似性。正如亚里士多德提供给我们的德性的定义是两个极端之间的一个中道,但没有告诉我们在这个或那个境遇之下什么是有德性的,同时他也同样让我们根据我们对一个人的判断的善性的估价来确认这个好人(对这个原理的一个假定性的陈述,请参见 X.5,1176a15—17)。类似地,海德格尔提供给我们本真选择的生存结构,但没有提供给我们它在具体的情形中意味着什么的一个界定。鉴于这两位哲学家对具体境遇的无穷无尽的变化性的共识,他们在他们的行为中都是完全合理的。但是这位德国本体论者没有提供给我们任何基础来理解、解释和评价那沉默的良心之声的沉默的召唤,那个构成他的取代实践智慧的依据正确的 logos 的计算的东西。

同他的本体论方法相一致,海德格尔没有给出任何明智的个人的历史实例。但是他确实表明了,良心和决心这两个本真选择的本体论上的行为者具体体现在作为个人的个人身上。不这样去行为的那些人便沉沦于 das Man[常人]的非本真的生存中。亚里士多德的立场则十分不同。他给出伯里克利作为我们称之为明智的人的一个实例,因为他们能够洞见(envision)(如我这里对 theorein 的翻译那样)对于他们自己和对于人类而言的善的东西。我们认为像伯里克利这样的人是在家庭管理和政治事务上富有才能的(VI.5,1140b7—11)。换一句话说,实践智慧将自身致力于人类生活的两个整体,家庭和城邦,而且它是通过区分善与恶、有益和有害来从事于此的。在这样做时,它当然必须诉诸个人行动,因为是人在行动,而不是家庭或城邦。正是伯里克利在做决定,而不是雅典议会(除非在他们被他所说服这一次要的意义上)。但是伯里克利的决定本身是希腊人的集体智慧的一个功能,并且扩言之是文明世界的一个功能。这恰恰就是 endoksa 的内涵。这里的关键便是 phronimos[明智的人]依据他自己的判断做决定,但是那个判断却是他判断不仅对于他自己而且对于别人是善的东西的一个表达,并且恰恰是因为它对于别人是善的,而且仅仅就此而言,才是对于他自己的。

这把我带到了被海德格尔所忽视的有关亚里士多德的最后一个困难上。在第 8 章的开始,亚里士多德说,"政治学和 phronesis 是同样的习惯,尽管它们的存在[einai]是不同的"(Ⅵ. 8,1141b23—24)。政治学和 phronesis 是同样的,因为二者都有关于什么是对于人类而言的善的和有益的,并且为了决定这个,一个人必须拥有实践计算上的卓越。这反过来意味着获得伦理德性的各种习惯。但是,在 phronesis 和政治学之间有一个差别,即,政治家必须使他的计算适合于城邦的善和利益,而且它们在现实的城邦中是不相同的。政治学被分成两个部分,其中立法指向作为一个整体的城邦。处理个人行为的部分被称作"政治学"(politike),尽管这个名称实际上同等地属于这两个部分。同样,"明智"(phronesis)这个名称被给予了关于一个人自己的计算,尽管它实际上属于政治学的所有部分。这样,在政治学的各部分的划分和名称中就存在一定的混淆,一种在伦理学和政治学这两个部分中便已经清晰可见的含混不清,而伦理学和政治学也许构成了同一个主题,亦即实践的主题。就我所能看到的而言,海德格尔在这一点上是完全沉默的。也就是说,他过于简单化了亚里士多德对 phronesis 的处理,因为他抽离了伦理的和政治的 per se[本身],代之以行动的本体论。但是,这却具有奇怪的后果,即,使 phronesis 对于人类的行动缺少用处,而且也许是无用的。

我相信,当亚里士多德反省从个人与共同体或政治联合体之间的关系的根本的含混不清中所产生的混淆时,他要更接近于事实。在一种意义上,个人的利益和共同体的利益是相同的,但是在另一种意义上,它们却又是分歧的。它们是相同的,因为个人一方的伦理行动依赖于这个个人除他的家庭、朋友之外他所属的城邦的教育和成文与不成文的法律,以及他的同邦人的性格特征。它们是分歧的,因为城邦的利益和个人的利益不同。个人的最高目的是幸福,但是城邦的最高目的却根据环境而不同。城邦不可能是幸福的,但是它们可以保存下去。没有它们的保存,有德性的行动便是不可能的;对它们来说为了要保存下去,不道德的行动也许是必要的。非要说城邦保存的需要使一个邪恶的行为变成一个有德性的行为,这是没有意义的。事实上,这比没有意义更糟,因为它为把城邦内部的邪恶的行为辩解成是个人保存所必需的提供了先例。因为如果个人不保存下来,他或她便不可能实施有德性的行为。

亚里士多德不能克服这些内在的张力,但是他试图掩盖它们。或者让我们说,他并没有提请明确注意于这些困难。我们不得不在他的分析和术语的各种回环曲折之中来发现它们。至于亚里士多德沉默的原因,这是显然的。完全的公开意味着在个人和政治联合体之间的微妙平衡的毁坏。在我看来,海德格尔犯了一个不同的错误;他将伦理学和政治学吸收进历史,而且因此便倾向于将善人和正义的人蜕变为或者浅薄化为成功的人。海德格尔同亚里士多德的高贵最相接近的是本真或者真纯,而且这并不是完全接近的,因为海德格尔自己坚持说,他的术语是本体论的,根本没有任何"价值"内涵。但是,如果是这样的话,那么人类的生存也就没有任何价值内涵。

我把我自己限制于最后一个文本的考察上。亚里士多德自始至终强调说,*phronesis* 不同于即刻。相反,它要花时间来达到一个正确的实践判断。更进一步,理解一个处境同达成一个有关应该怎么做的判断是不同的。所以,*phronesis* 同高贵地或美好地做判断(*krinein kalos*)是相同的。就此而言,它是具体规定性的,也就是说,它下命令而不仅仅是作解释(VI. 8,1143a8,14—16)。换一句话说,一个判断不是一个事实陈述或者一个观点的表达,而是实践理性具体做什么的命令。

这有助于我们认识到,海德格尔在 *phronesis* 和 *Gewissen* 之间做类比是错误的。如果有什么这类的类比是可以允许的,那么它应当是在 *phronesis* 和 *Entschlossenheit* 之间的类比。尽管 *Gewissen* 是畏着的自我抛向一个人自己的罪,但良心的本真的结果却是决心。"但根据什么 *Dasein* 在 *Entschlossenheit* 之内来决定自己? 它应当决定自己达到什么目的[*Wozu*]? 惟有决心本身才能够给出这个答案。……也就是说,*Dasein* 的每一种实际的可能性都是不确定的;决心仅仅就其自身是决心而言是确定的"(《存在与时间》,第298页)。海德格尔用实践事务的不确定性来代替亚里士多德的实践事务的可变性,他并且用决心来代替判断的正确性,亦即它同 *orthos logos* 的符合一致。一个人忍不住要说顽强代替了合理性。但是,说得更温和一些,对于亚里士多德,*phronimos* 的计算不是不确定的;它总是正确的。对于海德格尔,确定性同计算毫无关系;它更像是决定赞同一个本身不管可不可以被未来的事件所证实的决断。换一种方式说,这个决断被我的决心所确认,而不是被人类事务的"客观"事实。归根结底,这同亚里士多德的 *phronesis* 依然没有任何类比性。

　　这样,结论就是,海德格尔的本真的个人要比亚里士多德的理论静观的人更为自我中心。如果海德格尔说希腊伦理学是由它归于永恒之物的那种优越性所决定的是正确的,那么,这完全可以成为比一种根植于历史命运之中却伪装成本真性的自由选择的伦理学更为高贵的伦理学观念的基础。我的结论是,*phrone-sis* 在它自己的基础上、亦即日常生活的基础上要比本体论更为优越,海德格尔的生存的本体论,不管多么睿智,而且也许正是因为它极其睿智,给人类事务除了盲目之外不能带来任何东西。

在其自身的存在[*]

余纪元

亚里士多德将存在分成四类：在其自身的存在，偶性的存在，真与假的存在，以及潜能/现实的存在。其中，在其自身的存在与潜能/现实的存在是他的形而上学研究的中心。在这里，我要首先说明什么是"在其自身的存在"。

在《形而上学》第五卷第 7 章有关存在的词条中，亚里士多德对"在其自身的存在"(*per se* being)的论述如下：

> 那些由谓述类型所表示的东西被说成在其自身而存在；①因为"存在"的意思就像这些类型一样多。因为一些谓词表示主词是什么，另一些表示它的性质，另一些表示数量，另一些表示关系，另一些表示主动或被动，另一些表示它的处所，另一些表示它的时间，"存在"都有一个意思与它们每一个相对应。(1017a22—27)

这段话（为便于提及，让我们称之为"在其自身的存在段落"）被认为在说明某物是一个在其自身的存在是什么意思。亚里士多德告诉我们，那些"由谓述类型所表示"

---

* [译按]本文选自余纪元，《亚里士多德〈形而上学〉中存在的结构》(*The Structure of Being in Aristotle's Metaphysics*)，第一章第 1 节，Kluwer Academic Publishers，2003，第 1—9 页。

① *Kath hauta de einai legetai hosaper sēmainei ta schēmata tēs katēgorias.* *sēmainei* 的主语在希腊语中是歧义的，因此，这句话也可以被翻译成："所有表示谓述类型的东西都被说成在其自身存在"（基尔万，《亚里士多德:〈形而上学〉卷四、五、六》[*Aristotle: Metaphysics iv, v, vi*]，第二版，Oxford：Clarendon Press，1993，第 40 页）。*sēmainein*[表示]一词同 *sēmeia*[标志或符号]相关，尽管它是我们"semantics"这一现代词的语源。对亚里士多德来说，除名词、动词以外，短语和句子也是表示者（《诗学》，1456b38 以下）。说它们表示，意思就是它们通过灵魂的变状而是该物的标志或符号（参考《解释篇》1.16a3—8、14，24b1—2）。由于在其自身的存在是事物而不是事物的标志，因此说它们表示也许是困难的。

的东西就是 *per se*[在其自身]。他进一步主张,在谓词(*katēgoroumena*,直译是,"谓述者")之中一些表示一个事物是什么,一些表示数量,等等。有多少谓词,就有多少在其自身的存在。这意味着,实体、性质、数量、关系、主动、被动、处所、时间等等是在其自身的存在。显然,在其自身的存在同"谓述类型"和"谓词"二者都有关系。② 这表明,在"谓述类型"和"谓词"之间必定有一种对应关系。然而,这段话并没有说它们是如何关联的。但显然,要理解在其自身的存在的本质,我们就必须理解这一关系。

在这段话中所给出的在其自身的存在的名单最终表明就是熟知的范畴的名单。"范畴"(*categories*)这个词来自于希腊语 *katēgoria*,其动词是 *katēgorein*[指控]。在"在其自身的存在段落"中,被译作"谓述类型"的是 *ta schēmata tēs katēgorias*,而被译作"谓词"的是 *katēgoroumena*。这样,说有多少"谓述类型"或"谓词"就有多少在其自身的存在,就等于是说有多少"范畴类型"或"范畴"就有多少在其自身的存在。这就是为什么在其自身的存在的名单——即,实体、性质、数量等等——恰恰就是熟知的范畴的名单的原因。在其自身的存在的划分规定了范畴的划分。由于这个原因,在其自身的存在也可以被称作"范畴性的存在"(categorial beings)。事实上,甚至亚里士多德本人也把实体、数量、性质等等称作"存在的诸范畴"(*hai katēgoriai tou ontos*,《形而上学》ix. 1, 1045b28)。

由于"在其自身的存在段落"讲有多少范畴就有多少种在其自身的存在,因此,对在其自身的存在的解释结果表明就是对亚里士多德的范畴的解释。在这一联结点上也许会出现某种混淆。当亚里士多德提供实体、数量、性质等等的名单时,经常不清楚的是,他正在把这一名单上的这些项作为语言项来谈论还是作为超语言的存在来谈论。在这方面,评论者们有各种充分的理由来抱怨亚里士多德。③ 然而,说亚里士多德没有意识到存在和语言表达之间的区别,这并不是

---

② 很可能由于这一原因,厄文和芬恩将在其自身的存在径直译作"谓词性存在"(predicative beings)

③ 例如,阿克利讲到亚里士多德说:"他讲话是粗心的,仿佛表示的是实体(而不是实体的名字)"(《范畴篇和解释篇》[*Categories and De Interpretatione*],Oxford:Clarendon Press, 1963,第 88 页)。同样的混淆也出现在亚里士多德"存在以多种方式被说"的名言中。如博斯托克指出的,当亚里士多德说这句话时,"他是完全无视我们在这样两件事情上的分别的,即,以通常的方式运用一个词来提及这个词所代表的无论什么东西,和正在提及这个词本身"(《亚里士多德的〈形而上学〉Z 卷和 H 卷》[*Aristotle's Metaphysics Z and H*],Oxford:Clarendon Press, 1994,第 45 页)。

亚里士多德在非语言对象和语言表达之间区分上的歧义已经就一个范畴在他那里是什么造成了诸多争论。范畴应当被理解为语言项,还是超逻辑的实存,还是所指的事物,还是终极谓词? 对有关亚里士多德的范畴的本质的争论的一个有益的历史综述,参见厄文,《亚里士多德的第一原理》,Oxford:Clarendon Press, 1988,第 498—499 页。对形而上学一般中的一个范畴的 (转下页)

实情。相反,他只是不想费力去关注这一区别。在《范畴篇》1a16 中,他声称他正在处理"被言说的东西"(*ta legomena*,即表达),在《范畴篇》1b25 以下,他把实体、数量、性质等等称作"不以复合方式说的东西[即,表达]"。但是,在《范畴篇》1a20 中,它们被说成是"属于存在的事物"(*tōn ontōn*)。在这里情形似乎是,对于亚里士多德来说,在我们用来表达世界的语言和世界中的存在物之间有一种对应的结构,从而在处理这一个的同时他也在处理另一个。语言被亚里士多德用作实在的结构的一个镜像,因而用作形而上学的一个工具。

然而,对于我们的目的,有一个更为内在的困难。在"在其自身的存在段落"中,实体、数量、性质等等范畴被说成是谓词,然而 *katēgoria* 也是表示"谓述"的词。那么,范畴究竟是谓述还是谓词? 关于这个主题存在着长期对峙的争论。传统的观点是,一个亚里士多德的范畴就是一个谓词。与此相对,弗雷德论证说,在其专业意义上,*katēgoria* 意指"谓述"或"谓述的种类",只有在一种派生的用法上,它才意指"谓词"。④

然而,在"在其自身的存在段落"中,在其自身的存在被说成是既由谓述又由谓词来表示。这表明在谓述和谓词之间一定有一种内在的关系。但是,如果 *katēgoria* 只能是"谓述"或者只能是"谓词",那么这一关系就将不被把握。实际上,只有通过对这一内在关系的一个说明,我们才能够理解亚里士多德 *katēgoria* 的所指。我们需要知道,在《形而上学》第五卷第 7 章"在其自身的存在段落"中的"谓述类型"是什么,以及它们同谓词是如何内在相关的。但是,我们在哪里来获得启发呢?

在"在其自身的存在段落"中,诸范畴或在其自身的存在的名单包含 8 个成员:一个事物之所是,性质、数量、关系、主动、被动、处所和时间。在亚里士多德全集中,所提供的最长的名单包含 10 个成员,这 10 个成员的名单出现在两个地

(上接注③)本质的一个有益的讨论,参见格雷西亚(J. J. E. Gracia),《形而上学及其任务》(*Metaphysics and Its Task*),Albany:State University of New York Press,1999,尤其是第 6 章。我想要指出,潜能和现实不在在其自身的存在或诸范畴的名单上这一事实,应当打消亚里士多德的诸范畴是概念的看法。

④ 弗雷德讲道:"我倾向于认为,'谓词'这一翻译,至少在亚里士多德的'谓词'的意义上,从来没有被表明是可能的,假如说并不需要它来使文本适合于一些有关亚里士多德的范畴是什么的成见的话。不管怎样,以下内容在我看来似乎有力地支持'谓述'这一翻译。'katēgoria'这个术语在我们这一章之外的《论题篇》中至少被用过六次(107a3,109b5,141a4,152a38,178a5,181b27)。在每一处情况下,它都能被认为是指'谓述',也就是说,没有一处我们必须按照'谓词'的意思来理解它,但至少在三处,它确定地必须按照'谓述'的意思来理解(109b5,141a4,181b27)"(《亚里士多德的诸范畴》[Categories in Aristotle],见弗雷德,《古代哲学文集》[*Essays in Ancient Philosophy*],Clarendon Press,Oxford,1987,第 33 页)。

方而且仅仅出现在这两个地方:《范畴篇》第 4 章和《论题篇》第一卷第 9 章。⑤ 尽管对一个转而关注范畴的本性的人来说,本身就给出了这一题目的《范畴篇》要更具诱惑,但是,就此而言在那里却很少可以获得帮助。这部论著把实体、数量、性质等等作为"不以复合方式说的东西"来谈论,但却没有运用 katēgoria 这个术语或者它的同源词。但是,《论题篇》第一卷第 9 章更有帮助,⑥值得在这里长篇引用。鉴于在这里 katēgoria 的歧义是我们所关注的,以及这一歧义导致了对这一文本的不同的翻译和解释,我在以下的引文中保持 katēgoria 这个术语不作翻译:

> [103b20]那么,接下来,我们必须在 ta genē tōn katēgoriōn 之间进行区分,上面提到的四个被发现就在其中。[b22]它们在数目上是十个:一个事物之所是,数量、性质、关系、处所、时间、位置、状态、主动、被动。[b24]因为偶性、属、特征和任何东西的定义将总是在这些 katēgoriōn 之一中;[b26]因为所有由它们所建立的命题都或者表示某物是什么,或者表示其性质,或者表示数量,或者表示其他 tōn katēgoriōn 的某一个。[b27]同样显然的是,面对一个东西,那表示某物是什么的人有时候表示一个实体,有时候表示一种性质,有时候表示其他类型的 katēgoriōn 的某一个。[b28]因为,当一个人在他面前时,他说在那里的是一个人或一个动物,他讲了它是什么并且表示一个实体;但是,当一种白色在他面前时,他说在那里的是白色或是一种颜色,他讲了它是什么并且表示一种性质。同样,如果一腕尺常在他面前,他说在那里的是一腕尺或一个长度,他将在描述它是什么和表示一种数量。在其他情况下也是一样;[b36]对于这些种类的每一个,假如要么它断言其自身,要么它的属断言它,就表示某物是什么。⋯⋯

在这段引文中,katēgoria 这个词出现了四次。《亚里士多德全集牛津修订译本》的译文是以上引文的基础,它将在 b20 和 b24 的这个词翻译成"谓述",而其他的全部翻译成"谓词"。⑦ 佛瑞斯特(E. S. Forester)的洛布译文把所有这四

---

⑤ 在其他地方,数目通常是压缩的,或者名单以"等等"或"其余"的形式是开放的。参考,例如《形而上学》v. 7, 1017a24—27, vii. 1, 1028a11—13。

⑥ 在下一章中我将讨论《论题篇》第一卷第 9 章和《范畴篇》第 4 章之间的关系。

⑦ 《亚里士多德全集牛津修订译本》在 b36 行和 b38 行分别补充了"谓词的种类",但是在这两处地方在希腊原文中没有相应的 katēgoria 这个词或者它的对应词。

处都译作"范畴"。厄文和芬恩把它们全都译作"谓述"。⑧ 弗雷德认为 b20 和 b24 应该是"谓述"。他承认 b29 不得不是"谓词",但是断言这后一种用法是"不幸的"。⑨

我同意《亚里士多德全集牛津修订译本》,*katēgoria* 在 b20 和 b24 应当被译作"谓述",但是在这一段原文的其他两处上应当被译作"谓词"。在我看来,《论题篇》第一卷第 9 章的这段话可以被做这样的解读,即,亚里士多德在这里正在根据"谓述类型"来建立他的终极谓词的名单,而且由此就把 *katēgoria* 的用法从"谓述"扩展到"谓词"。反乎弗雷德的立场,即,*katēgoria* 作为谓词的派生用法是"不幸的",看起来这正是亚里士多德想要推进的。《论题篇》第一卷第 9 章似乎提供给了我们对"谓述类型"和"谓词"如何内在相关的一种解释,而且由此也就许诺了对《形而上学》第五卷第 7 章中的"在其自身的存在段落"的一种解释。让我来予以说明。

范畴(谓词)名单的建立在《论题篇》第一卷第 9 章中罗列如下:"因为,当一个人在他面前时,他说在那里的是一个人或一个动物,他讲了它是什么并且表示一个实体;但是,当一种白色在他面前时,他说在那里的是白色或是一种颜色,他讲了它是什么并且表示一种性质。……在其他情况下也是一样"(103b28—35)。不同的事物被指出给一个人,而且他被要求就它们每一个回答"它是什么?"这个问题。当一个人在他面前时,他说"它是一个人"。这个问题进一步持续着:什么是一个人? 回答是"人是一个动物"。以此方式回答,一个人就正在表示一个实体。一个白色在他面前,他说它是白色。什么是白色? 白色是一种颜色。以此方式回答,一个人就正在表示一种性质,等等。

但是,为什么在这种方式的回答中一个终极谓词的名单就被建立了起来? 通过考察,我们发现,103b36—38 上的以下这句话似乎提供了一条关键的线索:"这些[谓词]种类的每一个,假如要么它断言其自身,要么它的属断言它,就表示某物是什么(*ti esti*)。"这句话表明,在对所给出的事物的最初的回答、诸如"这是苏格拉底"和实体这一终极谓词之间,存在着谓词的一个种属的等级序列。如果一个人以"这是苏格拉底"的回答开始,"苏格拉底"可以接着被它的种词汇"人"所断言或谓述。而这一谓词又可以是一个主词,由它自己的种词汇"动物"所谓述,而且我们便有"人是一个动物"。在这一过程中,较低级的谓述的谓词成为更

---

⑧ 厄文和芬恩,《亚里士多德:选集》(*Aristotle: Selections*),Indianapolis:Hackett,1995,第 75 页。

⑨ "不幸的是,在我们的章节中还有"*katēgoria*"这个术语的另一种用法,即我们在 103b29 中发现的一种用法"(《亚里士多德的诸范畴》,见弗雷德,《古代哲学文集》,第 35 页)。

高级的主词,而且谓词的范围变得越来越广阔。如果它达到了一个不再从属于任何更进一步的谓词的终极谓词,这一等级序列就结束了。如果这一序列以"苏格拉底"这个具体的人开始,那么终极谓词就是"实体";如果它以"白色"开始,终极谓词就是"性质";等等。说它是什么实体是一种谓述,而说它是什么性质是另一种谓述。根据不同的谓述等级序列,我们可以达到一个不同的终极谓词或者终极属的名单。这样,对于亚里士多德来说,这些谓词的每一个就"表示某物是什么"。换一句话说,对应于每一个属概念,都有一个这个世界的真实的性质或特征。

上升至一个终极谓词,显然,在每一谓述等级序列的内部,在每一谓述中的主词和谓词都有相同的属。在"苏格拉底是一个人"中,"苏格拉底"和"人"分有相同的属。在"白色是一种颜色","白色"和"颜色"都属于相同的属。因此每一个等级序列构成了一个个别—种—属的结构。与此相对,"苏格拉底"和"白色"不在同一个属中。因此,它们不能构成一个属—种关系,而且不能是在同一个谓述的等级序列中。结果,它们属于不同的范畴。这就是为什么 *katēgoria* 既指"谓述"又指"谓词"。

按传统来说,在其中主词和谓词属于同一个范畴的谓述被叫做"本质的"或"自然的"谓述,意思就是,每一个谓词从本质上谓述在同一个范畴内部比它在种和属的等级序列中更为低级的每一个东西。这同范畴间(intra-categorial)的谓述形成鲜明的对照,后者在传统上被叫做"偶性的"或"非自然的"谓述。由此看来,每一个范畴是一种类型的本质谓述的终极谓词。各范畴彼此不同,因为每一个都基于一个不同的本质谓述的等级序列。各范畴之间的区别是由它们由之而来的谓述类型所决定的。

亚里士多德从来没有明确地说过应该或者能够被区分的只有十种范畴。[10] 由《论题篇》第一卷第 9 章清楚可见的是他的信念,即,我们可以从谓述的结构中得出范畴的区分。既然一个终极谓词表示这个世界上的一个终极的构成成分,因此,亚里士多德就正在根据谓述的语言结构提出对实在的终极构成成分——存在物的终极属类——的一个划分。我们在这里看到亚里士多德在谓述的结构

---

[10] 但是,范畴的数目必须是有限的。这应该从以下段落中是显而易见的:"因为所谓述的每一个要么表示一种性质,要么表示一种数量,要么表示那些东西中的一种,要么表示在其实体中的所是;但是它们是有限的,而且谓述的属类是有限的——因为它们要么是性质,要么是关系,要么是主动,要么是被动,要么是处所,要么是时间"(《后分析篇》i. 22, 83b13—17)。

的基础上努力提出实在的基本要素的一幅图景。⑪

　　这样来解读《论题篇》第一卷第 9 章，就使我们能够理解呈现在《形而上学》第五卷第 7 章"在其自身的存在段落"中的在其自身的存在、谓述类型与谓词之间的关系。如果我们把在那段话中的"谓述类型"看成和在《论题篇》第一卷第 9 章中的本质谓述的不同的等级序列是相同的，那么我们便懂得了，在其自身的存在既由谓述类型又由谓词来表示，因为（终极）谓词来自于谓述类型。由此，我们应当指出，亚里士多德的在其自身的存在仅仅对应于在其中谓词是主词的种或属的那些谓述类型。

　　如果我们考察在其自身的存在和偶性的存在之间的区别，那么，这一观点就得到了进一步的加强。在对存在的四重划分中，在其自身的存在与"偶性的存在"（也被译作"偶然的存在"）直接相对。亚里士多德在《形而上学》第五卷第 7 章对"偶性的存在"的论述是难以理解的。⑫ 然而，总的观点是，一个在其自身的存在是诸如一个人、白色等等的东西，而一个偶性的存在是诸如一个文雅的人、一个白色的东西等等的东西。这是一个两种在其自身的存在或范畴的偶性的复合物（其中之一是实体，另一个是非实体范畴），并且由一种在其中主词和谓词属于两个不同的属类或范畴的偶性的或非自然的谓述来表示。例如，"这个人是文雅的"，或者"这个东西是白色的"。如较早前所提及的，一个有似于此的谓述不能建立一种种—属的等级序列，不能产生一个终极的属。

　　那么，为什么亚里士多德把由终极谓词表示的存在称作在其自身的存在呢？在其自身这个术语在亚里士多德那里"以多种方式被说"。在《后分析篇》第一卷第 4 章中，⑬一个东西可以被说成是在其自身的第一个意义是这样说的：一个东西在其自身属于另一个东西，"如果它在它是什么上属于它——例如，线之于三角形，点之于线（因为它们的实体依赖于这些东西，而且它们属于说它们是什么的陈述）"。

---

⑪　关于亚里士多德依据语言的结构来研究世界的结构的观点，也请参见维兰德（W. Wieland），《亚里士多德的〈物理学〉和本原探究的问题》（*Aristotle's Physics and the Problem of Inquiry into Principles*），《亚里士多德研究论文集》（*Articles on Aristotle*），第一卷，第 127—40 页，1975；阿克利，《哲学家亚里士多德》（*Aristotle the Philosopher*），New York：Oxford University Press，1981 年，第 25 页；格雷汉姆，《亚里士多德的两个体系》（*Aristotle's Two Systems*），Oxford：Clarendon Press，1987，第 40 页以下。

⑫　对《形而上学》第五卷第 7 章中这一有关"偶性的存在"的令人困惑的论述的一个有益的讨论，参见博斯托克，《亚里士多德的〈形而上学〉Z 卷和 H 卷》，第 48 页以下。在《形而上学》第六卷第 2—3 章中，偶性的存在被等同于偶然的出现，同总是发生的或经常发生的相对。正是在偶性的存在的意义上，它被说成不是知识的对象和应当被排除。

⑬　在下一章我将返回到这一文本上。

(73a35—38)根据这一意义,一个在其自身的存在同表示一个东西是什么的定义有关。X 在其自身属于 Y,如果它在 Y 的本质或定义之中。亚里士多德进一步相信,如果 X 在其自身是 Y,Y 也在其自身是 X。⑭

在其自身的这一意义契合于我们对在其自身的存在、谓述类型和谓词之间关系的解释。定义在其标准的形式上有两个构成成分:属和种差。"定义由属和种差构成"(《论题篇》第一卷第 8 章,103b15)。在这两个成分中,属"被认为表示它是什么,在定义中被作为首要的词项给出"(《论题篇》第六卷第 5 章,142b29)。在同一个属中的所有事物由不同的种差来区别,但是,既然它们的属是相同的,它们就分有同一个属的本质。在构成范畴区分基础的每一种本质谓述中,在主词和谓词之间有一个个别—种(或属)的关系。如果加上种差,这恰恰就是一个定义所采取的陈述形式。一个种或属在其本身属于它的下级的成员,因为它在它们的定义中。类似地,实体作为终极谓词在实体范畴的所有成员的定义之中,作为它们的属。因此,它在其自身属于它们。十范畴的名单表明,至少有十种不同的存在容许有一个属—种差的定义。

根据亚里士多德,一个事物的本质由一个定义揭示,并且是定义的本体论上的关联物:"因为定义(horismos)似乎是属于一个事物之所是。"⑮同一个事物绝不可能有两个不同的定义。⑯ 因此,每一种类型的本质谓述揭示一种确定的本质。这意味着每一种在其自身的存在有其明确的本质。简言之,说 X 是一个在其自身的存在,意思就是说它是一个具有一个本质的存在,后者由一个种加属差的定义来揭示。

亚里士多德的重要观点"存在不是一个属"⑰由此而来。尽管存在似乎是所有范畴的共同的谓词,但是,它不是一个居于它们全体之上的单独的属。"因为存在直接分成属类"(《形而上学》iv.2,1004a4)。没有任何定义附加在共同的名称"存在"上。对亚里士多德来说,我们能够命名的任何一个东西都是存在。如果存在是一个属,那么,属被认为是不同于种差,但是种差也是存在。这样,对"存在"的一个共同的定义就是不可能的,而且"存在"这个词并不表示一个确定的本

---

⑭ 参考《形而上学》v.18,1022a27—28。

⑮ 《后分析篇》ii.3,90b3—4;也请参考 ii.3,90b30—31,91a1,ii.10,93b29,94a11;《论题篇》i.5, 101b38。

⑯ 《论题篇》vi.2,139b22—140a2,vi.3,141a31 以下,vi.4,141b22—142a2。

⑰ 《形而上学》iii.3,998b22—27,viii.6,1045b5—7;《后分析篇》ii.7,92b14;《辩谬篇》172a14—15;《欧德谟斯伦理学》i.8,1217b35—36;《尼各马可伦理学》i.6,1096a23—27。这也在《形而上学》卷 xi(K) 1059b31 中被提及。但是由于《形而上学》卷 xi 的真实性具有争议,在我的讨论中没有任何论证依赖于它。

性或本质。所有事物都由"存在"来表示,这并不是说存在属于一个属。因此,范畴的名单就不是对在统一意义上把握的存在的分类,而毋宁是对"存在"的不同意义——不可化约的不同意义——的分类。它们每一个都是一个在其自身的存在。它们是基本种类的存在物,世界的自在的构成成分。"什么是存在"区分为不同范畴中的实存。说它是一个实体是一回事,说它是一种性质是另一回事,而说它是一种数量又是另一回事。"存在(是)就是是这个或那个。"⑱

在许多文本中,当亚里士多德说"存在以多种方式被说"时,他指不同的范畴或者在其自身的存在。⑲ 然而这个短语也被亚里士多德用来指同一个范畴内部不同的成员。在《形而上学》第八卷第 2 章中,我们读到:

> 那么,显然,"是"这个词就以这么多的方式被说;一个东西是一个门槛,因为它放在这样一个位置上,它的存在意味着它放在那个位置上,而是冰则意味着以这样一种方式被凝固。一些东西的存在将由所有这些性质来界定,因为它们的一些部分是混合的,另一些则是融合的……(1042b26—1043a11)

注释家们通常想当然地以为,在这段话中亚里士多德也正在谈论不同的范畴,尽管一些人已经表达了对此的困惑。⑳ 重要的是要注意到这一点,即,"门槛"、"冰"和他在这一上下文中提到的所有其他实存(诸如蜜水、包裹、盒子、门楣、早餐、晚餐和风)都是实体范畴的成员。亚里士多德正在谈论这个范畴内部的许多成员,这些事物具有同一个属。根据它们的位置、样式、数量或复合的特别方式来界定它们就是要给出种差。这并不是要说有不同意义的实体,而毋宁是说有不同种类的实体。

人们一直认为,"存在以多种方式被说"这一短语包含一个歧义,或者用马修

---

⑱ 欧文,《亚里士多德一些早期著作中的逻辑学和形而上学》,见《公元前 4 世纪中期的亚里士多德和柏拉图》,第 165 页。

⑲ 《形而上学》iv. 2,vii. 1;《物理学》i. 2,185a21;《论灵魂》i. 5,410a13;《尼各马可伦理学》i. 6,1096a24。

⑳ 例如,博斯托克说:"第八卷第 2 章强调的并非在定义中给出的属,而是种差。如果一个人旨在论证存在的种类和范畴一样多,那么需要强调的就是属"(《亚里士多德的〈形而上学〉Z 卷和 H 卷》,第 52 页)。巴恩斯在对这段话的注释中讲道:"这是一件奇怪的事实,在亚里士多德描述'存在'的核心意义的最具引申性的部分中,诸范畴没有被提到"(《形而上学》,巴恩斯主编《剑桥亚里士多德指南》[The Cambridge Companion to Aristotle],Cambridge:Cambridge University Press,1995,第 80 页)。

斯的有益的术语来说,一个"意义—种类的混淆"。㉑ 这个短语可以或者被译作
(1)"存在以多种意义被说",这意味着"存在"有许多不同的意义而非一种单一的
意义,或者被译作(2)"存在以多种种类被说",这意味着有一个单独的存在的意
谓(meaning)或意义(sense),它被许多种类的存在所共有。在我看来,这一意义—
种类的混淆之所以产生是因为,我们没有区分"存在以多种方式被说"这一短语
出现的不同的语境。显然,当这一短语被用于范畴间时,它意谓"存在"以多种意
义被说。因为每一种存在作为一个范畴的涵义单位(significatum)是一种不同的
本质或本性,而且由一种明显不同的定义来说明。相反,当这个短语指同一个范
畴内部的不同的成员时,它们的区别不在意义上,而是在种类上,因为它们共有
同一个属,而且属于同一个属的本性。在这里,它应当被译作"存在以多种种类
被说"。㉒

㉑ 马修斯,《意义和种类》(Senses and Kinds),《哲学期刊》(*Journal of Philosophy*)第 69 期(1972),第
149—157 页。

㉒ 如何理解亚里士多德的涵义(signification)概念,这一直是一个争论的主题。欧文似乎认为亚里士多
德的涵义(动词,sēmainein,"表示")概念意指"意义"或"意谓"(《亚里士多德论本体论的陷阱》[Aris-
totle on the Snare of Ontology],Bambrough,1965,第 73 页;《亚里士多德的柏拉图主义》[The Pla-
tonism of Aristotle],《英国学院学报》第 51 期,1966,第 145 页)。这也为巴恩斯所同意(《亚里士多
德:〈后分析篇〉》[*Aristotle: Posterior Analytics*],Oxford:Clarendon Press,1975,第 205 页)。费尔
约翰相信,"表示"(signify)就是"指示"(denote),因而是引申的(《亚里士多德论核心意义和科学的统
一性》[Aristotle on Focal Meaning and the Unity of Science],*Phronesis* 25,1980,第 118 页)。基尔
万认为,"表示"要么可以是"意谓",要么可以是"指示",取决于上下文(《亚里士多德:〈形而上学〉》
1993 年,第 43 页)。哈姆林相信,亚里士多德并没有在意义和所指(reference)之间进行区分(《核心
意义》[Focal Meaning],《亚里士多德学会学报》第 78 期,1977—1978,第 12 页)。对这一主题的一个
详尽的讨论,参考厄文(《亚里士多德的涵义概念》[Aristotle's Concept of Signification],见肖费尔德
等主编,《语言和逻各斯》,Cambridge:University of Cambridge Press,1982 年,第 241—266 页),和希
尔兹(《多样性中的秩序:亚里士多德哲学中的同名异义》[*Order in Multiplicity: Homonymy in the
Philosophy of Aristotle*],Oxford:Clarendon Press,1999)。厄文的结论——我正确地以为——是,
亚里士多德的用法是不系统的。我们对"存在以多种方式被说"这一短语的不同运用的讨论表明,是
否一个表义性的词具有一种单一的意义并不单纯地依据它正在表义被决定,而毋宁依赖于是否它的
涵义单位具有一个明确的属的定义。

亚里士多德《形而上学》再思*

基 尔

亚里士多德的《形而上学》在过去 20 年中一再激起热烈的讨论。绝大多数讨论集中于《形而上学》Z 卷，亚里士多德的那令人着迷而困难的对实体（ousia）的研究，同时也部分兼及 H 卷和 Θ 卷。自古代起，核心卷在《形而上学》第一哲学的更大计划中的地位问题就一直吸引着学者们，而它们的关系也一再被加以考察。此外，学者们一直在从各种更为宽广的视角出发对《形而上学》加以探索——首先，相关于亚里士多德的自然哲学、他的物理学、生物学和心理学，同时相关于《工具论》，他的所谓的"逻辑学"著作，包括《范畴篇》、《论题篇》和《后分析篇》，其次，相关于更为宽广的哲学传统，无论是在他之前的柏拉图还是在古代后期的古代注释传统。

一、背景

让我从对 20 世纪后半期亚里士多德《形而上学》学术研究状况的回顾开始。

（一）发展论

在 1960 年代一个紧迫的问题是亚里士多德的哲学发展。由于受到建立柏拉图对话作品的相对时期的显著成果的鼓舞，在 20 世纪前 60 年的学者们曾经有过类似的希望，建立亚里士多德著作的年表，并且理解他的哲学发展。在那一世纪的早些时候，耶格尔（1912）（［1923］1948）曾经做过著名的论述，亚里士多德从作为一位忠诚的柏拉图主义者开始，逐渐变为对柏拉图的批判，最终完全同他的老师决裂，而致力于经验研究，在《动物志》和希腊城邦的《政制》汇编这类的著作

---

* ［译按］本文选自《哲学史月刊》，第 43 卷第 3 期（2005），第 223—251 页。

中达于顶点。欧文(1965)反驳说,耶格尔的发展论题误解了亚里士多德在他作为学园的一个成员的二十年间所遭逢的柏拉图主义。当亚里士多德在学园中的时候,柏拉图正在批判他自己的核心观点(尤其是关于形式),而一场活跃的争论显然正在学园中进行。在欧文看来,亚里士多德是柏拉图的一个年轻的批评者,但逐渐重新同情于柏拉图的形而上学计划,尤其是关于一门普遍的存在科学。有趣的是,无论是耶格尔还是欧文都把处理神圣实体的《形而上学》Λ 卷看成代表着亚里士多德思想中一个早于 Z 卷的阶段,在显著的方面不同于它;但是他们持有这一观点的理由各不相同。对耶格尔,这一卷的文本体现了一个柏拉图主义的阶段,在这一阶段形而上学关注于分离的神圣实体。对欧文,这一卷的文本之所以相对较早是因为,它忽略了他称作核心意义(focal meaning)的重要方法,亚里士多德在《形而上学》Γ. 2 提出这一方法并在 Z 卷中运用了它。①

　　亚里士多德的哲学发展不再是一个激烈的论题,②但发展论已经深深地渗透于亚里士多德的学术研究之中。研究者们常常假定《形而上学》包含不同的阶段,一些阶段可以被轻视甚至忽略,因为它们不属于主要的观点。尽管一些解释者显然支持发展,但他们通常是在没有任何其他解释可以令人满意地说明在文本内部或之间的矛盾的时候,才作为最后的诉求这样做。对绝大多数学者来说,发展本身已经成为一个片面的论题。既然传至我们手上的论文本身在吕克昂之外没有发表过,那么,它们似乎有可能在亚里士多德的一生中被不时地加以更新。如果是这样,那么,要建立一个行得通的年表就是非常困难的。

　　一个近来一直激起某种兴趣的论题是亚里士多德对学问次序(order of learning)的强调,他愿意他的论著按照这一次序被研究。他的著作遍布对全集中的其他著作(或者同一著作的较早部分和较后部分)的向前和向后的交互指涉。③ 这些交互指涉被认为表明了亚里士多德想要他的学生把什么样的背景带到一个论题中来。《范畴篇》代表了一种其中物理对象是第一实体的本体论,它被广泛看成一部早期著作,但一些评论者最近一直争辩说,相反,它是一部针对初学者的著

① 欧文 1960。在以下最后一节中有对核心意义的更多论述。有关欧文和耶格尔之间的关系的一个细致的重估,参见科德 1996。

② 有关最近对发展论的一个评价,参见韦恩斯(主编)1996 中的论文。格雷汉姆(1987a)曾经提出一个新的有关发展论题的二元论,认为亚里士多德有两个明显不同且不相容的体系,它们源自他一生的不同时期,在《形而上学》Z 卷中发生了直接的冲突。李斯特(1989)也就一种对亚里士多德的发展论的理解作了辩护。维特(1996)对发展论的发展做了一个有益的分析。

③ 伯恩耶特(2001)考察了《形而上学》内部的交互指涉和其他亚里士多德文本中向前和向后对《形而上学》的指涉。

作(它可以在任何时间被写成),它撇开了质料和形式间的关键区分,仅仅是为了亚里士多德哲学的入门者可以把握住基本的形而上学构架,而无需立即面对在《形而上学》中才得到处理的那些严肃的困难。④ 另一些人则一直争辩说,《范畴篇》是前解释的,相反,《形而上学》核心卷对实体作了一个解释性的论述。⑤

(二) 亚里士多德和分析哲学

20 世纪 50、60 和 70 年代对于亚里士多德研究来说是令人振奋的时代。无论是在欧洲大陆还是英语世界,兴起于 50 年代后期的学者们都在认真地探索亚里士多德的哲学方法——辩证法(从各种有声望的观点[endoxa]出发的推理),它在《论题篇》得到规定,而在上述论著中被经常加以运用;⑥以及三段论和证明,它在《分析篇》中得到展示。⑦ 亚里士多德被奉为 20 世纪重要哲学方法和立场的鼻祖。牛津日常语言哲学家们认为亚里士多德所从事的是和他们自己类似的一个概念分析的任务。⑧ 古代哲学似乎也熟于运用各种现代分析工具,这些工具能够澄清和深化我们对古代文本的理解。1970 年,在科罗拉多的斯普林斯(Colorado Springs),由那个时候古代哲学的领军人物——其中有弗拉斯托斯、欧文和阿克利——所组织的传说般的六周 NEH* 研讨会,有一大批青年学者参加,其中的许多人现在是这一领域的资深人物。领军者们以古代哲学的生命力和适用性来鼓励参与者们。古代哲学对那些在牛津阅读"大师们"的哲学家们也有重要的影响,无论是在英国和美国的哲学家们都在亚里士多德的著作中发现了他们自己的思想的种子。蒯因对模态逻辑的批判,克里普克对本质主义的采用,都曾

---

④ 弗斯 1988;基尔 1989;伯恩耶特 2001。

⑤ 卢克斯 1991;博尔顿 1996;维丁 2000。前解释的论述不一定要比解释性的论述写得早(对《动物志》同《论动物的部分》这样的解释性的著作之间的关系,也已做出类似的论断)。

⑥ 许多亚里士多德的著作,包括《形而上学》,都从对 endoxa、亚里士多德的前人的观点的一个评价开始。亚里士多德学会的第二、第三次会议曾致力于方法的论题,从不列颠到大陆的学者都有参加。参见 S·曼申(主编)1961 和欧文(主编)1968。从 60 年代开始方法、尤其是辩证法方面有影响的著作包括欧文 1961(见 S·曼申)和奥本奎 1962。这一论题持续锻炼着学者们。有关不同的研究,参见努斯鲍姆 1982,博尔顿 1990 和厄文 1988,特别是其中的第 2 章。

⑦ 参见巴恩斯 1969,以及巴恩斯修正的观点(1981)。《后分析篇》曾是第八届亚里士多德学会的主题,由伯蒂(1981)主编。《后分析篇》同亚里士多德生物学中的科学实践的关系下面有简明的讨论。

⑧ 克拉兰登亚里士多德系列(The Clarendon Aristotle Series)由牛津哲学家奥斯汀于 1962 年发起。"他认为亚里士多德的哲学著作没有被当代哲学家们充分地研究,而一个新的系列,包括新的翻译……会有助于改正这一点"(发表于 20 世纪 60 年代和 70 年代早期系列中各卷的广告词)。

* [译按]National Endowment for the Humanities [人文学科国家基金]的简称。

经激发了对亚里士多德的立场的兴趣。⑨ 普特南赞誉亚里士多德预见了他自己的功能主义上的观点。⑩ 德性伦理学从亚里士多德的伦理学中获得它的灵感。亚里士多德似乎同当代哲学问题高度相关。许多年轻的哲学家们受亚里士多德对当代哲学论争所可能产生的贡献的驱使而去研究亚里士多德。

（三）最近的趋势

20 世纪 70 年代末和 80 年代见证了由一批年轻的学者所领导的学术兴趣上的一次重大转移，这批人现在是这一领域的领军人物。安娜斯在《牛津古代哲学研究》(*Oxford Studies in Ancient Philosophy*)（1983）她所写的发刊词中将这个时代描写为古代哲学中一个激动人心的时刻，"视域在拓展，兴趣在转移"。她鼓励投稿人勇于深入陌生的领域，尤其是后亚里士多德哲学的领域。弗雷德（1987b）在介绍他的论文集的序言中谈到了过去十年中在希腊化哲学方面研究兴趣的巨大增长，鼓励其他人以相似的注意致力于古代晚期。⑪ 他概括了研究哲学史的不同方法，鼓吹对古代哲学家，不是因为他们以一种典范的方式回答了哲学问题（那势必要假定当前的观点是"正确的"，或者有过去的哲学家们回答得好或不好的永恒的哲学问题）而作为适合于哲学史的范例来予以考察，而是相反，要在他们出现于其中的各个不同的历史之中来进行考察。据此观点，我们作为解释者的任务就是要揭示哲学家们的问题，按照他们的方式发现或者重构他们回答这些问题的理由。弗雷德已经带动了对这一领域的一个有力的研究方法。即使那一方法已经将学者们推至另一个极端——一旦我们在其自身的历史和哲学的语境中理解了亚里士多德的著作，那么，亚里士多德就可以极大地促进当代的讨论——但弗雷德的方法论对于古代哲学的研究者们来说一直是一个学术严格性的范例。⑫

怀着相同的精神，古代哲学的学者们在 20 世纪 80 年代开始严肃地质疑利用亚里士多德来支持当代哲学理论的做法。伯恩耶特在一篇富有影响的论文《亚里士多德的心灵哲学还是可信的吗？》(Is Aristotle's Philosophy of Mind Still Cred-

---

⑨　参见怀特 1972—1973 和 M·柯亨 1978a。亚里士多德的本质主义与克里普克的本质主义之间的差别在维特 1989 第 7 章中被讨论；也请参见怀特 1986 §3。有关亚里士多德的本质主义和其他 20 世纪的观点之间的差别，参见马修斯（Matthews）1990。

⑩　普特南 1975。参考努斯鲍姆 1978，论文 1。

⑪　索拉比以其庞大的翻译计划，"古代注释家论亚里士多德"，已经对那一事业做出了有力的贡献，在 1980 年代末已经看到了第一批出版物。他最近三卷资料书《公元 200—600 年的注释家的哲学》(*The Philosophy of the Commentators 200—600AD*)（2005）将使古代注释家论亚里士多德的观点对英语读者来说更易于了解。

⑫　也请参看布罗迪 1993a 中对诠释方法的有力讨论，和厄文 1988 的一个批评性的评论。

ible?)(1992)中有力地批驳了功能主义对亚里士多德的心理学的解释,断定"新功能主义的心灵不适合旧亚里士多德的身体"。这篇论文在1984年左右提出,此后广为流传,并在数年之后(按初稿)发表。这篇论文已经激起了大量思考回应。⑬

同时(70年代末和80年代),相当数量的亚里士多德学者,受上述的对亚里士多德方法的研究的激发,开始探究亚里士多德研究中相对被忽视的领域,他对生物学的研究(它们构成了他现存著作的四分之一),以及他在《后分析篇》中的科学哲学同他在生物学著作中的实践之间的关系。⑭ 这一成果丰硕的运动也为学者们提供了由以研究《形而上学》的一个新的视角。⑮

从60年代末开始一直持续到1980年初他去世为止,欧文都主持一个每月一次的古代哲学读书小组,先是在纽约,继而在伦敦。伦敦小组的备忘录由伯恩耶特和其他人记录,以《Zeta卷笔记》(Notes on Zeta)和《Eta卷和Theta卷笔记》(Notes on Eta and Theta)出版(1984)。备忘录记录了对不同翻译的精彩讨论和参与者逐字逐句文本分析的解释。这些笔记是对罗斯对亚里士多德《形而上学》的标准注释([1924]1953)的一个有益的补充。

从1987年开始,有关亚里士多德《形而上学》的新的注释、单行本和论文集开始交替纷呈——我统计自1987年以来约有30本书,此外还有几本在酝酿之中。许多重要的论文也出现在同一时期或稍早之前。这一时期初期的一本著作对进一步的学术研究有着巨大的影响:两卷本的《亚里士多德,〈形而上学〉Z》(Aristoteles, Metaphysik Z),一个导论、文本、(德文)翻译和详尽的注释,作者是弗雷德和帕奇克(1988)。两位作者也为亚里士多德承认个体形式提供了一个理由。⑯ 此后有关Z卷的出版物,特别是那些同意弗雷德和帕奇克认为在《形而上学》Z卷中亚里士多德捍卫了形式的首要性、但是不同意他们认为形式是个体的

---

⑬ 努斯鲍姆和罗蒂1992中的多篇论文是针对伯恩耶特的论文的,包括努斯鲍姆—普特南的一个联合的回应。有关对亚里士多德的心理学中的功能主义的这一争论的最近的评论和文献指南,参见卡斯通2005,§1。

⑭ 这一运动受到巴尔梅的著作的启发,尤其得到戈特塞尔夫在80年代一系列富有成果的国际会议中的组织。特别参看戈特塞尔夫(主编)1985,和戈特塞尔夫 & 林诺克斯(主编)1987。在这一运动中几个杰出人物的论文集是:劳埃德(Lloyd)1996,林诺克斯2001和戈特塞尔夫2006。

⑮ 弗斯(1988)在从亚里士多德的生物学视角出发解释《形而上学》中处于领先位置。对《形而上学》的另一个富有创见的解释是S·柯亨1996,这一解释受到了亚里士多德自然哲学的深刻启迪。最近论述亚里士多德自然哲学的著作对我们理解《形而上学》有重大的贡献:参见弗洛伊登塞尔1995,和R. A. H·金(R. A. H. King)2001。

⑯ 这部两卷本的著作受到我本人和其他人的广泛评论。特别参见维丁(1991)的批评性评论。

学者们的作品，现在经常是把他们的研究同弗雷德和帕奇克的权威著作联系在一起。

　　激烈的争论尽管富有成果，但甚至在最基本的有关亚里士多德《形而上学》的问题上都没有取得任何一般的共识。《形而上学》Z卷所提供的是亚里士多德有关实体的最成熟的思考吗？如果是，那么他的结论究竟是什么呢？Z卷放弃了他在《范畴篇》中所认为的个别事物诸如个别的人和个别的马是第一实体的观点吗？Z卷通过询问一个不同种类的问题——诸如什么使《范畴篇》中的实体成为实体——而完善了《范畴篇》吗？Z卷是自身独立的，还是一个包括H卷、也许还有Θ卷在内、或许还包括我们现在所有的《形而上学》的绝大部分在内的更大的研究中的一步呢？如果Z卷应当同H卷和Θ卷放到一起来阅读，那么，它提供了H卷和Θ卷所依赖的结论吗？还是它没有定论，只是展示了H卷和Θ卷所要回答的各种困难？在Z卷同A、B、Γ、E卷中有关第一哲学的主张之间、以及同Λ卷中对神圣实体的处理之间的关系是什么？第一哲学的科学同《后分析篇》中的亚里士多德的科学哲学如何联系？同他在专门科学中的实践如何联系？

　　一本联系亚里士多德哲学的其余部分来讨论《形而上学》的出色的概论亚里士多德的著作是里尔的《亚里士多德：认知的渴求》(*Aristotle：The Desire to Understand*)(1988)(也请参看科德即出)。M·柯亨在《斯坦福哲学百科》(*Stanford Encyclopedia of Philosophy*)上的《亚里士多德的形而上学》(Aristotle's Metaphysics)对亚里士多德的形而上学提供了一个有益的概述。[17] 伯恩耶特的《〈形而上学〉Zeta卷地图》(*Map of Metaphysics Zeta*)(2001)引导读者通览Z卷，关注于阐明Z卷的结构和Z卷同《形而上学》的其余部分、同《工具论》的关联的那些路标。同弗雷德和帕奇克对Z卷的注释一样，伯恩耶特的书论证了一些有关Z卷的结构和安排的富有挑战性的论题，已经促成了更进一步的结构思考。[18] 博斯托克著有一本克拉兰登的注释书籍，《亚里士多德的〈形而上学〉》(*Aristotle's Metaphysics*)，Z卷和H卷(1994)。[19] 克拉兰登的《形而上学》Θ卷的注释(马金[Stephen Makin]著)以及Λ卷的注释(贾德森[Lindsay Judson]著)在准备之中。[20] 还有几本最近的论文集是专门致力于《形而上学》核心卷和Λ卷的：佩尔蒂埃(F. J. Pelletier)& 金—

---

⑰　波里提斯(Politis)2004是一本书篇幅的导论。这本书在亚里士多德对不矛盾律的论证(《形而上学》Γ.3—4)和对现象主义与相对主义的回应(Γ.5—6)方面尤其地好。

⑱　见刘易斯(Lewis)2000和维丁2000中对伯恩耶特的讨论，批评性的评论，见基尔2005a。

⑲　参见维丁(1996)对博斯托克1994的批评性评论。

⑳　其他克拉兰登的《形而上学》注释书籍有马迪干(Madigan)1999，注释B卷和K.1—2；基尔万(Kirwan)1993，注释Γ、Δ和E卷；以及安娜斯(Annas)1976，注释M卷和N卷。

法洛(J. King-Farlow)(编),《亚里士多德最新论文》(*New Essays on Aristotle*)(1984);
斯卡尔特萨斯,查尔斯 & 基尔(编),《亚里士多德〈形而上学〉中的统一性、同一
性和解释》(*Unity, Identity, and Explanation in Aristotle's Metaphysics*)(1994);拉普
(C. Rapp)(编),《形而上学:实体卷(Ζ,Η,Θ)》(*Metaphysik: Die Substanzbücher (Z, H,
Θ*))(1996);和弗雷德 & 查尔斯(编),《亚里士多德的〈形而上学〉Lambda 卷》
(*Aristotle's Metaphysics Lambda*)(2000)。[21] 其他许多论文集分布更为广泛,但是包
括了有关《形而上学》的有价值的论文。[22]

　　对亚里士多德《形而上学》近期研究文献的这一概览不可能对所讨论的议题
的丰富多样和近来解释中的细微差别做到不偏不倚。[23] 相反,我将集中于四个
主要的议题。首先,那些同意《形而上学》Z 卷主张首要意义上的实体是形式的
人在形式的特征上却意见不一。形式是普遍物还是个别物(或许二者都不是)?[24]
其次,质料的特征是什么?如我们将要看到的,亚里士多德的证据支持两个明显
不相容的观点。一些学者业已着手去发现一个调和这一证据的可行的解释。第
三,H 卷和 Θ 卷的特征是什么?许多学者认为 Z 卷自身独立,以 H 卷作为一种
附录,其中 H. 6 中包含对形式的统一性的一个重要的研究。对这些学者来说,Θ
卷转向了一个新的计划。其他学者认为 Z 卷不是自身独立,而应当同 HΘ 卷一
起来理解。对这一立场的一个关键性的议题就是亚里士多德在 H. 6 中对合成
实体的统一性的研究以及 Θ 卷在澄清亚里士多德的解决办法中的作用。我的
最后的论题将是 ZHΘ 卷在《形而上学》这一更大的方案中的地位,特别是相对于
Γ 卷、Ε 卷和 Λ 卷。[25]

---

[21]　有关《形而上学》M 卷和 N 卷的论文,参见格雷泽(Graeser)(编)1987。

[22]　除了在上面的注释 2、13 和 14 所提到的论文集外,参见伯根(Bogen) & 麦奎尔(Mcguire)(编)1985;
德弗洛(Devereux) & 佩莱格林(Pellegrin)(编)1990;和刘易斯 & 博尔顿(编)1996。

[23]　让我借此机会致以总的歉意。在过去 20 年中已经出版了如此多的研究,以致本次考察即便是在它
的受限制的论题范围内也注定要遗漏一些贡献。此外,尽管我引用了一些法语和德语的出版物,但
是我的重点是在英语出版物上。我这里的目的是要描绘近来在亚里士多德《形而上学》方面的学术
文献中的一些主要的趋势。

[24]　现代有关亚里士多德的个别形式的争论是由两篇重要的论文所引发的,这两篇论文发表在 1957 年
美国哲学协会东部分支大会上,作者是塞拉斯(Wilfrid Sellars)和埃尔布里顿(Rogers Albritton)。

[25]　我在这里不想讨论、但对亚里士多德的《形而上学》来说具有一定程度的重要性的一个论题是他对柏
拉图的批评。有关这一论题,连同对亚里士多德的残篇著作《论理念》的特别关注,参见芬恩 1993。
另一个被忽略的论题是依据后来的传统对亚里士多德的解释。吉尔松(Gerson)(2005)利用新柏拉
图主义者们向我们展示了一个更为柏拉图式的亚里士多德。

二、《形而上学》Z 卷概览

《形而上学》Z 卷的基本结构是有广泛一致意见的。有两个导论性的章节。Z.1 论证对存在的研究必定首先是对实体的研究,既然其他各种存在(性质、数量,等等),它们的存在和它们的所是,要依赖于实体。这样,要理解其他那些实在,我们就必须首先理解实体。Z 卷(以及 H 卷和 Θ 卷,这是有争议的)主要关注于这一首要的任务。

Z.2 罗列了实体的例子,从那些普遍同意的实体开始:动物和植物及其部分,以及其他物理对象。一些思想者提出了另外的候选项,诸如柏拉图的形式。亚里士多德说,部分任务是要确定这一名单上的哪几项属于,哪几项不属于,以及在可感实体之外是否有其他一些实体。但是,首先,为了评判这些论断,他需要提出一个不同的问题:什么是实体? 使那些实在是或看起来是实体的东西是什么?

Z.3 指出"实体"(οὐσία)以多种方式被理解,但特别有四种:(1)本质,(2)普遍者,(3)属,和(4)基础主体。一些学者认为它们是某物作为实体或许可以合理地被期望满足的标准。另一些人认为它们是对"什么是一个事物之实体性的原因?"这一问题的一些有名的回答。比如说,什么是苏格拉底的实体? 是他的本质,他的普遍者或属,还是他的基础主体?㉖ 亚里士多德将否定其中一些提案(普遍者,属);而另一些(本质,以及在一些观点看来基础主体)他将保持和说明。《形而上学》Z 卷是松散地围绕这一名单来结构的。Z.3 考察了实体是一个终极主体的论断,并且论证说,如果作为一个实体而存在就是作为一个终极主体而存在,那么,只有质料才是实体——而这个结论是他所否定的。学者们在主体性究竟被降格为实体性的一个标准或原因还是这个思想被保存和修正以避免不想要的结论这个问题上意见不一。Z.4—11(可能包括 Z.7—9 和 12)澄清了一个本质是什么,并且论证说一个第一事物和它的本质是统一的。这几章明显主张本质是对"什么是实体?"这个问题的一个可行的回答。Z.13—16 考察和否定了一个普遍者是实体的论断,以及一个实体是由实体([译按]复数)构成的论断。属没有得到任何单独的处理,但似乎同普遍者一起被否定掉了。㉗ Z.17 重新开始,认为

㉖ 对这不同选项的一个有益的讨论,参见德弗罗 2003,第 161—166 页。

㉗ 在 H.1 亚里士多德对 Z 卷的概括中,他和普遍者一起提到属(1042a13—16),并且说二者没有一个是实体(1042a21—22)。

实体是一种本原和原因,解释为什么质料构成一个合成物。㉘ 一些学者把 Z. 7
－9 和 Z. 12 看成后来增加的,不是 Z 卷最初计划的部分。其他人强调它们对于
整个目的的重要性。

三、形式的特征

《形而上学》B 卷讲述了亚里士多德认为他的科学应当提出的一系列难题。
B. 6 是以最后一个 *aporia*[即"难题"]结束的,即:本原(*archai*)是普遍者(*katholou*)
还是个别者(*kath hekasta*)? 针对第一个选择,他说:没有任何一个普遍者是实体,
因为共同者(*koinon*)是一个这样(*toionde*),不是一个这个(*tode ti*),而实体是一个
这个。针对第二个选择,他说:如果本原是个别者,它们将是不可知的,因为任何
东西的知识都是普遍的(1003a5－17)。一些学者已经论证,Z 卷的讨论是由这一
难题所引导的。㉙ 如果亚里士多德的目标是由这一难题所引导,那么,他以何种
方式解决它呢? 实体是一个个别者还是一个普遍者呢?

　　形式是个别者还是普遍者这个问题,对那些同意亚里士多德在 Z 卷中的总
的结论是实体是形式——他是在 Z 卷的第二部分(Z. 4－11:特别参见 1037a21－b7)
达到这一结论的——的人构成了压力。争论的主战场一直是 Z. 13,因为亚里士
多德在那里论证说,没有任何一个普遍者是一个实体。对一些学者来说,这一文
本是支持他们认为亚里士多德承认个别形式的看法的关键证据。对于那些认为
亚里士多德的形式是普遍者的学者来说,Z. 13 是一个难点,他们的任务就是要
解释这一章,方法就是表明亚里士多德排除了一些普遍者是实体,但是却为形式
是首要的实体——即使它们是普遍者(或者某种意义上的一般)——留有余地。

(一) 个体形式

　　亚里士多德在《解释篇》中区分了普遍者和个别者:"普遍者我是指本性上
谓述许多事物的东西,个别者我是指不是这样的东西——例如,人是一个普遍
者,卡利亚斯是一个个别者"(《解释篇》7,17a39－b1)。类似的陈述出现在 Z. 13
(1038b9－12)和 Z. 16(1040b25－26)。Z. 13 的 1038b34－1039a2 上的结论是

㉘ 我在这里不能讨论 Z. 17。对它的两个不同的出色的研究,参见维丁 2000,第 10 章;和德弗罗 2003,
　§§3 和 4.1。
㉙ 欧文(1978—79)讲到过一种"钳形运动"(pincer-movement)。参见科德 1984,和余 2003,第 5 章。里
　夫(2000)认为解决这个问题——他叫作首要的难题(Primacy Dilemma——是亚里士多德形而上学
　和认识论的核心目标。

Z. 16 的结尾所重复的两个结论的其中一个："那么,显然,没有一个普遍陈述的东西是实体"(1041a3-4)。鉴于亚里士多德在 Z. 4-11 论证了实体是形式,Z. 13 主张没有一个普遍者是实体就提供了很好的理据来断定形式不是一个普遍者。

人们已经将几种不同的个体形式的概念归给了亚里士多德。一些从他的生物学的视角出发、尤其是依据他在《论动物的生成》IV. 3 中对内在特性的处理来研究亚里士多德的《形而上学》的学者认为,形式可能是在种这个级别之下被区分的:我的形式和你的形式含有大量共同的信息,但也含有使我区别于你、将我们联系到不同的家族的信息。[30] 依据另一种说法,除形式特征之外的质料特征决定了个体形式——像眼睛的颜色和鼻子的形状之类的信息包含在个体形式之中。[31] 这两种不同的回答都允许形式在原则上是可重复的:它们可以在多于一个个体事物中出现,即使它们实际上没有被复制。亚里士多德动物繁殖的理论——依据这种理论雄性贡献形式,雌性贡献质料——会表明,如果雄性精子充分控制了雌性质料,后代将是雄性的、类似于他的父亲。[32] 这种形式的概念极为特殊,尽管仍旧是一般的,它和亚里士多德在《形而上学》Z. 15 中的主张是前后一致的,即,可定义的形式(logos)是共同的,即使它所适用的只是一个东西。(1040a29-b1)。

为了把不能被进一步划分但可以重复的形式同那些不可重复的形式区分开来,一些学者引入了个体形式(individual forms)(它们不可被进一步划分但可重复)和个别形式(particular forms)之间的分别,后者不可重复,每一个唯一地联系于一个单一的物质实体。[33]

而认为 Z. 13 表明了形式不可能是普遍者的学者们倾向于赋予亚里士多德一个更强的立场,即,形式是个别的:你的形式不同于我的,而且这不只是在你的是你的、我的是我的意义上讲的。[34] 但对于这一论题依然有不同的见解。对弗雷德和帕奇克来说,我们的形式可以是在质上无法区分的,但它们是在量上有分别的。[35] 巴尔梅在论证亚里士多德不是一个本质主义者的同时,认为我们的形

[30] 库珀 1988,特别是第 33—38 页。弗斯(1988)论证了亚里士多德的生物学著作并没有使他对个体形式有所表示。

[31] 巴尔梅 1987。有关巴尔梅的更为极端的论题参见以下。

[32] 参见里夫 2000,§3.3 中的最近的论述。

[33] 有关这一区分,参见科德 1986,第 412—13 页注释 5,第 414 页。

[34] 至少一些坚持普遍形式的学者会顾及一个共同形式的量上区别的具体实例,它是由它是其形式的物质实体或它在其中得以实现的质料所个体化的。

[35] 弗雷德 & 帕奇克 1988,特别是 1:48—57;弗雷德 1978 和 1985。

式含有关于我们的全部质料信息。这样,苏格拉底的定义就包括对他的所有质料在一个既定时刻的完全描述。㊱厄文把个别形式看成形式合成物,不仅包括质料信息,而且本身就是质料——它们包含具有恰当功能样式的一些质料。形式既是"质料的又是质料化的(materiate)"㊲

《形而上学》Z.13 是没有任何一个普遍者是一个实体的正面证据。但它不是亚里士多德承认个别形式的正面证据。伯恩耶特(2001,第46页)的一个惊人的观察是,形式在被设想是决定它的命运的这一章中甚至没有被提及。

那么,什么是个别形式的正面证据呢?㊳ 首先,亚里士多德个别形式的捍卫者们常常指出这一事实,即,他有时候把形式称作 tode ti(字面意思是"这个什么"或"某一这个")。㊴ 亚里士多德确实使用了这个词来规定个别事物。《范畴篇》讲,第一实体,诸如一个个别的人或一匹个别的马,是 tode ti,因为它是不可分的和在数量上单一的(3b10—13)。第一实体的种和属不是些这个,而规定不止一个东西(3b13—23)。那些否定个别形式的人所问的问题是,tode ti 这个短语是否仅仅适用于个别事物;如果不是,那么,对形式作为这个的指称是否仅仅表明,它们是高度确定的(不可分为更加确定的种类)但依然是可重复的——亦即,是个体事物(individuals)但不是个别事物(particulars)。㊵

亚里士多德涉及到个别形式的最有力的正面证据是《形而上学》Λ.5 中的一段话,在那里,他说:

> 那些属于同一个种(eidos)的事物,它们的原因和元素是不同的,不是在种上(eidos),而是因为不同的个别事物的〈原因〉〈是不同的〉——你的质料、形式(eidos)、动力因与我的,但它们在其普遍的描述(logos)上是相同的。㊶
> (1071a27—29)

㊱　巴尔梅1987,第295页。对这一个观点的批评,参见劳埃德1990,第16—28页。

㊲　厄文1988,第248—255页。

㊳　有关这一论题方面证据的一个全面的讨论,参见维丁1991。

㊴　例如,《形而上学》Δ.8,1017b23—26(有关这一章,参见波兰斯基[Polansky]1983);H.1,1042a28—29;Θ.7,1049a35—36;Λ.3,1070a11。

㊵　里尔(1987)联系亚里士多德的认识论对这一议题作了很好的研究。也请参见基尔1994。

㊶　学者们已经证明这段话不是个别形式的证据。有关各种解释,参见莱舍(Lesher)1971,第174—175页;莫德拉克(Modrak)1979,第376—377页;和科德2000,第178页。

亚里士多德个别形式的捍卫者们指出了这段话和其他证据来作为正面的例证。[42] 从而,亚里士多德 Z.13 中对没有任何一个普遍者是一个实体的论证就仅仅为那个正面的论题扫清了基础而已。

(二) 普遍形式

这场争论的另一方是那些认为 Z.13 并没有强烈主张没有任何一个普遍者是一个实体的人,他们认为 Z.13 只是提出了一个相对较弱的主张,仅仅排除了一些普遍者而不是另一些。他们似乎有充分的理由来尝试中和 Z.13,所依据的就是那些似乎是在讲形式是普遍者的段落,例如 Z.8 中的这一段话:

> 并且那是整体的东西,在这些血肉和骨头之中的如此如此的形式(ei-dos),是卡利亚斯和苏格拉底。他们由于他们的质料是不同的(既然质料是不同的),但是在形式上是相同的(既然形式是不可分的[atomos])。[43] (1034a5—8)

亚里士多德还声称,"定义是由普遍者和形式所构成的"(Z.11,1036a28—29),并且否认个别事物可被定义为这类(Z.10,1036a2—9;Z.15,1039b27—1040a7)。[44] 似乎,作为科学知识的对象,形式应当是普遍者。

在 60 年代和 70 年代,许多亚里士多德学者认为《形而上学》Z 卷颠覆了《范畴篇》中所论证的优先性的次序。尽管《范畴篇》把种概念人称为第二实体,把一个个体的人称作第一实体,但是,《形而上学》Z 卷被认为把优先性赋予了种,因为种决定了这个个体之所是。[45] 由于种是一个自然谓述许多事物的普遍者,因此,Z.13 便似乎提出了一个严重的问题。

在解决这一问题的过程中的关键的一步便是认识到,《形而上学》中的形式不是一个范畴—类型的种,像人或马。在一篇重要的论文中,我确信,约翰·德里斯科尔(John Driscoll)指出,《范畴篇》的种和《形而上学》Z 卷的形式,尽管都是由同一个希腊词 eidos 所规定的,却不是同一个东西。在《形而上学》Z.10 中,亚

---

[42] 参见弗雷德 & 帕奇克 1988,1:48—57。维特(1989,第 163—175 页)讨论了《形而上学》M.10 的证据。利尔 1987 提供了对 M.10 的另一种解释。卢克斯(1991,第 223—35 页)对有关个体形式的各种论证作了一个详尽的批判。

[43] 个别形式的捍卫者们不认为这段话是反对他们的观点的证据,声称在这里 eidos 意指"种"或"种形式",而不是"个别形式"。参见厄文 1988,第 252 页;弗雷德 & 帕奇克 1988,2:146—48。

[44] 有关这一论题,参见 M·柯亨 1984 §2。

[45] 例如,欧文 1965;伍兹 1967。参考伍兹最近对 Z.13 的解释(1991)。

里士多德规定种概念人和马是普遍的合成物,它包括形式和被普遍理解的质料（1035b27—30）。苏格拉底的种是人;他的形式是他的灵魂（Z.11,1037a5—7）。《形而上学》依然说人是一个 *eidos*,而且亚里士多德的用法可能是令人困惑的。有时候,他用"人"这个词来指柏拉图的（分离的）形式人,有时候又指种概念人;而且有时候,特别是当他联系柏拉图的观点讲到他自己的观点的时候,"人"可以说明一个形式,人的灵魂（有关这种歧义,参见《形而上学》H.3,1043b2—4）。

一旦在形式和种之间作了区分,Z.13 的威胁看起来就小多了。亚里士多德在这一章中的正式的目标是柏拉图的普遍者（分离的形式）,而他论证说它们中没有一个是实体。这一章似乎也否认了《范畴篇》称为第二实体——种和属,例如人和动物——的那些实在的实体性,《形而上学》Z 卷把它们看成是普遍的合成物。[46] Z.13 说,做普遍谓述的不是一个这个（*tode ti*）,而是一个这样（*toionde*）（1039a1—2）。一些学者认为这为形式是实体留下了余地,例如,人的灵魂,亚里士多德在别的地方称其为一个这个,即便它为不止一个事物所分有。已经获得相当普遍承认的意见是,Z.13 并没有强烈地主张没有任何一个普遍者是一个实体,而是提出了一个较弱的主张,即,没有任何一个普遍者是它所普遍谓述的那个东西的实体。这个较弱的禁令排除了种和属（以及柏拉图的形式）是实体,但被认为保留了亚里士多德的形式的实体性。依据这一观点,形式普遍地谓述质料体,但并不是那些质料体的实体。相反,它是合成物的实体,它没有普遍地谓述它们。[47]

四、质料的特征

那些"旧亚里士多德的身体"[48]又如何呢？关于亚里士多德的质料有两个两极的立场,每一个都有文本证据的支持。在一边是这样一种观点,即,质料是独立于形式的东西。在另一边是这样一种观点,即,质料是受到它是其质料的对象

---

[46]　但是参见马尔科姆（Malcolm）1993。马尔科姆论证说,Z.13 只是否认种是第一实体。

[47]　有关这一观点的各种看法,参见卢克斯 1979,1991;德里斯科尔 1981;科德 1984,1986;刘易斯 1991;维丁 2000（《弱的排除》[weak of proscription]是他的标志）。反对意见参见博尔顿 1996,第 279 页注释 20;和基尔 2001,第 249—254 页。我自己的看法（2001）是,Z.13 给形式造成了困难,无论形式是一个普遍者（谓述许多质料体）还是一个个别者（谓述一个质料体）。亚里士多德反驳普遍者的其中一个观点是,实体不谓述一个主体,相反,普遍者总是谓述某个主体（1039b15—16）。形式之为实体被这一论证所排除,因为它谓述一个主体——质料。无论它谓述一个质料体还是多个,它都被排除了（注意,在这一章的开始,质料被列为作为主体的两种方式之一:1038b5—6）。

[48]　伯恩耶特的术语（1992）,上引第 226 页（[译按]原文页码）。

形式决定的东西。一些学者最近一直在寻找一种方法来调和这两种立场或者对冲突的证据加以裁决。

（一）质料和变化

第一个观点来自于亚里士多德在《物理学》中对变化的研究。在我们考察它之前，我们应当回想一下《范畴篇》。在那里，亚里士多德把个别的物理对象（例如一个个别的人或者一匹个别的马）看成第一实体。它们是其他每一个东西其存在所依赖的终极的基础主体。作为那些对象之特征的非实体性的属性（数量和性质等等），以及特殊地和更为一般地规定它们的实体性的种和属，它们的存在全都依赖于这第一对象。取消第一实体——基本的主体——其他每一个东西也就被取消了（《范畴篇》5,2a34—b6）。大多数学者认为《范畴篇》把物理对象看成不可进一步对它们进行分析的原子实在。⑭ 然而，在《物理学》处理变化的过程中，亚里士多德论证了物理对象本身必须被分析为质料和形式。

巴门尼德已经否认了变化的可能性，论证说变化会包含无中生有。亚里士多德同意于他的前辈没有绝对的生成的观点。他的任务是要在不涉及无中生有的前提下说明变化。⑤ 在《物理学》I.7 中，亚里士多德论证了每一变化包含三个本原：成对的对立面（形式和缺失），以及一个基础性的主体。变化将新的东西带入世界，因为形式代替了缺失。但是，变化不是一种单纯的替换，先前存在的实在消灭为无，而产物从无中产生，因为产物的部分一直在那儿——基础性的主体，它先是由缺失、继而由形式所规定。在非实体性的变化（性质、数量或位置的变化）中，持续的是一个物理对象，《范畴篇》称作第一实体的某个东西，而形式和缺失是性质、数量或位置范畴中的成对的概念，它们正好相反。

根据亚里士多德，实体性的生成也可以按照三个本原来分析。由于在这种情形下实体是变化的产物，它不可能是贯穿变化过程始终的持存者。质料就被引入作为持存的主体，形式则是成对的对立面的实际的成员。一个新的实体（例如，一个雕像），当质料（例如，青铜）获得了它原本缺乏的一个形式（一个样式），它就生成了。第一范畴中的各项在《物理学》中被分析为质料和形式，来说明它们的实体性的生成。沿着《物理学》的思路，《形而上学》将第一范畴中的各项看成是

---

⑭　但请参见德弗罗 1992。德弗罗论证说，《范畴篇》不仅将有生物，像一个个别的人和一匹个别的马，看成第一实体，而且将这类对象的灵魂和身体也看成第一实体，并且结论（见《范畴篇》）是，灵魂不谓述身体。据此观点，《范畴篇》中的亚里士多德仍然承认同柏拉图《斐多篇》中的灵肉二元论类似的理论。

⑤　有关《物理学》中亚里士多德的变化理论，特别参见沃特洛（Waterlow）1982。

由一个基础性的主体(质料)和一个谓述者(形式)构成的合成物。

《物理学》I.7的模式表明,构成一个合成物的质料有独立于它所临时构成的那个对象的形式的自我同一性。质料和合成物是有区别的,因为它们有不同的持存条件:质料由于持存于实体变化过程的始终从而比合成物要长久。此外,在一个合成物中的质料和形式间的关系是一种偶性的关系:构成一座雕像的青铜反之也可以构成一个犁头;塑造青铜的那座雕像的样式本来也可以体现在木头或其他某种合适的材料中。这种观点已经被用来支持功能主义对亚里士多德的解释:形式其实现依赖于某个合适的质料,但它们之间的关系是偶然的。

质料是独立于形式的东西的观点得到对《形而上学》Z.3的一个合理解释的支持。[51] 在这一章,亚里士多德考察了来自《范畴篇》的这样一个论题,即,作为一个基础主体存在——其他东西谓述它但它本身不谓述其他任何东西——使一个东西成为一个实体;他论证说,更进一步的条件必须被满足以避免唯独质料是实体的结果。[52] 亚里士多德做了一个思想实验:剥除掉所有范畴属性。剩下的是什么呢? 一个"其存在不同于所有谓词"的东西(1029a22—23)。他宣布,最后的事物本身既不是一个东西,也不是数量,也不是其他任何范畴存在。所有的属性都作为偶性属于它(1029a23—26)。质料被揭示为一个终极主体,在存在上区别于它的所有属性。[53]

---

[51]　例见卢克斯1991,第2章;刘易斯1991,第10章;费尔约翰2003;基尔2005b。查尔顿(Charlton)(1970)和基尔(1989)已经表明,亚里士多德有一个具体的历史性的目标,《蒂迈欧篇》中柏拉图的容器。这一解释也适合同样一般的研究。

[52]　两个附加的条件是这个性(对此参见上面第231页[译按]原文页码)和分离。关于分离参见莫里森(Morrison)1985a,和芬恩与莫里森在《牛津古代哲学研究》中的争论。特别参见芬恩1984,和莫里森1985b。也请参见里夫(2000,§1.1)最近的评价。许多学者认为这个性和分离是实体性独立于主体性的条件。我认为它们是一个实在要成为一个合法的主体所必须满足的条件。这样,我认为Z.3澄清了主体标准。一旦获得澄清,它就依然是实体性的一个必要条件(基尔,1989,第1章)。一些学者(例如,卢克斯1991,第66—69页;和德弗罗2003)论证说,Z.3中那一证明的一个结果就是对主体性的一次降级。反驳这一看法的三个观点是:(1)Z.3没有说主体性已经被降级了;(2)Z.13在反驳普遍者的实体性时诉诸于主体性,如果主体性已经被降级,那么这一反驳就没有丝毫力量(参考上面注释47);(3)H.1概括了Z卷,并且提到普遍者和属(但没有主体)已经被否弃;H.1接着回到了主体性,提到了作为一个主体的三种方式:质料、形式和二者的合成物;这一章接着讨论了质料作为一个主体也是实体。在Z.13中对主体性的诉诸和在H.1中对它的讨论有力地说明了主体性始终是实体性的一个必要条件。参考《形而上学》Δ.8,1071b23—26,它通过说实体就如下两种方式而言总结了它对实体的讨论,(1)作为一个终极主体,它不谓述其他任何东西,和(2)作为一个这个以及分离。

[53]　参考洛克的载体(《人类理解论》第二卷,第23章§§1—2)。参见考斯曼1994,第196—197页。

这一章一直被认为涉及到一个在传统上以原始质料而知名的实在。[54] 它是构成所有复杂的物理事物的基础的终极主体：剥除掉一层一层的形式属性，原始质料就在底层。原始质料是一个东西———一个存在——但本身没有任何确定的内容（范畴存在）。原始质料不仅是位于物理对象所有分析的底层的东西，而且也用作终极的实体性变化——元素转化中的连续者。据此观点，《物理学》I.7 的模式保证了当水转化为空气，曾经具有水的属性（冷和湿）的原始质料变成具有空气的属性（热和干）。[55]

（二）质料作为潜能

在另一边是这一观点，即，质料不能作为独立于形式的东西被说明。[56] 请考虑对《形而上学》Z.3 的另一种解释。根据这种观点（由例如弗雷德 & 帕奇克 1987，2：46—51 所主张），Z.3 反映了亚里士多德的质料概念。[57] 原始质料也许是那一概念的极端的例子，但是其他例子是像雕像的质料青铜这样的普通的物质材料。根据弗雷德—帕奇克的观点，作为青铜的青铜不被认为是质料（被认为是青铜的青铜是一个准实体）。作为质料来考虑，青铜是一座潜在的雕像：它的身份是由它是其质料的对象形式决定的。据此观点，亚里士多德的质料不能脱离它相对于其现实性才具有潜能的形式来设想。[58]

伯恩耶特认为，亚里士多德不可能是一个功能主义者，因为他的身体概念和我们的是如此不同，他的这一反驳观点似乎依赖于一个类似的假设。根据伯恩耶特，生物机体的质料已经"孕含着意识。"亚里士多德的科学是"自上而下"——目的论地达成的。生命的出现不需要任何"自下而上"的解释，这同我们 17 世纪以来的思想相反。依据伯恩耶特的观点，亚里士多德不是从物理学和化学所描述的那样的质料开始，然后得出对更高级的属性的解释的。

（三）原始质料

值得指出的是，传统的原始质料概念似乎是同两个明显不同和各自独立

---

[54] 欧文斯（1978，第 334—335 页）在从 Z—H 卷的其他文本之中利用 Z.3 来澄清经院哲学家称为 *materia prima*［第一质料］——绝对的不确定的基质，和 *materia secunda*［第二质料］——例如木头，它具有确定的属性——之间的区别。

[55] 亚里士多德同原始质料的关联在上半个世纪已经被探询了许多次。例见 H. R·金（H. R. King）1956；

[56] 经常被引用的一段文字是《物理学》II.2，194b8—9："质料属于关系范畴，因为对不同的形式有不同的质料。"

[57] 也请参见丹西 1978。

[58] 弗雷德 1994，第 175 页。

的成问题的观念联系在一起的——原始质料既是终极的、无特征的主体/载体,属性偶然地属于它,它是一个不同于所有范畴存在的存在,持存于元素变化过程的始终;又在本质上是潜能,孕含着存在,由现实性或形式来决定它是什么。⑤⑨

(四) 调和观点

在一篇开创性的论文中,阿克利(1972—1973)提请注意在这两种质料概念之间的张力和它同形式的关系。依据第一种概念,形式和质料的关系是偶然的,依据第二种概念,形式和质料的关系是本质的。本质关系突出地体现在亚里士多德对生物机体的质料的讨论中。他反复声称,脱离了其机体环境的机体质料就只是名义上——同名异义地——的质料。⑥⑩ 从整个身体中分离出来的一只手只是名义上的一只手,因为它不再能够行使它的功能。对质料个体部分正确的对于整个身体也是正确的(《论灵魂》II. 1,412b17—25)。随着灵魂被去掉,一具人的尸体就不是一个人的身体:机体质料也被毁灭了(《气象学》IV. 12,389b31)。

有关质料的这两种观念在亚里士多德的文本中都有证据,调和这两种观念一直是亚里士多德研究中的一个活跃的领域。研究亚里士多德生物学的著作对这一目的有过显著的贡献,它表明亚里士多德的研究把"自上而下"的目的论的解释同"自下而上"的质料—动力因的解释结合在了一起。⑥① 亚里士多德在他的生物学著作中不断地说,"X 之发生既为了一个(目的论的)原因又出于(质料的)必然性"。⑥② 在学者中获得越来越多支持的一个观点是,亚里士多德把更高级的机体部分看成像它们之所是那样是在本质上受到有机体的形式决定的:称这种机体质料为功能质料。构成那些更高级的部分的较低级的质料是独立于形式的:称它们为构成质料或剩余质料。⑥③ 据此观点,在某一层面的质形分析(hylomor-

---

⑤⑨　参见上面注释 54 中所引的欧文斯 1978 中的表述。在亚里士多德本质主义的前提下,关于第一种观念的内在矛盾,参见卢克斯 1991,第 239—252 页。卢克斯认为亚里士多德依然是承认这个观念的。有关第二种观念的内在矛盾,参见格雷汉姆 1978b。我不认为亚里士多德承认上述任何一种原始质料,或者更有甚之,承认过上述二者的含混的结合。尽管 S·柯亨(1984 和 1996,参见上面注释 55)的新建议不同于这些反对观点,但是我也不认为亚里士多德持有那一个更为合理的观点。

⑥⑩　例如,《形而上学》Z. 10,1035b24—25;《论动物的生成》I. 19,726b22—24,II. 1,734b24—27。希尔兹(Shields)(1999)对亚里士多德的同名异义做了一个详尽的研究。有关他对这种情形的观点,参见第 5 章。

⑥①　有关这一论题参见库珀 1987,和林诺克斯 1997。

⑥②　例如《论动物的部分》IV. 11,692a1—8;《论动物的生成》II. 1,731b18—732a11,和 V. 8,789b2—20。

⑥③　"剩余"这个生动的称呼是维丁的(2000)。其他学者说到疏离质料(remote matter)或持存质料。

phic analysis)上,形式和质料的关系就是偶然的。[64]

不是所有的学者都同意亚里士多德对这样一种调和感到满意,[65]这种调和观点,在某一层面的质形分析上,仍旧是在非实体性的属性与范畴类型的首要实体之间的偶性关系的模式上来处理形式和质料之间的关系的。[66]

五、潜能、现实和统一性

《形而上学》H 卷常常被看成 Z 卷的一个附录,被作为有助于我们理解前一卷的极有价值的部分来探讨。[67] 但 H 卷本身要求认真的研究。[68] 一直受到大量关注的一章是最后一章 H. 6,它似乎提出了两个论题:形式的统一性和合成物的统一性。第一个论题是对 Z. 12 的一条线索的重拾。但正是 H. 6 的讨论内容是有争议的:亚里士多德认为合成物的统一性有助于说明形式的统一性吗?[69] 亚里士多德把形式的统一性看成解决合成物的统一性的一步吗?[70] 整个这一章集中于合成物的统一性吗?[71]

(一) 形式的统一性

在我们转到形式的统一性之前,我们必须讨论本质和定义。让我按照我的理解讲讲这个问题。Z 卷论证说,并非任意一个描述(logos)都可以充当一个定

---

[64] 特别参见 S·柯亨 1984,1996,和刘易斯 1994。也请参见怀廷(Whiting)1992,尽管怀廷对其他学者观点的表述是不可靠的。

[65] 有关三种不同的看法,参见考斯曼 1984,基尔 1989,和斯卡尔特萨斯 1994。

[66] 莱因纽斯(Rhenius)(2006)对三种主要的、彼此竞争的立场作了一个敏锐的分析和评价,有两种上面简要讨论过,一种下面将简要讨论,由卢克斯(1991)、刘易斯(1991,但主要是他的在他的 1994 和 1995a 中发展了的观点)和基尔(1989)所代表。也请参见在 1995 年的《牛津古代哲学研究》中出版的 APA 大会,在那里,这三位作者就他们的立场作了辩论。

[67] 有关一方面 H 卷和 Z 卷之间的关系,另一方面 H 卷和 Θ 卷之间的关系,有一些新的挑战性建议。德弗罗(2003)论证说 H 卷早于 Z 卷——尤其是,Z 3 重写了 H. 1 中对主体性的研究,Z 17 重写了 H. 2—3 中对形式是存在的原因的论述。余(1997),特别是第 125—129 页,得出了一个十分不同的结论,H 卷应当和 Θ 卷放到一起来理解,因为二者都研究潜能—现实的存在,而 Z 卷关注的是范畴存在,他还认为,Θ 卷没有预设 H 卷,也许是先于它的(第 129 页注释 12)。

[68] 有关 H. 2,请参见考斯曼 1987;有关 H. 1—3,请参见德弗罗 2003。

[69] 哈特(Harte)(1996)提出了一个富有吸引力的新解释,论证了这一结论。有关这一类的较早的研究,参见罗斯(1924)1953 和罗蒂 1973。

[70] 基尔 1989。对基尔的反对意见,参见卢克斯 1995a,刘易斯 1995a 和哈特 1996。我完善了我的观点并对反对意见作了回应,见基尔即出 a。

[71] 哈尔珀(Halper)1989。对哈尔珀的反对意见,参见卢克斯 1995a 和哈特 1996。

义。否则,《伊利亚特》(它的 24 卷)就应当算作一个定义了。定义是对本质(*to ti ēn einai*,直译是"存在是什么者"["the what it is to be"])的描述(Z. 5,1031a11−12)。按照科德(1984)对此的说法,在一个可定义的事物的定义中,本质是定义的本体论上的相关项。我们也许可以认为,一个实在的定义应当说清这个实在在其自身(*kath hauto* 或 *per se*)除掉它的偶然属性之外的全部之所是。但这并非亚里士多德所认为的。

当亚里士多德在 Z. 4 的开头(1029b13−22)隔离出一个本质时,他提到一个实在的两种 *kath hauto* 之所是的东西,并把本质限制在这个实在其中一种方式的 *kath hauto* 之所是上,而非另一种。这段话似乎依赖于《后分析篇》I. 4,73a34−b5 中的一个区分。在那里,亚里士多德区分了两种 *kath hauto* 的谓词:(1)如果 Y 谓述 X,而且 Y 在对 X 之所是的描述中必须被提到,那么,Y 就在 *kath hauto* 的一种方式上属于 X(Y 被叫做 X 的本质谓词,既然 Y 必须属于 X,如果 X 应当是其所是的话)。例如,动物是卡利亚斯的一个本质谓词,因为动物谓述卡利亚斯,而且在对卡利亚斯之所是的描述中必须被提到。(2)如果 Y 谓述 X,而且 X 在对 Y 之所是的描述中必须被提到,那么,Y 就在 *kath hauto* 的第二种方式上属于 X(Y 被叫做 X 的专有谓词:对 Y 的描述——谓词——必须提到它所谓述的那种东西)。例如,奇数是数的一个专有谓词,因为奇数谓述数,而且数在对奇数之所是的描述中必须被提到。偶性是属于主词的一种属性,但它不需要在对这个主词之所是的描述中被提到,主词也不需要在对它的所是的描述中被提到。亚里士多德常用的偶性谓词的一个例子就是白谓述人。

Z. 4 将本质限制在一个实在的本质属性上,并且排除了基础主体(实在是其专有属性)。这样,一物的本质就被限定为在对该物之所是的描述中必须被提到的对该物进行谓述的种种属性。[72] 亚里士多德在 Z. 4 中继续说到,任何其描述必须给出两种实在,Y 谓述 X,而 Y 和 X 在存在上彼此独立(即,它们是偶然相关

---

[72] 亚里士多德有时候谈论他称作 *kath hauta sumbebēkota*(在其自身的偶性)的属性,他的典型的例子是内角和等于两直角,它属于三角形(《论动物的部分》I. 3,643a27−31;参考《论灵魂》I. 1,402b16−403a2;《后分析篇》83b17−31)。如果我理解得正确的话,那么《论题篇》把这种属性称作特性(*idion*)(《论题篇》I. 4,101b17−25, 5,102a18−30;参考《论题篇》I. 8),对此的一个例子就是能学习文法的,这专属于人,同睡眠相对,后者不仅属于人也可以属于其他动物。有关 *kath hauta sumbebēkota* 以及它们同本质的关系,参见马修斯1990。这类属性似乎不能归入《后分析篇》I. 4 中所区分的两组 *kath hauta* 谓词中的任何一组;但它们也不是单纯的偶性,因为它们通过本质被说明。因此,我不同意刘易斯(2005)的观点,他把在其自身的偶性放到《后分析篇》I. 4 中所区分在其自身的谓词的第二组中——那些我已经称作专有谓词的东西,例如奇数之于数,或者扁鼻之于鼻子。我感谢德弗罗的一个反驳,它帮助我澄清了我对此的看法。

的)的东西,在严格的意义上没有定义(1030a2-7)。这样,白的人就不是严格可定义的,因为它的描述必须给出两种实在,白和人,一个谓述另一个,它们各自的描述是彼此独立的。

　　亚里士多德在 Z.4-6 中论证说,许多实在是不能被严格定义的——不仅仅是像白的人这样的偶性合成物,而且是其描述必须给出它们总是体现在其中的那种主词的实在,例如扁鼻性,它是鼻子的一个专有谓词。扁鼻性是一种性质,但它是诉诸它总是体现在其中的那种主词被给出的,例如鼻子中的凹陷性(双腿中的凹陷性是另一种:罗圈腿性)。凹陷性和鼻子是扁鼻性的概念上的合成,它们必须在其描述中同时被提及。亚里士多德认为所有的非实体性的属性在以下方面类似于扁鼻性:有某种首要的容受者在它们的描述中必须被提及。[73] 描述严格地说不是定义,因为它缺少必需的统一性(如他对此的说法,这类描述是“来自于增加”)。在 Z.5 中,亚里士多德说,严格地说,只有实体或者特别是实体,才有本质和定义(1031a10-11)。

　　这样,要是一个实体,一个实在必须具有一种特别的统一性。它不能是一种其存在是通过一个东西谓述另一个东西来澄清的东西(Z.4,1030a2-17)。亚里士多德的观点是,一个首要的东西([译按]指第一实体)必须是在解释上基本的东西。假如一个实在 E 作为 Y 谓述 X 而被给出,其中 X 在存在上是区别于 Y 的,那么,Y 和 X 就是先于它的,而且 E 必须诉诸它们被解释。相反,一个首要的东西应当通过它自身而不诉诸任何别的东西被解释。Z.6 讲了首要性的标准:[74]一个首要的东西是和它的本质同一的(1032a4-6)。这一标准已经被以多种方式解释过。[75] 如我对这一思想的理解,首要的事物的本质——它谓述那一事物——穷尽了它的所是。[76] 绝大多数实在之所以不能是首要的,是因为它们的

----

[73] 扁鼻性和典型的非实体性的属性之间的区别是主词的普遍性等级。扁鼻性所依赖的鼻子是非常具体的。其他非实体性的属性依于实体范畴中的一些更为普遍的东西,例如,正义依赖于人类,健康依赖于有生物,白色依赖于身体或表面。参见弗雷德(1978)1987,尤其是 § 1。

[74] 不是所有人都会接受我对 Z.6 命题的概括。刘易斯认为它是一个有关第一类本质事例的标准,或者针对同本质的关系的标准。有关 Z.6 命题,参见科德 1985、1986;维丁 2000,第 7 章;刘易斯 2003,§ II,和马修斯 2003 的回应。

[75] 最广泛接受的观点是,一个首要的东西是和它的本质相同的。参见例如科德 1985。还被论证的是,Z.6 的标准要求的是弱于同一性的东西:参见 M·柯亨 1978b;斯佩尔曼(Spellman)1995;和达尔(Dahl)1997、1999 和 2003。

[76] 这样,我同意这样一个看法,即,首要的事物和它的本质是同一的。但是,我认为本质谓述首要的事物(参见基尔 2005b)。Z.6 把柏拉图的形式看成首要性的候选项。在柏拉图那里,Z.6 的标准是以自我谓述而著称的:形式 F 是 F(公正是公正的,大是大的)。在我看来,本质标准和自我谓述都包含真正的谓述:谓词项(Y)和它所谓述的主词(X)是同一的。我的看法和马修斯 2003 有很多共同之处。

本质只决定它们之所是的一部分,而另一部分则由它们体现于其中的主词决定,便如在扁鼻性的例子中那样。如果我是对的,那么,在一个事物的存在和它的本质之间进行区分就是有益的。一个事物的存在是这个实在 *kath hauto* 所是的一切,相反,本质是这个实在仅在第一种方式上的 *kath hauto* 的所是。首要的东西是其存在和本质同一的实在——其本质穷尽了其存在的实在。

　　亚里士多德在 Z. 6 中没有告诉我们什么满足了他的首要性的标准,但是在 Z. 7 和 Z 卷以后的章节中他建立了形式和本质的一致性(Z. 7,1032b1—2;Z. 10,1035b32)。但是形式在事实上与其本质相一致吗? 它的本质穷尽了它的所是吗? 形式是基本的——不可分析为更为基本的、能够具有优先性资格的成分的——东西吗? 根据对 Z 卷的一些解释,亚里士多德在 Z. 10—11 中论证了形式是基本的实在;[77]根据另一些解释,他是在 Z. 7—9 中开始他的论证的;[78]而且根据一些解释,他在 Z. 12 中继续了他的论证。[79]

　　Z. 7—9 被广泛认为是后来加入到《形而上学》Z 卷的,尽管大多数学者认为是亚里士多德本人撰写的它们并把它们加到 Z 卷的。Z. 7—9 之所以使读者强烈感到是插入的是因为,它们研究生成——一个更适合物理学而非第一哲学的论题,第一哲学的论题是存在。[80] 即使是这样,在 Z. 15(1039b26—27)、H. 3(1043b16—18)和 Θ. 8(1049b27—29)中也存在着对 Z. 7—9 的交互指涉,而且这些联系表明亚里士多德认为这几章对他的主要论证是有重要作用的,无论它们是什么时候成为 Z 卷的一部分的。[81] Z. 15 和 H. 3 中的交互指涉都提到了 Z. 8 中形式不被生成的论证。在 Z. 7—9 中,亚里士多德论证说任何生成物都包含质料,作为构成成分的质料在对生成物的描述中以及对它所属的类的描述中必须被提及(Z. 7,1033a1—5;Z. 8,1033b24—26;Z. 10,1035b27—31)。[82] 他论证说(Z. 8),形

---

⑦⑦　维丁 2000,第 8 章,主张他所谓形式的净化(purification)。

⑦⑧　基尔 2005b。

⑦⑨　门恩 2001。依据门恩,Z. 10—16 构成了一个整体。

⑧⑩　但请参见布克海姆(Buchheim)(2001,第 220—227 页),他论证说,生成对于亚里士多德的任务来说是关键性的。也请参见费尔约翰 2003。

⑧①　《形而上学》Λ. 3 涵盖了同 Z. 7 相同的领域,也同评价 Z. 7—9 对亚里士多德的计划的意义相关。交互指涉的价值在伯恩耶特(2001)对 Z. 7—9 的讨论中受到他的质疑。有关在这个问题上对伯恩耶特的批评,参见基尔 2005a。

⑧②　在 Z. 11 结尾的概括(1037a24—29)中有一个论断同我在正文中的陈述相抵触。在这里,亚里士多德说,对于含有质料的合成物没有任何描述,但是,仅仅依据它的形式却有对它的描述。弗雷德(1990)重新解释了 Z. 11 中稍前的一段话(一段批评青年苏格拉底的一个观点的话[2039b21—32],因为它似乎在说,对合成物的定义必须提及质料)以符合这一概括。但是在这一概括中的这个论断不仅和有关青年苏格拉底的那段话相冲突,而且和在我的正文中所引的许多段话相冲突,同时也 (转下页)

式是不被生成的。因此,形式可以不诉诸作为构成成分的质料就被定义,因为它不包含任何质料。

但是即使形式不包含质料,并且因此不诉诸作为构成成分的质料而被定义,它也依然可以包含削弱其首要性的概念上的部分。那么,形式类似于扁鼻性吗?它诉诸它总是体现于其中的那种主词(质料)而被定义吗(Z. 11,1036a29—b7)?或者,形式就像音节 BA,它具有概念上的部分(在这个例子中就是字母 A 和 B),必须在其定义性的描述中被提及?如果是这样,这些部分是先于这一整体的吗(Z. 10和 Z. 13)?⑧③ 如果形式通过诉诸属和种差被定义,例如人被定义为两足的动物,那么形式把它的首要性让渡给那些概念上的部分吗(Z. 12)?⑧④ 尽管具体的内容是可争议的,亚里士多德在 Z. 11 中的结论却似乎相当清楚。质料合成物不同于其本质,并且因此不能是首要意义上的实体。形式同于其本质,并且因此可以(1037a21—b7)。

但亚里士多德实际上已经表明形式是基础的东西了吗?在其定义中被给出的部分是怎么回事呢?它们削弱了形式的首要性,还是形式可以由部分构成而不后于它们?亚里士多德是通过追问一个东西,假如对它的描述给出了若干概念上的部分,它如何能够是一,来解决这一问题的。

统一性的问题是在 Z. 11,1037a18—20 被引入和延后的。大多数学者认为亚里士多德是在 Z. 12 中面对形式和定义的统一性的,在 H. 6 中又再次面对它。⑧⑤ 他给出了他自己的论述以回应一个柏拉图的问题。亚里士多德问柏拉图主义者:为什么人是一个东西,当它被界定为两足动物——两个东西,属和种差——时?柏拉图主义者把两足的和动物看成两个不同的形式,而结论就是,人有两个更为基本的概念上部分。亚里士多德声称他有一个解决办法。这个问题是通过认为属动物是潜在的、种差两足的是现实的(1045a23—25)被解决的。⑧⑥ 属

(上接注⑧②)和亚里士多德在他的概括本身其余的部分中接着说的话相冲突:1037a29—b7(参见基尔1989,第136—138 页)。我以为(这一点我同于罗斯1924,2:205;以及伯恩耶特等人1979,第97—98页),在这一概括中的稍前的论断是一个有问题的论断。对弗雷德的观点的批评,参见费尔约翰1994 和海纳曼(Heinaman)1997。

⑧③ 参见维丁2000,第8,9 章 Z;门恩2001。

⑧④ 门恩(2001,§4(b))为 Z. 12 同亚里士多德在 Z 卷中的计划的关联提出了一条很好的理由。也请参见哈尔珀(Halper)1989,§2.8。对 Z. 12 中属—种差关系的各种不同的解释,参见格兰杰(Granger)1984,§3,和 S·柯亨1996,第 4 章。

⑧⑤ 但请参见哈尔珀(1989,§2.12),他认为亚里士多德在 Z. 12 中处理的是形式的统一性,并在 H. 6 中继续进到合成物的统一性。

⑧⑥ 这是对亚里士多德在 H. 6 中的解决办法的一种方式的理解。有关另一种方式的理解,参见哈特1996。

动物尽管是人的一个概念上的部分,但它是不确定的和潜在的东西(在 Z. 13 的术语中,它是一个"这样"[*toionde*]),或者如一些哲学家通常所说的那样,一个可限定者),因而是后于所限定的东西的;⑧ 而另一方面,种差是确定的和现实的,把属限定为确定的种人。按照 Z. 12,如果我们正确地做一划分,取得种差的种差(例如,两足的是有足的种差),对象就只有诉诸最后的种差才能被确定,而这就是这个东西的实体和它的形式(1038a9—21)。提到更高的种差对已经包含在最后的种差中的信息没有任何增加。这样,人不是两个不同的东西,而仅仅是一个,即使属和种差在其定义性的描述中被给出。

形式的统一性也许不会像 Z. 12 和 H. 6 所表明的那样容易地被解决。⑧ 在《形而上学》中,亚里士多德简化了问题,假定形式可以被一条单一的划分线索所确定。在他的生物学著作中,他说,我们必须同时按许多种差来划分(《论动物的部分》I. 3,643b9—644a11)。例如,动物不仅仅按照它们的运动模式来界定,而且也按照它们的营养模式和繁殖模式、知觉模式,等等。因此,问题就是:什么是最后的种差——它们全都是现实性——的集合的统一性?⑧ 为什么我们应当认为形式先于其实际的概念上的部分? 这个问题在我看来依然是一个迫切的问题。⑨

(二) 合成物的统一性

在我们已经讨论过的一种质料概念上,没有任何合成实体的统一性的问题应当提出,因为质料对该合成物的所是没有任何独立的贡献。合成物是"自上而下"被决定的。但是,在我们讨论的另一种主要的概念上,按照这种概念形式把质料偶然地作为主词来谓述,合成物的统一性就是一个真正的问题。但它无需是一个严重的问题,如果 Z 卷提出了亚里士多德最后的结论,即,实体是形式的话。如果是那样,合成物缺少作为在任何首要的意义上的实体所需要的统一性,

---

⑧　参考亚里士多德在 Z. 13,1038b23—29 和 1039a3—14 对柏拉图主义者的反驳。仅仅是潜在的构成成分不会削弱整体的统一性。

⑧　有关属的特征方面的问题,参见 S·柯亨 1996,第 110—116 页。

⑧　佩莱格林(1985)论证说,在亚里士多德的动物学中,他没有涉及(统一的)种,而是采用了"器官学"(moriology)([译按]这是一个从希腊文 μόριον"部分"而来的词,指在动物解剖学的基础上对组成动物的各部分器官之间的相似性和统一性的研究。这里用"器官学"译出)。对他的观点的一个批评,参见劳埃德 1990,第 9—15 页。对 Z. 12 和 H. 6 中最后的种差的统一性的讨论,参见哈尔珀 1989,第 114—118 页;查尔斯 1993 和 2000,尤其是第 12 章;以及里夫 2000,第 70—79 页。

⑨　要注意的是,这个问题是从反思亚里士多德生物学研究的形而上学内涵中产生的,而不是从他在《形而上学》中明确所说的东西中产生的。我把这一观察归功于德弗罗。但是这个问题表明,亚里士多德在 Z. 12 和 H. 6 中所提出的那一巧妙的解决办法也许不足以应对这一困难。

这是无足为奇的。合成物通过诉诸它们的更为基本的构成或者至少是形式而得
到说明。虽然如此,既然亚里士多德在 H. 6 的一个令人吃惊的段落中主张质料
和形式的统一性,这一章便受到了一些认为亚里士多德把首要性授予形式的人
的严肃的关切。⑨ 在另一方面,合成物的统一性对于那些认为亚里士多德维持
了他在《范畴篇》中的立场,即活的有机物例如一个个别的人和一匹个别的马是
首要的实体的学者来说便是紧迫的。

　　合成物的统一性的问题,如我们所看到的,根植于质料在实体的生成中所扮
演的角色。既然作为构成成分的合成物的质料可以比合成物持久,质料便对合成
物的所是有一种独特的贡献。而且这样一来合成物和它的本质就不像在 Z. 6
中对首要的事物所规定的那样是同一的。回到我先前的区分,一个合成物的存
在区别于它的本质。在 H. 6 中亚里士多德似乎暗示,有一个办法拯救合成物,
不是作为派生的实体,而是作为首要的实体。他在这一章最后的著名结论是:

　　　　但是,如我们已经说过的,终极(eschatē)⑨质料和形式是同一的,一个在
　　潜能中(dunamei),另一个在现实中(energeiai),结果寻求“一”的原因是什么
　　和“是一”的原因是什么是类似的;因为每个东西都是某个一,这个东西在潜
　　能中和这个东西在现实中在某种方式上都是一,这样,原因就不是别的什
　　么,除非有什么东西造成从潜能到现实的运动。而且所有那些没有任何质
　　料的东西都单纯地只是某个一。(1045b17—23)

当亚里士多德说终极质料和形式是同一的,一者在潜能中,一者在现实中时,他
的意思究竟是什么? 一些学者认为亚里士多德正在主张真正的物质实体(活的
有机物)是基本的统一体,质料和形式不是实在的构成成分,而只是对那一基本
统一体进行概念表述的方式。⑨ 查尔斯(1994)将这一研究方式称为非阐释性的;
刘易斯(1995a)把它称为对质料和形式的一种主观映射式(projectivist)的解释。
而阐释性的研究方式,与此相反,至少把质料/形式或潜能/现实其中一对看成独

⑨　参见卢克斯(1995a)和刘易斯(1995a)所作的精辟的讨论。

⑨　希腊词 eschatē[最后的]可以翻译成“最近的”或“最终的”(取决于一个人是从下往上数还是从上往下
　　数)。在这段话中,这个词常常被翻译成“最近的”(我在过去就是这样翻译的)。但是我逐渐认为这
　　个词应当以翻译亚里士多德提到形式谓述质料的 Θ. 7,1049a35—36 中的 eschaton 一样的方式来翻
　　译。在那里,对这个词的翻译通常是“最终的”或“最后的”。参见基尔即出 b。参考弗斯 1985 和厄文 &
　　芬恩 1995 的翻译。

⑨　考斯曼 1984,第 144 页;哈尔珀 1989,第 188 页,193 页;以及有可能斯卡尔特萨斯 1994,第 107—111
　　页,第 188 页。

立于或者先于合成统一的实体的观念(查尔斯 1994)。按照这一研究方式,亚里士多德要说明彼此互不等同的质料和形式是如何关联在一起构成一个统一的合成实体的。

有人也许会认为亚里士多德正在谈论形式和功能性质料,但是如卢克斯(1995a)所注意到的,被统一在一起的构成成分不是形式和功能性质料:亚里士多德在 H.6 中合成物的例子不是一个活的有机物,而是一个铜环——它的质料是铜,形式是一个环形(1045a25－33)。亚里士多德显然正在主张,形状和铜在某种方式上是一,一者在潜能中,一者在现实中。

依据对 Θ 卷的一些解释,这一卷的主要任务就是要通过它对潜能和现实的分析来充实这一主张。

(三) 潜能和现实

在 Θ.1 的开始,亚里士多德描述了他在前几卷中所从事的工作:论题是首要意义的存在,即其他各种存在(性质、数量,等等)必须关联于它而被定义和理解的那个存在。首要意义的存在是实体(1045b27－32)。他说由于他已经依据诸范畴谈论过存在,因此现在他将讨论潜能和现实(1045b32－35)。在一种观点看来,亚里士多德说他已经完成了他的第一个论题,现在将转到对潜能和现实的一个研究上。例如,维特(2003)论证说,尽管 Z 卷研究存在的种类(范畴的存在),但 Θ 卷研究作为存在的方式的潜能和现实,它可以运用于存在的任一种类。⑭ 根据这种看法,Θ 卷的写作不是由于对实体的研究本身尚未完成,而是因为潜能的存在和现实的存在之间的分别允许亚里士多德提出他的实在观的各个方面,而这不能依据范畴的存在被把握。这样,Θ 卷丰富了以前的讨论。

我们应当注意到,在《形而上学》E.2(参考《形而上学》Δ.7)中,亚里士多德说,存在有多种意义:(1)偶性;(2)真;(3)范畴结构;和(4)潜能和现实(1026a33－b2)。《形而上学》E 卷本身研究了偶性的存在和作为真的存在,然后因为它们无助于当前的研究——对作为存在的存在或存在之为存在的研究——而略过了它

---

⑭　根据维特,Θ 卷包含两个主要的论证,第一个关于 *dunamis* 的存在(Θ.3),她认为它可以要么指原因性的力要么指潜能(＝消极的力),第二个关于现实或行动相对于 *dunamis* 的优先性(Θ.8)。罗斯([1925]1953,I:cxxiv－cxxvii 页)也认为有两种意义的 *dunamis*,力和潜能(＝一个东西过渡到它自身的一个新的状态的可能性)。参考查尔顿(1991),他在原因性的力和可能性(相对于实现)之间作了区分。弗雷德(1994)论证说,*dunamis* 对亚里士多德只有一种意思,即,原因性的力。对罗斯和弗雷德的一个批评,参见科德 2003。有关我自己的看法,参见基尔 2005b,注释 43。有关现实的优先性,参见以下注释 100。

们（E. 4, 1027b33—1028a6）。⑨ 剩下了（3）范畴的存在和（4）潜能和现实的存在。亚里士多德在 Z 卷中研究了范畴的存在（参看他开头的主张：Z. 1, 1028a10—13），并在 Θ. 1 的开始回顾了那一研究（本节开始所引）。因此，问题就是，在 Θ 卷开始潜能和现实的研究中，亚里士多德究竟仍旧从事于他在 Z 卷中所承担的同一个任务——但现在是从一个不同的视角——还是他正在着手于一个完全不同种类的研究。这在很大程度上取决于一个人认为亚里士多德在 Z 卷中完成了什么（例如，究竟 Z 卷达成了结论还是提出了困难）以及一个人认为他在 H 卷中正在做什么。一种重要的想法是，H. 1—5 只是显得像是把潜能和现实的概念规划到了 Z 卷的质形结构上。我自己的看法是，简单的规划不会使亚里士多德能够解决在 Z 卷中所提出的问题。⑯ 我认为亚里士多德在 Θ 卷中重新思考了潜能和现实的概念，思考了质料之为潜能是什么意思，形式之为现实是什么意思。从而，我非常同情于一个十分不同的解读《形而上学》Θ 卷的方法，它将这一卷看成同 ZH 卷中对作为首要存在的实体的研究紧密联系在一起的。

在一篇启发性的论文中，考斯曼（Aryeh Kosman）指出，Θ. 1 引入了两种潜能—现实的模式，一种在严格的意义上运用 *dunamis*，就像它运用于变化那样，另一种，亚里士多德说它对当前的任务更为有用（1045b32—1046a1）。根据考斯曼（1984）（1994），当前的任务就是在 Θ. 1 的开始所提出的任务。《形而上学》Θ 卷继续研究存在，而且尤其是首要意义上的存在，实体的存在。根据这一看法，亚里士多德建议现在运用潜能和现实的工具来研究那同一个论题。

从而 Θ 卷分成两个主要的部分。Θ. 1—5 按照它们运用于变化的样子来研究潜能和现实。在此，亚里士多德特别感兴趣于主动者的潜能（原因性的力），它引起变化，和承受者的潜能，它能被变化，以及它们的潜能被实现的条件。如果变化是成功的，那么，受动者就变到了一种不同于它开始所处的状态。Θ. 6—8 接着转到第二种潜能—现实的模式，这个模式（依据这一观点）抓住了 ZH 卷的突出问题，表明物质性的合成物如何按照 H. 6 的框架被统一起来。⑰ Θ. 6 区分了这两种模式，并给出了亚里士多德在变化（*kinēsis*）和活动（*energeia*）之间的著名的区分。⑱ Θ. 7 研究了质料。亚里士多德首先问一件产品的质料什么时候算是严

---

⑨　余（2003），导论部分为了解释 Z 卷和 HΘ 卷讨论了 E. 2 段落的涵义。

⑯　参见基尔 2005b。

⑰　有关亚里士多德如何达成这个的不同看法，参见考斯曼 1984，1994；和基尔 1989，第 5—7 章，以及 2005b。

⑱　关于这一论题有大量的著述。尤其参见阿克利 1965，考斯曼 1984，以及海纳曼的一系列论文。海纳曼（1995）也考察了这方面的文献。

格潜能的;他接着讨论了两种谓述关系:一个普通的合成物和它的非实体性属性之间的谓述关系,以及质料和形式的谓述关系。根据对 Θ.7 的一种解读,这里所给出的质形谓述根本不同于普通的谓述。⑨ Θ.8 研究现实对潜能的优先性,⑩极富争议地将 Θ 卷同 Λ 卷中神圣实体的研究联系了起来。

六、第一哲学

我们最后转向一个更为宽泛的问题。《形而上学》核心卷同亚里士多德的形而上学的计划的关系是什么?《形而上学》这个标题(*ta meta ta phusika*),字面的意思是"物理事物之后的事物",本不是亚里士多德自己的标题。⑩ 在《形而上学》A.1 中,他称呼这一计划为智慧(*sophia*),并说它是第一原因和本原的知识(981b25—982a3),⑩《形而上学》A 卷和 B 卷提供了两种导论:A 卷考察了亚里士多德的哲学前辈们关于四因的各种著名的意见(*endoxa*);B 卷提出了有待解决的难题。Γ 卷把这一计划概括为对作为存在的存在的研究,对存在之为存在的研究。E 卷把这一计划概括为一门有别于物理学的科学,研究所有可变的事物所依赖的分离的和不变的本原,亚里士多德所以为是神圣的本原。他把这门科学称为神学(1026a18—19),也叫做第一哲学(1026a27—31)。第一哲学显然不限于研究神圣实体,因为亚里士多德在 E.1 中也说,这门科学研究作为存在的存在,既研究它是什么也研究作为存在属于它的东西(1026a31—32)。

一些学者认为亚里士多德有两种形而上学的计划,它们是不同的,一种在《形而上学》Γ 卷中被描述,有时候被称作一般的形而上学或存在论,因为它就其存在来研究每一种存在物;另一种被称作特殊的形而上学或神学,因为它研究最

---

⑨　传统的观点(例如罗斯[1924]1953,2:257 所表达的)是,质料之为形式的主词的方式和一个物质性的合成物之为其偶性属性的主词的方式是一样的。这一观点在布鲁恩施维格(Brunschwig)的一篇重要的论文中受到了质疑,布鲁恩施维格论证说,质形谓述是定义性质的,而且一个合成物的定义中的定义项把质料确定为形式所限定的可限定者。也请参见在焦林(Jaolin)1999 中对这一思想的一个详尽的扩展,尤其是 §§136,144,166。我自己的看法(1989,第 149—163 页,和 即出 b)在质料是一种形式所限定的可限定者上和他们是相同的,但我在物质性的属是什么上和他们不同。

⑩　有关这一论题,参见维特 2003,第 4 章,及更早的维特 1994。她 1994 关于实体中的优先性的看法已经受到梅金 2003(它包含一个有关不同解释的附录)和帕纳伊德斯(Panayides)1999 的质疑。也请参看克利里 1988,第 4 章。

⑩　我们现在所具有的那本《形而上学》在传统上被认为已经是由一位后来的编辑者编成了它现在体例。但请参看门恩 1995 对这一证据的重新评价。

⑩　有关总的目标,参见科德 1997,和基尔 2005b。

有价值的一类存在,神圣实体(1026a19－22)。⑩ 按照这种观点,亚里士多德在 Γ 卷中提出了一般科学并在《形而上学》核心卷(ZHΘ)中研究了它。一般形而上学被认为预示了特殊形而上学,因为 Z 卷几次提到一种对分离的、非物质的、不可感的实体的研究,有待在后面着手进行。⑩ Z 卷被认为为那一更为特殊的研究铺平了道路。

　　第一哲学和诸专门科学例如物理学和数学之间的关系已经有过大量的讨论。⑩ 处于争论中心的是亚里士多德的一种欧文(1960)称之为核心意义(*pros hen legomenon*)的方法。诸专门科学划出了存在的部分——属——并着手说明有关位于这一属中的对象的事实。例如,物理学研究可运动的对象,数学研究数,几何学研究形体。亚里士多德坚持主张(反乎柏拉图)存在不是一个属(例如,《后分析篇》92b14,《形而上学》B,998b22)。存在直接分为各类范畴(实体、性质、数量,等等),它们本身是最高的属。⑩ 显然,没有任何专门的属是第一哲学的主题。虽然如此,亚里士多德仍然可以有一门存在的科学,因为所有存在都以一定方式联系于首要意义的存在,实体的存在。非实体的存在按核心意义同实体相关联(Γ.2)。⑩

　　因此,主要的问题就是理解实体的存在,以及什么算是首要意义上的实体和为什么。这些问题已经激起了对 ZHΘ 卷的研究。如我们已经看到的,一些学者主张形式是首要意义上的实体;其他人主张一类物理对象、活的有机物是首要的。但在那一问题上一个人无论站在那一边,依然有这样一个问题,即,在《形而上学》核心卷中看起来是首要实体的那些东西是否最终是首要的。那些对象必须联系于某个更为基本的东西、Λ 卷(或 Λ 卷的某种说法)中那个分离的和不变的神圣实体而被理解吗?

　　Λ 卷的状况受到大量的讨论。如我在开始所指出的,耶格尔和欧文都认为这一卷早于 Z 卷,但理由各不相同。伯恩耶特(2001)最近已经建议,相反,这一卷也许写得最晚,并几乎接近亚里士多德生命的结束,它总结了《形而上学》的另

---

⑩　欧文斯 1978;帕奇克(1960—1961)1979;弗雷德 1987a。参见门恩即出之中的讨论。

⑩　Z. 2,1028b30－31;Z. 11,1037a10－13;Z. 16,1040b34－1041a3;Z. 17,1041a7－9。

⑩　参见厄文 1988;博尔顿 1994;科德 1997,和基尔 2005b。

⑩　对有多少范畴存在就有多少种言说方式的思想一个很好的研究,参见马修斯 1995。也请参见库恩(Kung)1986。希尔兹(1999,第 9 章)相反论证说,存在没有什么同名异义,因此对它无需一种核心意义的分析。

⑩　究竟这一方法是怎样发挥作用的,是有争议的。欧文(1960)影响了大量后来的讨论。但是他的观点受到了伯蒂(1971)的质疑(伯蒂关注于《欧德谟斯伦理学》I. 8 和 VII. 2 中的核心意义)。参见谢夫林—维斯(Sefrin-Weis)(2002)的极富价值的详尽评论,他按照《形而上学》A、B、Γ、E 卷和 K 卷的有关篇章所表述的重构了亚里士多德的第一哲学的计划。

一些片段,继而极其简明地俯冲到了它对神的仓促的研究之中。

　　许多学者已经对 Λ 卷感到不满。首先,亚里士多德花费了这一卷一半的篇幅在和 ZHΘ 卷相同的领域(Λ.1—5)游荡。如果第一哲学的论题是神圣的非物质的实体,为什么要包括那几章? 为什么不依靠 ZHΘ 卷的论证在这里直接转到神学? 和期望相反,Λ 卷是从考察普通的可感的实体——可毁灭的和不可毁灭的——进展到神圣的实体的。实际上,Λ 卷似乎是依据物理学的考察来论证一个最初的不动的动者的。不满的第二个根源是,亚里士多德的神学被期望研究首要意义的存在是什么——什么是一个神圣实体的存在。这一典范的存在被认定说明了形式和物质实体的派生种类的存在。[108] 但相反,神圣实体的存在,尽管是一种纯净的存在(纯粹的现实性或活动性),却似乎在种类上同世俗实体的存在没有什么区别。

　　也许这一根源的不满应当被解释为富有启发性的。重新审查 Λ 卷同《形而上学》其他各卷的关系的时机已经成熟。[109] 也许可以有各种方式来表明《形而上学》Λ 卷在根本上就是我们曾经期待的那一卷。

参考书目

Ackrill, J. L. 1965. "Aristotle's Distinction between *Energeia* and *Kinēsis*." In R. Bambrough (ed.) *New Essays on Plato and Aristotle*. London: Routledge. Repr. in J. L. Ackrill, *Essays on Plato and Aristotle*. Oxford: Oxford University Press, 1997. 142—62.

_____. 1972—73. "Aristotle's Definitions of *Psuchē*." *Proceedings of the Aristotelian Society* 73, 119—33. Repr. in J. L. Ackrill, *Essays on Plato and Aristotle*. Oxford: Oxford University Press, 1997. 163—78.

Albritton, R. 1957. "Forms of Particular Substances in Aristotle's *Metaphysics*." Journal of Philosophy 54, 699—708.

Annas, J. 1976. *Aristotle's Metaphysics*. Books M and N. Clarendon Aristotle Series. Oxford: Clarendon Press.

Aubenque, P. 1962. *Le problème de l'être chez Aristote*. Paris: Presses Universitaires de

---

[108]　参见弗雷德在弗雷德 & 查尔斯 2000 中的导言,第 2 页,第 50 页。对 Λ 卷主流观点的一个批评,参见门恩,即出。

[109]　这一议题是里夫 2000 和门恩即出的核心。也请参见德弗罗 1988。对 Λ 卷本身的分析,参见弗雷德 & 查尔斯 2000 中的论文,它们富有帮助地逐章研究了这一作品;也请参见弗雷德全面的导论。请允许我列出别的一些论文,它们对 Λ 卷各方面的格外深刻的研究,给我留下了强烈的印象:卡恩 1985;布罗迪 1993b;和德菲利浦(DeFilippo)1994。

France.

Balme, D. 1987. "Aristotle's Biology was not essentialist" and Appendix 2 "The Snub. " In A. Gotthelf & J. G. Lennox, 291—312.

Barnes, J. 1969. "Aristotle's Theory of Demonstration. " *Phronesis* 14, 123—52.

_____. 1981. "Proof and the Syllogism. " In E. Berti (ed.), 17—59.

Berti, E. 1971. "Multiplicité et unité du bien selon *EE* I. 8. " In P. Moreau & D. Harlfinger (eds.), *Untersuchungen zur Eudemischen Ethik*. Proceedings of the Fifth Symposium Aristotelicum. Berlin: Walter de Gruyter. 157—84.

_____. (ed.) 1981. *Aristotle on Science: The "Posterior Analytics"*. Padova: Editrice Antenore.

Bogen, J. & J. E. McGuire (eds.) 1985. *How Things Are*. Dordrecht: Reidel.

Bolton, R. 1990. "The Epistemological Basis of Aristotelian Dialectic. " In Devereux & Pellegrin (eds.),185—236.

_____. 1994. "Aristotle's Conception of Metaphysics as a Science. " In Scaltsas, Charles, & Gill (eds.). 321—54.

_____. 1996. "Science and the Science of Substance in Aristotle's *Metaphysics* Z. " In Lewis & Bolton (eds.). 231—80.

Bostock, D. 1994. *Aristotle's Metaphysics*, Books Z and H. Oxford: Clarendon Press.

Broadie, S. 1993a. "Aristotle's Epistemic Progress. " *Oxford Studies in Ancient Philosophy* 11, 243—57.

_____. 1993b. "Que Fait le Premier Moteur d'Aristote? (Sur la théologie du livre Lambda de la 'Métaphysique'). " *Revue Philosophique* 183, 375—411.

Brunschwig, J. 1979. "La form, prédicat de la matiere?" In P. Aubenque (ed.), *Études sur la métaphysique d'Aristote*. Proceedings of the Sixth Symposium Aristotelicum. Paris. 131—66.

Buchheim, T. 2001. "The Functions of the Concept of Physis in Aristotle's *Metaphysics*. " *Oxford Studies in Ancient Philosophy* 20, 201—34.

Burnyeat, M. F. 1992. "Is Aristotle's Philosophy of Mind Still Credible? (A Draft). " In Nussbaum & Rorty (eds.). *Essays on Aristotle's De Anima*. Oxford: Clarendon Press. 15—26.

_____. 2001. *A Map of Metaphysics Zeta*. Pittsburgh, Pa. : Mathesis.

Burnyeat, M. et al. 1979. *Notes on Zeta*. Oxford: Sub-Faculty of Philosophy.

Burnyeat, M. et al. 1984. *Notes on Eta and Theta*. Oxford: Sub-Faculty of Philosophy.

Caston, V. 2005 (to appear). "Aristotle's Psychology. " In M. L. Gill & P. Pellegrin (eds.), *Blackwell Companion to Ancient Philosophy*. Oxford and Boston: Blackwell.

Charles, D. 1993. "Aristotle on Substance, Essence, and Biological Kinds. " *Proceedings of the Boston Area Colloquium in Ancient Philosophy* 7, 227—61.

_____. 1994. "Matter and Form: Unity, Persistence, and Identity. " In Scaltsas, Charles,

& Gill (eds.). 75—105.

_____. 2000. *Aristotle on Meaning and Essence*. Oxford: Clarendon Press.

Charlton, W. 1970. *Aristotle's Physics*. Books I and II. Oxford: Clarendon Press.

_____. 1983. "Prime Matter: A Rejoinder." *Phronesis* 28, 197—211.

_____. 1991. "Aristotle and the Uses of Actuality." *Proceedings of the Boston Area Colloquium in Ancient Philosophy* 5, 1—22.

Cleary, J. 1988. *Aristotle on the Many Senses of Priority*. Carbondale: Southern Illinois University Press.

Code, A. 1984. "The Aporematic Approach to Primary Being in *Metaphysics* Z." In Pelletier & King-Farlow. 1—20.

_____. 1985. "On the Origins of some Aristotelian Theses about Predication." In Bogen & McGuire (eds.). 101—31.

_____. 1986. "Aristotle: Essence and Accident." In R. E. Grandy & R. Warner (eds.) *Philosophical Grounds of Rationality: Intentions, Categories, Ends*. Oxford: Oxford University Press. 411—39.

_____. 1996. "Owen and the Development of Aristotle's Metaphysics." In Wians (ed.). 303—25.

_____. 1997. "Aristotle's Metaphysics as a Science of Principles," *Revue Internationale de Philosophie* 201, 357—78.

_____. 2000. "*Metaphysics* Λ 5." In Frede & Charles (eds.). 161—79.

_____. 2003. "Changes, Powers, and Potentialities." In N. Reshotko (ed.), *Desires, Identity and Existence* [Festschrift for T. M. Penner]. Kelowna, B. C.: Academic Printing and Publishing. 251—71.

_____. forthcoming. *The Philosophy of Aristotle*. Oxford: Oxford University Press.

Cohen, S. Marc 1978a. "Essentialism in Aristotle." *Review of Metaphysics* 31, 387—405.

_____. 1978b. "Individual and Essence in Aristotle's Metaphysics." In G. C. Simmons (ed.), *Paedeia: Special Aristotle Issue*. Brockport, NY 75—85.

_____. 1984. "Aristotle and Individuation." In Pelletier & King-Farlow (eds.) 41—65.

_____. 2003. "Aristotle's Metaphysics." *Stanford Encyclopedia of Philosophy*.

Cohen, Sheldon M. 1984. "Aristotle's Doctrine of Material Substrate." *Philosophical Review* 93, 171—94.

_____. 1996. *Aristotle on Nature and Incomplete Substance*. Cambridge: Cambridge University Press.

Cooper, J. M. 1987. "Hypothetical Necessity and Natural Teleology." In Gotthelf & Lennox (eds.). 243—74.

_____. 1988. "Metaphysics in Aristotle's Embryology." *Proceedings of the Cambridge*

Philological Society 214，14—44．Also in Devereux & Pellegrin（eds.）．55—84.

Dahl，N. 1997. "Two Kinds of Essence in Aristotle：A Pale Man is Not the Same as His Essence." *Philosophical Review* 106，233—65.

_____. 1999. "On Substance Being the Same as Its Essence in Metaphysics Z 6：The Pale Man Argument." *Journal of the History of Philosophy* 37，1—27.

_____. 2003. "On Substance Being the Same as its Essence in Metaphysics vii 6：The Argument about Platonic Forms." *Ancient Philosophy* 23，153—79.

Dancy，R. 1978. "On some of Aristotle's Second Thoughts about Substances：Matter." *Philosophical Review* 87，372—413.

DeFilippo，J. G. 1994. "Aristotle's Identification of the Prime Mover as God." *Classical Quarterly* 44，393—409.

Devereux，D. 1988. "Theophrastus' *Metaphysics* and Aristotle's *Metaphysics* Lambda." In W. W. Fortenbaugh & R. W. Sharples（eds.），*Theophrastean Studies*. Vol. 3. New Brunswick：Transaction Books.

_____. 1992. "Inherence and Primary Substance in Aristotle's *Categories*." Ancient Philosophy 12，113—31.

_____. 2003. "The Relationship between Books Zeta and Eta of Aristotle's *Metaphysics*." *Oxford Studies in Ancient Philosophy* 25，159—211.

Devereux，D. & P. Pellegrin（eds.）1990. *Biologie, logique et métaphysique chez Aristote*. Paris：Éditions du CNRS.

Driscoll，J. 1981. "*Eidê* in Aristotle's Earlier and Later Theories of Substance." In D. J. O'Meara（ed.），*Studies in Aristotle*. Washington，D. C. ：Catholic University of America Press. 129—59.

Ferejohn，M. 1994. "The Definition of Generated Composites in Aristotle's *Metaphysics*." In Scaltsas，Charles，& Gill（eds.）. 291—318.

_____. 2003. "Logical and Physical Inquiries in Aristotle's *Metaphysics*." The Modern Schoolman 80，325—50.

Fine，G. 1984. "Separation." *Oxford Studies in Ancient Philosophy* 2，31—87.

_____. 1993. *On Ideas: Aristotle's Criticism of Plato's Theory of Forms*. Oxford：Clarendon Press.

Frede，M. （1978）1987. "Individuals in Aristotle." In Frede 1987b. 49—71. Originally published as "Individuen bei Aristoteles." *Antike und Abendland* 24（1978）.

_____. 1985. "Substance in the *Metaphysics*." In Gotthelf（ed.）. Repr. in Frede 1987b. 72—80.

_____. 1987a. "The Unity of General and Special Metaphysics：Aristotle's Conception of Metaphysics." In Frede 1987b. 81—95.

_____. 1987b. *Essays in Ancient Philosophy*. Minneapolis：University of Minnesota Press.

_____. 1990. "The Definition of Sensible Substances in *Metaphysics* Z. " In Devereux &. Pellegrin (eds.). 113—29.

_____. 1994. "Aristotle's Notion of Potentiality in *Metaphysics* Θ. " In Scaltsas, Charles, &. Gill (eds). 173—93.

Frede, M. &. G. Patzig, 1988. *Aristoteles, Metaphysik Z.* 2 vols. Munich: C. H. Beck.

Frede, M. &. D. Charles (eds.) 2000. *Aristotle's Metaphysics Lambda.* Proceedings of the Fourteenth Symposium Aristotelicum. Oxford: Clarendon Press.

Freudenthal, G. 1995. *Aristotle's Theory of Material Substance.* Oxford: Clarendon Press.

Furth, M. (trans.) 1985. *Aristotle's Metaphysics.* Books Zeta, Eta, Theta, Iota (VII-X). Indianapolis: Hackett.

_____. 1988. *Substance, Form and Psyche: An Aristotelean Metaphysics.* Cambridge: Cambridge University Press.

Gerson, L. P. 2005. *Aristotle and Other Platonists.* Ithaca, NY: Cornell University Press.

Gill, M. L. 1989. *Aristotle on Substance: The Paradox of Unity.* Princeton: Princeton University Press.

_____. 1994. "Individuals and Individuation in Aristotle. " In Scaltsas, Charles, &. Gill (eds.). 55—71.

_____. 1995. "APA Symposium: Aristotle on Substance and Predication. " *Ancient Philosophy* 15, 511—20.

_____. 2001. "Aristotle's Attack on Universals," *Oxford Studies in Ancient Philosophy* 20, 235—60.

_____. 2005a. "Myles Burnyeat's *Map of Metaphysics Zeta.* " *Philosophical Quarterly*, 55, 117—24.

_____. 2005b (to appear). "First Philosophy in Aristotle. " In M. L. Gill &. P. Pellegrin (eds.), *A Companion to Ancient Philosophy.* Oxford and Boston: Blackwell.

_____. forthcoming a. "The Unity of Substances in *Metaphysics* H. 6. " In R. Bolton &. J. G. Lennox (eds.), *Being, Nature, and Life* [Festschrift for Allan Gotthelf]. A version of this paper was previously published in Portuguese in *Cadernos de História e Filosofia da Ciência* Series 3, 13 (2003), 177—203.

_____. forthcoming b. "Form-Matter Predication in Metaphysics Q. 7. " In M. Crubellier, A. Jaulin, D. Lefebvre &. P. M. Morel (eds.), *Aspects de la puissance: Platon/Aristote.* Grenoble: J. Millon.

Gotthelf, A. (ed.) 1985. *Aristotle on Nature and Living Things.* Pittsburgh: Mathesis.

_____. 2006. *Teleology, Scientific Method, and Substance: Essays on Aristotle's Biological Enterprise.* Oxford: Oxford University Press.

Gotthelf, A. &. J. G. Lennox (eds.) 1987. *Philosophical Issues in Aristotle's Biology.*

Cambridge: Cambridge University Press.

Graeser, A. (ed.) 1987. *Mathematics and Metaphysics in Aristotle*. Proceedings of the Tenth Symposium Aristotelicum. Bern: P. Haupt.

Graham, D. 1987a. *Aristotle's Two Systems*. Oxford: Clarendon Press.

_____. 1987b. "The Paradox of Prime Matter." *Journal of the History of Philosophy* 25, 475—90.

Granger, H. 1984. "Aristotle on Genus and Differentia." *Journal of the History of Philosophy* 22, 1—24.

Halper, E. 1989. *One and Many in Aristotle's Metaphysics*. Columbus: Ohio State University Press.

Harte, V. 1996. "Aristotle's *Metaphysics* H6: a Dialectic with Platonism." *Phronesis* 41, 276—304.

Heinaman, R. 1995. "Activity and Change in Aristotle." *Oxford Studies in Ancient Philosophy* 13, 187—216.

_____. 1997. "Frede and Patzig on Definition in *Metaphysics* Z. 10 and 11." *Phronesis* 42, 283—98.

Irwin, T. H. 1988. *Aristotle's First Principles*. Oxford: Clarendon Press.

Irwin, T. H. & G. Fine (trans.) 1995. *Aristotle: Selections*. Indianapolis: Hackett.

Jaeger, W. 1912. *Studien zur Entstehungsgeschichte der Metaphysik des Aristoteles*. Berlin: Weidmann.

_____. (1923) 1948. *Aristotle: Fundamentals of the History of his Development*. Trans. by Richard Robinson. Oxford: Oxford University Press, 1948.

Jaulin, A. 1999. *Eidos et Ousia: De l'unité théorique de la Métaphysique d'Aristote*. Paris: Klincksieck.

Judson, L. forthcoming. *Aristotle's Metaphysics*. Book Lambda. Clarendon Aristotle Series. Oxford: Clarendon Press.

Kahn, C. 1985. "The Place of the Prime Mover in Aristotle's Teleology." In Gotthelf (ed.). 183—205.

King, H. R. 1956. "Aristotle without *Prima Materia*." *Journal of the History of Ideas* 17, 370—89.

King, R. A. H. 2001. *Aristotle on Life and Death*. London: Duckworth.

Kirwan, C. 1993. *Aristotle's Metaphysics*. Books G, D, and E. 2nd edition. Clarendon Aristotle Series. Oxford: Clarendon Press.

Kosman, L. A. 1984. "Substance, Being, and Energeia." *Oxford Studies in Ancient Philosophy* 2, 121—49.

_____. 1987. "Animals and other beings in Aristotle." In Gotthelf & Lennox (eds.). 360—91.

_____. 1994. "The Activity of Being in Aristotle's *Metaphysics*." In Scaltsas, Charles, & Gill (eds.). 195—213.

Kung, J. 1986. "Aristotle on Being is Said in Many Ways." *History of Philosophy Quarterly* 3, 3—18.

Lear, J. 1987. "Active Episteme." In Graeser (ed.). 149—74.

_____. 1988. *Aristotle: The Desire to Understand*. Cambridge: Cambridge University Press.

Lennox, J. G. 1997. "Material and Formal Natures in Aristotle's *De Partibus Animalium*." In W. Kullmann & S. Föllinger (eds.), *Aristotelische Biologie: Intensionen, Methoden, Ergebnisse*. Stuttgart: Franz Steiner. 163—81. Repr. in Lennox 2001. 182—204.

_____. 2001. *Aristotle's Philosophy of Biology: Studies in the Origins of Life Science*. Cambridge: Cambridge University Press.

Lesher, J. 1971. "Aristotle on Form, Substance, and Universals: a Dilemma." *Phronesis* 16, 169—78.

Lewis, F. A. 1991. *Substance and Predication in Aristotle*. Cambridge: Cambridge University Press.

_____. 1994. "Aristotle on the Relation between a Thing and its Matter." In Scaltsas, Charles, & Gill (eds.). 247—77.

_____. 1995a. "Aristotle on the Unity of Substance." *Pacific Philosophical Quarterly* 76, 222—65. Also in Lewis & Bolton (eds.), 1996. 39—81.

_____. 1995b. "Substance, Predication, and Unity in Aristotle." *Ancient Philosophy* 15, 521—49.

_____. 2000. "A Hitchhiker's Guide to *Metaphysics Zeta*." *Proceedings of the Boston Area Colloquium in Ancient Philosophy* 15, 101—28.

_____. 2003. "Friend or Foe? — Some Encounters with Plato in *Metaphysics Zeta*." *The Modern Schoolman* 80, 365—89.

_____. 2005. "A Nose by Any Other Name: Sameness, Substitution, and Essence in *Metaphysics Z 5*." *Oxford Studies in Ancient Philosophy* 28, 161—91.

Lewis, F. A. & R. Bolton (eds.) 1996. *Form, Matter, and Mixture in Aristotle*. Oxford and Boston: Blackwell.

Lloyd. G. E. R. 1990. "Aristotle's Zoology and his Metaphysics: The Status Quaestionis." In Devereux & Pellegrin (eds.). 7—35. Repr. in G. E. R. Lloyd, *Methods and Problems in Greek Science*. Cambridge: Cambridge University Press, 1991.

_____. 1996. *Aristotelian Explorations*. Cambridge: Cambridge University Press.

Locke, J. 1975. *An Essay Concerning Human Understanding*. Edited by P. H. Nidditch. Oxford: Clarendon Press.

Loux, M. J. 1979. "Forms, Species, and Predication in *Metaphysics* Z, H, and Θ." *Mind* 88, 1—23.

———. 1991. *Primary Ousia: an Essay on Aristotle's Metaphysics Z and H*. Ithaca, NY: Cornell University Press.

———. 1995a. "Composition and Unity: An Examination of *Metaphysics* H. 6." In M. Sim (ed.), *The Crossroads of Norm and Nature: Essays in Aristotle's Ethics and Metaphysics*. Lanham, Md. 247—79.

———. 1995b. "APA Symposium on Aristotle's *Metaphysics*." *Ancient Philosophy* 15, 495—510.

Madigan, A. 1999. *Aristotle's Metaphysics*. Books B and K. 1—2. Clarendon Aristotle Series. Oxford: Clarendon Press.

Makin, S. 2003. "What Does Aristotle Mean by Priority in Substance?" *Oxford Studies in Ancient Philosophy* 24, 209—38.

———. forthcoming. *Aristotle's Metaphysics*. Book Theta. Clarendon Aristotle Series. Oxford: Clarendon Press.

Malcolm, J. 1993. "On the Endangered Species of the *Metaphysics*." *Ancient Philosophy* 13, 79—93.

Mansion, S. (ed.) 1961. *Aristote et les problèmes de méthode*. Proceedings of the Second Symposium Aristotelicum. Louvain: Publications universitaires.

Matthen, M. 1987. "Individual Substances and Hylomorphic Complexes." In Matthen (ed.), *Aristotle Today*. Edmunton: Academic Printing and Publishing. 151—76.

Matthews, G. 1990. "Aristotelian Essentialism." *Philosophy and Phenomenological Research* Suppl. 50, 251—262.

———. 1995. "Aristotle on Existence." *Bulletin of the Institute of Classical Studies* 40, 233—38.

———. 2003. "Being Frank about Zeta." *The Modern Schoolman* 80, 391—97.

Menn, S. 1995. "*The Editors of the Metaphysics*." Phronesis 40, 202—8.

———. 2001. "Metaphysics Z10—16 and the Argument Structure of Metaphysics Z." *Oxford Studies in Ancient Philosophy* 21, 83—134.

———. forthcoming. *The Aim and the Argument of Aristotle's Metaphysics*.

Modrak, D. K. W. 1979. "Forms, Types, and Tokens in Aristotle's *Metaphysics*." *Journal of the History of Philosophy* 17, 371—81.

Morrison, D. 1985a. "Χωριστός in Aristotle." *Harvard Studies in Classical Philology* 89, 89—105.

———. 1985b. "Separation in Aristotle's Metaphysics." *Oxford Studies in Ancient Philosophy* 3, 125—57.

Nussbaum, M. C. 1978. *Aristotle's De Motu Animalium*. Princeton: Princeton University

Press.

_____. 1982. "Saving Aristotle's Appearances. " In M. Schofield & M. Nussbaum (eds.), *Language and Logos*. [Festschrift for G. E. L. Owen.] Cambridge: Cambridge University Press.

Nussbaum, M. C. & H. Putnam 1992. "Changing Aristotle's Mind. " In Nussbaum & Rorty (eds.). 27—56.

Nussbaum, M. C. & A. Rorty (eds.) 1992. *Essays on Aristotle's De Anima*. Oxford: Clarendon Press.

Owen, G. E. L. 1960. "Logic and Metaphysics in some Earlier Works of Aristotle. " In I. Düring & G. E. L. Owen (eds.), *Aristotle and Plato in the Mid-Fourth Century*. 163—90. Göteborg. Repr. in Owen 1986. 180—99.

_____. 1961. "*Tithenai ta phainomena*. " In S. Mansion (ed.), 83—103. Repr. in Owen 1986. 239—51.

_____. 1965. "The Platonism of Aristotle. " *Proceedings of the British Academy* 50, 125—50. Repr. in Owen 1986. 200—20.

_____. (ed.) 1968. *Aristotle on Dialectic*. Proceedings of the Third Symposium Aristotelicum. Oxford: Clarendon Press.

_____. 1978—79. "Particular and General. " Proceedings of the Aristotelian Society 79, 1—21. Repr. in Owen 1986. 279—94.

_____. 1986. *Logic, Science, and Dialectic: Collected papers in Greek Philosophy*. Edited by M. C. Nussbaum. London: Duckworth and Ithaca, NY: Cornell University Press.

Owens, J. 1978. *The Doctrine of Being in the Aristotelian Metaphysics*. 3rd Edition. Toronto: The Pontifical Institute of Medieval Studies.

Panayides, C. C. 1999. "Aristotle and the Priority of Actuality in Substance. " *Ancient Philosophy* 19, 327—44.

Patzig, G. (1960—61) 1979. "Theology and Ontology in Aristotle's *Metaphysics*. " In J. Barnes, M. Schofield, & R. Sorabji. *Articles on Aristotle*. Vol. 3: *Metaphysics*. London: Duckworth. 33—49. Originally published as "Theologie und Ontologie in der 'Metaphysik' des Aristoteles. " *Kant-Studien* 52 (1960—61).

Pellegrin, P. 1985. "Aristotle: A Zoology without Species. " In Gotthelf (ed.). 95—115.

Pelletier, F. J. & J. King-Farlow (eds.) 1984. *New Essays on Aristotle. Canadian Journal of Philosophy* Suppl. vol. 10.

Polansky, R. 1983. "Aristotle's Treatment of *Ousia* in *Metaphysics* V, 8. " *Southern Journal of Philosophy* 21, 57—66.

Politis, V. 2004. *Aristotle and the Metaphysics*. London and New York: Routledge.

Putnam, H. 1975. "Philosophy and Our Mental Life. " *Philosophical Papers* II. Cambridge:

Cambridge University Press. 291—303.

Rapp, C. (ed.) 1996. *Aristoteles, Die Substanzbücher der Metaphysik*. Berlin: Akademie Verlag.

Reeve, C. D. C. 2000. *Substantial Knowledge: Aristotle's Metaphysics*. Indianapolis, Ind.: Hackett.

Rhenius, R. 2006 (to appear). *Aristotles' essentieller Hylomorphismus: Materie, Form, und die Einheit der Komposita*. Berlin: Akademie Verlag.

Rist, J. 1989. *The Mind of Aristotle: A Study of Philosophical Growth*. Toronto: Universtiy of Toronto Press.

Robinson, H. M. 1974. "Prime Matter in Aristotle." *Phronesis* 19, 168—88.

Rorty, R. 1973. "Genus as Matter: A reading of *Metaph*. Z-H." In E. N. Lee, A. P. D. Mourelatos, & R. Rorty (eds.), *Exegesis and Argument*. [Festschrift for Gregory Vlastos.] *Phronesis* Suppl. vol. 1. 393—420.

Ross, W. D. (1924) 1953. *Aristotle Metaphysics: A Revised Text with Introduction and Commentary*. 2 vols. With Corrections. Oxford: Clarendon Press.

Scaltsas, T. 1994. *Substances and Universals in Aristotle's Metaphysics*. Ithaca, NY: Cornell University Press.

Scaltsas, T., D. Charles, & M. L. Gill (eds.) 1994. *Unity, Identity, and Explanation in Aristotle's Metaphysics*. Oxford: Clarendon Press.

Sellars, W. 1957. "Substance and Form in Aristotle." *Journal of Philosophy* 54, 688—99. Repr. in W. Sellars, *Philosophical Perspectives*. Springfield, Ill.: Charles C. Thomas. 125—36.

Sefrin-Weis, H. 2002. *Homogeneity in Aristotle's Metaphysics*. Dissertation, University of Pittsburgh.

Shields, C. 1999. *Order in Multiplicity: Homonymy in the Philosophy of Aristotle*. Oxford: Clarendon Press.

Sorabji, R. 1988. *Matter, Space, and Motion: Theories in Antiquity and their Sequel*. London: Duckworth.

_____. 2005. *The Philosophy of the Commentators 200—600 AD. A Sourcebook*. 3 vols. Ithaca, NY: Cornell University Press.

Spellman, L. 1995. *Substance and Separation in Aristotle*. Cambridge: Cambridge University Press.

Waterlow, S. 1982. *Nature, Change, and Agency in Aristotle's Physics*. Oxford: Clarendon Press.

Wedin, M. V. 1991. "PARTisanship in *Metaphysics Z*." *Ancient Philosophy* 11, 361—85.

_____. 1996. "Taking Stock of the Central Books." Review of Bostock 1994. *Oxford Stud-*

ies in Ancient Philosophy 14, 241—71.

_____. 2000. *Aristotle's Theory of Substance: The Categories and Metaphysics Zeta.* Oxford: Oxford University Press.

White, N. P. 1972. "Origins of Aristotle's Essentialism." *Review of Metaphysics* 26, 57—85.

_____. 1986. "Identity, Modal Individuation, and Matter in Aristotle." *Midwest Studies in Philosophy* 11: *Studies in Essentialism.* 475—94.

Whiting, J. 1992. "Living Bodies." In Nussbaum & Rorty (eds.). 75—91.

Wians, W. (ed.) 1996. *Aristotle's Philosophical Development.* Lanham, Md. : Rowman & Littlefield.

Witt, C. 1989. *Substance and Essence in Aristotle: An Interpretation of Metaphysics* VII-IX. Ithaca, NY: Cornell University Press.

_____. 1994. "The Priority of Actuality in Aristotle." In Scaltsas, Charles, & Gill (eds.). 215—28.

_____. 1990. "The Evolution of Developmental Interpretations of Aristotle." In Wians (ed.). 67—82.

_____. 2003. *Ways of Being: Potentiality and Actuality in Aristotle's Metaphysics.* Ithaca, NY: Cornell University Press.

Woods, M. 1967. "Problems in *Metaphysics* Z, Chapter 13." In J. M. E. Moravcsik (ed.), *Aristotle: A Collection of Critical Essays.* Notre Dame, Ind. : University of Notre Dame Press. 215—38.

_____. 1991. "Universals and Particulars in Aristotle's *Metaphysics.*" In H. Blumenthal & H. Robinson (eds.), *Aristotle and the Later Tradition. Oxford Studies in Ancient Philosophy.* Suppl. vol. 41—56.

Yu, J. 1997. "Two Conceptions of Hylomorphism in *Metaphysics* ZHΘ." *Oxford Studies in Ancient Philosophy* 15, 119—45.

_____. 2003. *The Structure of Being in Aristotle's Metaphysics.* Dordrecht: Kluwer.

附录一

亚里士多德著作拉丁文名称、缩写及中文译名对照^①

APo.，＝*Analytica Posteriora*，《后分析篇》

APr.，＝*Analytica Priora*，《前分析篇》

Ath.，＝ Ἀθηναίων Πολιτεία，《雅典政制》

Aud.，＝*de Audibilibus*，《论听觉》

Cael.，＝*de Caelo*，《论天》

Cat.，＝*Categoriae*，《范畴篇》

Col.，＝*de Coloribus*，《论颜色》

de an.，＝*de Anima*，《论灵魂》

Div. Somm.，＝*de Divinatione per Somnia*，《论睡眠中的预兆》

EE.，＝*Ethica Eudemia*，《欧德谟斯伦理学》

EN.，＝*Ethica Nicomachea*，《尼各马可伦理学》

Ep.，＝*Epistulae*，《书信集》

Fr.，＝*Fragmenta*，《残篇》

GA.，＝*de Generatione Animalium*，《论动物的生成》

GC.，*de Generationa et Corruptione*，《论生成和毁灭》

HA.，＝*Historia Animalium*，《动物志》

IA.，＝*de Incessu Animalium*，《论动物的行进》

Insomn.，＝*de Insomniis*，《论梦》

Int.，＝*de interpretatione*，《解释篇》

Juv.，＝*de Juventute*，《论青年》

---

① 参酌 Liddel & Scott《希英词典》1996 年修订增补版(Oxford University Press, 1996)第 xix 页上所列亚里士多德著作列出。另，上列亚里士多德著作中有一些人们怀疑是伪作，但这里只是译名对照，故真伪不论。

LI.，＝*de Lineis Insecabilibus*，《论不可分割的线》

Long.，＝*de Longaevitate*，《论长寿》

MA.，＝*de Motu Animalium*，《论动物的运动》

Mech.，＝*Mechanica*，《机械学》

Mem.，＝*de Memoria*，《论记忆》

Met.，＝*Metaphysica*，《形而上学》

Mete.，＝*Meteorologica*，《气象学》

Mir.，＝*Mirabilia*，《奇异》

MM.，＝*Magna Moralia*，《大伦理学》

Mu.，＝*de Mundo*，《论宇宙》

Oec.，＝*Oeconomica*，《家政学》

PA.，＝*de Partibus Animalium*，《论动物的部分》

Parv. nat.，＝*Parva Naturalia*，《自然短论集》

Ph.，*Physica*，《物埋学》

Phgn.，*Physiognomonica*，《体相学》

Po.，*Poetica*，《诗学》

Pol.，*Politica*，《政治学》

Pr.，*Problemata*，《问题集》

Resp.，*de Respiratione*，《论呼吸》

Rh.，*Rhetorica*，《修辞学》

Rh. Al.，*Rhetorica ad Alexandrum*，《亚历山大修辞学》

SE.，*Sophistici elenchi*，《辩谬篇》

Sens.，*de Seusu*，《论感觉》

Somn. Vig.，*de Sommno et Vigilia*，《论睡与醒》

Spir. de Spiritu，《论气息》

Topica，*Top.*，《论题篇》

VV.，*de Virtutibus et Vitiis*，《论善与恶》

Vent.，*de Ventis*，《论风向》

Xen.，*de Xenophane*，《论克塞诺芬尼》

主要术语索引

古代作者人名索引

现代作者人名索引

后　记

　　《20 世纪亚里士多德研究文选》终于翻译完了。这本选集是在自己教授亚里士多德《形而上学》Z 卷的课余零零星星翻译出来的,每天挤出一点时间,如此用了两年半的时间,现在终于完成了。

　　做这样一个选集的目的非常简单,就是译介一些亚里士多德的基本研究资料,使国内亚里士多德乃至古希腊哲学的研究通过接触这方面的一流的研究文献能够上一个台阶,达到登堂入室、与国际亚里士多德研究界最高研究水平接轨、交流的程度。能够起到这样的作用,那么,这本选集的目的就算达到了。

　　当然,对于我个人来说,这也是一个学习的过程。因为,译事并非易事。假如它不是为了敷衍了事,而是真地能够于人于己有益,那么,慎重地对待每一篇文章的翻译,直到完全消化、掌握了它才动手,这难道不是理所应当的事吗? 所以,用旬日踌躇来形容其中一些篇章的翻译是不错的,因为,它们真地是足够困难的,因为它们触及到了一些真正困难的问题。而在这方面,个人思想的增益当然也是不言而喻的。

　　现在,这个工作完成了,终于可以松一口气了。但西方经典基本研究文献的选编翻译工作仍很迫切,在这方面花多少力气都是不够的,同时仅靠一个人的力量也是不够的,需要更多的人来做这个工作。但这只能有待来日了。

　　这本选集最初的动议是由李春安先生提出的,我本人十分感谢他给我提供了这样一个既能提高和丰富自己、又能有益于社会和他人的工作。雷立柏先生为本书中涉及到的大量拉丁文、法文、德文、意大利文和西班牙文的语词提供了翻译上的指导,在此,我深表感谢。在本选集的最后审校阶段,华东师范大学出版社六点分社的万骏先生给予了极大的支持,并付出了艰辛的劳动,如果没有他的努力,本选集是不可能这么快就与读者见面的。当然,说到这里,我也就必须在此郑重地向华东师范大学出版社六点分社的倪为国先生表示由衷的敬意。在翻译过程中我还得到了许多友人的鼓励和支持,这里就不一一致谢了。

　　需要特别提出的是,文集中的《菲洛庞努斯的亚里士多德:处所的广延》一文是由现任教于首都师范大学哲学系的张浩军博士翻译的,《亚里士多德形而上学中的目的论》一文是由我的学生钱圆媛翻译的,《当代亚里士多德主义》一文是由就读于中国人民大学哲学院的潘兆云博士翻译的。他们的译稿全部经过我的仔细审校,因此,如有任何翻译上的问题,责任应当在我。其余的论文全部由我翻译,翻译上所可能出现的错误也应由我负责。

　　最后,我真诚地希望读者能够对本选集中出现的翻译上的错误予以及时的批评、指正。

聂敏里
2008 年 11 月 28 日

图书在版编目(CIP)数据

20 世纪亚里士多德研究文选 / 聂敏里选译. —上海:
华东师范大学出版社,2009.11
ISBN 978-7-5617-7312-3

I. ①2… II. ①聂… III. ①亚里士多德(前 384～前 322)—哲学思想—研究—文集
IV. ①B502.233-53

中国版本图书馆 CIP 数据核字(2009)第 199603 号

华东师范大学出版社六点分社

企划人　倪为国

本书著作权、版式和装帧设计受世界版权公约和中华人民共和国著作权法保护

西学经典研究文献系列

20 世纪亚里士多德研究文选

聂敏里　选译

统　　筹　储德天
责任编辑　审校部编辑工作组
特约编辑　万　骏
封面设计　吴正亚
责任制作　肖梅兰

出版发行　华东师范大学出版社
社　　址　上海市中山北路 3663 号　　邮编　200062
电话总机　021—62450163 转各部门　　行政传真　021—62572105
客服电话　021—62865537(兼传真)
门市(邮购)电话　021—62869887
门市地址　上海市中山北路 3663 号华东师范大学校内先锋路口
网　　址　www.ecnupress.com.cn
印 刷 者　上海印刷(集团)有限公司
开　　本　700×1000　1/16
插　　页　2
印　　张　35
字　　数　590 千字
版　　次　2010 年 2 月第 1 版
印　　次　2010 年 2 月第 1 次
书　　号　ISBN 978-7-5617-7312-3/B·515
定　　价　88.00 元

出 版 人　朱杰人

(如发现本版图书有印订质量问题,请寄回本社客服中心调换或电话 021-62865537 联系)

西学经典研究
文献系列